AF462436

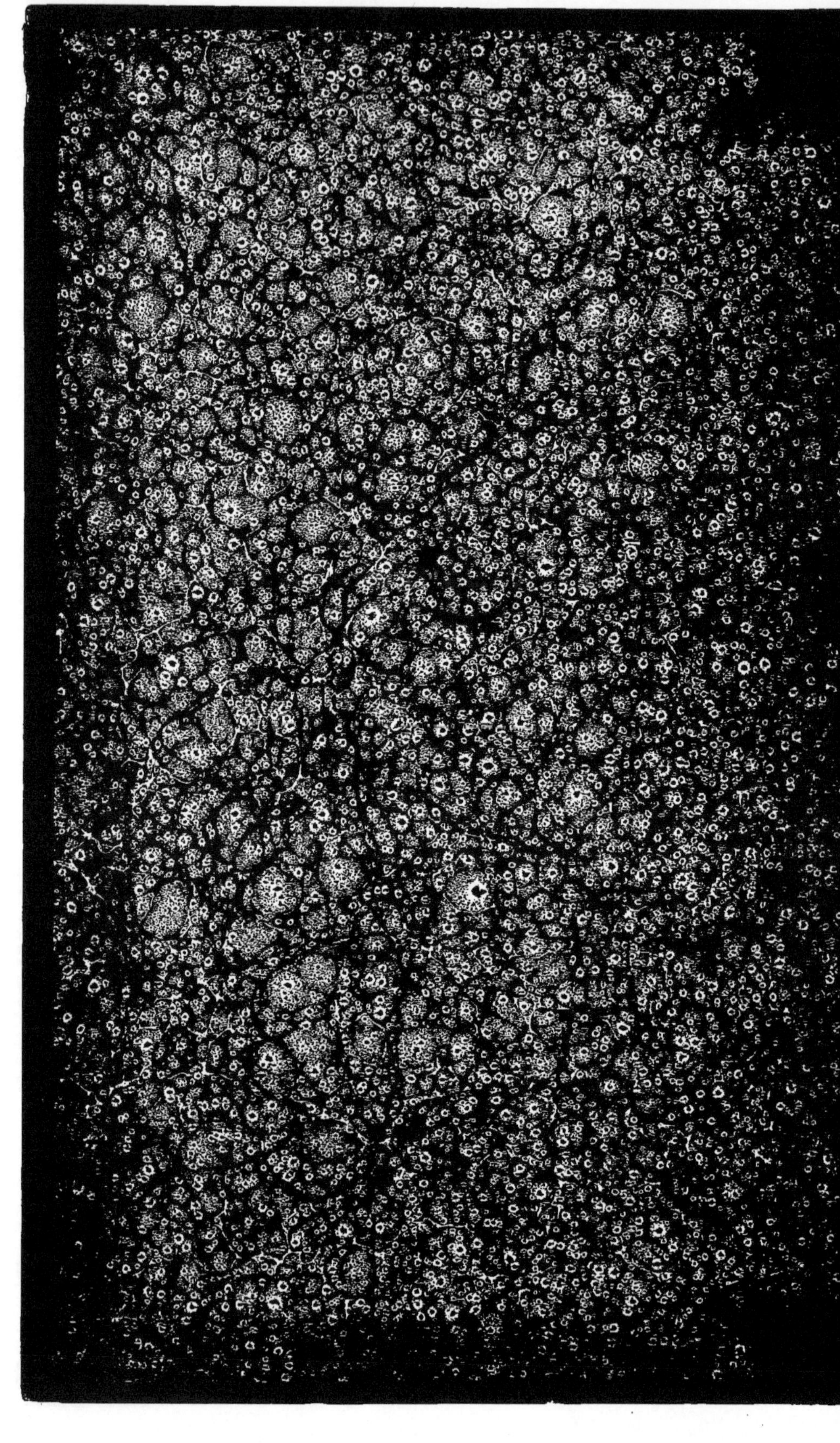

PRÉCIS

DES

VICTOIRES, CONQUÊTES

ET REVERS

DES FRANÇAIS

PRÉCIS

DES

VICTOIRES, CONQUÊTES

ET REVERS

DES FRANCAIS

DEPUIS 1792 JUSQU'A 1845

Ouvrage rédigé

PAR UNE SOCIÉTÉ DE MILITAIRES ET DE GENS DE LETTRES

D'après les Bulletins des Armées, le Moniteur, les Documents officiels, les Notes, Mémoires, Rapports et Ouvrages militaires

DE L'EMPEREUR NAPOLÉON

Des Maréchaux, Amiraux et Généraux en chef, des Généraux et Officiers supérieurs;

Orné d'illustrations et de gravures

PARIS

B. RENAULT, EDITEUR

1847

Poissy. — Imprimerie de G. Olivier.

Représentants du peuple aux armées (1793).

Bataille de Fleurus.

Mort de Dugomier.

Héroïsme du général.

Représentants du peuple aux armées (1793).

Bataille de Fleurus.

Scènes militaires.

Scènes militaires.

Scènes militaires.

Scènes Militaires.

Scènes Militaires.

Généraux de la République.

Il n'a pas manqué d'écrivains pour raconter les guerres de la République et de l'Empire; mais, pendant que les faits en étaient encore récents, ils n'ont pas toujours été bien appréciés. D'abord, plusieurs de ces faits étaient insuffisamment connus; d'autres avaient été étrangement défigurés dès l'origine et l'ont encore été davantage dans la suite, lorsque les survivants se sont avisés de revendiquer pour eux-mêmes la gloire des morts. Il est hors de doute qu'au moment où la France eut pour la première fois, depuis qu'elle avait levé l'étendard de la liberté, à résister au flot d'une formidable coalition, elle dut, pour ne pas être accablée, faire un effort immense; mais on aurait tort de croire à l'emphase des quatorze armées de la République, soudainement organisées par Carnot. Cela veut dire tout simplement que la défense du territoire fut établie sur quatorze points différents par Carnot, qui sut promptement et habilement lier le réseau de cette défense, en la confiant à quatorze corps, dont l'effectif, tout exagéré qu'il était dans les bulletins de cette époque, n'égala jamais celui de la grande armée impériale.

Il y a toujours beaucoup à rabattre, sous certains rapports, dans le récit des historiens, des rhéteurs ou des enthousiastes. Pour savoir la vérité, il faut la chercher dans les ouvrages des hommes de guerre qui ont examiné les faits du point de vue de la science, et qui les ont jugés le compas à la main, et en tenant compte de tous les chiffres comme de tous les documents. C'est aux écrits de Mathieu Dumas, de Toulongeon, de Jomini, du prince Charles et de Napoléon qu'il faut demander des éclaircissements sur cette période belliqueuse, durant laquelle, même au sein des plus éclatants revers, les Français eurent constamment de la gloire à recueillir. Là, on apprend positivement quelle fut l'étendue des dangers de la patrie à l'heure où elle eut à repousser la première invasion, et l'on peut se rendre compte des services que chacun des chefs qui commandaient nos bataillons improvisés rendit en cette grave circonstance; là on peut peser le mérite de nos généraux Marceau, Dampierre, Kellermann, et l'on trouve à s'édifier sur la trahison des uns, sur les fautes des autres; Dumouriez et ses aides-de-camp; puis Dillon, Houchard, Custine, etc.; là on s'instruit de ce que valait Moreau, de ce que valait Pichegru, et l'on est à même de ramener à la juste proportion de leurs œuvres ces deux renommées exaltées outre mesure au temps où elles avaient un parti dans l'armée, et peut être trop ravalées depuis qu'une juste flétrissure a été imprimée à leur félonie. Là on apprend à connaître quel fut ce vaillant Dugommier, grand capitaine avant d'avoir été soldat, ce héros à cheveux blancs, que l'esprit de la révolution avait rajeuni pour qu'il vint se placer à la tête de nos armées. Là aussi Joubert, Desaix, Kléber se révèlent immenses; mais, par dessus tout, s'élève Hoche, ce colosse républicain, ce caractère antique qui s'était teint des lectures de Plutarque, et à qui le poison du Directoire ne permit pas d'être le vengeur de l'égalité. Issu des rangs populaires, celui-là n'eût pas été infidèle à son origine, et il avait assez de génie pour ne pas répudier la tâche de faire réaliser à la révolution toutes les espérances que le prolétaire en avait conçues.

Hoche descendit dans la tombe après avoir reçu le titre de pacificateur de la Vendée. Quelle fut cette guerre? N'interrogez pas à ce sujet les écrivains royalistes. A les entendre, Charrette, Cathélineau, Georges Cadoudal, Bonchamp, Larochejacquelein furent des prodiges de magnanimité, de constance, de bravoure, des guerriers illustres et des héros chrétiens dans toute la force du terme; ce sont les vrais Français. Ne croyez pas non plus ceux qui vous les représentent tous comme des brigands; il y avait parmi ux quelques exceptions, les gens égarés. Il faut faire la part du fanatisme et des préjugés, et ne s'enquérir des événements que dans les relations impartiales retracées par des gens qui n'avaient ni les préventions ni la haine aveugle des hommes de parti. Quand il était de bon goût, parmi les suppôts de la Restauration, de dénigrer tout ce qui avait fait la gloire de la République ou de l'Empire, il devint aussi de bon goût parmi les patriotes de se faire les panégyristes de tout ce que les royalistes essayaient de livrer au mépris. Alors parurent les *Fastes de la gloire, victoires, conquêtes et revers des Français*. C'étaient autant de représailles apologétiques en faveur de nos guerriers, qu'on avait appelés les *brigands de la Loire;* mais, dans ces livres, faits à la hâte, il se glissait nécessairement une foule d'erreurs, et la nécessité de se monter sans cesse au diapason de l'éloge ne permettait guère d'être véridique en tous points. D'ailleurs, il y avait encore un homme (l'Empereur) à qui il était interdit de rendre justice; et si parfois on ne le blâmait pas toujours, c'était à la condition de le calomnier quelquefois. Il n'y a donc eu jusqu'ici aucune *histoire populaire des guerres de la révolution* qui ait pu être composée dans des conditions d'impartialité; celle-ci sera la première. Nous la donnons aussi complète que possible; et comme nous en avons puisé les matériaux aux sources les plus authentiques, sous le double rapport de la vérité, des faits et de l'équité des jugements, nous avons l'orgueil de la croire irréprochable. On ne s'attendra pas que, dans l'étendue à laquelle nous avons dû nous restreindre, nous ayons entrepris de présenter avec toute sa variété de détails et d'incidents l'aspect si changeant du théâtre de la guerre. C'est à grands traits et rapidement que nous avons esquissé ce tableau; c'était d'ailleurs le seul moyen de le rendre complet. Ainsi resserré, le drame est plus saisissant, et l'intérêt de la lecture ne languit jamais. Les jeunes Français ne se lasseront pas de lire les hauts-faits de leurs pères; et si jamais la patrie avait besoin de leurs bras, ils seraient fiers de les imiter. L'exemple d'un tel courage ne sera pas perdu.

Nous n'avons eu la prétention d'indiquer ni les causes de nos triomphes, ni celles de nos revers; toutefois, nous les avons fait pressentir. Les premiers succès du général Bonaparte tinrent sur tout à l'étonnement de l'ennemi de rencontrer partout nos soldats; c'était la continuation et l'étonnante mise en œuvre du système des *quatorze armées* inventé par Carnot. Bonaparte décupla la puissance de cet éparpillement nécessaire par une vitesse inouïe et un coup d'œil miraculeux. C'est ainsi qu'avec des troupes peu nombreuses, mais aguerries, (les Français le sont dès qu'ils ont les armes à la main et des périls devant eux,) il battit successivement en Italie toutes les armées et les généraux de l'Autriche.

Mais il vint un moment où les chefs ennemis, ayant enfin pénétré le mystère de cette stratégie insolite, se mirent en garde contre elle. Alors, Bonaparte, trouvant tout à coup dans la spontanéité de son génie de nouvelles ressources, organisa, par une savante concentration, ces colonnes de granit, auxquelles aucune formidable épaisseur ne résistait, ces terribles batteries qui, lançant mille foudres à la fois, lui livraient les champs de bataille disputés avec le plus d'acharnement.

Marengo ouvrit, dans l'art de la guerre, cette ère nouvelle, qui eut ses époques les plus brillantes à Austerlitz, à Eylau, à Friedland, à Wagram, à Esling, à la Moskowa; qui ne fut pas irrévocablement close à Leipsick et à Dresde; car, par intervalle, elle jeta encore des lueurs pendant les campagnes si admirables de 1813 et 1814, et elle se fût rouverte à Waterloo, si tous les plans du grand homme eussent été suivis, si tous ses ordres eussent été exécutés, si ses dispositions n'eussent été vendues ou paralysées par les infâmes qui s'étaient donné la coupable mission de les faire échouer.

L'armée française et sa conduite pendant la République, sous l'Empire, et au licenciement de la Loire.

C'est sur le champ de bataille, en face des périls les plus nombreux, au milieu des circonstances les plus graves et les plus difficiles de la guerre, que le caractère français brille de tout son éclat. Il y a en France une disposition qui ne s'éteint jamais, c'est le courage, une autre disposition qui est toujours près de se manifester avec la plus vive énergie, c'est la haine du joug étranger. En vain la nation, par les efforts d'une politique d'abaissement, par les calculs d'une déshonorante faiblesse, ou par les influences funestes d'une lâche connivence, a-t-elle été entretenue dans des sentiments en apparence pacifiques, le jour où il devient évident pour tous que se sont accumulés les dangers qui menacent son indépendance, est un jour de réveil pour le peuple, et plus le sommeil a été long, plus il a semblé profond, plus ce réveil est terrible. Et alors, tous autres soins que celui de défendre la patrie, toute autre idée que celle de la venger de ses humiliations, sont complètement abandonnés, et en dépit de toutes les tendances industrielles, de toutes les incorrigibles avidités du bien-être matériel, de toutes les soifs de quiétudes, de toutes les spéculations coupables, de toutes les trames ourdies pour amortir un magnanime élan, le peuple se lève puissant dans son courroux et dans son enthousiasme; il court aux armes, et dans son juste ressentiment, avant de se mesurer avec les ennemis du dehors, il frappe les traîtres qui l'ont trompé et qui pourraient le tromper encore. Voilà le grand mouvement de 92, voilà l'explication de ces massacres de septembre dont il faut déplorer la fatale nécessité, voilà cette longue suite d'immolations que le comité de salut public dut accorder à l'immense tâche qu'il avait acceptée, celle de sauver la patrie; voilà la proscription de Dumouriez et de Lafayette; voilà les décrets contre la perfide émigration; voilà la condamnation et le supplice de Louis XVI; voilà le châtiment de Custines et de Houchard; voilà les sanglantes exécutions de Toulon, de Lyon, de la Vendée; voilà enfin pourquoi l'égoïste et intrigante Gironde fut précipitée sous le glaive, par les hommes sincères qui avaient découvert les projets des ambitieux corrompus, dont le crime, à jamais irrémissible, ne tendait à rien moins qu'à briser l'unité de la république, pour s'assurer les jouissances du pouvoir. Tant et de si glorieux triomphes qui suivirent ces inévitables rigueurs, se renouvelleraient sans doute, si une situation semblable à celle dans laquelle se trouvait la France de cette époque, venait à se reproduire; et le drapeau révolutionnaire, l'étendard du progrès, c'est-à-dire de cette vraie civilisation qui ne s'isole pas des principes d'égalité et de liberté, flotterait de nouveau sur toutes les résidences des souverains qui auraient tenté d'étouffer chez nous cette vive lumière dont ils redoutent tant les effets pour leur domination absolue.

Français, rappelons-nous sans cesse ces temps où, en présence d'une invasion commencée avec des ressources rassemblées de longue main, nous étions sans armées, sans arsenaux, sans finances, sans généraux aguérris qui puissent inspirer la confiance. Brunswick et les Prussiens s'avancent sur Paris, avec leur manifeste de mort; déjà ils se croient victorieux et ils s'annoncent comme les inexorables vengeurs de toutes les tyrannies royales, aristocratiques et cléricales; sans obstacle, ils ont franchi notre sainte frontière, dès leurs premiers pas sur le sol sacré, la trahison leur a tendu les bras, des villes, terrifiées par la noblesse et le clergé leur ont ouvert leurs portes; l'infamie les a salués du titre de libérateurs, mais à Paris est un centre national où les esprits sont plus libres et plus résolument à l'abri de toute fausse considération; à Paris, fourmille une population venue de tous les points de la France; Paris, c'est la nation représentée par des citoyens de toutes les conditions, de tous les états, de toutes les provinces. En raison de cet amalgame, Paris est le véritable peuple français; eh bien, à Paris, malgré les frayeurs d'une bourgeoisie timorée, et avant tout amie de son repos, malgré le mauvais vouloir des marchands et boutiquiers, malgré tout ce qui avait vécu jusque là de la cour et de l'église, un cri, un seul cri, domine et force au silence de méprisables rumeurs, de misérables expressions d'une crainte qui propose la soumission aux restaurateurs de la royauté absolue : *aux armes, aux armes*, tel est ce cri, qui retentit de toutes parts; et des armes il n'y en avait point, mais dans les rues, sur les places, dans les carrefours, quiconque sait manier le marteau ou la lime, forge et prépare le fer pour une vigoureuse résistance, et bientôt il y a une armée et des armes; et comme la cité où bouillonnait tant d'ardeur ne pouvait point être égarée sur sa sécurité par la fallacieuse protection d'un rempart, cette armée improvisée s'élance au devant des ennemis.

Dans l'opinion des rois, ce n'était là qu'une cohue, dont il serait fait promptement justice; une cohue; c'était une fourmillière de héros, on comptait sur leur désordre; on supposait que conduits par des chefs dont les uns s'étaient engagés à les conduire à leur perte, dont les autres ignoraient l'art du commandement, ils seraient dispersés au premier choc; mais le premier choc fut un succès pour eux; tout plia devant leur impétuosité; ce fut le début de nos victoires, l'Europe nous connaissait déjà, mais elle n'avait vu que les armées des rois de France, cette fois elle avait affaire à des soldats de la liberté.

La liberté et l'égalité secondèrent merveilleusement notre fortune militaire; on sait quels prodiges elles enfantèrent, la bravoure était de tous les instants et le partage de tous; le dévouement et l'enthousiasme suppléèrent à cette stricte discipline dont ne sauraient se passer des armées mercenaires; eût-il fallu vingt fois plus de généraux habiles que n'en exigeaient les circonstances, on les aurait trouvés, car le métier de la guerre se sait dès la première rencontre avec l'ennemi, et tout soldat intelligent peut, dès qu'il est mis en position, devenir un grand capitaine : ainsi surgirent comme spontanément les Marceau, les Joubert, les Dugommier, les Lannes, les Murat, les Augereau, les Kléber et mille autres, entre lesquels il n'y eut peut-être de différence que les situations dans lesquelles ils eurent à lutter contre nos nombreux adversaires. La République plus riche et plus féconde en vaillants officiers que ne l'avait jamais été aucune monarchie, recueillait partout des trophées, et nul revers sans doute ne se fût mêlé à ses succès, si elle ne se fût proposée de conquérir les âmes; sans songer à ajouter à son territoire des espaces en dehors de ses frontières naturelles. Ces agrandissements et ce désir de suprématie matérielle datent du consulat. Bonaparte, ce génie étonnant qui vraisemblablement rêvait déjà l'empire, au lieu de laisser l'Italie se constituer en république à son gré, selon ses mœurs, et sa manière de comprendre son indépendance, et la liberté, lui imposa ses lois en s'immisçant à l'organisation de la société italienne.

Dès ce moment naquirent les défiances, on ne vit plus dans le drapeau français un signe de délivrance, qu'il fallait s'empresser d'accueillir; les peuples craignirent que nous n'eussions que peu de souci d'eux : l'ambition qui devait conserver les anciens trônes et en fonder de nouveaux, qui allait grossir le nombre des aristocrates par des anoblissements de sa façon, qui méditait de rendre à la superstition ses apôtres, fut devinée par le pressentiment populaire. Les peuples ne furent plus comme auparavant sollicités par leur propre intérêt de favoriser nos entreprises. Ce fut l'époque, où pour vaincre il nous fallut une artillerie formidable, des trésors, d'énormes approvisionnements et de grandes armées, condamnées à l'obéissance la plus passive; et il n'y eut plus aucune pensée sous les drapeaux, que la vanité d'aller en avant, et l'espoir de parvenir aux grades supérieurs. Cet avancement, auquel tous prétendaient depuis le tambour jusqu'au général, fut la dernière conséquence de l'égalité dont le principe devait bientôt être violé sous tant de rapports; enfin le pape fut appelé à oindre de son huile le front de l'homme qui aurait pu consolider la liberté au sein de notre patrie; qui aurait pu l'inaugurer dans l'univers, et nous concilier ainsi l'affection de tous les peuples. A cette tâche sublime dont l'accomplissement l'eût signalé comme le plus grand bienfaiteur de l'humanité, il préféra le renom de Charlemagne et rêva dans sa personne l'installation d'une nouvelle dynastie. Trop de caractères serviles se prêtèrent malheureusement à l'exécution d'un pareil attentat; les anciens nobles chantèrent ses louanges parce qu'ils prévirent que sous son règne ils parviendraient tôt ou tard à ressaisir leurs privilèges ; bon nombre d'entr'eux briguèrent l'honneur de le servir, et les antichambres impériales se remplirent des grands noms de la vieille monarchie ; les prêtres prodiguèrent aussi leur adulation au guerrier devenu empereur ; ils le bénissaient parce qu'il avait rouvert les temples et relevé les autels.

Cependant l'empire n'obtint pas la sympathie des rois, et les coalitions toujours soudoyées par l'Angleterre se succédaient comme s'il se fût agi de détruire la république ; l'esprit militaire qu'entretenait l'admiration pour le génie de Napoléon Ier prit la place de l'amour de la patrie et de la liberté ; il n'y eut plus de soldats citoyens, mais des adorateurs d'un homme ; le Français n'eut plus que la bravoure qui le distingue ; il ne manqua pas de promesses et d'actions d'éclat, mais l'armée ne fut plus la nation toute entière ; à force de vaincre elle s'épuisait et n'était plus recrutée que par la contrainte : n'eût-elle essuyé aucun revers, on pouvait prédire l'instant où elle ne serait plus en état de tenir tête à l'Europe ; la catastrophe de Russie hâta cet instant. En vain les plus grands sacrifices furent décrétés par un sénat qui ne savait que flatter ; mais jamais refuser ni conseiller à propos. 1814 vit renverser le trône qui avait brillé d'un éclatant prestige ; 1814, après la plus belle campagne stratégique, termina par une abdication les destinées d'un pouvoir qui s'appuyait sur une base trop fragile.

L'abdicateur, que ses soldats idolâtraient, n'eut plus qu'à s'exiler après les plus touchants adieux. Telle fut, après mille vicissitudes, l'issue d'une catastrophe que le concours complet de la nation aurait empêchée ; mais ce concours n'était plus possible : un sceptre ne peut être défendu que par une armée, cette armée réduite, il se brise, et le peuple s'inquiète peu de l'événement. S'il ne doit que changer de maître, que lui importe? aura-t-il moins que le pain noir qu'il arrose de sa sueur? Si, au contraire, la liberté existe, s'il jouit du bienfait de l'égalité, si aucun de ses droits n'est méconnu, alors il versera jusqu'à la dernière goutte de son sang : la liberté, l'égalité, voilà ce qui eût rendu la France invincible, voilà ce qui lui fera retrouver ses forces et ressaisir dans le monde sa prépondérance civilisatrice. Avec des institutions chéries, l'armée, c'est le peuple, ce sont les femmes, les enfants, les vieillards ; sans ces institutions, il n'y a d'armée que les vieilles légions, que le soldat de métier, dont le cœur faiblit dès qu'il n'y a plus de chances pour le rémunérateur. Avec une seule tête dirigeante, tout repose sur elle, et c'est sur elle qu'on se repose pour déjouer les trahisons ; car on suppose qu'elle ne négligera rien pour garantir sa sûreté personnelle. Le peuple n'a rien à voir ni à surveiller, tout se passe sans lui, et quand on l'appelle, il ignore pourquoi. Ainsi est de reste expliqué d'où vint que le désastre de Waterloo fut un malheur irremédiable : — Napoléon avait dédaigné le peuple. Après le miracle de son retour, ses susceptibilités, tout aristocratiques, l'avaient détourné de se jeter dans ses bras. — Sa peine fut une seconde chute et l'horrible supplice de Sainte-Hélène.

Partout où il y a guerre, il est rare qu'on n'y rencontre pas des Français, et toujours ils y sont réputés les plus vaillants. Le soldat français n'a presque jamais vaincu qu'en nombre inférieur : pas de péril qui l'étonne ou le rebute, pas de lutte à laquelle il ne soit prêt ; point de manière de combattre avec laquelle il ne se familiarise en peu de temps. Que de pays n'ont pas été témoins de son courage et de sa dextérité! et pourtant bien souvent il n'a d'autre stimulant que l'ardeur de son sang et la convoitise d'un grade. Le Français est naturellement belliqueux ; il le fut et le sera toujours : l'esprit militaire seul lui a fait réaliser des prodiges, lorsqu'il n'avait qu'à obéir sans intérêt pour la cause qu'il était appelé à servir. Qu'il vole à la défense de la liberté certaine, et il marchera avec la nation non moins belliqueuse que lui.

INTRODUCTION.

A peine la révolution française eut-elle éclaté, qu'une vaste coalition de rois menaça la France. Les aristocraties sacerdotales, nobiliaires, féodales, parlementaires et ministérielles, frémirent à la vue des droits du peuple français proclamés et constitués par une assemblée nationale; épouvantées, vaincues et non détruites, elles se liguèrent par l'émigration, et, pour asservir la France, appelèrent les puissances étrangères, qui ne voyaient pas sans inquiétude un peuple renverser ses institutions, dicter des lois à son roi et donner la liberté aux autres nations. Elles craignaient que le mot indépendance, prononcé par les Français, ne vînt retentir dans leurs états.

C'était la cause des peuples. Les rois durent donc la combattre; ils se liguèrent contre les Français.

Deux cabinets se déclarèrent les premiers, l'Autriche et la Prusse; un traité fut conclu à Pilnitz. Les contractants se promirent mutuel secours, jurèrent de marcher sur la France et de ne mettre bas les armes que lorsque le fanatisme révolutionnaire serait abattu, les factions éteintes et le roi rétabli sur son trône.

La mort de Léopold, un de leurs chefs, et l'acceptation de la nouvelle constitution de l'État par Louis XVI, retardèrent le commencement des hostilités. Tout à coup, un cri se fait entendre: on dit que les étrangers sont en marche sur Paris et vont mettre tout à feu et à sang.

L'alarme se répand. François II, roi de Bohême et de Hongrie, est déclaré ennemi de la France par un décret de l'assemblée du 20 avril 1792. De tous côtés paraissent des soldats électrisés par l'enthousiasme de la liberté et prêts à marcher à la défense du territoire, sous la conduite des généraux Dumouriez, Kellermann, Biron, Beurnonville, Valence, Custine, Dillon, etc.

Le 11 juillet, le président de l'assemblée mit aux voix et proclama cette déclaration solennelle: « Citoyens, la patrie est en danger. » Ce décret, prononcé au milieu du silence le plus religieux et le plus profond, fut publié dans Paris les 22 et 23.

Depuis six heures du matin jusqu'à sept heures du soir, le canon d'alarme tira d'heure en heure des salves de trois coups. Deux colonnes, composées de détachements de cavalerie et d'artillerie, accompagnées d'officiers municipaux, précédées par des tambours, des trompettes et par un garde national à cheval, portant une bannière tricolore, avec cette inscription : « *Citoyens, la patrie est en danger!* » partirent de l'Hôtel-de-Ville, parcoururent la ville. Le *danger de la patrie* fut proclamé sur toutes les places publiques. Ensuite, les deux bannières destinées à rappeler ce danger aux citoyens furent placées, l'une sur la façade de la maison commune, l'autre au parc d'artillerie du pont Neuf. Elles devaient y rester jusqu'à ce que l'Assemblée nationale eût déclaré que la *patrie n'était plus en danger*. On dressa dans huit endroits différents des amphithéâtres avec des tentes ornées de banderoles tricolores et de couronnes de chêne entrelacées. Devant les notables et trois officiers municipaux, on enregistrait les noms des jeunes gens qui se présentaient pour défendre volontairement la patrie.

Le roi avait fait afficher une proclamation tendant à favoriser l'impulsion donnée au patriotisme ; mais cette proclamation fut accueillie avec indifférence. La voix du trône n'était plus entendue.

Ce qui se faisait à Paris se répétait dans les départements. Les enrôlements durèrent pendant huit jours et fournirent dix mille sept cent quinze jeunes gens exercés et prêts à partir pour aller former le camp de Soissons. Ce fut le noyau primitif de ces bataillons nombreux qui ne devaient pas tarder à montrer à l'ennemi quelle différence existe entre des troupes levées à prix d'argent et des soldats qu'animent l'amour de la patrie et la défense de l'indépendance nationale.

L'Assemblée nationale, pour achever de replacer le pays dans une attitude imposante, constitua plusieurs comités militaires de défense, de sûreté générale et de salut public, décréta, entre autres dispositions, les suivantes :

« Il y aura constamment trois représentants du peuple députés près de chacune des armées de la république ; tous les mois, l'un des trois sera renouvelé.

» Ils exerceront la surveillance la plus active sur les opinions des agents du conseil exécutif, sur la conduite des généraux, officiers et soldats de l'armée. Ils porteront l'examen le plus sévère sur les opérations de tous les fournisseurs et entrepreneurs des armées de la République, et pour découvrir tout complot contre la sûreté de la nation. »

Les représentants, députés près des armées, sont investis de pouvoirs illimités pour l'exercice des fonctions qui leur sont déléguées par le présent décret. Ils pourront employer tel nombre d'agents qu'ils croiront convenable. Les dépenses extraordinaires qu'ils auront autorisées seront acquittées par le trésor public sur des états visés par eux. Leurs arrêts seront exécutés provisoirement, à la charge de les adresser dans les vingt-quatre heures à la Convention nationale, et pour ce qui devra être secret, au comité de salut public.

Enfin parut, le 23 août 1793, le décret de levée en masse dont les principaux articles suivent :

« Dès ce moment jusqu'à celui où les ennemis auront été chassés du territoire de la République, tous les Français sont en réquisition pour le service des armées.

» Les jeunes gens iront au combat ; les hommes mariés forgeront des armes et transporteront des subsistances ; les femmes feront des tentes, des habits et serviront dans les hôpitaux ; les enfants mettront les vieux linges en charpie ; les vieillards se feront porter sur les places publiques pour exciter le courage des guerriers, la haine des rois et l'unité de la République.

» Les maisons nationales seront converties en casernes, les places publiques en ateliers d'armes ; le sol des caves sera lessivé pour en extraire le salpêtre.

» Les armes de calibre seront exclusivement confiées à ceux qui marcheront à l'ennemi ; le service de l'intérieur sera fait avec les fusils de chasse et l'arme blanche.

» Les chevaux de selle seront requis pour compléter les corps de cavalerie ; les chevaux de trait, autres que ceux employés à l'agriculture, conduiront l'artillerie et les vivres.

» Nul ne pourra se faire remplacer dans le service pour lequel il sera requis; les fonctionnaires publics resteront à leur poste.

» La levée sera générale. Les citoyens non mariés ou veufs sans enfants, de dix-huit à vingt-cinq ans, marcheront les premiers; ils se rendront sans délai au chef-lieu de leur district, où ils s'exercéront tous les jours au maniement des armes, en attendant l'ordre du départ.

» Le bataillon qui sera organisé dans chaque district sera réuni sous une bannière portant cette inscription : « *Le peuple français debout contre les tyrans.* »

Ce fut ainsi que, du sein de terribles crises, sortit l'autorité la plus énergique, la plus absolue qui jamais ait fait mouvoir les hommes; ainsi, le Comité de salut public centralisa entre ses mains toutes les forces de la France, et par les représentants en mission, étendit sa volonté inflexible sur les armées et les départements soulevés.

Le 3 août 1792, Pétion, maire de Paris, successeur de Bailly, se présente à la barre de l'Assemblée, et demande au nom du peuple la déchéance du roi. En même temps une vaste insurrection est organisée par les membres de la commune, presque tous hostiles à la royauté, et résolus à la renverser. Le 10 août les insurgés assiégent les Tuileries et ouvrent le feu; une action terrible s'engage, les Suisses défendent le château avec courage, mais ils sont vaincus, le roi se réfugie avec sa famille, dans le sein de l'Assemblée législative. La commune, après sa victoire, se rend à l'Assemblée et demande la déchéance et une Convention nationale. Louis XVI est suspendu de ses fonctions et conduit au Temple.

Pendant le cours de ces convulsions intérieures, les ennemis, guidés par un corps d'émigrés français, envahissaient les frontières. Abandonnée de ses chefs, l'armée nationale, désorganisée en outre par la défiance des soldats, laissait entrer, au cœur de la France, les Prussiens commandés par le duc de Brunswick. Danton, chef du parti de la commune, doué d'une énergie extraordinaire, ranime tout le monde par son audace, et Paris donne, à toute la France, le signal de la levée du mois de septembre 1793.

Les deux plus beaux spectacles du siècle sont la première fédération de 1790 et la levée du mois de septembre 1793. L'histoire des peuples libres ne présente rien de comparable à cette fête nationale, où les envoyés de vingt-cinq millions d'hommes, réunis au chef-lieu de la France, animés des plus nobles sentiments et pleins des plus brillantes illusions de l'espérance, crurent avoir terminé la révolution par un trait fraternel et conquis à jamais sa liberté. Quelle joie! quel enthousiasme! Comme la patrie était en ce moment l'idole de tous les cœurs! comme on était Français et fier de l'être!

Dans cette imposante solennité, les Français jurèrent sur leurs armes de soutenir l'indépendance et la liberté de la patrie, et tous les vieux courtisans de l'Europe sourirent de pitié à ce serment généreux; ils étaient loin de soupçonner que les effets suivraient de si près les paroles. Quel réveil et quelle surprise pour eux! A peine a-t-on appris l'envahissement de notre territoire, que déjà tous les citoyens volent à la défense commune. La France est un camp, et son peuple une armée. Dans les cités, dans les villages, dans les hameaux, il se forme des bataillons sacrés, où se réunissent les parents et les amis, qui veulent être juges et rivaux les uns des autres. La vieillesse et l'adolescence oublient leur commune faiblesse, et sollicitent avec des larmes l'honneur de servir la cause générale. Les épouses disent adieu sans faiblesse à leurs maris, devenus soldats. Des mères même offrent ou amènent leurs fils; mais leur tendresse prévoyante les confie à ces vieux guerriers rentrés dans les rangs à la voix de la patrie en danger. Par une illusion de l'amour maternel, elles croient mettre les jeunes volontaires sous la protection de la fortune qui a sauvé les jours des vétérans.

Cependant les volontaires volent à l'ennemi qui occupe les plaines de la Champagne et menace Paris. Kellermann à Valmy, Dumouriez dans la forêt d'Argonne arrêtent les Prussiens. Une première victoire les déconcerte et une épidémie se met dans leurs rangs. Le roi de Prusse hésite, il craint de se trouver enfermé au milieu de la France en armes; il se retire enfin, et Brunswick devient la risée du peuple qui le chansonne. Tel fut l'éclatant résultat de la lutte de 1792, et de cet enthousiasme d'un peuple courant à la gloire et à la liberté.

L'Assemblée nouvelle, élue au milieu des dangers publics, en paraissant sur la scène montra un spectacle sublime empreint à la fois, comme tout ce qui est sublime, de grandeur et de terreur.

Les hommes de la *Montagne*, car c'étaient des géants, ces hommes à idées gigantesques, tandis que les modérés peureux et tremblants criaient merci, lanceront nos armées sur les champs de bataille et les familiariseront avec la victoire. Ils auront des ennemis au dedans, des ennemis au dehors, et même au-dessus d'eux; le ciel semblera leur être hostile, car bien des fois les éléments contrarieront leur courage. Les ennemis du dedans ils seront trop nombreux pour les dompter, ils les anéantiront, ils les traiteront comme des ennemis étrangers. Ceux du dehors, au contraire, ils les combattront par des décrets, ils les traiteront, pour ainsi dire, comme des ennemis civils; ils décrèteront qu'ils seront mis en fuite, vaincus, et ils seront vaincus et mis en fuite. On avait regardé comme le sublime de la force et du courage de commander à un soldat de combattre, de mourir; eux, par un décret, ils commanderont à leurs soldats de combattre et de vaincre, et leurs soldats combattront et triompheront. Ils enverront même un commissaire de la République sur le champ de bataille, pour s'assurer que leur décret est bien exécuté. Le ciel lui-même se laissera vaincre, il s'apaisera et se fera calme en voyant tant d'héroïsme.

Au nombre des principaux moyens de vaincre que la République enfanta, se trouvèrent en première ligne ces chants guerriers et républicains qui entretinrent l'exaltation dans le cœur de tous les braves A défaut des fanfares et des marches de nos musiques militaires modernes, quelques fifres à sons aigus, perçants et peu agréables, le bruit cadencé et les coups réguliers des tambours battant la charge, la voix des généraux, entonnant avec joie des chants connus de l'armée, l'harmonie imposante des masses répétant ces chants en chœur, sans le secours des instruments, suffirent pour porter au plus haut degré l'enthousiasme de nos volontaires. Tels furent l'hymne célèbre des *Marseillais* et le *Chant du départ*. — Le premier, ouvrage d'un brave et digne officier d'artillerie, Rouget de l'Isle, fut à tort appelé des Marseillais, puisque, bien longtemps avant le 10 août, il parut à l'armée du Rhin.

La Marseillaise était le chant d'indépendance et de guerre de 1793, un cri d'alarme, un appel aux masses en faveur de la patrie attaquée de toutes parts, et cet appel fut entendu. Mais, à la fin de 1794, grâce au courage et aux succès de nos soldats, les *sillons* de nos campagnes n'avaient plus à craindre la présence de l'étranger, Chénier se chargea de célébrer la victoire, et le *Chant du départ* prit aussitôt place parmi nos hymnes guerriers Cet admirable chant républicain et guerrier rappelle à la fois au soldat sa famille et sa patrie.

Voici ces deux chants glorieux :

LA MARSEILLAISE.

Allons, enfants de la patrie!
Le jour de gloire est arrivé.
Contre nous de la tyrannie,
L'étendard sanglant est levé. (*bis*)
Entendez-vous, dans les campagnes,
Mugir ces féroces soldats?
Ils viennent jusque dans nos bras
Egorger nos fils, nos compagnes!
Aux armes, citoyens! formez vos bataillons!
Marchez! (*bis*) qu'un sang impur abreuve nos sillons

Que veut cette horde d'esclaves,
De traîtres, de rois conjurés!
Pour qui ces ignobles entraves,
Ces fers, dès longtemps préparés?
Français! pour nous, ah! quel outrage!
Quels transports il doit exciter!
C'est nous qu'on ose méditer
De rendre à l'antique esclavage!
Aux armes, citoyens! etc.

Quoi! des cohortes étrangères
Feraient la loi dans nos foyers!
Quoi! ces phalanges mercenaires
Terrasseraient nos fiers guerriers!
Grand Dieu! par des mains enchaînées,
Nos fronts sous le joug se ploieraient!
De vils despotes deviendraient
Les maîtres de nos destinées!
Aux armes, citoyens! etc.

Tremblez, tyrans, et vous, perfides!
L'opprobre de tous les partis!
Tremblez! vos projets parricides

Vont enfin recevoir leur prix.
Tout est soldat pour vous combattre!
S'ils tombent, nos jeunes héros,
La terre en produit de nouveaux
Contre vous tous prêts à combattre!
Aux armes, citoyens! etc.

Français! en guerriers magnanimes,
Portez ou recevez vos coups;
Epargnez ces tristes victimes,
A regret s'armant contre nous.
Mais le despote sanguinaire,
Mais les complices de Bouillé,
Tous ces tigres qui, sans pitié,
Déchirent le sein de leur mère!...
Aux armes, citoyens! etc.

Nous entrerons dans la carrière,
Quand nos aînés n'y seront plus;
Nous y trouverons leur poussière
Et les traces de leurs vertus.
Bien moins jaloux de leur survivre
Que de partager leur cercueil,
Nous aurons le sublime orgueil
De les venger ou de les suivre.
Aux armes, citoyens! etc.

Amour sacré de la patrie,
Conduis, soutiens nos bras vengeurs
Liberté, liberté chérie,
Combats avec tes défenseurs!
Sous nos drapeaux, que la victoire
Accoure à tes mâles accents!
Que tes ennemis expirants
Voient ton triomphe et notre gloire!
Aux armes, citoyens! formez vos bataillons!
Marchez! (*bis*) qu'un sang impur abreuve nos sillons!

LE CHANT DU DÉPART.

UN DÉPUTÉ DU PEUPLE.

La victoire, en chantant, nous ouvre la barrière.
La liberté guide nos pas,
Et du nord au midi, la trompette guerrière
A sonné l'heure des combats.
Tremblez, ennemis de la France,
Rois ivres de sang et d'orgueil!
Le peuple souverain s'avance...
Tyrans, descendez au cercueil!
La République nous appelle.
Sachons vaincre ou sachons périr.
Un Français doit vivre pour elle;
Pour elle, un Français doit mourir.

UNE MÈRE DE FAMILLE.

De nos yeux maternels, ne craignez pas les larmes;
Loin de nous de lâches douleurs!
Nous devons triompher quand vous prenez les armes;
C'est aux rois à verser des pleurs.
Nous vous avons donné la vie,
Guerriers; elle n'est plus à vous.
Vos jours sont à la patrie;
Elle est votre mère avant nous.
La République, etc.

UN VIEILLARD.

Que le fer paternel arme la main des braves!
Songez à nous au champ de Mars.
Consacrez dans le sang des rois et des esclaves
Le fer béni par les vieillards;
Et, rapportant sous la chaumière
Des blessures et des vertus,
Venez fermer notre paupière,
Quand les tyrans ne seront plus.
La République, etc.

UN ENFANT.

De Barra, de Viala, le sort nous fait envie:
Ils sont morts, mais ils ont vaincu.
Le lâche accablé d'ans n'a point connu la vie;
Qui meurt pour le peuple a vécu.
Vous êtes vaillants; nous le sommes.
Guidez-nous contre les tyrans.
Les républicains sont des hommes;
Les esclaves sont des enfants.
La République, etc.

UNE ÉPOUSE.

Partez, vaillants époux; les combats sont vos fêtes.
Partez, modèles des guerriers.
Nous cueillerons des fleurs pour en ceindre vos têtes;
Nos mains tresseront vos lauriers.
Et si le temple de mémoire
S'ouvrait à vos mânes vainqueurs,
Nos voix chanteront votre gloire,
Nos flancs porteront vos vengeurs.
La République, etc.

UNE JEUNE FILLE.

Et nous, sœurs des héros, nous qui, de l'hyménée,
Ignorons les aimables nœuds,
Si, pour s'unir un jour à notre destinée,
Les citoyens forment des vœux,
Qu'ils reviennent dans nos murailles
Beaux de gloire et de liberté,
Et que leur sang, dans les batailles,
Ait coulé pour l'égalité.
La République, etc.

LES GUERRIERS.

Sur ce fer, devant Dieu, nous jurons à nos pères,
A nos épouses, à nos sœurs,
A nos représentants, à nos fils, à nos mères,
D'anéantir les oppresseurs.
En tous lieux, dans la nuit profonde,
Plongeant l'infâme royauté,
Les Français donneront au monde,
Et la paix et la liberté.
La République, etc.

La République, victorieuse de la coalition, a disparu devant l'Empire, que renversa une autre coalition européenne. Une révolution nouvelle a jeté par terre la monarchie élevée sur les ruines de l'Empire. Les gouvernements meurent; les peuples vivent. Le sang des justes se répand souvent pour eux et les rachète. Combien de jeunes soldats, qui partirent en chantant les nobles refrains que nous venons de citer, ne sont-ils pas morts pour la patrie et la liberté, souhaitant du moins à la France un avenir prospère et glorieux! Leurs vœux pourraient-ils ne pas être exaucés?

VICTOIRES
CONQUÊTES ET REVERS DES FRANÇAIS

PREMIÈRE COALITION

CAMPAGNE DE 1792

CONTRE LES PRUSSIENS, LES AUTRICHIENS ET LES PIÉMONTAIS.

La convention de Pilnitz fut suivie du traité d'alliance de Berlin. Par ces deux actes le roi de Prusse et presque tous les petits princes de la Saxe, de la Hesse et des bords du Rhin se liguèrent avec l'empereur d'Allemagne. Le 20 avril 1792, le roi Louis XVI démontra dans un discours qu'il était obligé de déclarer la guerre à l'Autriche : l'assemblée nationale la décréta aussitôt. Les hostilités s'ouvrirent, et le premier choc eut lieu le 28 avril 1792 à trois lieues de Tournay; les ennemis, supérieurs en nombre, obtinrent l'avantage.

L'armée destinée à l'invasion se composait de cent douze mille hommes, dont vingt mille de cavalerie, savoir : soixante mille Prussiens, trente-deux mille Autrichiens, huit mille Hessois et douze mille émigrés. Les Autrichiens étaient de braves troupes, aguerries par leurs récentes campagnes contre les Turcs. Mais l'armée prussienne, qui faisait la principale force des coalisés, passait pour la première de l'Europe : c'était celle qu'avait formée le grand Frédéric. Orgueilleuse de luttes et de victoires jusqu'alors sans exemple dans les annales modernes, fière du génie militaire du roi qui avait été son général, elle joignait à cette force d'opinion une complète connaissance des grandes manœuvres et une instruction pratique supérieure. Les officiers y rivalisaient tous de talents. On conçoit quelles devaient être la confiance morale et l'assurance pratique d'une armée ainsi exercée et organisée.

Qu'avait la France à opposer à ces terribles ennemis?... Des régiments minés par la désertion et l'émigration, énervés par une longue paix, mal instruits, mal disciplinés, sans union entre eux, sans confiance dans leurs chefs, et des bataillons de volontaires à peine exercés à manier un fusil, sans habits et sans chaussures. Mais l'amour de la patrie et l'orgueil du nom français animaient ces masses inhabiles, et devaient en faire promptement les guerriers les plus redoutables de l'Europe.

Les armées coalisées avaient pour chef suprême le duc de Brunswick. Jusqu'à sa campagne de France, c'était lui qui, parmi les généraux étrangers, comptait le plus de succès et le moins de revers. Au commencement de la révolution il jouissait de la réputation de premier capitaine de l'Europe. Mais il avait prêté l'oreille aux déclamations des émigrés, qui lui peignaient les Français comme une poignée de rebelles, un ramassis de brigands que la peur du châtiment aurait bientôt mis à la raison. De là cet insolent manifeste dans lequel, après la plus amère censure de toute la révolution, il ose dire à vingt-quatre millions d'hommes « que les alliés puniront comme rebelles tous les Français, sans distinction, qui combattront les armées étrangères; qu'ils seront individuellement responsables, s'ils ne s'opposent pas aux attentats des révolutionnaires contre le roi et sa famille, et que toutes les autorités constituées, tous les citoyens seront punis de mort; que toutes les villes et villages seront frappés d'exécution militaire et de pillage en cas de résistance et de désordre. »

On pouvait peut-être surprendre et vaincre la France, mais il ne fallait pas l'insulter. A la lecture du manifeste, un cri de colère et d'indignation fut poussé par le peuple; mais à la honte des émigrés aucun d'eux ne protesta contre cet outrage au pays natal.

Dumouriez, chargé du commandement suprême de toutes les forces qui couvraient la frontière du nord, depuis Dunkerque jusqu'à Strasbourg, ne se dissimulait pas les difficultés de sa position. Inconnu aux troupes sous ses ordres, il n'avait lui-même aucune notion exacte sur ses soldats, dont l'infériorité numérique vis-à-vis des armées compactes et aguerries des étrangers, n'était rien moins que rassurante. Son plan était de porter le théâtre de la guerre dans les Pays-Bas; mais la prompte reddition de Verdun et de Longwy le força de prendre d'autres dispositions. Il se décida à occuper les défilés de la forêt de l'Argonne, qui longe les évêchés de la Champagne, et par lesquels les alliés devaient passer pour marcher sur Paris; dans ces gorges qui ne permettaient pas de se développer, ils perdaient l'avantage du nombre et couraient la chance d'une défaite. Le duc de Brunswick, au lieu de précipiter sa marche, laissa à son adversaire le moyen de préparer sa résistance.

L'armée entra le 19 août sur le territoire français. Fontoy, village fortifié, entre Thionville et Longwy, était défendu par une division de quatre mille hommes de l'armée de Kellermann, sous les ordres du général Crusi. Vingt-deux mille Prussiens assaillirent cette petite place et s'efforcèrent en vain d'emporter ses retranchements. Repoussé de toutes parts, écrasé par le feu de notre artillerie, l'ennemi se retira en désordre, laissant la terre couverte de morts. Un si petit nombre de braves ne pouvait néanmoins arrêter le torrent qui se précipitait sur la Champagne; pendant la nuit le général francais se replia sur Thionville.

La droite des alliés, forte d'environ trente mille hommes, et dirigée par le général Clairfait, avait pris poste à Darihnat. L'aile gauche, d'environ vingt-cinq mille hommes, commandés par le prince Hohenlohe-Kirchberg, s'avança devant Thionville, remplissant l'intervalle jusqu'à Sarre-Louis. Le centre, d'environ cinq mille hommes, sous les ordres du roi de Prusse et du duc de Brunswick, investit Longwy.

Thionville fut bombardé par les Prussiens les assiégés, sommés de se rendre, répondirent en plaçant sur leurs remparts un cheval de bois, au cou duquel ils avaient attaché une botte de foin avec cette inscription *Quand ce cheval aura mangé le foin, Thionville se rendra*. Après trois jours de tranchée ouverte, Félix Wimpfen, qui commande la place, est sommé de se rendre : « On peut « brûler la ville, dit-il, mais on n'y peut « faire commettre une lâcheté. » On ose essayer auprès de lui la trahison; un million lui est offert pour trahir son pays : « Eh bien « j'accepte, répond-il en riant, mais je veux « que le contrat de donation soit passé par-« devant notaire. »

Les traits de bravoure se pressent dans la relation de ce siége. Les assiégeants avaient formé un approvisionnement considérable à Gavisse. Wimpfen se résout à le détruire

Il rompt d'abord un pont de bateaux établi à Catenon ; quelques heures après un volontaire passe la Moselle à la nage pour chercher une nacelle sur l'autre rive ; le général traverse le premier la rivière avec quatorze hommes, et attaque le poste avec cette faible troupe.—Wimpfen se voyant cerné de toutes parts, et croyant devoir solliciter du secours de Metz, demande un soldat courageux pour porter sa lettre. Trois hussards se présentent et partent au galop. Les sentinelles autrichiennes tirent et en tuent deux. Le dernier se fait jour à travers les postes ennemis, tombe dans une embuscade, se dégage malgré les coups de sabre, et couvert de gloire et de blessures, arrive à Metz, où il dépose les dépêches de son commandant.

Longwy, place d'une petite étendue, est dominée à deux mille pas de distance par le mont des Chats, dont les ennemis s'emparèrent. Après une inutile sommation faite au gouverneur, le 13 août, le bombardement commença. Dix heures de feu et trois mille bombes tombées dans la ville suffirent pour en effrayer la population. Une partie des habitants s'attroupa en tumulte et demanda qu'on ouvrît les portes. Le gouverneur Lavergne, avec une garnison de dix-huit cents hommes, soixante-douze pièces de canon et des approvisionnements de toute espèce, se vit contraint, par la pusillanimité des magistrats autant que par la lâcheté des citoyens, à subir une capitulation. La garnison sortit le 23 avec les honneurs militaires, mais elle resta prisonnière de guerre. Un officier municipal, Courtois, admis au conseil de défense de la place, avait refusé seul de souscrire à la reddition. On brûla sa maison, et quelques jours après, étant tombé dans un parti prussien, le commandant, encore irrité du souvenir de sa noble fermeté, le condamna à être pendu ; arrêt contraire aux usages de la guerre et fait pour déshonorer celui qui l'avait rendu. Mais au moment où on l'entourait pour l'accrocher au clou, Courtois saute cinquante marches d'un escalier, tombe dans une écurie et gagne un grenier, d'où il s'élance dans la rue par un œil de bœuf. Armé seulement d'une fourche, ce brave renverse tout ce qui s'oppose à son passage, fait plusieurs prisonniers, et les ramène aux avant-postes de l'armée française.

Son patriotisme et son courage méritaient une récompense. Il fut aussitôt nommé lieutenant en présence des soldats, qui prirent les armes et le saluèrent de leurs acclamations.

Le siége de Verdun, également malheureux, est célèbre par la généreuse résistance et l'honorable désespoir du commandant de place Beaurepaire.

Les boulets pleuvent sur la ville et partent de trois batteries, l'une établie à Saint-Michel, l'autre au camp du prince de Hohenlohe, la troisième à celui du général Kalkreuth. Quelques maisons sont incendiées. Alors, comme à Longwy, les autorités civiles demandent au conseil de défense que l'on ouvre les portes. Beaurepaire résiste ; l'ennemi offre une capitulation ou menace de l'escalade. Les habitants, dont les vœux se confondent avec ceux des ennemis de la patrie, détruisent les subsistances et anéantissent les approvisionnements. La terreur d'un premier bombardement, les horreurs du pillage dont ils se voient menacés, éteignent tout sentiment généreux. La garnison est pleine de bravoure, elle veut combattre, elle entend la voix de Marceau et celle de ses dignes émules de gloire, les chefs de bataillon Lemoine et Dufour. Enflammée par l'exemple de son intrépide commandant, le colonel Beaurepaire, elle se prépare aux plus héroïques efforts : c'est en vain ; la reddition est résolue. Beaurepaire, indigné d'une pareille lâcheté, ne peut survivre à cet affront : il se donne la mort..... Marceau fut chargé d'aller porter la capitulation au monarque ennemi, devoir cruel que les lois de la guerre imposent au plus jeune officier. Le front couvert d'un bandeau, il s'avance sur la place vers ces troupes étrangères qu'il aurait vaincues si l'on eût suivi ses conseils. Des larmes inondaient son visage ; le roi de Prusse les vit couler. Il dut penser qu'avec de tels hommes la France allait devenir invincible. Marceau avait perdu pendant le siége ses équipages, ses chevaux, son argent : « Que vou-
« lez-vous que l'on vous rende ? lui dit un
« représentant du peuple. — Un sabre nou-
« veau pour venger notre défaite, » répondit le guerrier.

Maître de Longwy et de Verdun, le roi de Prusse se confiant au reste dans les paroles des émigrés, se décida enfin à faire avancer ses troupes contre la jeune armée française qui avait eu le temps de recevoir de nombreux renforts, et de régulariser ses positions.

Dans des engagements assez sérieux d'avant-poste, les Prussiens furent repoussés.

On était parvenu au 13 septembre, Beurnonville et Kellermann s'approchaient avec leurs corps; bientôt Dumouriez allait se trouver à la tête de soixante mille hommes prêts à recevoir la bataille, avec des positions choisies depuis longtemps. Cependant Dumouriez, dont le génie était prompt, mais qui arrivé au but se négligeait et se reposait sur sa fortune, fut sur le point de voir ses heureuses combinaisons renversées. Un des défilés, occupés par les Français, ayant été dégarni, l'ennemi s'en empara, et notre position n'était plus assurée. Le général français ne désespéra pas de tout réparer; il effectua habilement sa retraite et vint occuper le camp de Sainte-Menehould sans être inquiété par l'armée ennemie qui par la lenteur de ses mouvements n'empêcha pas la réunion de Beurnonville et Kellermann avec Dumouriez.

L'armée prussienne s'était avancée et campait sur le prolongement des montagnes de la Lune. Malgré l'avis du duc de Brunswick, le roi de Prusse s'étant imaginé que l'armée française allait battre en retraite sur Châlons, voulut l'attaquer, dans l'espoir de surprendre les colonnes en marche.

Le 20 septembre, le combat commença à trois heures du matin, par une attaque de l'avant-garde prussienne qui vint heurter celle de Kellermann, inférieure en nombre, et la fit plier. Un brouillard épais empêchait l'ennemi de voir nos dispositions, et nous cachait en même temps les siennes: les Prussiens déployaient sur les hauteurs de la Lune une artillerie formidable; à sept heures et demie, le brouillard cesse, les armées sont en présence, et le combat commence. Le feu de l'ennemi répond au nôtre. Kellermann marche dessus, ayant à sa droite les corps détachés de Dumouriez, sous les ordres du général Stengel; à sa gauche le général Valence, à la tête des carabiniers et des grenadiers. Le combat s'anime, notre feu a l'avantage, et nous croyons avoir vaincu, quand les batteries ennemies sont changées de direction, et portent dans nos rangs le carnage et la mort. Des boulets font sauter deux de nos caissons d'artillerie. Le tumulte répand au milieu des bataillons français, et les soldats du train se retirant en toute hâte, le feu se ralentit faute de munitions : alors le général Kellermann fait avancer la cavalerie qui repousse les Prussiens. De son côté le duc de Brunswick, voyant le combat rétabli, forme son armée sur trois colonnes d'attaque, dont deux sont dirigées sur Valmy. Pour répondre à cette manœuvre, le général français dispose aussi son armée en colonnes, et la fait marcher par bataillons. Il adresse cette phrase aux soldats : *Camarades, voici le moment de la victoire, avançons sous le feu de l'ennemi, et chargeons à la baïonnette...* Puis mettant son chapeau au bout de son épée : *Vive la nation! sachons vaincre pour elle.* Aussitôt l'enthousiasme succède à l'incertitude qui arrêtait nos efforts : de tous côtés les troupes chargent l'ennemi aux cris de : *Vive la nation! vive la république!* Les Prussiens, surpris de cette nouvelle attitude et du changement qui vient de s'opérer, chancellent et lâchent pied. Le duc de Brunswick préfère à la honte d'une déroute les honneurs d'une retraite bien exécutée, et l'armée ennemie cède le champ de bataille.

Le général Kellermann eut un cheval tué sous lui d'un coup de canon; il fut depuis nommé duc de Valmy, en mémoire des services qu'il avait rendus dans cette journée.

Cette victoire eut pour nous les résultats les plus importants; elle dissipa les illusions du roi de Prusse, et lui fit voir que la France était encore redoutable, quoique divisée, qu'à l'armée seule elle avait confié le soin de sa gloire et de son salut. Clairfait, à la tête des Autrichiens, que les Prussiens attendaient avec impatience, n'arriva que pour favoriser la retraite du roi de Prusse, après laquelle les Français occupèrent d'excellentes positions. De son côté, le général Custine préparait une diversion en Allemagne.

Harcelés dans leur marche pénible à travers des marais, privés de vivres, attaqués de la dysenterie et de maladies épidémiques, les Prussiens s'affaiblissaient de jour en jour, et l'embarras du roi de Prusse était extrême. D'ailleurs, la mésintelligence régnait entre les Prussiens et les Autrichiens; ils s'accusaient les uns les autres de trahison, et tout faisait présumer que les premiers ne pour-

raient se tirer de la position critique dans laquelle ils s'étaient mis et qu'ils seraient exterminés jusqu'au dernier dans les marais du Grand-Pré, où leur armée resta enfoncée plus de huit jours. Il en arriva autrement, par un enchaînement de circonstances dont la politique seule a le secret. Les Prussiens opérèrent leur retraite, abandonnant Longwy et Verdun. Après trois semaines d'une retraite désastreuse, se trouvant dans l'état le plus déplorable, sans habits, sans souliers, sans vivres, et exposés à tous les dangers, ils quittèrent la France qu'ils laissaient couverte de leurs effets de campement, des nombreux cadavres de leurs compatriotes et des débris de leur armée.

Un cri général d'indignation s'éleva contre Dumouriez; on l'accusa d'ineptie, de lâcheté et de trahison. Soit que sa conduite ne fût point exempte de blâme, soit que la nécessité ou la politique l'eût forcé d'en agir ainsi, toujours est-il qu'il sut adroitement donner le change à l'opinion publique. Son armée devenait de jour en jour plus formidable; et les soldats français vainqueurs des vieilles bandes du grand Frédéric commencèrent à être animés de cette confiance militaire qui, avec la foi dans les généraux, est un des premiers et des plus sûrs éléments de la victoire.

Le département du Nord, laissé à découvert par Dumouriez pour secourir la Champagne, restait en quelque sorte abandonné à la discrétion des Autrichiens. Les forces chargées de le défendre s'élevaient à peine à neuf mille hommes, et ces troupes étaient sans général capable de les commander.

Le duc de Saxe-Teschen avait investi Lille avec vingt-neuf mille hommes, dont huit de cavalerie. Il comptait sur les intelligences secrètes qu'il s'était ménagées dans la place et fit commencer le bombardement, espérant qu'à la vue de l'incendie de leurs maisons les habitants demanderaient à se rendre; mais il fut bientôt détrompé par le courage et l'ardeur que les Lillois déployèrent dans la défense de leur ville. Le général en chef Duhoux est entré dans la place. Rien ne peut intimider les habitants ou les porter à capituler. Le brave Bryan commande la garde nationale, l'intrépide Ruault la garnison; Le maire André répond au parlementaire : « *Nous ne sommes point des parjures; nous soutiendrons la liberté, ou nous mourrons.* » Vainement les obus, les bombes, les boulets rouges, pendant cinq jours de suite, portent le désastre et la mort : en vain la caserne de Fives, l'église Saint-Étienne, et tout le quartier Saint-Sauveur se montrent en proie aux flammes; des femmes et des enfants sont occupés à courir sur les bombes pour en arracher les mèches. Les bourgeois armés de grandes cuillères de fer, qu'ils ont fait fabriquer exprès, vont dans les maisons où tombent les boulets rouges, les saisissent et les jettent dans les ruisseaux. Des canonniers, des gardes nationaux, avertis que leur maison brûle au moment où ils remplissent leur service sur les remparts, répondent *qu'ils ne peuvent quitter leur poste.* Ceux dont la maison se trouve conservée, ne paraissent y ajouter de prix que pour l'offrir à leurs concitoyens qui se voient sans asile. « *Buvez et mangez*, disent-ils en partageant tout ce qu'ils possèdent; *quand la provision sera épuisée, la Providence y suppléera.* » On vit longtemps après plusieurs habitants faire sceller sur la façade de leurs maisons les boulets dont elles avaient été atteintes, et les montrer avec un noble orgueil comme une marque de leur dévoûment et de leur fidélité.

Tant de constance et d'intrépidité eurent leur récompense. Le duc de Saxe-Teschen, apprenant nos succès en Champagne, fait sa retraite. Lille est délivrée le 9 octobre, et Thionville le 16. Peu de villes assiégées firent une défense plus glorieuse et plus remarquable. Thionville fut bombardée pendant quinze heures sans interruption, mais le feu des remparts avait pris une telle activité qu'il éteignait celui des assiégeants. Les canonniers avaient formé une masse d'où l'on tirait des primes pour ceux d'entre eux qui visaient le plus juste. Celui qui démontait une pièce était couronné aux acclamations, et les maladroits payaient une amende.

Les Autrichiens, effrayés des succès que l'armée, commandée par Custine, obtenait sur les bords du Rhin, et craignant que cette armée ne refluât sur eux, précipitèrent leur retraite. Les Français ne trouvèrent alors aucun obstacle pour pénétrer de tous côtés dans la Belgique.

Le général Custine s'empara de Spire, de Worms, d'Oppenheim et de Mayence. Franc fort-sur-le-Mein, dont la possession rendait la puissance à laquelle elle appartiendrait maîtresse du cours du Mein, et que l'on accusait de favoriser les émigrés, fut taxée à la contribution de deux millions de florins du Rhin, sous peine d'exécution militaire.

Sans posséder de grands talents militaires, Custine avait la confiance de ses troupes. La défection de Dumouriez entrava ses opérations ; mais, aux yeux des républicains, Custine peut passer pour leur avoir rendu de grands services en accélérant la retraite des Prussiens, en secondant les succès de Dumouriez dans la Belgique, et néanmoins il périt sur un échafaud.

Pendant qu'une partie de l'armée française se signalait dans le Nord, le général Montesquiou pénétrait rapidement dans les États du roi de Sardaigne, et conquérait la Savoie sans coup férir ; Anselme s'emparait de Nice ; Biron se maintenait en Alsace, et Kellermann entrait dans l'électorat de Trèves.

Dumouriez, débarrassé des Prussiens, s'était porté en Flandre à la tête de trente mille hommes. L'armée autrichienne, commandée par le prince de Cobourg, s'était fortement retranchée auprès du village de Jemmapes, pour couvrir la ville de Mons. Dumouriez ayant sous ses ordres les généraux Beurnonville, Dampierre et le jeune duc de Chartres, se décida à tenter le sort d'une bataille qui lui ouvrit les portes de Mons. La bataille de Jemmapes est le plus beau titre de gloire de Dumouriez. L'armée autrichienne, forte de vingt-cinq mille hommes, et commandée par le duc Albert de Saxe-Teschen, était dans une position formidable; elle occupait les hauteurs en avant de Mons, depuis le village de Culme jusqu'à celui de Jemmapes, et son front était couvert par des redoutes garnies d'un artillerie formidable. L'attaque commença le 5 sur Quarégnon. Le général Ferrand a son cheval tué sous lui ; il charge à pied à la tête de ses grenadiers, et la baïonnette en avant, il court sur les pièces de l'ennemi. Dans le même moment, Dampierre, à la tête des troupes flamandes, enlève à l'ennemi deux redoutes, tourne contre lui les canons qui les garnissaient, et éteint le feu de plusieurs batteries qui balayaient la route de Cuesmes, et sous le feu desquelles Beurnonville était arrêté

Déjà l'ennemi était pris à revers ; son aile droite était enlevée, quand Dumouriez met le centre en mouvement, et, s'adressant aux soldats qui le suivent : « Soldats, voilà les « hauteurs de Jemmapes, et voilà l'ennemi ; « l'arme blanche et la terrible baïonnette, « voilà la tactique qu'il faut employer pour « y parvenir et pour vaincre. »

Les bataillons traversent la plaine; en vain les cavaliers autrichiens portent un instant le désordre dans nos rangs ; un jeune domestique de Dumouriez, nommé Baptiste, se porte à l'endroit où les bataillons commençaient à se mêler ; il les rallie, les ramène au feu et rétablit le combat. Le duc de Chartres forme une colonne à laquelle il donne le nom de bataillon de Jemmapes, et enlève des redoutes où se précipite notre cavalerie légère. Nous avons partout l'avantage : l'ennemi est entre deux feux : bientôt il est battu au centre ; sur la droite, les Autrichiens se retirent en désordre ou tombent sous la mitraille; sur la gauche seulement ils résistent encore et prétendent à la victoire. Mais Dumouriez, à la tête de plusieurs bataillons et de dix escadrons de cavalerie légère, se porte sur ce point, culbute une colonne de cavalerie qui s'oppose à son passage, s'empare des positions que le général Beurnonville occupe aussitôt avec l'avant-garde, et se jette dans les retranchements qui, vaillamment défendus par les grenadiers hongrois, tombent en son pouvoir. Sur tous les points on chante l'hymne républicaine, sur tous les points l'ennemi est taillé en pièces, et la bataille complétement gagnée.

Au plus fort de l'action le capitaine Bertèche venait de sauver la vie au général Beurnonville, lorsqu'ils furent tous deux enveloppés par un peloton de cavaliers ennemis ; ils font des prodiges de valeur, et semblent se multiplier pour se défendre mutuellement. Bertèche tue douze dragons, reçoit quarante-un coups de sabre, un coup de feu au bras, et a son cheval tué sous lui ; cependant il se fait jour, et échappant comme par miracle à une mort certaine, il parvient à rejoindre l'armée victorieuse. Beurnonville, devenu ministre de la guerre, présenta ce brave guerrier à la Convention nationale, qui lui décerna une couronne de chêne et un sabre d'honneur au nom de la nation française.

Quelsque soient les jugements portés sur la bataille de Jemmapes, qui ne peut être comparée aux plus minimes des engagements généraux auxquels Napoléon a donné le nom de batailles, on doit reconnaître avec impartialité que si la canonnade de Valmy avait présenté nos soldats sous un nouveau jour, en les montrant capables d'une défense opiniâtre en rase campagne, sa victoire de Jemmapes eut un résultat non moins important, en détruisant cette opinion singulière accréditée en Europe, depuis les campagnes de Soubise et de Clermont, que les troupes françaises étaient incapables de gagner une bataille rangée. Le courage et l'audace dont elles ont depuis donné tant de preuves se manifestèrent assez à Jemmapes pour que cette victoire eût une grande influence sur tous les peuples européens. On put encore douter de nos généraux, mais désormais la réputation de nos soldats fut faite.

Dumouriez, avec plus d'activité que de prudence, s'empare rapidement de tous les Pays-Bas, et tandis que Beurnonville s'avançait sur Trèves et sur Coblentz, que Valence s'emparait de Namur, Dumouriez se rendait maître de Gand, de Bruxelles et Anvers, assiégeait Maëstricht et se préparait à envahir la Hollande.

Les démêlés de Dumouriez avec la Convention commencèrent après la prise de Bruxelles. Les conventionnels voulaient traiter en pays conquis la Belgique, que le général, plus modéré et plus politique, appelait à une franche coopération comme alliée et comme amie.

L'armée se trouva arrêtée quatre jours à Bruxelles par les besoins de toute nature qui l'assiégeaient. Dumouriez para heureusement à ces embarras dont les soldats murmuraient déjà, au moyen d'une somme de 100,000 écus qu'il emprunta chez un négociant patriote. Il organisa avec intelligence des ressources pour les vivres et l'habillement; mais le conseil exécutif français voulant qu'un comité d'approvisionnement, créé à Paris, pourvût en assignats à tous les besoins de l'armée, afin d'extraire le numéraire de la Belgique, on refusa d'approuver à Paris les marchés passés avec les fournisseurs belges. Le général français, pour ne pas compromettre son armée les maintint malgré les ordres de la Convention. Cette désobéissance première, motivée par une foule de raisons militaires et politiques, brouilla Dumouriez avec les conventionnels.

A l'attaque de Namur, la garnison autrichienne s'enferma dans la citadelle, qui fu bientôt écrasée par les bombes et les boulets. Le bruit court que le fort Vilatte, qui couvre le château, est miné, et que les assiégeants vont sauter au moment où ils croient obtenir la victoire. Le général Leveneur se dirige, la nuit, vers le fort avec douze cents hommes déterminés à mourir. Les Français franchissent les palissades. La première voûte est déserte, les sentinelles qui gardent la seconde font feu et donnent l'alarme. Alors Leveneur, qui ne peut franchir la palissade, dit à un officier très grand et très fort qui est à ses côtés, de le jeter par-dessus. L'officier obéit et se précipite après lui de l'autre côté de la barrière. Déjà Leveneur a saisi le général autrichien : « Conduis-moi à tes mines, lui dit-il en lui « tenant l'épée sur la poitrine, ou tu es mort.» L'Autrichien balance; mais, menacé de nouveau, il cède à une hardiesse qui le déconcerte. Le général français est conduit aux fourneaux des mines; il arrache lui-même les mèches, les éteint, et s'empare du fort Villatte. La garnison demande à capituler et reste prisonnière de guerre.

L'ennemi ayant pris position derrière la Roër, Dumouriez fit prendre à ses troupes ses quartiers d'hiver en avant de la Meuse, détermination inconcevable, impossible à justifier, et même à comprendre; car trois jours de marche auraient suffi à nos troupes pour balayer la rive gauche du Rhin, chasser l'ennemi au delà de ce fleuve et assurer le succès de la campagne suivante. Mais l'animosité croissante entre Dumouriez et les comités de la Convention parut faire oublier à ce général le plan qu'il avait lui-même proposé en commençant la campagne.

Pendant que l'armée du Nord se signalait par ses exploits dans les plaines de la Belgique, la Savoie, conquise par le général Montesquiou, forcé depuis de fuir en terre étrangère pour se soustraire au mandat d'arrêt lancé contre lui par la Convention, est réunie à la France par un décret et forme le département du Mont-Blanc.

CAMPAGNE DE 1793

CONTRE LES PRUSSIENS, LES AUTRICHIENS, LES PIÉMONTAIS, LES ANGLAIS, LES HOLLANDAIS ET LES ESPAGNOLS.

Situation de la République à la fin de 1792.

Tous les cabinets de l'Europe, menacés de voir se répandre partout le torrent qu'ils avaient cru pouvoir facilement repousser vers sa source, furent frappés de terreur par les conquêtes rapides des Français. Ils reconnurent un peu tard la justesse de l'observation de Mirabeau à Edmund-Burke, qui écrivait que la France n'offrait plus qu'un vide sur la carte de l'Europe : *Oui*, dit Mirabeau, *mais ce vide est un volcan*. Revenus de leur surprise, les rois coalisés ne songèrent qu'à réparer leur imprévoyance et leurs défaites en multipliant leurs forces. L'Empereur et le roi de Prusse s'unirent étroitement. Les électeurs d'Hanovre, de Saxe et le landgrave de Hesse levèrent des troupes pour leur défense commune. L'Empereur fit passer de puissants renforts sur la Meuse et sur le Rhin, sous les ordres du prince de Cobourg. Le roi d'Espagne accéda à la coalition et fit camper ses bataillons sur la cime des Pyrénées. Les états italiens réunirent leurs soldats, et l'Angleterre, sans déclarer la guerre que Pitt, son ministre influent désapprouvait, fit de grands préparatifs et manifesta des dispositions douteuses qui décidèrent la Convention à prendre l'offensive ; mais les insinuations de la Russie, le changement survenu dans les affaires de France, cette haine héréditaire et inextinguible entre les Anglais et les Français, tout, enfin, détermina l'Angleterre à faire une guerre active à la France, et elle devint le centre de la coalition des puissances ennemies.

De toutes parts, ainsi, un cercle de fer se resserrait comme pour comprimer la France révolutionnaire ; mais celle-ci renfermait dans son sein les éléments bouillonnants d'une explosion qui devait rejeter loin de nos frontières toutes les armées ennemies.

La Convention avait déclaré la guerre à l'Espagne et donné l'ordre à Dumouriez, maître de la Belgique, d'envahir la Hollande. Ce général fit assiéger Maëstricht et occupa Liége, Namur, Breda et plusieurs autres places du Brabant hollandais; mais les revers des troupes restées en Belgique le forcèrent de revenir s'opposer aux progrès des impériaux commandés par le prince de

Saxe-Cobourg, et des Prussiens dirigés par le duc de Brunswik. La désertion se mit dans leurs bataillons, qui se retiraient devant les impériaux ; la désorganisation s'introduisit dans les services. Dumouriez, sacrifiant l'espoir de soumettre la Hollande au besoin de ramener la confiance dans les rangs français, livra bataille à Neerwinde.

Le 16 mars 1793, le duc de Chartres avait réussi à repousser le général Clairfait ; mais le général Miranda s'étant retiré derrière Tirlemont, à plus de deux lieues du champ de bataille, Dumouriez, trompé par le silence qui régnait de ce côté, crut que l'ennemi était en retraite et se laissa entourer. La bataille, engagée imprudemment, fut perdue avec trente-deux mille hommes contre cinquante-deux mille ; elle nous coûta quatre mille morts, deux mille cinq cents prisonniers, un matériel immense, et se termina par une retraite désastreuse et la perte de la Belgique.

Cette journée n'en vit pas moins, de la part des Français, des prodiges de valeur. Nerwinde fut pris et repris. Le général Neuilly s'en était rendu maître ; mais le général Clairfait, animé par des succès sur un autre point, lui arracha sa conquête. Le général Leveneur avait montré une rare intrépidité. Les généraux Valence et Thouvenot sauvèrent l'armée. Dumouriez, auquel on reprochait déjà plusieurs défaites, résolut de changer la face du gouvernement, pour se soustraire au jugement qu'on lui préparait. Pour accomplir une pareille entreprise, il fallait qu'il disposât à son gré de l'armée et des généraux sous ses ordres ; mais Dumouriez se convainquit bientôt qu'il n'avait plus de point d'appui. Il prit un parti désespéré : ce fut de constituer prisonniers les commissaires que la Convention envoyait pour le suspendre de ses fonctions, et de les livrer aux Autrichiens. Les députés qui avaient été chargés de cette mission périlleuse étaient Camus, Lamarque, Quinette et Bancal ; on leur avait adjoint le ministre de la guerre Beurnonville. Ils furent conduits à Maëstricht, et de là étroitement gardés dans la citadelle d'Olmultz jusqu'en 1795. La Convention mit Dumouriez hors la loi. Ce général, ne pouvant déterminer son armée à marcher sur Paris, s'enfuit du camp de Maulde, emmenant avec lui plusieurs officiers de son état-major, le général Valence, le duc de Chartres, fils aîné du duc d'Orléans, et se fixa en Angleterre, où il mourut.

Cependant, les Anglais étaient entrés en ligne. Les villes de Condé, Lille, Mayence, Maubeuge, Valenciennes n'étaient plus garanties que par de faibles garnisons et une armée peu nombreuse sous le commandement de Dampierre, qui, pressé par les Autrichiens, livra et perdit la bataille de Famars, où il perdit la vie, victime de sa témérité. — Les restes de l'armée française, réduits à la défensive, cédèrent jusqu'à Lille le terrain aux impériaux.

Le 6 avril, Mayence fut investi par le feld-maréchal prussien Kalkreuth. Le général Doyré commandait la place pour les Français ; Aubert Dubayet dirigeait la défense. Cassel était occupé par le brave Meunier, qui se disposait à une résistance vigoureuse. Deux généraux conventionnels, Merlin et Rewbel, surveillaient les travaux et soutenaient par leur présence la bravoure d'une garnison de vingt-trois mille hommes, laissée par Custine dans cette ville, qu'il avait placée sur le pied de défense le plus imposant, dans la prévoyance de nouvelles tentatives que les alliés devaient faire incessamment pour recouvrer ce boulevart principal de leurs possessions sur le Rhin.

Tous les villages voisins furent pris par les Prussiens, repris par les Français, et dans ces combats, ils restèrent remplis de morts et de blessés. Le brave Meunier se défendit dans Cassel avec huit cents hommes contre une armée de cinquante mille hommes, qui l'assiégeait avec plusieurs batteries ; mais un jour, il fut reconnu dans une sortie, et plusieurs pièces étant dirigées contre lui, un éclat le blessa à la jambe. On jugea l'amputation nécessaire. On l'opéra ; mais il survint une inflammation qui se termina par la gangrène. Le plus brave des officiers de son temps, Meunier, fut enlevé, le 13 juin, à la nation qu'il défendait avec tant d'énergie et d'héroïsme. Sa mort causa un deuil général.

Le roi de Prusse, irrité d'une sortie où les assiégés avaient pénétré jusque dans son camp, fit presser le siége avec vigueur. La ville fut couverte en un instant de bombes, d'obus, de boulets rouges. La misère fut bientôt à son comble ; le blocus achevé, la famine se fit sentir aux habitants. Un chat se vendait six francs, une livre de chair de cheval, deux francs, et la propriété de ces vils aliments était souvent la cause des querelles les plus furieuses, des événements les plus tragiques. Deux mille malheureux, hommes, femmes, vieillards et enfants, sortis de la ville, restèrent exposés au feu de l'ennemi et périrent sous ses batteries, préférant cette mort au trépas plus cruel encore dont la faim les menaçait.

Réduit à ces extrémités, Mayence apprit que Condé, Valenciennes, étaient tombés au pouvoir de l'ennemi; elle entra en pourparlers, et les généraux qui commandaient dans ses murs en ouvrirent les portes au roi de Prusse, dans l'espoir de le détacher de la coalition. Ils espéraient ramener ce prince à reconnaître le gouvernement républicain, comme il l'avait fait dans des actes secrets signés pendant le siége. Merlin retourna dans le sein de la Convention défendre sa conduite et celle des Français qui avaient rendu Mayence. Il prouva l'impossibilité où l'on était d'opposer une résistance plus longue. On refusa de le croire; il perdit son crédit. La garnison fut insultée, à son retour en France par les sans-culottes; Doyré fut arrêté à Sarre-Louis avec son état-major; Dubaye fut conduit à Paris par des gendarmes, et le malheureux Custine paya de sa tête un mauvais succès qui, aux yeux de la raison, n'a rien prouvé contre sa fidélité ni son courage.

Cependant, l'ennemi ne semblait marcher qu'avec lenteur; mais, par des succès répétés, il parvenait à des succès effrayants. Après la prise de Condé, Valenciennes et Cateau-Cambrésis, ses reconnaissances, poussées jusqu'à Péronne et Bapaume, lui ouvrirent le chemin jusqu'à Paris. La France manquait de forces suffisantes pour arrêter les troupes coalisées, et si celles-ci n'avaient point perdu leur temps à temporiser, elles pouvaient marcher sur la capitale, et le succès aurait peut-être couronné cette entreprise hardie; mais elles parurent tergiverser. On put même croire que leur dessein était de s'emparer des renforts dans les villes menacées. Ces mesures réussirent, et, par une suite d'événements aussi glorieux qu'inespérés, la France recueillit une ample moisson de lauriers, où elle devait trouver des revers et une perte inévitable.

Les coalisés avaient surtout gagné du terrain sur la gauche; moins forts sur la droite, ils étaient contenus par nos places maritimes et ne pouvaient que difficilement s'entendre. Dans cette position, le duc d'Yorke d'après les instructions du cabinet anglais, fit des dispositions pour attaquer Dunkerque. Hoche, qui y commandait, ne négligeait rien de ce qui pouvait assurer la défense de la place. Les travaux du siége n'étaient point commencés lorsque la garnison prit l'initiative, opéra une sortie vigoureuse, et, après un combat qui dura trois heures, rentra dans la place. L'ennemi somma la ville de se rendre, et, sur sa réponse négative, tenta l'escalade, mais inutilement. Sur ces entrefaites, les généraux Hédouville, Collaud, Vandamme, Houchard, Jourdan, parurent à la tête de leurs corps, et nous fûmes vainqueurs sur toute l'étendue de la ligne.

Après quelques autres engagements peu importants, l'ennemi se retrancha sur Hondschoote, où Houchard hésitait à l'attaquer. Il fallut que les commissaires conventionnels le forçassent en quelque sorte à poursuivre la carrière de triomphes qui s'ouvrait devant lui. Le 8 septembre, il donne des ordres pour une action générale: Collaud commande la droite; Jourdan occupe le centre, et le général Vandamme se jette dans la plaine, à la tête de l'avant-garde.

L'affaire s'engagea bientôt; un feu d'artillerie et de mousqueterie fut soutenu de part et d'autre avec acharnement. Les Anglais occupèrent le village d'Hondschoote, et cette position avantageuse leur fit faire une belle résistance; mais les Français se jetèrent dans les taillis situés au-devant de ce village, et, après une vive fusillade, ils furent maîtres de ce point. Alors, le général arriva avec une partie de la garnison et de la gendarmerie de Paris, troupe plus brave que bien disciplinée. Ce renfort s'élance avec impétuosité, et l'ennemi, chassé de ses retranchements, est repoussé sur tous les points; sa droite se retire sur Furnes, sa gauche sur Hodghestade. La droite de l'armée française prit position à Bulcamp, la gauche à Steenkerke.

Il n'est point douteux qu'une victoire complète n'eût couronné cette journée, si le général Houchard eût poursuivi l'ennemi, qui fuyait épouvanté. On l'accusa de trahison; on le proscrivit, et il paya de sa tête une faute d'inexpérience.

A Hondschoote, les bataillons qui marchaient sur les redoutes manquaient de cartouches. On demande des cavaliers de bonne volonté pour leur en porter. Le premier de tous, Maudement, s'est offert. Ce brave met son cheval au galop, approche des volontaires et leur crie : « Amis, vous faut-il des » cartouches? — Non, répondent ceux-ci, » nous nous servirons de la baïonnette; c'est » l'arme républicaine. Nous nous en servi- » rons pour voir l'ennemi de plus près. » Maudement se retire; mais, à quelque distance, il aperçoit derrière une haie huit à dix soldats avec un drapeau; il les prend pour des Français, leur fait la même offre qu'il venait de faire aux volontaires. On lui crie d'approcher; il franchit la haie. Quelle est sa surprise!... On lui ordonne de se rendre. Il reconnaît les Anglais. Feignant alors de céder, il jette à leurs pieds son sac de cartouches, et tandis que les ennemis s'occupent à le ramasser, il tire son sabre, frappe sur tous, leur arrache le drapeau, pique son cheval et saute de l'autre côté de la haie. A quelques pas de là, il tombe dans le régiment dont il emporte le drapeau, le traverse sous la fusillade et au milieu des baïonnettes, va droit au colonel, le fait prisonnier et rentre au centre dans les rangs de la cavalerie française, avec les signes glorieux de son triomphe.

Le duc d'Yorck, craignant de voir ses communications coupées, leva le siége, abandonnant trente-deux pièces de canon; un bagage considérable et des munitions immenses.

Jourdan reçut le commandement de l'armée, naguère aux ordres du faible et malheureux Houchard. Carnot lui fut adjoint. Nos troupes égalaient en nombre l'armée ennemie, forte de vingt-cinq mille combattants. Les républicains, ayant été repoussés dans un camp retranché préparé sous Maubeuge, se trouvèrent investis par soixante mille hommes. Des sorties furent exécutées avec vigueur, mais sans succès. Les derniers efforts qui furent tentés pour détruire les travaux de siége des Autrichiens échouèrent par une fatale erreur : des bataillons français tirèrent sur leurs camarades, qu'ils prenaient pour l'ennemi, et le désordre se répandit jusqu'au glacis de la place. Jourdan, à qui il importait de sauver la ville, réunit des renforts, et se mit en marche pour Avesne. Il fut bientôt en présence de l'ennemi, qui occupait de fortes positions couvertes de bois et garnies d'artillerie. Le 15, une première attaque a lieu; nos soldats, repoussés par la cavalerie impériale, se retirent en désordre; toutefois Jourdan recueillit de ces résultats peu favorables le secret de la position de ses adversaires. Le lendemain, au point du jour, il forma ses lignes au milieu d'un brouillard épais, qui cachait aux deux partis leurs mouvements respectifs. Le feu du canon commença lorsque l'horizon devint moins sombre. Nos colonnes d'attaque ayant enlevé un poste, un immense chant de victoire éclata sur toute la ligne française, et nos troupes, étendant leurs ailes, enveloppèrent le camp de Wattignies. Les Autrichiens résistèrent avec opiniâtreté. Plusieurs de nos bataillons commençaient à plier, lorsque Carnot, frère du célèbre conventionnel, fit avancer un bataillon contre les Autrichiens, et facilita à nos soldats le moyen de les faire reculer jusqu'au camp de Wattignies; un brouillard épais, qui dura jusqu'au lendemain, les déroba à notre vue; et leur permit de repasser la Sambre, abandonnant le siége de Maubeuge.

Maubeuge débloquée, Cobourg en retraite, la bataille de Wattignies gagnée sur des troupes supérieures en nombre et retranchées de fortes positions, Jourdan reçut l'ordre de passer la Sambre, mais il ne peut l'exécuter faute de forces suffisantes. Après avoir ravitaillé les places, il fit rentrer l'armée dans le camp de Gaverelle; bientôt on prit des quartiers d'hiver, et les opérations furent suspendues. Ainsi se termina sur la frontière du nord la campagne de 1793.

Au commencement de 1793, Custine, forcé de battre en retraite avec l'armée du Rhin, s'était réfugié sous le canon de Landau. Appelé au commandement de l'armée du Nord, il avait été remplacé par Beauharnais, qui fit emporter Arlons par l'armée de la Moselle; mais les Français, dépostés successivement de toutes leurs positions, furent obligés de céder à l'armée combinée des Prussiens et des Autrichiens les lignes de Weissembourg, et de se retirer sur la Moder. La Convention accusa les généraux de trahison, et nomma à leur place Hoche et Pichegru.

Les coalisés, maîtres des lignes de Weissembourg, pouvaient, après un résultat aussi avantageux, descendre une fois encore sur notre territoire. Avec moins d'audace et plus de prudence, ils ne songèrent qu'à se fortifier, les Prussiens sur la Sarre, les Autrichiens dans les Vosges. Les troupes françaises étonnées de tant de lenteur, restèrent en observation, et pendant un certain temps toutes les forces semblèrent paralysées.

Hoche, qui avait déjà donné des preuves d'habileté, s'occupa d'abord de rétablir la discipline dans l'armée, et de réformer de nombreux abus. Il prit ensuite la résolution de repasser la Sarre en présence des Prussiens, et d'aller dégager Landau bloquée. Il débuta par la prise de Bliescastel et de Deux-Ponts, mais il échoua à Kayserlautern.

Les membres de la Convention accablèrent de reproches celui qu'ils avaient comblé d'éloges; ils firent même des menaces au général malheureux. « Eh! messieurs, leur « répondit Hoche en souriant, que ne faisiez-« vous un arrêté pour fixer la victoire? Au « reste, un échec ne prouve point que nous « devions vivre dans les revers : aujourd'hui « vaincus, nous pouvons demain être vain-« queurs ! »

Cette promesse de victoire lui fit donner le commandement en chef des armées du Rhin-et-Moselle. Une attaque générale au cri de : Landau ou la mort! fut couronnée de succès, et nous rendit les lignes de Weissembourg et la possession de Landau, Lauterbourg, Kayserlautern, Spire, etc.

Du côté des Alpes, Kellermann avait soutenu la lutte avec avantage; mais, par suite de discussions politiques, Lyon se révolta, et soutint un siége de déplorable mémoire; Toulon se livra aux Anglais. Ces circonstances rendirent les coalisés plus menaçants.

Kellermann, chargé de poursuivre le siége de Lyon et forcé d'obéir, commença par déposter les Lyonnais des points qu'ils occupaient hors de la ville, et, dans l'espoir d'une réconciliation, il retarda le bombardement. Délai inutile! le général reçut de nouveaux ordres, et Lyon, bloqué par soixante mille hommes, fut bombardé sans relâche pendant plusieurs jours. Le magasin à poudre fut attaqué, et des boulets rouges en causèrent l'explosion: enfin vingt mille bombes furent jetées dans la place avant que les assiégés, qui espéraient une diversion de la part de l'armée du roi de Sardaigne, consentissent à entrer en négociation. Le 9 octobre, Lyon ouvrit ses portes, et fut exposé à toutes les vengeances que méritait la conduite anti-nationale de ses habitants.

A Toulon, le commandant de l'escadre française, Julien, veut s'opposer à l'entrée de la flotte anglaise; mais on le menace de faire jouer sur lui les batteries de terre, et la plus grande partie de ses capitaines déserte. Il se retire avec les équipages de sept vaisseaux seulement qui lui restent fidèles. Les Anglais et les Espagnols alors occupent la ville et les forts. A peine maîtres de Toulon, les Anglais s'étaient hâtés d'y introduire une garnison de quinze mille hommes et d'augmenter les fortifications de la place.

Le général en chef Dugommier arrive avec une armée de siége; il a sous ses ordres les généraux Lapoype, Laharpe, Mouret, Garnier et Desaix, le même qui a glorieusement secondé Montesquiou dans la prise de la Savoie. Le chef du génie Marescot dirige les opérations. Les Français montent à l'escalade sous une grêle de grenades que font pleuvoir les Anglais. Privés d'échelles, il faut, pour arriver à l'ennemi, qu'ils montent les uns sur les autres. On les élève à force de bras; ils parviennent ainsi jusqu'au bout des créneaux, et se glissent par les embrâsures des canons. Mais bientôt, accablés par le nombre, dans l'intérieur des retranchements, ils sont égorgés ou précipités du haut en bas. Trois fois ils sont chassés. Mais un renfort de troupes fraîches et des dispositions prises à propos leur donnent enfin l'avantage. Les Anglais abandonnent le fort Mulgrave avec précipitation. En fuyant, ils incendient l'arsenal et les magasins, mettent le feu aux vaisseaux français qui se trouvent dans la rade, et ont la barbarie de refuser de recevoir sur leurs bords de malheureux habitants qu'ils ont eux-mêmes entraînés à la révolte. Toulon est prêt d'être traité en ville rebelle; on vit le général Dugommier, conjurer avec larmes les commissaires de la Convention d'écouter la clémence.

Toulon avait été livré le 26 avril 1793; il fut repris le 10 décembre suivant. La France dut la conservation d'une partie des chantiers du port à l'héroïsme des forçats, qui, après avoir brisé leurs chaînes, s'occupèrent à éteindre les mèches enflammées déposées par les Anglais.

C'est à ce siége mémorable que Bonaparte paraît pour la première fois sur la scène militaire. Simple officier d'artillerie, il se distingue par son énergie, son sang-froid et ses connaissances précises. Là on le voit se multiplier et faire à lui seul le service d'une pièce démontée. Les officiers expérimentés manquent; il dresse lui-même une batterie, et lorsque, dans leur ignorance, les commissaires de la Convention viennent critiquer son plan et lui prescrire un autre service: « Contentez-vous de vos hautes fonctions, leur dit-il; laissez-moi remplir mon devoir; cette batterie est d'un effet sûr, et je vous réponds du succès. » Sa prophétie se réalisait le lendemain. Toulon, emporté de vive force, voyait fuir le drapeau de l'Angleterre, et le jeune Bonaparte était nommé général de brigade sous ces murs qu'il venait de foudroyer.

Le roi de Sardaigne, dès qu'il avait vu les alliés dans Toulon, avait tenté de pénétrer en Provence, et fait, en conséquence, avancer ses divisions. Mais les Austro-Sardes, bientôt repoussés, se replièrent, et le roi regagna en toute hâte sa capitale. Quelques nouvelles attaques tournèrent même à son désavantage. Masséna, le futur vainqueur de Souwarow, repoussa les ennemis de tous les points qu'ils occupaient, et rétablit nos communications un moment interceptées.

Pour compléter le récit historique des événements militaires de 1793, il nous reste à jeter un coup d'œil sur ceux dont les Pyrénées furent le théâtre.

L'Espagne s'était déclarée contre la France. Le général Saint-Servan reçut le commandement de l'armée républicaine, qui commença aussitôt les hostilités en s'emparant de Villa. Le général don Ventura Caro, à la tête des troupes espagnoles, vint aussitôt avec une artillerie formidable attaquer et détruire les retranchements français établis sur la montagne de Louis XIV; mais le chef de bataillon Vilot se met à la tête des troupes, et force les Espagnols à la retraite.

Latour-d'Auvergne, qui déjà avait secondé dans le Nouveau-Monde les efforts de Washington, se trouvait investi du commandement de toutes les compagnies de grenadiers formant l'avant-garde de l'armée, et sa colonne, surnommée l'*Infernale*, avait presque toujours remporté la victoire, lorsque ce corps d'armée se présentait sur le champ de bataille. Les troupes françaises étaient en proie à la famine, lorsque un parti espagnol vint étaler à leurs yeux des vivres et du vin en abondance; une rivière les séparait, et il n'y avait point de bateau pour aborder l'autre rive: « Qui veut dîner me suive, » dit Latour-d'Auvergne. Il se jette à la nage avec ses grenadiers; ils s'emparent des vins d'Espagne et de tous les mets, et les dévorent gaiement en dépit des Espagnols qu'ils ont dispersés.

L'armée des Pyrénées fut divisée en deux corps, l'un des Pyrénées-Occidentales, et l'autre des Pyrénées-Orientales.

Le 4 septembre, Dagobert remporta l'avantage dans une attaque contre une division de Ricardos. Cette victoire n'empêcha pas l'ennemi, plus nombreux, de continuer le mouvement offensif que nous avions commencé.

A Thuir, le général Deflers est attaqué par don Antonio Ricardos, qui s'avance contre lui à la tête de douze mille hommes de troupes d'élite, et se trouve en même temps surpris dans son camp par le duc d'Ossuna, qui vient le tourner. Il forme ses soldats en masse, présente à l'ennemi un front hérissé de baïonnettes. Cette manœuvre savante et une confiance ferme sauvent les Français dans une position désespérée.

Pendant ces alternatives de revers et de succès, Dagobert s'est rendu maître d'une forte position; mais Ricardos l'attaque de front et sur son flanc. Le vieux guerrier bat en retraite avec ordre et courage. Cependant trois bataillons français sont coupés; il tente de les sauver, ne peut y réussir, et rejoint, sans se laisser entamer, les corps français postés sur les hauteurs de Canohès. Ces échecs nous coûtèrent trois mille vieux soldats braves et disciplinés.

Le camp de Boulon couvrant la chaussée

de Bellegarde, devint le point principal de la ligne de défense qu'adoptèrent les Espagnols. Dagobert, cédant le commandement à Davoust, alla se replacer à la tête de sa division en Cerdagne. Plus heureux alors, il enleva de vive force Campredon ; et quoique forcé d'abandonner cette position avantageuse faute de renforts, son apparition subite au débouché des montagnes n'avait pas moins mis en fuite une partie des autorités de l'Aragon, et compromis un moment les derrières de l'ennemi.

Une attaque des Français contre le camp de Boulon avait échoué, mais un secours de trois mille hommes, envoyés à Davoust, lui permit de reprendre l'offensive. Le brigadier Tarano se défendit avec vigueur dans ses retranchements, et sans les troupes envoyées en grande hâte à son secours par Ricardos, il n'aurait pu réussir à repousser les Français.

Nous tentâmes ensuite de reprendre Roses, contre l'avis de Thureau, nouveau général en chef de Dagobert, qui céda aux ordres des représentants du peuple et fut battu. Il osa, fort de son courage à toute épreuve, se justifier. Thureau fut remplacé par Doppet, qui essuya bientôt un grave échec avec une perte de deux mille cinq cents hommes et de quarante-trois bouches à feu. De nouveaux revers survinrent pour comble de malheur. L'armée fut réduite à quinze mille hommes, et le reste se dirigea sur Toulon. Doppet préparait sa retraite sur Toulouse, lorsqu'il tomba malade et dut céder le commandement à Davoust, qui ramena ses troupes au camp de Banuls-les-Aspics, non sans de grandes pertes d'hommes, et des places de Saint-Elme, Port-Vendre et Collioure.

Repoussés par un ennemi vainqueur dans les Pyrénées-Orientales, nous étions à la veille d'un succès dans les Pyrénées-Occidentales : les Espagnols, au nombre de dix-huit cents, firent une irruption dans le Val-Carlos, et s'y retranchèrent. Le général Lagenetierre, posté à Saint-Jean-Pied-de-Port, d'après le conseil du colonel Noguès, prend l'initiative. Des monts escarpés sont couverts de canons par l'adresse et l'intrépidité des Basques. Les Espagnols, effrayés de se voir foudroyés du haut de ces monts inaccessibles, abandonnent leur camp retranché, et laissent là munitions, armes et bagages.

Le 3 juin, il est de nouveau attaqué par les Espagnols, qui s'emparent de la magnifique fonderie de Baigorry et la détruisent. Le général Manco répond à la fusillade de l'ennemi par une plus vive encore ; une balle l'atteint au front : le sang qui coule de son visage ne l'empêche point de donner des ordres avec le même sang froid. La vue de leur général blessé augmente encore le courage des soldats, et les Espagnols sont culbutés sur tous les points. Un nouveau combat a lieu le 6, sur Château-Pignon. Le capitaine Moncey renverse l'ennemi au moment où il se présente ; protégé par le brouillard qui s'oppose à ce qu'on puisse voir le petit nombre de ses soldats, il remporte l'honneur des premiers coups. Mais bientôt le brouillard se dissipe, et l'ennemi, bien supérieur en force, honteux d'avoir fui devant un détachement, revient à la charge avec fureur. Le général Lagenetierre arriva trop tard au secours de Moncey, et les Français, après avoir tué douze cents hommes à l'ennemi, se réfugièrent sous le canon de Saint-Jean-Pied-de-Port.

Insurrection de la Vendée.

A toutes les dissensions intérieures, et à tous les dangers dont la patrie était menacée, vint se joindre l'insurrection de la Vendée. Dans ces circonstances si difficiles les Jacobins et les Montagnards redoublèrent d'audace, non seulement pour s'assurer une domination exclusive, mais pour défendre le territoire. La Révolution française avait rencontré une opposition persévérante dans les provinces de l'Ouest. Les habitants de ces contrées, particulièrement de la Vendée, n'avaient pour ainsi dire de relations qu'entre eux, et avec leurs pasteurs et leurs seigneurs. La simplicité de leurs mœurs et leur ignorance complète les rendaient incapables de rien comprendre à une Révolution, et aussi attachés à leur roi qu'au culte de leurs pères, ils s'étaient constamment montrés indignés à la vue de toutes les innovations politiques et religieuses qui dégradaient alors la France. Les nobles et les prêtres, se croyant en sûreté dans ce pays, n'avaient point émigré ; la constitution civile du clergé y était en horreur, et les prêtres assermentés étaient à peine écoutés. En un mot, le peuple de la Vendée ne ressemblait en rien par ses usages, par son inexpérience et par ses principes religieux, aux peuples des autres parties de la France. Déjà en 1791 il avait été question d'un soulèvement général qui n'avait pas réussi ; mais lorsqu'on y apprit la mort de l'infortuné Louis XVI, et qu'on voulut y faire exécuter le décret de la Convention pour le recrutement des trois cent mille hommes, l'insurrection générale éclata. Elle commença à Saint-Florent, bourg situé sur la rive gauche de la Loire, presque à la hauteur d'Ancenis. Les jeunes gens se révoltèrent contre les administrateurs du district, s'emparèrent d'une pièce de canon que l'on avait tiré contre eux, et mirent en fuite tous ceux qui voulaient les contraindre d'obéir. Cathelineau, simple voiturier, sous les habits grossiers duquel étaient cachées l'âme et l'ambition d'un héros, se mit aussitôt à la tête des insurgés, rassembla autour de lui environ deux cents hommes, et attaqua un poste retranché, appelé de *Jallais*, défendu par une pièce de six. Les soldats, au nombre de quatre-vingts, qui défendaient ce poste, ne s'attendant pas à être attaqués, lâchèrent sur les assaillants leur coup de canon, mais le boulet n'atteignit personne : alors Cathelineau et ses camarades se précipitèrent sur les Républicains, non pas au pas de charge, mais au pas de course, enlevèrent le poste, firent les chefs prisonniers, et dispersèrent les soldats qui abandonnèrent leur canon, leurs bagages, leurs munitions et leurs armes. Après cet avantage, Cathelineau, dont la troupe se grossissait toujours, courut à Chemillé où deux cents hommes bien armés firent sur lui un feu soutenu : il s'élança avec sa troupe sur l'ennemi, l'attaqua corps à corps, le culbuta, lui enleva trois couleuvrines, la plus grande partie de ses fusils, et une quantité assez considérable de munitions. Le bruit de ces premiers mouvements insurrectionnels se répandit bientôt dans tout le pays, et la révolte se propagea partout avec une rapidité incroyable. Charette, lieutenant de vaisseau avant la Révolution, et Stofflet, garde-chasse de M. de Maulévrier, furent d'abord, comme Cathelineau, choisis pour chefs par les insurgés. Les troupes de ligne et les gardes nationales que la Convention fit marcher contre eux ne purent les vaincre. Ces hommes, d'une intrépidité inouïe, qui ne voyaient aucun obstacle dans les plus grands dangers, gagnaient des batailles quoiqu'ils n'eussent point encore de plan d'organisation, et que le plus grand nombre ne fût armé que de bâtons. Mais lorsque l'Angleterre leur eut fourni des armes et de l'argent, que les nobles Bonchamps, Lescure, d'Elbée, Henri de Larochejacquelein, Domagné, Talmont, tous militaires sous le gouvernement royal, et qui n'avaient pas émigré, se furent mis à leur tête, l'ordre et la discipline furent établis. Ces chefs composèrent un état-major et un conseil de guerre, dont le secrétaire fut l'abbé Bernier, prêtre insermenté d'une paroisse d'Angers. Ils formèrent trois corps d'armée sous les commandements de Bonchamps, de d'Elbée, de Charette, et donnèrent à Cathelineau le titre de généralissime des armées catholiques et royales. Ces excellentes dispositions militaires assurèrent d'abord des succès aux Vendéens. Déjà ils étaient maîtres de Bressuire, de Châtillon, de Vihiers, et Cathelineau, Stofflet, Bonchamps, Larochejacquelein avaient battu les troupes républicaines à Saint-Vincent, à Beaupreau, aux Aubiers et à Chollet. Ces victoires arrêtèrent les Républicains dans leur marche ; ils furent quelques mois sans oser s'avancer dans le pays, et les Vendéens retournèrent à leurs champs, jusqu'à ce qu'un nouvel ordre les rappelât sous les drapeaux.

La levée presque générale des départements n'était pas le seul danger qui menaçait la Convention et la France ; d'un côté les Vendéens avaient repris les armes, et de l'autre les souverains coalisés attaquaient les frontières du nord et des Pyrénées. Les Vendéens n'avaient pas d'organisation militaire régulière, mais ils obéissaient aux ordres de leurs chefs lorsqu'ils fixaient un rendez-vous dans quelque lieu de la contrée qu'ils commandaient. Ils savaient que les armées républicaines, que la Convention voulait leur opposer, étaient composées d'hommes levés à la hâte, peu expérimentés, que l'indiscipline régnait parmi ces troupes, et que les généraux, connaissant peu le pays, ne s'entendaient pas avec les envoyés montagnards qui voulaient leur dicter des lois, et leur faire adopter le plan de guerre qu'ils avaient imaginé. Enhardis par leurs premiers succès, ils voulurent étendre leurs entreprises et se rendre maîtres de leur propre pays. Depuis qu'ils s'étaient emparés de Bressuire, de Châtillon, de Vihiers, ils avaient suivi Quétineau, commandant sous le général Ligonnier, jusqu'aux portes de Thouars; un combat s'était engagé, ils avaient vaincu, pris la ville, et emporté une assez grande quantité d'armes et de munitions. MM. de Lescure et Larochejacquelein s'étaient portés sur Fontenay le 16 mai : ils avaient d'abord été repoussés; mais revenus à la charge avec un plus grand nombre de Vendéens, ils avaient battu les Républicains, en avaient fait un carnage effroyable, leur avaient enlevé de l'artillerie et des munitions, et s'étaient emparés de la ville. Dans la Basse-Vendée, où commandait Charette, les Vendéens avaient été plusieurs fois vaincus; ils s'étaient cependant rendus maîtres de Machecoul; mais ils avaient déshonoré leur cause, en égorgeant impitoyablement tous les prisonniers. Après ces nouveaux avantages, les Vendéens s'étaient séparés pour retourner aux travaux des champs, et bientôt ils avaient reparu sur le théâtre de la guerre. Dans les premiers jours de juin, ils s'avancèrent sur Doué, entrèrent dans la ville, après avoir battu le général Ligonnier, et marchèrent sur Saumur. Le 9 ils arrivèrent devant cette ville qui était défendue par de l'artillerie, par des bataillons parisiens et des troupes de ligne qui ne s'étaient point encore mesurés avec eux, par des gendarmes à pied et par des cuirassiers. Ils attaquèrent ces troupes avec leur intrépidité ordinaire et furent repoussés trois fois; mais à la quatrième charge ils les firent plier, les dispersèrent, et pénétrèrent dans la place à leur suite. Dans cette sanglante affaire ils perdirent un de leurs plus habiles chefs, nommé Domagné, et M. de Lescure y fut blessé. Les Vendéens occupèrent donc Saumur, et le lendemain le château se rendit. Maîtres du cours de la Loire, certains de n'être pas arrêtés par des obstacles sérieux, quelques-uns des chefs voulaient marcher sur Paris pour anéantir la Convention et mettre sur le trône le fils de Louis XVI; mais ce projet n'ayant pas été généralement adopté, surtout par les paysans qui craignaient de s'éloigner de leur pays, ils résolurent d'aller assiéger Nantes. Les Vendéens, ayant à leur tête Cathelineau, partirent de Saumur, après y avoir laissé garnison, descendirent vers Angers, où ils entrèrent, et marchèrent quelques jours après sur Nantes, en suivant la rive droite de la Loire. Leur armée, quoique fort diminuée, parce que beaucoup de paysans étaient retournés dans leurs foyers, se composait encore d'environ trente mille hommes. Ils se trouvèrent en vue de Nantes le 28 juin, et commencèrent l'attaque le 29 au matin, du côté de la rive droite, tandis que Charette attaquait du côté de la rive gauche, ainsi que cela avait été convenu entre eux. Canclaux était alors commandant de la place : ce général n'ayant pas assez de troupes et de gardes nationales pour pouvoir se défendre à l'extérieur, s'était renfermé dans la place. Déjà les Vendéens serraient la ville de très près, malgré le courage des troupes républicaines et celui des Nantais, lorsqu'une balle frappa mortellement Cathelineau. Cet événement consterna les Vendéens; ils ralentirent l'attaque, se dispersèrent, et rentrèrent dans leur pays. Nantes échappa ainsi aux armées vendéennes, et depuis lors les généraux républicains prirent des mesures plus efficaces pour s'assurer désormais de la victoire.

Si le comité de salut public avait pris les mesures les plus énergiques pour parer aux dangers de la guerre étrangère, il n'avait encore pu réussir à détruire le foyer de la guerre civile dans la Vendée. Après la mort de Cathelineau, sous les murs de Nantes, les Vendéens avaient abandonné Saumur et repris leurs anciens cantonnements. Depuis cette époque les généraux Westermann, Biron, Rossignol, Menou leur avaient livré une infinité de combats, qu'ils avaient soutenus avec leur courage ordinaire, et ils avaient fait éprouver de nombreux revers aux troupes républicaines. Le système de division des forces encore adopté par les généraux, favorisait toujours les Vendéens qui tombaient ordinairement avec toutes les leurs sur une seule des divisions françaises et la culbutaient. Ce fut ainsi qu'ils défirent celle d'Angers à la butte d'Erigné, celle de Saumur à Coron, qu'ils surprirent celle de Montaigu, qui abandonna son artillerie, et que Canclaux fut obligé de rentrer à Nantes. Le comité de salut public voulant mettre un terme à cette guerre désastreuse qui occupait des forces considérables dont il désirait se servir pour la défense des frontières, donna les ordres les plus impitoyables aux généraux et aux représentants qui les accompagnaient. Barrère présenta sur cette malheureuse guerre, un rapport dans lequel il examina toutes les causes qui avaient contribué aux progrès des Vendéens, et les trouva dans le trop grand nombre de représentants et de généraux, dans les divisions morales et militaires qui existaient dans les armées de l'Ouest, dans l'oubli des principes de la guerre en masse, et enfin dans l'intérêt que des gens avides de richesse ou de renommée semblaient avoir à la durée de cette guerre. Il proposa ensuite comme remède à tous ces maux de réduire le nombre des représentants près de ces armées, d'en donner le commandement à un seul général, de mettre un frein aux dilapidateurs, et surtout de faire une guerre en masse. « C'est dans la Vendée, disait-il, que vous devez déployer toute l'impétuosité nationale, et développer tout ce que la République a de puissance et de ressources. Détruisez la Vendée, Valenciennes et Condé ne seront plus au pouvoir de l'ennemi; détruisez la Vendée, l'Anglais ne s'occupera plus de Dunkerque; détruisez la Vendée, et le Rhin sera délivré des Prussiens; détruisez la Vendée, et l'Espagne se verra harcelée, conquise par les méridionaux; détruisez la Vendée, et une partie de cette armée de l'intérieur ira renforcer l'armée du Nord, si souvent trahie, si souvent travaillée; enfin, chaque coup que vous porterez à la Vendée retentira dans les villes rebelles, dans les départements fédéralistes, sur les frontières envahies. La Vendée est encore la Vendée, voilà le charbon politique qui dévore le cœur de la République française : c'est là qu'il faut frapper. C'est à la Convention, ajoutait le rapporteur, à commander cette fois le seul plan de campagne qui doit être exécuté dans la Vendée, celui qui consiste à marcher avec audace vers les repaires des brigands... Les brigands doivent être vaincus et exterminés dans leurs propres foyers. Semblables à ce génie fabuleux qui n'était invincible que quand il touchait la terre, il faut les soulever, les chasser de leur propre terrain pour les abattre. »

Aussitôt après ce rapport la Convention adressa à l'armée de l'Ouest une proclamation impérative, par laquelle elle lui ordonnait d'exterminer les Vendéens avant la fin du mois d'octobre. « Le salut de la patrie l'exige, lui disait-elle; l'impatience du peuple français le commande; son courage doit l'accomplir. »

Le comité de salut public réorganisa promptement les armées de la Vendée en une seule, et pour faire cesser toutes les jalousies, il en donna le commandement au général de brigade Léchelle. A peine la Convention eut-elle ordonné d'anéantir les Vendéens avant la fin d'octobre, que le nouveau général en chef Léchelle et les représentants Choudieu, Bourbotte, Francastel, réunirent en masse toutes les divisions et les lancèrent contre les Vendéens, disséminés dans les différents pays qu'ils occupaient. Ce fut alors que l'armée de Mayence, commandée par Kléber, que le roi de Prusse avait renvoyée en France comme pour faire triompher la cause de ceux qu'il combattait, seconda de tous ses efforts les autres troupes de la République. Cette nouvelle méthode de combattre déconcerta tellement les Vendéens, qu'ils furent repoussés de poste en poste, et qu'à leur tour ils n'éprouvèrent plus que des défaites. Leurs généraux d'Elbée, Lescure, Bonchamps, Larochejacquelein, qui tenaient la haute Vendée, ne purent résister aux attaques des troupes à la tête desquelles combattaient les représentants du peuple. Vaincus à Châtillon, à Mortagne, ils rassemblèrent toutes leurs forces à Cholet, où ils se défendirent pendant dix heures avec le courage du désespoir; mais les Républicains parvinrent à les mettre en déroute, et entrèrent triomphants à Cholet. Les Vendéens se retirèrent alors à Beaupréau, emmenant avec eux les généraux d'Elbée, Lescure et Bonchamps blessés à mort : les Républicains les y poursuivirent, précédés par la terreur qu'ils répandaient de tous côtés. Complétement désorganisés et démoralisés, les Vendéens ne jugèrent pas à propos de les attendre. Larochejacquelein, devenu leur généralissime, sentit qu'il ne lui était pas possible de se maintenir dans son pays, et se décida à le quitter. Les hommes, les femmes, les enfants, les vieillards, épouvantés par les incendies, par les massacres, par les décapitations auxquelles leur malheureuse contrée était en proie, se réunirent à leur nouveau général, au nombre d'environ quatre-vingt-mille, parmi lesquels il se trouvait encore plus de trente mille combattants. Ils arrivèrent à Saint-Florent, se jetèrent pêle-mêle dans tous les bâteaux qu'ils trouvèrent sous leur main, et passèrent ainsi la Loire, laissant aux Républicains cinq mille cinq cents prisonniers qu'ils avaient faits précédemment, et que Bonchamps, presque expirant, leur empêcha d'immoler. Pendant les huit jours qu'avait duré cette campagne, les Vendéens avaient eu plus de vingt mille hommes tués, blessés ou prisonniers, et ils avaient perdu presque toute leur artillerie, leurs caissons, leurs bagages et leurs vivres. Dans la basse Vendée, Charette n'avait pas obtenu de plus heureux succès, et son armée était confinée dans l'île de Noirmoutiers. A la suite de ces désastres pour la cause royaliste, les représentants envoyés dans la Vendée écrivirent au comité du salut public : « La Convention nationale a voulu que la guerre de la Vendée fût terminée avant la fin d'octobre, et nous pouvons lui dire qu'il n'existe plus aujourd'hui de Vendée, bien que tous les rebelles ne soient pas entièrement exterminés. Une solitude profonde règne actuellement dans le pays qu'ils occupaient. On ferait beaucoup de chemin dans ces contrées avant de rencontrer un homme et une chaumière ; car, à l'exception de Cholet, de Saint-Florent et de quelques petits bourgs, où le nombre des patriotes excédait de beaucoup celui des contre-révolutionnaires, nous n'avons laissé derrière nous que des cendres et des monceaux de cadavres. Nous allons poursuivre cette horde fugitive et épouvantée partout où elle sera. »

On pouvait croire qu'après la destruction de la moitié de la principale armée des Vendéens, la cruelle guerre civile de la Vendée était éteinte ; mais on se trompa, et bientôt les Vendéens entreprirent de regagner les avantages qu'ils avaient perdus.

La Vendée, que le comité du salut public avait crue anéantie, n'avait pas posé les armes et ne cessait de lui donner de l'inquiétude. Après leur passage sur la rive droite de la Loire, les Vendéens avait en effet continué leurs entreprises. Ils s'étaient rendus maîtres d'Ancenis, de Varades, d'Ingrandes, de Candé, de Segré, de Châteaugontier et avaient recruté plusieurs milliers de mécontents. Bientôt, Larochejaquelein, commandant en chef de l'armée royale, s'empara de Laval, qui essaya en vain de faire résistance. L'armée de Mayence, accourue en toute hâte pour arrêter les progrès de ceux qu'elle considérait comme des fuyards, fut battue, dispersée et presque détruite ; d'autres divisions furent également mises en déroute et perdirent la plus grande partie de leur artillerie. Victorieux partout, Larochejaquelein voulait partir sur Paris ou se diriger sur l'armée du Nord, pour la placer entre ses soldats et les Autrichiens ; mais ce plan effraya le conseil vendéen et ne fut pas adopté. Les Vendéens se rapprochèrent alors de la mer, afin de se mettre en communication avec les Anglais, et se portèrent vers Granville, port situé sur la Manche. Ils attaquèrent cette place pendant trois jours ; mais les forces républicaines envoyées contre eux rendirent tous leurs efforts inutiles et les obligèrent de se retirer, après avoir éprouvé des pertes considérables.

Ils soutinrent cependant encore une infinité de combats dans lesquels ils remportèrent souvent des avantages, et se disposèrent à repasser la Loire. Arrivés aux portes d'Angers, où ils espéraient entrer pour se frayer un passage, ils trouvèrent des forces qui les arrêtèrent. Croyant vaincre la résistance qui leur était opposée, ils résolurent d'assiéger la ville. Ils en commencèrent le siége le 3 décembre ; mais, après quarante-huit heures de combat, ils furent forcés d'abandonner leur projet. Ils dirigèrent alors leur marche du côté du Mans et s'emparèrent de cette ville. Westermann les surprit, les attaqua à l'improviste, et une affaire meurtrière s'engagea. De tous côtés, les troupes républicaines les poursuivirent et les exterminèrent ; ils perdirent dix-huit mille hommes dans cette journée, et Larochejacquelein lui-même n'échappa au carnage qu'en se jetant promptement de l'autre côté de la rivière. La prise de la ville fut moins un combat qu'une boucherie. Après la bataille, on égorgea de sang-froid des femmes et des enfants qui étaient à la suite de l'armée ; les malades et les blessés furent également massacrés. Les restes malheureux de l'armée catholique s'enfuirent jusqu'à Savenay, dans l'espoir de passer la Loire ; mais les républicains les en empêchèrent. Pendant leur retraite, les Vendéens perdirent encore plus de trente mille hommes par le fer et par la misère, et presque tous les vieillards, les femmes et les enfants qui avaient suivi l'armée, errants de tous côtés, exténués de faim et de fatigue, succombèrent sous les coups de leurs ennemis. Quinze cents paysans qui avaient mis bas les armes à Savenay, en criant : *Vive la nation!* furent fusillés. Ces scènes sanglantes mirent fin à ce qu'on appelait la *grande Vendée*, et quelques mille hommes seulement purent rentrer dans leur pays. L'armée commandée par Charette, dans la Basse-Vendée, éprouva à peu près le même sort, et fut réduite à se cacher dans les bois et les marais. Réfugiés au nombre d'environ deux mille dans l'île de Noirmoutiers, les Vendéens espéraient encore se soutenir et recevoir des secours de l'Angleterre ; mais les républicains leur otèrent ce dernier espoir. Cernés de toutes parts et épouvantés de la hardiesse de leurs ennemis, qui leur enlevèrent leurs batteries à la baïonnette, ils se rendirent à discrétion. Ces prisonniers, au nombre desquels se trouvait d'Elbée, ex-généralissime des armées royales, déjà couvert de blessures, furent livrés à une commission militaire et fusillés dans l'île même, ainsi que ceux des habitants et des officiers de la garnison qui l'avaient précédemment livrée. Malgré tant de désastres, Charette, Stofflet, Larochejacquelein, rassemblèrent les débris de l'insurrection, et essayèrent encore de lutter contre les forces que le gouvernement républicain avait dirigées sur leurs contrées. Une législation rigoureuse avait mis tous les habitants de ce pays *hors la loi*, et le comité de salut public ordonna l'exécution du décret de dévastation qu'avait fait rendre Barrère. Les députés Hentz et Francastel furent alors envoyés dans la Vendée avec des pouvoirs illimités. On rassembla de nombreuses bandes de républicains dévoués, que l'on plaça sous le commandement en chef du général Thureau ; ces bandes furent réparties en deux divisions, l'une aux ordres du général Grignon, l'autre conduite par le général Huchet, et ces deux divisions furent partagées en colonnes mobiles, sous le nom de *colonnes infernales*. Pour exciter Grignon qui semblait hésiter sur ce qu'il avait à faire, Francastel lui écrivit : « Tu feras trembler « en même temps tous les brigands, aux- « quels il ne faut pas faire de quartier.... Nos « prisons en regorgent.... Des prisonniers « dans la Vendée !... Il faut donner la chasse « à ce qui reste de rassemblements et de « révoltés .. L'ordre général a été donné « d'incendier tous les fours et moulins, tou- « tes les maisons isolées, les châteaux sur- « tout ; enfin d'achever la transformation de « ce pays en désert, après avoir soutiré les « richesses qu'il renferme.... Pas de mol- « lesse, pas de grâce dans un pays qui mérite « l'indignation et la vengeance nationale !... « Ces vues sont celles de la Convention. » Les généraux républicains exécutèrent fidèlement ces ordres impérieux : leurs *colonnes infernales* parcoururent le pays dans tous les sens, pénétrèrent dans les bois et les forêts, détruisirent, incendièrent tout ce qui se trouva sur leur passage, enlevèrent les femmes, les enfants, et massacrèrent impitoyablement les Vendéens, sans distinction d'âge ni de sexe ; et en même temps que cet épouvantable drame répandait la terreur dans la Vendée, une commission révolutionnaire, établie à Angers, faisait exterminer par la fusillade et le fer de la guillotine, non seulement les Vendéens qui avaient échappé à la poursuite des colonnes infernales, mais encore ceux qui, par leurs rapports ou leurs anciens titres, étaient inscrits sur la liste des Français hostiles à la cause nationale.

CAMPAGNE DE 1794

CONTRE LES PRUSSIENS, LES AUTRICHIENS, LES PIÉMONTAIS, LES ANGLAIS, LES HOLLANDAIS ET LES ESPAGNOLS.

On a vu le prodige de nos victoires succédant tout à coup à nos désastres; la France en présenta un autre plus étonnant encore. Une famine cruelle, quoique factice, le discrédit causé par la ruine du papier-monnaie, l'armée en dissolution, l'administration détruite par l'anarchie, le gouvernement sans force et la nation consternée: voilà l'état de la France en 1793.

Jamais année n'eut un aspect plus sinistre; nos affaires semblaient être désespérées. Menacée sur tous les points, attaquée par l'Europe entière, la république semblait devoir succomber.

A quelle cause faut-il donc attribuer ses triomphes inouis? A la grandeur du péril qui enflamma toute la France; au génie de la liberté, qui enfanta des héros; et surtout à l'union intime des soldats avec le peuple.

En effet, nos quatorze armées n'étaient qu'une immense avant-garde. Le peuple français et sa révolution : voilà les deux pouvoirs qui ont vaincu l'Europe.

L'année 1794 fut une année de triomphes tels qu'il n'y en eut jamais dans les annales d'aucun peuple. Leur résultat fut de désunir la ligue des rois, et d'amener leurs ambassadeurs dans le sein de la Convention. Ce premier hommage, rendu à l'indépendance des nations et aux miracles de la valeur française, fera époque dans les annales de la liberté.

Au début de la campagne, l'armée du Nord (cent cinquante mille hommes) s'étendait de la mer à la Sambre, en face de Cobourg, à la tête d'une force à peu près semblable. L'armée des Ardennes, commandée par Charbonnières: celle de la Moselle, par Moreau ; et celle du Rhin, par Michaud, étaient opposées à Baulieu, Blanckenstein, Mœllendorf et le prince de Saxe-Teschen, dont les armées se liaient depuis Namur jusqu'au Rhin. Aux Alpes et en Italie, Alexandre Dumas, Dumerbion et Napoléon tenaient tête aux Austro-Sardes, et les Pyrénées étaient défendues par Dugommier et Maller. Sans compter les garnisons et les dépôts, la République avait sur pied quatre cent soixante mille combattants effectifs, et les coalisés quatre cent quarante-cinq mille.

Nous avons laissé le général Hoche poursuivant les troupes alliées. Worms et le fort Vauban, la seule place de cette frontière, tombée au pouvoir de l'ennemi, ne tardèrent pas à être reprises sur les Autrichiens, qui repassèrent le Rhin, et sur ce point la France fut libre d'ennemis. Le comité ne voulut point que Hoche, poursuivant ses succès, profitât de l'affaiblissement des alliés dans le Palatinat, et, sur les plaintes amères du général victorieux, il le fit arrêter et conduire à Paris pour avoir à rendre compte de sa conduite. Jourdan, qui le remplaça, s'avança contre les Autrichiens postés dans le Luxembourg, leur enleva Arlon et les poursuivit jusqu'à deux lieues au delà.

Près de cent mille ennemis, sous le commandement de Clairfait, Cobourg, le prince d'Orange, le duc d'York, animés par la présence de François, empereur d'Autriche, étaient rangés autour de Landrecies.

Le but des coalisés était alors de pénétrer en France par la Picardie. Pichegru, pour s'opposer à leurs desseins, divisa toutes ses troupes en plusieurs camps établis sur une même ligne. Les pluies avaient rendu les chemins impraticables. Le 16 avril le temps changea et les opérations commencèrent. L'ennemi se porta sur tous les points occupés par les Français, qui se retirèrent d'abord, et reprenant ensuite l'offensive, le chassèrent de tous les postes dont il s'était emparé près de Guise. Le 24, Cambrai et Bouchain tombèrent en notre pouvoir après un combat sanglant. Pichegru fit fusiller dans Cambrai des charretiers d'artillerie qui furent jugés coupables du crime de *lèse-patrie*. Dans l'impossibilité de faire lever le siége de Landrecies d'une manière directe, il fila entre la mer et l'armée ennemie, et le succès couronna une entreprise qui n'était pas sans témérité.

En même temps le prince de Kaunitz était assailli sur les hauteurs de Bossut, et rejeté au delà de la Sambre.

Landrecies, complétement bloqué depuis le 17 avril, fut bombardé avec la plus grande vivacité, et tomba au pouvoir des alliés le 30, après une résistance héroïque; dès lors un plan d'attaque fut dirigé contre Pichegru, et nommé plan de destruction, parce que son exécution devait anéantir l'armée française. Cependant les colonnes ennemies furent contenues, et ne purent s'aventurer dans l'intérieur de la France, en laissant sur leurs ailes des corps en état d'envahir la Belgique et leur fermer la retraite. Un événement aussi heureux que glorieux, la bataille de Turcoing, termina la campagne et couronna la plupart de nos généraux d'immortels lauriers. Les deux armées s'étaient trouvées en présence près de Turcoing; les Français au nombre de soixante mille hommes, les coalisés au nombre de quatre-vingt-dix mille. Le combat dura longtemps et le sang coula en abondance. Le carnage porté dans tous les rangs n'en laissa point d'intacts. Enfin, après des pertes considérables, l'ennemi rétrograda et les Français entrèrent à Turcoing.

Les généraux ennemis vaincus devant Turcoing sont : l'archiduc Charles, le duc d'York, les généraux Kinsky, Wurmser et Clairfait,

Les généraux français vainqueurs : Bonneau, Souchan, Macdonald et Moreau.

Du 1er au 28 juillet, Ostende, Gand, Tournay, Audenarde et Bruxelles furent occupés par l'armée du Nord, qui fut jointe dans cette dernière ville par l'armée de Sambre-et-Meuse, formée de l'armée des Ardennes, de celle de la Moselle et d'une portion de celle du Rhin.

Le général Jourdan, investi du commandement de cette armée qui, sous le nom d'armée de Sambre-et-Meuse, va commencer le cours des triomphes inouïs de la république, parvint, le 12 juin, à exécuter le passage de la Sambre, tenté quatre fois inutilement, et vint assiéger Charleroi, qui tomba le 25 au pouvoir des Français. La garnison avait obtenu de sortir de la place avec les honneurs de la guerre, et elle n'avait pas encore mis bas les armes que l'on entendit la canonnade dans le lointain, l'armée d'observation était attaquée par les alliés. Quelle joie ce bruit ne dut-il pas causer aux troupes du siége! Quels regrets aux soldats de la garnison qui venaient de se rendre prisonniers de guerre!

Cette bataille qui s'engageait alors était la fameuse bataille de Fleurus, à jamais célèbre dans les fastes militaires. Le prince de Cobourg attaquait l'armée d'observation, forte au plus de soixante-dix mille hommes, mais soutenue par une artillerie nombreuse et bien exercée; en revanche les Autrichiens avaient une cavalerie mieux montée et plus forte que la nôtre.

Voici quelle était, avant le combat, la position respective des deux armées :

L'armée française au devant de Charleroi, s'étendait sur une ligne demi-circulaire, et avait pour généraux Marceau, Lefebvre, Championnet, Morlot, Kléber et Montaigu ; la réserve était sous les ordres d'Hatry, et la cavalerie, dirigée par Dubois, devait se porter partout où sa présence deviendrait nécessaire.

Les cinq divisions principales composant les corps du prince de Cobourg étaient commandées par le prince d'Orange, Quosdanowisch, le prince de Kaunitz, le prince Charles et le général Beaulieu.

Le 26 juin, au point du jour, l'affaire s'engagea. Le prince d'Orange s'avança sur les batteries; mais en vain il ordonna à ses troupes de les enlever, une décharge de mitraille exécutée à demi-portée renversa des rangs entiers, et il fut obligé de battre en retraite.

La division Montaigu, attaquée avec impétuosité, avait résisté quelque temps; mais après une canonnade de trois heures, la cavalerie envoyée à son secours n'avait pu que protéger sa retraite sur Charleroi.

Les coalisés, sur les deux heures, furent attaqués par la division de Bernadotte et par celle de Kléber, dont les batteries faisaient taire leur artillerie. Quosdanowisch, des hauteurs de Mellet, foudroyait la division Morlot. Plusieurs escadrons de la division Championnet étaient repoussés par l'avant-garde du prince de Kaunitz, composée d'Autrichiens qui continuaient toujours de s'avancer. La division du général Lefebvre voulut s'opposer aux progrès, elle fut repoussée avec perte ; mais bientôt elle prit position, et soutint le choc de l'infanterie et de la cavalerie autrichiennes, immobile comme un mur d'airain. Tous les corps ralliés derrière ce rempart se précipitèrent avec fureur au devant de la mitraille. Trois fois l'ennemi revint à la charge en laissant le champ de bataille jonché de morts. Le carnage était horrible ; l'opiniâtreté égale des deux parts ; les feux croisés des deux artilleries avaient incendié les blés et les baraques du camp, et les bataillons combattaient au milieu des flammes, des tourbillons de fumée. L'explosion des caissons pleins de poudre ajoutait à la terreur qui désorganisait les soldats. Jourdan était au milieu d'eux, exposé comme eux et les encourageant par son exemple. Quelques voix demandent la retraite.

« La retraite ! s'écrie le général en chef point de retraite aujourd'hui : la mort ou la victoire. » Alors, au lieu de ce cri de *retraite* qui se répandait dans les rangs et y portait le trouble et la démoralisation, des voix plus généreuses firent entendre les paroles héroïques du général en chef, et tous répètent avec enthousiasme : la mort ou la victoire. L'enthousiasme et le courage reviennent. Les généraux profitent de ce nouvel élan, et Lefebvre, derrière la fumée qui le couvre, dérobe un mouvement à l'ennemi et le contraint à rétrograder.

Il était six heures du soir. Beaulieu, qui dans cette journée avait montré tous les talents d'un général et tout le courage d'un soldat, voyant tous ses efforts inutiles, et certain de la reddition de Charleroi, il reçut de Cobourg l'ordre de se retirer sur Sombref et Gembloux et y obéit en frémissant.

La victoire resta aux Français, et la conquête de la Belgique en fut le fruit. Cette victoire de Fleurus, qui répandit en France une allégresse générale, coûta six mille hommes à la république et dix mille aux coalisés.

L'ordre de bataille fut absolument le même que celui de Leipzig en 1813. C'étaient deux demi-cercles concentriques ; celui de Jourdan étant interne avait le plus petit diamètre et nécessairement plus de force que celui des alliés dont les extrémités ne pouvaient se soutenir ni même communiquer entre elles qu'en faisant le tour de la circonférence. Les alliés réussirent à Leipzig, parce que leurs masses étaient assez nombreuses pour se lier toutes entre elles, que deux cent cinquante mille hommes combattirent avec ensemble, en ligne circulaire, sur une étendue de cinq à six lieues au plus, et que chaque colonne formant une masse assez forte pour n'avoir pas besoin de soutien, il n'y eut aussi aucun point faible ; enfin une supériorité de cent mille hommes de vieilles troupes devait suffire pour assurer la victoire. Il n'en fut pas de même à Fleurus où la ligne de combat de Cobourg était de dix lieues pour quatre vingt mille hommes. Si les alliés s'étaient étendus dans la même proportion à Leipzig, ils auraient formé un demi-cercle de trente-cinq lieues, et Napoléon, à coup sûr, n'aurait pas manqué de les accabler successivement.

Le général Pichegru avait l'intention d'opérer sa jonction avec Jourdan, mais avant il voulait séparer Clairfayt de l'armée anglaise, pour les détruire isolément sur les derrières du prince de Cobourg. Un ordre de la Convention lui enjoignit d'assiéger les places de la Flandre maritime. Clairfayt put alors se retirer à Alost; et les Anglais furent sauvés.

Dans la crainte d'être attaqués par les vainqueurs de Fleurus, les alliés se concentrèrent sur Bruxelles, où Jourdan ne leur laissa pas le temps de s'affermir. Attaqués et battus le 6 juillet à Mons, Nevelles, Gand, ils évacuèrent Bruxelles, où Jourdan entra aussitôt après avoir opéré la jonction de ses troupes avec celles de Pichegru, qui s'y était rendu la veille par la route de Gand.

Les forces ennemies qui se perdaient sur une ligne de plus de vingt-quatre lieues, offraient à la masse de cent cinquante mille hommes, que formaient nos armées, une occasion plus que favorable pour les accabler; mais un ordre de la Convention enjoignit aux généraux de séparer leurs divisions, et de prendre une direction opposée pour empêcher les coalisés de renouer leurs communications.

Malgré cette fausse combinaison, les Français mirent encore l'ennemi dans une position critique. Malines fut occupée presqu'aussitôt que Louvain par nos troupes. Le général Jourdan se porta le 16 devant Namur, qui se rendit aux premiers coups de canon; on s'empara enfin de tous les points sur la Meuse.

Cobourg repassa les ponts de Maestricht dix-sept mois après les avoir franchis victorieux et marchant à la conquête de la France. Il rangea son armée, forte de soixante à quatre-vingt mille hommes, sur la Meuse, après quoi il en remit le commandement à Clairfait.

Jourdan, avant de pousser plus avant, voulut assurer ses derrières; il suspendit ses opérations pendant que les places fortes du Nord et de la Flandre maritime étaient assiégées. Schérer fut chargé de réunir les corps en observation devant Valenciennes, Condé, le Quesnois et Landrecies, et de sommer les garnisons autrichiennes de les quitter, sous menace d'être passées par les armes dans les vingt-quatre heures, d'après le décret de la Convention. Landrecies se soumit, mais il fallut assiéger les autres villes, qui furent réduites du 12 au 29 août. Pendant ce temps, Moreau, avec l'aile gauche de Pichegru, enlevait Ostende, Nieuport, l'île de Cadzand et le fort de l'Écluse, du 1er au 20 juillet.

Après la réduction de ces places, la division Schérer rejoignit l'armée principale que commandait Jourdan, qui reprit les opérations contre les Autrichiens, afin de les détacher de leurs positions sur la Meuse. Ses forces s'élevaient à cent soixante mille hommes, et s'appuyaient sur l'armée de la Moselle à Trèves, et sur Pichegru dans le Brabant hollandais. Il se porta d'abord sur la Chartreuse, occupée par plusieurs colonnes ennemies qui, à la suite d'un combat opiniâtre, se retirèrent sur Juliers le 18 septembre.

Les armées du Nord et de Sambre-et-Meuse volaient ainsi de victoire en victoire; depuis la journée de Fleurus, l'ennemi n'osait plus attendre les Français, et souvent battait en retraite à la vue de leurs avant-gardes.

Le 9 octobre, après plusieurs nouvelles victoires, l'armée française se présenta devant Maestricht. Le prince de Hesse, sommé plusieurs fois de se rendre, résista avec une courageuse opiniâtreté, et ce ne fut qu'après onze jours de tranchée ouverte qu'il signa une capitulation. Nimègue tomba peu de jours après entre nos mains.

L'occupation d'Aix-la-Chapelle, de Bonn, de Cologne et de Coblentz précéda la prise de Maestricht; Juliers avait capitulé. — Les impériaux passèrent le Rhin à Cologne et Bonn, entraînant par leur retraite Mélas, refoulé par l'armée de la Moselle jusqu'à Coblentz, et forcé bientôt d'abandonner aux vainqueurs cet ancien quartier général de l'émigration.

Les trois armées républicaines firent leur jonction sur la rive gauche du Rhin, depuis Spire jusqu'à Dusseldorf, aux acclamations de la France.

La conquête de la Hollande termina glorieusement les triomphes des phalanges républicaines.

Après la retraite des coalisés au-delà du Rhin, le duc d'York avait quitté la Meuse, et s'était placé sons la protection des batteries de Nimègue.

Moreau, que Pichegru, malade, avait provisoirement investi du commandement, ordonna de se porter au-delà de la Meuse. Le 23 octobre, on se présenta devant Vanloo qui ne résista que deux jours, et le 7 novembre Nimègue attaqué tomba le 9 en notre pouvoir ; les soldats de l'indépendance ne rencontraient point d'obstacles insurmontables. L'hiver n'était plus le temps du repos, et les fleuves, devenus praticables par la congélation de leurs eaux, étaient franchis. L'ennemi perdait ses retranchements naturels, des positions savamment étudiées : il était souvent attaqué dans ses camps lorsqu'il croyait encore les Français occupés à construire des ponts pour passer les rivières qui devaient les arrêter. Ce nouveau genre de combat acheva la perte des coalisés. Effrayés de l'intrépidité de nos soldats, ils n'osaient plus leur opposer aucune résistance, et les places n'étaient pas complétement investies qu'elles étaient déjà rendues.

Ainsi les rigueurs de l'hiver de 1794, loin d'arrêter les républicains, vinrent leur prêter, au contraire, un secours inespéré.

La conquête de l'île de Bommel est aussitôt exécutée que résolue. Par un mouvement de centralisation, le gros de l'armée hollandaise, les Anglais et les Autrichiens, se rassemblaient entre Gorcum, Kuilenburg et Wesel. Le général français, sûr de l'esprit qui animait ses soldats, ne balance point à continuer sa marche; il attaque l'ennemi au-delà du Waal, et le refoule dans Willemstad et Gertruydemberg. En même temps le fort de Grave, bloqué depuis deux mois, nous ouvre ses portes.

Le général anglais Walmoden, qui avait succédé au duc d'York, retourné à Londres, essaie en vain de nous arrêter. Le froid qui avait redoublé d'intensité permit à l'armée, renforcée de deux divisions, de tenter une attaque décisive. Après avoir dispersé les armées qui leur étaient opposées, Pichegru prit position à Arnheim, et Moreau, poursuivant ses succès, entra triomphant à Amsterdam, où sa présence fit éclater une révolution. L'armée se répandit dans toutes les provinces et occupa toutes les places du Brabant et de la Zélande. Enfin quelques escadrons, lancés jusqu'au Helder, s'emparèrent de la flotte engagée dans les glaces au mouillage du Texel.

Ainsi s'acheva cette campagne glorieuse. La Hollande subjuguée changea la forme de son gouvernement, et la république batave, cédant ses forteresses à la France, devint une alliée longtemps fidèle à la nation qui lui avait rendu la liberté.

Parmi les ennemis de la France, tandis que les uns allaient se décider à subir la paix et les autres à continuer la guerre, l'Angleterre, toujours hostile, sut bientôt se consoler de l'affront que ses armes venaient d'essuyer. Convaincue que les revers de ses alliés pouvaient tourner à son profit, elle ne fit plus d'efforts pour les secourir, et s'empressa de rappeler ses troupes du continent dès qu'elle en trouva l'occasion et le prétexte.

Les campagnes de la Belgique et de la Hollande qui sont intimement liées par la série des événements, firent connaître des noms nouveaux et fondèrent des réputations qui devaient grandir encore. Quelles qu'aient été les fautes primitives dans l'emploi des forces des deux partis, la postérité rendra justice aux généraux qui se distinguèrent dans cette guerre mémorable. Les noms de Pichegru, Kléber, Jourdan, Moreau, Reynier, Macdonald, Bernadotte, Championnet, Schérer, Souham, Lefebvre seront éternellement cités avec honneur dans les fastes militaires de la France. Et, du côté des alliés, Beaulieu, Clairfayt, Kaunitz, Alwinzy, le prince Frédéric d'Orange, etc., firent souvent oublier par de beaux faits d'armes particuliers les fautes du système général des généraux en chef de la coalition. La honte fut pour le prince de Cobourg et l'honneur pour ses lieutenants. Les généraux républicains eurent avec le succès la gloire de toute cette campagne. Un patriotisme pur soutint les soldats républicains; quoique dénués de tout, plongés dans la plus profonde misère, jamais ils ne coururent à la victoire plus gaîment et sans commettre moins d'excès. Des volumes entiers ne suffiraient pas pour consacrer tous les actes d'héroïsme et de désintéressement qui les immortalisèrent.

L'histoire en recueillera les principaux

traits; elle racontera, par exemple, avec quelle résignation de paisibles citoyens, arrachés de leurs foyers, transformés en soldats par une loi, après avoir bivouaqué un mois entier dans le terrible hiver de 1794, sans chaussures; privés même des vêtements les plus indispensables et forcés de couvrir leur nudité avec quelques tresses de paille, franchirent les fleuves glacés et pénétrèrent enfin dans Amsterdam sans commettre le moindre désordre.

Cette cité fameuse par ses richesses et qui devait s'attendre à moins de ménagements, vit avec une juste admiration dix bataillons de ces braves, à demi-nus, entrer triomphants dans ses murs, au son d'une musique guerrière, placer leurs armes en faisceaux et bivouaquer pendant plusieurs heures sur la place publique, au milieu de la neige et de la glace, et attendant avec résignation, sans laisser échapper un murmure, qu'on pourvût à leurs besoins et à leur casernement. Tels furent les premiers soldats de la république, et si l'indiscipline s'introduisit dans plusieurs corps, l'esprit de faction en fut la cause; elle n'alla pas d'ailleurs, jusqu'à leur faire oublier ce qu'ils devaient aux lois de l'humanité.

Les armées du Rhin et de la Moselle qui, en 1793, avaient soutenu le choc principal de l'invasion, ne furent appelées, en 1794, qu'à une partie secondaire de la lutte qui se poursuivait à la gloire de la France. Toujours opposées à des forces supérieures, elles restèrent jusqu'au mois de juin sur la simple défensive en face des coalisés qui se bornaient eux-mêmes à se maintenir dans leurs positions avec une réserve prudente. Le 5 juillet, le général Michaud, ayant reçu un renfort de dix mille hommes, aborda enfin l'ennemi à Fraischbach, à Spire, à Haimbach, et l'en chassa par des prodiges de valeur.

Nos légions victorieuses marchèrent ensuite sur Tripstadt, le plateau de Platzberg, occupé par les Prussiens : cette montagne élevée semblait inexpugnable par les retranchements et les batteries dont elle était couverte : l'ennemi ne faisait même aucune disposition pour la défense, et le feu ne commença que lorsque les Français avaient déjà gravi la moitié du mont. Il était trop tard pour repousser les soldats français; quand ils ne sont pas arrêtés au moment du départ, ils arrivent toujours à leur but. Le plateau fut emporté à Tripstadt : cinq fois l'infanterie républicaine était repoussée par une mitraille meurtrière; mais la division Taponier s'emparait d'une redoute sur le flanc gauche de la montagne, et les batteries qu'on y établissait forçaient les Prussiens de lâcher pied.

Dans le même moment, les bataillons français entraient dans les redoutes au pas de charge, et massacraient les canonniers sur leurs pièces.

A la suite de ces différents combats et d'une affaire à Neustadt, l'armée de la Moselle, toujours commandée par Moreau, ne recommença les hostilités que le 7 août contre les postes de Contz et de Pellingen, qui furent dispersés, et Trèves fut sur-le-champ occupé.

Les Français se retranchèrent alors sur les hauteurs de Kayserlautern pour se mettre en mesure contre des forces supérieures; mais le brave Desaix, qui occupait cette position, n'avait point une artillerie assez imposante, et malgré ses efforts inouïs, il dut l'abandonner. Les généraux Blücher et Karaczay, qui étaient à la tête des corps placés sur ce point, furent bientôt attaqués par les républicains. Le choc fut terrible; les avant-postes autrichiens furent surpris, et les soldats qu'ils renfermaient égorgés. Les alliés, effrayés, se jetèrent dans Kayserlautern; mais les vainqueurs les en chassèrent, et reprirent les positions qu'ils avaient perdues quelques jours auparavant.

Le 8 octobre, le général Desaix attaqua les alliés sur Franckenthal, qui tomba en leur pouvoir ainsi que Alzay et Oppenheim.

Les jours suivants, Mélas et Narendorf passèrent le Rhin pour prendre position à Andernach; Mayence se fortifiait, et l'artillerie de Francfort entrait dans la place.

Les armées du Rhin et de la Moselle, réunies entre Bâle et Coblentz, pouvaient combiner plus aisément leurs mouvements.

Le fort de Rheinfels, défendu par la nature, fortifié par l'art et des batteries nombreuses élevées sur la rive droite du Rhin, fut assiégé et se rendit, quoiqu'il eût pu longtemps résister. — L'officier hessois chargé de la défense fut traduit devant un conseil de guerre pour avoir livré ce poste. Les jours suivants nous entrâmes à Monbach Weisseneau, et rencontrâmes l'ennemi près de Mayence; la redoute de Merlin fut emportée à la baïonnette, et le terrain jonché de cadavres ennemis.

Ici l'hiver mit fin aux opérations des armées du Rhin et de la Moselle; et quand Mayence fut pris, ce qui arriva en 1795, la nouvelle de la paix mit fin aux hostilités.

Dagobert, qui avait commandé l'armée des Pyrénées orientales, était mort pauvre, mais sans reproches, à l'âge de soixante-quinze ans; son nom fut gravé sur une colonne au Panthéon. Dugommier, qui vint après lui, débuta par une victoire éclatante. Les Espagnols commandés par le comte de la Union, successeur de Ricardos, étaient campés à Boulou. Dugommier les surprend, leur enlève la redoute escarpée de Montesquiou, et les repousse en désordre au-delà des Pyrénées jusqu'à Collioure, dont il s'empare ainsi que de Bellegarde et des autres places de la frontière espagnole. Le brave Dugommier, le 18 novembre, engage une action générale, dont le résultat devait être la conquête de la Catalogne. Sa droite, confiée au général Augereau, extermine la gauche de l'ennemi, et enlève aux Portugais leurs bagages et douze cents prisonniers. Sa gauche remplit avec autant de bravoure et de succès les ordres qui lui sont envoyés; et Pérignon, placé au centre, atteignant encore une position imposante, va porter le dernier coup à un ennemi qui déjà se dispose à la retraite. Dans ce moment le brave Dugommier, posté sur la montagne Noire, d'où il dirigeait les mouvements de l'armée, est atteint par un obus qui lui tombe sur la tête. Quoique mortellement blessé, il conserva sa présence d'esprit, et prudent jusqu'au dernier soupir, il dit aux officiers qui l'entouraient: « Faites en sorte de cacher ma mort à nos soldats, afin qu'ils achèvent de remporter la victoire, seule consolation de mes derniers moments. » En prononçant ces mots il expira dans les bras de Pérignon, auquel il laissa pour héritage sa place et de grands exemples. A ce moment, Delbrel, soldat député, faisait dans une de nos batteries le service de canonnier; il ranima par ses discours le courage abattu des soldats et des officiers. « Camarades, leur dit-il, demain nous pleurerons la mort du brave Dugommier; aujourd'hui, nous devons le venger. »

Ainsi périt loin des lieux qui avaient vu ses premiers exploits, mais sur les champs de ses dernières victoires, celui que la France nomma *le Libérateur du Midi*. Les regrets de sa perte furent amers. Le jour où la nouvelle de son glorieux trépas se répandit, fut un jour de deuil pour les Français véritablement amis de leur pays.

La Convention décréta que son nom serait inscrit, avec celui des victimes du dévouement patriotique, sur la colonne du Panthéon. Les Pyrénées-Orientales adoptèrent ensuite ses mânes protectrices, ses restes furent transportés de Bellegarde à Perpignan, et un arbre de la liberté indiqua la place où il avait succombé.

Dugommier, bien différent de ces généraux qui se paient de leurs exploits et de leurs blessures par d'infâmes concussions, mourut pauvre, et laissa ses deux fils et sa fille sans autre héritage qu'un nom glorieux et des titres à la reconnaissance nationale.

Bonaparte acquitta cette dette sacrée aussitôt qu'il tint en main les rênes de l'État, et l'on remarqua que, parvenu au consulat, il donna pour le premier mot d'ordre: *Frédéric III et Dugommier*. En réunissant ces deux noms célèbres, il mettait sous les yeux de ses soldats toutes les gloires ensemble: un roi savant dans l'art militaire, ami passionné des arts, et un citoyen illustre qui, sacrifiant pour la liberté de son pays une fortune immense, était mort de la mort des braves sur le champ d'honneur.

Pérignon, qui commandait sous Dugommier, s'en montra digne. Il recommença le lendemain la bataille, emporta toutes les positions ennemies, et entra vainqueur dans Figuières. Les Espagnols, après s'être retirés de Figuières, ne disposèrent plus leurs attaques que contre le général Augereau, qui était resté dans cette place. Deux autres divisions françaises furent dirigées l'une sur la ville de Roses, l'autre vers des quartiers d'hiver, où une épidémie contagieuse devait la dévorer; elles n'eurent rien à redouter des corps qui avaient été battus sur la montagne Noire. Le général Moncey et quelques divisions prirent aussi leur quartier d'hiver.

Le marquis de Las Amarillas, qui avait

remplacé le comte de la Union, fut destitué; le général don Joseph Urrutia vint prendre sa place.

Les Français étaient cantonnés sous Figuières. Les derniers mois de 1794 se passèrent sans aucune affaire remarquable. L'armée des Pyrénées-Orientales envahit aussi le territoire espagnol. Moncey en avait été nommé général en chef, et des renforts l'avaient portée à soixante mille hommes. On passa la Bidassoa, et on se rendit maître de la vallée de Bastan; on enleva Fontarabie et Saint-Sébastien. L'hiver seul suspendit les progrès de nos troupes.

La guerre fut moins importante au midi de la France, mais non moins grave que celle des frontières du Nord.

L'armée des Alpes enleva, dans le mois d'avril, le petit Saint-Bernard, et, le 14 mai, le Mont-Cenis. Elle s'empara ensuite des avenues du Piémont par la conquête du comté de Nice, et resta presque inactive pendant le reste de l'année. Cependant à la fin de l'été, les Impériaux réunirent une division à Diégo pour se rapprocher des forces maritimes que l'Angleterre avait dirigées vers les côtes de l'Italie. Masséna pénétra dans le Piémont, et les Autrichiens, atteints à Cairo, furent obligés de se retirer après avoir essuyé une perte considérable. Les Français, qui n'étaient pas en mesure de les poursuivre plus à fond, revinrent à Savonne, où ils se fortifièrent dans leurs positions.

Lorsque le gouvernement conventionnel se fut élevé, Paoli, chef de la Corse, s'opposa aux nouveaux maîtres de la France, et chassa tous ceux qu'il soupçonnait de partager l'esprit républicain. Bonaparte et sa famille furent exilés par cette mesure générale, et vinrent habiter la France. Lacombe-Saint-Michel, général conventionnel, fut opposé à Paoli, et remporta sur lui de nombreux avantages jusqu'au moment où les Anglais, chassés de Toulon, vinrent le soutenir. Alors la fortune changea, et les troupes républicaines eurent le dessous. Bastia et Calvi étaient les deux seules places qui demeurassent en leur pouvoir. Lacombe, redoutant le siége de Bastia, qu'il occupait, imagina une ruse de guerre qui réussit au gré de ses désirs : il donna une lettre à un capitaine ragusin, qui mouillait au port, et lui promit une forte récompense, s'il voulait la porter à Gênes au consul de France. Dans cette lettre il feint d'apprendre au consul qu'il a reçu un échec; mais il ajoute qu'il a dressé un piége aux Anglais dans Bastia, et qu'ils sont perdus s'ils osent l'y attaquer. Le capitaine ragusin, comme on s'y était attendu, vendit la dépêche aux Anglais, qui n'osèrent de six semaines attaquer Bastia. Enfin, revenus d'une vaine frayeur, ils en firent le siége. La garnison résista avec un courage héroïque, brûla dans le port un des vingt vaisseaux anglais qui y croisaient, et ne se rendit que deux mois après, lorsque la famine et le manque de munitions l'y contraignirent. Le 20 juillet, les Anglais entrèrent dans Bastia après avoir signé une capitulation.

Les Anglais, appelés par Paoli, voulurent commander dans l'île, et leur injustice fit à la France beaucoup d'amis. Un grand nombre de Corses quittèrent la cause de Paoli, et se joignirent aux républicains. La ville de Calvi tint pendant deux mois contre toutes les forces réunies des Anglais. Les habitants devinrent soldats, les femmes même ne craignirent pas de servir l'artillerie, et se portèrent partout où leurs faibles secours pouvaient être de quelque utilité Pendant les premiers quinze jours, Calvi reçut plus de trois mille bombes; les toits de tous les édifices sautèrent, et les remparts furent en plusieurs endroits ouverts et aussitôt réparés. La famine se fit bientôt sentir. La dysenterie attaqua la garnison, réduite à deux cent cinquante hommes, et alimentée avec des nourritures immondes. Il fallut capituler. Le 1er août, les Anglais entrèrent dans Calvi, et la garnison française s'embarqua pour Toulon, accompagnée d'un grand nombre d'habitants. Sous la domination anglaise, les Corses furent admis à jouir des formes du gouvernement britannique.

Dès lors finit l'existence politique de Paoli; le nouveau maître dédaigna de l'employer, on ne l'osa pas. En 1796, il alla en Angleterre faire entendre des plaintes, auxquelles on n'accorda que peu d'attention, et mourut octogénaire dans un village près de Londres.

L'armée qui occupait le comté de Nice avait reçu dès l'année précédente le nom d'armée d'Italie. Comme celle des Alpes, affaiblie par les nombreux détachements qui en avaient été dirigés dans l'intérieur, elle avait été obligée de se maintenir sur la défensive. La prise de Lyon et de Toulon permirent de renvoyer aux armées des Alpes et d'Italie toutes les troupes qui en avaient été retirées. Les cadres de ces deux armées se grossirent aussi d'un grand nombre de réquisitionnaires. Il en résulta que sans y comprendre les dépôts et les garnisons qui employaient beaucoup de monde, surtout à Nice, à Antibes et à Marseille, l'effectif des deux armées ne s'élevait pas à moins de soixante-quinze mille combattants. — L'armée des Alpes, commandée par le général Dumas, homme de couleur, brave et actif, s'étendait sur les Alpes Cottiennes, dès frontières du Valais jusqu'au mont Dauphin et aux sources de la Stura. L'armée d'Italie avait toujours pour chef Dumerbion. Longeant les Alpes Maritimes, elle appuyait sa gauche à Entrevaux, et sa droite vers Menton, sur la Méditerrannée, elle était numériquement un peu plus forte que l'armée des Alpes qui ne se composait que de 40 bataillons et de quatorze escadrons.

L'armée sarde occupait par une chaîne de postes, toute la ligne qui s'étend du Pô jusqu'au mont St-Bernard et aux frontières de la Suisse. L'armée coalisée Austro-Sarde s'étendait du Pô à la Méditerrannée, Ses forces s'élevaient à environ quarante-cinq mille Piémontais et à huit mille Autrichiens. On attendait en outre un contingent napolitain de dix-huit mille hommes, et tout étant d'ailleurs en mouvement à Turin pour augmenter encore les cadres de cette armée et la mettre en état de rejeter les Français au-delà du Var. — La redoutable position de Saorgio, si fatale l'année précédente aux troupes du général Brunet, était défendue par dix-huit mille hommes aux ordres du lieutenant-général Colli, formant la gauche de l'armée Austro-Sarde. Le duc de Montferran commandait la droite de l'armée qui occupait les vallées voisines de celle d'Aoste et les versants orientaux du mont Saint-Bernard. Les vallées d'Houlx, de Mayra, de Luterne et de Pragèles étaient gardées par le centre aux ordres du duc de Chablais. Stasoldo et Provera défendaient la vallée de Stura. — L'armée combinée avait été placée sous le commandement du duc d'Aoste. Bonaparte, qui venait de se distinguer à Toulon, était depuis le mois de mars à l'armée d'Italie, en qualité de général d'artillerie. Après avoir bien reconnu les inexpugnables positions de l'ennemi, il émet l'avis de les tourner par la gauche et de les forcer aussi à les abandonner eux mêmes, et la prise d'Oncille, celle du col de Tende, signalèrent bientôt la justesse de ces manœuvres. L'époque approchait où la guerre devait changer de caractère et se faire d'après les règles stratégiques et d'après un système de combinaisons tout autrement vastes et profondes que celles qui l'avaient dirigée jusqu'alors. Ce ne fut pas toutefois dans la campagne de 1794 qu'on vit ce système se développer et se poursuivre avec ensemble, progression et persévérance; elle ne se composa, comme toutes les précédentes, que d'une série de combats isolés entre les deux partis disséminés sur une vaste ligne. Cependant on put déjà s'apercevoir qu'un homme de génie, quoique relégué dans un rang inférieur, présidait à quelques-unes des opérations militaires qui eurent pour résultat de livrer aux Français les sommités principales des Alpes et les portes de l'Italie.

« C'est au talent du général Bonaparte, écrivit alors le général en chef Dumerbion aux commissaires conventionnels, que je dois les savantes combinaisons qui ont assuré notre victoire. »

JANET LANGE

GUERRE MARITIME.

COMBAT DU 13 PRAIRIAL.

L'escadre de Brest, au retour d'une croisière longue et difficile, s'était révoltée; cette grave circonstance nécessita la réorganisation de notre armée de mer; il fallut substituer des paysans tirés de la charrue à de vieux matelots, de simples officiers à des amiraux. C'est ainsi que le capitaine de vaisseau Villaret-Joyeuse se trouva promu au commandement d'une escadre de trente vaisseaux, qui en un mois de temps fut prête à appareiller et sortir de Brest pleine d'enthousiasme pour aller protéger, contre les Anglais, l'entrée d'un convoi qui revenait d'Amérique avec des subsistances impatiemment attendues au sein de la famine qui affligeait la France. Dès que la flotte eut atteint la pleine mer, vers la chute du jour, Prieur (de la Marne) descendit du vaisseau amiral pour retourner au port, et dit aux marins de la *Montagne*, en les quittant : « Camarades, revenez vainqueurs des Anglais. — Nous le jurons, répondent ceux « qui l'entendent. — *Vive la république!* prononce Prieur en forme de dernier adieu. « — *Vive la patrie! Gloire au pavillon français et mort aux Anglais!* » crie aussitôt l'équipage de *la Montagne* et ceux des autres vaisseaux de la flotte. Le pavillon amiral républicain était arboré à bord de *la Montagne*, vaisseau magnifique, armé de cent trente canons. A son bord se trouvait Jean-Bon-Saint-André, qui exerçait sur la flotte la même autorité que celle des représentants du peuple aux armées. Le 28 mai, à midi, une flotte est signalée : on distingue bientôt trente-six vaisseaux de ligne. Tous les marins font entendre ce cri : *Les Anglais! les Anglais!* et tous, dans l'espoir d'un combat prochain, préparent leurs armes avec les démonstrations de la joie la plus vive.

L'amiral Howe, qui commandait la flotte ennemie, ne paraissait point disposé à combattre. Villaret, suivant ses instructions, voulait également éviter une bataille; mais Jean-Bon Saint-André, entraîné lui-même par l'enthousiasme général, espéra remporter sur mer une victoire qui serait du plus grand prix pour la république, et fit donner l'ordre de se préparer au combat.

Bientôt, vers le soir, les deux escadres furent en présence; les deux avant-gardes eurent même un engagement dans lequel *le Révolutionnaire*, qui avait diminué ses voiles, fut violemment maltraité : il perdit son capitaine et se vit contraint de se faire remorquer jusqu'à Rochefort après une résistance opiniâtre. La nuit empêcha l'action de devenir générale.

Le lendemain les deux armées restèrent quelque temps en présence avant de recommencer le combat. Notre avant-garde fut désemparée comme elle serrait l'ennemi au feu. Notre armée voulut virer pour l'aider dans son mouvement, mais l'arrière-garde était déjà attaquée par les Anglais, qui nous avaient dépassés. Le vaisseau amiral anglais, de cent vingt canons, monté par l'amiral Howe, se jeta sur le centre de notre ligne, et tira sur le vaisseau *le Vengeur*, tandis que *le Bellérophon* et *le Léviathan*, qui voulurent l'imiter, furent repoussés par nos bordées et jetés loin de la flotte anglaise. Une brume épaisse, qui sépara les deux armées pendant deux jours, mit fin à l'action.

Le 1er juin, les brumes se dissipent; les deux armées se préparent à une action décisive. A sept heures Howe donne le signal de l'attaque et l'ordre à chacun des vaisseaux qu'il commande de prendre un des nôtres bord-à-bord. Nos marins, disposés aux dangers qui les attendent, font retentir l'air de chants patriotiques.

L'action s'engagea bord-à-bord; on se battit avec toute la rage que peut inspirer une haine réciproque et invétérée. Enfin, la mêlée fut horrible, et les signaux n'étant plus compris, souvent un vaisseau lâcha sa bordée sur un vaisseau de son côté. Quatre mille bouches à feu tonnent à la fois et vomissent la destruction. L'Anglais vise à démâter nos vaisseaux, nous cherchons à couler bas les siens. L'amiral Howe avait plusieurs fois tenté sans succès la canonnade contre le vaisseau amiral *la Montagne*, et avait été contraint de reculer; mais *le Jacobin*, qui devait couvrir la hanche du vaisseau amiral, fait une fausse manœuvre et le laisse à découvert, *La Reine-Charlotte*, que montait l'amiral anglais, profite aussitôt du vide qui se présente sur la ligne, et, suivi de cinq vaisseaux, dont deux à trois ponts, elle entoure Villaret. Quelque temps foudroyé par son ennemi, l'amiral français reste perdu au reste de la flotte; mais, par une menace d'abordage, il force les bâtiments qui l'entourent de s'éloigner, et leur coupe quelques cordages.

Les vaisseaux retournés à distance n'en continuèrent qu'avec plus d'avantage le combat, *la Montagne* résista encore quelque temps; mais bientôt, dépourvue de défenseurs, elle ne fut plus qu'un désert rougi de sang et de carnage. Deux mille cinq cents boulets ont frappé son tribord, ses canons sont démontés ou entre'ouverts. Des canonniers résistent cependant avec bravoure; ceux qui servent les pièces de chasse sont tués et à cinq reprises différentes remplacés sans autre ordre que la voix de l'honneur qui commande encore à ces mains patriotes. Soudain des caisses de cartouches éclatent et tuent la moitié des timoniers. Le banc de quart est enlevé sous Villaret; celui-ci se relève avec sang-froid, le fait rétablir et reprend son poste. Alors *la Reine-Charlotte* était à demi-portée de canon. Bouvet de Cressé, par un de ces mouvements que font naître les circonstances critiques, demande à Villaret de balayer le pont de l'Anglais. « Vous vous ferez tuer. » lui répond l'amiral : « Qu'importe, reprend-« il, si je suis utile à ma patrie. » Il se glisse aussitôt, de degrés en degrés, au milieu des balles que les Anglais lui lancent avec l'espingole et le pistolet. Enfin il parvient à son but, et met le feu à la caronade de 36 à tribord. *La Reine-Charlotte* est abîmée, et ce n'est que par une prompte fuite qu'elle parvient à se sauver.

Un autre vaisseau, *le Vengeur*, avait montré autant de dévouement que *la Montagne*. *Le Brunswick* et deux autres bâtiments anglais l'attaquèrent; la mitraille emporta la moitié de son monde; ce qui resta sur le pont, loin d'être découragé, opéra des prodiges de valeur: *le Brunswick*, qui avait abordé le premier, est foudroyé; il s'éloigne, mais les deux autres vaisseaux lui lancent à bout portant un déluge de projectiles. *Le Vengeur* est criblé par les boulets; de tous côtés l'eau se précipite dans sa cale par d'immenses ouvertures; le péril est à son comble. L'équipage pouvait encore se rendre et se sauver; mais par un dévouement digne des plus beaux temps de l'antiquité, il prend la sublime résolution de rejeter des secours qui ne pourraient venir que d'un ennemi vainqueur : tous les combattants préférèrent la mort à la captivité. La mer envahit le vaisseau : il va s'engloutir; déjà les derniers canons sont à fleur d'eau; les Français déchargent leur bordée, attachent le pavillon tricolore afin qu'il ne puisse pas surnager, et les bras levés vers le ciel, agitant en l'air leurs chapeaux comme dans un jour de triomphe, c'est aux cris mille fois répétés de *Vive la république! vive la liberté! vive la France!* qu'ils disparaissent dans l'abîme.

Électrisé par cet exemple héroïque, l'équipage de *la Montagne* voulait retourner au combat, et délivrer six vaisseaux de l'arrière que les Anglais tenaient cernés. Rien n'était plus facile que de leur arracher cette proie; mais J.-B. Saint-André s'opposa à l'enthousiasme de l'armée, et Villaret fit signaler sa retraite. Cependant la flotte anglaise, dont plusieurs vaisseaux étaient entièrement perdus, était si maltraitée, que l'amiral Howe aurait pris la fuite à la menace d'un second abordage.

Après ce combat, la flotte française mouilla dans la rade de Bertheaume; le Conventionnel s'opposa encore aux désirs de Villaret. Celui-ci, soutenu par une escadre toute fraîche qu'il trouva à Bertheaume, voulait chasser dix-sept vaisseaux anglais qui, ignorant le combat livré le 1er juin, venaient de passer, pavillon bas, près de la flotte française.

On apprit en France que le convoi n'était plus protégé, et les alarmes se manifestaient, quand les vaisseaux de Vanstabel parurent à la vue de Brest, et firent leur entrée dans ce port.

Ce combat fut fécond en beaux exemples: un boulet de canon coupe une longue-vue dans la main du major-général Delmotte, qui froidement en prend une autre et continue son observation. L'intendant Rassé et le capitaine de pavillon Bazirre sont jetés, par le même boulet, aux pieds du brave Vignot, qui ne laisse voir aucun sentiment de crainte. Cordier comprime, avec le ceinturon d'une épée, son tibia, brisé par esquilles, et reste à son poste. Angot, de Saint-Valery-en-Caux, frappé d'une balle au talon, se fait panser et revient au combat. Lehyr, second capitaine du *Vengeur*, est blessé à la jambe par un biscaïen; ses amis l'engagent à se faire panser : « Non, leur « répondit-il, j'ai juré de mourir à mon « poste, je tiendrai mon serment; » et ils tombent s'écriant: « Courage, amis! Vengez-« nous! »

Dans toute l'Europe, et principalement en Angleterre, on ne parla que de cet événement. La Convention nationale décréta qu'un modèle du vaisseau *le Vengeur* serait suspendu aux voûtes du Panthéon, et que, pour immortaliser le dévouement des troupes de son équipage, leur mort glorieuse serait proposée pour sujet aux poëtes, aux peintres et aux sculpteurs. Chénier, le poëte national, et Lebrun, le Pindare de nos jours d'enthousiasme, furent le plus heureusement inspirés.

Nous ne citerons seulement qu'une des strophes du poëte Chénier, qui peint si énergiquement la glorieuse fin du *Vengeur*.

Lève-toi, sors des mers profondes,
Cadavre fumant du *Vengeur*,
Toi qui vis le Français vainqueur
Des Anglais, des feux et des ondes!
D'où partent ces cris déchirants?
Quelles sont ces voix magnanimes?
Ce sont les braves expirants,
Qui chantent du fond des abîmes :
Gloire au peuple français!...

. . . .

L'ode de Lebrun est si belle, que nos lecteurs nous sauront gré de la rapporter en partie,

Toi que je chante et que j'adore,
Dirige, ô Liberté, mon vaisseau dans son cours!
Moins de vents orageux tourmentent le Bosphore,
Que la mer terrible où je cours!

Argos, la nef à voix humaine,
Qui mérita l'Olympe, et luit au front des cieux,
Quelque fût le succès de sa course lointaine,
Prit un vol moins audacieux!

Vainqueur d'Eole et des Pléiades,
Je sens d'un souffle heureux mon navire emporté,
Il échappe aux écueils des trompeuses Cyclades,
Et vogue à l'immortalité!

Mais des flots fût-il la victime,
Ainsi que le *Vengeur*, il est beau de périr;
Il est beau, quand le sort vous jette dans l'abîme,
De paraître le conquérir.

Trahi par le sort infidèle,
Comme un lion forcé de nombreux léopards;
Seul au milieu de tous sa fureur étincelle :
Il les combat de toutes parts.

L'airain lui déclare la guerre,
Le fer, l'onde, la flamme entourent ses héros;
Sans doute ils triomphaient, mais leur dernier tonnerre,
Vient de s'éteindre sous les flots.

Captifs!... la vie est un outrage;
Ils préfèrent le gouffre à ce bienfait honteux,
L'Anglais en frémissant admire leur courage,
Albion pâlit devant eux.

Plus fiers d'une mort infaillible,
Sans peur, sans désespoir, calmes dans leurs combats,
De ces républicains l'âme n'est plus sensible
Qu'à l'ivresse d'un beau trépas.

Près de se voir réduits en poudre,
Ils défendent leurs bords enflammés et sanglants.
Voyez-les défier et la vague et la foudre
Sous les mâts rompus et brûlants!

Voyez ce drapeau tricolore
Qu'élève en périssant leur courage indompté.
Sous le flot qui le couvre entendez-vous encore
Ce cri : *Vive la liberté...!*

Ce cri... c'est en vain qu'il expire,
Etouffé par la mort et par les flots jaloux;
Sans cesse il revivra répété par ma lyre;
Siècles! il planera sur vous!

Et vous, héros de Salamine,
Dont Thétis vante encor le trépas glorieux;
Non, vous n'égalez pas cette auguste ruine,
Ce naufrage victorieux!...

Seul auteur de ce grand revers, Jean-Bon-Saint-André en fut l'historien devant la Convention; il le peignit comme la plus éclatante des victoires navales. Suivant lui, les six vaisseaux qu'il avait lâchement délaissés poursuivaient les vaincus, et tandis qu'à Portsmouth on les traînait derrière les vaisseaux anglais, il les envoyait, dans ses récits, achever les restes d'une armée qui n'était plus digne de ses coups. Telle était la terreur qui protégeait les tyrans de cette époque, qu'aucune voix libre n'osa démentir l'impudent fuyard et l'accabler de son dés

CAMPAGNE DE 1795,

CONTRE LES AUTRICHIENS, LES PIEMONTAIS, LES ANGLAIS ET LES ESPAGNOLS.

Sur la frontière de l'Espagne, les derniers mois de 1794 s'étaient passés sans aucune affaire décisive. Les armées restèrent dans l'inaction ou ne livrèrent que des engagements partiels. — La famine et la disette causèrent alors d'affreux ravages dans l'armée des Pyrénées-Occidentales, et ce ne fut qu'au retour du printemps que les soldats républicains, délivrés par l'heureuse influence de la saison d'une partie des maux qui les accablaient, purent reprendre l'offensive sous les ordres de Moncey. Bilbao fut pris, Pampelune assiégé et l'ennemi battu à Vittoria. L'armée se préparait à franchir l'Èbre, lorsque les hostilités furent suspendues par des négociations que l'Espagne se détermina à accepter, sentant l'inutilité de ses efforts pour arrêter nos succès.

Après la prise de Figuières, l'armée des Pyrénées-Orientales, dirigée par Pérignon, s'était portée sur Roses; cette place fut aussitôt investie, assiégée et prise. Augereau, à la tête d'une seconde division de cette armée, se signalait par non moins de talent que d'habileté. — Pour éloigner une rivalité qui eût pu devenir funeste entre ces deux chefs, Schérer, célèbre par son commandement de l'armée de Sambre-et-Meuse, fut nommé général en chef. La supériorité du nombre maintint quelque temps les Espagnols dans leurs positions; cependant Schérer les battit et se disposait à les poursuivre, lorsqu'il reçut la nouvelle de la signature de la paix conclue le 22 juillet, portant reconnaissance de la république française par la cour de Madrid, et l'abandon de la part de la France de toutes ses conquêtes au delà des Pyrénées. La France républicaine, attaquée et non assaillante, avait toujours désiré être en paix avec les autres puissances européennes. Déjà les victoires de nos armées avaient obligé la Toscane à reconnaître la république française (9 février 1795). La Prusse, qui se repentait, sans doute, de s'être engagée dans une guerre où elle n'avait aucun avantage réel en 1792, et qui depuis lors avait pris un caractère tout différent par suite des prétentions de l'Autriche et de l'Angleterre, la Prusse, disons-nous, reçut avec empressement des ouvertures de paix. Des négociations furent entamées et un traité de paix fut signé le 8 avril 1795.

Du côté de la Vendée, l'insurrection n'avait plus le même caractère; mais quoique depuis l'affaire du Mans les Vendéens ne fussent plus en état de tenir contre les troupes de la République, qu'ils eussent perdu leur commandant en chef Larochejacquelein, qui avait été tué, à la fin de mars, par un soldat républicain qu'il poursuivait, ils tentaient toujours de soutenir leur cause. Charette et Stofflet, devenus leurs principaux chefs, étaient sans cesse poursuivis : vaincus dans un pays, ils se retiraient dans un autre, et reparaissaient ensuite avec de nouvelles forces. L'année 1794 se passa ainsi en continuels engagements partiels avec eux.

L'Allemagne et l'Angleterre étaient alors les seules puissances que la France eût à combattre.

On hésita si on ferait la paix ou si l'on continuerait la guerre; si l'on redoublerait d'efforts au nord ou au midi. On se décida enfin à porter les hostilités au delà du Rhin pour faciliter le siége de Mayence. — L'été entier fut employé à organiser les moyens et à réparer l'épuisement général. La prise de Luxembourg, après un long blocus, fut le seul succès qui signala cette période.

Les impériaux, divisés en deux corps commandés par Wurmser et Clairfait, s'étendaient de la Suisse au Necker, et de ce fleuve à la rivière de Rhur, en face des armées françaises, qui se composaient : 1° de celle du Rhin-et-Moselle sous Pichegru, se déployant en Alsace, dans le Palatinat et autour de Mayence; 2° de l'armée de Sambre-et-Meuse, sous Jourdan; 3° l'armée du Nord, commandée par Moreau, occupait la Hollande et surveillait les dispositions de la Prusse.

Le général Michaud avait commencé le siége de Mayence sur la rive gauche du Rhin; ayant demandé et obtenu sa retraite, Kléber vint le remplacer, et fut renforcé par Jourdan, à la tête de l'armée qui avait conquis Luxembourg. L'aile gauche de l'armée, forte de vingt mille hommes, s'étendit le long du Rhin depuis Bonn jusqu'à Andernach : l'aile droite, forte de quinze mille, depuis Coblentz jusqu'à Bingen, et le corps de bataille, qui était formé de vingt-huit mille hommes environ, se déploya depuis Andernach jusqu'à Coblentz. L'armée de Pichegru donnait alors la main à celle de Jourdan, et les Français avaient sur le même point une masse de dix-sept mille deux cents hommes, réunion imposante qui pouvait donner lieu à des opérations décisives.

L'armée autrichienne avait alors son centre à Mayence, son aile droite vers Duisburg, et son aile gauche étendue jusqu'à Kehl.

Jourdan dressa tout de suite son plan d'attaque, d'après lequel deux passages devaient être exécutés sur le Rhin, l'un à Urdingen et l'autre à Neuwied.

On eut beaucoup de peine à se procurer un nombre de bâtiments assez considérable pour porter trois mille hommes sur la rive droite.

Enfin, tous les préparatifs achevés dans la nuit du 5 au 6 septembre, l'armée de Sambre-et-Meuse passa le Rhin, malgré les nombreuses redoutes des Autrichiens, près d'Urdingen, et les batteries qu'ils avaient élevées au-dessus de Dusseldorf. Le général Kléber, chargé de soutenir les deux débarquements projetés, prit sous ses ordres, pour atteindre ce but, les divisions des généraux Lefebvre, Grenier, Tilly et Championnet, formant environ quarante mille combattants.

Le signal, longtemps attendu avec impatience, est enfin donné.

Le passage commença à onze heures, et à trois heures du matin, dix mille hommes d'infanterie de la première division étaient déjà sur l'autre rive avec trois pièces d'artillerie légère.

Kléber et la division qui devait s'emparer de Dusseldorf n'étaient pas encore embarqués. Un banc de sable, découvert au milieu du fleuve vis-à-vis l'embouchure de la rivière d'Erfft, força les soldats à remorquer deux lieues plus haut les nacelles sur lesquelles ils devaient passer. Enfin, dans la nuit du 4 au 5 septembre, Championnet embarqua ses troupes; les soldats défilèrent en silence; il leur dit : « Compagnons, demain, au » point du jour, nous serons vainqueurs, » maîtres de Dusseldorf, ou morts glorieu» sement pour la patrie. »

L'ennemi distingue les bâtiments à la clarté de la lune, et dirige sur les barques plusieurs batteries; les boulets et les obus se croisent sur la flottille, des nacelles sont coulées à fond, les autres traversent le fleuve, dont les eaux paraissent alors embrasées. Enfin deux barques touchent au rivage. Les grenadiers, auxquels il avait été défendu, sous peine de mort, de faire feu sur l'ennemi pendant la traversée, veulent assouvir une fureur qu'ils retenaient à peine ; ils se précipitent sur le rivage, et courent au pas de charge sur les Autrichiens. Ceux-ci, surpris d'une telle audace, lâchent pied, abandonnent une batterie qui est aussitôt tournée contre eux, et fuient à travers les bois.

Les débarquements successifs se firent avec la plus grande facilité, et les troupes jetées sur l'autre rive rejoignirent bientôt les bataillons qui étaient passés et qui déjà cernaient Dusseldorf. La place, sommée de se rendre à discrétion, ouvrit ses portes.

Le général en chef des troupes autrichiennes fit exécuter une retraite générale. Les généraux Jourdan et Kléber ne crurent pas devoir le poursuivre, et, surpris eux-mêmes des succès prodigieux que venait d'obtenir la valeur de l'armée, ils se contentèrent d'assurer la position de la ville et des postes qu'on venait d'enlever.

Le 13 septembre, l'armée française se remit en marche, battit complètement l'ennemi, et le poursuivit jusqu'à Altenkirken. Après un grand nombre de combats où les républicains obtinrent toujours la victoire, l'armée française passa la Lahn et s'étendit sur le Mein. Le 25 septembre, le général Jourdan était enfin arrivé au but de tous ses désirs, il occupait la rive droite du Rhin, et pouvait compléter l'investissement de la ville de Mayence.

Cette suite non interrompue de triomphes fit espérer quelque temps la paix. Les Français crurent que l'empereur écouterait des propositions pacifiques, et renoncerait à remplir les engagements de la coalition.

L'incendie de Neuwied, que les troupes républicaines prirent le 12 novembre, et la reddition de Manheim, qui leur avait ouvert ses portes cinq jours auparavant, semblaient devoir, en augmentant la terreur des Autrichiens, hâter le moment où la république jouirait des douceurs d'une paix générale. Un armistice, publié le 4 janvier 1796, entre les généraux français et autrichiens, vint accréditer une opinion qui était déjà reçue avec joie, et nourrir des espérances qui ne tardèrent pas à être détruites.

La trêve cependant faillit mettre la République à deux doigts de sa perte.— Pichegru avait écouté les propositions des royalistes et renoué avec le prince de Condé des négociations qui semblaient lui promettre, avec l'indépendance, plus d'honneurs et de fortune que la plus belle victoire. Pichegru devait être le restaurateur de la monarchie en France et recevoir en récompense de ce service, un million en numéraire et le château de Chambord. Heureusement des circonstances encore ignorées firent échouer ce beau rêve.

Il est triste, mais il est vrai de reconnaître que le conquérant de la Hollande, ainsi que le vainqueur de Jemmapes, devinrent indignes de la confiance des troupes républicaines. Dumouriez et Pichegru sont deux noms qui ne peuvent plus être cités avec honneur au milieu d'une armée. Le soldat doit pouvoir dire en tout temps : Honte aux déserteurs ! infamie aux traîtres !

Jourdan conserva le commandement de Sambre-et-Meuse, et Moreau alla se mettre à la tête de celle du Rhin, à la place de Pichegru. Ces trois généraux se préparèrent à attaquer la monarchie autrichienne par l'Italie et par l'Allemagne, et à fondre sur la capitale de l'Autriche. Le général Hoche reçut le commandement des trois armées dites de Cherbourg, de Brest et de l'Ouest, et fut chargé de terminer la désolante guerre de la Vendée. Les nombreuses défaites des Vendéens, les malheurs qui les avaient accablés, leur avaient fait perdre l'énergie qu'ils avaient montrés aux premiers temps de la Révolution, et ils étaient disposés à suivre les lois de la République, lorsque Charette et Stofflet, apprenant qu'une escadre anglaise avait mouillé à l'Ile-Dieu, en face de la Basse-Vendée, s'empressèrent de réveiller leurs passions assoupies.

Le marquis de Puysaie, homme entreprenant, qui déjà avait joué un rôle lors de l'insurrection du Calvados après la révolution du 2 juin, avait fait espérer à l'Angleterre un soulèvement général dans la Bretagne, si l'on y opérait un débarquement d'émigrés, d'armes et de munitions. Le cabinet anglais croyant se venger du mauvais succès de la coalition, avait embrassé ce projet avec ardeur, et s'était engagé à fournir soixante mille fusils, ainsi que l'équipement complet pour une armée de quarante mille hommes. L'expédition, composée de quinze cents émigrés, de cinq mille républicains prisonniers, enrôlés sous les drapeaux de l'émigration pour pouvoir rentrer en France, et d'un grand nombre d'officiers de l'ancienne marine, débarqua sur la presqu'île de Quiberon.

Le 27 juin, à la pointe du jour, le corps du comte d'Hervilly, que l'Angleterre avait donné comme surveillant à Puisaye, aborde et fait sa jonction avec les chouans de ces contrées, qui s'étaient avancés pour le recevoir. Ces derniers se précipitent en foule sur les caisses d'armes et d'habits. Dès ce moment la désunion éclate entre d'Hervilly et Puisaye. L'un et l'autre ont des plans entièrement opposés : l'un et l'autre prétendent au commandement suprême. Plusieurs jours se passent en démêlés et en fausses mesures.

Néanmoins, l'armée royaliste obtint d'abord quelques succès : ne trouvant devant elle que peu de troupes républicaines, elle s'avança dans l'intérieur, s'empara de toute la presqu'île, et compta bientôt trente mille hommes dans ses rangs. Hoche, plein de calme et d'énergie, écrit au comité de salut public pour le rassurer : il rassemble quelques troupes, quitte Rennes et marche aux émigrés. Ceux-ci, pressés vivement, sont repoussés dans la presqu'île; Hoche les y tient bloqués, et fait construire un camp retranché sur la falaise qui conduit à Quiberon.

Manquant de vivres et impatient de faire cesser les murmures qui l'accusaient d'impéritie, d'Hervilly résolut de tenter une attaque générale sur le camp des républicains. On lui représenta en vain qu'il était sage d'attendre le débarquement du corps de Sombreuil : il persiste dans son dessein, et le 16 juillet, au milieu de la nuit, il porte toutes ses troupes vers les républicains, qu'il croyait surprendre. Hoche s'attendait à cette attaque : il trompe les émigrés par une retraite feinte, et tout à coup démasque une batterie, qui foudroie les assaillants. Blessé mortellement d'un biscaïen, le comte d'Hervilly est emporté par les siens, qui commencent à se troubler et à fuir. Les républicains sortent de leurs retranchements, en poussant des cris de victoire. Les deux partis allaient entrer pêle-mêle dans le fort Penthièvre si les troupes fraîches du comte de Vauban et les feux croisés de l'escadre anglaise n'eussent arrêté la course triomphante des républicains.

Hoche ne songea plus qu'aux moyens de pénétrer dans la presqu'île. Pour y réussir, il fallait être maître du fort Penthièvre : la trahison lui en ouvrit l'accès. Dans la nuit du 20 au 21 juillet, trois cents grenadiers, conduits par l'adjudant-général Ménage, et protégés par un ciel sombre, filent le long de la côte, ayant de l'eau jusqu'à la ceinture ; arrivés au pied du fort, dont ils gravissent les remparts à travers les rochers et sous le feu des chaloupes anglaises, ils y voient flotter le drapeau tricolore. Au premier cri d'alarme, les émigrés étaient accourus à leur poste ; mais assaillis à l'extérieur par les troupes républicaines, à l'intérieur par les conjurés, ils renoncent à une défense inutile, ou périssent les armes à la main.

Sans s'arrêter à la prise du fort, Hoche rallie une partie de ses colonnes, et s'avance dans la presqu'île, avant que l'armée d'expédition ait eu le temps de se rembarquer. Puisaye, Vauban et tous les chefs se retirent vers l'intérieur, où restaient encore le régiment d'Hervilly, les débris des régiments de Dudresenay, de Royal-Marine, de Loyal-Émigrant, et la légion de Sombreuil, débarquée depuis deux jours et forte de onze cents hommes. En prenant une bonne position, il était possible de résister encore et de donner le temps à l'escadre de recueillir les émigrés. Mais le désordre était dans tous les esprits : les chouans se précipitaient dans la mer avec leurs familles, pour gagner quelques bateaux de pêcheurs ; les troupes, éparpillées, couraient çà et là, sans savoir où se rallier. D'Hervilly était mourant ; Sombreuil ne connaissait pas le terrain ; Puisaye, qui aurait dû quitter la plage le dernier, alla lui-même hâter l'approche de l'escadre.

« Quel spectacle présentait en cet instant cette côte malheureuse ! la mer agitée permettait à peine aux embarcations d'approcher du rivage : une multitude de chouans, de soldats fugitifs entraient dans l'eau jusqu'à la hauteur de la tête, pour joindre les embarcations, et se noyaient pour y arriver plus tôt; un millier de malheureux émigrés, placés entre la mer et les baïonnettes des républicains, étaient réduits à se jeter ou dans l'une ou sur les autres, et souffraient autant du feu de l'escadre anglaise que les républicains eux-mêmes. Quelques embarcations étaient arrivées, mais sur un autre point ;

de ce côté il n'y avait qu'une goëlette, qui faisait un feu épouvantable, et qui avait suspendu un instant la marche des républicains. Quelques grenadiers crièrent, dit-on, aux émigrés : *Rendez-vous, on ne vous fera rien !* Ce mot courut de rang en rang. Sombreuil voulut s'avancer pour parlementer avec le général Humbert, mais le feu l'en empêchait. Aussitôt un émigré se jeta à la nage pour aller faire cesser le feu. Hoche ne pouvait souffrir une capitulation; il connaissait trop bien les lois contre les émigrés pour oser s'engager, et il était incapable de promettre ce qu'il ne pouvait pas tenir. Quelques uns de ses soldats purent crier, *rendez-vous !* mais il n'offrit rien, ne promit rien. Il s'avança, et les émigrés n'ayant plus d'autre ressource que de se rendre ou de se faire tuer, eurent l'espoir qu'on les traiterait peut-être comme les Vendéens, ils mirent bas les armes. Aucune capitulation, même verbale, n'eut lieu (1). »

Hoche écrivit à la Convention pour l'intéresser au sort des mille royalistes pris à Quiberon : elle fut inexorable. Une commission réunie à Vannes reçut l'ordre de distinguer les prisonniers enrôlés malgré eux des émigrés. Les soldats, chargés de fusiller ces derniers, en laissèrent échapper beaucoup : M. de Sombreuil fut au nombre des victimes. Au moment de mourir, il refusa un bandeau qu'on lui offrit, en disant : « J'aime à voir mon ennemi en face, et comme il était couché en joue : Visez plus à droite, s'écria-t-il, ou vous me manqueriez. »

L'expédition de Quiberon trompa également les espérances des émigrés, des insurgés royalistes et des Anglais. Elle souleva dans ce temps un cri général d'indignation contre l'Angleterre. Cependant on ne peut dissimuler qu'elle trouva, même dans le parlement anglais, des contradicteurs énergiques. Pitt, forcé de se justifier sur l'expédition de Quiberon, ayant dit à la Chambre des communes : *Du moins le sang anglais n'y a pas coulé.* — *Non,* s'écria Shéridan, *le sang anglais n'y a pas coulé, mais l'honneur anglais y a coulé par tous ses pores ! ! !.....*

Trompé dans son espoir, Charette livra plusieurs combats pour pouvoir passer sur les derrières de Hoche, et se jeter dans le pays qu'occupait Stofflet, son rival plutôt que son collègue; mais il ne put y réussir, fut ramené dans les marais par les colonnes républicaines, et resserré tous les jours davantage. Comme les paysans se levaient subitement en masse, qu'ils attaquaient les troupes, et que le lendemain on ne trouvait plus que des cultivateurs, Hoche jugea qu'il fallait user de rigueur et de ménagement, de force et d'adresse, et dès lors il forma un plan de pacification qu'il exécuta sur-le-champ. Il captiva la confiance du clergé en lui donnant des preuves de dévoûment, et fit ensuite parcourir le pays par des colonnes mobiles, chargées seulement de s'emparer des grains et des bestiaux des habitants. Ces colonnes, auxquelles il défendit expressément de commettre aucun désordre ni aucun pillage, proclamaient dans les villages : « La « République vous enlève vos grains et vos « bœufs; rendez vos armes et vous aurez « vos bœufs. » Cette mesure produisit plus d'effet que les représailles cruelles qui avaient été exercées jusque-là, et qui n'avaient servi qu'à exaspérer les habitants. Les armes furent remises dans plusieurs contrées, et aussitôt Hoche fit rendre les grains et les bestiaux pris aux communes désarmées.

Pendant que Charette était réduit à courir les bois, Stofflet, enfermé dans l'Anjou par une ligne qu'avait formée le général Hoche, avait été obligé de rester dans l'inaction, et recevait dans son quartier-général du Lavouër tous les officiers qui abandonnaient Charette. Hoche dirigea des troupes sur plusieurs points contre le rassemblement du Lavouër, qu'il resserra fortement par des camps retranchés. Stofflet, assailli de tous côtés, ne put tenir nulle part, et bientôt il fut livré aux Républicains par quelques habitants de Saugrenières. Stofflet, fils d'un meûnier de l'Anjou, et lui-même garde-chasse de M. de Maulévrier, n'était pas un chef ordinaire; il était doué d'une âme forte et quelquefois élevée, de talents militaires et d'un esprit d'ordre qui l'éloignait de l'indiscipline et du pillage. Il avait été un des premiers moteurs de la guerre de la Vendée, et était devenu, par son courage et son dévoûment, major-général, et ensuite commandant en chef de l'armée royale de la Vendée, après la mort de M. Larochejacquelein. Il s'était trouvé en moins de deux ans à plus de cent cinquante affaires. Il fut conduit

(1) THIERS, *Histoire de la Révolution française.*

à Angers, traduit devant une commission militaire qui le condamna à mort, et le fit fusiller le 7 mars 1796. Il mourut courageusement, et ses dernières paroles furent : *Vive le roi!*

La perte de Charette avait été retardée par les poursuites dirigées contre Stofflet; mais après la prise de ce chef de l'Anjou, Hoche ne lui donna plus de relâche, et lança contre lui plusieurs colonnes, tant d'infanterie que de cavalerie. Poursuivi et cerné de toutes parts, Charette soutint quelques combats contre les colonnes; mais abandonné de la plupart des siens, qui le soupçonnaient d'avoir fait assassiner le curé de la Rabotelière qui n'avait pu obtenir l'autorisation de le laisser passer à l'étranger, blessé et exténué de fatigue, il fut fait prisonnier le 3 germinal, au combat de la Chabotière, par les troupes sous les ordres du général Travot. Il ne voulut rendre son épée qu'à ce commandant, qui le traita avec tous les égards dus au malheur et à un si grand courage. Il fut conduit au quartier-général républicain, où le chef d'état-major Hédouville lui témoigna toutes sortes d'égards. Charette ne fit paraître aucune affliction du sort qui l'attendait. Traduit d'abord à Angers, il fut ensuite transporté à Nantes pour y être jugé. Il montra la plus grande indifférence lorsqu'il entendit prononcer sa condamnation à mort; seulement il s'écria : « Voilà donc où « ces misérables Anglais m'ont conduit. » En présence du supplice il conserva toute son assurance et tout son courage. Il était tout mutilé des derniers combats. Un mouchoir, dont il avait enveloppé sa tête, cachait des coups de sabre très récents. Il avait perdu trois doigts le jour où il fut pris, et portait le bras en écharpe, qu'il détacha pour commander le feu, et reçut le coup mortel en poussant le cri de : *Vive le roi!* La mort de ce chef célèbre décida la fin de la guerre civile dans les départements de l'Ouest. Après avoir achevé le désarmement du pays et pris de sages mesures pour réprimer le brigandage, Hoche quitta la Vendée avec le gros de ses troupes et se porta en Bretagne pour pacifier aussi cette contrée. Il forma un vaste cordon de la Loire à Granville, et bientôt les chouans ne purent plus tenir contre ces dispositions. Les plus obstinés des chefs s'embarquèrent pour l'Angleterre, et la Bretagne fut entièrement soumise et désarmée. Les mouvements locaux, en petit nombre, qui agitèrent encore ces contrées, ne peuvent plus être rattachés à l'histoire de nos armées. Jusqu'en 1815, et quelles qu'aient été les velléités d'insurrection, tous les soulèvements ne furent en réalité que des affaires du ressort de la gendarmerie.

La République, victorieuse sur ses frontières, n'avait pas l'énergie nécessaire pour terrasser les partis qui la déchiraient. La réaction thermidorienne prit bientôt une nuance royaliste décidée; une nouvelle terreur fut organisée et érigée en système contre les jacobins ou les suspects de *jacobinisme*; d'affreuses violences, d'atroces représailles ensanglantèrent de nouveau la France!

Tous les mécontents anti-conventionnels attendaient impatiemment que la clôture de la Convention leur fît place libre, et que la convocation des collèges électoraux commençât pour eux une ère d'avenir et d'espérance. La Convention n'ignorait pas ces dispositions publiques, et, sans bruit ni démonstrations, elle agissait en conséquence, et prenait des précautions pour que la révolution ne pérît pas. Profitant des fautes de la constituante, et pensant avec raison qu'elle seule qui avait fait la révolution, pourrait et voudrait la défendre et la maintenir, elle promulgua la constitution de l'an III, qui composait le pouvoir législatif de deux conseils, celui des *Cinq-Cents* et celui des *Anciens*, et confiait le pouvoir exécutif à cinq directeurs. L'assemblée rendit en même temps deux décrets par lesquels elle décida qu'un tiers de ses membres serait réélu.

La constitution de l'an III et le décret relatif à la réélection des deux tiers furent adoptés par les assemblées primaires des provinces. Paris adopta la constitution et rejeta le décret. Il n'en était pas moins exécutoire, puisque la majorité des Français l'avait voté; la force seule pouvait donc en empêcher l'exécution : les intrigants royalistes et les ambitieux firent un appel à la force. La Convention savait qu'un mouvement insurrectionnel se préparait contre elle; elle n'en redoutait pas les conséquences, forte de l'assentiment de la France et du dévoûment de l'armée, qu'elle avait gagnée en soumettant la constitution à l'approbation des troupes. Elle n'avait besoin que de se mettre en état de résister à un coup de main. Et lorsqu'elle vit que le moment d'agir était arrivé, elle se déclara en permanence, fit approcher cinq mille hommes, campés depuis quelque temps dans la plaine des Sablons; rendit les armes aux patriotes, vaincus en prairial; en enrégimenta dix-huit cents sous le nom de *Bataillon des Patriotes de* 89, promulgua un décret qui dissolvait l'assemblée électorale, et concentra, pour faciliter et accélérer l'exécution, tous les pouvoirs entre les mains de cinq membres.

La journée du 12 vendémiaire (4 octobre) fut employée par les sections à discourir, à s'échauffer et à rassembler les gardes nationaux. Dans la soirée, la Convention, espérant prévenir l'effusion du sang, en prenant brusquement l'offensive, envoya le général Menou pour désarmer la section Lepelletier. Au lieu d'agir, Menou parlementa, et ce premier succès remplit les sectionnaires d'audace. Menou fut destitué, et le commandement remis à Barras, qui, doutant peut-être de lui-même, s'adjoignit le jeune Bonaparte, dont il avait été à même d'apprécier l'intelligence et l'énergie. Bonaparte résolut de recevoir le combat, et commença des préparatifs de défense avec sa brûlante activité. Il présenta des gueules de canon à toutes les rues et à tous les ponts, qui débouchaient sur le bâtiment des Tuileries, depuis la place de Louis XV jusqu'au Pont-Neuf, et distribua savamment huit mille hommes de toutes armes qu'il avait sous ses ordres, sur les points les plus importants : puis il attendit, après avoir fait donner des fusils et des cartouches aux membres de la Convention, qui formèrent la réserve.

Le 13 vendémiaire, au matin, quarante mille gardes nationaux des sections étaient sous les armes. Deux généraux, Danican et Duhoux, et un ex-garde-du-corps, Lafond, se mirent à leur tête. Ils n'avaient pas d'artillerie; mais si, barricadant les rues, ils se fussent retranchés dans les maisons qui font face aux Tuileries, ils auraient tué, les uns après les autres, tous les conventionnels, ou les auraient pris par famine : heureusement pour la France et pour la révolution, l'événement fut tout autre.

Après avoir employé la journee en pourparlers inutiles, les sectionnaires s'avancèrent, à quatre heures et demie, par les quais et la rue Saint-Honoré, en colonnes serrées et profondes. Le canon y fit de larges trouées; les colonnes rompues se reformèrent et revinrent à l'attaque; rompues une seconde fois, sous la mitraille, elles se dispersèrent et ne reparurent plus. A six heures la bataille était gagnée par la Convention; douze cents morts jonchaient les marches de Saint-Roch, la rue Saint-Honoré et les quais. Quelques coups de canon à poudre renvoyèrent définitivement chez eux les sectionnaires, qui erraient encore en armes.

La journée du 13 vendémiaire fut sans lendemain, parce que les vaincus n'avaient d'appuis nulle part. Les gardes nationaux, qui s'étaient battus sur la foi et pour le compte d'autrui, n'avaient aucune intention dangereuse, et la leçon reçue leur devait profiter; les royalistes étaient réduits à l'impuissance absolue de nuire; l'armée, la France entière étaient dévouées à la révolution.

Au commencement de 1795, le gouvernement, afin de donner plus d'ensemble aux opérations des armées des Alpes et d'Italie, avait placé ces deux armées sous la direction supérieure d'un seul chef. Kellermann reçut ce commandement.

Après plusieurs actions qui eurent lieu dans les mois de juin et de juillet à l'avantage des Français, les Autrichiens réussirent néanmoins à s'établir à Melogno, et leurs adversaires, inférieurs en nombre, accablés de fatigue, étaient rentrés dans leurs lignes. — Retranchés sur les hauteurs de l'Api, ils soutinrent vigoureusement de nouvelles attaques. Cependant Kellermann, pour ne point compromettre sa position, se replia une seconde fois toujours en combattant, et se reforma sur une nouvelle ligne où il se maintint victorieusement jusqu'à la fin de la saison.

L'armée d'Italie termina la campagne par une action glorieuse. Les Austro-Sardes, rebutés par de nombreuses défaites, restaient dans une complète inaction ; ce ne fut que vers le milieu de septembre qu'ils se remirent en mouvement. — Le 19, toute la ligne s'ébranla à la fois; une forte division se disposa à attaquer un poste fortifié auquel les Français avaient donné le nom de Petit-Gibraltar. Le brave Saint-Hilaire fit sentir aux soldats l'importance de la position qu'ils occupaient, et jurer de mourir plutôt que de se rendre.

Deux fois les Austro-Sardes gravirent le rocher au pas de charge, et deux fois ils furent écrasés par la mitraille. En vain ils changèrent de plan d'attaque et tournèrent la colline, le commandant français avec ses braves, la baïonnette en avant, culbuta les assaillants; un grand nombre d'Austro-Sardes furent faits prisonniers, un plus grand nombre encore furent égorgés, et le général ennemi, déconcerté par le mauvais succès de ce premier mouvement, renonça à l'attaque générale. Le combat du Petit-Gibraltar fut le dernier fait d'armes qui illustra le commandement du général Kellermann à l'armée d'Italie; il fut envoyé à l'armée des Alpes, et le général Schérer vint le remplacer. Ce changement fut motivé par l'arrivée en Piémont d'un grand nombre de corps qui, sous le commandement de Schérer, avaient combattu en Espagne. Kellermann donna ses instructions à son successeur. Près de partir pour l'armée des Alpes, il déclara que l'homme qui le remplaçait ne laisserait point échapper la victoire.

Avant l'arrivée de Kellermann à l'armée des Alpes, les Piémontais attaquèrent le général Moulin, et forcèrent un de ses avant-postes de se replier ; mais le 26 septembre ils furent horriblement massacrés dans le village de Malchaussée. Le soldat républicain marcha furieux contre un ennemi qui, pour l'insulter, parodiait les chants patriotiques, et se précipitant dans les retranchements, il combattit corps à corps. Les Piémontais furent taillés en pièces.

L'armée d'Italie, poursuivant ses succès, ne s'arrêta qu'après une brillante victoire remportée à Loano. — Schérer, à la tête de trois colonnes, Serrurier accourant des cimes du Saint-Bernard, et Augereau maîtrisant avec peine l'ardeur de ses troupes, contribuèrent également au triomphe que Masséna décida par l'enlèvement des redoutes ennemies. La fin du jour vit le drapeau français flotter sur les retranchements de Mologno. Le lendemain l'affaire s'engagea de nouveau, et après une résistance vigoureuse, mais rendue inutile par l'élan de nos troupes, les débris des Autrichiens s'échappèrent dans le plus grand désordre, et ne durent leur salut qu'à la faveur d'un orage de neige qui força les vainqueurs de s'arrêter. Cinq mille prisonniers, trois à quatre mille morts, quarante canons, la libre communication avec Gênes, furent le prix de cette belle victoire, qui préluda si heureusement à la campagne de 1796.

CAMPAGNE DE 1796,

CONTRE LES AUTRICHIENS, LES PIEMONTAIS ET LES ANGLAIS

La Convention venait de léguer le pouvoir au Directoire. Ce gouvernement tout nouveau allait être mis en jeu au moment où la guerre devait elle-même prendre des formes toutes nouvelles. Peu de temps après leur installation, les directeurs purent entendre les salves d'artillerie qui célébraient la victoire de Loano. Ce premier triomphe de l'armée d'Italie balançait pour le moment auprès des puissances européennes, l'influence des succès de Clairfayt aux environs de Mayence. Ces succès étaient le résultat d'un plan vicieux, et particulièrement de la trahison de Pichegru. Ce général, trop occupé des intérêts de la royauté pour songer à ceux de la patrie, restait dans l'inaction. Les choses étaient arrivées au point que le prince de Condé devait tenter l'invasion combinée; mais il hésita et ne jugea pas prudent de passer le Rhin, parce que Pichegru ne voulut pas commencer par faire arborer le drapeau blanc à son armée. Quoi qu'il en fût, Pichegru, décidé à trahir sa patrie, plaça ses troupes, ainsi que celles de Jourdan, dans une fâcheuse position. Il ne fit aucun effort pour défendre Manheim, qu'il évacua, exposa un faible corps qu'il avait jeté au delà du Rhin, et abandonna le siége de Mayence, dont le général autrichien Clairfayt se rendit maître après avoir fait essuyer les pertes considérables au corps de blocus, qu'il eût anéanti sans les belles manœuvres du général Saint-Cyr. Jourdan avait heureusement franchi le Rhin, mais se trouvant seul et compromis au milieu de l'Allemagne, il fut obligé de se retirer et de repasser le fleuve. Le Directoire conçut des soupçons sur la conduite de Pichegru, et quoiqu'il ne fût pas assuré de sa trahison, il le suspecta assez pour lui enlever le commandement de l'armée du Rhin qu'il donna au général Moreau. Après cette disgrâce, on lui offrit cependant l'ambassade de Suède; mais il la refusa et se retira à Arbois, sa patrie, d'où il entretint des correspondances secrètes avec les princes émigrés et les royalistes.

A ces événements, qui contribuaient à augmenter les difficultés du gouvernement, se joignaient la rupture de la pacification par les chefs vendéens, qui avaient recommencé la guerre, et les craintes d'un nouveau débarquement d'émigrés sur les côtes de l'Ouest. Du côté des Alpes, l'armée d'Italie, commandée par Schérer, avait par la victoire de Loano ouvert l'entrée du Piémont et rétabli les communications avec Gênes; mais, malgré les avantages de cette bataille, le Directoire, ne trouvant pas assez de ressources dans Schérer, se décida à le remplacer. Un nouveau plan de campagne fut préparé par Carnot, et, d'après le système adopté, les armées de la République durent aller porter la guerre au milieu des états ennemis.

D'après le plan du Directoire, les armées du Rhin devaient déboucher toutes les deux sur le Danube; Jourdan par Dusseldorf, Moreau par Strasbourg. Celui-ci devait appuyer sur le Haut-Rhin, afin de se rapprocher du Tyrol, et donner la main à l'armée d'Italie, tandis que Jourdan devait tenir son aile droite à la hauteur de la gauche de Moreau. Les hostilités commencèrent par une reconnaissance générale des avant-postes. Les généraux Kléber et Lefebvre débouchèrent par Dusseldorf, battirent le prince Ferdinand de Wurtemberg à Altenkirchen, et remontèrent ensuite la rive droite jusqu'à la hauteur de Neuwied près de Coblentz. Jourdan laissa alors Marceau devant Mayence, passa le fleuve sur le pont de Neuwied, et rejoignit le corps d'armée de Kléber. L'archiduc Charles, frère de l'Empereur, sortit de Mayence et se porta avec une partie de ses forces sur la rive droite pour s'opposer à la marche de Jourdan. Il attaqua ce général, battit son extrême gauche et l'obligea à se replier. Jourdan repassa le Rhin, mais la diversion qu'il avait opérée, en attirant les forces autrichiennes sur le Bas-Rhin, facilita le passage de l'armée de Rhin-et-Moselle. Moreau, ayant tout disposé, ordonna une attaque sur Manheim, afin d'y attirer les Autrichiens placés sur le Haut-Rhin, et dirigea aussitôt des troupes sur Strasbourg. Malgré la résistance des ennemis, il passa avec toute son armée sur la rive droite du fleuve, et s'empara de vive force du fort de Kehl. Pendant que ce général dirigeait ses mouvements pour déboucher dans la vallée du Necker, que l'archiduc Charles marchait pour arriver sur le Danube, devancer Moreau et couvrir ainsi les états héréditaires, l'armée de Jourdan passait de nouveau le Rhin à Dusseldorf et Neuwied. Cette armée s'avança rapidement dans l'Allemagne : elle battit les Autrichiens à Neukirchen, à Friedberg, et se porta partie sur Francfort, et partie sur le Mein. Francfort fut sommé, et, sur le refus de la garnison autrichienne, bombardé : vingt-quatre heures après, cette place capitula, et les Français y firent leur entrée. Jourdan, continuant sa marche, remonta le Mein, s'empara de Wurtzbourg, repoussa l'armée ennemie jusqu'à Nuremberg, et s'approcha de Ratisbonne. De son côté, Moreau avait remporté plusieurs victoires; il était entré dans Ulm, dans Augsbourg, avait forcé les Autrichiens de se retirer derrière le Lech, et ses avant-postes étaient à deux lieues d'Ingolstadt. Ses divisions de droite s'avançaient vers le Tyrol par les vallées que forment le cours de l'Inn et les sources du Lech; elles étaient sur le point de faire leur jonction avec l'armée d'Italie, lorsqu'une seule journée changea tous ces succès en revers. Jourdan avait poussé vivement ses avantages, mais son aile droite, avancée jusqu'à Neumarck, et dépassant ainsi de beaucoup la hauteur de la gauche de l'armée de Rhin-et-Moselle, se trouvait à découvert, et exposait le flanc gauche de Moreau. L'archiduc Charles profita de cette position des différents corps de l'armée française : il repassa le Danube, et attaqua subitement Bernadotte, qu'il força à la retraite. Jourdan, menacé d'être enveloppé et coupé dans ses communications, se hâta de changer de direction. Instruit de cette situation, Moreau s'empressa de passer le Lech et d'attaquer les Autrichiens, qu'il battit complétement à Friedberg; mais cette victoire ne fit pas rétrograder l'archiduc. Ce jeune prince continua de poursuivre l'armée de Sambre-et-Meuse, et remporta une nouvelle victoire sur Jourdan, qui s'était arrêté à Wurtzbourg : dès lors, ce général fut obligé de replier son armée; il donna l'ordre à Marceau de se retirer de devant Mayence, et arriva derrière la Lahn. Dans sa pénible retraite depuis les frontières de la Bohême jusqu'au Rhin, l'armée de Jourdan n'avait perdu que six mille hommes environ; mais les Français eurent à regretter la mort du général Marceau, qui fut atteint d'un coup de carabine, que lui tira un chasseur tyrolien caché derrière une haie.

Marceau, témoin du désespoir de ses amis, ne s'abusa point sur son état, et considéra avec calme la mort qu'il avait tant de fois bravée : « Ne me regrettez pas tant, disait-il; de quoi me plaignez-vous? Ne suis-je pas heureux de mourir si jeune pour la patrie? » Sa blessure ne permettant pas qu'il fût porté à la suite de l'armée qui continuait sa retraite, le lendemain Jourdan le recommanda aux soins des ennemis. Inutiles précautions! Le jeune héros avait su conquérir l'estime des Autrichiens, et le prince Charles, qui avait envoyé un général visiter le guerrier à son lit de mort, ordonna que son corps fût rendu à ses frères d'armes.

Marceau fut un des principaux enfants de

la République, qui firent leur route glorieuse, l'épée à la main, et qui prouvèrent que les vertus antiques peuvent n'être point fabuleuses. Né en 1769, sans fortune et sans nom, il fallut qu'il se fit *soldat* pour entrer dans la carrière militaire, qu'il sentait être la sienne, et que la révolution agrandit pour lui; il versa son sang pour la liberté, dans Paris (1789), comme soldat de l'insurrection; à la frontière, où il conduisait les volontaires d'Eure-et-Loir; dans Verdun, qu'il pleura de voir devenir prussiene ; dans la Vendée, où, commandant en chef des armées de l'Ouest, il eut la gloire d'obtenir des décrets, en récompense de ses victoires, et d'être menacé de l'échafaud en punition de son humanité ; à l'armée de Sambre-et-Meuse, où, général de division, il brilla par sa bravoure toute française, et par ses talents supérieurs; sur les bords du Rhin, où, si son ami Kléber ne l'en eût empêché, il se brûlait la cervelle, parce qu'une faute, qui n'était point la sienne, compromettait la division Bernadotte; sous Mayence, qu'il tint bloquée plus longtemps qu'il ne le pouvait ; enfin, dans la forêt d'Hochsteinball, où une balle lui perça le cœur. L'artillerie des deux armées lui rendit les derniers honneurs, et les soldats des deux nations firent trève un moment pour pleurer le nouveau Germanicus. Ses restes furent déposés près de Coblentz, dans la redoute de Pétersberg, qui reçut à cette occasion le nom du héros.

Les beaux vers de lord Byron sur la tombe de Marceau, qu'il nommait son héros, sont dans toutes les mémoires : il vaut mieux citer les simples paroles d'un magistrat de Coblentz, qui prononçait l'oraison funèbre du général ennemi : « Il ne séduisit point nos filles, il n'outragea point les époux, et, au sein de la guerre, il soulagea les peuples, préserva les propriétés, et protégea le commerce et l'industrie des provinces conquises. » La vie et la mort de Marceau sont de celles qu'on envie.

Abandonné de l'armée de Sambre-et-Meuse, la position de Moreau était périlleuse, et cependant ce général ne s'en effraya pas. Il avait une superbe armée de plus de soixante mille hommes, dont le moral n'avait été ébranlé par aucune défaite, et qui avait une confiance extrême en son chef. Avec une pareille ressource il se décida à se mettre en route pour regagner la France, et ce fut alors qu'il exécuta sa retraite à jamais célèbre. Ses parcs, ses bagages marchaient devant lui, sans confusion, et tous les jours ses arrière-gardes repoussaient bravement les avant-gardes ennemies. Pour entretenir le courage et la fermeté de ses troupes pour le reste de la retraite, il jugea qu'il fallait leur faire remporter une victoire. Il s'arrêta non loin de Biberach, livra bataille au général Latour, l'attaqua sur tous les points, le battit et lui fit plusieurs milliers de prisonniers. Cet habile général eut encore divers engagements avec les Autrichiens à Buchau, à Emmedingen, à Schliengen; il les soutint courageusement, et repassa enfin le Rhin à Huningue, ayant conservé plus des trois quarts de son armée. Ainsi finit cette campagne d'Allemagne, qui s'était ouverte sous les plus heureux auspices, dont l'issue, par la faute de Jourdan, rassura de ce côté la monarchie autrichienne.

Le seul avantage que put retirer le Directoire des opérations militaires qui venaient d'être exécutées, ce fut de détacher de la coalition trois princes qui jusqu'alors avaient joint leurs forces à celles de l'Empire, et de leur faire prendre le titre d'alliés de la République française : le duc de Wurtemberg, le margrave de Baden et l'électeur de Bavière signèrent chacun un traité par lequel ils abandonnaient quelques possessions à la République, et défendaient l'entrée de leurs états aux émigrés français, en accordant au contraire aux troupes républicaines le droit de passage et même de logement. L'exemple de ces princes fut suivi peu de temps après par le roi des Deux-Siciles, qui s'empressa aussi de demander la paix à la République française.

Un jeune homme, inconnu de l'armée, de la France et de l'Europe, apparaît tout à coup sur la scène ; il vient marquer son rang entre les plus grands capitaines et préluder à la domination de l'Europe, qu'il doit soumettre par ses armes et régir par ses lois. Ce jeune homme est Napoléon Bonaparte.

Les plans divers adressés par Bonaparte au comité de salut public, en 1794 et en 1795, avaient fixé sur ce général l'attention de Carnot, qui le fit nommer général en chef de l'armée d'Italie. Carnot, devenu directeur, avait repris la direction des affaires militaires; il était, comme on le disait alors, chargé d'organiser la victoire; le plan de campagne qu'il avait dressé consistait à porter la guerre au delà des Alpes, conformément au projet conçu par le nouveau général en chef, et de forcer par des victoires le roi de Sardaigne de se détacher de la coalition qui paraissait reprendre de nouvelles forces dans la ligne des petits états de l'Italie, auxquels la cour de Vienne avait fini par persuader que la République française menaçait la nationalité des peuples italiens. Le Directoire espérait aussi amener l'Autriche, en l'attaquant directement dans ses états de Lombardie, à faire la paix avec la République.

Pour arriver à ce résultat, le général Bonaparte, manœuvrant par sa droite, et entrant en Italie au point où les contreforts des Apennins s'abaissent avant de se joindre à ceux des Alpes, devait descendre en Lombardie par le Montferrat et porter tous ses efforts contre les Autrichiens, afin de détacher le Piémont de leur alliance. — Pendant ce temps, nos armées d'Allemagne, réorganisées sous les ordres de Jourdan et de Moreau, reprenant l'offensive, avaient marché sur la Souabe et sur la Franconie, pour se réunir ensuite au cœur de la Bavière. Bonaparte, après avoir détrôné et obligé le roi de Sardaigne à quitter ses états, devait s'avancer sur l'Adige et forcer les Autrichiens à quitter la péninsule italique.

Nous avons déjà fait connaître les succès et les revers des armées d'Allemagne, et les causes qui les empêchèrent d'exécuter la partie du grand plan qui leur était confié; nous allons voir comment le génie du général en chef assura le succès des opérations de l'armée d'Italie.

Bonaparte arriva à Nice, quartier-général de l'armée d'Italie, le 27 mars 1796. Au lieu d'une armée de soixante mille hommes, qu'on lui avait annoncée, il trouva trente-un mille combattants disponibles, mais dépourvus de tout, sans argent, sans vivres, sans souliers, sans habits, d'ailleurs indisciplinés et abandonnés au pillage. Cette armée, à la vérité, était jeune, enthousiaste et intrépide; elle gardait la défensive sur les rochers arides de la rivière de Gênes, depuis Nice jusqu'aux environs de Final; le quartier-général était Albenga. Ce système n'était point conforme au génie bouillant et impétueux de son nouveau chef. Elle ne tarda pas à s'élancer, à sa voix, dans la carrière de la victoire; elle ne montait point en tout à soixante mille hommes. L'armée autrichienne, forte de plus de quatre-vingt mille hommes, commandée par le général baron de Beaulieu, occupait les hauteurs de Savone, Sassello, la Bochetta et les vallées de la Trebia et de la Scrivia; elle était renforcée de troupes piémontaises sous les ordres du général Colli, et qui occupaient les revers des Alpes, depuis le col de Tende jusqu'à Cairo, dans la province d'Acqui. L'intention du général autrichien était de chasser les Français du territoire de Gênes et d'attaquer Bonaparte sur les hauteurs qui dominent la ville et le port de Savone.

Les Autrichiens attaquent vivement le poste de Toltri, défendu par le général Cervoni, et l'emportent. Ils éprouvent la plus vigoureuse résistance à l'assaut de la redoute de Montenotte, défendue par quinze cents hommes sous les ordres du général Rampon; cette résistance donne le temps aux divisions La Harpe et Masséna de se porter sur les derrières de l'ennemi, qui est culbuté et forcé de battre en retraite. Bonaparte porte son quartier-général à Carcare, dans le Montferrat. Masséna gravit les hauteurs de Dego; les généraux Ménard et Joubert occupent, le premier les sommités de Bietro, le second la forte position de Sainte-Marguerite. L'armée entière franchit les Apennins.

Le 13 avril, la division Augereau force les gorges de Millesimo, tandis que les généraux Masséna, Ménard et Joubert agissent sur le versant des Alpes, du côté de l'Italie. La victoire de Millesimo coûte à l'ennemi, commandé par le général d'Argenteau, neuf mille prisonniers, et procure aux Français des vivres et des munitions qu'il était difficile de transporter sur les montagnes; elle ouvre la porte à de nouveaux succès. Le général autrichien Provera, qui s'était retranché dans un vieux château, sur le sommet de la montagne de Cossaria, fut obligé de mettre bas les armes et de se rendre à un corps de quinze cents hommes. Le village de Dego est attaqué le 15, à la pointe du jour, par un corps de sept mille Autrichiens, et enlevé à la baïonnette. Masséna tente de le reprendre et y échoue. Le général Causse n'est pas plus heureux et y est blessé à mort; cependant le village est repris après les plus glorieux efforts. Pendant ce temps, le général Rusca s'emparait de la position de San-Giovani, qui domine la Bormida; de son côté, le général Serrurier enlevait les hauteurs de Balisolo, de Bagnasco et les redoutes de Montezemo. Il entra le lendemain dans Ceva, dont le général Augereau avait attaqué les redoutes et le camp retranché. L'armée française, victorieuse, poursuivait l'ennemi sans relâche. La bataille de Mondovi, livrée le 22 avril aux Piémontais, commandés par le général Colli, la prise de Fossano par Serrurier, de Chivasso par Augereau, ajoutèrent de nouveaux trophées à la gloire de l'armée française. Déjà les plus grands préparatifs se faisaient pour le siége de Turin, lorsque le roi de Sardaigne, pour sauver sa capitale, se résigna aux plus grands sacrifices. Il demanda un armistice et livra, pour sûreté du traité, les forteresses de Tortone, de Coni, de Ceva, d'Exiles, de Suze, de la Brunette, de Demont et d'Alexandrie.

Cette suspension d'armes, qui précéda le traité de paix définitif, signé le 18 mai 1796, procura aux Français l'avantage de pouvoir tourner toutes leurs forces contre les Autrichiens. Le général Bonaparte avait adressé à l'armée une proclamation dans laquelle il louait son courage, l'excitait à de nouveaux triomphes et lui promettait la conquête de l'Italie. L'armée autrichienne, après avoir passé le Pô à Valenza, avait pris des positions formidables pour défendre l'entrée du Milanais; l'ennemi regardait ce fleuve comme une barrière capable d'arrêter la marche audacieuse des Français. Beaulieu avait en effet concentré ses moyens d'attaque et de défense sur ce point et sur Pavie. Bonaparte lui donna le change en se portant rapidement sur Plaisance, où le passage fut effectué à l'aide de radeaux et de ponts volants construits à la hâte. Le duc de Parme, voyant ses états sur le point d'être envahis, fit demander une suspension d'armes, qui lui fut accordée moyennant une contribution de deux millions, de dix-sept cents chevaux, de dix mille quintaux de blé, cinq mille quintaux d'avoine, deux mille bœufs et la cession de vingt tableaux de son cabinet, parmi lesquels se trouva celui de la *Communion de saint Jérôme*, chef-d'œuvre de Zampieri, dit le Dominicain.

Le passage du Pô fut suivi de la défaite d'un corps de huit mille Autrichiens, retranchés au village de Fombio; ils sont culbutés dans l'Adda par le général Dallemagne. Un autre corps de cinq mille hommes est défait près de Codogno par la division du général La Harpe, qui y fut tué. Le général Beaulieu, informé du succès de l'armée française, après avoir mis une forte garnison dans Milan, s'était porté du côté de Lodi; il rangea son armée en bataille sur la rive gauche de l'Adda, dans l'intention de défendre le passage du pont qu'il n'avait pas eu le temps de couper.

Maître du cours du Pô, fleuve rapide et profond, il se croyait en sûreté dans ses retranchements, lorsque Bonaparte, rassemblant toute son artillerie, laissant à gauche Pavie, Côme et Milan, qui tôt ou tard ne pouvaient lui échapper, se porte rapidement sur Lodi, attaque cette ville, le 11 mai, avec tant d'impétuosité, que les Autrichiens sont obligés de repasser l'Adda. Beaulieu rangea son corps d'armée en bataille, et le couvrit du rempart d'une nombreuse artillerie. Quatre mille grenadiers français, formés en colonne serrée, et ayant à leur tête les généraux Masséna, Berthier, Cervoni et Dallemagne, s'élancent au pas de charge sur le pont, long de plus de cent toises; ils sont un moment arrêtés par les feux vomis des batteries et de l'artillerie ennemies; mais l'exemple de leurs chefs redouble leur valeur; ils se précipitent avec fureur sur les batteries autrichiennes et les enlèvent à la baïonnette. Les Autrichiens, rompus de toutes parts, fuient en désordre. Augereau arrive avec sa division et achève la déroute de l'ennemi, qui laisse le champ de bataille jonché de morts, de mourants et de blessés. Le général Beaulieu s'enfuit avec les débris de son armée, passe l'Oglio et se réfugie sous la protection du canon de Mantoue, abandonnant aux Français Crémone, Pizzighitone et tout le Milanais.

Rien ne mettait obstacle à la marche des Français sur Milan, que les Autrichiens avaient évacué. Le général Bonaparte, à la tête d'un nombreux état-major, y fit son entrée le 15 mai, s'empara des caisses publiques et mit une contribution provisoire de vingt millions, qui furent remplis en partie avec l'argenterie des églises. Le duc de Modène, Hercule III, fut obligé de composer avec le général en chef, moyennant sept millions cinq cent mille livres, vingt tableaux de sa galerie, deux millions cinq cent mille livres réalisés en denrées et munitions de guerre, et fut exempté de réquisitions.

Malgré les témoignages d'affection que les Français avaient reçus des habitants de la Lombardie, on ne fut pas longtemps à s'apercevoir que l'esprit de ces derniers avait été perverti par des hommes qui avaient intérêt au maintien de l'ancien gouvernement. Plusieurs mouvements d'insurrection combinés avaient eu lieu simultanément à Pavie, à Lodi, à Varèse et à Bagnasco. Le tocsin sonnait dans les campagnes; les paysans assassinaient sur les routes les soldats français qui marchaient isolément. Pavie avait désarmé la garnison française qu'on y avait mise; Milan même n'était pas exempt de troubles intérieurs qui annonçaient des desseins hostiles contre les Français. Le général Despinois, qui commandait, avait éteint le feu de la révolte; ceux des révoltés qui avaient été pris les armes à la main furent fusillés. Il était urgent de faire un exemple pour effrayer les rebelles et rassurer l'armée française, qui voyait sa sûreté compromise par des assassinats partiels. Le village de Bagnasco, où sept à huit cents révoltés faisaient mine de se défendre, fut détruit par le fer et par le feu; Pavie, en punition de sa révolte, fut emportée d'assaut et pillée; la municipalité de cette ville fut fusillée.

A la suite de ces sanglantes exécutions, de grandes mesures furent prises pour assurer la tranquillité de la Lombardie et la sûreté des vainqueurs dans Milan; on exigea des otages pour garantie de l'ordre. Bientôt, par l'influence de la révolution française, et à l'aide d'institutions populaires dans la capitale du Milanais, la Lombardie secoua le joug de la maison d'Autriche: à l'exemple de la nation française, le peuple s'empara du gouvernement, abolit la noblesse héréditaire et organisa une armée qui devait seconder les projets du gouvernement français.

Le général autrichien Beaulieu, trouvant que la rivière de l'Oglio n'était point une barrière assez forte à opposer aux Français, s'était retiré derrière le Mincio, appuyant sa droite au lac de Guarda et à la forteresse de Peschiera, et sa gauche sur la ville de Mantoue. Bonaparte, profitant de l'enthousiasme de ses soldats, fit toutes ses dispositions pour attaquer l'ennemi et le chasser de sa position. La division Augereau vint camper devant Peschiera dont elle s'empara, pendant que les autres, marchant de nuit derrière les hauteurs de Capriona et de Volta, se dirigent sur le poste important de Borghetta, défendu par quatre mille hommes d'infanterie et dix-huit cents chevaux. Les Autrichiens, forcés dans leurs derniers retranchements, passent le Mincio, après avoir coupé le pont construit sur cette rivière; l'armée française rétablit le pont, passe le Mincio et s'empare de Vellagio, où Beaulieu avait auparavant établi son quartier-général; les Autrichiens furent entièrement chassés de l'Italie, à l'exception de Mantoue, abandonnée à ses propres forces, et dont la défense était confiée au général baron de Stein.

Le 3 juin 1796, la division aux ordres du général Masséna s'était emparée de Vérone, où le comte de Lille, depuis Louis XVIII, avait fixé sa résidence. Les victoires remportées par les Français, et la terreur qu'inspirait leur voisinage, avaient fait une telle impression sur l'esprit du gouvernement vénitien, qu'il fut notifié à ce personnage qu'il eût à sortir des états de la République dans le plus bref délai. Il partit en conséquence de cette signification et se rendit à l'armée de Condé dans le plus sévère incognito.

Après le combat de Borghetto, le passage du Mincio et la retraite des Autrichiens dans le Tyrol, les Français purent aisément investir la ville de Mantoue. L'alarme était extrême à Rome, qui n'avait point encore traité avec la République française. L'armée s'était emparée de Bologne, de Reggio, du fort d'Urbin et du château de Ferrare dans les États du pape; le pontife fut obligé de composer et de livrer des contributions, notamment pour le meurtre de Basseville. Le château de Mantoue fut réduit à capituler; la garnison, prisonnière de guerre, fut envoyée à Lodi.

Depuis longtemps le pavillon français était insulté à Livourne, où les Anglais dominaient. Le Directoire demanda au grand-duc de Toscane la prompte répression de ces outrages ; la réponse du prince fut qu'il était impossible de conserver la neutralité dans ce port. Alors une division de l'armée française marcha sur Livourne, et s'en empara le 28 juin 1796. Tout ce que possédaient les Anglais fut confisqué. Pour atténuer cette perte, les Anglais s'emparèrent de l'île d'Elbe, qui capitula le 10 juillet. Pendant ce temps, le général Augereau étouffait une insurrection dangereuse qui s'organisait dans la Romagne.

Les Autrichiens, réfugiés dans le Tyrol, recevaient de nombreux renforts; leur armée devenait redoutable sous le commandement du nouveau général en chef Wurmser. Son projet était de débloquer Mantoue. Pour éviter cet échec, Bonaparte en lève le siége, repasse le Mincio, enveloppe une division autrichienne stationnée à Brescia, attaque le général Wurmser et le force de se replier sur le Tyrol : ce mouvement fut exécuté avec la rapidité de l'éclair. Wurmser, accablé de ses défaites, revint se jeter dans Mantoue avec les débris de son armée. Le feld-maréchal Alvinzi, rassemblant les corps autrichiens épars, en forme bientôt une armée forte de quarante mille hommes. Il avait pris possession du village d'Arcole, que sa situation rendait formidable, et l'avait fortifié. Les divisions Masséna et Augereau ayant passé l'Adige, s'avancèrent sur les deux longues chaussées qui traversent un marais impraticable pendant plusieurs milles. La division Masséna culbuta quelques avant-postes ennemis. La division Augereau cheminait sur une chaussée que le feu des Autrichiens prenait en flanc, et traversait un petit pont défendu par plusieurs maisons crénelées d'où partait un feu terrible de mousqueterie. Un canal large et profond, qui bordait la chaussée, empêchait de tourner le village. Les Français s'avancèrent au pas de charge pour enlever le pont; ils furent repoussés. Le général Augereau, un drapeau à la main, courut se placer à l'extrémité du pont; la colonne n'osa suivre l'exemple de son chef. Bonaparte, sentant toute l'importance de franchir ce redoutable passage, ordonna au général Guieux de tourner Arcole avec deux mille hommes ; pour lui, il se jette au fort de la fusillade, prend un drapeau, l'agite aux yeux de ses soldats, et s'avance jusqu'au milieu du pont; son exemple entraîne les moins résolus; on le suit tête baissée, on touche au terme de tant d'efforts, quand une forte colonne d'impériaux se rue en masse sur les assaillants. Bonaparte lui-même est entraîné; déjà l'ennemi va l'entourer, lorsqu'on s'écrie : « Sauvons notre général ! » La troupe furieuse revient à la charge, et le relève tout meurtri d'un terrain fangeux où il avait été précipité. Augereau et Masséna culbutent l'ennemi de tous côtés, mais ne peuvent parvenir à forcer Arcole. Bonaparte fit toutes ses dispositions pour engager, d'une manière plus décisive, un troisième combat. Après une lutte sanglante de part et d'autre, le général Masséna, ayant placé son chapeau au bout de son épée en guise de drapeau, se mit à la tête de ses troupes et fondit sur la division qui lui était opposée, dont ses soldats firent un horrible carnage. Bonaparte sortit alors des marais et attaqua l'ennemi en plaine : la ligne des Autrichiens fut rompue, Alvinzi fit des pertes immenses et se retira pendant la nuit sur Vicence, où il fut poursuivi. Ces trois journées coûtèrent aux Autrichiens dix-huit mille hommes, dont six mille prisonniers, quatre drapeaux et dix-huit pièces de canon. Les deux partis y combattirent avec une gloire presque égale; mais Bonaparte y donna des preuves bien remarquables de la supériorité de son génie militaire, les généraux, de leur haute valeur et de leur dévouement, et les soldats français de leur intrépidité. Instruit qu'Alvinzi était dans la plus grande déroute, Bonaparte rentra dans Vérone. L'armée ne s'arrêta pas là ; elle passa l'Adige et se porta sur Davidowich qui était à Castel-Novo, après avoir remporté un avantage sur Vaubois. Le corps d'armée de ce général autrichien fut battu ; Masséna et Augereau lui firent des prisonniers, lui prirent neuf canons, beaucoup de bagages, et le repoussèrent jusqu'aux montagnes du Tyrol. A la suite de ces victoires, Bonaparte cessa toute opération, et mit tous ses soins à renforcer ses bataillons, afin d'être en mesure de se porter contre l'ennemi au premier mouvement offensif qu'il ferait.

CAMPAGNE DE 1797,

CONTRE LES ANGLAIS, LE PAPE ET LES AUTRICHIENS.

Traité de paix de Campo-Formio.

Les victoires mutipliées des Français, et la savante retraite de Moreau, sur le Rhin, avaient déterminé le gouvernement anglais à faire des propositions de paix ; mais, après un échange de notes, de mémoires, de discussions astucieuses et diplomatiques, où l'on ne s'accordait pas, le Directoire déclara que le système de compensation proposé par le cabinet anglais était tout à l'avantage de l'Angleterre, et que la constitution de la République le mettait dans l'impossibilité d'accéder aux propositions de cette puissance.

Le Directoire avait conçu depuis longtemps le projet de faire une descente en Irlande. Cette expédition fut confiée au général Hoche, plein de talents, de zèle et de dévoûment à la République. L'escadre aux ordres de Morard de Galles, formant trois divisions, et forte en tout de dix-huit vaisseaux de ligne, de treize frégates et de cinq corvettes, appareilla de Bertheaume, rade de Brest. Le *Séduisant*, après avoir dépassé le raz de Raguenau, se perdit sur le banc des Saints. Six cents hommes périrent dans les flots; le reste fut sauvé par les intrépides marins de l'île des Saints. La deuxième division, arrivée sur les côtes d'Irlande, entre dans la baie de Galloway. Le général Grouchy, à la tête de six mille hommes, se préparait à opérer le débarquement, lorsqu'un affreux coup de vent chassa les vaisseaux au large. La division revint à Brest sans accident. Les deux autres divisions, entrées dans la baie de Bantry, ballottées par les vents contraires et battues par la tempête, ne purent effectuer le débarquement, et furent contraintes, après avoir perdu plusieurs bâtiments et avoir été cruellement endommagées, de rentrer dans la rade de Brest.

Le général Humbert, le même que l'on a vu plus tard servir la cause de la liberté dans le Nouveau-Monde, osa, avec les débris jetés sur la côte d'Irlande, tenter une entreprise désespérée. A la tête d'une poignée de braves, il marcha sur Dublin, en appelant les peuples à l'insurrection; Londres trembla. On envoya une armée pour réduire le général français; il combattit, fut vaincu, et eut la gloire de dicter les conditions d'une capitulation que l'admiration de l'Angleterre changea en un véritable triomphe.

Vers la même époque, le général Clarke reçut du Directoire des pouvoirs pour traiter de la paix avec Alvinzi : la cour de Vienne éluda cette négociation, qui n'eut d'autre résultat que de traîner les affaires en longueur et de donner à Alvinzi qui, après la bataille d'Arcole, s'était retiré sur la Brenta, le temps de réparer ses pertes.

L'armée française reçut vers la fin de décembre de légers renforts, qui portèrent à peine son effectif à quarante-trois mille hommes, dont trente-un mille seulement étaient à l'armée d'observation sur l'Adige. L'armée autrichienne se proposait d'opérer sur deux points distincts : le premier était celui de Vérone ; l'autre, le bas Adige. Le quartier-général d'Alvinzi était à Roveredo ; ce général avait quarante-cinq mille soldats : Provera commandait à Padoue une autre armée de vingt mille hommes.

L'évêque de Rome, après avoir rompu perfidement les négociations qu'il avait entamées, dirigea contre nos troupes un corps de cinq mille hommes appuyés par toute cette immense population des États romains qui n'attendait qu'un avantage des forces autrichiennes pour voler au meurtre et au pillage, sous le prétexte de venger la religion.

Bonaparte est ainsi dans une situation des plus critiques. Il lui faut vaincre ou périr. De la chaîne du Tyrol à la ville des Sept-Collines, le champ de bataille est immense ; cependant il devient pour lui indispensable de balayer cet espace, et il n'a que trente mille soldats ; trente mille contre cent mille hommes de troupes aguerries ! Malheur à lui s'il succombe ! L'Italie, maudite depuis les revers de François Ier à Marignan, sera encore le tombeau des Français !

Le 12 janvier, une nouvelle campagne s'ouvrit. Masséna, attaqué à Saint-Michel par une division de Provera, la culbuta et lui fit neuf cents prisonniers : Bonaparte, au premier bruit du canon, s'était mis en route ; il arriva sur la fin de l'action.

Par une habile politique, il avait organisé plusieurs bataillons d'Italiens ; il les fit camper sur les frontières de la Transpadane, avec trois mille Français tirés de Bologne, et les opposa ainsi à l'armée pontificale.

Dans la nuit du 13, Bonaparte fit concentrer toutes ses troupes sur Rivoli : la division Augereau seule fut dirigée sur le bas Adige pour disputer le passage de ce fleuve au général Provera.

A deux heures du matin, Bonaparte était sur le plateau de Rivoli : il fit engager par Joubert la fusillade avec une des colonnes ennemies ; au point du jour, celle-ci était repoussée. Une seconde colonne pressa sa marche vers le plateau ; en moins d'une heure Masséna la rompit ; une troisième courut au secours de celle engagée ; mais l'artillerie française la mitrailla ; et la cavalerie, chargeant au même instant, culbuta tout ce qui s'opposait à son attaque dans le ravin. Infanterie, artillerie, cavalerie, tout fut pris. La quatrième colonne autrichienne se déployait en ce moment sur les hauteurs de Pipolo, croyant avoir tourné l'armée française. Il n'était plus temps ; elle n'arriva que pour être témoin des désastres des trois colonnes qui l'avaient précédée. Mitraillée, débordée, elle fut dispersée et détruite à son tour. Le reste de l'armée d'Alvinzi devint inutile ; il opéra sa retraite par l'Escalier, et perdit beaucoup de monde. La bataille de Rivoli fut une des plus terribles de la campagne ; Bonaparte, entouré plusieurs fois, eut deux chevaux tués sous lui. Il prit à l'ennemi sept mille prisonniers, douze pièces de canon et huit drapeaux.

Cependant, le même jour, le général Provera, avec ses vingt mille hommes, avait passé l'Adige près de Legnano : il croyait arriver à Mantoue, battre les sept mille hommes de Serrurier, et échapper à Bonaparte, qu'il savait occupé à Rivoli. A deux heures seulement, au fort de la bataille, Bonaparte apprend, par une dépêche d'Augereau, la marche de Provera. Son parti est arrêté aussitôt : il laisse à Masséna, à Murat, à Joubert, le soin de poursuivre Alvinzi, et, prenant avec lui quatre demi-brigades, se met en marche sur Mantoue. De Rivoli à cette ville, on compte treize lieues. Provera a vingt-quatre heures d'avance : Bonaparte force en vain sa marche ; il est probable que Provera va lui faire perdre tout le fruit de sa victoire en se joignant aux vingt mille hommes de Wurmser. En effet, au moment où les Français arrivent à Roverbella, Provera vient se présenter devant Saint-George. Bonaparte frémit : il sait que Saint-George, ce faubourg de Mantoue, n'a qu'une très faible garnison, et qu'un fossé seul le défend : le brave Miollis, d'ailleurs, qui occupe Saint-George avec quinze cents hommes, est bien loin de craintue une attaque du côté de l'Adige, où se trouve Augereau; il n'observe que le côté de Mantoue.

Provera s'avance avec précaution : il se fait éclairer par des hussards couverts de manteaux semblables à ceux de nos hussards Berchini. Déjà ceux-ci vont franchir la barrière, Miollis et ses soldats sont perdus : le coup d'œil d'un sergent les sauve. Il voit approcher ces hussards; il remarque que leurs manteaux sont neufs, ceux de Berchini ont fait la campagne. Il pousse la barrière, saisit un tambour et donne l'alarme. Miollis accourt, et, quoique Provera attaque le faubourg de tous les côtés à la fois, ses quinze cents braves se défendent toute la journée, et donnent le temps au général en chef d'arriver à leur secours.

Provera cependant est parvenu à communiquer avec le maréchal Wurmser, et ils ont concerté leurs opérations du lendemain.

Le 16 janvier, dès que le jour paraît, Wurmser sort de Mantoue à la tête de la garnison, et prend position à la Favorite. Bonaparte avait, dans la nuit, placé sa division de manière à empêcher la jonction de cette garnison avec le corps de Provera. Serrurier, avec les troupes du blocus, attaque Wurmser, et le général en chef marche contre l'armée de secours. C'est à cette bataille que la 55e demi-brigade acquit le nom de *la Terrible*, en abordant dans la ligne autrichienne et en renversant tout ce qui tenta de lui résister.

Au bout de quelques heures, la garnison était rejetée dans la place, et Provera, forcé de poser les armes, signait une capitulation. Deux mille hommes seulement parvinrent à s'échapper. Joubert, le même jour, battait Alvinzi près de Tivoli et lui prenait sept mille hommes. Les troupes françaises occupèrent Trente, Bassano et Trévise. Les débris de l'armée autrichienne ne trouvèrent d'abri que derrière la Piave, dans les neiges du Tyrol.

En vingt jours, l'Autriche venait de perdre trente-cinq mille hommes, dont vingt-cinq mille prisonniers, soixante pièces de canon et vingt-quatre drapeaux.

Mantoue, le constant objet des efforts des Français, le boulevart de l'Italie, ne pouvait tenir longtemps, abandonnée à ses propres ressources. On savait que la garnison était réduite à demi-ration. Wurmser tint pourtant encore tout le mois de janvier. Bonaparte lui fit en vain connaître le résultat de cette campagne de huit jours et le somma de se rendre. Ce ne fut que lorsqu'il ne lui restait plus que trois jours de vivres qu'il envoya le général Klénau au quartier général, pour connaître les conditions qu'on lui ferait. Bonaparte respecta l'âge, la bravoure et les malheurs de Wurmser, il lui accorda au delà de tout ce qu'il pouvait espérer. Vingt mille hommes, dont douze mille combattants, trente-quatre généraux, ainsi que tout l'état-major du général, défilèrent devant le général Serrurier. Bonaparte n'avait pas voulu assister à ce spectacle si flatteur. Après avoir dicté la capitulation, il avait écrit à Wurmser : « Voilà les conditions que » je vous accorde, si vous ouvrez vos portes » demain ; si vous tardez quinze jours, un » mois, deux mois, vous aurez toujours les » mêmes conditions. Vous pouvez attendre » jusqu'à votre dernier morceau de pain. Je » pars à l'instant pour passer le Pô, et je » marche sur Rome. »

Wurmser, vivement touché des procédés de son vainqueur, lui écrivit pour lui exprimer toute sa reconnaissance. Il lui fit même offrir de passer le Pô à Mantoue; mais Bonaparte refusa et partit, voulant épargner au vieux maréchal la douleur de remettre son épée aux mains d'un vainqueur de vingt-sept ans. Peu de temps après, Wurmser lui fit donner avis que le pape avait résolu de le faire empoisonner. Bonaparte prit ses précautions, et la trame ourdie par le saint pontife fut heureusement déjouée.

Mantoue étant rendue, Bonaparte envoya au Directoire les drapeaux pris à l'ennemi dans ces mémorables campagnes.

La division du général Victor prit possession d'Imola le 29 janvier 1797; le lendemain, les Français attaquèrent l'armée papale et la mirent en déroute. Ils entrèrent ensuite dans Faenza, après en avoir enfoncé les portes, s'emparèrent de Forli, d'Ancône et de sa citadelle, ainsi que de Notre-Dame-de-Lorette, et se portèrent, après ces conquêtes, sur Foligno, pour se réunir au corps d'armée, que Bonaparte avait dirigé sur Rome, par Sienne et Tortone, et qui s'était rendu maître de l'Ombrie, du Pérugin et de la province de Camerino. Il ne restait plus au pape que la Sabine, le patrimoine de Saint-Pierre proprement dit, et la campagne de Rome. La terreur s'était répandue dans l'état papal à l'approche des Français Bonaparte écrivit au cardinal Mathei que l'unique moyen qui restait au pape de sauver ses états était de se confier à la générosité de la République française. Cette démarche détermina Sa Sainteté à envoyer des plénipotentiaires au quartier-général de l'armée, qui se trouvait à Tolentino. Le paiement de fortes contributions, la stipulation d'un traité de commerce avec la France, la liberté de la Romagne et l'introduction d'une garnison française dans Ancône, furent le résultat d'un traité signé définitivement le 19 février 1797.

Bonaparte, n'ayant plus rien à craindre du côté de Rome, fit marcher son armée, renforcée de plusieurs divisions de l'armée du Rhin, dans les états vénitiens, pour y porter un coup décisif à l'ennemi. Il passa la Piave et le Tagliamento, malgré les efforts des Autrichiens, qui furent mis en pleine déroute, et s'empara de Gradisca et de Goritz. Une division ennemie, partie de Clagenfurth, capitale de la Carinthie, attaqua le corps de Masséna le 24 mars 1797. On combattit de part et d'autre avec le plus grand acharnement sur un terrain couvert de trois pieds de neige. En se portant dans la Carinthie, Bonaparte avait dirigé sur le Tyrol les colonnes commandées par les généraux Joubert, Baraguey d'Hilliers et Delmas; elles repoussèrent les Autrichiens sur le Lavis. Après sa défaite, l'ennemi se retira sur l'Adige. Les Français, poursuivant leurs avantages, entrèrent dans Botzen et dans Brixen, et attaquèrent la gorge d'Insprunck, qu'ils forcèrent.

L'empereur d'Autriche, voyant sa capitale menacée, fit lever en masse la Hougrie et le Tyrol. Les renforts venus de ce pays obligèrent les Français à rétrograder et à resserrer leurs lignes. Les divisions Joubert et Baraguey d'Hilliers effectuèrent leur jonction sur la Drave. D'autres divisions campèrent à Villach; celle de Bernadotte se trouvait à Laubach, capitale de la Carniole. Celle de Masséna battit l'ennemi près de Clagenfurt, et entra dans cette ville. Ce fut là que Bonaparte, toujours victorieux, écrivit, le 11 germinal, au prince Charles, pour l'inviter à traiter de la paix si désirée par les peuples belligérants. Ce prince répondit qu'il n'était muni d'aucun pouvoir de l'Empereur pour en traiter, et qu'il allait en informer sa cour. Bonaparte n'oubliait rien de ce qui pouvait forcer le cabinet de Vienne à la paix. Il adressa aux habitants de la Carinthie une proclamation, par laquelle il leur promettait sûreté et protection; puis il donna ordre à l'armée de se mettre en marche. La division Masséna, après avoir lutté avec l'élite de l'armée autrichienne entre Frisach et Neumarck, s'empara de cette dernière ville. L'armée française occupa les villes de Kintenfeld, de Murau et de Jundembourg. Les divisions Joubert, Delmas et Baraguey d'Hilliers, traversant le Tyrol, étaient parvenues à se joindre, par la vallée de la Drave, à la grande armée. Ce fut à Jundenbourg, où Bonaparte avait porté son quartier-général, que les généraux autrichiens de Bellegarde et de Merveldt lui remirent une note de l'Empereur, par laquelle ce prince consentait à terminer cette guerre désastreuse et à traiter de la paix. Les préliminaires en furent signés, le 18 avril 1797, au château d'Eckenwald, près de Léoben, en Styrie.

L'armée du Rhin, n'étant pas encore informée de cet heureux événement, venait de traverser pour la seconde fois ce fleuve à Diersheim. Il lui fallut soutenir six combats opiniâtres contre les meilleures troupes autrichiennes, qui firent des efforts incroyables pour la culbuter dans le Rhin. L'habileté du général Moreau triompha de tous les obstacles; l'ennemi éprouva les plus grandes pertes. Un début aussi brillant fut arrêté par la signature de la paix. L'armée de Sambre-et-Meuse avait également passé le Rhin, le 18 avril 1797, à Neuwied. Une bataille rangée et trois combats sanglants avaient affermi sa position sur la rive droite du fleuve.

A peine les préliminaires de paix venaient d'être signés, qu'une insurrection que le sénat de Venise voulut réprimer par la force, des crimes et des attentats commis par les ordres du gouvernement contre des Français malades ou blessés dans les hôpitaux, et enfin un soulèvement populaire qui nous fit appeler comme des libérateurs dans Venise par les patriciens effrayés, précipitèrent l'heure fatale de cette République. Bonaparte avait été informé que le doge, ainsi que la sénat, entretenaient des intelligences avec la cour d'Autriche. Afin de déjouer ses intrigues, il avait organisé une police secrète, presque entièrement composée d'Italiens qui, en paraissant entrer dans les vues des conspirateurs, l'instruisaient de tout ce qui se tramait : aussi quand, oubliant ses promesses d'attachement à la République française, et comptant sur l'appui des troupes autrichiennes que lui amenait le général London, le gouvernement de Venise fit donner dans les campagnes le signal de nouvelles Vêpres-Siciliennes, Bonaparte put prendre vis à vis des insurgés le ton d'un maître qui tient le châtiment dans ses mains. Il commença par adresser au doge de Venise ses remontrances et ses menaces. Junot, porteur du message, confondit par la fermeté de son attitude les oligarches, jusqu'alors si fiers d'une puissance qu'on était habitué à respecter. Ils descendirent aux excuses, et rejetèrent les désordres et les assassinats sur une instigation étrangère. Mais une enquête rigoureuse vint mettre au grand jour l'infâme conduite du gouvernement vénitien. Bonaparte n'hésita plus à fulminer une déclaration de guerre, dans laquelle la nature des griefs articulés ne permettait plus de concevoir le moindre doute sur le sort qu'il réservait au sénat vénitien; l'arrêt fut irrévocable, et, dans le traité de paix de Léoben, la République vénitienne fut rayée du nombre des puissances.

Le grand œuvre de la paix avec l'Autriche, dont depuis si longtemps les vainqueurs et les vaincus désiraient l'achèvement, était interminable, bien que les préliminaires de Léoben eussent été signés depuis cinq mois. L'espoir en eût été anéanti, si le Directoire ne se fût vu forcé de revêtir de ses pleins pouvoirs un négociateur placé à la tête d'une armée victorieuse à laquelle on avait promis la paix. Le congrès qui devait en régler les conditions était rassemblé à Udine. Le général Berthier, dans la nuit du 26 au 27 octobre 1797, apporta à Paris le traité de la paix définitive conclue à Campo-Formio le 15 décembre 1797, par le général Bonaparte, par le marquis de Gallo et le comte de Merveldt, plénipotentiaires de l'Empereur.

C'est dans ce fameux traité que le rédacteur ayant mis : « L'empereur d'Allemagne reconnaît la République française ! — Effacez cela, dit Bonaparte. La République française est comme le soleil, elle aveugle celui qui ne la voit pas. Le peuple français est maître chez lui; il a fait une République, il peut le lendemain faire une aristocratie, après-demain une monarchie, c'est son droit. »

Le traité de Campo-Formio commença pour la révolution française une ère de gloire et de puissance durable, en lui donnant la consistance et la considération nécessaires aux peuples comme aux individus. La république, il est vrai, plus forte, et, par conséquent, plus fière que la plupart des gouvernements nouveaux, n'avait plus à demander, en 1797, un certificat d'existence politique; il fallait que la maison d'Autriche, si vieille et si bonne, négociât avec la parvenue de la veille, sans même l'ennoblir et l'élever jusqu'à elle par une reconnaissance préalable; il fallait admettre la France républicaine, âgée de six ans, dans la famille orgueilleuse des vieux états de l'Europe, sans exiger d'elle son acte de naissance, ses titres et ses parchemins. La parité réelle entre la France républicaine et les autres puissances européennes était, sans doute, un fait patent, déjà même avoué par la Prusse, l'Espagne et la Toscane; mais il n'importait pas moins qu'il fût authentiquement légalisé par la main de l'empereur, dont la signature donnait, dans ces circonstances, une exacte mesure de ce que pouvait la France. Accordée à l'amiable, en 1791 ou 1792, la signature impériale n'eût prouvé que la modération de la monarchie autrichienne; arrachée en 1797, après sept années de batailles, elle prouvait la force de la République française.

Immédiatement après la signature du traité, Bonaparte retourna à Milan, pour mettre la dernière main à l'organisation de la République cisalpine. Il prit alors congé du peuple italien et de ses soldats en leur adressant une proclamation; puis, regardant sa mission comme remplie, il se rendit à Paris, où il arriva incognito le 5 décembre.

CAMPAGNE DE 1798

CONTRE LES SUISSES, LE PAPE, LES TURCS ET LES ANGLAIS

Tandis que l'égalité et la liberté avaient remplacé le despotisme dans les contrées italiennes, la Suisse restait courbée sous ses anciennes institutions aristocratiques, et prêtait l'appui de son territoire aux menées contre-révolutionnaires. Le Directoire ne pouvait rester indifférent à cette neutralité douteuse. Les troupes françaises entrèrent dans l'évêché de Bâle, et, pour vaincre la résistance du gouvernement, le Directoire fit marcher sur Genève un corps de quinze mille hommes tiré d'Italie.

Berne fut pris, et le général d'Erlach tué par les siens. Après quelques résistances partielles dans plusieurs cantons, le gouvernement se soumit, et la République helvétique fut proclamée.

Une alliance offensive et défensive fut bientôt conclue entre les Républiques helvétique et française. D'après ce traité, celle des deux puissances qui était en guerre avait droit de requérir l'intervention de l'autre et de lui demander un secours, dont la force devait être déterminée suivant les circonstances. La puissance requérante devait payer les troupes qui lui seraient fournies par l'autre ; la libre navigation de tous les fleuves de la Suisse et de la France, était réciproquement convenue. Deux routes devaient être ouvertes, l'une de France dans la Cisalpine, à travers le Valais et le Simplon, l'autre de France en Souabe, en remontant le Rhin, et en suivant la rive orientale du lac de Constance. Dans ce système des Républiques unies, la France s'assurait deux routes militaires, pour se rendre dans les états de ses alliés, et être en mesure de déboucher rapidement en Italie et en Allemagne. On a dit que ces deux routes transportaient le théâtre de la guerre dans les états alliés. Ce ne sont pas les routes, mais c'est l'alliance avec la France qui exposait ces états à devenir le théâtre de la guerre. Les routes n'étaient qu'un moyen d'accourir plus tôt, et de les protéger à temps, en prenant l'offensive en Allemagne et en Italie. La ville de Genève fut réunie à la France, ainsi que la ville de Mulhausen. Les bailliages italiens, qui avaient longtemps hésité entre les Républiques cisalpine et helvétique, se décidèrent pour celle-ci et votèrent leur réunion. Les ligues grises, que le Directoire aurait voulu réunir à la Suisse, étaient partagées entre deux factions rivales, et balançaient entre la domination autrichienne et la domination helvétique. Les moines et les agents étrangers amenèrent un nouveau désastre dans le canton d'Underwald, en soulevant les paysans de cette vallée contre les troupes françaises. Un combat des plus meurtriers eut lieu à Stanz, et il fallut mettre le feu à ce malheureux bourg pour en chasser les fanatiques, qui s'y étaient établis.

De son côté, la cour de Rome, plutôt aigrie que corrigée par le traité de Tolentino, persistait dans son système d'aversion contre la France. Ce cabinet de vieillards sans sagesse fit fermenter autour de lui l'opinion. Des scènes tumultueuses eurent lieu dans cette capitale : le jeune Duphot, général de la plus grande espérance, fut assassiné devant le palais et sous les yeux de Joseph Bonaparte, ambassadeur de France. Celui-ci dut se retirer à Florence. On avait déjà reproché à Bonaparte d'avoir conservé le pouvoir du pape. Il fut décidé qu'on détrônerait ce faible et remuant ennemi. Berthier reçut l'ordre de marcher sur Rome avec une armée, et de rétablir la République romaine; ce qui fut exécuté. Le 19 février, le Capitole vit de nouveau des consuls, un sénat, un tribunat. Le peuple s'émerveilla en entendant quatorze cardinaux consacrer la République dans la basilique de Saint-Pierre.

A cette époque, une insulte faite aux drapeaux de la République faillit rallumer la guerre avec l'Autriche. Les habitants de Vienne se disposaient à célébrer l'anniversaire du jour où des volontaires s'étaient voués à la défense de la capitale menacée par les Français. Notre ambassadeur crut voir dans la célébration de cette solennité nationale une démonstration hostile pour la France; il fit à ce sujet des représentations auxquelles l'Autriche n'eut aucun égard. Bernadotte, irrité, fit célébrer au même jour une fête en l'honneur de l'une des victoires de l'armée d'Italie, et arbora sur son hôtel le drapeau tricolore. Le gouvernement autrichien s'offensa de cette espèce de représaille, imprudente sans doute. La populace, excitée, dit-on, par des agents anglais, se précipita sur l'hôtel, qu'elle menaçait de forcer, et prodigua toutes sortes d'outrages à notre pavillon et à notre représentant, sans que la force armée se mît en devoir de réprimer de pareils excès. Bernadotte se plaignit de cette atteinte aux droits des gens, et, n'ayant pu obtenir satisfaction, il demanda ses passeports et partit. Le Directoire, justement courroucé de cet outrage, envoya son *ultimatum* à l'Autriche; il portait : *guerre* ou *paix*. L'Empereur donna des satisfactions.

L'Angleterre, la seule des puissances qui n'eût point participé à la paix continentale, commençait à réussir dans son projet de coaliser encore une fois une partie de l'Europe contre la République française. Il est vrai qu'il entrait dans la politique des cabinets européens d'arrêter la propagande que les Français répandaient partout, de détruire les Républiques qui avaient été créées, et de faire prévaloir le système absolu; mais l'or et les intrigues du cabinet anglais achevèrent de déterminer la plus grande partie des souverains. L'Autriche, qui n'avait cédé qu'à la nécessité en signant le traité de Campo-Formio, se laissa facilement entraîner; la Russie, alors gouvernée par Paul Ier, qui avait succédé à Catherine II, sa mère, croyant trouver des avantages dans cette ligue, promit de grands secours; la Porte-Ottomane et les puissances barbaresques y accédèrent, en représailles de l'expédition d'Egypte, et enfin, excepté Frédéric-Guillaume III, roi de Prusse, et Charles IV, roi d'Espagne, tous les autres princes du continent en firent partie. Ainsi, pendant qu'on négociait à Rastadt, tout se préparait à la guerre.

Le Directoire, connaissant les dispositions de l'Europe, et voyant les nouveaux dangers auxquels la République allait être exposée, s'empressa de réclamer un mode de recrutement pour remplir les cadres des régiments qui étaient fort diminués par les congés accordés et par les désertions. Sur le rapport de Jourdan, devenu membre du corps législatif aux élections de l'an V, une loi sur la conscription militaire fut décrétée le 19 fructidor (21 août). Cette loi, qui eut des suites incalculables, comprenait tous les Français en état de porter les armes, depuis vingt ans accomplis jusqu'à vingt-cinq révolus. Les jeunes gens étaient divisés en cinq classes, mais les moins âgés dans chaque classe devaient toujours être les premiers appelés pour rejoindre leurs drapeaux. Le gouvernement pouvait délivrer des congés, mais si la patrie était déclarée en danger, tous les Français étaient appelés à sa défense, même ceux congédiés. Nul Français, ayant été ou étant sujet à la conscription, ne pouvait exercer ses droits de citoyen dans aucune assemblée politique, ni remplir aucune fonction publique, aucune place salariée des deniers de la République, ni recueillir une succession soit en ligne directe, soit en ligne collatérale, ni recevoir directement ou indirectement aucun legs, pension, donation, institution ou autre avantage de quelque nature qu'il soit, qu'en rapportant un extrait authentique de sa conscription, un certificat des administrations municipale et centrale de son département, constatant qu'il n'a pas été appelé pour être mis en activité, ou un certificat du conseil d'administration de son corps, prouvant cette activité, ou un congé absolu, ou enfin une dispense légale de service. Comme la France n'avait à cette époque que cent soixante-dix à cent quatre-vingt mille hommes disponibles, les conseils ordonnèrent la mise en activité de deux cent mille défenseurs conscrits.

La cour de Naples rompit la paix la première : elle recommença les hostilités, en même temps que la cour de Sardaigne, quoique liée à la République française, se préparait à se déclarer contre elle. L'armée napolitaine, forte de cinquante mille hommes commandés par le général autrichien Mack, se divisa en plusieurs colonnes, et s'avança sur Rome dans l'espoir d'envelopper et d'exterminer les Français, dispersés dans la République romaine. Le général Championnet, commandant les troupes françaises, s'éloigna de la ville et alla prendre position entre Civita-Castellana et Civita-Ducale. Mack entra sans résistance dans Rome, le roi de Naples le suivit de près, et tous les emblèmes républicains furent arrachés ; mais ces succès n'étaient dus qu'à la prudence du général français, qui reprit bientôt l'offensive. Les Napolitains, trois fois plus nombreux que les soldats français, les attaquèrent dans les postes qu'ils occupaient : ils furent repoussés sur tous les points ; Macdonald les battit complétement à Civita-Castellana, et Kellermann leur mit en déroute une colonne de huit mille hommes au village de Nepi. Le roi de Naples quitta Rome précipitamment, les troupes napolitaines l'évacuèrent en désordre, et Championnet y rentra dix-sept jours après en être sorti. Ce général délivra la garnison qu'il avait laissée dans le château Saint-Ange, et suivit aussitôt la retraite de Mack. Les Napolitains, ne pouvant soutenir le choc des armées françaises, se révoltèrent contre leur général ; ils l'accusèrent de trahison, et Mack fut réduit à se réfugier dans le camp des Français, qui le reçurent comme prisonnier de guerre. Championnet marcha dès lors sur Naples, que la cour avait abandonnée pour se retirer à Palerme. Des troubles violents éclatèrent dans la ville, les lazzaroni (le bas peuple) s'en rendirent maîtres et se préparèrent à une vigoureuse résistance. Après plusieurs combats sanglants, les lazzaroni furent enfin vaincus, et Championnet occupa Naples. Conformément aux instructions du Directoire, ce général déclara que le royaume de Naples avait cessé d'exister, et proclama la *République parthénopéenne*. Le roi de Sardaigne n'avait pas été mieux traité : surpris dans Turin par les généraux français, il fut forcé de renoncer à la souveraineté du Piémont, que le général Joubert fit administrer par une commission provisoire. Ainsi, les Français étaient maîtres de toute l'Italie, avant que la seconde coalition eût ébranlé ses masses.

EXPÉDITION D'EGYPTE.

1798.

A regarder le dedans, le Directoire était une autorité faible : le choix même des remèdes dangereux qu'il employait pour se maintenir ne prouvait que trop cette vérité; à regarder le dehors, il imposait par une sorte de grandeur, par les révolutions qui lui faisaient des alliés au sein d'une paix conquérante, et enfin par cette menace d'une descente en Angleterre, que l'Europe estimait possible. Bonaparte n'y croyait pas et n'y voulait pas croire : armé de tous les documents propres à éclairer la matière et à prouver la possibilité du succès d'une entreprise sur l'Égypte, il discuta son projet avec les membres du gouvernement. On les accusa d'avoir voulu se débarrasser de Bonaparte; mais ils opposèrent au contraire des objections très fortes contre l'expédition. Bonaparte, répondant alors comme un homme qui a tout prévu et qui compte entièrement sur son étoile, emporta les suffrages des directeurs, qui se décidèrent à tenter ce que voulait l'aventureux général. Bonaparte promettait d'être de retour à l'entrée de l'hiver, pour essayer alors la descente dans les Iles Britanniques. Le secret fut convenu et religieusement gardé entre lui et les directeurs, seuls admis à le connaître, en voilant toujours le dessein véritable par celui d'une descente en Angleterre, pour laquelle on semblait armer dans tous les ports de l'Océan et de la Méditerranée. — Du milieu de Paris, d'où son génie s'étendait sur tous les points de la France, Bonaparte déploya dans les préparatifs de l'expédition une vigilance, une précision, une activité, un ensemble de précautions, une fécondité de ressources et une autorité dans le commandement qui étonnent encore la pensée aujourd'hui, et qu'il devait surpasser un jour. — Aux ordres de Bonaparte, les troupes se dirigèrent vers Toulon et Gênes, Ajaccio, Civita-Vecchia, où se trouvèrent bientôt rassemblés quatre cents navires du commerce nolisés par l'État. En même temps, une nombreuse artillerie se réunissait dans les ports de la Méditerranée. Des ouvriers habiles étaient appelés aussi dans les villes d'où devaient sortir nos flottes, et destinés à partir avec elles. A Rome, Bonaparte avait fait enlever les imprimeries grecques et arabes de la propagande. Il formait une collection complète d'instruments de physique et de mathématiques. Enrôlée sous son drapeau sans connaître son secret et le but de l'entreprise, une colonie de savants illustres, Monge, Bertholet, Fourier, Dolomieu, Desgenettes, Larrey, Dubois, se disposaient à le suivre. Comment des préparatifs aussi considérables auraient-ils pu se faire sans éveiller l'attention de l'Europe? On les savait, et on ne parlait que de l'expédition. Suivant les uns, nos drapeaux allaient bientôt flotter à côté des étendards de Tippo-Saëb, suivant d'autres, nos voiles se dirigeaient contre Constantinople. Quelques-uns disaient avec assurance : « Bonaparte va dégager la flotte espagnole, bloquée dans Cadix par les Anglais, et la conduire à Brest, où la jonction des forces maritimes des deux puissances nous mettra en état de jeter une armée sur les côtes de la Grande-Bretagne. » On ne s'explique pas pourquoi ce fut cette dernière supposition qu'adopta le cabinet de Saint-James. L'Angleterre avait conçu un tel effroi, que l'opposition se rallia aux torys. Shéridan lui-même tonna contre nous. Pitt fit armer en toute diligence plusieurs escadres.

Lorsque tout fut prêt, Bonaparte se rendit à Toulon. L'armée l'attendait; un discours brusque et énergique salua les braves d'Italie. « Je promets à chaque soldat, avait « il dit, qu'au retour de cette expédition il « aura de quoi acheter six arpents de terre. » Au moment de lever l'ancre, il dit : « Sol« dats, vous êtes une des ailes de l'armée « d'Angleterre; vous avez fait la guerre de « montagnes, de plaines, de siéges; il vous « reste à faire la guerre maritime. » Après les avoir exhortés à l'union et à la confiance, il terminait ainsi : « Le génie de la liberté « qui a rendu, dès sa naissance, la Républi« que l'arbitre de l'Europe, veut qu'elle le « soit des mers et des nations les plus loin« taines. » Ces paroles électrisèrent l'armée; elles furent accueillies avec enthousiasme. Tous ignoraient encore vers quels parages devait se tourner la proue; nul ne s'en inquiétait : c'était assez pour eux de suivre Bonaparte. « Il est avec nous, s'écriaient-ils, nous allons à la victoire! »

Le 19 mai 1798, la flotte appareilla au bruit répété du canon des batteries de Toulon et de tous les vaisseaux de ligne. Bonaparte, avec une partie de l'état-major général, se trouvait sur le vaisseau l'*Orient*, monté par le vice-amiral Brueys.

L'armée naviguait depuis plusieurs jours; on s'attendait à chaque instant à être rencontré par les Anglais. Chaque voile qu'on apercevait dans le lointain était un sujet d'inquiétude; plusieurs bâtiments, sortis des ports de l'Italie pour se rallier à la flotte, ne se joignirent à elle qu'après l'avoir jetée dans les plus vives alarmes. On vit successivement arriver les convois de Gênes, d'Ajaccio, de Civita-Vecchia, et chaque fois leur approche fut le signal d'une alerte. Un combat naval pouvait faire échouer l'expédition. Mais la fortune de la France la protégea, et nos vaisseaux échappèrent à la vigilance de la croisière anglaise. Le 9 juin, on découvrit enfin l'île de Malte et ses fortifications. Toute la côte était hérissée de batteries : on voyait de distance en distance des fortins situés sur des éminences escarpées. A gauche se présentait l'entrée du grand port, et le fort Saint-André avec le terrible appareil de ses fossés, de ses canons et de ses hautes murailles.

L'île de Malte, située entre Toulon et Alexandrie, offrait un point intermédiaire dont il était important de s'assurer pour le succès de l'expédition. Mais une longue résistance eût donné aux Anglais le temps d'arriver. La voie des négociations parut moins chanceuse; le général en chef fit demander au grand-maître l'entrée du port pour notre armée navale.

La réponse fut que les statuts de l'Ordre s'opposaient à ce qu'il entrât plus de quatre bâtiments à la fois. Peu accoutumé à un refus, Bonaparte se décide à user de violence. Il répliqua cependant au grand-maître, et s'efforça de justifier son agression. L'Ordre avait longtemps favorisé les ennemis de la République en fournissant des matelots aux Anglais, en ravitaillant leurs vaisseaux, et en violant en leur faveur des statuts invoqués contre lui, général de l'armée de la République; l'Ordre avait, au mépris des décrets du gouvernement français, nommé aux commanderies qui étaient devenues vacante en France, bien que ces commanderies fus sent abolies. Bonaparte récapitula ces griefs, et déclara qu'il venait demander réparation. Ses menaces, ses fières paroles aux chevaliers, le développement rapide de ses démonstrations hostiles, répandirent la confusion dans la ville de Lavalette, où d'ailleurs les Français avaient un parti. Le 10 juin, au point du jour, les troupes opérèrent leur descente : elles s'emparèrent sans efforts de l'île de Gose et des batteries de Marsa-Sirocco. Les divisions Vaubois et Lannes prirent terre près de Malte. En vain le bailli Tommasi voulut se maintenir dans les retranchements de Niciar. Abandonné du petit nombre de milices qu'il avait rassemblées, tourné par deux compagnies de carabiniers, il faillit être fait prisonnier, et eut de la peine à entrer dans la ville. A neuf heures, le général Vaubois prit possession de la cité vieille, qui ouvrit ses portes sans attendre que les Français eussent tiré un coup de fusil. A dix heures, la campagne et tous les forts de la côte étaient en notre pouvoir.

Durant la nuit, à la clarté des feux allumés dans la ville, on put voir, du haut des vaisseaux, l'agitation qui régnait parmi les assiégés. La populace mutinée s'assemblait en tumulte autour du lieu où se tenait le conseil; des cris menaçants se faisaient entendre; le grand-maître, sommé par les habitants de capituler, dut se résigner pour éviter de plus grands malheurs. En conséquence, le feu des forts cessa le lendemain, et des négociateurs furent envoyés à Bonaparte pour traiter de la reddition de la place.

A la tête de cette députation se trouvait le commandeur Boisredon-Ransegat, français, qui, la veille, avait été jeté dans un cachot pour avoir refusé d'armer son bras contre ses compatriotes. Cet exemple honorable n'avait point été imité par les autres chevaliers de la langue de France : plusieurs furent pris dans les forts, les armes à la main. Bonaparte ne leur épargna point les témoignages de son indignation : « Puisque vous « avez pu prendre les armes contre votre « patrie, leur dit-il, il fallait savoir mourir; « allez, retournez dans la place tandis qu'elle « ne m'appartient pas encore; je ne veux « point de vous pour mes prisonniers. »

La convention fut conclue et signée le 12 juin. Le général en chef fit son entrée dans la ville à la tête d'une partie de l'armée. Plusieurs bâtiments de guerre, douze cents pièces de canon, quarante mille fusils, quinze cents milliers de poudre, et trois millions de francs, formant le *trésor de Saint-Jean*, furent les fruits de cette conquête. Bonaparte admirait la beauté des fortifications taillées dans le roc, qui défendent la place, et s'étonnait lui-même de la facilité avec laquelle il s'en était emparé. « Oui, dit Cafarelli à qui il communiquait ses réflexions, il faut avouer que nous sommes bien heureux qu'il se soit trouvé du monde dans cette ville pour nous en ouvrir les portes. » Malte reçut un gouvernement organisé d'après les principes de la République. La servitude fut abolie, l'égalité proclamée. L'île adopta les couleurs françaises. Le premier soin du général fut de briser les fers des esclaves turcs et arabes : il voulait se faire précéder en Égypte par une renommée de générosité et de clémence.

Bonaparte chercha aussi à s'assurer un point d'appui dans l'Albanie et l'Épire : avant de continuer sa route, il dépêcha un de ses aides-de-camp vers le fameux Ali, pacha de Janina; mais ce pacha était alors hors de son gouvernement, occupé à combattre Passavan-Oglow. L'absence d'Ali contraria les projets de Bonaparte : les négociations ne purent être entamées.

Le 1er juillet, les minarets d'Alexandrie montrèrent à l'armée le but de son voyage : un immense cri d'allégresse retentit sur la flotte, et chaque soldat regardant avec joie cette terre d'Égypte, si féconde en souvenirs appela de ses vœux l'heure du débarquement. Bonaparte voulut, le premier de tous, quitter le vaisseau amiral et mettre le pied sur cette terre qu'il allait conquérir. A peine débarqué, il vit venir à lui le consul de France, qui lui apprit que, trois jours auparavant, la flotte anglaise commandée par Nelson, s'étant présentée devant Alexandrie, avait prévenu les habitants de l'attaque dont ils étaient menacés, et s'était remise en route pour chercher la flotte française. La ville était donc sur ses gardes, et tout annonçait une vigoureuse résistance. Bonaparte juge que les moments sont précieux; il ordonne le débarquement. A peine quelques troupes sont-elles à terre, il se met à leur tête : il vole à de nouveaux exploits, mais avant d'entrer dans cette autre carrière de gloire, il a besoin de rappeler à ses guerriers quels sont leurs devoirs sur cette plage étrangère. « Les peuples, leur dit-il, avec lesquels nous allons vivre sont mahométans ; leur premier article de foi est celui-ci : *Il n'y a d'autre Dieu que Dieu, et Mahomet est son prophète.* Ne les contredites pas ; agissez avec eux comme vous avez agi avec les Juifs et les Italiens. Ayez des égards pour leurs muphtis et pour leurs imans, comme vous en avez eu pour les rabbins et les évêques... Les légions romaines protégeaient toutes les religions. Vous trouverez ici des usages différents de ceux de l'Europe ; il faut vous y accoutumer. Les peuples chez lesquels nous allons traitent leurs femmes différemment que nous ; mais dans tous les pays, celui qui viole est un monstre ; le pillage n'enrichit qu'un petit nombre d'hommes, il nous déshonore, il détruit nos ressources, il nous rend ennemis des peuples, qu'il est de notre intérêt d'avoir pour amis. »

Bonaparte, selon sa coutume, compte parmi ses moyens de succès l'influence qu'un général habile peut exercer sur l'esprit des peuples : il sait vaincre, mais il attache encore plus de prix aux triomphes que donne la persuasion. Ainsi, partout où il paraît à la tête d'une armée, il s'annonce avec des pensées de régénération, les seules qui pussent convenir à une république surgie de la philosophie et des lumières du dix-huitième siècle. Il était alors le prophète de la démocratie, prophète armé comme Mahomet, guerrier comme lui, et doué de cette éloquence qui s'adapte à tous les degrés de civilisation. Bonaparte paraît, et déjà les habitants sont avertis qu'il y aura pour eux d'immenses avantages à l'accueillir, il vient avec l'intention de respecter leurs croyances, il se propose de les délivrer de l'oppression sous laquelle ils gémissent : c'est en ami, c'est en protecteur qu'il vient ; mais en même temps prêt à faire face à toutes les résistances, il déploie l'appareil des combats.

Trois mille six cents hommes des divisions Menou, Bon et Kléber, descendirent aussitôt près du Marabou, à une lieue et demie d'Alexandrie. On marcha incontinent sur la cité moderne, à travers les débris de l'ancienne.

A peu de distance de la place, Bonaparte fit faire halte. Il se disposait à parlementer, quand tout à coup des cris horribles et le bruit du canon lui firent connaître la réception à laquelle il devait s'attendre. On manquait d'artillerie pour pouvoir répondre. L'ordre d'escalader les murs est donné ; la charge est battue ; généraux et soldats rivalisent de courage. Kléber, sous un feu meurtrier, montre à ses grenadiers l'endroit où ils doivent monter ; une balle le frappe à la tête et le renverse ; sa chute double l'ardeur des soldats ; brûlant de le venger, ils s'élancent sur les échelles, et bientôt on voit flotter les drapeaux de la république au sommet des remparts. Sur ces entrefaites, le général Bon enfonçait à gauche la porte de Rosette, tandis que le général Menou forçait à droite un autre point, et entrait le premier dans la ville après avoir reçu dix blessures. Épouvantés de tant d'audace, les assiégés fuient en désordre dans toutes les directions.

Bonaparte alors envoie un parlementaire au gouverneur et aux principaux habitants d'Alexandrie. Le général leur promet que leurs biens, leur religion, leur liberté, seront respectés. Il leur assure que les Français sont les meilleurs amis de la Sublime-Porte, et qu'il n'ont mis le pied en Égypte que pour délivrer les Égyptiens du joug des mamelucks. Ces raisons, et plus encore sans doute la crainte des dangers où les eût exposés une trop longue résistance, décidèrent les habitants à se rendre.

Une proclamation acheva de calmer les esprits et d'établir la confiance entre les habitants et les Français.

La prise d'Alexandrie n'avait coûté que quarante soldats ou officiers français. Bonaparte les fit inhumer, avec tous les honneurs militaires, au pied de la colonne de Pompée, et ordonna que leurs noms fussent gravés sur le fût de ce monument.

Bonaparte ne négligea rien de ce qui était propre à captiver la bienveillance des habitants. Il conserva le commandant turc en le mettant sous les ordres du général Kléber, qui était hors d'état de continuer la campagne.

L'un de ses premiers soins fut de pourvoir à la sûreté de sa flotte ; mais les pilotes turcs déclarèrent que les vaisseaux de 74 ne pourraient pas entrer dans le port, et à plus forte raison ceux de 80 et 120 canons

La flotte aurait dû se rendre à Corfou. Brueys se contenta d'embosser à Aboukir, où il croyait être inattaquable.

L'organisation du gouvernement provisoire d'Alexandrie était à peine terminée que Bonaparte se dirigea sur le Caire. D'après une ancienne tradition répandue parmi les Musulmans, la prise de cette capitale assurait au vainqueur la possession de toute l'Égypte, et c'était là que les beys avaient établi le centre de leur domination. Le succès de l'expédition devait donc avoir le double résultat de prévenir les préparatifs de l'ennemi, et de frapper l'imagination d'un peuple superstitieux. Aussi Bonaparte, habile appréciateur du temps et des causes morales, préféra-t-il prendre le chemin le plus court, malgré les difficultés qu'il présentait; et, laissant la route de Rosette, il fit suivre à l'armée celle qui passe par Dumanhour.

L'avant-garde, sous les ordres du général Desaix, partit d'Alexandrie dans la nuit du 3 au 4 juillet. Elle se composait de quatre mille six cents hommes, dont soixante de cavalerie, hussards et dragons. Après cinq heures de marche dans des sables arides, elle arriva près de deux puits récemment comblés. On les nettoya sur-le-champ; leur eau saumâtre et fangeuse, distribuée avec parcimonie, fut loin de pouvoir suffire aux besoins des soldats.

Cette division fut suivie de celle des généraux Reynier, Bon et Menou. Le général en chef, parti d'Alexandrie le 9, arriva le 10 à Damanbour, où l'armée se trouva réunie.

Une marche de quinze lieues sur un sable stérile et brûlant apprit aux Français que cette contrée leur offrirait des obstacles et des périls plus redoutables que ceux auxquels ils s'étaient attendus. Dans l'espoir de trouver, comme dans leurs campagnes d'Europe, des villages et des habitations pourvus de vivres et de rafraîchissements, ils s'étaient débarrassés, dès la première fournée, du biscuit et de l'eau dont on les avait chargés pour quatre jours. « Nous couchons ce soir à Béda, à Birket, etc. » se disaient-ils entre eux pour s'encourager à la marche; leur étonnement était grand de trouver deux ou trois huttes sans habitants. Bientôt ils eurent à endurer les tourments de la faim et ceux de la soif, plus terribles encore. Plusieurs y succombèrent. Un phénomène inconnu dans nos climats réalisa pour l'armée les tortures auxquelles la fable a condamné Tantale. Par un singulier effet de lumière, on croyait voir devant soi un lac immense où se réfléchissaient les monticules de sable et toutes les aspérités du sol. L'illusion du mirage est telle qu'on s'y trompe la dixième fois aussi bien que la première. Comme c'était principalement dans la matinée que ce phénomène avait lieu, nos soldats, épuisés de fatigue, faisaient de nouveaux efforts, pressaient leur marche, et ne la ralentissaient enfin que quand le soleil, dans toute sa force, avait fait disparaître les eaux imaginaires dans lesquelles ils avaient cru éteindre la soif qui les dévorait. Le sable était comme enflammé; c'était un égal supplice de s'arrêter ou de se mouvoir sur ce brasier ardent; les pieds des soldats étaient ensanglantés. La nuit n'apportait pour eux qu'un changement de tourments: le sol se couvrait d'une rosée froide qui glaçait leurs membres et semblait pénétrer jusque dans les os. Ces variations extrêmes de la température ne pouvaient manquer d'engendrer des maladies; bientôt se déclara l'ophthalmie, ce fléau permanent de l'Egypte.

Au milieu de tant de souffrances et de fatigues, nos guerriers conservèrent néanmoins l'insouciance et la gaîté qui les a toujours caractérisés.

Pendant que le gros de l'armée se portait sur Dumanhour, le général Dugua s'emparait de Rosette, et ouvrait à la flotille française la libre entrée du Nil. Le chef de division Perce, qui la commandait, reçut ordre de lui faire suivre les mouvements de l'armée. Ramanich était le point de jonction des deux routes, et le rendez-vous des forces destinées à agir contre le Caire. Lorsqu'au sortir du désert les troupes aperçurent les bords du fleuve bienfaiteur de l'Egypte, un cri de joie s'éleva: il est impossible de décrire les sensations qu'elles éprouvèrent à l'aspect d'une nature pleine de force et de vie. L'inondation avait engraissé le sol, et de riches moissons bordant les deux rives du Nil semblaient une broderie d'or. Le premier mouvement des soldats fut de se précipiter dans le fleuve, sans même se déshabiller; ils s'enivrèrent à longs traits d'une eau délicieuse.

BATAILLE DES PYRAMIDES.

21 JUILLET 1798.

Ce fut le 11 juillet, à Ramanich, que les mamelucks se montrèrent aux troupes françaises pour la première fois.

Accueillis par un feu de peloton bien nourri, ils ne tardèrent pas à se dissiper, laissant une vingtaine des leurs sur la poussière.

L'armée prit deux jours de repos à Ramanich.

Le 14, au soir, l'armée arriva en vue du village de Chébreis, où l'attendaient quatre mille mamelucks et une multitude d'Arabes. Le 13, les ennemis furent en présence. L'engagement commença au Nil entre la flotille française et celle des beys. Des deux côtés on combattit avec une extrême opiniâtreté; plus de quinze cents coups de canon furent échangés en peu de temps.

Pendant que cette action se passait sur le Nil, les mamelucks s'étendaient dans la plaine, débordaient les ailes et cherchaient un point faible pour pénétrer dans les rangs de l'infanterie française. Partout les bataillons, habilement disposés et flanqués les uns par les autres, leur présentent un front impénétrable. Ils reviennent à la charge à plusieurs reprises et toujours avec une nouvelle fureur : on leur oppose une immobilité meurtrière ; un mur de baïonnettes les arrête. On voit de ces mamelucks, désespérés d'une résistance inattendue, pousser leurs chevaux à reculons, pour renverser la barrière contre laquelle ils venaient échouer. Après avoir consumé la journée en efforts impuissants, ils disparurent. Quatre cents des leurs restèrent sur le champ de bataille.

Avant cette affaire, les mamelucks avaient un souverain mépris pour l'infanterie européenne, qu'ils jugeaient d'après celle du pays. Aussi furent-ils tellement surpris de la précision avec laquelle les bataillons manœuvraient, que les blessés prisonniers demandaient si leurs adversaires n'étaient pas *liés* ensemble.

L'armée continua sa marche au milieu de toutes sortes de privations, à travers des villages déserts et sur un sol dépourvu de toute végétation. Enfin le 23 juillet, au moment où le soleil paraissait sur l'horizon, l'armée aperçut les Pyramides. A l'aspect de ces masses antiques qui se dessinaient au loin sur un ciel bleuâtre, elle s'arrêta saisie de respect et d'admiration. « Soldats, s'écria

Bonaparte, vous allez combattre les dominateurs de l'Égypte ; songez que du haut de ces montagnes quarante siècles vous contemplent ! » Et le plus noble enthousiasme animait sa figure. L'armée s'apprêta à lui répondre par la victoire.

Mourad, le plus puissant des princes de l'Égypte, a appelé tous les beys à la défense de la ville sacrée ; six mille mamelucks n'attendent que le signal du combat, et leurs armes, réfléchissant les rayons du soleil, étincèlent aux yeux des Français. Mourad est furieux de l'échec que les siens ont essuyé à Chébreis : il veut les remplir de son courage, ou du moins de sa colère.

Dès que Bonaparte eut reconnu la position de l'ennemi, il rangea ses troupes de la même manière qu'à Chébreis, par divisions en carrés qui se flanquaient mutuellement. Celles des généraux Desaix et Reynier reçurent ordre de se porter sur la droite, Embabeh et Gizeh, afin de couper aux vaincus la retraite vers la Haute-Egypte.

Mourad-Bey sentit les conséquences de ce mouvement, et fit aussitôt avancer un groupe d'élite, qui fondit impétueusement sur les deux divisions. Les soldats l'attendirent en silence ; et, lorsqu'il fut à la distance de cinquante pas, ils le foudroyèrent par une grêle de balles et de mitraille, qui dans un instant joncha le champ de bataille d'hommes et de chevaux. Les mamelucks, qui s'étaient séparés pour charger les deux divisions à la fois, se réunirent alors contre le carré de Desaix, l'entourèrent et le pressèrent avec une nouvelle fureur ; ils voltigeaient sans ordre autour de ce trapèze, dont les décharges terribles les étendaient par centaines. Tous leurs efforts échouèrent contre un rempart de fer et de flammes.

Dans leur désespoir, ils voulurent se jeter sur la division Reynier ; mais ce mouvement les mit entre le feu des deux carrés. L'artillerie et la mousqueterie en firent un carnage horrible. Quoique leur désordre fût au comble, ils recommencèrent à charger avec autant d'acharnement : un grand nombre vint expirer sur les baïonnettes.

Mourad-Bey lança hors des retranchements un nouveau corps pour soutenir le premier. Bonaparte saisit ce moment ; il ordonna au général Bon, à la gauche de la ligne, de se porter à l'attaque des ouvrages, et au général Vial de s'établir entre les retranchements et le corps qui venait d'en sortir.

Les mamelucks, qui avaient attaqué les divisions Desaix et Reynier, se voyant coupés par la division Menou, que commandait alors le général Vial, se portèrent au grand galop sur Bit-Kil, petit village occupé par quelques troupes du général Desaix, sous les ordres du chef de bataillon Dorsenne ; mais ils y furent si chaudement accueillis, qu'ils tournèrent bride et regagnèrent la plaine. Leur intrépidité y éclata par de nouvelles charges. Vains efforts ! ceux qui ne succombèrent pas furent obligés de se disperser.

Cependant le général Bon exécute l'ordre qu'il a reçu : sa division, formée en trois colonnes d'attaque, marche sur les retranchements. Les mamelucks lui opposent d'abord un feu d'artillerie bien nourri, et ensuite se décident à la charge : ils s'élancent avec une telle furie, que les colonnes ont à peine le temps de se mettre en bataillon carré. La rage déréglée de l'ennemi échoue de nouveau contre ce bastion vivant, dont toutes les faces vomissent la mort. Au milieu des balles et de la mitraille, les mamelucks n'ont plus de salut que dans la fuite ; ils dirigent leurs agiles chevaux vers leur gauche. Bonaparte l'avait prévu. Sur le passage se trouve la division Vial. Ils sont forcés de passer à cinq pas d'un bataillon de carabiniers, qui en font une effroyable boucherie. Ceux qui échappent au fer se jettent dans le Nil et s'y noient.

En même temps les retranchements étaient enlevés ; le général Bon s'établissait dans le village d'Embaheh, et privait les mamelucks de leur point d'appui principal.

Il fallut céder. Mourad-Bey, trop sûr de l'impuissance de ses efforts, s'éloigna précipitamment, et, longeant le fleuve, prit le chemin de la Haute-Égypte, sans même oser s'arrêter à Gizeh, lieu de sa résidence habituelle. Son collègue, Ibrahim-Bey, avait eu la prudence de rester sur la rive droite du Nil avec les mamelucks de sa maison ; de là il activait le feu de quelques chebecks placés vers le milieu du fleuve. Quand la bataille fut perdue, il brûla les bâtiments de la flottille.

Cette journée coûta aux ennemis plus de

trois mille cavaliers d'élite, quarante pièces de canon et quatre cents chameaux chargés de bagages. La presque totalité de la milice à pied, acculée au Nil, s'était précipitée dans le fleuve, et y avait trouvé la mort. Plusieurs des beys, et Mourad lui-même, furent blessés en combattant vaillamment.

Les troupes bivouaquèrent à Embaheh. Le lendemain de cette bataille, moins remarquable par le grand déploiement des forces que par l'habileté des manœuvres, Bonaparte reçut une députation des négociants du Caire. Cette ville, abandonnée des mamelucks, était livrée aux excès de la populace; les maisons des beys avaient été pillées, et le quartier des Européens courut risque d'être incendié. Bonaparte, voulant promptement mettre un terme à de tels désordres, ordonna au général Dupuy de partir sur le champ avec deux compagnies de grenadiers, et d'aller prendre possession du Caire.

La marche de ce général fut éclairée par l'incendie de soixante bâtiments chargés de richesses, que les mamelucks avaient livrés aux flammes avant d'abandonner les bords du Nil.

A une heure du matin il arriva, sans avoir rencontré d'obstacles, sous les murs de la capitale de l'Égypte. L'effroi régnait dans l'enceinte de la cité sacrée : toutes les portes étaient fermées, toutes les lumières éteintes. Les chiens, dont cette ville immense est remplie, répondaient seuls par de longs hurlements au tambour des Français.

Le premier soin de Bonaparte fut d'organiser l'administration du pays. Il forma un divan composé de sept personnes des plus notables de la ville, chargées de maintenir la tranquillité publique et de veiller à la police de la capitale. Il annonça cette mesure aux habitants par une proclamation dans laquelle il louait leur prudence de n'avoir pas pris les armes contre les Français.

Dès que le jour parut, il prit avec les négociants européens les mesures nécessaires pour dissiper la frayeur des habitants; il n'eut pas de peine à réussir.

Vers le milieu de la journée, l'armée fit son entrée dans la ville, au milieu de la foule du peuple, accouru pour contempler les vainqueurs des mamelucks.

Bonaparte s'occupa ensuite d'assurer les subsistances de l'armée et de lever quelques impôts; les biens des mamelucks furent séquestrés, quelques-uns même vendus. Le général Dupuy fut investi du commandement militaire de la place.

Le général Desaix eut la mission de poursuivre Mourad-Bey, qui s'était retiré dans la Haute-Égypte. Bonaparte marcha sur Belbeïs, où Ibrahim avait établi son quartier-général; des colonnes mobiles furent destinées à agir contre les Arabes, toujours battus et revenant sans cesse à la charge par l'espoir du butin.

Arrivé à Belbis, Bonaparte trouva la ville évacuée; alors il se porta en avant avec trois cents hommes qui composaient toute sa cavalerie, et ayant atteint l'ennemi au delà du bois de Salahieh, il le fit immédiatement charger.

Quatre cents mamelucks, formant l'arrière-garde d'Ibrahim, lâchèrent pied d'abord en abandonnant quelques chameaux et deux pièces de canon; mais, accourant bientôt avec la rapidité de l'éclair, ils entourèrent les Français et les chargèrent à leur tour dans tous les sens. La mêlée devint terrible; il y eut des luttes d'homme à homme; chaque officier, chaque hussard soutint un combat particulier. Sulkowski, aide-de-camp de Bonaparte, reçoit huit blessures; le chef d'escadron d'Estrées tombe frappé de vingt et un coups de sabre, et les chevaux le foulent aux pieds. Lasalle, chef de brigade du 22e, laisse échapper son sabre au milieu de la charge; il s'élance à terre pour le ressaisir : aussitôt un des mamelucks les plus intrépides fond sur lui; mais Lasalle est déjà à cheval et tue son adversaire.

L'ennemi ne put résister au choc de cette poignée de braves; il tourna bride précipitamment, et Ibrahim-Bey ne songea plus désormais qu'à gagner la Syrie.

Des nuées d'Arabes interceptaient les communications de notre armée avec la flotte; Bonaparte, depuis plus d'un mois, n'en avait reçu aucune nouvelle, lorsque, le 24 juillet, il apprit avec la plus grande inquiétude que la flotte était encore dans la rade d'Aboukir. Aussitôt il expédia un aide-de-camp, avec ordre de ne pas quitter Aboukir qu'il n'eût vu la flotte s'en éloigner pour se rendre à Corfou. Cet officier fut massacré en route par les Arabes; au surplus, sa mission était déjà tardive.

BATAILLE NAVALE D'ABOUKIR.

1er AOUT 1798.

L'escadre anglaise avait été signalée le 1er août à deux heures après-midi. Poussée par un vent favorable, elle se trouvait à trois heures si rapprochée de la flotte française, que l'on pouvait, à la simple vue, distinguer les quatorze vaisseaux et les deux bricks qui la composaient. A six heures, on fut en présence, et le feu commença de part et d'autre. Dès le commencement de l'action, une manœuvre hardie donna aux Anglais l'immense avantage de n'avoir qu'une partie des vaisseaux français à combattre. L'escadre française, embossée sur une seule ligne beaucoup trop étendue, laissait un vide de quatre-vingts brasses entre chacun des bâtiments. Le vaisseau *le Majesty* parvint à la couper, et se plaça entre *le Tonnant* et *l'Orient;* de plus, une partie des vaisseaux anglais ayant réussi à se porter entre la terre et la ligne française, l'amiral Brueys put reconnaître le désavantage de la position qu'il avait prise, et en prévoir les tristes résultats. Chacun des vaisseaux de l'avant-garde et du centre eut à combattre un nombre double de vaisseaux ennemis. Le reste de la flotte ne prit et ne put prendre aucune part au combat, qui fut des plus acharnés.

Au bout d'une heure, *le Guerrier* et *le Conquérant* avaient la moitié de leur équipage emportée par les boulets, leurs canons démontés, leurs manœuvres hachées et leurs mâts brisés; ils succombèrent les premiers. *La Sérieuse*, attaquée par *le Goliath*, d'une force double, opposa la plus vigoureuse résistance. Percée de part en part par les boulets, elle coula; mais son arrière se trouvait sur un haut fond, il ne fût point submergé, et servit de refuge à l'équipage qui continua de se défendre dans cette position jusqu'à ce qu'il eût obtenu une capitulation. Le capitaine Martin, aussi généreux qu'intrépide, se dévoua pour ses compagnons, en offrant de rester prisonnier, pourvu qu'on leur laissât la liberté, et qu'on les transportât à terre, ce qui fut accepté et exécuté.

La nuit arriva sur ces entrefaites, et rendit plus épouvantable le feu de douze cents pièces de canon qui tiraient sans relâche. Les commotions qu'elles produisaient agitaient la mer comme dans une tempête.

Brueys avait été blessé. Vers les huit heures du soir, il fut frappé d'un boulet qui lui brisa les reins. Il ne voulut pas quitter le commandement, et s'écria : « Un amiral français doit mourir sur son banc. » Il expira un quart d'heure après. Cette belle mort honore sa mémoire; mais il dut emporter le regret de la faute qu'il avait faite en ne se conformant pas aux ordres de Bonaparte, dont l'exécution aurait prévenu la perte de notre flotte.

Au moment où Brueys succombait, près de lui tomba grièvement blessé le capitaine de pavillon Casa Bianca. Exaspéré plutôt qu'abattu par la double perte qu'il venait de faire, l'équipage de *l'Orient* redoubla d'efforts et d'intrépidité. Déjà plusieurs vaisseaux ennemis, fortement endommagés, s'étaient vus forcés d'éviter ce terrible adversaire. *Le Bellérophon* vint à son tour tenter la fortune. En peu d'instants les boulets de *l'Orient* eurent abattu ses trois mâts et tué plus de la moitié de son équipage. Menacé d'une ruine certaine, il se hâta de s'éloigner; mais, déjà trop maltraité pour pouvoir manœuvrer, il fut entraîné par le vent sous le feu de notre arrière-garde, dont il parcourt tout le front. En passant il reçut les bordées *du Tonnant*, de *l'Hercule* et *du Mercure*. Près de couler, les cris de son équipage annoncèrent qu'il se rendait, et l'on cessa de tirer sur lui. On ne conçoit pas comment Villeneuve fit la faute de ne point s'en emparer. Toujours dérivant, *le Bellérophon* dépassa enfin notre ligne et fut sauvé. Ce terrible combat continuait avec un acharnement sans exemple dans l'histoire ; il semblait que la haine nationale animât chaque soldat ; les cris : *vive la liberté! vive la république!* poussés même par les mourants, réveillaient l'enthousiasme et ranimaient les forces épuisées des marins.

A neuf heures du soir le feu se manifesta sur *l'Orient*, et eut bientôt fait tant de progrès qu'il devint impossible de l'éteindre. Les artilleurs ne continuèrent pas moins de tirer sur l'ennemi; ce ne fut que lorsqu'ils se virent entourés de flammes qu'ils se décidèrent à abandonner leur vaisseau en se jetant à la mer. Les uns périrent, d'autres furent assez heureux pour gagner la terre à la nage; d'autres encore, recueillis par les vaisseaux français, recommencèrent à se battre avec fureur. Le fils de Casa Bianca, âgé de dix ans, voyant le vaisseau embrasé, lie son père à un tronçon de mât et se jette avec lui dans la mer; peut-être cet enfant l'aurait-il sauvé; mais tout à coup le feu prenant à la sainte-barbe, *l'Orient* saute avec un fracas épouvantable : l'effet de cette terrible explosion est tel, que Français, Anglais, sont jetés dans une stupeur qui suspend le combat pendant quelques instants : mais bientôt il recommence de part et d'autre avec une nouvelle rage. Il faut cependant que le courage succombe sous la force. *Le Franklin*, après avoir perdu les deux tiers de son équipage, se rend au moment où une multitude d'Anglais montent à l'abordage : *le Spartiate* et *l'Aquilon* avaient déjà cédé à la même nécessité. *Le Tonnant* alla s'échouer à la côte.

Ces succès donnaient le moyen aux Anglais d'attaquer l'arrière-garde, qui jusqu'alors ne s'était pas trouvée engagée. *Le Mercure* et *l'Heureux*, échoués dans une position qui rendait leurs canons inutiles, furent obligés de se rendre.

Au point du jour, les couleurs nationales brillaient encore sur quelques bâtiments français. Le contre-amiral Villeneuve, s'empressant d'appareiller pendant que l'escadre anglaise réparait ses avaries, fit voile pour Malte. Les vaisseaux anglais avaient été si maltraités, qu'il ne s'en trouva aucun en état de poursuivre les nôtres. *Le Guillaume-Tell, le Généreux, la Diane* et *la Justice*, furent, de toute la flotte française, les seuls qui parvinrent à se sauver; le reste avait été pris, brûlé ou coulé à fond, à l'exception du *Timoléon* et du *Tonnant*, sur lesquels le pavillon tricolore flottait encore le lendemain 5 août. Nelson s'en empara, malgré les derniers efforts de l'équipage. Le contre-amiral Duchayla et le capitaine Petit-Thouars poussèrent le courage et la présence d'esprit jusqu'au sublime de la vertu militaire. Les équipages se montrèrent dignes d'avoir de semblables chefs, et, suivant les apparences, ils auraient vaincu, si l'amiral ne les eût pas placés dans une position qui donnait tous les avantages à l'ennemi. Les Anglais eurent une grande partie de leurs vaisseaux fort maltraités, et furent contraints d'aller se radouber dans les ports de Sicile : ils comptèrent 1,000 hommes tués et 1,800 blessés.

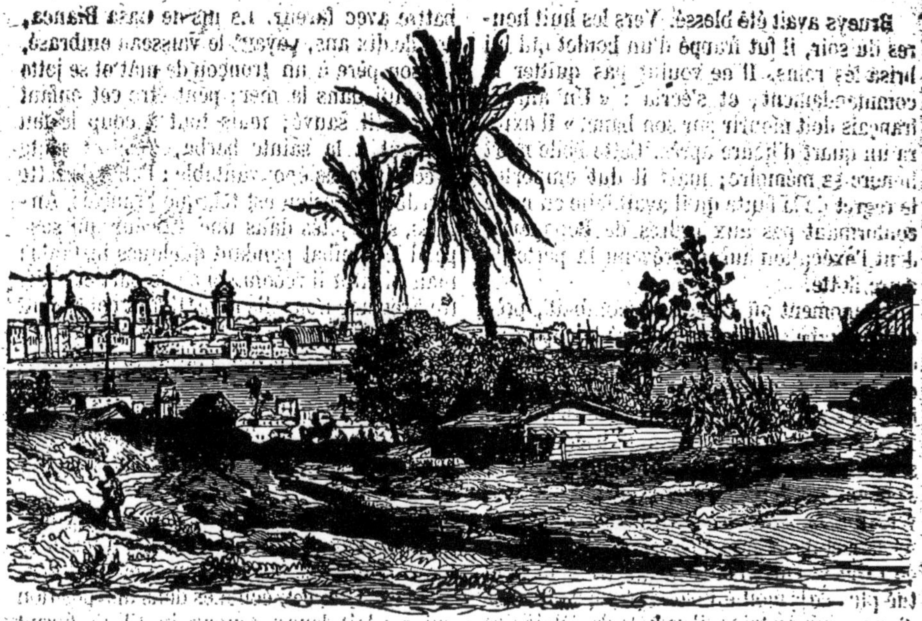

ÉTABLISSEMENT DES FRANÇAIS EN ÉGYPTE.

1798

Vers la fin du combat naval d'Aboukir, Kléber qui, placé sur le phare d'Alexandrie, avait contemplé avec la plus vive douleur toute cette scène de carnage, se hâta d'envoyer son aide-de-camp Loyer au général en chef pour lui apprendre la désastreuse nouvelle. Bonaparte voyait l'Asie lui échapper et tous ses grands desseins tomber par terre. Désormais captif dans sa conquête, à peine s'il pouvait conserver l'espérance de s'y maintenir. Cependant aucune marque de surprise ou de trouble ne parut en lui. «Nous n'avons plus de flotte, dit-il, eh bien! il faudra rester dans ces contrées, ou en sortir grands comme les anciens.» Il répondit à Kléber: «Les Anglais nous obligeront peut-être à faire de plus grandes choses que nous n'en voulions faire.» Kléber était digne d'entendre ce langage; il lui écrivait: «Oui, nous les ferons ces grandes choses et je prépare déjà toutes mes facultés.» — Dans cette terrible épreuve, Bonaparte ne cessa pas un moment de se montrer maître de lui même. La sérénité de son front, sa constance sans effort, rendirent le courage et même la sécurité à presque tous. A son retour au Caire, il rassembla les débris de l'armée navale, qu'il plaça sous les ordres du vigilant Gantheaume, sauvé par miracle de l'explosion du vaisseau amiral. L'organisation de l'Égypte, la direction de la société savante, la suite des opérations de l'armée, la police de l'Égypte, les travaux de la haute administration, les vivres, l'habillement et l'équipement des troupes, la correspondance avec les généraux, la direction suprême de la guerre, des rapports assidus avec les chefs des autorités du pays, surtout avec les ministres de la religion, remplissaient les journées et souvent les nuits de Bonaparte. — L'esprit reste étonné devant la magique promptitude avec laquelle toutes les créations civiles et militaires de la civilisation européenne surgirent tout à coup dans la vieille Égypte. Le Caire, vivifié par l'abondance des choses nécessaires, même par la fabrication des choses de luxe, offrait une image de Paris. En même temps, une flottille équipée sur le Nil servait à tous les transports comme à toutes les communications.

Après la catastrophe d'Aboukir, à mesure que le gros de l'armée pénétrait dans l'intérieur, les courriers étaient massacrés, et les convois de vivres exposés à de grands dangers. Kléber résolut de mettre un terme au brigandage des Arabes et des Bédouins. Le pays conquis redevint le théâtre d'une guerre qui, pour être irrégulière, n'était pas moins dangereuse : il fallut faire de terribles exemples, brûler des maisons, saccager des villages ; ce qui n'empêcha pas les tribus du désert de harceler l'armée dans sa marche et dans ses cantonnements.

On était à l'époque où le retour de la grande opération de la nature, qui, chaque année, épanche sur le sol égyptien les eaux qui le fécondent, ramène l'antique solennité des actions de grâces que les peuples rendent pour un tel bienfait. Bonaparte saisit l'occasion de fêter par un hommage éclatant cet usage consacré par la politique et la religion : le 18 août, revêtu du costume oriental, entouré de son état-major, des autorités turques et d'un concours immense d'Égyptiens, il fit procéder en sa présence à la rupture de la digue qui retient les eaux du Nil. Le hasard voulut que les eaux montassent au degré le plus favorable pour la navigation et l'arrosement. Les habitants du Caire adressèrent au ciel les plus vives acclamations ; ils disaient à Bonaparte dans leurs chansons : « Nous voyons bien que tu es l'envoyé de Dieu, car tu as pour toi la victoire et le plus beau Nil qu'il y ait eu depuis un siècle. » Cette brillante cérémonie eut lieu quinze jours après le désastre d'Aboukir; le surlendemain était l'anniversaire de la naissance de Mahomet. Les Français, étonnés que la veille on n'eût fait encore aucun préparatif, se virent obligés d'employer la menace pour déterminer le muphti à la célébrer. Ce prêtre, cachant sous ses formes adulatrices une profonde haine, cherchait à rejeter sur la présence de l'étranger l'oubli de cet acte religieux. Les dispositions furent bientôt prises; jamais le fondateur du Koran ne fut honoré avec plus de pompe et de magnificence.

Le jour anniversaire de la fondation de la République française arriva à cette époque ; Bonaparte résolut de le célébrer par des solennités publiques.

D'après ses ordres, on fit ranger sur la place d'Esbekieh les troupes de la garnison du Caire et celles des environs. A sept heures du matin, Bonaparte arriva, suivi des officiers supérieurs de l'armée, des chefs de l'administration, des autorités et des notables du Caire.

L'artillerie tonne, et les acclamations de la multitude se mêlent au bruit du canon. Le général en chef, debout au pied d'une pyramide qu'il a fait élever, prononce d'une voix solennelle un discours relatif à la circonstance, qui fut couvert d'applaudissements et des cris mille fois répétés de *vive la République !*

Les troupes donnent ensuite aux Musulmans le spectacle nouveau pour eux d'une petite guerre à l'européenne; Bonaparte lui-même en commande les évolutions, tandis qu'un détachement se dirige sur Giseh, et va planter le drapeau tricolore au sommet de la plus haute pyramide.

Déjà deux mois s'étaient écoulés depuis l'entrée des Français au Caire, et jusqu'alors l'immense population de cette capitale avait montré des sentiments pacifiques envers les vainqueurs. Mais l'argent manquait aux Français, et Bonaparte établit un droit d'enregistrement sur tous les actes du gouvernement qui concédaient aux particuliers la possession et la jouissance temporaire des propriétés. Ce moyen fiscal, inconnu dans tout l'Orient, excita le mécontentement général des grands propriétaires de l'Égypte, résidant presque tous au Caire, ne tarda pas à être partagé par toutes les classes d'habitants ; et les prédications de certains ministres des mosquées eurent bientôt pour effet de réunir sous l'étendard de la foi musulmane le peuple entier de la capitale, tandis que Mourad-Bey et Ibrahim-Bey organisaient une insurrection formidable dans plusieurs contrées.

Un manifeste du Grand-Seigneur, répandu avec profusion par les Anglais, annonçait la marche d'une forte armée, et appelait le peuple fanatisé à la destruction des infidèles; les mollahs, les imans, prêchaient le massacre ; des agitations partielles, des insurrections de village, annonçaient une commotion prochaine; elle éclata au Caire le 21 octobre, en l'absence du général en chef.

Dès la pointe du jour, quelques rassemblements se formèrent dans les rues; ils grossirent peu à peu, et se portèrent en masse vers la demeure du cadi, Ibrahim-Ehetem-Effendi. Vingt personnes des plus marquantes lui sont députées. Le vénérable vieillard demande le motif qui les amène. Elles se plaignent de la mesure fiscale que vient de prendre le chef de l'armée, et invitent le magistrat à les suivre chez Bonaparte, afin d'obtenir la révocation de cette mesure. Ehetem-Effendi se rend à leurs désirs et monte à cheval; mais, voyant la multitude qui l'accompagne, il fait observer que ce n'est point dans cette attitude qu'on présente une supplique. « Chez Bonaparte ! » lui crie-t-on de tous côtés.

Bientôt la ville entière est soulevée : les habitants parcourent les rues avec des fusils, et massacrent tous les Français qu'ils rencontrent; en même temps une autre troupe de révoltés courait assaillir la maison de Cassim-Bey, où les savants et les artistes français se défendirent toute la journée avec une opiniâtreté et une présence d'esprit admirables.

Emporté par son bouillant courage, le général Dupuy, commandant de la place, sort de son hôtel à la tête de quelques dragons qui s'y trouvaient de piquet; il arrive dans une rue obstruée de mutins, et les engage à se retirer. Ils ne répondent que par des hurlements et des menaces. Dupuy se décide alors à les charger; il s'élance au milieu de cette populace et s'ouvre un passage sanglant. Mais au moment où il lève le bras pour secourir un des siens, il reçoit sous l'aisselle un coup de lance qui lui coupe l'artère. Les dragons parviennent à l'enlever, et il expire quelques minutes après.

Le canon d'alarme gronde; la générale bat; les Français se rassemblent au château. A mesure qu'ils arrivent, le général Bon, qui a pris le commandement, les dirige par détachements nombreux sur les principaux points occupés par les révoltés. Plus de quinze mille de ces insensés, poursuivis la baïonnette dans les reins, se réfugient dans la grande mosquée d'El-Héaza, où ils s'entourent de barricades.

Attiré par le bruit de la canonnade, Bonaparte accourt de l'île de Roudeh avec ses guides, et fait aussitôt ses dispositions pour couper les communications entre les divers quartiers où sont postés les rebelles.

La nuit, tant redoutée des Orientaux, amène un moment de calme : le général Dommartin a l'ordre de profiter des ténèbres pour dresser une batterie. Quatre bouches à feu sont placées sur le revers de Mokatam, à cent cinquante toises de la grande mosquée.

Pendant ces préparatifs, le général Devaux disperse cinq mille paysans qui s'avancent vers la ville, et la cavalerie du général Dumas, envoyée pour battre la plaine, refoule les Arabes dans le désert.

Au point du jour, toutes les troupes de la garnison s'ébranlent, leurs efforts triomphent d'une résistance opiniâtre. A huit heures du matin, il ne reste plus que la grande mosquée à emporter.

Bonaparte fait sommer ceux qui l'occupent de mettre bas les armes. Cette démarche est regardée comme un signe d'impuissance, et la révolte lève un front plus insolent. Alors le signal terrible est donné. La citadelle et les batteries du général Dommartin font pleuvoir sur la grande mosquée une grêle de bombes, d'obus et de boulets, qui portent la mort au milieu des révoltés. Une circonstance extraordinaire vient seconder les Français, et jeter dans l'esprit des Egyptiens une terreur superstitieuse : l'air s'obscurcit de nuages; le tonnerre mêle ses détonations lointaines au bruit du canon. Les rebelles frémissent à cette voix céleste, leur courage chancelle. Voyant la foudre de Dieu et des hommes sur leurs têtes, consternés, éperdus, ils poussent des cris lamentables et implorent leur pardon.

« Vous avez refusé ma clémence quand je vous l'offrais, répond le général en chef; l'heure de la vengeance est sonnée : vous avez commencé, c'est à moi de finir. »

Réduits au désespoir, ces malheureux tentent une sortie; de tous côtés leurs poitrines rencontrent les baïonnettes des grenadiers. Enfin ils jettent leurs armes, et se rendent à discrétion, demandant miséricorde, et poussant leur cri de détresse : *Amman!*

Bonaparte se laisse fléchir; les principaux meneurs suffisent à la justice : onze d'entre eux sont condamnés subissent le dernier supplice. Leurs têtes, suivant l'usage du pays, sont promenées au bout d'une pique dans toutes les rues du Caire.

Trois mille cadavres attestent le pouvoir et la vengeance des Français. Bonaparte abolit le divan, et assujétit la province au régime militaire.

La terreur que jeta dans l'Egypte l'issue de la révolte du Caire étouffa pour longtemps l'esprit de rebellion.

Ce changement permit aux Français de s'occuper des moyens de rendre leur séjour dans la capitale aussi agréable et aussi utile que possible. Un Tivoli fut élevé, où se trouvaient réunis des salles de jeu, de billard, un cabinet de lecture, des orchestres pour les danses, une promenade variée, des divertissements de tous genres, un café, un restaurant, des feux d'artifice, qui rappelaient aux Français les délices du Tivoli de Paris. Des fonderies, des usines, des manufactures de tous genres furent établies par les soins de l'infatigable Conté, chef du corps des aérostiers; des moulins à vent s'offrirent pour la première fois à l'œil étonné des Egyptiens sur la hauteur de Makatam; des ateliers fabriquèrent de la poudre à canon bien supérieure à celle d'Egypte. Enfin toute l'armée, qui peut-être n'estimait pas assez la colonie de savants et d'artistes amenés par le général en chef, apprit par des bienfaits et des plaisirs à connaître le prix des sciences et des arts, et à mettre leurs conquêtes au même rang que les exploits militaires. Deux journaux, la *Décade égyptienne* et le *Courrier d'Egypte* furent même imprimés au Caire. Le divan avait été dissous lors de l'insurrection; Bonaparte forma une nouvelle assemblée des principaux fonctionnaires du Caire et des autres provinces, au nombre de soixante; ils devaient discuter avec lui les intérêts de la nation: une commission tirée de leur sein était chargée de l'administration de la justice dans toute l'Egypte. Pendant que le général en chef s'occupait du gouvernement des provinces conquises, il donnait également ses soins à la fortification du Caire et des autres villes, afin de prévoir de nouveaux soulèvements du peuple. Le général Caffarelli fut chargé de faire construire différents ouvrages capables de mettre la capitale à l'abri d'un coup de main. Marmont, qui succéda à Kléber, fortifia de même Alexandrie; Rosette et Damiette furent aussi réparées et mises en état de défense. Quelques opérations militaires eurent lieu dans les provinces après la pacification du Caire. Une tradition rapportait que la jonction de la mer Rouge à la Méditerranée avait été pratiquée dans les temps de prospérité et de grandeur de l'Egypte ancienne. Bonaparte voulait s'assurer si cette communication était possible par un canal creusé dans l'isthme de Suez. En conséquence, il se rendit à Suez. Après avoir visité le port et donné des ordres pour des ouvrages de fortification et de marine, il alla visiter la fontaine de Moïse; en revenant, on arriva, le soir, au bord de la mer; la nuit était profonde, la marée montait, on se trouva au milieu de l'eau; on ne se voyait plus, mais on criait, on s'appelait. Bonaparte courut le plus grand danger, et faillit périr de la même manière que Pharaon poursuivant les Hébreux à la sortie de l'Egypte.

Desaix fut un des premiers à avancer, à la tête d'une colonne d'avant-garde, sur la route du Caire; il disperse dans le désert huit cents mamelucks qui lui disputent le passage, et défait l'armée au combat de Chbreissé. A celui d'Embabé, de concert avec le général Reynier, il attend l'ennemi, et ordonne à ses soldats de ne faire feu qu'à demi-portée de la mousqueterie. En vain les mamelucks espèrent-ils entamer nos bataillons hérissés de baïonnettes: ils viennent se briser contre ce front de fer, sont chargés à leur tour et forcés de fuir dans le plus grand désordre. Embabé ouvrit ses portes, et le vainqueur établit son camp sur la route de la Haute-Egypte, en avant de Gibé, sur la rive droite du Nil. Bientôt après, pour aller combattre Mourad-Bey, il s'embarque sur le fleuve. Les vents et la saison favorisent les Français: l'arrière-garde de l'ennemi est attaquée, et douze barques tombent en notre pouvoir, malgré le feu des Arabes et des mamelucks qui les défendent avec le plus grand acharnement. A la hauteur du village de El-Henka, l'on aperçoit l'avant-garde de Mourad-Bey: on l'atteint, elle se replie, et, le 7 octobre 1798, est livrée la sanglante bataille de Sédiman. L'intrépide chef des mamelucks, avec trois mille des siens et dix mille Arabes, couvrait un terrain d'une lieue d'étendue. A peine les

Français ont-ils franchi une vallée qui sépare les deux armées, que les mamelucks les chargent avec fureur : nos colonnes serrées en masse bravent le nombre des assaillants ; notre mousqueterie les foudroie ; ils s'arrêtent, se replient comme pour s'élancer de nouveau, et fondent tous à la fois sur un de nos pelotons : il en est écrasé ; tout ce qui n'est pas tué se jette à terre. Démasqué par ce mouvement spontané, notre carré principal fait feu sur l'ennemi, et le force encore à s'éloigner; ce qui reste du peloton rentre dans les rangs. Dans ce moment, les Arabes et les mamelucks s'avancent une troisième fois en poussant des cris épouvantables; leurs sabres brisent les canons de nos fusils; ils précipitent leurs chevaux contre nos baïonnettes ; ces animaux reculent, leurs maîtres les poussent tournés en arrière pour ouvrir nos rangs. Cependant les Français sont inébranlables ; unis pour une résistance invincible, ils se présentent sans désordre, et gagnent du terrain sans s'engager : le carnage est partout, et il n'y a point de mêlée ; l'impuissance des mamelucks excite en eux une espèce de fureur, comme si ce jour eût été le dernier combat ; les uns lancent contre les Français les armes qui n'ont pu les atteindre ; les autres se traînent sous les baïonnettes pour couper avec leurs sabres les jambes de nos soldats. On peut juger à quel excès la rage des combattants était montée : baignés dans leur sang, les blessés et les mourants trouvaient encore la force de s'entre-égorger. Un grenadier français, dont les jambes étaient coupées, s'était traîné sur ses deux mains vers un mameluck expirant ; il le frappait à coups de baïonnette. Un officier lui dit : « Comment, dans l'état où tu es, peux-tu commettre une pareille horreur? — Vous en parlez bien à votre aise, vous qui n'êtes pas même blessé! lui répond le grenadier ; mais moi qui n'ai plus qu'un instant à vivre, il faut bien que je venge ma mort. »

La journée de Sédiman fut glorieuse pour nos armes, mais elle fut terrible : jamais il n'y eut de victoire plus éclatante, ni de résultat moins prévu ; jamais nos soldats ne montrèrent plus de sang-froid, ni plus de courage. A l'approche des mamelucks, Desaix avait commandé aux grenadiers de la 21e légère de faire feu : « A vingt pas, général, répondent ces braves, nous ne tirerons pas plus tôt. » Le capitaine Vallette, qui commandait un des petits carrés, ordonna à ses chasseurs de ne tirer qu'à dix pas et de croiser la baïonnette. Officiers, sous-officiers, soldats, tous firent des prodiges d'audace et de contenance.

Malgré ses défaites précédentes, Mourad songeait à renouveler ses tentatives : il était parvenu à rallier à son parti toutes les tribus arabes du Saïd. Il correspondait avec les Anglais en croisière devant Alexandrie et avec les insurrections partielles du Delta et des provinces de la Basse-Égypte. Les Arabes d'Yambo et de la Mecque, des Maugrabins et des Nubiens, venaient se joindre à son armée. Avec des forces aussi imposantes, il se croyait sûr de la victoire. Son dessein était d'attirer nos troupes dans le désert, où elles auraient péri lentement de soif et de fatigue. Desaix marche à lui et l'enfonce dans un premier combat près du village de Samamboud. A la tête de cinq mille hommes, le fier Mourad fut deux fois repoussé, et poursuivi jusqu'à plus de huit lieues de Girgé, au village de Farchou, où la lassitude seule engagea les Français à s'arrêter. Ce succès, auquel concoururent puissamment les généraux Davoust, Belliard et Friant, fit encore briller l'intrépidité de l'aide-de-camp Rapp : il n'eut de rival de sa valeur que dans le capitaine Clément, qui, à la tête des carabiniers, fit des prodiges.

Cette course triomphale se termina sous le tropique, à l'île de Philé, qui servait autrefois de limite au vaste empire romain. Après avoir donné aux conquêtes des Français républicains les mêmes bornes que les légions de Rome avaient assignées aux leurs, Desaix redescend vers Esneh. Mourad revient furieux : mais nos soldats infatigables le harcellent nuit et jour, et, après plusieurs combats à Thèbes, à Kené, à Aboumanah, à Benout, à Bémadi, à Bir-el-Bahr, ils forcent ce barbare à se cacher dans les Oasis, et s'emparent du port de Kosseïr sur la mer Rouge.

Maître de Kosseïr, Desaix gagna le cœur des habitants par sa douceur, son amour de la justice, sa loyauté, et par l'inviolable générosité de son caractère, qui, plus encore que la force des armes, opéra d'heureux changements dans la disposition des esprits. Toutes les tribus arabes éparses dans le désert entre le Nil et la mer Rouge, s'étant successivement détachées du parti des mamelucks, se rapprochèrent des Français, et parurent les servir avec le même zèle qu'elles avaient manifesté envers les anciens maîtres de l'Égypte. Desaix fut bientôt aimé, craint et respecté de tous ces peuples ; il reçut de leur gratitude le titre de *Sultan juste*.

La gloire militaire était la passion dominante de Desaix ; mais il chérissait les arts, et son séjour sur une terre où les Pharaon et les Sésostris ont laissé des monuments attestant la splendeur de leur règne, ne pouvait manquer d'émouvoir son cœur. Il fut fouiller les ruines de Thèbes et les débris du temple de Tentira ; il trouva à Antinoë la statue pédestre d'Antinoüs. Il visita tous les lieux féconds en grands souvenirs. Un jour que, suivi de son armée, il faisait une de ces savantes excursions, une vaste enceinte, où des colonnes et des temples renversés dans la poussière semblaient faire un dernier effort pour se dérober au néant et percer le sable du désert, s'offrit à ses regards. Le nom de Thèbes aux cent portes retentit : « Ici fut une vaste cité, la capitale « d'un grand empire et le séjour des rois. » Cette idée frappe tous les esprits; l'armée s'arrête, les soldats admirent dans un silence respectueux le pouvoir et la vieillesse du temps

Au combat de Sediman, le boulet emportait des files entières ; Desaix, voyant à chaque instant augmenter le nombre des blessés que l'on était obligé d'abandonner sur le champ de bataille, où ils étaient impitoyablement massacrés par les mamelucks, hésita s'il ne devait pas se rapprocher du canal Joseph, pour rejoindre la flottille ; mais le général Friant, bien persuadé qu'un mouvement rétrograde aurait les plus funestes conséquences, dit au général Desaix, en lui montrant une batterie de gros calibre dont le feu était des plus meurtriers : « Général, c'est là-haut qu'il faut aller, la vic« toire ou la mort nous attend : songez bien « qu'en battant en retraite nous courons les « risques d'une destruction totale. — C'est « aussi mon avis, répondit Desaix ; mais ces « malheureux blessés ?... — Si je suis blessé, « réplique le général Friant, qu'on me laisse « sur le champ de bataille. — En avant donc, « s'écrie Desaix en l'embrassant. — En « avant ! » commande aussitôt d'une voix de tonnerre le général Friant. La batterie fut prise, et la victoire gagnée.

La cavalerie française était rassemblée pour être passée en revue par le général Kléber. Un chef de mamelucks pousse son cheval en avant du front de bataille, et semble défier les cavaliers français. « Quel est celui d'entre vous, s'écrie le colonel d'Estrées, qui va châtier cet insolent? » Aussitôt un hussard sort des rangs : c'est le jeune Rancorel, à peine âgé de seize ans. Il s'élance au galop contre le cavalier arabe, lui porte sur la tête plusieurs coups de sabre ; mais son ennemi, garanti par une cotte en maille et un énorme turban, riposte avec avantage, et lui fait courir un danger imminent. Cependant Rancorel tient ferme ; il suit les mouvements du mameluck, et lui enfonce son sabre dans la gorge.

L'administration juste et régulière de Bonaparte portait ses fruits. Les sentiments des Arabes commençaient à devenir favorables aux Français, dont la domination était évidemment plus douce, plus supportable que celle des mamelucks. Encore quelques mois, et le but du général en chef aurait été atteint. Des agents secrets de la Porte vinrent changer ces bonnes dispositions, en réveillant et en excitant le fanatisme d'une populace grossière.

Le 28 octobre, une révolte éclata au Caire. Quantité de Français, et notamment le général Dupuy, commandant la place, venaient d'en être la victime, lorsque arrivant de Gisez, dont il avait visité les pyramides, Bonaparte déploya contre les rebelles la terrible puissance que la guerre avait mise entre ses mains. Tout rentra dans le devoir après vingt-quatre heures de carnage. Le Caire était d'ailleurs une ville trop importante pour assurer le succès des projets futurs de Bonaparte ; aussi ne négligea-t-il aucun des moyens propres à en assurer la soumission définitive, et il réussit par cette sanglante leçon.

Le général en chef se rendit ensuite à Suez pour y visiter le port et compléter les ouvrages de fortifications nécessaires à la résistance d'attaques nouvelles. Ses prévisions lui indiquaient que les intrigues anglaises ne tarderaient pas de ressusciter les ennemis de la France, ce qui arriva en effet. Ce fut à Suez qu'il reçut l'avis qu'une armée turque projetait d'entrer en Egypte; et que Djezzar, pacha de Saint-Jean-d'Acre, réunissait des troupes pour la renforcer; Pour déconcerter ces projets, Bonaparte se décide à marcher sur la Syrie.

De retour au Caire, il s'empressa de réunir et de mettre en mouvement les troupes qu'il destinait à faire la conquête de cette contrée, et partit à la tête de treize mille hommes; c'était presque la moitié de toute l'armée d'Egypte.

La division Reynier formait l'avant-garde. Le 6 février, elle quitta Catieh, et trois jours après elle se trouvait devant El-Arich. Pendant une longue marche sur un sable brûlant, les Français avaient enduré avec une courageuse patience le supplice de la chaleur et de la soif; en arrivant ils n'éprouvèrent plus que le besoin de combattre.

Le village d'El-Arich est défendu par un fort. Tandis que le général Lagrange tourne le fort et place deux pièces de canon sur une hauteur qui le domine, le général Reynier fait attaquer le village. Après avoir éprouvé une résistance opiniâtre, les Français escaladent les murs; mais c'était à l'intérieur que le péril était le plus grand: toutes les maisons étaient crénelées; il en sortait un feu des plus meurtriers; et de là, sur les Français engagés dans les rues étroites, les Syriens faisaient pleuvoir un déluge de pierres et de matières enflammées. Tant d'obstacles ne font qu'accroître le courage des assaillants.

Le village est pris, et subit la vengeance du soldat irrité. Pendant ce temps, Ibrahim-Bey accourait au secours de la garnison, qui tenait encore; sûr de sa nombreuse cavalerie, il s'approche jusqu'à une demi-lieue du fort. Le général Reynier, réuni à Kléber, punit le bey de sa témérité.

Le 19 février, Bonaparte parut devant El-Arich avec le parc et le reste de l'armée; une batterie qu'il fit élever eut bientôt ouvert une brèche praticable. La garnison se rendit à discrétion.

Le 22, Kléber prit le commandement de l'avant-garde, et suivit la route de Kan-Younes; les autres divisions marchèrent dans la même direction. Le guide de Kléber égara les divisions dans les sables du désert; Bonaparte, en arrivant à Kan-Younes, trouva dans ce village les débris des mamelucks battus à El-Arich. Seul avec ses guides et un faible détachement du corps des Dromadaires, il pouvait être facilement pris par les mamelucks; l'audace le tira de ce mauvais pas. Il marcha en avant, et les ennemis, le croyant suivi de son armée, se dispersèrent. Dans cette marche, Gaza, abondamment approvisionnée, se rendit sans coup férir. La ville de Jaffa, l'antique Joppé, après un siége de quelques jours, fut emportée de vive force et saccagée par les soldats, indignés de ce que le commandant turc avait fait trancher la tête à un parlementaire envoyé la veille par le général en chef. Deux mille hommes, reste de la garnison massacrée dans la ville, y furent faits prisonniers. L'impossibilité de les conduire en Egypte, le manque de vivres, et la certitude que ces hommes, renvoyés sur parole, iraient aussitôt renforcer les troupes du pacha de Saint-Jean-d'Acre, inspirèrent au conseil des généraux, assemblés pour décider ce qu'il en fallait faire, la pénible obligation de déclarer que le salut de l'armée exigeait leur mort. Le général en chef laissa exécuter cette condamnation avec la plus vive douleur, mais c'était son devoir: la nécessité est impérieuse et impitoyable. La peste, dont quelques bataillons avaient apporté le germe d'Egypte, se déclara pendant le séjour à Jaffa, et fit de grands ravages dans l'armée. La stupeur était universelle: c'est alors que Bonaparte, pour combattre le découragement qui se manifestait parmi les soldats, entreprit de leur persuader que la maladie qui régnait n'était point la peste, et nullement contagieuse. Il entra dans toutes les salles des pestiférés, et toucha les plaies des malades, en leur disant: « Vous voyez bien que ce n'est rien. »

Quand il eut quitté l'hôpital, on lui reprocha son imprudence; il répondit avec calme: « C'est mon devoir, je suis général en chef. » Bonaparte marcha sans délai sur Saint-Jean-d'Acre, dont la garnison devenait tous les jours plus formidable par les renforts continuels qu'elle recevait des Turcs et des Anglais, qui croisaient sur les côtes de Syrie, sous les ordres de Sydney-Smith. Un Français, ancien officier d'artillerie de Besançon, fort instruit dans cette arme, émigré par suite de son opposition aux principes de la révolution, le colonel Philipeaux, dirigeait la défense des fortifications de Saint-Jean-d'Acre. La perte d'une partie de notre artillerie, enlevée par l'amiral anglais, augmenta les forces de l'ennemi sans diminuer la confiance de Bonaparte. Le 18, il parut avec son armée devant Saint-Jean-d'Acre, et dès lors la tranchée fut ouverte. Bonaparte n'avait avec lui que quatre pièces de 12, huit pièces de 8 et quatre obusiers; bientôt les batteries commencèrent leur feu, et firent en peu d'heures une brèche au rempart. Les grenadiers, qui croyaient monter à l'assaut comme à Jaffa, demandèrent à tenter cette entreprise; mais, arrêtés par une contrescarpe et par un fossé profond et large, écrasés par la mitraille et par la fusillade, ils furent contraints de se retirer en laissant le terrain couvert de leurs morts.

Il fallut recourir à la mine pour détruire les obstacles; mais cet expédient de guerre fut employé sans succès.

Un second assaut ne fut pas plus heureux que le premier; les grenadiers trouvèrent la brèche trop haute de plusieurs pieds. Néanmoins les Turcs avaient été tellement effrayés de l'audace des grenadiers français, qu'ils s'étaient enfuis au port, et que Djezzar-pacha lui-même s'était embarqué. Lorsqu'ils les virent monter dans la tranchée, le courage leur revint. Depuis cette époque, ils ne cessèrent de recevoir des renforts. On s'occupa alors de creuser un puits de mine, afin de faire sauter toute une tour : il n'y avait plus moyen de s'introduire par la brèche; l'ennemi l'avait remplie de toute espèce d'artifices. Durant ces travaux, l'armée turque fit une sortie générale; mais les colonnes de Djezzar furent bientôt repoussées dans les murs de la place, après avoir éprouvé de grandes pertes.

Malgré l'avantage qu'il venait de remporter, malgré les plus grands efforts de la part des assiégeants, le siége de Saint-Jean-d'Acre traînait en longueur. Les munitions manquaient; le général en chef proposa aux soldats une prime pour chaque boulet de canon ennemi qu'ils apporteraient au parc. Sur ces entrefaites, Bonaparte apprit que les Syriens formaient des rassemblements considérables, dans l'intention de délivrer la place de Saint-Jean-d'Acre. Il envoya les généraux Vial, Murat, Junot, sur divers points, pour repousser ces corps de partisans et les disperser. Ils réussirent dans leurs expéditions diverses. Junot, qui n'avait à peu près que quatre cent soixante-dix hommes, eut au village de Loubi un engagement sérieux avec deux mille cavaliers de l'avant-garde de l'armée de Damas. Le général Kléber vole à son secours à Nazareth. En arrivant à la hauteur de Seid-Jarra, près de Cana, il rencontre l'avant-garde de l'armée des pachas, forte de cinq mille chevaux et d'environ mille fantassins. Sans hésiter, il l'attaque et la culbute jusqu'au bord du Jourdain. Bientôt, il voit devant lui l'armée entière, dont le total était de trente mille fantassins et vingt mille cavaliers. Bonaparte, instruit de cet événement, arrive au moment où Kléber et ses deux mille hommes étaient aux prises avec la cavalerie des pachas. Un coup de canon annonce la présence de Bonaparte. Les soldats de Kléber, accablés de fatigue, ressentent une nouvelle ardeur; ils s'ébranlent, et le village de Fouli est emporté. Les divisions françaises se portent sur divers points, pour prendre en flanc et à dos les ennemis. Le plus grand désordre se répand dans l'armée des pachas. Poursuivis, attaqués de toutes parts, les Syriens ne savent où fuir; la terreur est si grande, que, s'entassant au passage du pont, ils se jettent à la nage dans le Jourdain et s'y noient pour la plupart. L'armée française, fatiguée de vaincre, s'arrêta au pied du mont Thabor, le 16 avril 1799.

Cette victoire ranima le courage des Français. Les immenses magasins des ennemis ramenèrent l'abondance dans le camp, et les travaux recommencèrent. Le jour même du retour des troupes devant Saint-Jean-d'Acre, Bonaparte apprit l'arrivée du contre-amiral Perré devant Jaffa, avec de l'artillerie et des munitions. Alors, les opérations du siége furent reprises avec vigueur. Le 23, on mit le feu à une mine qui devait faire sauter une tour; mais un souterrain qui était sous cet édifice trompa encore tous les calculs : la partie de la tour qui était du côté des Français sauta seule, et tout l'effet de la mine se borna à enterrer deux ou trois cents Turcs et quelques pièces de canon. On fit alors usage des batteries contre cette tour ébranlée; malheureusement, le général du génie, Caffarelli-Dufalga, qui dirigeait les travaux, fut frappé par un boulet. C'était un officier de premier mérite, qu'il fut impossible de remplacer; l'armée entière sentit vivement sa perte. Bonaparte le regretta comme un de ses plus braves frères d'armes.

L'ennemi était perdu, s'il restait sur la défensive. Il fit plusieurs sorties, dans lesquelles il éprouva toujours des pertes considérables; mais il ne cessait de recevoir des renforts pour les réparer aussitôt.

Le moment de crise pour la place approchait: les batteries françaises avaient rasé la plupart des fortifications; les parapets étaient détruits et les pièces démontées. Déjà les Français s'étaient emparés de la partie la plus saillante de la contre-attaque; il ne fallait plus que quelques jours pour enlever la ville, lorsqu'on signala une flotte portant douze mille hommes de renfort aux Turcs. Le général en chef, calculant le temps qui était nécessaire au débarquement de cette troupe, crut qu'il fallait ordonner immédiatement l'assaut. A la nuit, on se jette sur tous les travaux de l'ennemi, on les comble, on égorge tout, on encloue les pièces, on se loge dans la tour, on pénètre dans la place; la ville est aux Français. Tout à coup, les troupes débarquent et arrivent pour rétablir le combat. Raimbaut est tué; cent cinquante hommes périssent avec lui ou sont pris. Lannes est blessé. Les assiégés sortent par toutes les portes et prennent la brèche à revers.

La perte de l'ennemi fut énorme; toutes les batteries tirèrent à mitraille sur lui. Les succès des Français parurent si grands, que, le 10 mai, à deux heures du matin, Bonaparte commanda un nouvel assaut. Il y avait vingt mille hommes dans la place, et toutes les maisons étaient tellement remplies de monde, que les troupes françaises ne purent dépasser la brèche. Des prodiges d'héroïsme, de constance et d'habileté éclatèrent devant cette place, défendue par deux hommes habiles, par des soldats animés du fanatisme religieux, par un chef d'une valeur indomptable et féroce, et ravitaillée par une flotte qui leur apportait sans cesse des vivres et des renforts. On ne vit jamais rien de pareil à l'acharnement des deux partis; jamais nos soldats, trahis par la fortune, ne furent plus dignes du nom français. Les assauts succédaient aux assauts; les obstacles se multipliaient devant nous; nos pertes, irréparables dans un pays privé de toute communication avec le continent, étaient considérables. Déjà plus de cinq cents soldats étaient morts; un plus grand nombre était blessé; le général Bon avait été frappé à mort, ainsi que le chef de brigade Venoux, le chef de bataillon Croisier et l'intrépide général Chambaud. Outre ces pertes, la peste commençait ses ravages dans l'armée, et remplissait les esprits d'une sombre terreur. D'un autre côté, les nouvelles de l'Égypte n'étaient pas rassurantes: les côtes étaient menacées, la Basse-Egypte s'insurgeait, une armée turque se rassemblait à Rhodes pour débarquer en Egypte. Ces considérations déterminèrent Bonaparte à lever le siége de Saint-Jean-d'Acre, le 17 mai, après soixante jours de tranchée ouverte; il annonça cette résolution par un ordre du jour, dans lequel, après avoir cherché à retremper le moral des soldats dans le souvenir de leurs exploits, il présentait la prise d'Acre comme une chose de peu d'importance. Mais les efforts inouïs qu'il avait faits attestaient le contraire, et depuis, sur son rocher de Saint-Hélène, il disait: « Si j'avais enlevé Saint-Jean-d'Acre, j'opérais une révolution dans l'Orient. Les plus petites circonstances conduisent les plus grands événements. J'aurais atteint Constantinople et les Indes; j'eusse changé la face du monde. » On sait que soixante mille Druses n'attendaient que la réduction de cette place pour se réunir à l'armée républicaine.

Le 20, l'armée française se mit en marche pour retourner en Egypte. Dans le trajet, le général en chef faillit être assassiné. Un arabe de Naplouse, embusqué dans un buisson, lui tira, presque à bout portant, un coup de fusil qui ne l'atteignit point; ce misérable s'enfuit, et réussit à gagner, au milieu de la mer, un rocher où il espérait être à l'abri de toute vengeance; mais les balles de nos soldats en firent justice. La peste n'avait pas cessé de faire des victimes. Bonaparte fit une nouvelle visite à l'hôpital, et donna l'ordre d'évacuer sur l'Egypte tous ceux qui pourraient supporter le transport. Cet ordre fut exécuté. Cependant, quelques années après, les ennemis de l'Empereur l'ont accusé d'avoir ordonné l'empoisonnement de ses soldats frappés par la peste. Depuis, la question a été scrupuleusement examinée, et on peut affirmer qu'aucun empoisonnement de pestiférés n'a eu lieu à Jaffa.

L'armée revint au Caire le 14 juin : on la croyait détruite ; aussi Bonaparte ou le sultan *Kébir* (le père du feu), comme l'appelaient les Arabes, jugea-t-il à propos de faire une sorte d'entrée triomphale dans la cité sainte : il voulait, au moyen de cet appareil, effacer les funestes impressions que le bruit de sa mort et de la défaite de ses troupes avait produites sur la population. Il y réussit pleinement. A peine de retour au Caire, Bonaparte acquit la certitude qu'une armée turque se disposait à débarquer sur les côtés de la Méditerranée; il s'occupa en conséquence avec ardeur de réorganiser son armée, considérablement affaiblie par des pertes durant l'expédition de Syrie ; en peu de temps les troupes, bien reposées, bien habillées, furent en état d'entreprendre de nouveaux travaux ; des ordres furent donnés pour mettre en état de défense les forts entre Alexandrie et Rosette, la plage qui s'étend de l'une à l'autre de ces deux villes étant, selon toutes les probabilités, le point où les Turcs effectueraient leur descente.

Bonaparte ne tarda pas à s'applaudir de cette prévoyance. Il apprit en même temps la réapparition de Mourad-Bey vers les pyramides, et la descente d'une armée anglo-turque, considérable, avec laquelle l'infatigable Mourad devait concerter ses mouvements. L'armée des Ottomans avait pris terre aux rivages d'Alexandrie.

Mustapha-pacha commandait en chef cette armée, qui était forte de dix-huit mille hommes. Son premier mouvement fut de s'emparer du fort d'Aboukir, défendu par deux cent soixante-cinq hommes sous les ordres du commandant Godord. La valeur ne put résister longtemps au nombre. Mais comme si les Turcs avaient craint, en s'avançant, d'être enlevés par un coup de main, ils se fortifièrent dans la presqu'île d'Aboukir. Bonaparte sut profiter de l'hésitation de son ennemi. Il rassembla ses divisions à Pauranech ; s'étant dirigé de là sur Alexandrie, où il arriva le 24 juillet 1799, le lendemain 25, il ordonna l'attaque; elle fut terrible et sanglante. Les Turcs n'avaient pour retraite que la mer; cette position désespérée rendait leur défense plus opiniâtre. Les Français, après avoir battu les postes avancés, et les avoir rejetés dans les retranchements, attaquèrent la redoute; mais, écrasés par la mitraille et les boulets, ils se replièrent sur le centre de leur petite armée : dans cette attaque, ils perdirent le général du génie Crétin, l'adjudant-général Leturch, le chef de brigade Duvivier et d'autres officiers distingués. Le général Fugière, qui commandait une colonne, eut le bras emporté par un boulet; transporté près de Bonaparte, il lui fit entendre ces paroles prophétiques : « Général, peut-être un jour envierez-vous mon sort ; je meurs au champ d'honneur ! » Toutefois on parvint à conserver ses jours.

Cependant les Turcs, suivant un usage barbare des troupes orientales, sortaient pêle-mêle de leur camp pour couper la tête à leurs ennemis, et la rapporter, afin d'en avoir le prix ordinaire ; l'adjudant-général Roize, qui remarque ce désordre, propose au général Murat de s'élancer sur la redoute. Murat, avec sa cavalerie, se jetté entre la redoute et la mer, pendant que Roize, soutenu du général Lannes, saute dans la redoute, poursuit les Turcs, et les accule entre la mer et la cavalerie : ils furent tous égorgés ou noyés dans la mer. Le village tenait encore : Lannes s'en empara, et massacra tous les ennemis qui l'occupaient. Il ne restait plus dans le camp, de cette nombreuse armée, que deux cents janissaires, sous les ordres de Seid-Mustapha-pacha; ils se rendirent avec leur chef; ils furent les seuls prisonniers que l'on put faire dans cette journée. Près de cinq mille Turcs se défendaient encore dans le fort d'Aboukir, et refusaient de se rendre. Lannes, secondé par le chef de bataillon du génie Bertrand, les assiégea le manque de vivres les contraignit à déposer les armes. Ainsi se termina cette menaçante expédition des Turcs, dont la ruine fut si glorieuse pour les Français.

Il semblait que le ciel eût voulu offrir à Bonaparte l'occasion, sinon de réparer, du moins de venger sur ce champ de bataille le déplorable désastre d'Aboukir ; jamais son génie, sa présence d'esprit, et l'admirable précision de son coup-d'œil, n'avaient apparu à un plus haut degré que dans cette action, qui présenta tant de vicissitudes.

Aussi, après la victoire, le brave et loyal Kléber dit-il à Bonaparte en le serrant dans ses bras: « Général, vous êtes grand comme le monde! » Bonaparte reçut les félicitations de tous ses lieutenants, et il n'eut de son côté que des éloges à leur donner pour le zèle et le dévouement avec lequel ils l'avaient secondé. Murat, dont le sabre avait tant fait au milieu de ces scènes de carnage, Murat, dont les prouesses surpassaient déjà tous les exploits de la chevalerie, reçut le premier ses remerciements. Marmont seul eut à essuyer de sanglants reproches; lorsque l'armée ottomane avait abordé le rivage, il s'était replié avec sa troupe sans s'opposer au débarquement. Bonaparte, irrité d'une pareille conduite, le taxait de lâcheté : « Nous n'étions que douze cents, « objecta Marmont, et ils étaient dix mille, « que vouliez-vous que je fisse? — Eh bien! « s'écria Bonaparte, avec douze cents hom« mes, je serais allé jusqu'à Constanti« nople. »

De retour à Alexandrie, le 31 juillet, Bonaparte adressa à toute l'armée un ordre du jour, dont l'étendue ne nous permet que de donner un extrait rapide; il produisit sur elle une impression d'autant plus profonde, qu'il lui présageait comme prochain le retour dans sa patrie.

« Soldats! y disait le général, la journée « du 7 thermidor a rendu le nom d'Aboukir « glorieux à tous les Francais la victoire que « l'armée vient de remporter, accélère son « retour en France, etc., etc. »

Les vainqueurs, en effet, s'épuisaient à travers tant de combats et de triomphes, et Bonaparte, averti par les résultats de la campagne de Syrie, comme par les soulèvements populaires de l'Égypte, des difficultés qu'il aurait à surmonter pour établir aux rives du Nil une domination durable, et y accomplir les hautes destinées auxquelles il se sentait appelé, tourna sérieusement ses regards vers la France.

Bonaparte connaît son affreuse position; trois membres du Directoire lui ont écrit, non seulement pour réclamer son retour, mais pour solliciter encore celui de l'armée. Il se disposa dès lors à retourner en Europe, et à braver les périls d'une traversée hasardeuse.

CAMPAGNE DE 1799.

CONTRE LES ANGLAIS, LES TURCS, LES NAPOLITAINS, LES RUSSES, LES PIÉMONTAIS ET LES AUTRICHIENS.

Malgré le souvenir de tant de défaites récentes et les victoires des Français en Italie et en Égypte, l'Angleterre et la Russie déterminèrent l'Allemagne à entrer dans une nouvelle coalition. En conséquence, le Directoire fit réunir trois corps d'armée à Mayence, sur le Haut-Rhin et en Suisse, sous le commandement des généraux Jourdan, Bernadotte et Masséna.

Cependant le congrès de Rastadt n'était pas encore dissous, parce que la guerre n'avait été déclarée qu'à l'empereur et non à l'empire; mais, à l'ouverture de la campagne, le cabinet de Vienne eut assez d'influence pour faire retirer la députation de l'empire. Les plénipotentiaires français, Bonnier, Roberjot et Jean Debry, reçurent l'ordre de sortir de Rastadt dans les vingt-quatre heures. Ils partirent dans la soirée, munis de saufs-conduits des généraux ennemis; mais à peine étaient-ils sortis de la ville, qu'ils furent attaqués par des hussards autrichiens du régiment de Szecklers, qui les assassinèrent: leurs voitures furent pillées et les papiers de la légation enlevés. Bonnier et Roberjot restèrent sans vie au milieu de la route; Jean Debry, laissé pour mort dans un fossé, s'échappa à la faveur de la nuit, et revint en France. Ce forfait inouï dans l'histoire des nations civilisées, ce massacre prémédité de ministres revêtus d'un caractère sacré, excita dans toute l'Europe un sentiment d'horreur. Le Directoire et les conseils donnèrent le plus grand retentissement à cet énorme attentat. On ordonna la célébration d'une fête funéraire en mémoire des plénipotentiaires assassinés, pendant laquelle les gouvernements coupables de cet assassinat seraient voués à la vengeance des peuples et à l'exécration de la postérité; et il fut ordonné de placer dans toutes les communes de France, dans tous les tribunaux, dans toutes les écoles publiques ou particulières, une inscription en gros caractères, portant ces mots :

« Le 9 floréal de l'an VII, à neuf heures « du soir, le gouvernement autrichien a fait « assassiner par ses troupes les ministres « de la République française Bonnier, Ro- « berjot et Jean Debry, chargés par le Di- « rectoire exécutif de négocier la paix au « congrès de Rastadt. »

En même temps, le Directoire fit donner à chaque armée de terre et de mer une oriflamme aux trois couleurs portant cette inscription :

« La nation outragée dans la personne de « ses plénipotentiaires assassinés à Rastadt « par les satellites de l'Autriche. Ven- « geance! »

On a longtemps accusé de cet attentat la cour de Vienne, le cabinet de Londres, les émigrés et le Directoire lui-même; mais il paraît avéré aujourd'hui que ce crime horrible a été commis à l'instigation de Caroline reine de Naples, pour se venger des

Français qui l'avaient chassée de ses états. Le jour de la vengeance arriva. Au moment de donner une bataille, les hussards de Szecklers firent demander aux Français s'il était vrai qu'en les combattant ils fussent décidés à ne faire aucun prisonnier. *Malheureux, défendez-vous!* répondirent les soldats, et le régiment assassin fut exterminé.

Le prince Charles, qui commandait l'armée autrichienne, manœuvra dans l'intention d'empêcher les communications de l'armée d'Helvétie avec l'armée de Mayence. Masséna s'empara de Steig et de Schaffausen. Mais, pour assurer la communication avec l'armée du Danube, il fallait occuper la position de Feldkirch, que les Autrichiens paraissaient vouloir défendre jusqu'à la dernière extrémité; Jourdan fit tous ses efforts pour soutenir les attaques de Masséna; il ordonna à Bernadotte d'appuyer les opérations de Masséna, qui néanmoins fut repoussé avec perte. Alors l'archiduc Charles concentra le gros de son armée à Ochsenhausen. Jourdan vit dans ces mouvements les préparatifs d'une attaque générale, et se mit en devoir de la prévenir. Les généraux français firent plier les Autrichiens; mais le lendemain, 21 mars, ceux-ci attaquèrent à leur tour, et repoussèrent les Français. La partie n'étant plus égale, Jourdan ordonna la retraite, qui s'exécuta avec ordre et précision devant un ennemi vainqueur et nombreux.

Cependant Masséna avait renouvelé ses attaques sur Feldkirch; à la nouvelle des mouvements de Jourdan, il tenta un dernier effort pour emporter cette position; la bravoure et la constance de nos troupes échouèrent dans cette attaque; Masséna fut obligé de repasser le Rhin pour occuper le pays des Grisons. L'archiduc continuait de marcher en avant, et prenait position aux environs de Stokach. Jourdan, qui voyait sa retraite assurée par Schaffausen et les montagnes Noires, se décida, sur l'avis de ses officiers, à accepter la bataille. L'action fut des plus sanglantes: trois fois les Français recommencèrent la charge, trois fois ils furent contraints de céder au nombre de leurs ennemis. L'archiduc craignit un moment de voir la victoire lui échapper; mais, rassuré par l'immense supériorité de ses troupes, il fit un mouvement pour envelopper les divisions françaises; alors Jourdan réforma l'ordre de bataille à Lieptingen: une attaque générale eut lieu de nouveau, mais sans succès pour la valeur française. Telle fut l'issue de la bataille de Stokach, où l'armée du Danube, qui ne comptait que quarante mille hommes, lutta longtemps avec avantage contre une armée de soixante-dix mille combattants. Jourdan ramena son armée au débouché des montagnes Noires.

L'Autriche, en recommençant la guerre avec la République française, avait pensé avec raison qu'il était important de porter ses principales forces en Italie; en conséquence, une armée de plus de soixante mille hommes, sous le commandement du général Mélas, occupa les positions du Bas-Adige, et devait tenter les plus grands efforts pour chasser les Français des contrées de son ancienne domination. Joubert venait de donner sa démission, et avait été remplacé par le général Schérer. L'armée française était d'environ quarante mille hommes disséminés sur un grand espace, et occupés à tenir dans l'obéissance les provinces conquises. Avant l'arrivée des secours que l'Autriche attendait de la Russie, le général Schérer résolut de prendre l'initiative. Le 26 mars 1790, il attaqua les Autrichiens, les repoussa avec une perte de neuf mille hommes. Tels furent les fruits de la bataille de Vérone: la perte des Français fut estimée à deux ou trois mille hommes.

Le général Schérer ne sut pas profiter des avantages de cette journée: il quitta sa position dans Vérone, et concentra ses forces sur la rive droite de l'Adige. Le général Kray, qui remplaçait Mélas, momentanément indisposé, suivit les Français, et leur offrit la bataille. Après quelques succès incomplets, Schérer ordonna la retraite. Pendant que les Français perdaient leurs positions entre l'Adige et le Mincio, la division Gauthier s'emparait du grand duché de Toscane.

Les généraux en chef Jourdan et Masséna attribuèrent en partie leurs revers à la disproportion de leurs forces avec celles des ennemis et à l'indiscipline des soldats, qui, manquant de tout, remédiaient eux-mêmes aux privations extrêmes qu'ils éprouvaient: ils donnèrent tous deux ensemble leur démission. Le Directoire conjura Masséna de rester, et lui confia le commandement en chef des deux armées. Ce général, après avoir fortifié ses positions sur le Rhin, transporta son quartier-général à Zurich.

Pendant ces mouvements des armées du Danube et d'Helvétie, qui étaient peu décisifs, Schérer, pressé par le général Mélas, avait abandonné sa position sur le Mincio pour venir couvrir Milan. En même temps l'armée russe, commandée par le général Sowarow, s'avançait par les montagnes du Tyrol. Elle ne tarda pas à se joindre à l'armée autrichienne, déjà assez forte par elle-même, contre l'armée française. Sowarow se présentait avec un nom célèbre dans les combats et un système bizarre de faire la guerre, capable de déconcerter les combinaisons des tacticiens les plus expérimentés; adoré des soldats par son courage sauvage et son fanatisme religieux, il savait porter au plus haut degré l'enthousiasme de ses guerriers. L'armée autrichienne, placée sous le commandement de ce général, conçut les plus brillantes espérances. Sowarow avait à ses ordres quarante mille Russes et soixante mille Autrichiens. Les Français, affaiblis par leurs revers, n'avaient que trente mille hommes à opposer à cette masse effrayante. Sur ces entrefaites, Schérer, que poursuivaient de graves reproches, donna sa démission. Moreau fut nommé à sa place, et ce choix excita un vif enthousiasme parmi les soldats. Le général russe marcha en avant, battit Moreau, le 27 mars, à Cassano, entra dans Milan, et repoussa les Français au-delà du Tésin. La division Serrurier fut cernée et obligée de capituler. La perte de cette bataille est reprochée à Moreau.

Moreau, n'ayant plus que vingt mille hommes, et ne pouvant, avec de si faibles troupes, garder les défilés des Alpes, défendre les places du Piémont, et conserver ses communications avec l'armée de Naples, qui devait opérer sa retraite sur le pays de Gênes, ordonna à ses divisions de se rassembler sous les murs d'Alexandrie, où, pour donner à Macdonald le temps d'opérer la jonction de son corps d'armée, il résolut de livrer combat aux Austro-Russes. Quoique vainqueur dans cette affaire, il se vit bientôt enveloppé par des forces supérieures, et obligé de se retirer sur Coni et sur le col de Tende.

En Suisse, les Autrichiens forçaient les Français à évacuer le pays des Grisons; cependant Masséna défendit avec succès ses positions sur la Thur et à Zurich; mais les mouvements rétrogrades de l'armée de Lombardie le déterminèrent à passer sur la rive gauche du Rhin.

Macdonald avait quitté Naples, et, s'étant réuni au général Gauthier dans la Toscane, proposa à Moreau de marcher, conjointement avec lui, sur l'armée de Sowarow. Moreau, adoptant d'abord ce plan, manœuvra en conséquence Macdonald, comptant sur la coopération de Moreau, livra, aux bords de la Trébia, les 17, 18 et 19 juin, bataille à Sowarow, et soutint avec opiniâtreté, et sans perdre de terrain, le choc de cinquante mille combattants. Plus de quinze mille hommes périrent de part et d'autre dans les trois journées que dura cette bataille; mais, n'étant pas secouru par Moreau, qui avait changé d'avis sans l'en avertir, il ordonna la retraite; alors il quitta la Toscane, et vint se réunir à Moreau dans le pays de Gênes. Les deux armées d'Italie ayant abandonné la Lombardie, le Piémont et la Toscane, les alliés firent avancer leurs corps d'armée vers les frontières de la France.

Cependant Joubert, nommé commandant de l'armée d'Italie, avait ordre d'attaquer sur-le-champ l'armée de Sowarow, pour le forcer de lever le siége de Tortone. L'armée française, forte de quarante-cinq mille hommes, avait pris ses positions sur les hauteurs de Novi. Le 15 août 1799, Sowarow résolut de livrer bataille. Au commencement de l'action, Joubert fut tué; Moreau prit aussitôt le commandement de l'armée, et le combat, un peu ralenti, recommença avec une nouvelle vigueur jusqu'à la nuit. Le carnage fut affreux : il y eut douze mille morts sur le champ de bataille. Moreau rallia l'armée française à Campo-Marone, et pressa Championnet de venir le remplacer, afin de se rendre à l'armée du Danube, dont il avait été nommé commandant en chef, lors de l'arrivée de Joubert.

En Suisse, Masséna était plus heureux contre le prince Charles que Moreau contre Sowarow. Son armée, renforcée par des détachements de conscrits, s'élevait alors à quarante mille hommes, et fut en état de contenir les Autrichiens. Dans le même temps, la citadelle de Tortone, après trois mois de blocus et de siége, capitulait; le général Championnet, oubliant ses injures pour ne songer qu'aux intérêts de sa patrie, traversait les Alpes avec des troupes de nouvelle levée qu'il avait organisées avec une surprenante activité, et courait prendre le commandement en chef de l'armée d'Italie, qui conservait toujours sa position sur Gênes, malgré les efforts du général Klenau pour l'en chasser.

Cependant les Anglais débarquaient en Hollande une armée de cinquante mille hommes, dont vingt mille Russes, sous les ordres du duc d'Yorck. Le général Brune rassembla ses divisions, au nombre de huit à dix mille hommes, et secouru des milices hollandaises, marcha au-devant des Anglo-Russes qui venaient de s'emparer de la flotte hollandaise par trahison. Brune livra bataille à Bergen, fit éprouver aux alliés une perte de quatre mille cinq cents hommes tués ou blessés; dès ce moment, la république Batave ne désespéra plus de conserver son indépendance.

Sowarow, vainqueur à Novi, marchait sur Saint-Gothard pour communiquer avec le prince Charles sur les bords du Rhin. C'en était fait de l'armée d'Helvétie sans l'habileté et l'activité de Masséna. Ce général, ayant assuré la défense des défilés du mont Saint-Gothard, traversa la Linth, battit le général Hotze, qui fut tué dans le combat, traversa ensuite la Limmat, mit en déroute, après un carnage effrayant, l'armée russe de Korsakow, s'empara, le 26 septembre 1799, de Zurich, et acheva la ruine des deux corps d'armée russe et autrichien. Sowarow, apprenant ces événements, s'avança précédé des généraux Lincken et Jellachich. Molitor, étant informé de la marche du général Jellachich, osa l'attendre avec des forces bien inférieures, le battit, vola au secours d'un de ses bataillons, vivement attaqué par le général Lincken, et repoussa les Autrichiens dans le pays des Grisons. A peine avait-il dispersé les deux colonnes autrichiennes, qu'il fut attaqué, près du lac de Klon-Thal, par Sowarow lui-même, suivi de quinze mille hommes; Molitor n'avait avec lui que treize cents hommes, et cependant il résista jusqu'à la nuit à cette masse d'ennemis, et fit échouer le plan de Sowarow. Cependant Masséna, maître de Zurich, envoya les divisions Mortier et Soult soutenir le général Lecourbe, qui luttait avec courage contre la division du comte de Rosemberg. Après une perte immense, Rosemberg se vit dans la nécessité de se replier sur la colonne de Sowarow. Alors le général russe, harassé par des combats nombreux, manquant de vivres et de fourrages, et n'ayant pu recueillir les débris des corps d'armées des généraux Hotze et Korsakow, prit le parti de s'enfoncer dans la vallée des Grisons. Sa retraite fut tellement précipitée, qu'il abandonna ses blessés et la plus grande partie de son artillerie et de ses bagages. Le général Korsakow, ayant réuni les débris de son armée au corps d'émigrés français, commandés par le prince de Condé, et à un contingent bavarois à la solde de la Russie, tenta un dernier effort pendant que Masséna marchait à la rencontre de Sowarow; il fut repoussé, et se retira en désordre sur la rive droite du Rhin. En même temps le prince de Condé fut jeté sur le corps d'armée du général Korsakow. Ainsi se termina cette longue suite de combats qui avaient eu lieu depuis quinze jours sans interruption, et qui ont été désignés sous le nom générique de bataille de Zurich, pendant lesquels l'armée d'Helvétie détruisit trois corps d'armée qui perdirent près de dix mille hommes tués ou blessés, quinze à vingt mille prisonniers, cent pièces de canon, quinze drapeaux, presque tous leurs bagages, avec une énorme quantité de chevaux et de mulets; tandis que les Français n'eurent à regretter que six à huit mille hommes tués, blessés ou prisonniers. La victoire de Masséna mit un terme aux revers de nos armes, et sauva la France d'une invasion qui, combinée avec un plan de conspiration, ourdi dans l'intérieur, l'aurait mise à deux doigts de sa perte. Sowarow, furieux d'avoir échoué dans son expédition, accusa les Autrichiens de lâcheté et de trahison, afin de rejeter sur eux la honte de ses défaites. Il refusa de prendre part aux opérations ultérieures de la campagne, exposa ses plaintes à l'empereur de Russie, et, sur l'autorisation de son maître, il ramena dans sa patrie ses troupes, au nombre de trente mille hommes, qui lui restaient des quatre-vingt mille que Paul Ier avait fournis pour son contingent dans la coalition.

RETOUR DE BONAPARTE EN FRANCE.

CONSULAT. — 1799.

L'armée d'Orient n'avait désormais rien à attendre de la métropole. Il fallait qu'un chef actif et intéressé à cette armée se trouvât sur le continent pour vaincre les lenteurs, aplanir les obstacles et expédier les convois. Après avoir pourvu à tout ce qui pouvait assurer la tranquillité de l'Égypte, Bonaparte, pour achever de coloniser le pays pacifié, remit le commandement à Kléber, avec des notes sur les ressources de l'armée et sur l'état des provinces. Il adressa ensuite à l'armée ses adieux dans les termes suivants :

« Soldats, les nouvelles de l'Europe m'ont décidé à partir pour la France. Je laisse le commandement de l'armée au général Kléber ; l'armée aura bientôt de mes nouvelles. Je ne puis pas en dire davantage. Il m'en coûte de quitter des soldats auxquels je suis attaché ; mais ce ne sera que momentanément, et le général que je leur laisse a la confiance du gouvernement et la mienne. »

Deux frégates, la *Muiron* et la *Carrère*, échappées au désastre d'Aboukir, ayant été secrètement préparées pour recevoir Bonaparte et sa suite, il s'embarqua presque en vue d'une corvette anglaise. L'apparition du bâtiment anglais inspira de vives inquiétudes à ses compagnons de voyage. On tremblait d'être surpris; on voulait rentrer à Alexandrie. « Ne craignez rien, dit Bonaparte, nous passerons; la fortune ne nous trahira pas; nous arriverons en dépit des Anglais. » En effet, après quarante-huit jours d'une navigation difficile sur une mer couverte de vaisseaux ennemis, les frégates, habilement dirigées par l'amiral Gantheaume, mouillèrent, le 9 octobre, dans le port de Fréjus. Bonaparte y débarqua au milieu d'unanimes acclamations et partit pour Paris, où il entra le 16 octobre 1799. La nouvelle de son arrivée se répandit par toute la France, et la confiance d'un meilleur avenir rentra dans tous les cœurs : le peuple pressentait que Bonaparte allait être le sauveur de la patrie.

En effet, le héros de l'Italie, le vainqueur de l'Orient n'eut qu'à paraître pour obtenir le pouvoir suprême. Le Directoire fit place au Consulat, et l'histoire de la révolution est désormais celle de Bonaparte.

La journée du 18 brumaire fut un attentat, sans doute, mais un attentat contre les formes de la liberté bien plus que contre la liberté même. Hormis quelques jours du règne de l'Assemblée constituante, la France n'avait jamais été libre et commençait à ne plus trop se soucier de l'être. Avant tout, elle voulait de l'ordre, parce que l'ordre, c'est le repos, et elle sentait que Bonaparte seul était de taille à lui en donner. Le 18 brumaire eut donc une popularité égale à la gloire de celui qui l'avait fait et qui en profitait.

Le premier consul montra bien vite qu'il n'était pas au dessous de l'œuvre immense dont il s'était chargé. Son génie pourvut à tous les besoins de l'époque, et la France semblait renaître de ses ruines. Il développa d'une main habile les ressources créées par la révolution; en même temps, il fit des ouvertures de paix au roi d'Angleterre, qui furent rejetées par les intrigues de Pitt.

La lettre de Bonaparte au roi d'Angleterre était dégagée de toutes les formules de l'étiquette et commençait en ces termes:

« Appelé par le vœu de la nation française à occuper la première magistrature de la République, je crois convenable, en entrant en charge, d'en faire directement part à Votre Majesté. La guerre, qui, depuis huit ans, ravage les quatre parties du monde, doit-elle être éternelle! N'est-il aucun moyen de s'entendre? Comment les deux nations les plus éclairées de l'Europe, puissantes et fortes plus que ne l'exigent leur sûreté et leur indépendance, peuvent-elles sacrifier à des idées de vaine grandeur le bien du commerce, la prospérité intérieure, le bonheur des familles? Comment ne sentent-elles pas que la paix est le premier des besoins, comme la première des gloires? etc. »

Cette lettre provoqua une réponse dans laquelle le ministre anglais déclarait au citoyen Talleyrand que le roi n'avait pas jugé à propos de se départir des formalités depuis si longtemps usitées. L'un des passages les plus remarquables de cette réponse était celui où l'on disait que la meilleure garantie de la réalité d'un retour du gouvernement français *à de meilleurs principes* serait le rétablissement des Bourbons. « Un événement semblable, ajoutait-on, eût levé et lèvera toujours tout obstacle aux négociations et à la paix. » C'était dire que la paix était impossible.

Le cabinet de Vienne fut entraîné par celui de St-James à continuer la guerre. L'empereur de Russie se retira de la coalition. Après avoir établi la pacification de la Vendée et délivré des inquiétudes que donnaient précédemment les prétentions des partis, le nouveau gouvernement appliqua toutes ses ressources à la guerre extérieure.

CAMPAGNE DE 1800

CONTRE LES ANGLAIS, LES TURCS, LES NAPOLITAINS, LES PIEMONTAIS ET LES AUTRICHIENS.

L'armée du nord, qui avait forcé le duc d'York à se rembarquer, restait simplement en observation devant les tentatives que l'Angleterre pourrait faire encore pour jeter des troupes en Hollande. L'armée du Danube, battue à Stockach, avait été obligée de repasser le Rhin. L'armée d'Helvétie avait d'abord évacué une partie de la Suisse; mais Masséna y avait ramené la victoire, et après avoir battu les Russes à Zurich, il avait de nouveau conquis toute cette république. Enfin, l'armée d'Italie, battue à Génola, se ralliait en désordre sur les cols des Apennins.

L'abandon de l'armée russe ne découragea pas l'Autriche; elle déploya tous ses moyens et mit deux grandes armées sur pied, l'une en Italie, forte de quarante mille hommes, sous les ordres du feld-maréchal Mélas, et l'autre en Allemagne, commandée par le feld-maréchal Kray, composée de cent mille hommes.

La France n'avait à opposer aux troupes de Mélas que trente-cinq à quarante mille hommes, qui gardaient l'Apennin et les hauteurs de Gênes; ces débris de l'armée d'Italie étaient acculés sur un pays pauvre, bloqués depuis longtemps par mer, et sans communication avec la vallée du Pô. La cavalerie, les charrois périssaient de misère; les maladies contagieuses et les désertions désorganisaient l'armée. Le mal était arrivé au point que des corps entiers, tambour battant, drapeaux déployés, avaient abandonné leurs positions et repassé le Var. Masséna fut alors envoyé à Gênes pour prendre le commandement de cette armée. Le premier consul arrêta le mal par des ordres du jour, d'un effet magique sur les soldats; l'armée se réorganisa; les subsistances furent assurées; les déserteurs rejoignirent. L'armée d'Italie vit avec enthousiasme à sa tête le général qui marchait toujours à l'avant-garde, et sous qui elle s'était couverte d'une gloire immortelle.

En même temps qu'il envoya Masséna à Gênes, le premier consul avait ordonné la réunion des armées du Rhin et d'Helvétie en une seule armée du Rhin; cette armée réunie est une des plus belles qu'ait eues la République : elle comptait cent cinquante mille hommes et était formée de toutes les vieilles troupes. Bonaparte en avait donné le commandement à Moreau, qui lui avait montré le dévouement le plus absolu dans la journée du 18 brumaire. Lecourbe commandait en second, et Dessoles était chef d'état-major. Tout l'hiver avait été employé à recruter, habiller et solder cette armée, naguère dans un dénuement extrême, et elle se préparait à passer le Rhin pour la quatrième fois depuis l'ouverture de la campagne.

Le général Moreau dut prendre l'offensive et rentrer en Allemagne, afin d'arrêter le mouvement de l'armée autrichienne d'Italie, qui déjà était arrivée sur Gênes. L'ordre qui lui fut envoyé par le premier consul renfermait en peu de mots un plan de campagne tel, qu'en six à sept jours, l'armée du Rhin devait être devant Ulm, après avoir culbuté la gauche de l'ennemi et rejeté le reste en Bohême; mais Moreau, incapable d'exécuter un pareil mouvement, et ayant d'ailleurs conçu un plan tout différent, entra en campagne sans résolution. Ses troupes se battirent presque toujours en détail, et malgré leur supériorité sur celles du maréchal Kray, il fallut quarante jours pour faire ce qui aurait pu être exécuté en huit ou dix jours.

Du côté de l'Italie, où se trouvaient les plus grandes forces de l'Autriche, dès le commencement de mars, Mélas s'approcha de l'Apennin avec soixante-dix à quatre-vingt mille hommes. Le quartier-général de Masséna était à Gênes. Suchet commandait la gauche de l'armée française, forte de douze mille hommes; Soult avait reçu le commandement du centre, et Miollis barrait la rivière du levant avec la droite, forte de cinq mille hommes. Une réserve de cinq à six mille hommes était dans la ville.

Le 6 avril, les Autrichiens se présentèrent en force devant les retranchements des Français, qui durent se retirer pour couvrir Gênes. Masséna sortit le lendemain de la ville, prit les Autrichiens à revers et les précipita dans les ravins. Malgré plusieurs succès partiels, l'armée française se trouva coupée, et toutes les tentatives faites par Masséna pour rétablir ses communications avec Suchet furent inutiles. Ce général dut se retirer, avec la gauche de l'armée, derrière le Var, et Masséna se concentra dans Gênes. Cette ville fut bientôt étroitement bloquée par le général autrichien Ott. Mélas arriva à Nice avec trente mille hommes le 11 du mois de mai. L'Autriche crut nous avoir abattus cette fois, et son armée se disposa à pénétrer jusqu'au cœur de la France.

Cependant, dès le mois de janvier, Bonaparte avait ordonné la formation d'une armée de réserve, afin de laisser plus d'incertitude sur les opérations auxquelles on la destinait; et tandis que l'Europe croit le premier consul occupé à Paris des soins du gouvernement, il arrive à Genève, et le 8 mai, il prend le commandement de l'armée, composée de trente-six mille combattants, presque tous hommes d'élite. Dès son arrivée, rival audacieux de César et d'Annibal, il avait décidé le passage de toute l'armée et le transport des quarante bouches à feu formant son parc, par la crête des montagnes, à douze cents toises au dessus du niveau de la mer. Le général du génie Marescot, qu'il avait chargé de la reconnaissance du Saint-Bernard, arriva à l'issue de la revue. Il avait eu beaucoup de peine à gravir l'escarpement jusqu'à l'hospice; Bonaparte se contenta de cette question :

« Peut-on passer? — Oui, répondit le général. — Eh bien, partons! » Léonidas n'était ni plus résolu ni plus laconique.

Le prompt transport de l'artillerie paraissait une chose impossible; mais on avait tout prévu. Les munitions furent portées à dos de mulet; les canons étaient placés dans des troncs d'arbres creusés; cent soldats devaient s'atteler à chaque bouche à feu ainsi disposée. Toutes ces dispositions furent faites avec tant d'intelligence par les généraux d'artillerie Gassendi et Marmont, que la marche de l'artillerie ne put causer aucun retard.

A la vue des hauteurs inaccessibles qu'elle allait franchir, l'armée hésita un moment : le général Lannes s'élance le premier; tout le suit. Borné d'un côté par un torrent rapide et profond, de l'autre par des rochers coupés à pic, l'étroit sentier, le seul par où l'on pût gravir, sur un espace d'environ six milles, était encombré de neige : à peine était-il frayé, que la moindre tourmente, agitant la neige supérieure, en effaçait les traces. Il fallait, sous peine de se précipiter dans le torrent, chercher d'autres points d'indication et former des traces nouvelles. Au sein de ces rochers, au milieu de ces glaces éternelles, les Français montrèrent un invincible courage. Gravissant péniblement, n'osant prendre le temps de respirer, de peur d'arrêter la colonne, affaissés presque sous le poids des armes et des bagages, ils s'excitaient les uns les autres : la musique des régiments se faisait entendre, et la charge que l'on battait par intervalles donnait une nouvelle vigueur aux soldats dans les endroits difficiles.

Le 16 mai, le premier consul alla coucher au couvent de Saint-Maurice, et toute l'armée passa le Saint-Bernard les 17, 18, 19 et 20. Napoléon passa lui-même le 20, et s'arrêta une heure au couvent des Hospitaliers. Ce couvent, bien approvisionné, fournit d'excellentes rations à chaque soldat. La descente fut plus difficile pour les chevaux que ne l'avait été la montée : Napoléon l'opéra à la ramasse sur un glacier presque perpendiculaire.

Bonaparte avait conduit avec tant d'adresse son plan d'opérations, que ni généraux ni soldats n'avaient su, lorsqu'ils se rendaient isolément et par des routes diverses vers Genève, quel but on se proposait d'accomplir. Mélas, plein de sécurité, pressait le blocus de Gênes, et combattait sur le Var contre Suchet, qui, séparé de Masséna, s'immortalisait par une résistance surhumaine. Ses soldats, modèles d'héroïsme et de constance, fermaient à l'Autriche l'entrée de la Provence et les défilés du Piémont. Gênes était en proie à la famine, à la contagion; mais, défendue par Masséna, elle demeurait imprenable. Mélas se trouvait tourné avant d'avoir appris la marche du consul.

L'avant-garde arriva bientôt à Aoste. Cette ville, prise après une vive résistance, fut pour l'armée d'une grande ressource. Le lendemain, Lannes attaqua à Châtillon quatre à cinq mille Croates qui y étaient en position, et que l'on avait crus suffisants pour garder la vallée.

L'armée française croyait avoir franchi tous les obstacles; elle suivait une vallée assez belle, où l'on trouvait de la verdure et des maisons, lorsque tout à coup elle fut arrêtée par le canon du fort de Bard. Ce fort, bâti sur une roche de forme pyramidale, à la rive gauche de la Doire, ferme absolument la vallée et présente un obstacle redoutable. La route passe dans les fortifications de la ville, et l'on reconnut qu'il n'existait point d'autre passage. L'alarme se communiqua rapidement dans toute l'armée, et reflua sur les derrières. Le premier consul, qui était déjà arrivé à Aoste, se porta aussitôt devant Bard, et reconnut qu'on pouvait s'emparer de la ville. Il était de la dernière importance d'enlever cette position avant que Mélas n'eût connaissance de la marche de l'armée: une demi-brigade, conduite par l'adjudant-général Dufour, escalada donc l'enceinte, et se logea dans la ville, malgré une grêle de mitraille que l'ennemi fit pleuvoir toute la nuit; enfin, le fort cessa de tirer, par considération pour les habitants. L'infanterie et la cavalerie passèrent un à un par un sentier de la montagne de gauche, qu'avait gravi le premier consul, et où jamais n'avait passé aucun cheval. Marescot et Berthier avaient eu l'heureuse idée d'y tailler dans les rochers une sorte d'escalier, qu'à force de travail on avait rendu praticable. Les nuits suivantes, les troupes d'artillerie firent passer leurs pièces par la ville, dans le plus grand silence, le chemin avait été couvert de matelas et de fumier, les roues avaient été enveloppées avec de la paille; la garnison du fort ne se douta de rien. L'obstacle du fort de Bard fut plus considérable que celui du grand Saint-Bernard; et cependant ni l'un ni l'autre ne retardèrent la marche de l'armée. Une batterie, que l'on était parvenu à monter sur l'Albando, resta en arrière, avec un corps de troupes pour réduire le fort, qui tomba au bout de dix jours.

Après les prodiges qui venaient de s'accomplir, l'armée devait se croire invincible, et elle le fut en effet. Bonaparte marcha à grandes journées sur Milan, qu'il fallait traverser pour aller combattre Mélas. Ce dernier, à la nouvelle de l'approche des Français, fit refluer des troupes sur Turin. Le 24 mai, le général Lannes s'empara d'Ivrée, après en avoir chassé cinq à six mille Autrichiens qui s'y étaient retranchés. Le surlendemain, il attaqua la position que l'ennemi avait prise derrière la Chiusella, pour couvrir Turin : cette position fut enlevée ainsi que la ville de Chivasso, d'où l'avant-garde française intercepta le cours du Pô, et s'empara de toutes les barques chargées de vivres et de blessés provenant de l'évacuation de Turin. Toute l'armée de réserve arriva à Ivrée les 26 et 27 mai.

Le premier consul put alors opérer sur Milan et sur l'Adda, pour faire sa jonction avec le corps de Moncey, composé de quinze mille hommes, qui venait de l'armée du Rhin par le Saint-Gothard. La base stratégique de l'opération que médite Bonaparte, soit que Masséna ou Mélas occupe Gênes, est sur le Pô, entre l'embouchure du Tésin et le double confluent du Tanaro et de la Bormida. Il se porta donc rapidement sur le Tésin, le passa malgré les corps d'observation de Mélas, et entra en libérateur le 2 juin dans Milan, où on venait seulement d'apprendre l'invasion française.

Pendant huit jours, le premier consul reçut des députations de tous les points de la Lombardie; son premier soin fut de réorganiser le gouvernement de la République cisalpine, qu'il eut promptement rétablie, à la grande satisfaction des Italiens, que l'Autriche n'avait pu soumettre qu'imparfaitement à son joug pesant. Le premier consul se porta sur la rive droite du Pô, afin de fermer à Mélas la route de Mantoue, et de l'obliger à recevoir la bataille. Sur ces entrefaites, des divisions françaises arrivèrent à Lodi et à Crémone : l'alarme fut dans Mantoue, désapprovisionnée et sans garnison.

C'est à ce moment que par contrecoup l'on apprit que Gênes avait capitulé le 4 juin. La capitulation de Masséna, après une résistance sans exemple, ne pouvait être plus honorable ; mais ce général venait de s'embarquer pour se rendre à Antibes. Bonaparte était doublement affligé de cet événement, en ce que d'une part il le privait de la coopération du meilleur général de l'armée d'Italie ; et qu'en outre, les troupes sorties de Gênes, réunies à celles de Suchet, qui s'avançait, et formant ensemble une vingtaine de mille hommes, auraient pu manœuvrer contre l'ennemi, et tenir en échec un pareil nombre de soldats autrichiens. Le premier consul vit alors qu'il ne pouvait compter que sur ses propres forces, et qu'il allait avoir affaire à toute l'armée autrichienne, à laquelle ne tarderaient pas à se joindre les troupes qui avaient été employées au blocus de Gênes, et qui accouraient à marches forcées.

Le général Ott avait fait la faute de ne quitter le blocus de Gênes qu'après la capitulation de Masséna; Bonaparte, profitant de son imprévoyance, vint occuper le point important qu'il eût dû couvrir, et se plaça vers Stradella et le Pô. Les dix-huit mille hommes du général Ott occupaient Montebello. Le 8 juin le général Lannes, avec huit mille hommes, était en position, et les observait en attendant des renforts; mais il fut attaqué dès le point du jour. L'action fut meurtrière ; Lannes et ses troupes s'y couvrirent de gloire, et sur le midi, une division française étant arrivée, tout l'avantage resta complètement aux Français : trois mille morts et six mille prisonniers furent les trophées de cette première victoire.

Le premier consul resta en position à Stradella jusqu'au 12, pour réunir son armée. Desaix, qui revenait d'Egypte, était arrivé de la veille au quartier général : la nuit entière s'écoula en longues conférences entre Desaix et son ancien général. Desaix brûlait de se signaler, le premier consul lui donna sur-le-champ le commandement de la division Boudet.

Lannes avait battu l'une des armées ennemies, il fallait courir à l'autre et la battre à son tour : Mélas avait alors son quartier général à Alexandrie; toute son armée s'y était réunie depuis deux jours; sa position était critique, parce qu'il avait perdu sa ligne d'opérations; et plus il tardait à prendre un parti, moins il avait d'espoir de se tirer de ce mauvais pas, car Suchet arrivait sur ses derrières.

SUITE DE LA CAMPAGNE DE 1800.

BATAILLE DE MARENGO.

Surpris de l'inaction de Mélas, Bonaparte conçut des inquiétudes ; il craignit que l'armée autrichienne ne se fût portée sur Gênes, ou bien qu'elle n'eût marché contre Suchet pour l'écraser et revenir ensuite contre lui. Une grande reconnaissance de l'armée française quitta la position de Stradella pour se porter sur Scrivia. Mais on n'aperçut que quelques coureurs : il n'y avait plus à douter que l'armée autrichienne eût échappé à nos coups.

En vain le lendemain le premier consul se porta-t-il au milieu de l'immense plaine de Marengo; on ne put reconnaître l'ennemi. Il parut alors probable que Mélas marchait sur Gênes. La division Desaix fut dirigée en toute hâte sur l'extrême gauche, afin d'observer la chaussée d'Alexandrie à Novi. Le général Gardanne fut envoyé au village de Marengo, où il trouva 3 à 4 mille autrichiens qu'il mit en déroute. Le soir du 13 juin, on n'avait aucune nouvelle de l'armée autrichienne.

Cependant la plus horrible confusion régnait dans Alexandrie, depuis le combat de Montebello; le conseil autrichien voyait l'armée coupée dans sa ligne d'opérations, et ses dépôts placés entre l'armée de Suchet, dont les avant-postes avaient déjà passé les montagnes, et celle du premier consul. Après bien des hésitations, Mélas se décida à faire un gros détachement sur Suchet, et à tenir le reste de son armée couvert par la Bormida et la citadelle d'Alexandrie. Mais dès qu'il apprit le mouvement du premier consul sur la Scrivia, il rappela son détachement, et se détermina à passer sur le ventre de l'armée française, afin de rouvrir ses communications avec Vienne. Toutes les chances pour le succès de la bataille étaient en faveur de l'armée autrichienne, supérieure en nombre à l'armée française, et ayant d'ailleurs trois fois autant de cavalerie.

Le 13 juin, les deux armées se trouvèrent en présence sur la rive droite du Pô et à peu de distance du village de Marengo.

Le lendemain, à la pointe du jour, l'armée autrichienne déboucha au travers du long défilé de la Bormida et des marais qui le couvrent. Cinq heures après seulement, sur les huit heures, elle put se porter en avant sur trois colonnes. Elle avait quarante mille hommes au commencement de l'action. L'armée française en ligne ne comptait que vingt mille hommes. Vers midi, le corps de Victor, vigoureusement attaqué, plia; celui de Lannes entra en ligne à droite, et, après quelques succès, fut entraîné par la retraite de la gauche; c'était une chose capitale pour Bonaparte de tenir sa droite, et pour Mélas de la forcer. Le premier consul, qui vit le nœud de l'affaire dans la communication que sa droite assurait avec le reste de l'armée, fit avancer tout à coup, au milieu de la plaine, cette garde d'élite, longtemps la terreur de l'Europe, et qui, jeune alors, date si heureusement sa gloire de la journée de Marengo. Les assauts les plus terribles de l'ennemi se brisèrent contre son immobilité; sa résistance héroïque donna le temps à la division Monnier d'arriver.

Celle-ci jeta une brigade dans Castel-Ceriolo, et l'armée française se trouva dans un ordre presque inverse à celui de la matinée, par échelons, l'aile droite en avant, tenant le point essentiel de la première ligne de bataille, couvrant sa communication la plus importante, et occupant par son aile gauche la route de Tortone.

Malgré les efforts et le courage de Victor, de Lannes, de Kellermann, quatre divisions françaises avaient été battues et enfoncées : la bataille semblait bien près d'être perdue. L'action cependant se maintenait. Mélas, au contraire, avait affaibli sa gauche pour augmenter sa droite, qu'il étendait inutilement sur Tortone. Ce mouvement n'échappa point au général qui savait le mieux juger son adversaire sur le terrain. Il était cinq heures : la division Lapoype ne se montrait pas; mais Desaix parut sur le champ de bataille, à la tête de la seule division Boudet. Ce brave général chargea immédiatement l'ennemi, et tomba presque aussitôt frappé mortellement au cœur. L'élan était donné. En moins d'une demi-heure, six mille grenadiers autrichiens furent enfoncés, culbutés, dispersés et disparurent. Le général Zach et tout son état-major furent faits prisonniers. Dans cet instant, qui vengea Desaix et suspendit le deuil de sa perte, notre ligne se précipita en avant, et en moins d'une heure eut conquis le terrain disputé depuis le point du jour.

Le général Lannes marchait en avant au pas de charge; Carra-Saint-Cyr se trouvait en potence sur le flanc gauche de l'ennemi, et beaucoup plus près des ponts sur la Bormida que lui-même. En un instant l'armée autrichienne fut dans la plus épouvantable confusion. Huit à dix mille hommes de cavalerie, qui couvraient la plaine, craignant que l'infanterie de Carra-Saint-Cyr ne se trouvât au pont avant eux, se mirent en retraite au galop, en culbutant tout ce qui était sur leur passage. Chacun ne pensait qu'à fuir : l'encombrement devint extrême sur tous les ponts de la Bormida, et, à la nuit, tout ce qui était resté sur la rive gauche tomba au pouvoir des troupes de la République.

Il serait difficile de peindre la confusion et le désespoir de l'armée autrichienne. Mélas, voulant sauver d'une perte inévitable ce qui lui restait de troupes, envoya un parlementaire proposer une suspension d'armes, ce qui donna lieu le lendemain, 15 juin, à une convention. On fixa la ligne de neutralité des deux armées entre la Chieza et le Mincio. Mélas accepta les conditions les plus rigoureuses, quoiqu'il eût des forces aussi nombreuses que les nôtres, et que le Piémont lui ouvrît la carrière d'une longue campagne de siége et de positions. La place de Gênes, toutes les forteresses du Piémont, de la Lombardie et des légations furent remises à l'armée française; l'armée autrichienne obtint à ce prix la permission de retourner derrière Mantoue, et toute l'Italie se trouva conquise. La joie des Piémontais, des Génois, des Italiens ne peut s'exprimer : ils se voyaient rendus à la liberté, sans passer par les horreurs d'une longue guerre.

Tels furent les résultats presque incroyables de la bataille de Marengo. En hommes, la perte fut à peu près égale des deux côtés. Les premiers fruits de la victoire furent six mille prisonniers, un général, huit drapeaux, vingt bouches à feu et douze places fortes. En France, cette nouvelle parut d'abord incroyable; mais la joie n'en fut que plus grande quand on apprit officiellement le triomphe remporté par le premier consul, et tout ce que ses suites avaient d'avantageux pour la République dont il assurait autant la stabilité et la considération au dedans, qu'il lui obtenait un ascendant marqué sur ses voisins. Si le vainqueur de Rivoli avait été regardé comme un des premiers généraux de son siècle, celui de Marengo, devenu chef d'un vaste empire, fut placé, dans l'opinion publique, à côté des plus grands hommes d'état et des princes les plus puissants. Les Français se firent un devoir de lui obéir; leurs alliés de redoubler d'attachement pour la cause qu'ils avaient embrassée; les ennemis de le craindre et de le respecter; enfin, à l'exemple de Mélas, chacun reconnut en lui *l'homme du destin.*

Mais nous devons aussi le dire, l'immortelle journée de Marengo vit le dernier élan de cet enthousiasme républicain qui enfanta tant de prodiges. Elle fut la dernière victoire remportée par le génie de la liberté. — Desaix se dévoua pour arracher la France à des étrangers qui, depuis dix ans, combattaient afin de nous imposer les chaînes de la servitude. Le dévouement de Desaix amena l'humiliation de nos ennemis; mais avec ce guerrier généreux périrent toutes les grandes idées. Il n'y eut plus en France qu'une grande réputation, qu'une renommée colossale, celle de Bonaparte : la liberté fut étouffée sous des lauriers; à l'ombre de la gloire, le peuple n'aperçut pas le despotisme. Le peuple pouvait commander, il se donna un maître, s'attela de lui-même au char du conquérant, et courut avec lui de succès en succès. L'ivresse d'une nation victorieuse était favorable aux entreprises du pouvoir, qui, dès lors restreignit chaque jour, à notre insu, la mesure de nos droits : le charme pouvait encore se prolonger : mais un revers dissipa toutes les illusions et détruisit le prestige. On regretta tant de sueurs, tant de larmes, tant de sang versé, tant de travaux inutiles..., tant d'espérances évanouies. Heureux de se consoler par des souvenirs, en perdant ses conquêtes, le Français conserva la mémoire de ses héros; fier de cette richesse qu'on ne saurait lui ravir, il prononcera toujours avec un nouveau sentiment d'orgueil et de modération les noms de ces modernes Décius, dont le dévouement, plus raisonnable et surtout moins douteux que celui du Décius romain, forcera l'impartial avenir à immoler les fables d'une antiquité superstitieuse à la réalité historique d'un temps plus rapproché de lui. — Desaix obtiendra l'un des premiers les honneurs d'un semblable sacrifice. La postérité la plus reculée répétera que celui qui croyait n'avoir pas assez fait pour elle, mourut afin de ramener la victoire sous les étendards de la patrie, et réalisa la maxime : *Oportet unum mori pro populo.* — Les soldats qui déplorèrent la perte de Desaix regrettèrent aussi le vaillant général de brigade Champeaux, qui, en chargeant à la tête de deux régiments de dragons, fut mortellement blessé : moins heureux que Desaix, il expira au champ d'honneur, sans avoir eu la consolation de voir fuir les Autrichiens. — Plusieurs beaux traits ajoutèrent à l'éclat de notre triomphe. Le lieutenant d'artillerie Conrad, né dans le département du Bas-Rhin, a la cuisse emportée par un boulet; il renvoie à leurs pièces les canonniers qui veulent l'enlever du champ de bataille, et, se soulevant avec effort pour observer le tir de sa batterie, il leur crie : « Mes amis, pointez un peu plus bas. » — Un grenadier à pied, Brabant, qui avait antérieurement été canonnier, ayant rencontré une pièce abandonnée et renversée, parvint seul à la relever, la chargea, et s'en servit pour faire feu sur l'ennemi pendant plus d'une demi-heure. — Toutes les armes et tous les régiments rivalisèrent entre eux de gloire et de courage. — L'infanterie et la cavalerie de la garde consulaire prouvèrent aux Autrichiens qu'elles étaient déjà la *vieille garde.* — La ligne, cette plébéienne des armées, qui gagne les batailles et combat avec la même ardeur et le même courage que les troupes d'élite, eut aussi ses héros. — La 40ᵉ demi-brigade fut chargée sept fois de suite par la cavalerie ennemie sans être entamée. Jamais on ne fit une plus belle résistance. Avec un détachement de vingt hommes, le sergent Sennat empêcha plusieurs escadrons autrichiens d'enfoncer le flanc gauche du bataillon dont il faisait partie. — Le sergent d'artillerie Renaud commandait une pièce placée en avant d'un petit bois, à demi-portée de canon d'un corps considérable d'Autrichiens qui chargea pour s'en emparer. Les canonniers, voyant l'ennemi en force, prennent la fuite et s'enfoncent dans le bois : l'intrépide Renaud est le seul qui ne veuille point abandonner son canon ; il se couche à terre près de l'affût, laisse approcher les Autrichiens à vingt pas, et, lorsqu'ils sont à cette distance, il se lève subitement et met le feu à l'étoupille. Le coup part, et la mitraille fait un ravage affreux dans les rangs des assaillants, qui, renonçant dès lors à leur entreprise, battent en retraite avec précipitation. Le premier consul, ayant aperçu ce mouvement, envoya, pour en connaître la cause, un de ses aides-de-camp, qui lui rapporta que celui qui avait occasionné sur ce point la déroute de l'ennemi était un sous-officier qui, devant le fort de Bard, avait déjà rendu à l'armée un service des plus signalés. Le général en chef fit alors venir Renaud, et lui ordonna de démonter une batterie autrichienne, dont le feu contrariait les manœuvres de sa garde. Cet artilleur donna encore ici une nouvelle preuve de son habileté: en un instant les canons ennemis furent renversés, et la garde put effectuer son mouvement. — Bonaparte, ravi d'admiration, autant par le courage que par l'adresse extraordinaire de Renaud, lui décerna une des premières grenades d'honneur qui aient été distribuées, et peut-être la seule dont le brevet, expédié, pour ainsi dire, sur le champ de bataille, soit entièrement de son écriture.

Le jour même de la victoire de Marengo, dans une autre partie du monde, tombait, sous le poignard d'un assassin, un des généraux que Bonaparte estimait le plus, l'illustre Kléber, couronné des récents lauriers d'Héliopolis. Bonaparte n'était pas là ; l'Égypte fut perdue pour les Français.

Ce malheur nous ramène à dire ce qui se passa en Egypte après le départ de Bonaparte. Kléber, en prenant le commandement, avait cherché à gagner l'esprit des soldats, tandis que Desaix, à la bataille de Samnhould, mettait en déroute une armée de cinquante mille hommes avec quatre mille Français. Kléber le rappela pour l'envoyer au devant du grand-visir qui s'avançait par la Syrie avec une armée nombreuse. Sur ces entrefaites, la flotte anglaise débarqua sept mille janissaires d'élite, que le général Verdier détruisit presque entièrement, n'ayant pas plus de mille hommes de sa division. L'amiral Sydney-Smith proposa au général français, pour l'évacuation de l'Égypte, une convention qui fut conclue à El-Arich ; l'armée française devait être transportée en France, par mer, sur des bâtiments turcs. Déjà les préparatifs du départ étaient faits, lorsque Kléber reçut de l'amiral Keith avis que le gouvernement britannique défendait aucun arrangement avec les Français, à moins qu'ils ne se constituassent prisonniers de guerre. Alors Kléber, indigné, rassembla toutes ses divisions qui ne présentaient que dix mille hommes à opposer à près de quatre-vingt mille combattants. L'avant-garde turque, qui campait sur les ruines d'Héliopolis, attaqua, le 20 mars 1800, l'armée française, qui la culbuta et la rejeta sur le gros de l'armée ennemie. Celle-ci s'avança et enveloppa les carrés français ; mais, écrasée par le feu continuel des carrés, elle prit promptement la fuite, abandonnant effets et bagages.

Kléber se hâta de retourner au Caire, dont toute la population avait pris les armes et massacré tous les partisans des Français. Près de cent mille hommes armés s'étaient retirés dans la ville. Pendant trente jours ils combattirent avec acharnement ; ils demandèrent à capituler et à se retirer dans les déserts de la Syrie. Ainsi l'Egypte fut de nouveau soumise.

La victoire d'Héliopolis offrait un grand caractère qui plut à Bonaparte ; il s'empressa d'applaudir à l'héroïsme de son lieutenant, et lui écrivit une lettre flatteuse, dans laquelle on remarquait cette phrase : « La République compte sur l'armée d'Orient, comme l'armée d'Orient peut compter sur la République. » Kléber, hélas ! ne reçut point la lettre du premier consul ; il était déjà tombé sous le fer d'un fanatique. Après lui, personne pour prendre en main l'autorité suprême, et l'Égypte nous fut bientôt enlevée, parce que son successeur fut un homme médiocre, élevé au commandement seulement par droit d'ancienneté, quand le péril demandait un homme qui devînt le chef de l'armée par droit de talent, de génie.

CAMPAGNES DE 1800 A 1802

CONTRE LES ANGLAIS ET LES AUTRICHIENS.

Bataille de Hohenlinden. — Traité de Lunéville. — Paix générale

On s'attendait à la paix; Bonaparte la proposa sur la base du traité de Campo-Formio. Mais l'Angleterre l'avait devancé. Le jour même, et quelques heures avant l'arrivée du courrier qui apportait les nouvelles de la bataille de Marengo et de la convention d'Alexandrie, le baron de Thugut et lord Minto avaient signé un nouveau traité de subsides, par lequel l'empereur et le roi d'Angleterre s'engageaient, à poursuivre la guerre contre la France avec vigueur et persévérance; à ne faire aucune paix séparée, et sans le consentement des deux parties.

Le bruit de ces événements obligea la république française à reprendre une attitude offensive.

Les généraux en chef de l armée du Rhin et d'Italie reçurent donc l'ordre de dénoncer l'armistice, et de reprendre sur-le-champ les hostilités. L'Autriche fut d'autant plus étourdie de cette détermination, qu'elle n'avait pu penser que nous reprissions les hostilités au milieu d'un hiver rigoureux, et que d'ailleurs elle n'était pas encore en mesure; aussi s'empressa-t-elle d'implorer une nouvelle trêve de quarante-cinq jours, consentant à remettre les trois places d'Ulm, Ingolstadt et Philipsbourg, comme garantie de la sincérité de ses sentiments pour la paix. Cette nouvelle trêve lui fut accordée le 20 septembre.

L'Autriche n'avait fait le sacrifice de ces trois places que pour gagner la saison pluvieuse, et avoir ensuite tout l'hiver pour rétablir ses armées.

Quelques courriers furent échangés entre Paris et Vienne, et aussitôt que l'on eut la preuve que l'Autriche s'était mise à la solde du cabinet de Londres, les généraux en chef des armées de la République reçurent de nouveau l'ordre de dénoncer l'armistice, et de commencer les hostilités. L'Autriche alors appela toute sa population aux armes; elle proclama nationale cette guerre, et mit en mouvement toutes ses forces.

Au moment où cette campagne allait s'ouvrir pour la France sous les auspices de son bon droit et de sa loyauté, l'empereur des Russies, Paul Ier, dont Bonaparte cherchait à captiver l'amitié, parut vouloir sérieusement se détacher de la ligue européenne. Mécontent déjà de ses anciens alliés, il se montra si indigné de la mauvaise foi de l'Angleterre, relativement à l'île de Malte, que dès lors une rupture devint inévitable.

Dès ce moment, la correspondance entre Paul Ier et Bonaparte devint journalière et des plus intimes: bientôt la guerre se trouva déclarée entre l'Angleterre, d'une part, la Russie, la Suède et le Danemarck, de l'autre. L'Angleterre prévit le coup terrible qui allait lui être porté : dans la nuit du 23 au 24 mars, Paul Ier fut assassiné: l'escadre anglaise sortit de la Baltique deux jours après cet horrible attentat.

L'Autriche comptait en ligne, à la fin de novembre, deux cent quatre-vingt mille hommes présents sous les armes ; ses forces étaient divisées en cinq armées. Sur la rive gauche du Danube, le général Klenau, avec vingt mille hommes, a devant lui le général Sainte-Suzanne. Au corps de Klenau se lient, en Franconie, les levées mayençaises soldées par l'Angleterre, sous les ordres du baron d'Albini, et sept à huit mille Autrichiens conduits par le général Simbshon, qui ont vis à vis d'eux le général Augereau et l'armée gallo-batave. La grande armée autrichienne, opposée à celle du général Moreau sur le Rhin, est commandée par l'archiduc Jean, âgé de dix-huit ans, qui, sous la tutelle du général Lucas, remplace le général Kray. Dans le Tyrol, le marquis de Chastelet commande vingt mille hommes et les milices guerrières de ce pays, contre le général Macdonald, qui marche sur la Valteline. Dans le Mantouan et le Ferrarais, à la tête de quatre-vingt mille hommes, le comte de Bellegarde est placé en face du général Brune. Un corps de dix mille hommes d'élite, destiné à former une seconde armée de réserve pour des dessins ultérieurs, se rassemble à Amiens, sous les ordres de Murat.

Les hostilités recommencèrent, le 17 novembre, à l'armée d'Italie, et, le 27, à l'armée du Rhin. Le premier consul était résolu de marcher sur Vienne; l'armée de Moreau devait passer l'Inn, et se porter sur cette capitale par la vallée du Danube, tandis que l'armée d'Italie, sous les ordres de Brune, passerait le Mincio, l'Adige, et se porterait sur les Alpes Noriques. Ainsi, deux grandes armées, et deux autres petites commandées par Macdonald et Murat, qui, par une haute combinaison stratégique, doivent lier nos forces et leur imprimer à la fois un terrible concert, allaient se diriger sur Vienne, formant une masse de deux cent cinquante mille combattants. Les troupes françaises étaient bien habillées, bien armées, munies d'une nombreuse artillerie, et dans la plus grande abondance ; jamais la République n'avait eu un état militaire aussi formidable; nos armées avaient été plus nombreuses en 1793, mais alors la plupart des troupes étaient des recrues, mal habillées, non aguerries, et une partie était employée dans la Vendée et à l'intérieur.

Les opérations du général Moreau, commandant la grande armée du Rhin, commencèrent le 28. Les deux avant-gardes se trouvaient entre l'Inn et l'Ise. Il fallait franchir l'Inn. Une habile manœuvre fit replier les avant-postes autrichiens. L'archiduc Jean commandait cent vingt mille hommes. Il tenta d'envelopper l'armée française, et marcha sur Hohenlinden avec l'intention de livrer bataille dans la vaste plaine d'Anzing. Moreau devine son plan, et, par d'habiles manœuvres, parvient à le faire échouer. L'archiduc se vit forcé d'accepter le combat sur un terrain moins vaste, entre les deux rivières, et où il se trouvait isolé de toute coopération avec l'armée du Tyrol. Plusieurs jours furent donnés à cette merveilleuse combinaison, dont le succès eut pour théâtre le village et la forêt de Hohenlinden et les défilés. Le général Moreau confia au général Richepanse le soin glorieux de décider la victoire. Ce général, encore à près de deux lieues du centre, reçut l'ordre de se mettre en route, le 3, avec sa division, et d'assaillir les derrières de l'archiduc quand on le verrait engagé dans les défilés. L'exécution de cette mission périlleuse rencontra un puissant auxiliaire dans l'intrépidité du général Drouet, qu'une première attaque sépara, avec sa brigade, de la colonne Richepanse, et qui tint l'ennemi en échec; Richepanse s'élança dans la forêt avec le 48e régiment, et porta le désordre sur les derrières des Autrichiens, tandis que le général Walter contenait leur cavalerie. Trois bataillons de grenadiers hongrois s'avançaient en colonne serrée. A cette vue Richepanse, se tournant vers les braves qui le suivaient, s'écria : « Grenadiers de la 48e, que dites-vous de ces hommes-là? — Général, ils sont morts, » répondirent les grenadiers français. Et les grenadiers, croisant la baïonnette, enfoncèrent au pas de course les Hongrois, pendant que l'intrépide Ney rompait la ligne ennemie dans Hohenlinden. A deux heures de l'après-midi, les Français étaient vainqueurs sur trois champs de bataille différents.

Ainsi, dès le début d'une campagne à laquelle la maison d'Autriche attachait l'honneur et peut-être la sûreté de sa couronne, notre armée avait d'un seul coup détruit le centre et une partie de l'aile gauche de sa grande armée.

Vingt-cinq mille hommes, sans compter les déserteurs, sept mille prisonniers, cent pièces de canon, une immense quantité de voitures, furent les trophées de cette journée.

Il restait à franchir l'Inn pour dominer le théâtre de la guerre et pénétrer dans la Haute-Autriche par Salztbourg. La triple ligne de l'Inn, de l'Alza et de la Salza, derrière laquelle vinrent se retrancher les cent mille hommes que comptait encore l'archiduc, était impossible à aborder de front. Moreau surmonta toutes les difficultés que lui présentaient la nature du pays et les positions inexpugnables de l'ennemi, en le trompant par des démonstrations qui attirèrent son attention vers l'Inn inférieur : l'Inn fut passé, le 8, sous les ordres du général Grenier, à Wasserbourg, tandis que Lecourbe engageait une action quinze lieues plus haut. L'armée française ne cessa de poursuivre les débris des Autrichiens, et, le 25 décembre, un armistice fut signé à Steyer. Il était temps pour l'Empereur que cet armistice se conclût, les avant-postes de Moreau n'étaient plus qu'à deux marches de Vienne. La paix définitive ne pouvait être éloignée; il fut convenu que nous resterions dans nos positions jusqu'à sa ratification.

En Italie, Brune s'était avancé vers le Mincio, et avait tenté de le passer, le 24 décembre; mais ce général fit ce jour-là de grandes fautes qui compromirent son armée: heureusement la valeur française les répara. L'armée passa l'Adige le 1er janvier 1801, le lendemain l'ennemi évacua Vérone. Les Français entrèrent à Vicence et à Roveredo; le 11, ils franchirent la Brenta devant Fontanina. L'armée autrichienne, découragée par les nouvelles qu'elles recevait du Rhin, abandonna tous les points qu'elle pouvait disputer, et, aussitôt que nos troupes furent au-delà de la Brenta, le feld-maréchal Bellegarde renouvela la demande d'un armistice général.

Le premier consul avait donné les ordres les plus positifs de ne signer aucune trêve que l'armée n'eût passé l'Isonzo, afin de couper les Autrichiens de Venise; il avait surtout insisté pour ne rien conclure avant qu'on n'eût la place de Mantoue. Brune ne déploya aucune énergie dans cette négociation : il renonça de lui-même à demander Mantoue, et signa, le 16 janvier 1801, l'armistice de Trévise. Le premier consul, irrité d'une telle conduite, déclara à M. de Cobentzell, qui se trouvait aux conférences de Lunéville, qu'il désavouait la convention de Trévise, et ce ministre, qui commençait à sentir la nécessité de traiter de bonne foi, signa lui-même, le 26 janvier, l'ordre de livrer Mantoue à l'armée française. Sur ces entrefaites, Murat, qui était opposé à l'armée napolitaine, était entré dans les états de l'Église, qu'il avait immédiatement replacés sous la domination du Pape. Rien ne s'opposait plus à la paix de l'Europe, excepté le roi des Deux-Siciles, qui, soudoyé par l'Angleterre, persistait à soutenir une guerre contraire à ses intérêts. Murat, envoyé contre ce monarque, chassa ses troupes des états de Rome, et allait le détrôner, lorsque, par l'intermédiaire de l'empereur de Russie, on conclut un armistice, d'après lequel les Deux-Siciles seraient comprises dans le traité de paix qui devait se négocier entre les puissances européennes et la France.

Le 9 février 1801, après six semaines de conférences et de difficultés de tous genres soulevées par la diplomatie autrichienne, la paix fut définitivement signée à Lunéville. L'empereur confirma de la manière la plus solennelle la cession qu'il avait déjà faite, par le traité de Campo-Formio, de la Belgique à la France. Il consentit, tant en son nom qu'en celui de l'empire germanique, à ce que la république française possédât désormais, en toute souveraineté, le pays et les domaines situés sur la rive gauche du Rhin, qui faisaient partie de l'empire germanique. Le grand-duc de Toscane renonçait pour lui et ses successeurs au grand-duché de Toscane et à l'île d'Elbe en faveur de l'infant de Parme.

L'empereur renonçait pour lui et ses successeurs, en faveur de la république cisalpine, à tous les droits et titres qu'il pouvait avoir avant la guerre sur tous les pays qui, aux termes du traité de Campo-Formio, faisaient partie de cette république.

De son côté, la république française consentit à ce que l'empereur possédât en toute souveraineté et propriété l'Istrie, la Dalmatie, les Iles vénitiennes, les bouches du Cataro, les villes de Venise et les pays compris entre les états héréditaires de Sa Majesté, la mer Adriatique et l'Adige

Cette paix garantit à la France, en outre, les comtés d'Avignon et de Nice, le duché de Savoie et la principauté de Monaco. La France eut dès lors pour frontières l'embouchure de l'Escaut, le Rhin, le Jura, les Alpes et les Pyrénées.

La nouvelle de la signature de la paix de Lunéville arriva à Paris le 12, au milieu des joies du carnaval. La population se porta alors tout entière aux Tuileries aux cris de *vive Bonaparte!* et le canon accompagna de ses sons belliqueux la fête de la victoire et de la paix.

Par le traité de Lunéville, la coalition se trouvait restreinte à l'Angleterre, au Portugal et à la Porte ottomane. Tout, au-delà de l'Elbe, observait la neutralité. Les cours du Nord, la France, l'Espagne et l'Italie, fermaient leurs ports à l'Angleterre, et la République enfin était parvenue à un si haut degré de gloire et de prospérité, qu'il était facile de prévoir que le moment, tant désiré par les nations, d'une paix générale, était enfin arrivé. L'Angleterre était la seule puissance qui pût mettre obstacle à cette paix.

Bonaparte résolut de faire tout ce qui dépendait de lui pour exciter la cour de Madrid à agir contre le Portugal, ou à souffrir le passage des troupes françaises se dirigeant sur Lisbonne à travers les provinces espagnoles. Urquijo, qui s'opposait à nos vues, fit place à la tête des affaires au prince de la Paix. Le premier consul ordonna la réunion d'un corps d'armée à Bordeaux, et somma de nouveau le Portugal de fermer ses portes aux flottes de la Grande-Bretagne. L'Espagne se décida péniblement à se soumettre aux volontés du premier consul. Enfin, elle nous céda le duché de Parme ainsi que la Louisiane, et permit le passage des troupes destinées à agir contre le Portugal, qui devait, vaincu et soumis, laisser occuper le quart de ses ports par les soldats réunis de France et d'Espagne. Le Portugal, après quelques ridicules démonstrations hostiles du prince de la Paix, qui s'était flatté de conquérir une grande gloire, signa, le 6 juin, la paix à Badajoz. Mais le premier consul refusa de ratifier les conventions, en annonçant d'ailleurs au ministère anglais que le sort de Lisbonne était entre les mains du cabinet de Saint-James. L'Angleterre, abandonnée à elle seule, ne pouvait pas continuer longtemps à combattre, et le nouveau ministère anglais avait annoncé qu'il était prêt à traiter de la paix.

Lord Hawkesbury avait d'abord parlé de la restitution de la Belgique; mais bientôt il s'était montré disposé à admettre d'autres bases de négociation. Alexandre, qui venait de signer un traité avec l'Angleterre, chargea le comte de Markolf et le prince Dalgorowki de venir s'entendre avec le premier consul sur les moyens de conclure la paix. Les plénipotentiaires russes obéissaient à l'influence des envoyés de la Grande-Bretagne, circonstance qui rendait ces derniers encore plus difficiles sur des prétentions qu'exagérait le sentiment de supériorité incontestable de la marine de leur pays. Cependant la flotte française venait de soutenir un admirable combat. Voici les détails de cette affaire. L'escadre de Saumarez, forte de six vaisseaux de ligne, d'une frégate et d'un lougre, attaqua le contre-amiral Linois, qui, avec une division française, se trouvait dans la baie d'Algésiras. Saumarez, croyant pouvoir imiter la manœuvre de Nelson à Aboukir, voulut mettre les vaisseaux français entre deux feux; mais Linois fit couper les cables, et ordonna d'échouer. Dans cette position, et, malgré sa supériorité, la flotte anglaise fut cruellement maltraitée par le feu des batteries de terre et par celui de nos bâtiments. *Le Pompée* fut désemparé, l'*Annibal* amena pavillon ; trois autres vaisseaux anglais se virent démâtés ; et enfin, avec sa flôtte abîmée, Saumarez se retira sous Gibraltar. Cette affaire, dans laquelle périrent les braves capitaines Lalonde et Moncoum, fit le plus grand honneur à notre marine. Bientôt l'amiral espagnol Moreno arriva, le 20, au mouillage d'Algésiras, avec six vaisseaux, dont trois à trois ponts. L'escadre gallo-espagnole appareilla le 23 messidor ; Saumarez, ayant réparé son escadre, suivit le mouvement des flottes combinées, et ordonna, sur la fin du jour, une charge générale. Au milieu de la confusion d'une lutte de nuit, *le Réal-Carlos* et *l'Herménégilde* combattirent comme deux ennemis, s'abordèrent, et, après une lutte affreuse, sautèrent tous deux. Les Anglais prirent *le Saint-Antoine*. Au jour, Moreno rallie sa flotte. *Le Formidable*, capitaine Troude, traversa la ligne ennemie en vomissant autour de lui le fer et le feu, démâta *le Vénérable*, et rentra dans le port de Cadix, où le reste de la flotte combinée vint mouiller le même jour.

Les négociations, comme on le voit, n'empêchaient pas l'Angleterre de continuer les hostilités. De son côté, le premier consul se préparait à la guerre pour obtenir la paix. Tous les chantiers en activité, l'équipement de tous nos vaisseaux, l'armement de toutes nos côtes, annonçaient le projet d'une descente en Angleterre, que d'ailleurs il proclamait lui-même comme une résolution sérieusement arrêtée. C'est une suite de prodiges que l'ensemble des préparatifs de Bonaparte à cette époque. En effet, on vit, comme par enchantement, outre toutes les escadres armées en si peu de temps, apparaître devant Boulogne une flottille considérable de bâtiments de transport, qui étonna l'Angleterre, au point qu'elle envoya Nelson lui-même pour combattre cet armement, dont elle s'était d'abord moquée. Par deux fois, le plus célèbre des amiraux anglais tenta vainement de détruire notre flottille ; mais, bien loin de lui causer de graves dommages, lui même, dans la dernière attaque, perdit huit bâtiments coulés bas; quatre autres tombèrent entre nos mains. Le contre-amiral Latouche n'évalua notre perte qu'à dix hommes tués et trente blessés.

L'évacuation de l'Egypte, la prise de Malte, qui avait capitulé après une défense héroïque, n'étaient pas capables de compenser les pertes que causait l'état de guerre à la Grande-Bretagne ; il fallait bien que cette superbe puissance finît par céder à l'ascendant de la fortune qui nous favorisait. Le Portugal nous céda la Guyane portugaise, et consentit à fermer touts ses ports aux vaisseaux anglais, en accordant au commerce français tous les avantages dont la France jouissait autrefois. La cour de Lisbonne s'engagea de plus à nous payer la somme de 25 millions. Tels sont les événements qui amenèrent la conclusion de la paix entre la République et le cabinet de Saint-James. Cette puissance envoya lord Cornwalis à Amiens : mais les diplomates anglais ne semblaient se douter ni du tems, ni des hommes, ni des choses. La manière de Napoléon les déconcerta tout à fait. On n'avait prétendu qu'amuser les Français, à Amiens, on traita sérieusement. L'affaire convenue, lord Cornwalis avait promis de signer le lendemain ; quelque empêchement majeur le retint chez lui, mais il envoya sa parole. Le soir même, un courrier de Londres vint lui interdire certains articles : il répondit qu'il avait signé, et vint apposer sa signature. Ainsi fut conclue, le 25 mars 1802, entre la république française, l'Espagne, la république batave et l'Angleterre, cette paix qui devait rendre le repos à l'Europe. L'Angleterre reconnaissait Bonaparte en qualité de premier consul, et rendait à la République et à ses alliés tout ce qu'elle avait conquis dans deux hémisphères.

En Angleterre, le peuple, fatigué d'une lutte si longue, salua par des acclamations de joie la nouvelle de la pacification. La famille royale, revenant de Weymoth à Windsor, fut fêtée avec transport. Une illumination générale eut lieu Le lord Camelsfort, ayant refusé d'imiter cet exemple donné par toute une ville, eut sa maison démolie. Lauriston, aide-de-camp du premier consul, envoyé à Londres pour échanger les ratifications, vit le peuple dételer ses chevaux, et sa voiture traînée par la foule. Le soir, la ville illuminée retentit du bruit du canon qui annonçait la grande nouvelle. « Ceci n'est pas une paix ordinaire, dit le ministre Addington; c'est une réconciliation entre les deux premières nations du monde. »

Mais la chambre des communes déplora la triste nécessité à laquelle on avait été réduit, et considéra la paix comme déshonorante pour la Grande-Bretagne.

Dans les premiers moments de repos que lui donna la paix, le consul s'occupa de la constitution définitive des républiques batave et génoise, et de modifier les lois. La *consulte* extraordinaire, après avoir nommé Bonaparte président de la république italienne, fit promulguer la nouvelle constitution dictée par la volonté du maître, et promit de *conserver la grande pensée des affaires de la république.* Au milieu de ses soins de législation, il éprouva un vif plaisir des hommages de l'affection de quelques-uns de ses vieux soldats d'Egypte revenus dans leur patrie; en général, c'est avec ses compagnons d'armes que Bonaparte a éprouvé surtout les plaisirs du cœur; il les aimait comme des fils qui étaient la source de la gloire de leur père.

Les choses ne pouvaient s'arranger aussi facilement en Suisse qu'à Gênes, en Hollande et dans la Lombardie. Mais bientôt la Suisse, envahie et bloquée, dut accepter une constitution dictée par le premier consul.

EXPEDITION DE SAINT-DOMINGUE.

MORT DU GÉNÉRAL LECLERC

1802.

Bonaparte, après la signature des préliminaires de paix avec l'Angleterre, sentait le besoin de montrer à cette puissance que la France, malgré les désastres qu'avaient éprouvés ses flottes, était encore capable de rivaliser sa supériorité navale; il résolut, en conséquence, de tenter une expédition maritime, et d'envoyer quinze mille hommes à Saint-Domingue. Son intention était de faire recouvrer à la France cette importante colonie, érigée en république par le nègre Toussaint-Louverture, qui s'y était fait proclamer consul.

La flotte s'élevait à trente-quatre vaisseaux, portant chacun quarante pièces de canon, sans compter plus de vingt frégates et bon nombre de petits bâtiments armés en guerre. Ils avaient à bord vingt mille hommes, sous le commandement en chef du général Leclerc, beau-frère du premier consul; l'état-major se composait d'officiers pleins d'expérience, de talent et de bravoure.

La flotte appareilla le 14 décembre 1801, et se présenta devant le cap Français le 29 janvier 1802. Sommé de se soumettre aux conditions les plus avantageuses, Toussaint, loin d'accéder à ces propositions, se résolut à la guerre, qu'il conduisit avec beaucoup d'habileté; et comme il savait se ménager pour reprendre des forces, il consentit à une espèce de pacification qui ne fut qu'une trêve. Un allié terrible vint au secours de ce redoutable ennemi; la fièvre jaune se déclara dans l'armée française. Toussaint, saluant avec joie ce fléau, écrivit de sa demeure de Sancey : *la Providence vient enfin à mon secours.* Il demandait combien on faisait par nuit de voyages à la Fossette (lieu où l'on portait les morts). Ces mots et une lettre à double sens, qui révélait des intentions perfides et de dangereux projets, déterminèrent Leclerc à faire arrêter le chef noir. Malgré son caractère défiant et sa prévoyance extrême, Toussaint tomba dans un piége qu'on lui tendit. Pris par le général Brunet, il fut embarqué sur le vaisseau *le Héros*. Toussaint connaissait bien le peuple indompté auquel nous allions avoir affaire : « En me renversant, dit-il au capitaine de ce navire, on n'a abattu à Saint-Domingue que le tronc de l'arbre de la liberté des noirs; il repoussera par les racines, parce qu'elles sont nombreuses et profondes ! » L'aide-de-camp de Toussaint, Fontaine, fut jugé comme espion et passé par les armes.

La prédiction de Toussaint ne tarda pas à s'accomplir. Tandis que le malheureux captif faisait voile vers la prison où il devait mourir, victime d'une politique sans générosité, les mulâtres se joignirent aux noirs, et bientôt l'île fut en feu comme un volcan.

La Guadeloupe avait tenté de s'insurger sous les ordres d'un mulâtre nommé Pélage. Le contre-amiral Lacrosse, surpris par une insurrection, fut expulsé de l'île. Mais bientôt une expédition, dirigée par Richepanse, rétablit le calme et la paix. Malheureusement pour la République, l'illustre général paya de sa vie cette dernière palme; mais le gouvernement français victorieux n'abolit pas l'esclavage. Quand cette nouvelle parvint à Saint-Domingue elle accrut l'irritation des noirs, qu'une affreuse barbarie porta bientôt au plus haut degré. Le 31 fructidor, ils avaient attaqué le Cap et failli enlever la place. Pendant l'action, les chefs de la marine, craignant pour nos équipages, firent jeter vivants à la mer mille deux cents noirs détenus sur la flotte. Il y eut encore d'autres excès qui, quoiqu'ils ne fussent que des représailles contre les noirs, n'en font pas moins frémir l'humanité. Tout fut affreux des deux côtés; mais la lutte était inégale; nous avions à combattre le climat, la maladie, les privations, et la rage sans cesse renaissante, la valeur désespérée d'un ennemi cent fois supérieur en nombre : nous devions succomber. De vingt mille hommes débarqués avec lui, le général Leclerc n'avait plus que deux mille cinq cents combattants. Le reste était mort dans les batailles ou périssait dans les hôpitaux. Leclerc, à son tour, tomba malade et mourut le 10 brumaire an XI. Les Français en furent bientôt réduits à la plus cruelle situation, et Rochambeau, qui avait succédé à Leclerc, ne put sauver quelques débris de leur armée qu'en capitulant le 1er décembre 1803.

La ville devait être remise aux noirs dans dix jours, c'est-à-dire le 30 novembre. Rochambeau, pendant ce temps, espérait, à l'aide d'un temps favorable, échapper à la croisière anglaise. Tout était prêt vers le 25; mais le vent fut constamment contraire, et lorsque l'escadre où s'était embarquée la garnison put sortir, après l'expiration de la trêve, elle fut obligée de se rendre aux Anglais, qui la conduisirent à la Jamaïque, après avoir dépouillé les malheureux prisonniers.

De Noailles commandait au môle Saint-Nicolas. Pour échapper à l'ennemi, dans la nuit même qui suivit l'évacuation du Cap, il fit embarquer sa troupe et une partie des habitants sur sept navires qui se trouvaient dans le port, et se mêlant, pendant la nuit, à la flotte anglaise qui escortait les vaisseaux sortis du Cap, il fit voile quelque temps sans être reconnu, et parvint à gagner Cuba avec ses sept bâtiments. Poursuivant seul ensuite sa route pour se réunir au général Lavalette, le brick qu'il montait fut rencontré par une corvette anglaise qui le hêla. Il se donna comme Anglais, sortant de la Jamaïque, et apprit que le bâtiment avec lequel il se trouvait en communication était à sa poursuite. Noailles avait résolu de profiter de la nuit pour l'enlever à l'abordage. Quand les ténèbres les eurent enveloppés, le brick aborda la corvette dans un moment favorable, et une quarantaine de grenadiers, conduits par Noailles, furent mortellement blessés; mais le vaisseau anglais fut obligé de se rendre, et le général français, triomphant, rejoignit avec sa prise le général Lavalette à la Havane; il y mourut quelques jours après. Plus malheureux que lui, Lavalette s'étant rembarqué avec son état-major et le gros de ses troupes, pour rejoindre Ferraud à Santo-Domingo, le navire qui le portait sombra au large et se perdit corps et biens.

Pour Ferraud, il conserva plusieurs années encore la partie espagnole de Saint-Domingue, soutenu par les milices du pays, qui haïssaient les noirs.

TROISIÈME COALITION.

GUERRES DE L'EMPIRE.

CAMPAGNE DE 1805,

CONTRE LES ANGLAIS, LES AUTRICHIENS, LES RUSSES, LES SUEDOIS ET LES NAPOLITAINS

La paix conquise à Marengo, à Hohenlinden, ne fut pas de longue durée. L'Angleterre, qui, en signant le traité d'Amiens, avait moins en vue de réparer ses pertes que de conserver l'intégrité de son empire et son influence sur ses alliés, en éluda les conditions et éleva des prétentions qui étaient une violation manifeste de la paix. Aussitôt que la rupture fut déclarée, Bonaparte prit position sur le continent, en faisant occuper le royaume de Naples, et commanda au corps d'armée cantonné en Hollande, sous les ordres de Mortier, qui fut relevé par Marmont, de marcher sur le Hanovre. L'armée hanovrienne, capitulant sans combattre, laissa les Français en possession d'une province depuis longtemps convoitée par la Prusse. Le projet d'une descente en Angleterre fut repris par Bonaparte avec toute l'ardeur qu'il mettait aux résolutions de son audace et de sa volonté. Les régiments de toutes armes quittèrent les garnisons de l'intérieur et formèrent sur les côtes de Boulogne, en vue de l'Angleterre, cette grande armée qui n'a jamais été vaincue.

Les troupes qui avaient combattu en Italie, en Allemagne, en Vendée, furent réunies sous les ordres de Lannes, Soult, Ney et Davoust, et oublièrent leurs anciennes rivalités en présence du grand capitaine que le plus grand nombre n'avait pas encore vu.

Dès les premiers mois de 1804, les côtes de France, et particulièrement celles de la Manche, furent couvertes de soldats, et les ports encombrés de bâtiments à transporter ces troupes formidables sur le rivage ennemi. En attendant que tous les apprêts fussent terminés, et pendant qu'on achevait la construction des bateaux, Bonaparte faisait instruire ces troupes aux grandes évolutions de guerre.

Le cabinet britannique, ému des apprêts d'une descente, se mit en défense avec une activité qui en démontrait la possibilité, et si les Anglais avaient d'abord plaisanté sur les premiers bateaux construits dans l'intérieur de la France, et qui étaient parvenus jusqu'à la mer en descendant des ruisseaux dans les rivières, et des rivières dans les fleuves, ils s'alarmèrent en voyant la flottille de Boulogne prête à profiter d'un vent favorable pour aborder leurs rivages.

Pendant la période où la création de la flottille s'effectuait, quelques engagements maritimes eurent lieu, et là, du moins, la valeur française fut moins malheureuse qu'elle ne l'avait été généralement sur mer depuis 1793.

La position centrale du Hâvre sur les côtes de la Manche l'avait fait désigner comme point de rassemblement pour les bâtiments construits et armés dans les ports les plus occidentaux ou dans la Seine et ses affluents. Les Anglais firent contre cette ville plusieurs tentatives de bombardement, dont l'un causa d'assez grands dommages, sans nuire cependant à la flottille. Enfin, après des efforts soutenus, la flottille se trouva réunie à Boulogne.

Pendant ces événements divers, le cabinet britannique fit un dernier appel à l'Europe absolutiste et chercha à réveiller à l'intérieur les passions politiques que l'administration nouvelle semblait avoir assoupies. La France, à son tour, prit l'alarme. Diverses tentatives avaient menacé la vie du premier consul. Elle sentit que le coup qui trancherait ses jours la livrerait encore à des agitations; elle réclama des garanties pour la tranquillité de l'avenir. Bonaparte profita de ces dispositions, que partageaient le peuple et l'armée, pour prendre le titre d'empereur, sous le nom de Napoléon.

Cette dernière transformation de la force révolutionnaire était la conséquence nécessaire des crises précédentes. Il fallait, dans la période de guerre sans fin où l'on était entraîné, une dictature qui promettrait sécurité à l'intérieur et victoire au dehors.

La Hollande, l'Italie furent érigées en royaumes, et les principaux généraux de la République reçurent le titre de maréchaux de l'empire.

A cette époque, la distribution solennelle de la décoration de la Légion-d'Honneur aux membres de cet ordre eut lieu dans l'église des Invalides, et un mois après, Napoléon se rendit au camp de Boulogne. Assis sur un trône, au milieu de tous ses maréchaux, de tous les généraux, et en présence de cent cinquante mille soldats, il se fit reconnaître militairement empereur et distribua des croix d'honneur à l'armée. Les fêtes durèrent trois jours, et les feux à étoiles tirés toute la nuit par tous les régiments de l'armée furent aperçus de la côte d'Angleterre.

Le même jour, la fête de Napoléon était aussi célébrée à Cherbourg par l'inauguration de la digue, et à Anvers par celle de l'arsenal maritime. Deux corvettes y furent lancées. Ce grand port de construction comptait à peine une année d'établissement, et trois vaisseaux de ligne et une frégate allaient sortir de ses chantiers. Avant de quitter Boulogne pour se rendre dans les quatre départements du Rhin, l'empereur s'étant embarqué, inspecta la flottille pour la dernière fois. Il eut le bonheur de pouvoir juger par lui-même des chances d'un combat qui fut livré sous ses yeux, comme le spectacle d'une naumachie, entre la ligne d'embossage française, composée de cent quarante-six bateaux, et la flotte anglaise, forte de quatorze bâtiments de guerre, dont deux vaisseaux de ligne et deux grosses frégates. Pour la première fois de sa vie, il trouvait l'occasion de commander aussi sur mer, et il monta à bord du canot de l'amiral Brieux. Lui-même, il donna l'ordre de serrer au feu, et après deux heures d'un combat acharné, les Anglais durent battre en retraite, après avoir perdu un bâtiment. Les batteries de terre soutinrent merveilleusement les feux de la rade; plusieurs bombes tombèrent sur les ponts ennemis. Ce ne fut pas sans doute une petite satisfaction pour Napoléon d'avoir humilié lui-même le pavillon britannique à la vue de son armée de terre. Ce combat était une de ces belles fortunes qui, depuis son avénement au consulat, signalaient les circonstances importantes de sa vie publique. Pendant ce séjour à Bouloque, Napoléon multipliait les gages de la prospérité intérieure de la France, en donnant à la première école militaire de l'Europe, à l'école polytechnique, une nouvelle organisation, et en fondant les grands prix décimaux.

Cependant, l'Empereur, dès les premiers jours de janvier 1805, veut donner à la France un gage authentique de ses dispositions pour la paix, car il sent qu'il a besoin de la victoire pour faire respecter sa couronne; il n'ignore pas que la paix avec l'Angleterre peut seule l'affermir sur sa tête. En conséquence, par un effet de cette confiance que la fortune lui donne le droit d'avoir en lui, il écrit directement, le 14 janvier, au roi d'Angleterre :

« Je n'attache pas de déshonneur à faire les premiers pas, J'ai assez, je pense, prouvé au monde que je ne redoute aucune des chances de la guerre. La paix est le vœu de mon cœur; mais la guerre n'a jamais été contraire à ma gloire. Je conjure Votre Majesté de ne pas se refuser au bonheur de donner la paix au monde. Qu'elle ne laisse pas cette douce satisfaction à ses enfants. Une coalition ne fera jamais qu'accroître la prépondérance et la grandeur continuelle de la France. »

Mais Napoléon empereur s'est trompé, comme l'avait fait Bonaparte consul, et c'est une lettre vague de lord Malgrave (du 14 janvier) à M. Talleyrand qui répond à cette importante démarche et prononce sur le sort du monde :

« Sa Majesté est persuadée, disait le ministre anglais, que le but de la paix ne peut être atteint que par des engagements qui puissent en même temps pourvoir à la sûreté et à la tranquillité à venir de l'Europe, et prévenir le renouvellement des dangers et des malheurs dans lesquels elle s'est trouvée enveloppée. Sa Majesté sent qu'il lui est impossible de répondre plus particulièrement à l'amertume qui lui a été faite, jusqu'à ce qu'elle ait eu le temps de communiquer avec les puissances du continent. »

Jamais la politique respective de l'Angleterre et de la France n'avait été réduite à une plus simple expression. Ces deux puissances étaient également convaincues que la paix générale assurait la domination de Napoléon. Aussi, l'une avait la même raison de demander sans cesse cette paix que l'autre avait de la refuser. Cependant les propositions de Napoléon avaient trouvé, sur les bancs de l'opposition anglaise, un énergique protecteur dans la personne du célèbre Fox. Aussi furent-elles, par l'ordre de l'Empereur, communiquées, ainsi que la réponse de lord Malgrave, aux trois corps de la législature. La franchise de cette communication excita au plus haut degré l'enthousiasme public, déjà exalté par la générosité de la démarche faite auprès de Georges III. La guerre, ainsi sanctionnée par l'opinion, devint par ce nouveau refus de l'Angleterre, depuis le traité d'Amiens, la seule politique de Napoléon. Aussi, toutes les guerres continentales auront pour objet la paix générale. Elle sera constamment refusée par l'invincible machiavélisme d'un gouvernement, dont la splendeur ne date que de l'occupation du trône par la maison de Hanovre. Ainsi, l'Europe est destinée à s'immoler périodiquement à la haine qu'il porte, non à l'élévation de Napoléon, mais aux prospérités de la France. Et dix ans après, afin que la postérité ne se méprenne point sur l'auteur de ces prospérités, cette même Angleterre proclamera, dans toute l'Europe soulevée et soldée par elle, que c'est contre Napoléon que la vengeance du monde est armée, et la perte de la France sera le but réel de la jalousie britannique !

Les mouvements de l'amiral Ganthaume hors de Brest, et l'expédition aux Antilles de l'amiral Villeneuve avec les flottes de Toulon et d'Espagne, avaient pour objet d'entraîner loin de la Manche les forces navales de l'Angleterre, et de faciliter la réunion et le départ de la flottille expéditionnaire. Pour atteindre ce but si important, les flottes de Villeneuve et de Gravina devaient franchir le détroit, faire route à l'ouest, et, à leur retour des Antilles, se réunir aux flottes de l'Océan à Rochefort et à Brest. Cette réunion devait présenter une force de cinquante-six vaisseaux de haut bord, avec lesquels l'amiral Villeneuve entrait dans le canal. Ce plan, dont le succès eût fait réussir l'incroyable projet de la descente en Angleterre, fut une conception de Napoléon.

Les 17 et 18 juillet, la flottile batave, sous les ordres de l'amiral Werhuel, triomphait des efforts de la croisière anglaise, réunie le premier jour au nombre de quinze vaisseaux et le second, forte de quarante-cinq; la flottille parvint à sa destination, au port d'Ambleteuse. Cette action audacieuse, qui plaça l'amiral Werhuel au rang des premiers hommes de guerre de l'Europe, fut encore remarquable par une singularité chevaleresque, conforme au génie belliqueux des grands militaires de cette époque. Le maréchal Davoust, commandant le camp de Dunkerque, d'où la flottille appareilla, voulut être volontaire sous le pavillon de l'amiral, monta à son bord, qui prit la tête de la ligne de bataille, et fut à la fois un illustre témoin et un historien fidèle de ce beau fait d'armes, dont il partagea les périls et dont la gloire devait lui rester étrangère.

Cependant l'Autriche, poussée par les efforts de l'Angleterre, se détermina à mettre ses armées en mouvement avant même l'arrivée du secours de la Russie. La Suède devait attaquer la Hollande, et le roi de Naples faire une diversion sur l'état romain pour inquiéter le royaume d'Italie, pendant que l'archiduc Charles descendrait sur le Tyrol. Le 7 septembre 1805, le général Mack passa l'Inn et quatre jours après entra dans Munich que l'armée bavaroise venait de quitter, trop faible pour lutter contre les colonnes autrichiennes.

Napoléon était au camp de Boulogne lorsqu'il apprit que l'Autriche avait envahi la Bavière, et manifestait ouvertement des intentions hostiles. Rapide comme l'éclair, l'Empereur lève le camp de Boulogne, dont l'armée se précipite sur les bords du Rhin, avec celle de Hanovre et de Hollande.

Le 1er octobre 1805, Napoléon avait déjà tourné les positions de l'ennemi. Les avantages partiels de Wertingen, de Gutsbourg, de Memmingen, facilitent l'élan de sa course impétueuse. Le 12, il entre dans la capitale de la Bavière, et délivre les états de son fidèle allié.

Seize mille hommes s'étaient retranchés au pont d'Elchingen, l'Empereur se porte contre eux, force le passage, et par d'habiles manœuvres, contraint le général Mack à se renfermer dans Ulm avec trente-trois mille hommes. Au lieu de résister, comme il était de son devoir, ce général se rendit le 20 octobre, après quelques jours de blocus. Même succès à Lowers, Amstelten, Marieuzell, Prasling, Lintz et Inspruck.

« Nous ne nous arrêterons plus, avait dit Napoléon en ouvrant la campagne, que nous n'ayons assuré l'indépendance du corps germanique, secouru nos alliés, et confondu l'orgueil de nos injustes agresseurs. Nous ne ferons plus de paix sans garantie; notre générosité ne trompera plus notre politique. »

De si brillants résultats, dus aux savantes combinaisons de l'Empereur et à la bravoure de ses soldats, ne coûtèrent à la grande armée que deux mille hommes tués ou mis hors de combat.

L'Autriche, en recommençant la guerre, avait l'intention de porter la plus grande partie de ses forces en Italie; mais la rapidité de la marche de Napoléon déconcerta ses mesures, et les différents détachements qu'elle fut forcée de retirer de ce pays pour soutenir l'armée d'Allemagne, empêchèrent le prince Charles d'agir offensivement. Le maréchal Masséna, qui commandait l'armée d'Italie, profita de ces circonstances pour attaquer l'ennemi. Ses troupes réunies, présentaient un effectif de quarante-cinq mille hommes, commandés par les généraux Gouvion-Saint-Cyr, Duhesme, Gardanne, Molitor, Verdier, Partonneaux, Séras, Pully, Mermet, Espagne, Lacombe-Saint-Michel, Reynier; son quartier général était à Zevio sur l'Adige. Le 18 octobre, l'armée française passa l'Adige, força la ligne des Autrichiens, les battit à San-Michele, à Caldiero, fit déposer les armes à une colonne de cinq mille hommes à Cara-Albertini; passa ensuite la Brenta, la Piava, le Tagliamento, l'Isonzo, et les battit de nouveau à Castel-Franco. Après ces succès, c'est-à-dire, vers la fin de novembre, l'armée d'Italie fit sa jonction avec le corps du maréchal Ney, et prit la dénomination de huitième corps de la grande armée avec laquelle elle venait de rivaliser de gloire et de bravoure.

Le lendemain de la prise d'Ulm, Napoléon ayant appris que les Russes s'avançaient à grandes journées au secours de l'Autriche, adressa l'ordre du jour suivant à ses soldats :

« Soldats de la grande armée, nous avons fait une campagne de quinze jours; vous ne vous arrêterez pas là : cette armée russe, que l'or de l'Angleterre a transportée de l'extrémité de l'univers, nous allons l'exterminer. »

Brûlant d'en venir aux mains avec les Russes, Napoléon concentra ses forces en Bavière, les mit en mouvement vers l'Inn, passa ce fleuve le 28 octobre, s'empara de Braunau, dont il fit le dépôt du grand quartier-général, força à la retraite les Russes qui venaient de se joindre aux Autrichiens, passa la Traun et l'Ens, vainquit les alliés en plusieurs rencontres et entra dans Vienne le 13 novembre. Deux jours auparavant, Kutusow, général en chef de l'armée russe, avait été battu avec une partie de son armée à Diernstein, sur la rive gauche du Danube, par la division du maréchal Mortier, forte de quatre mille six cents hommes. L'armée française traversa la capitale d'Autriche sans s'y arrêter, poursuivit les ennemis jusqu'à Hollabrunn où les Autrichiens demandèrent à se séparer des Russes. Ceux-ci, qui sollicitèrent aussitôt un armistice pour donner le temps aux troupes de renfort de se joindre à eux, ne purent obtenir leur demande et furent encore battus à Guntersdorf. Pendant le cours de ces succès rapides, le maréchal Ney s'avance dans le Tyrol, s'empare du fort de Scharnitz, se rend maître d'Inspruck, le 7 novembre, et opère sa jonction avec l'aile gauche de l'armée d'Italie à Clagenfurth. Le maréchal Augereau, parti des côtes de Brest, avait reçu ordre de passer le Rhin pour se diriger sur le Voralbegg; il y rencontre le corps du général Jallachich qu'il pousse sur le Tyrol, et le force à capituler; de là, il se porte en Souabe et s'y arrête jusqu'à nouvel ordre. Les Russes, après le combat de Guntersdorff, avaient précipité leur retraite sur Brünn, où ils joignirent l'empereur Alexandre avec le second corps d'armée commandé par le général Buxhoëwden : leurs troupes combinées formaient un effectif de quatre-vingt mille hommes, dont dix-huit Autrichiens; elles n'avaient en tête que les corps des maréchaux Murat, Soult et Lannes, et la garde impériale qui composait à peine cinquante et quelques mille hommes; mais ces troupes étaient tellement fatiguées des marches et des combats qu'elles avaient soutenus, qu'il fut décidé par leurs chefs qu'elles continueraient leur retraite jusqu'à Olmutz pour y attendre l'arrivée de nouveaux renforts. Napoléon vint camper à Brünn; mais tant de succès n'en rendaient pas sa situation moins critique : il se trouvait au centre de la Moravie, opérant sur un espace de quatre-vingt-dix lieues contre des forces numériques supérieures aux siennes, à gauche ayant à contenir la Bohême, à droite la Hongrie. Les victoires de Masséna et de Gouvion-Saint-Cyr en Italie, firent disparaître les embarras de sa position. — Comme nous l'avons dit, en nous déclarant la guerre, l'Autriche avait envoyé une armée dans ses états vénitiens et dans ses possessions italiennes; depuis, une colonne, échappée à la suite des combats livrés en Allemagne avant la bataille d'Austerlitz, s'était dirigée par le Tyrol en Italie, dans l'intention de renforcer ses compatriotes qui, de défaite en défaite, avaient été chassés jusque par delà le Tagliamento; mais ce dessein ne put être exécuté.

L'armée française, se frayant un chemin par le fer, rejoignit le 29 à Klangenfurt l'armée d'Allemagne, et une victoire, rendue facile par de savantes combinaisons, signala leur jonction.

Sur ces entrefaites, une seconde armée russe venait au secours de la première; le général Kutuzow, après avoir reçu ce renfort, concentra ses troupes dans des positions formidables, dont le village d'Austerlitz était la clé. Là il semblait méditer une vengeance éclatante, lorsque l'envoyé de Prusse, Haugwitz, se présenta devant Napoléon, sans doute pour lui signifier les intentions peu amicales de son souverain. L'empereur ne lui laissa pas le temps de s'expliquer; il lui dit, en montrant les lignes ennemies : « C'est une bataille qui s'annonce, je les battrai; ne me dites rien aujourd'hui, je ne veux rien savoir; allez attendre à Vienne l'issue de cette affaire. »

Napoléon ne pouvait engager que soixante-dix mille hommes dans l'action qui se préparait; il avait en face cent mille combattants sous les ordres de Kutuzow et de l'archiduc Charles. Malgré cette disproportion numérique, en voyant les mouvements de concentration qu'ils opéraient pour tourner la droite des Français, il s'écria d'un ton inspiré : « Avant demain au soir, cette armée est à moi! »

Enfin se leva le soleil du 2 décembre. L'ennemi demeure immobile dans ses positions; mais l'empereur saura bien l'attirer au combat par les séductions de la victoire. Il fait battre en retraite pendant trois heures, comme effrayé de s'être avancé avec tant d'imprudence; les Français reculent dans un désordre apparent jusqu'à une position dont quelques jours auparavant leur chef avait calculé les avantages. Les généraux ennemis viennent profiter de ce mouvement; ils dirigent précipitamment leurs masses vers le centre de l'armée française pour l'écraser et dans l'espoir de séparer ses deux ailes. Mais c'est là que se trouve la principale force de Napoléon. Le choc est terrible; la garde impériale russe se mesure pour la première fois avec la garde impériale française. Après des efforts héroïques de part et d'autre, l'avantage se décide en faveur des Français; les Russes fléchissent, cèdent, se débandent, et bientôt notre cavalerie pousse devant elle leurs masses enfoncées.

Aux ailes, la fortune ne nous était pas moins favorable: Lannes et Murat à la droite, Soult à la gauche, se signalent par des prodiges de valeur; sur tous les points l'ennemi recule. Les positions de Pratzen, de Sokolnitz et de Telnitz sont enlevées de vive force; les troupes coalisées précipitent leur fuite; leur déroute est telle que six mille hommes se noient en traversant l'étang de Sokolnitz. Plusieurs colonnes ennemies étaient acculées à des lacs dont l'hiver avait congelé la surface: le désir d'échapper les enhardit à s'aventurer par cette voie dangereuse; mais la glace ne peut soutenir ce poids énorme d'hommes, d'artillerie, de bagages; elle rompt, et le lac d'Augezeld engloutit vingt mille hommes avec le matériel qui les accompagnait; une autre colonne disparaît tout entière dans les eaux du lac Monitz.

L'armée ennemie, vaincue par de savantes manœuvres, était en pleine déroute avant la nuit; ce qui échappa ne dut son salut qu'à la protection des ténèbres. Telle fut la bataille d'Austerlitz, que la présence de Napoléon, d'Alexandre et de François sur le théâtre de l'action, fit aussi nommer *Bataille des trois Empereurs*. Dans cette journée, les alliés comptèrent plus de quarante mille hommes tués ou mis hors de combat; quinze généraux et plus de quatre cents officiers russes furent faits prisonniers; l'intrépide Rapp, commandant des chasseurs et grenadiers à cheval de la garde, blessa et fit prisonnier le prince Repnin, l'un des officiers supérieurs de la garde russe. La perte des Français fut évaluée à deux mille morts et cinq mille blessés; vingt mille soldats formant la réserve n'avaient pas brûlé une amorce. Quarante drapeaux, les étendards de la garde impériale de Russie, cent vingt pièces de canon furent les trophées de cette victoire mémorable. Toute l'armée française avait fait son devoir; Bonaparte, au milieu des élans de sa reconnaissance, s'écria: « Il faudrait une puissance encore plus grande que la mienne pour récompenser dignement tous ces braves.» Napoléon annonça qu'une fête solennelle devrait consacrer tous les ans le souvenir de la bataille d'Austerlitz: chaque corps de l'armée devait y être représenté: « Vous avez vu votre empereur partager vos périls et vos fatigues; je veux aussi que vous veniez le voir entouré de la grandeur et de la splendeur qui appartiennent au souverain du premier peuple de l'univers. »

La veille de la bataille d'Austerlitz était aussi la veille de l'anniversaire du couronnement de Napoléon. Il n'y avait pas de tente pour l'empereur; les soldats lui dressèrent, avec des branches, une espèce de baraque qui avait une ouverture dans le haut pour laisser passer la fumée. Napoléon n'avait pour lit que de la paille; mais il était si fatigué qu'il s'endormit profondément. Le général Savary, pour lui rendre compte d'une mission dont il l'avait chargé, fut obligé de toucher l'épaule de l'empereur pour le réveiller. Alors il se leva et monta à cheval pour visiter ses avant-postes. Mais la nuit était si profonde qu'on ne voyait pas à deux pas; en ce moment le 46e régiment rentrait du bivouac très fatigué. La compagnie des grenadiers dormait seule d'un profond sommeil. « Parbleu, dit Bonaparte, voilà une compagnie qui dort paisiblement. — Je le crois f... bien, lui répond aussitôt le grenadier Archer, qui n'étant pas encore tout-à-fait endormi, avait reconnu la voix de Napoléon: nous pouvons bien dormir quand tu veilles. » Tous ses camarades se réveillèrent aussitôt, et étaient prêts à punir ce qu'ils envisageaient comme un manque de respect, lorsque Bonaparte s'approcha du grenadier et lui donna cinq napoléons en or. « Général, lui dit alors Archer, tu n'as pas besoin de t'exposer; je te promets, au nom des grenadiers, que tu n'auras à combattre que des yeux, et que demain nous t'amènerons les drapeaux et les canons de l'armée russe, pour fêter l'anniversaire de ton couronnement.»

Après cette promesse d'une énergie remarquable, Archer prend de la paille, qu'il allume au brasier en criant: *Vive Napoléon!* Cet exemple est suivi par la compagnie et par tous les corps de l'armée, ce qui forme à l'instant, et comme par enchantement, une grande illumination qui cause à l'ennemi autant de surprise que d'inquiétude.

Les vivres manquaient à l'armée depuis quarante-huit heures; on n'avait distribué dans la journée qu'un pain de munition pour huit hommes. L'empereur, en passant de bivouac en bivouac, vit des soldats occupés à faire cuire des pommes de terre sous la cendre. Se trouvant devant le 4e régiment de ligne, dont son frère était colonel, l'empereur dit à un grenadier du 2e bataillon, en prenant et mangeant une des pommes de terre de l'escouade: « Es-tu content de ces pigeons-là? — Hum! ça vaut toujours mieux que rien; mais ces pigeons-là c'est bien de la viande de carême. — Eh bien! mon vieux, reprit Napoléon en montrant au soldat le feu de l'ennemi, aide-moi à débusquer ces... là, et nous ferons le mardi-gras à Vienne.»

L'empereur parcourut toute la ligne, adressant la parole aux soldats qu'il reconnaissait: « Soyez demain, mes braves, tels que vous avez toujours été, leur disait-il, et les Russes sont à nous, nous les tenons! » L'air retentit des cris de vive l'empereur!

L'empereur revint se coucher sur la paille, et dormit jusqu'à trois heures du matin.

Il attend alors pour donner ses derniers ordres, que l'horizon soit tout à fait éclairci, chacun se rend à son poste. « Soldats, dit Napoléon, il faut finir cette campagne par un coup de tonnerre. » Et le combat commence aux cris de vive l'empereur!

La mémorable journée d'Austerlitz fut témoin d'une multitude de faits éclatants.

L'ordre du jour portait de ne point dégarnir les rangs sous prétexte d'emporter les blessés. Le général Valhubert fut blessé à mort; ses frères d'armes oubliant près de lui leur devoir, se précipitaient pour l'enlever: « Souvenez-vous de l'ordre du jour, leur dit-il, si vous revenez vainqueurs, on me relèvera après la bataille; si vous êtes vaincus, je n'attache plus de prix à la vie.» Il mourut content, en recevant la nouvelle de la victoire. Sa main défaillante écrivit ces mots à l'empereur: « J'aurais voulu faire plus pour la patrie; je meurs dans une heure; je ne regrette pas la vie, puisque j'ai participé à la victoire: quand vous penserez aux braves, pensez à moi. »

Un bataillon français avait perdu son étendard; quelques jours après, l'empereur passant la revue, s'aperçut qu'il manquait: « Soldats, dit-il qu'avez-vous fait de l'étendard que je vous avais donné? Vous aviez juré qu'il vous servirait de point de ralliement, et que vous le défendriez au péril de votre vie. Comment avez-vous tenu votre promesse?» Le major répondit que, le porte-drapeau ayant été tué dans une charge au milieu de la mêlée, personne ne s'en était aperçu à cause de la fumée, et que le bataillon ne s'était aperçu que longtemps après de la perte de son étendard; que la preuve qu'ils avaient été réunis, est qu'un moment après ils avaient pris deux drapeaux sur les Russes; qu'ils en faisaient hommage à l'empereur, et demandaient en place qu'on leur rendît leur étendard.

« Officiers et soldats, dit l'empereur, « jurez qu'aucun de vous ne s'est aperçu de « la perte de son étendard, et que si vous « vous en étiez aperçus, vous vous seriez « précipités pour le reprendre, ou que vous « auriez péri sur le champ de bataille; car « un soldat qui a perdu son étendard a tout « perdu. » Au même instant, mille cris retentissent: *Nous le jurons!* — Leur drapeau leur fut rendu par Napoléon.

Le commandant de l'artillerie russe, ayant été fait prisonnier, rencontra l'empereur: « Général, lui dit-il, faites-moi fusiller, je viens de perdre mes pièces. — Jeune homme, répondit celui-ci, j'apprécie vos larmes, mais on peut être battu par l'armée française, et avoir encore des titres de gloire. »

Un carabinier du 10e d'infanterie légère eut le bras gauche emporté par un boulet de canon: « Aide-moi, dit-il à son camarade, à ôter mon sac, et cours me venger;

je n'ai pas besoin d'autre secours. » Il met ensuite son sac sur son bras droit, et marche seul vers l'ambulance.

Le brave général Thiébaut, dangereusement blessé, était transporté par quatre prisonniers russes; six Français blessés l'aperçoivent, il chassent les Russes, et saisissent le brancard en disant : « C'est à nous seuls qu'appartient l'honneur de porter un général français blessé. »

Le sergent-major Bailly voit une file de son peloton enlevée par un boulet, il la fait remplacer ; celle-ci est encore enlevée comme la précédente, et il s'occupe de la reformer lorsqu'un troisième boulet tue deux hommes déjà placés, et lui emporte la jambe. On veut lui donner des secours : « Non, mes amis, dit-il avec fermeté; après le combat, c'est l'ordre : donnez-moi seulement mon sac de toile, et battez-vous bien. » Il s'enveloppe lui-même la cuisse, et expire sur le champ de bataille.

Le soir de la bataille, Napoléon parcourut les plaines que notre victoire a rendues immortelles ; rien n'était plus attendrissant que les discours des blessés aux gardes chargés de les transporter aux ambulances : « Je souffre depuis le commencement de la bataille, disait l'un; je suis abandonné, mais j'ai bien fait mon devoir. » Un autre demandait si la victoire avait été gagnée par les Français.

Le gouvernement français récompensa magnifiquement les vainqueurs d'Austerlitz. Des pensions furent accordées aux veuves des officiers et des soldats. Leurs enfants adoptés par la patrie, reçurent une éducation gratuite ; les filles furent dotées, les hommes obtinrent de l'avancement; tout soldat blessé reçut trois mois de solde, à titre de gratification. Dans une proclamation adressée à l'armée, on remarque ces paroles dignes d'être à jamais retenues par les Français. « Soldats, lorsque vous retournerez en Fran« ce, le peuple vous recevra avec joie, et il « vous suffira de dire : *J'étais à la bataille « d'Austerlitz*, pour que l'on réponde : *Voilà « un brave.* »

De son côté, l'armée française avait voté à Napoléon une statue colossale en bronze, pour être élevée au milieu du camp de César. Tous les grades de l'armée avaient fait les fonds pour ce monument d'une gloire vraiment nationale; mais le bronze manquait. Soult, qui est à la tête de ce grand hommage de l'armée à son héros, lui dit : *Sire, prêtez-moi du bronze, je vous le rendrai à la première bataille.* Deux mois après, à Austerlitz, Soult donna 200 pièces de canon à Napoléon.

Le résultat immédiat de la bataille d'Austerlitz fut de raffermir la Prusse dans une neutralité jusque là douteuse. La victoire fit cesser les incertitudes de cette cour, et M. de Haugwitz s'empressa de venir présenter à Napoléon les félicitations de son maître : « Voilà, dit en souriant l'Empereur, un compliment dont la fortune a changé l'adresse. »

Cependant, les mouvements de l'armée française ne s'étaient point ralentis; elle manœuvra pendant quelques jours autour de l'armée austro-russe, qui se vit bientôt enveloppée de toutes parts. Alexandre et François étaient en péril d'être faits prisonniers. A la vue d'un danger aussi imminent, l'empereur d'Autriche sentit s'évanouir ses dispositions belliqueuses. Le 24 décembre, il arriva lui-même au camp des Français. Napoléon le reçut à son bivouac : « Je n'habite pas d'autre palais depuis six mois, lui dit-il. — Vous savez si bien tirer parti de cette habitation, répondit François, qu'elle doit vous plaire. » Un généreux armistice fut accordé. Les Russes obtinrent la faveur de se retirer des états autrichiens par journées d'étape à travers les monts Krapacks. Alexandre s'éloigna précipitamment du théâtre des négociations, et une fois rentré dans les limites de son empire, il ne se crut pas astreint à donner son assentiment aux clauses du traité de paix, qui fut signé à Presbourg le 26 décembre.

Par ce traité, l'Autriche reconnaissait Napoléon comme roi d'Italie et lui cédait les états de Venise, la Dalmatie et l'Albanie. La principauté d'Augsbourg, le Tyrol, la Souabe autrichienne furent partagés entre l'électeur de Bavière, les ducs de Wurtemberg et de Bade. Le titre de roi récompensa la fidélité des deux premiers.

Après avoir écrasé d'un coup de massue la troisième coalition, Bonaparte revint en France. Jamais il n'y avait été accueilli avec autant d'enthousiasme.

BATAILLE DE TRAFALGAR.

Nos succès inouïs avaient été précédés par un événement qui sauva l'Angleterre et changea la face du monde.

Napoléon avait bientôt reconnu que la flottille de Boulogne ne se suffisait pas à elle-même pour le trajet de la Manche et pour le débarquement, et qu'elle ne pouvait exécuter ces deux opérations que sous la protection de vaisseaux de haut-bord. Il fallait donc éloigner les escadres anglaises qui gardaient la Manche, ou réunir une flotte française capable de forcer le passage. Un vaste plan fut tracé par Napoléon pour arriver à ces résultats. Il avait plus de quatre-vingts vaisseaux de ligne et un nombre considérable de frégates dans plusieurs ports, sur l'Océan et la Méditerranée. Ces vaisseaux, divisés par escadre, reçurent l'ordre de sortir à la fois, d'aller ravager les possessions anglaises des Antilles, de se réunir, de revenir immédiatement vers l'Europe, de rallier les divisions qui les attendraient sur différents points, et de se porter tous ensemble dans la Manche, où se seraient alors trouvés plus de soixante vaisseaux de ligne français et espagnols, tandis que les flottes anglaises, attirées nécessairement hors de leurs stations par tous ces mouvements, auraient encore été occupées dans les mers lointaines des deux Indes et de la Méditerranée à chercher çà et là les ennemis.

Toutes les hypothèses données par Napoléon se réalisèrent. Les sorties successives des divisions de Toulon, de Rochefort et de Cadix jetèrent l'épouvante en Angleterre; les escadres anglaises, abandonnant leurs croisières, s'élancèrent sur les traces des amiraux français, qu'elles demandèrent de rivage en rivage, sans les rencontrer. Le succès du plan semblait assuré, et, comme au temps de Guillaume, les barques normandes menaçaient la Grande-Bretagne; mais un véritable homme de mer manquait à la France pour exécuter comme Napoléon concevait, avec génie. L'empereur, après la mort de la Touche-Tréville, avait longtemps hésité avant de choisir le commandant en chef de ce formidable armement; il nomma enfin Villeneuve. Ce choix n'était pas heureux : Villeneuve, plein de courage et de talent, comme capitaine, ne semblait pas à la hauteur de la mission vaste et compliquée qui lui était confiée. Il avait été si prudent à Aboukir, que Napoléon n'eût pas dû songer à lui pour diriger une entreprise dans laquelle l'énergie et l'activité étaient nécessaires.

Villeneuve n'avait exécuté qu'avec hésitation, mollesse et lenteur ses premiers ordres, et la confiance des équipages était ébranlée, lorsqu'il arriva devant le Ferrol avec quinze vaisseaux, le 2 août. Ses instructions et les circonstances lui faisaient un devoir de ne rester au Ferrol que le temps strictement nécessaire pour faire lever l'ancre aux 15 vaisseaux qui s'y trouvaient; il y consuma onze jours. D'après les ordres précis de l'Empereur, il devait, en quittant le Ferrol, se diriger au Nord, prendre, en passant devant Rochefort, une division de cinq vaisseaux et de quelques frégates, rallier l'escadre de Brest, forte de vingt-deux vaisseaux de ligne et de plusieurs frégates, et faire entrer aussitôt cette flotte imposante dans la Manche, où elle eût été maîtresse. Villeneuve fit voile pour Cadix.

Il ne faut point examiner si les événements survenus en Europe pendant les premiers mois de l'année 1805 permettaient encore à Napoléon d'exécuter ses projets sur l'Angleterre. Ces événements n'existaient pas pour Villeneuve; il ne lui appartenait pas d'ailleurs de les juger. Toutes les considérations et ses instructions l'appelaient dans la Manche. Il fit acte de désobéissance formelle et preuve d'incapacité, en s'allant renfermer inutilement dans le port de Cadix. Dans les premiers moments de sa douleur et de son courroux, Napoléon fit entendre le mot de trahison et se plaignit de ne pas trouver en France un marin à sa hauteur.

Ce grand homme de mer, que Napoléon cherchait en vain parmi les Français, l'Angleterre le possédait dans la personne de Nelson. Nelson avait reçu de la nature, dans un corps frêle, un courage à l'épreuve, une âme inébranlable, une puissance de volonté prodigieuse et une intelligence forte. Quelque carrière qu'il eût suivie, Nelson eût été loin. Appliquant, dès l'âge de dix ans, toutes ses facultés morales et intellectuelles à la marine, il devint un des plus grands hommes de mer dont l'Angleterre puisse se glorifier. Sa réputation était déjà brillante, lorsque la bataille d'Aboukir le rendit le héros de l'Angleterre. Ses tentatives malheureuses contre la flottille de Boulogne et ses courses inutiles, pendant six mois, à la poursuite de Villeneuve, venaient d'irriter son orgueil et la vanité britannique, lorsque la bataille de Trafalgar lui offrit l'occasion de prendre une éclatante revanche de ces petits échecs, qui, dans toute autre vie militaire que la sienne, passeraient sans être aperçus.

A peine Villeneuve fut-il entré dans le port de Cadix avec trente-trois vaisseaux français, que les Anglais établirent une croisière pour surveiller cette flotte, qui les avait tant inquiétés. Villeneuve s'endormit pendant deux mois, laissant l'escadre ennemie, d'abord si faible qu'il eût pu l'écraser d'un seul coup, recevoir peu à peu des renforts qui la rendirent égale à la flotte combinée. Ce fut alors que, se réveillant tout à coup, pour ainsi dire, il alla chercher le combat. Les motifs de cette sortie de Villeneuve ont exercé la sagacité des historiens; l'explication la plus plausible que l'on puisse admettre, c'est que l'amiral français, dont le successeur au commandement était déjà nommé, voulait remporter une victoire qui seule pouvait lui rendre son honneur perdu. C'était de l'égoïsme, mais un égoïsme honorable.

« Les amiraux des deux flottes, dit un profond écrivain, avaient donné des instructions à leurs capitaines pour l'hypothèse des combats. Celles de Nelson sont d'un homme de génie qui ouvre à la science de la guerre des routes nouvelles; celles de Villeneuve d'un homme ordinaire qui se traîne dans les ornières de la routine. Ces instructions offrent les différences qui existent pour les guerres du continent entre les instructions données par Napoléon à ses lieutenants et celles que donne le cabinet militaire de Vienne à ses généraux en chef. » Nelson devait donc vaincre, comme vainquit Napoléon, et ce fut par la même manœuvre, en forçant la ligne ennemie.

La flotte combinée, formant une longue colonne, à dix lieues au sud de Cadix, portait le cap au nord, pour garder le port ouvert, lorsque la flotte anglaise arriva sur elle, avec le vent qui soufflait de l'ouest. Nelson, au lieu de s'allonger bord à bord des alliés et de former une ligne parallèle, divisa ses vaisseaux en deux colonnes, et les lança sur le centre de Villeneuve qui fut coupé en trois fractions.

Cette manœuvre était irrésistible, si on n'y opposait que la tactique ordinaire; Villeneuve l'avait prévue dans ses instructions, et cependant il n'imagina aucun système nouveau de défense pour repousser une attaque inusitée. Les résultats de cette différence entre le génie des deux amiraux furent désastreux pour les marines française et espagnole. Dix-sept vaisseaux de la flotte combinée tombèrent au pouvoir des ennemis : *tout était perdu fors l'honneur*. De magnifiques faits d'armes, particuliers et accidentels, consolaient l'orgueil français : le contre-amiral Magon, les capitaines Lucas, Infernet, Cosmao, Camus et Villeneuve lui-même, admirable comme soldat, avaient fait des prodiges de valeur. L'amiral Villeneuve fut fait prisonnier; l'amiral espagnol Gravina mourut de ses blessures quelque temps après; les pertes en hommes, à bord de la flotte franco-espagnole, durent être énormes, si l'on en juge par celles des Anglais qui s'élevèrent à quinze cent quatre-vingt-sept hommes tués ou blessés.

L'amiral espagnol Gravina mourut de ses blessures. Villeneuve, prisonnier, fut conduit en Angleterre. Revenu en France pour se soumettre à une enquête sur les événements de cette malheureuse bataille, il n'osa pas affronter la colère de Napoléon et s'arrêta à Rennes, pour attendre ses ordres. Là, dans un accès d'exaltation occasionné, dit-on, par une lettre sévère du ministre de la marine, il termina lui-même par une mort volontaire une carrière qui aurait pu être encore glorieuse. On a, dans le temps, accusé l'Empereur de cette fin subite et violente. L'esprit de parti répandit le bruit que Villeneuve était victime d'un assassinat, et non d'un suicide. Cette allégation absurde a trouvé quelque crédit parmi les ennemis de Napoléon; mais elle est oubliée aujourd'hui avec toutes les autres calomnies dont on a vainement cherché à obscurcir le grand nom de l'Empereur. La mort de Villeneuve empêcha toute discussion sur l'événement de Trafalgar. Le contre-amiral Dumanoir, traduit devant un conseil de guerre maritime, pour sa conduite avant et après la bataille, fut honorablement acquitté. — L'Empereur adressa des compliments gracieux à ceux des officiers qui s'étaient distingués par une résistance glorieuse; il dit aux capitaines Lucas et Infernet, qui lui furent présentés à leur retour des prisons d'Angleterre : « Si tous mes vaisseaux s'étaient conduits comme ceux que vous commandiez, la victoire n'aurait pas été incertaine. Je vous nomme commandants de la Légion-d'Honneur. » Peu de jours après, il dit aux capitaines Magendie et Villemandrin : « Vous êtes du nombre de ceux qui se sont bien battus; vous prendrez votre revanche. » Enfin, il récompensa la belle conduite du capitaine Cosmao par le grade de contre-amiral.

La journée de Trafalgar répandit le deuil sur les bords de la Tamise, comme sur les rives de la Seine. La France avait perdu sa flotte; l'Angleterre avait perdu Nelson. Une balle le frappa au milieu de sa victoire; mais, avant de mourir, il connut et savoura son triomphe. Les deux sentiments qui dominèrent sa vie dictèrent ses dernières paroles : « Maintenant, dit-il en apprenant la victoire, je meurs satisfait; grâces soient rendues à Dieu, j'ai accompli mon devoir. »

Le dernier signal que donna Nelson à sa flotte, en engageant le combat, est cher et sacré à tous les cœurs anglais. « L'Angleterre, avait-il dit, compte que chacun fera son devoir. » Mettre ainsi sa flotte sous les yeux et l'invocation de l'Angleterre, c'était là stimuler, par l'aiguillon le plus puissant sur des Anglais, l'amour de la vieille Angleterre.

Les Anglais se trouvèrent tellement dispersés que pendant quelque temps ils n'avaient pas vingt vaiseaux de ligne réunis dans le canal; — sans les retards de l'amiral Villeneuve, l'Angleterre était envahie, la France et le monde étaient vengés.

Quelques mois plus tard, l'empereur publia, à Berlin, ce fameux décret, dont la pensée le préoccupait vivement depuis que Trafalgar avait renversé toutes ses espérances d'attaques directes contre l'Angleterre, et par lequel il déclarait les îles britanniques en état de blocus.

CAMPAGNE DE 1806

CONTRE LES NAPOLITAINS, LES PRUSSIENS, LES SUÉDOIS ET LES RUSSES.

Les résultats de la courte et glorieuse campagne d'Austerlitz avaient été d'un avantage immense pour la France. L'empire d'Allemagne n'existait plus, et la plupart des petits états qui l'avaient composé, organisés en *Confédération du Rhin*, sous le protectorat de l'empereur, étaient devenus, en réalité, portion intégrante du territoire français. L'autocrate russe, humilié, paraissait aussi désireux de conserver la paix qu'il avait montré d'empressement pour la guerre. Toutes les cours de l'Europe, excepté l'Angleterre, s'étaient vues forcées de reconnaître la légitimité d'un empire fondé par la victoire. Le roi de Prusse, qui, pendant la lutte de la France contre l'Autriche et la Russie, s'était engagé à nous faire la guerre, au moment même où il redoublait ses protestations d'amitié, évita le châtiment de sa déloyauté, en venant de lui-même se mettre à la discrétion du vainqueur. Le margraviat d'Anspach, qui servit à doter l'un des nouveaux souverains, le grand duché de Berg, que Murat reçut à titre de récompense, et la principauté de Neufchâtel, qui fut donnée à Berthier, furent les seuls sacrifices exigés du monarque prussien, à qui un traité d'échange imposa en outre l'obligation de fermer aux Anglais les ports de l'Elbe et du Weser.

Le roi de Naples, qui, deux mois auparavant, avait juré de garder la neutralité, était aussi entré dans la coalition; il avait reçu les Anglo-Russes, et son armée se disposait à marcher avec eux pour envahir l'Italie. C'était la quatrième fois que ce prince violait ainsi ses serments. Napoléon, las d'opposer la clémence au parjure, ne balança plus à tirer une vengeance éclatante d'un ennemi qui avait méconnu le bienfait du pardon. Il annonça hautement, par une proclamation datée de Schœnbrun, qu'il était dans l'intention de renverser le trône de Naples. Il fut bientôt en mesure de réaliser ce projet. Dès les premiers jours de janvier, une armée française de cinquante mille hommes destinés à entreprendre la conquête des Deux-Siciles, se mit en mouvement. Joseph Napoléon, en l'absence de son frère, la commandait avec le titre de généralissime, et le maréchal Masséna en dirigeait les opérations; elles furent conduites avec la plus grande rapidité. A peine nos avant-gardes eurent-elles pénétré sur le territoire napolitain, que les troupes de la coalition abandonnèrent les frontières et regagnèrent leurs vaisseaux, en évitant de traverser la capitale du royaume, dans la crainte d'y trouver la population insurgée contre elles. Leur retraite occasionna la dispersion des milices nationales nouvellement levées. Les troupes réglées, peu nombreuses, restèrent seules fidèles à leurs drapeaux. Elles furent réparties dans les forts de Naples et dans les places les plus importantes de la Pouille; mais ces préparatifs de défense étaient insuffisants pour rassurer la cour. Le roi Ferdinand, après avoir vainement employé les supplications, afin de conjurer l'orage prêt à fondre sur lui, ne songea plus qu'à chercher un refuge. Le 23 janvier, il s'embarqua et fit voile pour Palerme, laissant à son fils aîné des pouvoirs illimités. Ce jeune prince et la reine sa mère firent tous leurs efforts pour organiser la résistance; ils armèrent les lazzaronis, et parurent vouloir se mettre à leur tête, tandis que quelques affidés de la couronne essayaient de soulever les provinces. La nouvelle de ces tentatives hâta la marche des Français. L'armée de Joseph, divisée en trois corps, passa le Garigliano le 8 février, et quatre jours après, Naples, Capoue et Pescara avaient ouvert leurs portes. Joseph fit le surlendemain son entrée dans la première de ces villes, d'où la reine s'était enfuie, emportant avec elle tout l'argent des caisses publiques, et les effets précieux des palais. On trouva dans l'arsenal deux cents pièces de canon, deux cent milliers de poudre, et dans le port plusieurs navires richement chargés. Les habitants, à l'aspect de nos aigles, rendirent grâces au ciel de les avoir délivrés de l'odieuse tyrannie qui pesait sur eux. Jamais nos drapeaux ne furent salués par les acclamations d'une joie plus sincère.

Cependant on apprit bientôt que le prince royal venait de rassembler dans la Calabre une armée de vingt mille hommes, presque entièrement composée de malfaiteurs, à qui l'on avait promis l'impunité de leurs crimes et le pillage de la capitale. Le général Reynier, à la tête d'un corps, se porta à la rencontre de cette réunion de brigands, l'atteignit à Campo-Tenèse le 9 mars, l'attaqua dans son camp retranché, enleva ses redoutes, la défit et la dispersa. Deux mille prisonniers tombèrent en notre pouvoir; le reste de cette multitude se jeta dans les montagnes en se dirigeant vers le rivage, où, par un prompt embarquement, elle se déroba à la poursuite. Cette victoire était décisive : Napoléon, en ayant appris la nouvelle, annonça qu'il conférait le titre et la dignité de roi de Naples à son frère Joseph. Ce prince reçut, le 13 avril, à Bagnara, le sénatusconsulte qui l'élevait sur le trône. Aussitôt il se fit proclamer, et partit pour visiter les provinces méridionales de son royaume. Un mois après, il rentra à Naples, où le peuple laissa éclater les mêmes transports de joie qui l'avaient partout accueilli sur son passage.

Après la victoire d'Austerlitz, Napoléon eut un instant l'espoir fondé de voir la paix de l'Europe assurée. Pitt, le plus implacable ennemi de notre révolution, était mort emportant avec lui dans la tombe le regret d'avoir échoué dans toutes ses combinaisons. Fox, depuis longtemps l'âme de l'opposition, lui avait succédé et suivait un système opposé. Il montrait des dispositions pacifiques et l'on commençait à croire à la possibilité d'un rapprochement avec l'Angleterre. Le prodigieux accroissement de la puissance de Napoléon, et sa grande influence sur le continent, ne paraissaient pas même y mettre obstacle, quoiqu'il vînt de placer son frère Louis Bonaparte sur le trône de Hollande et qu'il se fût déclaré lui-même protecteur de la Confédération du Rhin au préjudice de François II. Des négociations entamées n'avaient point été interrompues. Déjà même les bases du traité avaient été portées et acceptées, lorsque Fox fut atteint d'une maladie grave. Cet événement laissa un champ libre aux partisans de la guerre. Lord Yarmouth, qui, en sa qualité de plénipotentiaire de la Grande-Bretagne, secondait les vues de Fox, fut tout-à-coup rappelé à Londres, et remplacé par lord Landerdale, dont la mission était de prolonger les conférences, de manière à voiler aussi longtemps qu'il serait nécessaire les manœuvres du gouvernement britannique pour renouer un plan offensif. On travaillait sourdement à former une quatrième coalition; les éléments en furent promptement assemblés. De toutes les puissances que on sollicita d'y entrer, l'Autriche, dont les plaies étaient encore saignantes, la Porte-Ottomane et le Danemark furent les seules qui refusèrent leur participation. Le Danemarck devait plus tard être puni de sa neutralité par l'incendie de Copenhague et par la perte de la Norwége. La Suède avait depuis longtemps une attitude hostile. La Russie, qui, malgré sa défaite à Austerlitz, avait renouvelé ses agressions, rejetait un accommodement qu'elle avait elle-même provoqué; et son empereur, oubliant la générosité de Napoléon, qui avait pu le faire prisonnier à cette fameuse journée, se préparait à rentrer en lice. La Prusse dont la neutralité pure dans la dernière guerre avait laissé les forces intactes, et à qui l'occupation du Hanovre et une prétendue guerre contre la Suède avaient encore fourni le prétexte de nombreux armements, sentant son indépendance menacée par la prépondérance française, la Prusse prit tout-à-coup une attitude hostile, et se chargea de protester sur le champ de bataille, contre l'extension gigantesque de la puissance de Napoléon.

Les troupes de Hesse, de la Saxe et des duchés du nord de l'Allemagne, marchaient sous ses étendards. La mort du ministre Fox, qui eut lieu à cette époque, avait pu seule déterminer cette immense levée de boucliers.

Le cabinet de Londres, n'ayant plus alors besoin de dissimuler ses véritables intentions, rappela brusquement lord Landerdale: cet ambassadeur arriva de Paris à Boulogne la nuit même où ses compatriotes bombardaient ce port, rendu neutre pour l'échange des courriers, et faisaient le premier essai de ces fusées à la Congrève, qui depuis ont été entre leurs mains un si barbare moyen de destruction. Lord Landerdale se rembarqua à la lueur des flammes qui accusaient la perfidie de son gouvernement.

Dans le même moment, un favori inepte et arrogant, longtemps courtisan de Napoléon, et son instrument docile, se trouve, sans le pouvoir, chargé par la destinée de provoquer la ruine du maître de l'Europe. Le prince de la Paix appelle tout à coup aux armes, par une proclamation insensée (5 octobre), la population de l'Espagne: politique inepte autant qu'arrogant favori, don Manuel crut l'occasion favorable pour échapper à l'ascendant de la France; son inquiète impuissance lui dicta cette proclamation dans laquelle parlant de dangers et de gloire d'ennemis qu'il ne nomme pas, de perfidies qu'il ne fait pas connaître, il réveille tout-à-coup l'esprit guerrier des Castillans. Napoléon feint de croire que cette provocation n'est pas dirigée contre lui de la part d'un allié si timidement soumis jusqu'à ce jour, mais il jure dès cet instant la perte de cette monarchie, charmé qu'on lui fournisse le prétexte de ravir aux Bourbons la couronne d'Espagne, comme il lui a enlevé celle d'Italie. Toutefois, pour le moment il ne fait point connaître ses sentiments; de son côté la cour de Madrid désavoue la proclamation, et vingt mille Espagnols vont servir Napoléon sur les rives de la Baltique; mais le prince de la Paix a blessé l'amitié naturelle des deux nations. L'histoire recueille cette petite cause, devenue une prodigieuse circonstance, car peut-être que sans cet étrange accident Napoléon, obéi qu'il était de l'armée, de la flotte et du gouvernement de l'Espagne, n'eût jamais conçu le projet de l'envahissement qui a causé sa chute.

Cependant le 1er octobre l'avantage que Marmont remporte sur les Russes réunis aux Montenegrins, à Castel-Novo, près de Raguse, confirme à la France les intentions hostiles du cabinet de Saint-Pétersbourg. Égaré loin de sa métropole, ce corps d'armée n'était que la pierre d'attente d'une quatrième coalition.

L'empereur ayant reçu un ultimatum du roi de Prusse, dans lequel ce roi lui enjoignait de renoncer aux couronnes d'Italie, de Naples et de Hollande, il se prit à rire, et se contenta de répondre : « Je plains le roi de Prusse; il n'entend pas le français, et il n'a certainement point vu cette rapsodie qu'on m'envoie en son nom. » Ce fut encore à ce sujet que l'empereur dit au maréchal Berthier : « On nous a donné un rendez-vous pour le 8, jamais Français n'y a manqué. On dit qu'une belle reine veut être témoin de nos prouesses ; soyons courtois, marchons sans nous coucher pour la Saxe. »

Une promesse éventuelle de restituer le Hanovre et quelques difficultés relatives à la confédération étaient les motifs de la guerre: les passions belliqueuses, qui agitaient, comme par vertiges, les salons et les boudoirs de Berlin; l'arrogance insolente et puérile de l'armée, qui déclarait hautement qu'elle voulait venger l'Allemagne et châtier les Français par un nouveau Rosbach, et les intrigues des Anglais et des Russes furent les causes décisives; l'ambition de Napoléon fut, selon l'usage, le prétexte articulé dans les manifestes.

La même irrésolution, qui faisait suivre à la Prusse une marche irrégulière et tortueuse dans ses transactions diplomatiques, la fit tâtonner dans ses opérations militaires. Après avoir longtemps hésité entre la paix ou la guerre, on hésita aussi longtemps entre l'offensive ou la défensive : après s'être décidé pour l'offensive, on la prit avec tant de mollesse et de lenteur, qu'on s'arrêta bientôt, pour se mettre sur la défensive, sans cependant vouloir paraître rétrograder. On s'était avancé dans la Saxe pour surprendre Napoléon; dès qu'on ne l'avait pas surpris, qu'on était au contraire surpris par lui, il fallait aller l'attendre derrière l'Elbe. On prit le terme moyen entre se porter en avant et reculer, on resta où on était, c'est-à-dire, mal placé pour attaquer comme pour se défendre.

Napoléon, qui ne marchait pas à l'aventure et qui, dès les premiers pas, savait où il voulait aller et où il irait, s'était porté rapidement entre l'armée prussienne et l'Elbe, et avait ainsi réussi à mettre l'ennemi dans la même position que les Autrichiens à Ulm. Il tournait le dos à la Prusse, tandis que les Prussiens tournaient le dos à la France. Il avait songé à leur couper la retraite, avant même de les combattre.

Napoléon arrive le 6 septembre à Bamberg, d'où il adresse à ses soldats une proclamation qui renfermait ces paroles remarquables « ..... Les insensés! qu'ils sachent donc qu'il serait mille fois plus facile de détruire la grande capitale que de flétrir l'honneur des enfants du grand peuple et de ses alliés!... Leurs projets furent confondus alors, (il est question des victoires remportées sur les Prussiens en 1792); ils trouvèrent dans la Champagne la défaite, la mort et la honte... Marchons donc, puisque la modération n'a pu les faire sortir d'une étonnante ivresse : que l'armée prussienne éprouve le même sort qu'elle éprouva il y a quatorze ans. »

Le signal des combats est donné; Murat force le passage de la Saale; l'ennemi est partout battu, à Hoff, à Schleitz, à Saafeld. Le prince Louis de Prusse, l'un des plus ardents provocateurs de la guerre, périt dans cette dernière action sous les coups d'un maréchal-des-logis de hussards, l'intrépide Gindré, qui vainement l'avait plusieurs fois sommé de se rendre. Ce n'étaient encore là que les actions d'avant-garde; mais elles étaient importantes par la grandeur des résultats qu'elles faisaient espérer. Ces engagements partiels avaient abattu l'arrogance des Prussiens; leur moral était ébranlé, et les mouvements, sans but et sans plan, que le vieux Brunswick et le prince de Hohenlohe leur faisaient exécuter, avaient affaibli leur confiance dans leurs chefs. Inquiets et presque découragés, ils attendaient le combat et présentaient un front de bataille d'environ six lieues de développement, lorsque les Français arrivèrent sur eux en deux colonnes, à Iéna et à Auerstaëdt. Sur ces deux points d'attaque, les Prussiens furent écrasés. A Iéna, l'empereur Napoléon battit complètement le prince de Hohenlohe, dont les forces étaient au moins égales aux siennes; à Auerstaëdt, le maréchal Davoust, avec des troupes deux fois moins nombreuses, mit le roi de Prusse lui-même et le duc de Brunswick dans la plus affreuse déroute. Auerstaëdt aurait dû donner le nom à la bataille, et le maréchal Davoust en eût dû être le héros, mais Napoléon voulut que la victoire prît le nom du lieu où il avait vaincu lui-même, et ne permit pas qu'un de ses lieutenants eût meilleure place que lui dans le même bulletin. Cependant, le titre de duc d'Auerstaëdt conféré à Davoust, et l'honneur d'entrer la première dans Berlin, accordé à sa division, prouvèrent que l'empereur n'en appréciait pas moins la belle conduite du maréchal et des soldats qu'il commandait.

La bataille d'Iéna fut de celles qui décident du sort d'un empire. La Prusse n'avait plus d'armée, elle était conquise. Des corps de troupes considérables étaient revenus du champ de bataille, d'autres n'y avaient point paru, et plus de cent mille Prussiens auraient pu tenir encore la campagne; mais le coup de tonnerre d'Iéna avait épouvanté ceux qui n'avaient point été frappés. Des capitulations inouïes dans les fastes militaires étonnèrent l'Europe. Les Prussiens, qui s'étaient raillés des redditions autrichiennes de 1805, les firent oublier par des redditions plus rapides et plus honteuses encore. Des villes fortes envoyèrent leurs clefs à des régiments de hussards.

La bataille d'Iéna compléta la gloire des soldats de l'empire, qui n'avaient pas encore eu l'occasion de se mesurer contre des Prussiens. Une circonstance accidentelle rendit l'épreuve décisive. A Iéna, cinq bataillons carrés prussiens furent enfoncés et taillés en pièces par la cavalerie française; à Auerstaëdt, la cavalerie prussienne vint se briser contre cinq bataillons carrés français.

Vingt-cinq mille ennemis restèrent sur les deux champs de bataille; soixante drapeaux, trois cents pièces de canon, des magasins immenses, plus de trente mille prisonniers, dont trente officiers-généraux, furent les trophées de cette journée. Le duc de Brunswick, commandant en chef, le feld maréchal Mollendorf, les généraux Schmettau et Ruchel, ainsi que le prince Henri de Prusse, étaient au nombre des blessés. Les trois premiers ne survécurent que de quelques jours à ce désastre de leur patrie.

Au fort de la mêlée, Napoléon voyant ses ailes menacées par la cavalerie prussienne, ordonnait des manœuvres et des changements de front en carré, lorsque la garde à pied, frémissant de rester seule dans l'inaction, plusieurs voix firent entendre les cris : EN AVANT. Le chef les arrêta par ces mots : « Qu'est-ce? ce ne peut être qu'un jeune sans barbe qui puisse vouloir préjuger ce que je dois faire, qu'il attende qu'il ait commandé dans trente batailles rangées, avant de prétendre me donner des avis. » En effet, les soldats qui avaient crié *en avant* étaient des vélites impatients de combattre.

Dans une mêlée aussi chaude, pendant que l'ennemi perdait presque tous ses généraux, la Providence veillait sur l'armée française. Aucun personnage de marque n'a été tué.

Lord Morpeth, envoyé d'Angleterre auprès du cabinet de Postdam, ne se trouvait pendant la journée d'Iéna qu'à six lieues de la bataille; il entendit le canon. Un courrier vint lui dire que la victoire s'était décidée en faveur des Français, et tout à coup un grand nombre de fuyards l'environnèrent, et le poussèrent de tous côtés : « *Il ne faut pas que je sois pris!* » s'écria le noble lord : il paya un cheval soixante guinées, et parvint à se sauver.

Le 27 octobre, Napoléon fit son entrée solennelle dans la capitale de la Prusse. Le lendemain, il exprima sa satisfaction à l'armée par une proclamation qui commençait ainsi :

« Soldats!

« Vous avez justifié mon attente, et répondu dignement à la confiance du peuple français; vous avez supporté les privations et les fatigues avec autant de courage que vous avez montré d'intrépidité et de sang-froid au milieu des combats; vous êtes les dignes défenseurs de l'honneur de ma couronne et de la gloire du grand peuple. Tant que vous serez animés de cet esprit, rien ne pourra vous résister; je ne sais désormais à quelle arme donner la préférence... Vous êtes tous de bons soldats! »

Les Français ont dignement célébré par cette victoire l'anniversaire de la prise d'Ulm. Ils s'élancent à la fois sur toutes les directions et ne donnent aucune relâche à l'ennemi, pour qui les places fortes même ne sont pas un refuge assuré. Erfurth et sa citadelle renfermant quatorze mille hommes et des approvisionnements de tous genres, capitulent le jour même de leur investissement; Blucher, cerné de toutes parts avec six mille chevaux, n'évite d'être pris qu'en attestant sur son honneur que les hostilités sont suspendues. Kalkreuth, qui voulait se sauver par une semblable imposture, éprouve un nouvel échec au village de Greussen. La reine, vêtue en amazone, et le roi, son époux, qui tous deux partagent les dangers de cette retraite, n'échappent que par hasard à la dernière des humiliations. En vain le prince Eugène de Wurtemberg, qui se précipite à leur secours avec vingt-cinq mille hommes de troupes fraîches, s'efforce-t-il de défendre le pont et la ville de Halle; attaqué par Bernadotte, il y laisse deux mille morts, cinq mille prisonniers, deux drapeaux et trente pièces d'artillerie.

Après tant de revers, le monarque prussien s'était arrêté à Magdebourg pour recueillir et rallier les débris de son armée; mais à peine s'est-il jeté dans cette place, qu'assailli par le maréchal Soult, il voit ses meilleures troupes, forcées dans cinq engagements successifs, déposer les armes devant la division Legrand, qui emporte le camp retranché où elles avaient cherché un asile. Frédéric-Guillaume se trouvait dans la situation la plus critique; les plus solides remparts ne le rassurent pas contre les entreprises d'un ennemi qu'aucun péril ne saurait rebuter; un faible cordon s'oppose à sa sortie, il le perce à la tête de quelques régiments dévoués; et, ne songeant plus, dans sa fuite, qu'à placer l'Elbe et l'Oder entre ses vainqueurs et lui, il néglige de prendre des mesures pour mettre sa capitale à l'abri d'une invasion.

Le 26 octobre, la forteresse de Spandau, défendue par douze cents soldats, se rend aux troupes du maréchal Lannes. Napoléon, entré le même jour dans Postdam, visite le tombeau du Grand-Frédéric, et envoie à Paris l'épée de ce prince, le cordon de ses ordres, sa ceinture de général et les drapeaux de sa garde durant la guerre de sept ans. « Voilà des trophées, dit-il en les saisissant avec un noble enthousiasme, que je préfère à vingt millions! J'en ferai présent à mes vieux soldats des campagnes de Hanovre; les Invalides les garderont comme un témoignage des victoires de la grande armée et de la vengeance qu'elle a tirée des désastres de Rosback. »

Le 26, le quartier général français s'établit à Charlottembourg, sur la Sprée, dans cette ville embellie par les soins de Frédéric II, qui y plaça une partie des richesses composant le cabinet du cardinal de Polignac.

La victoire marque toujours les logements de l'empereur qu'elle précède : le 27, elle l'introduit à Berlin. C'est là qu'il va reproduire aux yeux de l'univers la clémence d'Auguste. Une lettre du prince d'Atzfeld vient d'être interceptée. Elle prouve sa trahison; déjà la commission va s'assembler, et l'évidence du crime ne laisse aucun doute sur l'issue du jugement. La princesse, son épouse, n'a plus d'espoir que dans la générosité de Napoléon; elle tombe à ses genoux : il lui montre la fatale lettre; elle n'y voit que la condamnation de son mari. « Jetez-la au feu, lui dit l'empereur. » Elle n'ose croire à ce qu'elle entend; elle hésite encore; mais bientôt rassemblant ses forces, elle obéit; son mari est sauvé : il n'existe plus de preuves.

Cependant les Français ne perdaient pas de temps; ils ne devaient se reposer qu'après avoir anéanti l'armée prussienne. On va voir comment ils accomplirent cette tâche glorieuse.

Murat, qui s'était mis à la poursuite du prince de Hohenlohe, l'atteignit au moment où il cherchait à gagner le Mecklembourg, culbuta son arrière-garde à Zedenich et à Wignensdorf, tourna et attaqua à Prentzlow le corps qu'il commandait, et le força à mettre bas les armes. Ce combat, l'un des plus remarquables de cette campagne, nous valut quarante-cinq drapeaux ou étendards, soixante canons attelés, et vingt mille prisonniers presque tous de la garde royale prussienne, parmi lesquels le général en chef et un des princes de Mecklembourg-Schwerin. Six mille hommes, qui s'étaient soustraits à cette capitulation, furent ramassés le lendemain par deux régiments de cavalerie sous les ordres du général Milhaud.

La forteresse de Stettin, munie d'une artillerie formidable, bien approvisionnée et gardée par de nombreuses troupes, était en état de soutenir un long siége; elle ne résista pas à l'audacieuse sommation du général Lasallé qui, avec quelques escadrons, se présenta sous ses murs. Stettin, situé sur un coteau près de l'Oder, assurait à notre armée une bonne ligne d'opération.

On touche à la fin d'octobre; encore quelques jours et il ne reste plus à l'ennemi un seul corps, une seule place forte qui n'aient subi la loi des vainqueurs. Le général Bila, qui, à la tête d'une colonne, se dirigeait vers la Baltique, est culbuté devant Anklam, ville de la Poméranie prussienne, où il laisse quatre mille fantassins et cavaliers entre les mains des dragons du général Becker. Blucher, poussé l'épée dans les reins par Bernadotte, Soult et Murat, voit son infanterie écrasée dans Lubeck et capitule lui-même à Schwartau sur le territoire danois, dont il a violé la neutralité. Quinze mille prisonniers, quarante canons, plusieurs drapeaux et étendards furent les fruits de la victoire.

La prise de Lubeck est un des plus beaux faits qui aient illustré les armées françaises.

Quoique cette ville fût défendue par la Tauwe, et entourée de marais profonds, les soldats de la division Drouet l'emportèrent d'assaut aux cris de : *En avant.* Les Prussiens s'y battirent en désespérés ; il fallut les assiéger dans toutes les rues, et ils ne se rendirent qu'au moment où la division Legrand, accourue par le seul point de retraite qui leur était offert, les eut placés entre deux feux. Le 8e régiment de ligne, qui, électrisé par l'exemple de son colonel, l'intrépide Autier, avait, quelques heures auparavant, enlevé à l'abordage plusieurs chaloupes portant un bataillon de la garde suédoise, mérita de nouveaux éloges dans cette occasion.

Tandis que ces événements avaient lieu, le général Savary, avec sa cavalerie légère, défaisait les Suédois à Rostoc, les rejetait dans leur Poméranie et s'emparait de cinquante de leurs bâtiments ; le maréchal Davoust, après avoir passé l'Oder à Francfort, recevait les clés de Custrin ; le maréchal Ney faisait défiler devant lui les vingt-deux mille hommes de garnison de l'importante forteresse de Magdebourg qu'il venait de réduire ; enfin, le maréchal Mortier, à la tête de l'armée gallo-batave, soumettait la Hesse sans combat, faisait la conquête du Hanovre, se rendait maître des places de Hameln et de Niemburg, occupait Hambourg et Bremen, et plantant l'aigle française dans toutes les villes anséatiques, fermait à l'Angleterre ses grands entrepôts de la Baltique et de la mer du Nord. Ainsi le gouvernement britannique était le premier à ressentir le contre-coup du choc qui avait ébranlé la monarchie prussienne.

La Prusse, cette puissance fondée, agrandie par l'épée, et qui naguère était si florissante, si orgueilleuse, l'épée l'a maintenant effacée de la coalition. Son roi, saisi d'épouvante, a fui devant les flots de notre armée, comme un autre Darius à l'approche des phalanges d'Alexandre. La Silésie, quelques lambeaux de la Pologne et vingt mille soldats répartis dans les places fortes de ces provinces, voilà tout ce qui lui reste. Couvert de la malédiction de son peuple, abandonné d'une cour qui s'est éclipsée aussitôt que sa fortune, Frédéric-Guillaume, que six semaines auparavant l'on avait vu afficher les prétentions les plus exagérées, trouve à peine, à l'extrémité orientale de ses états, un coin de terre où il puisse reposer sa tête. Kœnigsberg est la première ville de cette frontière qui soit hors d'un pressant danger ; c'est de là que, déterminé par les conseils de la reine, du général Kalkreuth, et de cinq ou six autres généraux formant toute sa suite, le monarque se résigne à tendre des mains suppliantes, et à solliciter un armistice qui déjà deux fois lui avait été refusé. Cet acte, auquel Napoléon consentit enfin, fut signé à Charlottenbourg, le 16 novembre, peu de jours avant le fameux décret qui, en représailles du blocus maritime, posait les bases du système continental, système diversement jugé, mais qui, en frappant d'inertie les manufactures anglaises, a cependant concouru avec efficacité au développement de notre industrie.

Ces triomphes rapides remportés sur les Prussiens furent peut-être ceux qui flattèrent le plus notre amour-propre national, en France où, malgré leur expulsion honteuse en 1792, il existait un préjugé en faveur de la supériorité de leur tactique et de leurs armées sur celles des autres nations de l'Allemagne.

Napoléon n'avait pas encore quitté Berlin, d'où il dirigeait toutes les opérations militaires et l'administration intérieure de son vaste empire, lorsqu'il apprit que le roi de Prusse, cédant aux insinuations de la Russie qui le berçait de l'espoir d'une vengeance prochaine, ne voulait plus ratifier l'armistice qu'il avait lui-même proposé. L'empereur n'eut pas plus tôt reçu cette nouvelle, qu'il s'élança vers la Pologne avec une armée plus formidable qu'au moment où s'ouvrit la campagne. L'élan des braves Polonais, qui coururent aux armes pour ressaisir, à l'ombre de nos aigles, la liberté et l'indépendance de la patrie, ajouta encore à cette masse, dont toutes les parties déjà en mouvement s'étendaient depuis le Mecklenbourg jusque au delà de Posen.

Après être arrivé jusqu'à Warsovie, un mois plus tard qu'il ne s'était engagé à le faire, l'empereur Alexandre, qui paraissait résolu à venir au devant de notre armée, ordonna tout à coup à la sienne de se replier sur la Pologne russe. Cette détermination semblait d'autant plus extraordinaire, que ses avant-postes ayant à peine aperçu les nôtres, aucun engagement sérieux n'avait pu le forcer à rétrograder. Mais il voulait ainsi attirer sur ses pas l'armée française, afin de la combattre dans des contrées où elle aurait été assaillie par le climat et par les privations de tout genre. Napoléon ne donna point dans ce piége, et les plaintes du roi de Prusse, justement alarmé d'un système de guerre qui retardait la libération de son territoire, obligèrent Alexandre à se porter en avant pour prendre position sur la Narew et sur le Bug.

Nos soldats, enflammés par le souvenir récent de leurs triomphes et par l'éloquence toute guerrière de leur chef, brûlent de renouveler les prodiges d'Iéna. Concentrés sur la rive droite de la Vistule, qu'ils ont franchie, ils attendent avec impatience le signal de fondre sur un ennemi qu'ils voient avec satisfaction se rapprocher d'eux. Napoléon ne laissa pas de refroidir cette ardeur; le 16, il partit de Posen, arriva le 19 à Warsovie, et visita les ouvrages qu'il faisait contruire en avant du faubourg de Praga. Le 23, il passa le Bug, et après avoir reconnu la Wkra et les retranchements construits par les Russes pour couvrir leur position, il fit jeter au confluent des deux rivières un pont que le général d'artillerie Lariboissière termina en deux heures. L'attaque commença aussitôt par le combat de Czarnowo, dans lequel les divisions Morand et Beaumont mirent en déroute quinze mille hommes que défendait une nombreuse artillerie. Cette victoire, complétée simultanément sur deux autres points par les maréchaux Ney et Bessières, fut immédiatement suivie de celles de Karmidjen, de Nazielsk, de Cursomb, de Dziadolw, de Mlwa, de Pulstuck et de Golymin. Partout les Russes opposèrent le plus grand acharnement à l'impétuosité française, et partout ils furent culbutés. En trois jours, ils perdirent quatre-vingts bouches à feu, presque tous leurs caissons, douze cents voitures et plus de douze mille hommes tués, blessés ou prisonniers. Un dégel, qui rendit les routes impraticables, put seul les sauver d'une entière destruction. Ces événements jetèrent la consternation dans Kœnisberg. Le roi et la reine de Prusse prirent alors le parti de quitter cette ville pour se rendre à Mémel, que son éloignement et l'état de ses fortifications mettaient plus à l'abri d'un coup de main.

Après l'expérience d'un premier revers, l'empereur Alexandre parut revenir à son projet d'attirer notre armée dans les glaces du nord; mais Napoléon ne se laissa point abuser par cette tactique. Ses troupes, fatiguées par trois mois de combats et de marches continuelles, avaient besoin de repos; il leur fit prendre des quartiers d'hiver, et rentra lui-même dans Warsovie, où il établit sa résidence, en attendant le terme d'une suspension d'armes qui n'existait que par les obstacles de la saison et par le grand intervalle que les Russes avaient mis entre eux et lui.

L'élévation de l'électeur Frédéric-Auguste à la royauté, avec la perspective d'un accroissement de puissance, son admission, ainsi que celle des princes de la maison ducale de Saxe, dans la confédération du Rhin, et la déclaration par laquelle les ducs de Brunswick, l'électeur de Hesse-Cassel et le prince de Nassau-Fulde étaient déchus de leurs souverainetés, furent les actes les plus importants qui marquèrent le séjour de l'empereur dans la capitale de la Pologne.

Le système de la confédération rhénane, ou plutôt germanique, se trouve ainsi complet pour les desseins actuels ou futurs de ce grand politique; mais, avant de rentrer en Allemagne pour combattre la Prusse révoltée, Napoléon a songé à punir la Russie d'avoir refusé l'armistice d'Austerlitz, et le 19 décembre, au moment où il va porter dans la Prusse ducale et dans les provinces démembrées de l'ancienne Pologne tout l'effroi de ses armes, le divan déclare la guerre à la Russie. Cette puissante diversion est une des plus belles conceptions militaires de Napoléon, qui connaît les immenses ressources que possède la Russie pour enfanter des armées. Celle qu'elle a envoyée en Russie est de cent soixante mille combattants, et ses frontières touchant le théâtre de la seconde campagne, le fer est déjà engagé entre les Français et les Russes.

Tandis que tout était tranquille sur les bords de la Vistule, les opérations militaires en arrière de la grande ligne de bataille n'avaient pas été interrompues. Jérôme Bonaparte, à qui son frère avait confié le commandement d'un corps de troupes alliées dans la Silésie, travaillait sans relâche à réduire les places de cette province. La reddition de Plassembourg et du fort de Czenstochau, situés hors des frontières, avaient signalé son début. Ses progrès à l'intérieur n'avaient pas été moins rapides : Glogau, à peine investie, avait livré ses remparts, ses canons et des approvisionnements immenses. Breslau, assiégée par Vandamme et défendue par une garnison de six mille hommes, avait capitulé, après cinq sommations et trente jours de tranchée ouverte. Brieg, foyer d'une insurrection considérable fomentée par le prince d'Anhalt-Pleiss, avait succombé à la menace d'un bombardement, et le blocus de Kosel était commencé, ainsi que celui de Schweidnits, où, après trois défaites, le chef des insurgés s'était enfermé avec les débris de ses bandes, dans lesquelles on avait compté jusqu'à douze mille paysans armés.

Le rivage de la Baltique offrait le spectacle d'une semblable activité. Le maréchal Mortier, à la tête du petit nombre de troupes que l'occupation du Hanovre lui permettait de mobiliser, avait fait une incursion dans la Poméranie suédoise et y avait préludé, par des avantages partiels, à des succès plus étendus. L'expédition de l'île prussienne de Wollin, dans laquelle trois compagnies du 2e d'infanterie légère, sous les ordres du chef de bataillon Armand, taillèrent en pièces mille hommes de la garnison de Colberg, sera longtemps citée comme un des plus beaux faits de cette campagne.

A peine les trois compagnies avaient-elles pris poste à Wollin, dès leur arrivée, le [illegible] janvier, qu'un détachement de la garnison de Colberg, fort de mille hommes, de cent cinquante chevaux et quatre pièces de canon, vint les attaquer. L'infanterie investit la ville pendant que la cavalerie, après avoir culbuté les avant-postes français, entrait au galop; mais les trois compagnies marchèrent sur les Prussiens au pas de charge et les repoussèrent, après leur avoir fait cent prisonniers et s'être emparées de leur artillerie. Trois autres compagnies entrèrent dans Wollin pour mettre cette place à l'abri de toute surprise.

Quelques autres actions, telles que l'enlèvement des postes fortifiés de Volgast et de Greiswald, dont l'enceinte fut escaladée par un de nos régiments, la prise de Grimmen et celle des hauteurs de Rheinkenhagen, d'où les Suédois furent débusqués, nous conduisent naturellement à la fin de 1806.

Les troupes qui devaient être chargées du siége de Dantzig s'étaient réunies; elles se composaient du contingent du grand-duc de Bade et du corps polonais, déjà organisé. Elles se dirigèrent promptement sur cette place. L'avant-garde, formée de la brigade polonaise du général Kosiwsky, faisant partie de la division aux ordres du général Dombrowski, prit poste à Holpe, pour couper la communication de Colberg avec Dantzig.

Avant de tracer le tableau de l'année 1807, jetons un coup d'œil sur les événements maritimes qui ont eu lieu depuis le désastre de Trafalgar

OPÉRATIONS MARITIMES

Dans l'Océan Indien et dans l'Océan Atlantique. — 1806.

Les forces navales de la France, après les pertes que sa marine venait d'éprouver, n'étaient plus en état de balancer celles de l'Angleterre ; à peine pouvaient-elles suffire désormais à ravitailler les colonies et à inquiéter dans les différentes mers du globe le commerce des dominateurs de l'Océan. Le contre-amiral Allemand, avec cinq vaisseaux, obtint dans cette tâche, moins brillante qu'utile, des succès qui ne furent achetés par aucun sacrifice. Son escadre, que les Anglais cherchèrent vainement pendant six mois, et qui reçut d'eux le nom d'*Invisible*, rentra dans Rochefort, après avoir fait plusieurs riches captures. Le contre-amiral Leissègnes fut moins heureux : son escadre, qui, pendant la traversée de Brest aux Antilles, avait cruellement souffert de la tempête, s'étant trouvée tout à coup engagée contre des forces triples, fut prise ou détruite en totalité, après une résistance des plus héroïques. Le *Brave*, le *Jupiter* et l'*Alexandre*, ayant amené leur pavillon, furent conduits en Angleterre. Deux autres vaisseaux, le *Diomède*, de soixante-quatorze canons, et l'*Impérial*, de cent trente, s'échouèrent et furent presque aussitôt incendiés. Le *Diomède*, commandé par le capitaine Henri, se défendit longtemps contre six vaisseaux ennemis ; l'*Impérial*, monté par l'amiral en personne et par le capitaine Bigot, ne quitta la ligne de bataille qu'après que tous ses officiers et que plus de cinq cents hommes de son équipage eurent été tués ou mis hors de combat. Cette journée, dans laquelle la bravoure française fut impuissante, formera l'un des plus tristes épisodes dans l'histoire de nos guerres maritimes.

A la suite de la rupture du traité d'Amiens, la guerre s'étant rallumée entre la France et l'Angleterre, le gouvernement français destina l'escadre de l'amiral Linois à croiser contre le commerce britannique dans les mers de l'Inde. Le 8 octobre 1803, l'amiral fit sa première sortie de l'Ile-de-France avec le *Marengo*, la *Belle-Poule*, la *Sémillante* et la corvette le *Berceau*. L'escadre arriva le 1er décembre à Batavia, débarqua les troupes destinées pour cette colonie et y resta près d'un mois. Là, renforcé du brick hollandais l'*Aventurier*, et malgré les maladies qui s'étaient manifestées à bord de tous les bâtiments, Linois continua sa route, et vers la fin de janvier 1804, il arriva à l'entrée des mers de la Chine. L'amiral apprit que vingt vaisseaux de la compagnie des Indes s'armaient de toute l'artillerie qu'ils pouvaient se procurer, et se préparaient à partir tous ensemble sous peu de temps. Le matin du 14 février, ce convoi fut annoncé par les vigies; et il fit renger ses vaisseaux en ordre de bataille. Le lendemain, la flotte ennemie se composait de vingt-sept voiles. Linois tint conseil avec ses capitaines, qui tous furent d'avis d'attaquer. Après plusieurs manœuvres des deux côtés, le *Marengo* donna le signal, et le combat s'engagea à midi et demi.

Les Français eurent d'abord l'avantage. Plusieurs vaisseaux anglais se hâtèrent même de virer de bord, afin de s'éloigner du lieu du combat; mais cet avantage ne se soutint pas. Nous ne saurions mieux expliquer comment la fortune changea qu'en citant les termes mêmes du rapport de l'amiral Linois : « Le vaisseau ennemi le plus avancé, dit cet officier général, ayant éprouvé quelques avaries, laissa arriver; mais, soutenu par ceux qui le suivaient, il prêta de nouveau le côté et fit, ainsi que les autres bâtiments, un feu très nourri. Les vaisseaux qui avaient viré se réunirent à ceux qui nous combattaient, et trois de ceux qui avaient des premiers pris part à l'action manœuvrèrent pour nous couper de l'arrière, tandis que le reste de la flotte, se couvrant de voiles et laissant arriver, annonçait le projet de nous envelopper. Les ennemis, par cette manœuvre, auraient rendu ma position très dangereuse. La supériorité de leurs forces était reconnue, et je n'avais plus à délibérer sur le parti que je devais prendre pour éviter les suites funestes d'un engagement inégal. Profitant de la fumée qui m'enveloppait, je virai lof pour lof, pour venir sur babord, et, courant à l'est-nord-est, je m'éloignai de l'ennemi, qui continua à poursuivre l'armée française jusqu'à trois heures, en lui envoyant plusieurs bordées sans effet. »

Après cet engagement, Linois retourna à Batavia avec un vaisseau de plus, l'*Atalante*, qui venait de se rallier. Là, il prit des vivres et se mit en route pour l'Ile-de-France, où il arriva le 2 avril. Il y trouva deux frégates qu'il avait laissées en arrière, et qui amenèrent une prise évaluée à sept millions.

De tous nos amiraux, Linois montait l'escadre la moins considérable, et cependant il était celui dont les expéditions avaient eu les plus grands résultats. Depuis trois ans qu'avec un seul vaisseau et trois frégates il croisait dans les mers de l'Inde, il avait été vainqueur dans plus de vingt combats, avait brûlé les comptoirs des Anglais à Sumatra et à Sellabar, détruit leurs établissements, intercepté leurs convois, enlevé jusque dans leurs ports plusieurs vaisseaux de guerre et de la compagnie des Indes, et s'était maintenu dans des parages où l'ennemi entretenait des forces au moins quintuples des siennes. Jamais le commerce de l'Angleterre n'avait rencontré un adversaire aussi infatigable, ni qui lui eût fait éprouver des pertes si vivement ressenties.

Linois s'était emparé de plus de mille bouches à feu, et la valeur des prises qu'il avait faites s'élevait à plus de soixante millions, lorsqu'il apprit que le cap de Bonne-Espérance venait de tomber au pouvoir des Anglais. Cet événement ne lui laissait plus aucun port dans lequel il pût relâcher pour réparer ses bâtiments, qui manquaient d'agrès, et pour faire des vivres, dont ses équipages avaient le plus grand besoin. Il se décida à faire route pour la France. Le 17 février 1806, le *Marengo* et la *Belle-Poule*, qui formaient alors toute son escadre, coupèrent la ligne équinoxiale pour la douzième fois depuis qu'ils avaient quitté le rivage de leur patrie. Après des périls, des privations et des fatigues qui surpassent l'imagination, nos marins se réjouissaient de revoir bientôt la terre natale; la fortune trompa leurs vœux. Dans la nuit du 13 au 14 mars, le *Marengo* donna inopinément au milieu d'une escadre ennemie de sept vaisseaux, deux frégates et une corvette. Il fallut se préparer au combat; mais quoique l'issue ne pût être douteuse, le *Marengo* et la *Belle-Poule* soutinrent vaillamment l'honneur du pavillon français; enfin, accablés par le nombre, ils durent se rendre. Deux lieutenants de vaisseaux perdirent la vie dans cette action. L'amiral Linois, son fils et huit autres officiers y furent grièvement blessés. Tel fut le déplorable dénoûment d'une campagne qui, par sa longue durée et le caractère entreprenant du chef qui y présidait, avait été si funeste au commerce britannique.

Tandis que Linois succombait, pour ainsi dire, à la vue du port, l'Océan indien, qu'il venait d'abandonner, était le théâtre d'un combat à outrance dans lequel le capitaine Bourayne, commandant le brave équipage de la frégate la *Canonnière*, montrait, en triomphant du *Trémendous*, vaisseau anglais de soixante-quatorze canons, ce que nous aurions pu attendre de notre marine, si le soin de la diriger eût été confié à des mains plus habiles.

Il faut placer vers la même époque les expéditions des capitaines L'Hermite et Le Duc, qui conduisirent leur croisière avec un rare bonheur. Le premier, sorti de Lorient, et dont la division navale ne se composait que d'un vaisseau, le *Régulus*, de soixante-quatorze canons, et d'une seule frégate, la *Cybèle*, rentra après onze mois dans un des ports de France avec trois bâtiments de plus, huit cents prisonniers et deux cent vingt-neuf bouches à feu provenant de la côte occidentale d'Afrique, où il avait détruit un grand nombre d'établissements anglais et fait vingt-une prises, dont plusieurs armées de trente canons. Le second, après avoir, avec trois frégates, tenu la ligne des Açores et parcouru les côtes de l'Islande, du Groënland et du Spitzberg, était remonté dans la mer Glaciale jusqu'au 78e degré, pour y poursuivre les bâtiments ennemis employés dans le nord à la pêche de la baleine. Aucun obstacle ne put rebuter la persévérance et l'activité extraordinaires de cet intrépide marin, qui, digne émule du célèbre Jean Bart, son compatriote, était depuis longtemps familiarisé avec les entreprises de ce genre. Dans l'espace de six mois, le capitaine Le Duc coula plus de trente baleiniers, tant russes qu'anglais, et fit plusieurs centaines de prisonniers.

Le récit des opérations de l'escadre du contre-amiral Willaumez, partie de Brest en même temps que celle de l'amiral Leissègues, doit prendre ici sa place et terminer l'esquisse de nos campagnes maritimes pendant l'année 1806. Un vaisseau de quatre-vingts canons, cinq de soixante-quatorze et deux frégates formaient l'ensemble des forces de Willaumez lorsqu'il mit à la voile, avec l'instruction intempestive de relâcher au cap de Bonne-Espérance, où tout le monde savait que les Anglais l'avaient devancé. Frappé de l'absurdité des ordres qui lui étaient donnés, l'amiral y substitua la résolution de se porter sur les points où il prévoyait pouvoir causer le plus de dommage à l'Angleterre. Après une traversée pendant laquelle il avait capturé, dans les mers d'Europe, plusieurs bâtiments chargés de troupes, ses premières croisières eurent successivement pour but d'intercepter les convois de l'Inde et de la Chine, et de brûler tous les navires qui étaient à la Barbade; mais le manque de vivres, les courants, les vents contraires et le mauvais état de ses vaisseaux, qu'il fut obligé de ravitailler à San-Salvador, et de réparer à la Martinique, le forcèrent à adopter d'autres projets. Il se dirigea vers Mont-Serrat, rançonna cette colonie, visita plusieurs rades ennemies, où il fit des prises, offrit le combat à l'escadre de lord Cochrane, et se porta à la hauteur du débouquement de Bahama, pour y attendre le convoi de la Jamaïque, s'en emparer et cingler ensuite vers Terre-Neuve, afin de détruire les pêcheries, de capturer les bâtiments pêcheurs et de choisir une croisière où il pût arrêter les navires anglais à leur retour du Labrador, du Groënland et de l'Islande. Malheureusement, ces combinaisons furent dérangées par la désertion du vaisseau le *Vétéran*, que Jérôme Bonaparte commandait et qu'il eût fait prendre à l'approche des côtes de France, si la peur et l'inexpérience ne l'eussent précipité à temps dans la baie de Concarneau, où aucun marin n'aurait osé introduire la plus petite frégate. Les courses de Willaumez dans diverses directions pour chercher le vaisseau qui avait abandonné son escadre favorisèrent le passage du convoi, et quand l'amiral vint reprendre sa croisière, il n'en était plus temps; mais, dans le doute, il persista à ne pas s'éloigner. Ce retard lui devint funeste; ses vaisseaux, surpris par une tourmente affreuse, furent dispersés. Presque tous se démâtèrent complétement ou perdirent leur gouvernail.

CAMPAGNE DE 1807

CONTRE LES ANGLAIS, LES PRUSSIENS, LES SUÉDOIS, LES RUSSES, LES NAPOLITAINS ET LES PORTUGAIS.

L'année 1807 commence, et avec elle le terrible réveil de la grande armée, que les Russes ont provoquée dans ses cantonnements. Ce fut le 27 janvier que le maréchal Bernadotte, qui était à Elbing, instruit que les Russes étaient dans ces parages, se porta sur Morhingen avec la division Drouet, à onze heures du matin. Le général Pactod était alors aux mains avec l'ennemi. Sur-le-champ le prince fit attaquer, la mêlée fut très vive. Le drapeau du 9e fut un moment enlevé par l'ennemi ; mais ce brave régiment, indigné de se voir ravir le talisman de son honneur, sans lequel il ne devait plus y avoir pour lui qu'humiliation et que honte, s'élança sur l'ennemi avec le courage du désespoir, l'écrasa, et, victorieux, ressaisit son étendard sacré.

Cependant notre ligne se précipita sur la ligne russe ; la fusillade devint très meurtrière ; on tirait à bout portant. Tout-à-coup le général Dupont paraît sur la scène ; la droite de l'ennemi est tournée. Un bataillon du 32e s'élance avec impétuosité sur les Russes, les met en désordre, et répand au milieu d'eux le carnage et la mort. C'en est fait, l'ennemi lâche pied ; il est poursuivi à toute outrance. On ne fait de prisonniers que les hommes qui se trouvent dans les maisons. Si la nuit ne fût survenue, nous eussions obtenu un résultat encore plus avantageux.

L'avant-garde de l'armée russe se retira sur Liebstadt, où elle fut renforcée par plusieurs divisions et par un nouveau corps accouru de la Moldavie, où il était destiné à combattre les Turcs.

L'armée française se mit en marche le 1er février, et rencontra l'avant-garde ennemie à Passenheim ; Murat la fit charger par plusieurs colonnes de cavalerie, et prit la ville de vive force.

Cependant, l'armée ennemie, qui avait rétrogradé en toute hâte, se rangea en bataille près de la Vistule.

Napoléon ayant fait ses dispositions, l'action s'engagea à deux heures; le 4e de ligne et le 24e d'infanterie légère attaquèrent les Russes, les débusquèrent, et couvrirent le champ de bataille de morts et de blessés. L'ennemi épouvanté prit la fuite, et nous abandonna toutes ses positions.

Le 5, deux combats préparèrent la victoire que nous devions remporter le lendemain.

Le 6, l'armée exécuta différentes marches sur les traces de l'ennemi, et culbuta son arrière-garde.

La nuit du 6 au 7, les deux armées furent en présence près d'Eylau. Après un court combat, dans lequel nous remportâmes l'avantage, l'armée entra dans Eylau et reconnut que l'ennemi était en position derrière cette ville. L'ennemi, qui avait placé plusieurs régiments dans une église et dans un cimetière, se défendit avec courage; le combat fut meurtrier; mais, enfin, la victoire se décida en notre faveur, à dix heures du soir.

Le 8 février, à la pointe du jour, l'ennemi commença l'attaque par une très vive canonnade; le maréchal Augereau, de son côté, riposta par une canonnade non moins épouvantable. Tous les coups portaient, et la mort parcourait avec une effrayante rapidité les lignes des deux armées. Napoléon se porta vers l'église d'Eylau, dont l'ennemi voulait s'emparer. Il parvint à détruire l'effet de cette attaque, et les Russes, pour échapper aux ravages que nos batteries faisaient dans leurs rangs, voulurent enlever la ville par la position d'un moulin à vent qui était à notre gauche; là, quarante mille Français furent obligés de soutenir le choc de toute l'armée ennemie. Napoléon s'efforçant, dans cette situation critique, de dégager la gauche de son armée, ordonna à la division Saint-Hilaire de se porter sur l'extrême gauche des Russes, et de se réunir aux efforts de Davoust, qui faisait entendre ses tirailleurs sur les derrières de l'armée ennemie. Le maréchal Augereau reçut ordre de charger les tirailleurs russes, qui venaient jusqu'au monticule du cimetière, et d'appuyer le général Saint-Hilaire.

Au moment où on effectuait ces mouvements, une neige épaisse, et telle qu'on ne distinguait pas à deux pas devant soi, tomba par énormes flocons, couvrit les deux armées, répandit une profonde obscurité, et rendit la marche de nos colonnes incertaine. Le point de direction fut perdu; elles s'appuyèrent trop à gauche, et l'obscurité s'étant dissipée, on vit combien cette fausse manœuvre pouvait compromettre le succès de la bataille.

Le danger était imminent; une charge générale est ordonnée; Bessières et Murat, à la tête de toute la cavalerie, débordent audacieusement le général Saint-Hilaire, et se précipitent comme la foudre sur l'armée russe. L'infanterie est culbutée, l'artillerie enlevée, le massacre est horrible. Cette manœuvre, admirablement exécutée, rend à notre armée tout l'avantage qu'elle avait perdu. L'ennemi, chassé contre le bois, est obligé de se déployer et de s'étendre.

Cependant Davoust, arrivé à la hauteur du bois, enleva le plateau qu'occupait la gauche de l'armée russe, et couronna cette position. Trois fois l'ennemi voulut le reprendre, trois fois il fut repoussé. Notre armée, appuyant sa gauche à Eylau, et sa droite au bois d'où l'ennemi avait été chassé, demeura maîtresse du champ de bataille, et la victoire, enfin décidée à quatre heures du soir, reçut un nouvel éclat par la défaite, à Schomoditten, de la division du général prussien Lestocq, et par la dispersion de six bataillons de grenadiers que l'avant-garde du maréchal Ney mène battant jusqu'à la rivière de Frisshing.

L'ennemi se retira en déroute sur Kœnisberg. La nuit mit seule un terme à la poursuite.

Le champ de bataille était horrible à voir, l'ennemi, contraint de fuir, avait abandonné ses blessés qui reçurent des soins touchants de leurs ennemis.

Le lendemain de la bataille, Napoléon monta à cheval, accompagné de Murat, Berthier, Soult, Davoust, Bessières, de M. de Caulaincourt, et des aides-de-camp Mouton, Gardannes et Lebrun; il passa en revue plusieurs divisions, et parcourut toutes les positions que les deux armées avaient occupées la veille. Une neige épaisse couvrait entièrement la plaine, sur laquelle des milliers de morts et de blessés étaient étendus; les traces de sang formaient, avec la blancheur de la neige, un contraste effrayant. Des pelotons de Français, et quelques prisonniers russes parcouraient en silence, mais avec des sentiments différents, ce champ de carnage, où la place de chaque bataillon était dessinée par des légions de cadavres russes, des débris de havresacs et d'armes. Les morts couvraient les mourants. Les cris des uns, le morne repos des autres, le bruit éloigné de quelques coups de canon répétés par les échos, les croassements funèbres de quelques oiseaux de proie, les bois dépouillés de leur feuillage et couverts de neige, enfin l'église et le cimetière d'Eylau qui montraient dans le lointain leurs murs que la guerre n'avait point respectés: tout inspirait des idées sinistres, présentait des contrastes frappants, respirait une horreur inexprimable.

Napoléon s'arrêtait devant les blessés, les faisait questionner dans leur langue, et ordonnait qu'on leur prodiguât des secours. Un jeune Lithuanien, auquel un boulet avait emporté le genou, avait conservé son courage au milieu de ses compagnons expirants. Il se soulève à la vue du chef de l'armée française: « César, lui dit-il, tu veux que je vive? eh bien! qu'on me guérisse; je te servirai fidèlement comme j'ai servi Alexandre. »

Le capitaine des grenadiers à cheval de la garde, Auzouï, était couché sur le champ de bataille. Ses camarades vinrent pour l'enlever et le porter à l'ambulance. Revenu à lui, il refusa leur secours, et leur dit: « Laissez-moi, mes amis, je meurs content, puisque nous avons la victoire, et que je puis mourir sur le lit d'honneur, environné de canons pris à l'ennemi, et des débris de leur défaite. Je n'ai qu'un regret, dans mes derniers moments, c'est que je ne pourrai plus rien pour la gloire de notre belle France. »

La bataille d'Eylau, dans laquelle une moitié de notre armée ne donna pas, et l'autre ne parvint à fixer la fortune un instant infidèle à ses aigles, que par des efforts inouïs de courage et par les dispositions qu'improvisa l'empereur, est l'une des plus sanglantes des temps modernes. Sept mille Russes y périrent; seize mille de leurs blessés entrèrent dans Kœnigsberg, douze mille prisonniers, soixante-cinq pièces de canon et seize drapeaux, en y comprenant les trophées de Passenhein, de Bergfried, de Deppen, de Hoff, restèrent en notre pouvoir. De notre côté nous eûmes plus de deux mille morts, parmi lesquels le brave général Corbineau. Le nombre des blessés s'éleva à près de six mille. Un dégel qui survint après cette mémorable journée, nous ravit, comme à Golymin, les avantages de la victoire. Les Russes, étant parvenus à se rallier, se retranchèrent devant Kœnisberg et derrière la rivière de Prégel, tandis que nos soldats, prenant pour ligne Pessarge jusqu'à Omulew, rentrèrent dans leurs cantonnements d'hiver. Le 15 février, ils n'y avaient pas encore été inquiétés, lorsqu'un corps de vingt-cinq mille hommes commandés par le général Essen s'avança par deux rives de la Narew, afin d'attaquer notre droite et d'opérer ainsi une diversion que le général en chef Benigsen pût mettre à profit. Napoléon adressa alors cette proclamation à son armée.

« Soldats!

« Nous commencions à prendre un peu de repos dans nos quartiers d'hiver quand l'ennemi a attaqué le premier corps et s'est présenté sur la Basse-Vistule; nous avons marché à lui, et nous l'avons poursuivi pendant l'espace de 80 lieues. Il s'est réfugié sous les remparts de ses places et a repassé la Prégel. Nous lui avons enlevé, aux combats de Bergfrid, de Deppen, de Hoff, à la bataille d'Eylau, 65 pièces de canon, 16 drapeaux, et tué, blessé ou pris plus de 40,000 hommes. Les braves qui, de notre côté, sont restés sur le champ d'honneur, sont morts d'une mort glorieuse; c'est la mort des vrais soldats! Leurs familles auront des droits constants à notre sollicitude et à nos bienfaits.

« Ayant ainsi déjoué tous les projets de l'ennemi, nous allons nous rapprocher de la Vistule et rentrer dans nos cantonnements Qui osera en troubler le repos s'en repentira, car au-delà du Danube, au milieu des frimas de l'hiver, comme au commencement de l'automne, nous serons toujours les soldats français de la grande armée. »

Les Russes ne furent pas heureux dans leur tentative: battus dans deux engagements, l'un sur la route de Nowogorod contre les troupes du général Gazan, l'autre dans la ville d'Ostrolenka, dont les généraux Ruffin et Campana défendirent les rues avec la plus grande résolution, ils purent se convaincre une seconde fois que l'on ne trouble pas impunément le repos d'un ennemi victorieux : mais, comme si cette leçon était insuffisante, ils ne craignirent pas, quand la prudence leur conseillait une prompte retraite, de se reformer, pour ainsi dire, sur le terrain où ils venaient d'éprouver un échec. Tant de sécurité leur fut fatale; à peine prenaient-ils position, que le général Savary, ayant rassemblé les divisions Suchet et Oudinot, se précipita sur eux, les culbuta dans une action des plus vives, les chassa à une distance de plus de trois lieues, et ne s'arrêta qu'au moment où l'obscurité vint protéger les fuyards. Cette affaire, dans laquelle périt le général Sowarow, fils du célèbre maréchal de ce nom, coûta à l'ennemi plus de quatre mille des siens, morts, blessés ou prisonniers.

Ce dernier succès fut pour l'armée française le signal de prendre à son tour l'offensive, et de balayer la rive droite de la Passarge. Partout l'ennemi fut forcé à la retraite. Fatigués d'être vaincus dans toutes les rencontres, les Russes, qui semblaient s'être promis d'être plus circonspects à l'avenir, se bornèrent quelque temps à des démonstrations insignifiantes. De légères escarmouches eurent cependant lieu entre leurs avant-postes et les nôtres; mais, comme elles n'eurent pour la grande armée française aucun résultat remarquable, quittons un instant la Pologne pour nous reporter dans la Poméranie suédoise où les opérations paraissent prendre un caractère décisif.

Tous les corps suédois avaient été successivement mis en déroute, et ils ne possédaient plus ni magasins, ni artillerie, lorsque le général Essen, récemment investi du commandement en chef des forces suédoises, fit proposer au maréchal Mortier une suspension d'armes, qui fut acceptée et signée à Schltakow, le 18 avril, c'est-à-dire le jour même, où elle avait été demandée. Gustave IV s'empressa de donner son approbation à cet armistice; il alla même jusqu'à témoigner ouvertement le désir de voir le plus tôt possible resserrer les liens qui avaient autrefois uni la Suède à la France.

Ce changement subit de la part d'un roi, jusqu'alors dévoué à toutes les coalitions, contraria d'autant plus les Russes, qu'il laissait le corps du maréchal Mortier libre de se joindre aux troupes qui, sous le commandement du maréchal Lefebvre, assiégeaient Dantzick, et qui chaque jour faisaient de nouveaux progrès; aucun obstacle, aucun péril ne lassaient ni leur persévérance, ni leur courage. Cent combats, qu'il leur avait fallu soutenir contre des forces doubles des leurs, n'avaient pas suspendu un instant les travaux. On les avait vus tout affronter : l'inondation qui protégeait les remparts, les glaces que roulait un fleuve furieux, les maladies inséparables de l'intempérie du climat, le feu continuel des batteries, et les sorties meurtrières d'une garnison dont rien ne pouvait égaler l'acharnement; partout l'intrépidité de l'attaque avait surpassé l'opiniâtreté de la défense. Français, Saxons, Italiens, Polonais, tous, dans l'accomplissement d'un même but, n'avaient aspiré qu'à se montrer dignes les uns des autres; tous s'étaient illustrés par les mêmes exploits, la même vaillance, la même résolution. Ce mélange de guerriers de diverses nations, loin de nuire à l'accord et à l'ensemble si nécessaires dans les grandes entreprises, entretenait au contraire cette émulation qui se signale par des prodiges. Le maréchal Lefebvre, chez qui l'audace était toujours compagne du sang-froid, électrisait par son exemple les cœurs de tous ces braves. Presque seul de tous les généraux de la liberté, il avait conservé, sous l'Empire, cette franchise et cette popularité républicaines qui sont toute l'éloquence des camps; aussi les soldats mettaient-ils en ses ordres une confiance sans bornes; un mot de lui suffisait pour les précipiter au milieu du danger : ils étaient sûrs qu'ils l'y rencontreraient.

Mais ce n'était pas seulement autour de lui qu'il exerçait une semblable influence, et quoique l'immense développement des fortifications et l'irrégularité d'un terrain, tantôt couvert de marais, tantôt traversé par des rivières, ou entrecoupé de canaux, quelquefois encore parsemé de lacs et de collines, l'obligeassent à étendre ses quartiers, à disséminer ses troupes et à multiplier ses postes, l'enthousiasme gagnait de proche en proche, et chacun faisait son devoir.

Au milieu de ce concours unanime des corps composant l'armée de siége, le feld-maréchal Kalkreuth, qui craignait que d'un instant à l'autre une surprise nouvelle, ou quelques coups hardis ne vinssent déconcerter sa vieille expérience, et mettre en défaut ses plus sages dispositions pour la défense de la place, s'empressa de demander des secours au général Beningsen, qui lui expédia sur-le-champ vingt mille hommes, qui, sous le commandement du général Kaminski, se dirigèrent vers le port de Pillau, où des embarcations les attendaient. Pendant que ce mouvement s'exécutait, Beningsen, qui voulait détourner l'attention de l'empereur Napoléon, et tenir en échec la plus grande partie de ses forces en Pologne, forma des attaques simulées sur les divers points occupés par la grande armée, depuis la Baltique jusqu'à la Narew. La nécessité de donner à ces manœuvres quelque apparence de réalité, tourna constamment au désavantage des Russes; non seulement ils furent défaits toutes les fois qu'ils provoquèrent un engagement, mais encore ils furent complétement déçus dans l'espoir de dérober à l'Empereur les motifs qui les rendaient si entreprenants. Napoléon, averti de leurs préparatifs pour secourir Dantzick, avait déjà pris toutes les mesures propres à paralyser les efforts qui allaient être tentés en faveur de cette place, et dans le même temps que le général Kaminski, sous la protection du canon de Weichselmundeg, débarquait ses troupes au camp retranché de Newfahrwesser, dont heureusement les communications avec la ville avaient été interceptées auparavant, le maréchal Lannes, à la tête de la réserve composée des grenadiers d'Oudinot, se joignit au corps du maréchal Lefebvre. Cette réunion, qui eut lieu le 12 mai, jeta de l'irrésolution dans les plans de l'ennemi. Cependant Kaminski, après trois jours d'hésitation, se décida à attaquer. Le 15 mai, à cinq heures du matin, il déboucha de son camp sur quatre colonnes, et le combat commença aussitôt: trois fois les Russes essayèrent d'enfoncer la ligne française, et trois fois ils furent repoussés avec perte. Ils revenaient à la charge avec de nouvelles forces, se disposant à accabler de leur choc le général Schramm, dont la résistance excitait leur fureur, lorsque le maréchal Lannes parut sur le champ de bataille guidant une colonne de grenadiers. La présence de cette élite redouble à la fois l'énergie des troupes de Schramm et l'acharnement de leurs adversaires. La lutte devient des plus sanglantes: Oudinot y est démonté; malgré cet accident, il s'élance à la tête de ses braves, culbute les Russes, et ne s'arrête qu'au bord de la mer où, par l'entière destruction d'une de leurs colonnes, il achève de rendre la victoire décisive. Témoins de la défaite de leurs alliés, cinq mille Prussiens qui n'avaient pas encore donné balancent à venir se mesurer avec nos soldats: mais les généraux Albert et Beaumont ne laissent pas à cette troupe le temps de prendre un parti; ils se précipitent à sa rencontre, l'atteignent entre Passenwerder et Stege, la combattent, la dispersent, et cueillent à sa poursuite les derniers lauriers d'une journée qui coûtait déjà plus de quatre mille hommes à l'ennemi.

Ainsi battu presque en arrivant, Kaminski n'eut pas même la gloire d'avoir interrompu les travaux du siége; et le feld-maréchal Kalkreuth, qui avait compté sur le secours de ses valeureux auxiliaires, se trouva, comme auparavant, réduit aux seules forces de la garnison. La détresse de Dantzick allait parvenir à son comble: des ponts élevés comme par enchantement couvrent la Vistule, le canal de Laak, et la Motlau; les assiégés, resserrés de plus en plus dans leurs remparts, ne peuvent plus rien recevoir du dehors: des postes établis sur les deux rives du fleuve en ferment l'accès à tout bâtiment qui entreprendrait de le remonter. Une corvette anglaise, armée de vingt-quatre canons, et défendue par cent soixante marins ou soldats, *la Sans-Peur*, qui, en dépit de cette surveillance, cherchait à introduire des munitions dans la place, fut assaillie et prise à l'abordage par les grenadiers de la garde di Paris. Le succès de ce coup audacieux enlevait au gouverneur Kalkreuth sa dernière ressource, n'abattit cependant point son courage. L'assaut était imminent: pour le retarder, il résolut de faire une grande sortie et de détruire les ouvrages des assiégeants. Mais l'issue de cette tentative ne servit qu'à prouver la faiblesse et le dénuement des troupes qu'il commandait. A peine se montrèrent-elles, qu'elles furent forcées de rentrer précipitamment dans l'enceinte de leurs fortifications. Sur ces entrefaites, le maréchal Mortier arrivait devant Dantzick avec une portion de son corps d'armée. Ce renfort décida le maréchal Lefebvre à ne plus différer l'assaut ; mais, avant d'en venir à cette extrémité, il adressa une sommation au gouverneur, qui se soumit à capituler. Napoléon était à Finckinstin quand, le 25 mai, on lui présenta l'acte d'après lequel devait s'effectuer la remise de la place : il le ratifia sur-le-champ, et deux jours après, le maréchal Lefebvre qui avait dirigé ce siége, l'un des plus fameux des temps modernes, fit, à la tête du dixième corps d'armée, son entrée triomphale dans la ville que son habileté et sa valeur venaient de conquérir. Il avait témoigné au maréchal Lannes et au général Oudinot le désir de leur faire partager les honneurs de cette journée ; mais ces deux guerriers s'y refusèrent avec une noble modestie.

En nous rendant maîtres de l'embouchure de la Vistule, la chute de Dantzick privait les alliés d'un appui des plus importants, et délivrait la gauche de notre armée des inquiétudes qu'elle aurait pu concevoir si cette place, la reine de la Baltique, eût fait une plus longue résistance. Cependant, loin d'épouvanter les souverains de la coalition, cet événement ralluma dans leurs cœurs l'espoir de vaincre et la soif de la vengeance. Des négociations de paix, entamées depuis quelques mois, furent brusquement rompues au moment même où la modération de Napoléon et l'avantage de sa position ôtaient tout prétexte à la guerre. L'empereur Alexandre, séduit par le plan d'une agression gigantesque, pour laquelle le cabinet de Saint-James avait promis quarante mille hommes, s'était persuadé que l'Angleterre allait enfin, en faveur de la cause commune, tenter de grands efforts matériels. Mais le plan proposé par cette puissance, ainsi que la promesse de sa participation, n'étaient qu'un appât offert à la crédulité du monarque russe, et un motif pour l'empereur des Français de ne négliger aucune des précautions convenables dans la supposition d'une descente. Déjà un nouveau corps de quatre-vingt mille hommes, sous le commandement du maréchal Brune, formait une ligne qui s'étendait de Magdebourg au littoral, et qui, se réunissant par une chaîne de postes aux troupes du maréchal Mortier en observation sur la Peene, donnait la main de proche en proche aux autres corps de la grande armée. Quoique ces dispositions fissent assez connaître que le vainqueur d'Eylau ne se laisserait pas prendre au dépourvu, le czar, comptant sur l'assistance de la Grande-Bretagne, se flattait de pouvoir bientôt placer les Français entre deux feux, et de reconquérir la Prusse, tandis que leur chef serait occupé dans la Pologne. Une faible démonstration de la part des Anglais, qui débarquèrent devant Stralsund l'avant-garde d'une légion allemande à leur solde, fut pour Alexandre le signal de reprendre la plus vigoureuse offensive. Les Russes quittèrent aussitôt leurs quartiers d'hiver, et l'on courut aux armes.

Les premiers engagements eurent lieu sur la Passarge le 4 juin. L'ennemi débuta par l'attaque de la tête du pont de Spanden : vingt mille hommes, artillerie, cavalerie et infanterie s'avancèrent pour s'emparer d'une redoute, mais ils furent repoussés sept fois par le maréchal Bernadotte, qui, quoique grièvement blessé dès le commencement de l'action, ne consentit à aller se faire panser qu'après que ses savantes dispositions et l'exemple de son intrépidité eurent assuré la victoire. Pendant ce combat, la brigade Ferey culbutait deux divisions à Lomitten, et les troupes du maréchal Ney, disséminées à Guttstadt, à Wolfesdorf, à Amt, et à Altkirken, se maintenaient dans ces postes, malgré les efforts combinés du général en chef Beningsen et du grand duc Constantin, qui avaient avec eux toute la garde impériale russe renforcée de trois divisions d'élite. Ce succès de la résistance de Ney, assailli, pour ainsi dire, à l'improviste sur toute sa ligne par des forces doubles des siennes, était si prodigieux, qu'il ne pouvait pas se promettre de le renouveler en gardant les mêmes positions. Il se replia en conséquence sur Deppen, où il concentra son corps, et se prépara à soutenir un second choc. L'ennemi ne se fit pas attendre : dès le lendemain il se présenta devant Deppen, et voulut l'emporter d'assaut. La lutte fut terrible, mais elle ne demeura pas longtemps indécise : les Russes dispersés et mis en fuite, laissèrent sur le champ de bataille plus de deux mille morts et un grand nombre de blessés.

Cependant Napoléon désirait terminer la guerre par un coup de foudre. Le 7, il coucha au bivouac de Deppen, et le 9 il se porta sur Guttstadt avec sa garde, la cavalerie de réserve et les corps des maréchaux Ney, Davoust et Lannes. Quinze mille hommes de l'arrière-garde ennemie, commandés par le prince de Bagration, voulurent en vain disputer aux Français le passage de Glottau : Murat les débusqua de leurs positions. Les brigades Pajol, Bruyères, et Durosnel, ainsi que les cuirassiers et carabiniers de la division Nansouty, renversèrent tous les obstacles. Guestadt, emporté de vive force à huit heures du soir, reçut aussitôt l'empereur dans ses murs. Mille prisonniers russes, et la déroute de leurs différents corps, parmi lesquels se trouvait celui de Kaminski, qui, déjà la veille, à Molfesdorf, avait éprouvé un échec, attestèrent la valeur de nos troupes.

Le lendemain l'armée française, continuant son mouvement en avant, se dirigea vers Heilberg. A midi, Murat atteignit une seconde fois l'arrière-garde russe ; elle était soutenue par de nombreuses lignes d'infanterie ; mais plusieurs charges brillantes la forcèrent d'abandonner un terrain sur lequel elle s'était défendue pendant deux heures avec fureur. Le corps du maréchal Soult arriva sur ces entrefaites, et se forma devant l'ennemi. Les deux divisions Saint-Hilaire et Leval marchèrent sur la droite, et celle du général Legrand s'empara sur la gauche de la pointe d'un bois qui pouvait appuyer notre cavalerie. L'armée russe était en grande partie réunie autour d'Heilsberg. Elle fit des efforts incroyables pour se maintenir en avant de la ville; mais à dix heures du soir elle fut réduite à chercher un abri dans ses retranchements.

Les deux armées prirent quelque repos. Le lendemain Napoléon visita le champ de bataille, et disposa ses différents corps pour une affaire décisive. Il s'attendait à voir sortir les Russes de leurs retranchements, mais l'activité avec laquelle ils s'occupaient de fortifier leur camp, dont les ouvrages avaient déjà coûté plus de quatre mois de travail, le convainquit bientôt qu'ils n'accepteraient le combat que dans l'enceinte qui les protégeait. Il fallait donc les attaquer sur le terrain qu'ils avaient eux-mêmes choisi. Le 11 au soir, Napoléon changea son plan ; mais à l'aspect des nouveaux préparatifs, l'ennemi, craignant tout à coup d'être forcé et enveloppé, renonça à sa défense et passa sur la rive droite de l'Alle. Le 12, au point du jour, les colonnes françaises s'ébranlèrent, et, Heilsberg, où elles s'étonnèrent d'entrer sans éprouver la moindre résistance, fut immédiatement occupé. Cette ville, dans laquelle les Russes avaient abandonné plus de quatre mille de leurs blessés, renfermait des approvisionnements immenses en vivres et en munitions.

Les brillants avantages remportés par Napoléon sur la Passarge et sur l'Alle, se répétaient en même temps à l'extrême droite de notre armée, sur l'Omulew et sur la Narew, où Masséna battait et repoussait jusqu'à Ostrolenka un corps de seize mille hommes qui s'étaient présentés pour enlever la tête du pont de Drewkenow.

L'Empereur ne s'arrêta pas à Heilsberg ; après avoir donné à Murat, dont la cavalerie était soutenue par les corps des maréchaux Soult et Davoust, l'ordre de manœuvrer sur Kœnigsberg, afin de déborder l'ennemi et de lui couper la retraite, il porta le soir même son quartier-général à Eylau, et le 14, à trois heures du matin, il parut devant Friedland au moment où l'armée russe, débouchant par le pont de cette ville, était déjà aux prises avec les corps des maréchaux Lannes et Mortier. Aux premiers coups de canon qui se firent entendre, Napoléon s'écria : « C'est un heureux jour, c'est l'anniversaire de Marengo! » Deux heures après ses troupes étaient rangées en bataille, et l'ennemi, qui vainement jusqu'alors avait tenté de s'ouvrir un passage, achevait de déployer ses forces. Toutefois l'action ne s'engagea chaudement qu'à cinq heures et demie du soir.

La gauche des Russes est aussitôt attaquée; plusieurs de leurs colonnes chargées à la baïonnette et acculées sur l'Alle, y sont précipitées par la division Marchand; leur garde impériale à pied et à cheval, une partie de leur centre et de leurs réserves, sont enfoncées par les divisions Bisson et Dupont, qui en font un horrible carnage. Notre artillerie, dirigée par le général Sennarmont, emporte des bataillons entiers. Au milieu des dangers qui les environnent de toutes parts, foudroyées, écrasées par un feu continuel les troupes ennemies se replient en désordre dans Friedland, où elles tâchent de se former de nouveau; mais toute résistance est inutile. Friedland est enlevé, et le maréchal Ney, qui a présidé au mouvement, pénètre dans la ville sur les cadavres de ceux qui voulaient en défendre l'entrée.

Ce succès était, pour les armes françaises, le gage d'un éclatant triomphe. Cependant, le général en chef Beningsen, espérant ramener la fortune sous les étendards russes, médite un dernier coup contre le centre de notre armée. A la voix de ce chef, cent bataillons et un égal nombre d'escadrons s'élancent pour rompre les rangs qui leur sont opposés : cavalerie, infanterie, ensemble et tour à tour, s'épuisent en charges réitérées afin d'entamer le front de fer de nos soldats. Mais loin d'en être ébranlés, ces guerriers invincibles, à qui le maréchal Lannes, ainsi que les généraux Oudinot et Verdier, communiquent l'impulsion de leur grand courage, redoublent d'ardeur et de résolution à mesure que les périls se multiplient. Les Russes sont partout repoussés, partout ils fuient et ceux que les boulets et les balles ont épargnés, trouvent la mort sous les baïonnettes de ces adversaires, dont leur impétuosité et leur dévouement n'ont pu dompter la valeur.

L'aile droite de l'ennemi est seule intacte; Korsakow, qui la commande, cherche inutilement à lier ses opérations avec le reste de l'armée russe; il ne peut que partager sa défaite. Il a pour lui la supériorité du nombre; mais cet avantage lui est arraché par la fermeté et le sang-froid du maréchal Mortier, qui conduit la gauche de nos troupes. Korsakow, après avoir échoué dans ses dispositions offensives, est lui-même assailli avec impétuosité; il dispute d'abord le terrain pied à pied et continue à se maintenir malgré la violence du choc, quand tout à coup, saisi de la crainte de voir fondre sur lui la plus grande partie de nos forces, il rétrograde dans la direction de Friedland, dont il ignore que le général en chef Beningsen a été chassé. Korsakow paya chèrement cette erreur : poursuivi, enveloppé, il fut réduit à la cruelle alternative de mettre bas les armes ou de se jeter dans l'Alle en abandondonnant ses bagages et son artillerie; ce dernier parti lui parut préférable à la honte d'être pris. La découverte d'un gué semblait lui offrir une chance de salut; il l'indiqua à ses colonnes; mais elles s'y portèrent avec tant de précipitation, et la confusion fut telle, que des milliers de Russes périrent dans les flots.

La victoire, qui n'avait pas été un instant incertaine, fut complète à onze heures du soir. Quinze mille ennemis perdirent la vie sur le champ de bataille. Dix pièces de canon, un grand nombre de caissons, plusieurs drapeaux et quelques milliers de prisonniers tombèrent au pouvoir des Français. Vingt-cinq généraux russes furent pris, tués ou blessés.

Napoléon montra dans cette journée les mêmes talents et la même activité que dans les campagnes précédentes.

On le vit, pendant le combat, se transporter au milieu du feu, d'une extrémité à l'autre de la ligne, et souvent les soldats remarquèrent avec effroi les boulets qui passaient près de lui, ou qui venaient mourir à ses pieds. L'empereur coucha à Friedland; le lendemain il marcha sur Wehlau, où les têtes de colonnes des deux armées arrivèrent presqu'en même temps, et le 16 il passa la Prégel.

La rapidité de cette course triomphale accéléra la chute de Kœnisberg. Cette ville, ancienne capitale du duché de Prusse, était un des plus vastes entrepôts de guerre des coalisés. Le général prussien Lestocq, qui s'y était enfermé après avoir été battu à Kreutzbourg par les dragons du général Milhaud, avait entrepris de la défendre. Mais un assaut, dont le succès dû en partie à l'audace du général de brigade Buget rendit le maréchal Soult maître des faubourgs sur la rive gauche de la Prégel et l'enlèvement de quatre mille Russes cernés par la cavalerie de Murat, au moment où, pour échapper aux vainqueurs de Friedland, ils tentaient de se jeter dans la place, avertirent l'ennemi qu'il était temps d'abandonner un poste où il ne pouvait que s'attendre à un grand revers. Kœnigsberg, évacué le 16, fut immédiatement occupé par les Français qui y trouvèrent des richesses immenses, trois cents gros navires chargés de toute espèce de munitions, cent soixante mille fusils que l'Angleterre envoyait au czar, toutes les ambulances de la coalition, ses hôpitaux et plus de vingt mille de ses blessés.

Ce n'était pas seulement sur les bords de la Passarge, de l'Alle et de l'Omulew, que nos armes étaient heureuses; dans la Silésie, un corps nombreux, conduit par le général Kleist au secours des remparts de Neis, avait été détruit par les généraux Lefebvre-Desnouettes et Dumui. La place de Neiss ellemême, avec une garnison de six mille hommes, venait, après quatre mois de siége, de se rendre au général Vandamme; celle de Glatz, malgré sa longue résistance, avait fini par être réduite; la forteresse de Kossel avait aussi succombé; enfin le roi de Prusse ne possédait plus réellement en Silésie que le fort de Silberberg, qui ne pouvait pas tenir longtemps, sur la Vistule, que la place de Graudentz, vivement resserée, et sur la Baltique, que Colberg qui touchait à l'époque de sa reddition.

Le 19, à deux heures de l'après-midi, Napoléon entra dans Tilsit, que l'empereur de Russie et le roi de Prusse avaient quitté depuis peu de jours. Ce fut aux approches de cette ville que les Français aperçurent pour la première fois des kalmoucks, espèce de sauvages, armés seulement de flèches, qu'ils décochent en fuyant à la manière des Parthes. L'aspect de ces Tartares, et leur bizarre accoutrement excitèrent la risée de nos soldats, pour qui de tels adversaires n'étaient guère redoutables.

La ville de Tilsit est située sur le Niémen; ce fleuve, dont les Russes, qui paraissaient vouloir se retirer vers la Samogitie, avaient incendié le pont, était alors la seule barrière à franchir pour que Napoléon portât la guerre sur leur territoire. La saison était favorable; nos troupes étaient remplies de confiance et d'ardeur; celles de la Russie, au contraire, entièrement démoralisées, alliaient, au sentiment de leur faiblesse et de leur impuissance, la persuasion que leurs défaites étaient un châtiment du ciel courroucé par une injuste agression. Le czar trembla de voir nos aigles prendre un nouvel essor; il se résigna, pour sauver ses états, à s'humilier une seconde fois, et retrouva à Tilsit le héros magnanime d'Austerlitz.

Napoléon écouta les premières propositions qui lui furent faites pour le rétablissement de la paix. Un armistice fut conclu le 21 juin. Le lendemain, Napoléon, suivant son habitude, récapitula dans une proclamation les travaux de cette guerre: « Soldats, y disait-il; le 4 juin, nous avons été attaqués dans nos retranchements par l'armée russe. L'ennemi s'est mépris sur notre inactivité. Il s'est aperçu trop tard que notre repos était celui du lion; il se repent de l'avoir troublé.

» Dans les journées de Gielstadt, de Heilsberg, dans celle à jamais mémorable de Friedland, dans dix jours de campagne, enfin, nous avons pris cent vingt pièces de canon, sept drapeaux, tué, blessé ou fait prisonniers soixante mille Russes, enlevé à l'armée ennemie tous ses magasins, ses hôpitaux, ses ambulances, la place de Kœnigsberg, les trois cents bâtiments qui étaient dans ce port, chargés de toute espèce de munitions, cent soixante mille fusils que l'Angleterre envoyait pour armer nos ennemis.

» Des bords de la Vistule, nous sommes arrivés sur ceux du Niémen avec la rapidité de l'aigle. Vous célébrâtes à Austerlitz l'anniversaire du couronnement; vous avez, cette année, dignement célébré celui de Marengo, qui mit fin à la guerre de la seconde coalition.

» Français, vous avez été dignes de vous et de moi. Vous rentrerez en France couverts de tous vos lauriers, et après avoir obtenu une paix glorieuse, qui porte avec elle la garantie de sa durée.

» Il est temps que la patrie vive en repos à l'abri de la maligne influence de l'Angleterre; mes bienfaits vous prouveront ma reconnaissance et toute l'étendue de l'amour que je vous porte. »

Le 25, un pavillon, élevé à la hâte au milieu du Niémen, reçut les deux empereurs, qui, dans l'effusion de leur joie, s'embrassèrent à la vue des deux armées que séparait le fleuve. Ce fut là que s'établirent des conférences d'où semblaient dépendre les destinées du monde. Jamais entrevue n'offrit un spectacle plus imposant. Le roi de Prusse vint bientôt compléter cette réunion, qu'embellit la présence de la reine. Cette princesse, qui joignait aux grâces de son sexe toutes les vertus d'une héroïne, fut l'objet des prévenances de Napoléon. On eût dit que, par une cour assidue, ce monarque cherchait à lui faire oublier les sarcasmes lancés contre elle dans ses bulletins.

Cependant, fidèle à l'alliance dont le malheur a fait une courageuse amitié, Alexandre ne perd pas de vue le prince dont il est la sauve-garde, et il parvient à le faire admettre devant l'Empereur, qu'il a si injustement provoqué. Six ans après, sur les bords du même fleuve, et au sein de l'infortune de celui qui va pardonner à la Prusse, la trahison d'un général prussien punira Napoléon de sa générosité; mais Napoléon a accordé aux prières d'Alexandre l'amnistie de Frédéric, et le traité de Tilsit est conclu (8 juillet). Doté de la moitié de ses états, le roi de Prusse reprend une place parmi les rois. Cette générosité est impolitique en ce qu'elle est impardonnable pour le donataire lui-même, qui ne voudra se souvenir que de la haute intercession à qui il doit ce sceptre de royauté.

La paix, si ardemment désirée, fut enfin signée le 9 juillet. Il y eut deux traités, l'un entre la France et la Russie, l'autre avec la Prusse. Le roi Frédéric-Guillaume paya tous les frais de la guerre. Les provinces entre le Rhin et l'Elbe servirent à doter le royaume de Westphalie, fondé par Napoléon en faveur du prince Jérôme, son frère, qu'il allait unir à la princesse Frédérique-Catherine de Wurtemberg, de même que, deux ans auparavant, il avait uni son fils adoptif, le prince Eugène de Beauharnais, à une princesse de Bavière. La partie de la Pologne, échue à la maison de Brandebourg par le partage de 1772, fut érigée en duché et donnée au roi de Saxe, ainsi que le cercle de Colbus dans la Basse-Lusace. Les possessions des princes d'Anhalt, sur la droite de l'Elbe, la ville de Dantzick et son territoire furent également distraits de la monarchie prussienne. La Russie céda au roi de Hollande la seigneurie de Sever, dans l'Ost-Frise, et obtint en échange d'étendre ses frontières aux bords du Bug et de la Marew. La confédération du Rhin et les nouveaux souverains créés par Napoléon furent solennellement reconnus.

Il y a plus de faiblesse que de vanité dans l'élévation des frères de Napoléon. Cet homme, si terrible contre les rois armés, soumet sa politique et son caractère à ce qu'il appelle les devoirs de famille. Enfin, ses frères sont rois; Alexandre les a reconnus. Il a fait plus : il a reconnu le roi de Saxe grand-duc de Varsovie, et Napoléon protecteur de la confédération du Rhin. Ces deux grands souverains se trompent tous deux sur leur politique et sur le nœud de leur alliance. La condition du blocus continental en est le plus important article. C'est à cette haine légitime contre l'Angleterre que la famille de Napoléon a sacrifié les grands intérêts de la société européenne, dont cette seule fois il a pu être l'arbitre. La Pologne renaît morcelée et vassale de trois couronnes; elle n'a d'autre rang en Europe que celui d'une indemnité pour un traité futur, et la porte du Nord n'est point fermée. La Prusse reste la prisonnière du traité; au sein de la paix, elle pourra regretter la guerre. L'Europe entière, sauf l'Angleterre, demeure humiliée; la chaîne du blocus l'environne, et l'épée de Brennus est sur sa tête.

Après des protestations mutuelles d'estime et d'amitié, les souverains se séparèrent. Le roi de Prusse se rendit à Mémel, l'empereur de Russie dans ses états, et Napoléon, après avoir visité Kœnigsberg, revint par Dresde à Paris, où il arriva le 27 juillet 1807.

CAMPAGNE DE 1808

GUERRE DE LA PÉNINSULE.

Le régime prohibitif que Napoléon avait établi contre les Anglais, depuis les côtes du Holstein jusqu'au détroit de Messine, ne recevait qu'une application fréquemment éludée sur les rivages de la Péninsule. Le Portugal surtout, malgré l'apparente soumission de son gouvernement, n'était plus qu'une colonie de l'Angleterre dont les marchandises se répandaient de Lisbonne dans les provinces espagnoles. Croyant, après la paix de Tilsitt, avoir acquis dans l'empereur Alexandre un fidèle et puissant allié sur le continent, Napoléon résolut d'attaquer les Anglais par le midi de l'Europe, en rangeant le Portugal sous sa domination, et pour s'en ménager les moyens, il conclut avec la cour de Madrid un traité signé à Fontainebleau le 17 octobre 1807, et portant en substance que le prince espagnol qui régnait sur la Toscane renoncerait à la souveraineté de ce pays et en serait indemnisé par la province d'Entre-Duero-el-Minho, et par la ville d'Oporto; que l'Alentejo et les Algarves seraient donnés en toute propriété à Manoël Godoï, prince de la Paix; que le reste du Portugal demeurerait en dépôt jusqu'à la paix générale, et qu'à cette époque, ou au plus tard dans trois années, Napoléon reconnaîtrait Charles IV comme empereur des deux Amériques. Les principautés accordées au roi d'Étrurie et à Manoël Godoï étaient, en cas d'extinction de leurs progénitures, reversibles à la couronne d'Espagne. Une convention arrêtée le même jour réglait que l'expédition projetée s'effectuerait de concert par un corps de troupes françaises et par trois divisions castillanes. Le général Junot franchit les Pyrénées le 17 octobre, à la tête de vingt-six mille hommes, prit en route une partie du contingent espagnol, commandé par le général Caraffa, pénétra le 19 novembre sur le territoire portugais, et entra le 22 dans Abrantès. Cette marche de trois jours à travers des montagnes incultes, hérissées de rochers, coupées par de profonds ravins, sillonnées par des torrents furieux, interrompues par d'horribles précipices, était déjà, par la nature seule du terrain, une des plus pénibles que pût entreprendre une armée s'avançant pour combattre; elle devint affreuse par la négligence de nos alliés, qui n'avaient rien préparé pour nous aider à en surmonter les obstacles. Un grand nombre de soldats périt de fatigue et de misère dans les épouvantables gorges de Beira, et il n'est pas douteux que, dans cette situation, où nous manquions de tout, deux mille ennemis, qui auraient occupé la formidable position de Las-Tailladas, ne nous eussent forcés à rétrograder; mais il était trop tard quand les Portugais songèrent à défendre ces Thermopyles de leur pays, et Junot était le 29 à une lieue de la capitale, avant que le gouvernement fût parvenu à organiser la moindre résistance. Le prince régent et tout ce qui tenait à la cour s'était embarqué pour le Brésil. Les habitants étaient dans la plus grande stupeur, et une flotte établie à la barre du Tage semblait vouloir s'introduire dans le port. Junot, n'ayant avec lui que son avant-garde, n'était pas sans inquiétude sur les autres corps qui se trouvaient en arrière; il ne se dissimulait pas combien il y avait de témérité à se risquer avec des forces si peu imposantes au milieu d'une population de trois cent cinquante mille âmes, dans une ville qui renfermait plus de quatorze mille hommes de troupes réglées, que pouvait enhardir la proximité des Anglais. Toutefois, il crut encore plus dangereux de laisser à cette multitude le temps de la réflexion, et dès le lendemain, il fit son entrée dans Lisbonne, à la tête de quinze cents hommes seulement, sans escorte de cavalerie, sans une pièce de canon, et presque sans une cartouche. Les colonnes qu'il attendait arrivèrent successivement, mais dans un état si déplorable, qu'il leur eût été impossible d'aller plus loin.

Le général en chef s'occupa d'abord de pourvoir aux besoins de ces malheureux. La nécessité de réparer son matériel, qui se trouvait dans un délabrement extrême, fut le second objet de sa sollicitude. Il prit ensuite des mesures administratives propres à calmer ou à contenir les esprits violemment agités, régularisa l'invasion, qui, en peu de jours, s'étendit à toutes les provinces, et substitua sur les édifices publics, sur les forts, sur la flotte portugaise, le pavillon tricolore à l'étendard révéré que les habitants de la Lusitanie disaient tenir de Dieu lui-même. Ce dernier acte, en révoltant le sentiment national, faillit aiguiser les poignards du fanatisme. Fomentés par les impostures des prêtres, de nombreux attroupements se formèrent; des vociférations et des menaces se firent entendre. C'était le signal de l'insurrection générale ; mais ce mouvement, qui avait été prévu, n'eut aucun résultat. La populace fut sur le champ dispersée, les instigateurs arrêtés et le calme rétabli.

Nous étions maîtres du Portugal. Pour en conserver la possession, il était indispensable de régner sur l'Espagne. Napoléon avait plus d'un motif pour déclarer la guerre à cette puissance. Il conservait d'ailleurs un ressentiment profond de l'injure que l'Espagne lui avait faite avant la bataille d'Iéna. Un misérable favori, maître de l'esprit du roi par son empire sur le cœur de la reine, avait rendu un instant suspecte la fidélité du cabinet de Madrid à l'alliance de la France, tandis que les armées impériales étaient occupées aux rives de l'Elbe et de la Sprée. A la vérité, le repentir ne s'était pas fait longtemps attendre, et le traité de Fontainebleau avait paru l'effet d'une franche réconciliation; mais comme il n'était que la suite des protestations d'amitié qu'à chaque nouveau triomphe de Napoléon le prince de la Paix ne manquait jamais de dicter à son roi, on ne pouvait guère compter sur une alliance qui n'avait d'autres fondements que la peur, et dans son empressement à se jeter aux pieds du conquérant, Charles IV, au lieu de conjurer sa ruine, ne fit que l'accélérer.

Le cadre que nous avons adopté ne nous permet pas de discuter avec tous les développements convenables l'origine de la guerre d'Espagne, ni de raconter en détail tous les combats qui l'alimentèrent si longtemps Une vérité que nous devons du moins proclamer, c'est que si quelques ministres dévoués à l'Empereur en firent publiquement l'apologie, les opinions sur son opportunité restèrent partagées dans la majorité des Français. Quant à l'armée, dont le devoir, avant tout, était d'obéir à son chef suprême, elle trouva dans les événements amenés par l'insurrection des Espagnols de nouvelles occasions de déployer sa bravoure accoutumée.

Les années précédentes, elle avait fait preuve d'une supériorité incontestable sur toutes les nations de l'Europe, dans les combats réguliers et dans les batailles rangées. En Espagne, elle cueillit des lauriers d'une autre espèce; elle résista avec les forces les plus inégales à une population tout entière, levée en masse et soutenue par des troupes anglaises. Sans doute, dans ces campagnes, les victoires furent mêlées de revers : des flots de sang français furent répandus; mais, en toute occasion, nous fîmes payer cher nos défaites, et nul de nos soldats ne mourut sans vengeance.

Nous nous bornerons à tracer le résumé rapide de ces événements, à la suite desquels la nation espagnole, soulevée d'indignation, courut aux armes, et, protestant héroïquement contre la politique de l'Empereur, commença cette guerre opiniâtre, qui devait signaler la décadence du grand homme et porter d'aussi terribles coups à sa renommée qu'à sa puissance.

Longtemps avant son abdication, Charles IV ne régnait que de nom. Le gouvernement était entre les mains de don Manuel Godoï, qui, de simple garde-du-corps, était parvenu aux plus hautes dignités du royaume, sans posséder aucune des qualités qui auraient pu justifier une fortune aussi rapide. Les grands et le peuple ne portaient qu'avec impatience son joug humiliant; mais il bravait leur haine, assuré qu'il était de la confiance du roi, et de celle plus intime encore de la reine.

Des dissensions non moins scandaleuses dans leurs effets que dans leur principe, puisqu'elles avaient été excitées par l'étrange faveur dont jouissait, auprès du roi, D. Godoï, divisaient depuis plusieurs mois ce monarque et l'héritier du trône. Pour s'assurer un appui contre le crédit du favori, qui, dans l'espérance de se l'asservir, voulait lui faire épouser sa belle-sœur, le prince des Asturies avait demandé à Napoléon la main d'une de ses nièces, et par suite de cette demande, faite sans l'autorisation de son père, il s'était vu traduit par ce dernier, comme coupable, devant le grand conseil de Castille. Une réconciliation provoquée par la politique du Prince de la Paix avait à la vérité terminé ce procès, mais les ressentiments qu'il avait excités étaient encore dans toute leur vigueur, quand on apprit qu'annulant le traité de Fontainebleau, en conséquence duquel la France devait, de concert avec l'Espagne, prendre possession du Portugal, Napoléon abandonnait en totalité ce royaume à l'Espagne, et demandait en compensation dans le nord de la Péninsule une étendue de territoire égale à celui qu'il cédait, c'est-à-dire tout le pays qui se trouvait entre les Pyrénées et l'Èbre, et que Murat, nommé général des troupes françaises qui étaient entrées sur le territoire espagnol, s'avançait à marches forcées sur Madrid.

La cour, à cette nouvelle prend l'alarme. La confiance qu'elle avait affectée jusqu'alors dans les intentions de Napoléon s'évanouit, et, sur la proposition du Prince de la Paix, elle se dispose à partir pour Séville. Quelque soin qu'on prît pour le cacher, ce projet transpira. La population de Madrid, n'y voyant qu'un moyen imaginé par le favori, à l'effet de livrer l'Espagne aux Français, se porte en masse à Aranjuès, où se trouvait alors la cour, enfonce les portes des appartements du Prince de la Paix, brise ou pille tout ce qui s'y trouve, et persuadée qu'il s'y cache, ce qui était vrai, elle l'y tient bloqué dans l'espérance de le forcer par la faim à en sortir. En effet, Godoï, poussé hors de sa retraite par le besoin, vint au bout de vingt-quatre heures se livrer lui-même. Il allait être déchiré par la multitude, si Ferdinand, qui exerçait sur elle une grande influence, n'eût, à la prière de son père, intercédé pour ce proscrit, et ne fût parvenu à obtenir un sursis en promettant qu'il serait jugé par les tribunaux. La prédilection du peuple pour Ferdinand s'étant manifestée avec fureur dans toutes les circonstances qui caractérisent cette émeute contre laquelle l'autorité de son père avait été impuissante, frappé de terreur, le roi crut convenable de renoncer à un pouvoir qui lui échappait, et abdiqua en faveur de son fils.

Cependant Murat entre dans Madrid. Réclamant aussitôt contre une abdication qui lui a été arrachée par la violence, Charles déclare qu'il se met sous la protection de l'empereur *son auguste allié*. D'autre part, Ferdinand écrit à ce même empereur pour lui faire part de son avénement au trône et lui demande de nouveau la main d'une de ses nièces. Choisi pour juge de ce grand différend par les deux partis, Napoléon se rend à Bayonne pour être à proximité de juger des choses par lui-même. Peu lui importait qui régnât du père ou du fils, pourvu que les traités stipulés entre l'Espagne et lui fussent observés par son roi, quel qu'il fût, et que la Péninsule restât fermée à l'Angleterre. Le roi Charles s'était rendu à Bayonne. Ferdinand y vint, et le procès fut plaidé devant Napoléon par ces deux rois, qui dès lors avaient cessé de l'être. Les scènes les plus violentes signalèrent leurs diverses entrevues. Le père, quoique lassé du trône, prétendit y remonter pour punir son fils; le fils ne consentait à rendre le trône qu'autant qu'il règnerait sous le nom de son père, avec le titre de lieutenant-général du royaume. Leurs prétentions, que soutenaient des partisans nombreux, devenant de plus en plus inconciliables, deux commissaires furent nommés l'un par le roi Charles, ce fut D. Godoï qu'on avait trouvé le moyen de soustraire à la fureur du peuple, l'autre par Napoléon, ce fut le général Duroc.

Cependant les Espagnols ne pouvant se persuader que leurs princes les abandonnassent volontairement, coururent aux armes pour les venger. Les Espagnols se seraient donnés; mais ils ne pouvaient souffrir qu'on leur imposât un maître : cette atteinte portée à leur indépendance réveilla dans leurs âmes un sentiment d'énergie patriotique, qui se manifesta avec violence. L'agitation était extrême dans Madrid. Le 2 mai, les rassemblements dans les murs de cette capitale eurent un tel caractère de gravité, que Murat se vit dans la nécessité de faire prendre les armes à la garnison. Ces démonstrations ne firent qu'irriter l'audace du peuple : les outrages envers les soldats français furent portés à un tel degré, qu'ils eussent spontanément fait feu sur les assaillants lors même qu'ils n'en auraient pas reçu l'ordre. Les mutins ne se dispersèrent que pour se mettre en mesure de combattre. Réfugiés dans les maisons, ils firent un feu continuel et meurtrier sur les Français. Le carnage ne cessa que le 3 au point du jour, les Espagnols ayant épuisé toutes leurs munitions. Une centaine de ces malheureux, pris les armes à la main, furent immédiatement fusillés. A la suite de cet événement, la reine d'Étrurie, l'infant, son fils et don Antonio se décidèrent à partir pour Bayonne, de sorte que toute la famille royale d'Espagne se trouva sous la main de Napoléon.

Aussitôt que l'empereur eut appris les derniers événements de Madrid, il alla les communiquer au roi Charles, qui en fut très douloureusement affecté : le jour même, 6 mai, Ferdinand signa l'acte de son abdication en faveur de son père et manda à la junte qu'il avait chargée avant son départ de Madrid de diriger les affaires pendant son absence, de cesser l'exercice de ses fonctions.

Le roi Charles, rentré dans tous ses droits par la renonciation de Ferdinand, s'empressa d'en faire la rétrocession à l'empereur des Français, et Napoléon, croyant n'avoir plus d'obstacles à vaincre pour placer Joseph sur le trône d'Espagne, voulut dès le même jour lui montrer ses nouveaux sujets. Il improvisa une audience de présentation. Les députations des grands d'Espagne, du conseil de Castille, de l'Inquisition, des Indes, des finances et de l'armée furent invitées à se rendre sur-le-champ au château de Marrac, pour complimenter le nouveau roi, et procéder à la formation d'une junte qui vota l'acte constitutionnel à l'unanimité. Joseph se choisit un ministère parmi ses nouveaux sujets, et partit le 10 juillet pour se rendre à Madrid. Mais déjà toute l'Espagne était en feu; le nouveau souverain ne traversa que des provinces révoltées. Ferdinand, qui lui avait cédé sa place d'assez mauvaise grâce, se dirigea vers l'intérieur de la France, où l'empereur lui assigna pour résidence le château de Valençay. Charles IV donna la préférence au séjour de Marseille. Il y fut suivi de son père, de son épouse et du Prince de la Paix.

Napoléon revint à Paris, après avoir fait une tournée dans plusieurs départements méridionaux. Il supposait que l'incendie allumé en Espagne serait éteint promptement, et il ne croyait plus avoir qu'à se concerter avec les puissances du nord pour assurer la réalité du système continental au moyen duquel il se flattait de réduire aux abois le gouvernement anglais. C'est dans cette vue qu'il proposa un congrès. Avant de se séparer à Tilsitt, Napoléon et Alexandre s'étaient promis de se revoir, afin de resserrer, dans une nouvelle entrevue, les liens d'amitié que la première avait formés. Napoléon rappela à l'autocrate la promesse qu'ils s'étaient faite mutuellement, et il fut convenu que l'un et l'autre se rendraient à Erfurt, où viendraient les rejoindre tous les princes des autres états.

L'empereur Napoléon arriva à Erfurt dans la matinée du 17, et monta aussitôt à cheval pour aller au devant d'Alexandre, qu'il rencontra à une lieue et demie de la ville. Les deux souverains s'embrassèrent avec la plus grande cordialité. Le grand duc Constantin accompagnait son frère, et prit part à tous les honneurs qui lui furent rendus.

Au milieu des fêtes qui se succédèrent, les deux empereurs avaient de fréquentes conférences politiques desquelles il résulta un arrangement qui demeura verbal, tant ils croyaient pouvoir compter sur leur parole mutuelle. Napoléon promit de ne s'immiscer en rien dans les affaires de la Turquie, et Alexandre prit l'engagement de demeurer étranger à tout ce qui se ferait en Italie ou en Espagne. Afin de donner toute garantie de son amour pour la paix, et d'ôter à l'Autriche, dont les deux alliés soupçonnaient les intentions, tout prétexte de la rompre, Napoléon décréta la dissolution de la grande armée française, et nos soldats évacuèrent l'Allemagne. Enfin, avant de quitter Erfurt, les deux princes adressèrent une lettre collective au roi d'Angleterre : « Il est temps, disaient-ils, d'écouter la voix de l'humanité, en faisant taire celle des passions ; de chercher, avec l'intention d'y parvenir, à concilier tous les intérêts, et par là garantir toutes les puissances qui existent, et assurer le bonheur de l'Europe. »

Le 14 octobre, Alexandre et Napoléon se séparèrent après s'être embrassés et donné de nouveaux gages des sentiments qui les unissaient. Le 18, Napoléon était de retour à Saint-Cloud, et dès ce moment personne en France ne douta plus que de tous les trônes existants le sien ne fût le plus solidement établi.

La domination de Joseph n'existait réellement que dans la partie occupée par les soldats français. Dans le royaume de Léon, dans la Navarre, l'Aragon, l'Estramadure, les deux Castilles, la Catalogne, les Asturies, on avait mis en pièces ou refusé de recevoir ses officiers. — Cadix se préparait à une défense opiniâtre. Un gouvernement provisoire était organisé à Séville ; et tous les conseils provinciaux protestèrent contre l'abdication de Bayonne. Au 15 juin, le soulèvement était général, et plusieurs armées espagnoles s'organisaient en même temps. Mais ce qui contribua le plus à donner à cette guerre un caractère de férocité inouïe, c'est qu'elle eut pour moteurs des hommes que leur profession rend nécessairement étrangers à la société. Ce fut pour les moines que les Espagnols s'égorgèrent et se firent égorger au nom de Dieu et de Ferdinand. Les poignards étaient bénis : des miracles, des prédications furibondes précédaient toujours le carnage.

Jamais peuple ne se souleva contre l'oppression étrangère dans des circonstances plus défavorables. L'élite de leurs troupes avait été transportée au nord de l'Europe, depuis le mois de juin de 1807, comme auxiliaires de Napoléon. Cette frontière d'airain qui ferme les Pyrénées était envahie, les places surprises avaient des garnisons françaises ; la capitale, la moitié du royaume, le Portugal, étaient occupés par cent mille soldats, vainqueurs de toutes les puissances et conduits par les meilleurs officiers de l'Europe. Sans armes, sans munitions, sans trésor public, les Espagnols se voient délaissés par leur gouvernement, et livrés à eux-mêmes. Les grands et les notables, dont la nation devrait attendre un concours actif, pour donner aux ressources de la monarchie une direction uniforme, ou lâches ou pris en défaut, trompent l'espoir de la patrie ; ils la trahissent ostensiblement. Tous les rapports sociaux sont interrompus. Les Espagnols ne savent comment lier leurs efforts partiels à un centre commun d'opérations ; et cependant ils n'hésitent pas à se mesurer avec la nation la plus nombreuse et la plus belliqueuse de l'Europe : nation voisine, nation obéissant au politique le plus subtil, au premier capitaine du siècle. Leur détermination n'est point dictée par une arrogante ou aveugle présomption : en prenant ce parti, ils ne se sont dissimulé, ni la gravité, ni le nombre des dangers. Leur détermination n'est pas, non plus, un emportement éphémère, une explosion inconsidérée d'enthousiasme ou de fanatisme. Un homme seul, quelques hommes ensemble se laissent entraîner, par la passion ou par le délire du moment, à des actes de fureur ; mais il n'en est pas ainsi d'une grande nation répandue sur un territoire compact, et moins que de toute autre, de la nation espagnole, renommée par la sagacité, la circonspection, la patience et la persévérance. Les volontés sont à tel point résolues, que les esprits restent pénétrés de l'infaillibilité du succès; et quelque terrible que puisse être le combat, pas un Espagnol ne doute qu'enfin son pays ne triomphe.

Un premier rassemblement de paysans, dirigé par Fernando, se jeta dans Valence, et massacra tous les étrangers, fils ou arrière-petits-fils de Français qui y étaient établis de temps immémorial; le capitaine-général don Miguel Saavedra, gouverneur de la place, tomba aussi sous les coups de ces forcenés. Cuença, Carthagène, Grenade, San-Lucar-de-Baromeda, Jean, Cadix, Sarragosse, Badajoz, Valladolid, ainsi que la plupart des autres vielles, furent le théâtre de scènes non moins sanglantes. Ce fut à travers cet incendie que Joseph, qui venait de quitter le trône de Naples, et qui, par un décret du 16 juin, avait été proclamé roi des Espagnes et des Indes, s'avança pour prendre possession de ses nouveaux Etats.

Cependant Murat, qui commandait en chef, n'avait pas perdu de temps pour s'opposer aux progrès de l'insurrection. Dès le commencement des troubles, l'armée, divisée en quatre corps, s'était mise en mouvement. Le maréchal Bessières, avec sa cavalerie, avait dégagé les environs de Burgos. Le général Frère, à Ségovie, avait dispersé cinq mille Espagnols dont l'artillerie était tombée entre ses mains. Les généraux Verdier à Logrono, Lasalle à Tourquemada et à Valladolid, Merle et Ducos à Saint-Ander, avaient obtenu de semblables succès. Ces combats, qui d'abord avaient paru décisifs, se renouvelèrent sur d'autres points. Le général Duhesme, en Catalogne, força les Espagnols dans leurs retranchements sur les bords du Lobrégat, les poursuivit dans les montagnes, les battit une seconde fois à Bésoz où ils cherchaient à se rallier, emporta d'assaut le camp et le château de Mongat, fit un grand nombre de prisonniers, et s'empara de quinze bouches à feu. Quatre mille insurgés de la Navarre et de l'Aragon furent défaits à Tudela par le général Lefebvre-Desnouettes qui leur enleva tout leur matériel. Le général Caulaincourt jeune en détruisit un égal nombre dans la province de Cuença. Mais partout le sang espagnol fut chèrement vendu.

Vingt-cinq mille hommes, presque tous équipés et déjà exercés au maniement des armes, s'étaient réunis dans le royaume de Valence. Le maréchal Moncey, envoyé à leur rencontre, les atteignit au bourg de la Pesquera, les culbuta sur le pont et dans le défilé de Cabriel, les poussa, la baïonnette dans les reins, l'espace de plusieurs lieues, et acheva leur dispersion dans un nouveau combat sous les murs de Valence. Le siége de cette place commença aussitôt; et malgré les efforts des Espagnols pour opérer une diversion, six mille d'entre eux qui, dans ce but, se montrèrent sur la rive droite du Xuxar, y furent attaqués, mis dans la déroute la plus complète, et chassés jusqu'au col d'Almanza, sur la frontière de Murcie. Moncey poursuivait ces avantages, et il avait déjà détruit cinq mille ennemis, pris cinquante canons, enlevé trois drapeaux, quand il fut rappelé en toute hâte.

De funestes événements en Andalousie pour les usurpateurs du trône d'Espagne avaient rendu cette mesure indispensable. Le général Dupont était entré dans cette province, avec l'ordre de s'emparer de Cadix. Après avoir occupé Cordoue, il marchait sur Séville, lorsque l'approche d'un corps considérable, envoyé contre lui par la junte suprême, l'obligea de rétrograder sur Andujar. Une fausse manœuvre du général Vedel facilita aux ennemis le passage du Guadalquivir, et leur offrit le moyen de couper les communications des Français. Dans cette situation critique, le général Dupont résolut d'occuper Baylen et de s'y concentrer; mais déjà les Espagnols, commandés par le général suisse Reding, étaient maîtres de cette position : il fallut les attaquer. L'action s'engagea avec acharnement; mais tandis que l'ardeur des Français se signalait par des prodiges, une brigade suisse qui servait dans les rangs de cette armée passa tout entière sous les drapeaux de l'ennemi. La lutte allait se décider en faveur des envahisseurs : cette défection et la mort du brave général Gobert, tué en chargeant à la tête des cuirassiers, la rendirent incertaine et en prolongèrent la durée. Sur ces entrefaites, le général Castados arriva au secours de ses compagnons par la route d'Andujar, et le général Vedel, averti par la canonnade, parut en même temps du côté opposé. Ainsi de part et d'autre les ombattants se trouvèrent avoir à dos des adversaires. Cette singulière disposition présentait des chances dont un chef habile aurait su profiter; mais le général Dupont, cédant trop tôt à la crainte d'un grand revers, arrêta de lui-même l'élan d'une partie de ses troupes, et finit, malgré les sages avis du général Pryvé, par signer une honteuse capitulation que n'imposait pas la nécessité.

S'il est vrai que le désir de conserver des chariots remplis d'un butin immense, fut le motif de cet acte inouï dans les fastes de l'armée française, ses auteurs, trompés dans leur attente, obtinrent le seul prix qu'ils eussent mérité. La capitulation fut violée, eux dépouillés et livrés aux Anglais ou transportés dans l'île inculte de Cabrera. Malheureusement de braves soldats, aussi incapables de trahison que de lâcheté, subirent le même destin. Quand l'Empereur apprit cet événement, il s'écria : « Des généraux français n'aiment pas mieux mourir que de signer que l'armée restituera les vases sacrés qu'elle a volés! Je voudrais effacer cette honte de tout mon sang. » Il fit aussitôt arrêter les généraux Dupont et Vedel, ainsi que l'officier supérieur Villoutrey, qui avaient coopéré à la capitulation. Une enquête fut dirigée contre eux. Dupont fut rayé des contrôles de l'armée, dégradé de ses ordres, et emprisonné. Il était le seul coupable.

Ce que l'on appelait en France le désastre de Baylen détruisit le prestige que la victoire avait attaché aux drapeaux français. Ce fut le seul revers qui eût flétri nos armes dans cette longue suite de campagnes, de la fin de 1792 à la fin de 1812. Pour les Espagnols des batailles auront été perdues, des places enlevées ou remises, des régiments pris, mais toujours sans déshonneur. Jamais, même après 1812, un corps nombreux n'aura capitulé en rase campagne... actuellement l'enthousiasme de tous s'enflamme d'une ardeur inextinguible. Les premiers, ils auront humilié les vainqueurs de l'Europe! Ce triomphe inespéré jaillit comme un éclair de lumière aux yeux de tous les peuples gémissant sous l'oppression de l'empereur. Le nom de *Baylen* retentit dans la profondeur des cabinets; et, déterminés enfin par l'exemple de cette énergique et brûlante nation, les vieux gouvernements épieront l'occasion de ressaisir des armes vengeresses; les nouveaux gouvernements conceyront l'espoir de s'affranchir du joug qu'appesantit chaque jour sur eux celui-là même qui leur donna l'existence.

La fortune qui s'éloignait des Français à Baylen, leur restait fidèle dans le nord de l'Espagne, où commandait Bessières. Ce maréchal, informé qu'une armée régulière, organisée sous les auspices de la junte d'Oviédo, et conduite par le général Cuesta, menaçait de se porter sur Valladolid et sur Burgos, afin d'intercepter les communications de Madrid avec la France, résolut de s'opposer à cette entreprise; il s'avança en conséquence à la tête de quatorze mille hommes, et se trouva, le 14 juillet, en présence de l'ennemi. Les Espagnols, au nombre de quarante mille, étaient rangés sur les hauteurs qui dominent la ville de Medina-del-Rio-Seco, ayant sur leur front quarante pièces de canon en batterie. Cet appareil formidable n'imposa point au maréchal Bessières : il ordonna l'attaque, et ses troupes se précipitèrent sur les positions; en vain les braves gardes wallones et quelques vieux régiments voulurent-ils résister à l'impétuosité de ce choc; tous les corps ennemis furent successivement culbutés, et après un combat de six heures, Cuesta fut contraint de s'enfuir, abandonnant son artillerie, ses munitions, ses bagages et six mille prisonniers. Les généraux Mouton, Lasalle, Merle, Colbert, Ducos et Sabatier, l'adjudant-commandant Guilleminot et le colonel Piéton déployèrent dans cette journée autant de talent que de bravoure. Le dernier de ces officiers fut mortellement frappé en chargeant à la tête du 22e régiment de chasseurs.

La victoire de Médina paraissait décisive. Napoléon, en apprenant la nouvelle, s'écria : « C'est une seconde bataille de Villa-Viciosa; Bessières a mis mon frère sur le trône d'Espagne, comme autrefois le duc de Vendôme y plaça l'arrière-petit-fils de Louis XIV. »

Le 16 juin, les Portugais ont imité les Espagnols. Le cri de l'indépendance les appelle tous aux armes pour délivrer leur patrie, et les provinces du nord sont abandonnées par les Français. Les Espagnols et les Portugais donnent à l'Europe le beau spectacle de deux peuples ennemis se réunissant tout à coup pour défendre en commun leur droits domestiques, cette indépendance de famille qui est la grande propriété de toute nation comme la terre est celle du laboureur.

La capitulation d'Andujar, qui par elle-même était un crime militaire contre l'honneur de l'armée, était devenue bientôt un crime politique contre Napoléon lui-même. Elle avait rallié les dissidents, encouragé les faibles, fanatisé dans toute l'Espagne les amis de l'indépendance. Elle avait brisé le prestige de l'invincibilité française, et avait rendu le trône de Joseph une simple position militaire, qui devait être assiégée et emportée par l'opiniâtreté d'une armée.

En effet, Joseph frappé du nom d'usurpateur par la justice nationale de l'Espagne, fait son entrée, le 20 juillet, à Madrid, au milieu d'une foule silencieuse. Huit jours après, il doit craindre sa capitale, et va se réfugier à Vittoria. La haine des Espagnols, comme une étincelle électrique, va tout à coup, à huit cents lieues des Pyrénées, avertir la Romana et ses deux mille cinq cents hommes des maux et des périls de la patrie. La conjuration espagnole a un camp sur les bords de la mer Baltique, au milieu de l'armée que commande Bernadotte.

Tous les corps de l'armée française eurent ordre de se concentrer sur Burgos; le général Verdier qui, depuis plusieurs mois était devant Sarragosse, dut en lever le siége, à la veille d'obtenir peut-être par une dernière attaque la reddition de cette place que le jeune et brave général D. Joseph Palafox défendait en héros.

Le mouvement rétrograde des troupes françaises obligées de se concentrer dans la Navarre, n'était qu'une des premières conséquences du désastre de Baylen. Les soldats furent assaillis dans leurs cantonnements par une maladie contagieuse qui fit des progrès si rapides, que, malgré les soins les plus actifs, on put à peine sauver douze à quinze hommes par compagnie. Murat lui-même ne put rétablir sa santé qu'en rentrant en France; mais il n'y resta pas longtemps, la bienveillance de l'Empereur lui destinait le trône de Naples; il alla l'occuper et signala son avénement à la couronne par la prise de Caprée, d'où son prédécesseur avait deux fois infructueusement tenté de chasser les anglais. Cette île, où jadis Tibère se croyait à l'abri des vengeances de Rome et de l'indignation du monde, est bordée d'une chaîne non interrompue de rocs à pics dont la cime se perd dans les nues. Quatre forts et quarante pièces de canon ajoutaient encore à ces obstacles naturels; tant de difficultés, pour ainsi dire insurmontables, n'effrayèrent pas le général Lamarque qui dirigeait l'expédition. Caprée fut escaladée en plein jour sous le feu le plus terrible; et seize cents Français, assiégés eux-mêmes pendant leur attaque par six frégates, cinq bricks, trente bombardes et plusieurs bâtiments de transports qui faisaient craindre un débarquement, s'emparèrent d'une place défendue avec le plus grand courage par trois mille Anglais sous les ordres du général Hudson-Lowe, d'odieuse mémoire.

Revenons aux événements d'au delà des Pyrénées. Les Anglais qui, jusqu'alors avaient paru voir d'un œil impassible l'invasion de la Péninsule, ne tardèrent pas à prendre part dans une guerre qui était spécialement dirigée contre leur commerce. La première expédition qu'ils préparèrent eut pour destination le Portugal; *sir Arthur Wellesley* (Wellington) la commandait. Le 1er août 1808, ce général débarqua dans la baie de Mondego avec vingt-quatre mille hommes auxquels se réunirent cinq mille soldats du général Spencer parti de Cadix, et un corps de quinze mille Portugais qui s'était formé à Coïmbre. L'armée française sur les deux rives du Tage comptait à peine quinze mille combattants; encore venait-elle récemment d'être affaiblie par les efforts qu'elle avait faits pour soumettre la province d'Alentejo. Les forces que présentait l'ennemi étaient plus que doubles des nôtres, et cette disproportion allait devenir plus effrayante encore par l'arrivée des nouvelles troupes qu'attendait lord Wellesley. Cette considération détermina le général en chef Junot à tenter sans délai les chances d'une bataille. Il prit donc toutes les mesures nécessaires pour maintenir la capitale, et la quitta, le 16 août, emmenant avec lui quelques bataillons, des munitions suffisantes et dix pièces d'artillerie; quelques jours après, il fut rejoint par la division Loison et par le général Laborde, qui, avec une avant-garde de deux mille hommes, venait de battre à Rorissa un corps de quatorze mille Anglais. Junot, se trouvant alors à la tête de quinze mille soldats marcha aussitôt sur Vimeiro où sir Arthur Wellesley avait pris position pour protéger le débarquement d'un renfort considérable conduit par le général Austruther. L'attaque eût lieu le lendemain dans la matinée; les Français secondèrent avec une rare valeur les sages dispositions de leur chef; mais cet accord du courage et des talents ne put balancer l'immense supériorité numérique d'un ennemi qui, avec trois fois plus de canons qu'on ne pouvait lui en opposer, couronnait des hauteurs inexpugnables. Après un combat de douze heures, Junot ayant vu périr l'élite de ses braves, se décida à ordonner la retraite. L'armée se replia en bon ordre sur Torres-Vedras afin d'en garder le défilé et de couvrir Lisbonne. Néanmoins cet échec ayant rendu la situation des plus critiques, le général en chef, pressé par le nombre toujours croissant de ses ennemis, par le manque de vivres et par les progrès de l'insurrection, assembla en un conseil de guerre ses principaux officiers, et les consulta sur le parti à prendre dans de telles conjonctures. Tous furent d'avis d'entrer en pourparler avec les généraux anglais; le général Kellermann, envoyé aussitôt dans leur camp sous le prétexte de négocier un échange de prisonniers, sut les amener adroitement à proposer les bases d'une convention honorable pour les Français, et cet acte, dont la discussion donna lieu d'abord à quelques difficultés, fut définitivement signé à Cintra, le 30 août 1808. La fermeté de Junot triompha de l'exigence de Wellesley. Son énergie enleva pour ainsi dire d'assaut toutes les conditions qu'il voulut, et ses troupes embarquées sur des vaisseaux anglais, furent ramenées en France avec armes et bagages.

Le traité de Cintra, si glorieux pour une armée qui, entourée de toutes parts, coupée de ses communications, et dénuée de toute espèce de ressources, eût été forcée, dans quelques jours, de se rendre à discrétion, était moins pour les Français une capitulation qu'une victoire : aussi Wellesley, pour l'avoir consenti, encourut-il le blâme de l'Angleterre, de l'Espagne et du Portugal. Napoléon donna des éloges à la conduite de Junot; mais, en lui rendant justice, il ne put s'empêcher de censurer les dispositions qu'il avait prises à Vimeiro. Suivant lui, il eût été possible de battre l'ennemi et de le jeter à la mer.

Junot n'eut pas plus tôt évacué le Portugal, que les Anglais portèrent en Espagne la plus grande partie de leur armée. Sir John Moore, avec vingt mille soldats, se dirigea sur Salamanque, et sir David Baird, à la tête de quinze mille, descendit à la Corogne. Dans le même temps, le port de Saint-Ander reçut le général marquis de la Romana, qui, échappé, comme par miracle, du Holstein où il était sous la surveillance de Bernadotte, ramenait dans sa patrie un corps d'élite envoyé en 1807 par Charles IV, pour seconder les Français dans le Nord. L'arrivée inattendue du marquis et de sa petite armée combla de joie les Espagnols qui célébrèrent son retour comme celui d'un dieu protecteur. Ces divers renforts augmentèrent la confiance des Espagnols qui avaient pris les armes, dont le nombre, prodigieusement accru par l'inaction des Français depuis la malheureuse journée de Baylen, s'élevait à plus de cent quatre-vingt mille. « La rébellion promène sa tête de géant d'une extrémité à l'autre de la Péninsule, disaient les rapports secrets, et toute résistance devient impossible avec les seules forces que nous lui avons d'abord opposées. »

Napoléon ne douta plus alors qu'on ne l'eût abusé, tant sur la situation de l'Espagne que sur l'esprit et les dispositions de ses habitants; mais fortement convaincu qu'il y avait encore moins de danger à persister dans son entreprise qu'à montrer le découragement d'un début infructueux, il résolut de mettre tout en œuvre pour subjuguer le peuple dont l'énergie était rebelle à ses desseins; il dirigea vers les plaines de la Castille ses vieilles troupes dont une partie venait de quitter l'Allemagne, et annonça à ses généraux qu'il irait bientôt lui-même en prendre le commandement.

Le 5 novembre, Napoléon arriva au quartier-général de Vittoria où il trouva Joseph. Aussitôt il mit ses colonnes en marche, afin de couper les Espagnols de leurs réserves et de les empêcher de se concentrer sur Madrid.

Le premier engagement sérieux eut lieu à Gamonal, en avant de Burgos : retranchés dans une forte position, les Espagnols couvrent cette ville; mais brusquement attaqués au centre par la division Mouton, qui s'avance au pas de charge, débordés à droite et à gauche par les corps des maréchaux

Soult et Bessières, ils prennent la fuite, laissant sur le champ de bataille trois mille prisonniers, deux drapeaux et vingt-cinq pièces de canon. Ils courent chercher une retraite dans les murs de Burgos. Les Français y entrent en même temps, et la ville est prise. On y trouva des laines pour une valeur de trente millions; l'Empereur les fit transporter à Bayonne.

A l'armée d'Estramadure, battue à Burgos, succède l'armée de Galice, qui, vaincue à Durango, à Guènes, à Vulmaceda, est enfin détruite, le 12, par le duc de Bellune, à la bataille d'Espinosa. Dix généraux, cinquante pièces de canon tombent en notre pouvoir; vingt mille hommes sont pris, tués ou blessés. Les débris de cette armée tombent en fuyant dans la division du duc de Dalmatie, qui leur enlève canons, bagages et magasins. Des reconnaissances sont poussées sur Madrid. A Santander, le duc de Dalmatie s'empare de plusieurs riches dépôts d'armes et de munitions anglaises.

Le 23, le duc de Montebello atteint à Tudela, en avant de Tolède, l'armée ennemie forte de quarante-cinq mille hommes. Castanos la commande. Nos soldats sont de plus d'un tiers inférieurs en nombre; mais ils brûlent d'effacer le souvenir de l'humiliation que les armes françaises ont subie à Baylen. Ils se précipitent : le centre de la ligne espagnole est enfoncé, la cavalerie du général Lefebvre y pénètre et enveloppe la droite, tandis que le général Lagrange culbute la gauche. Castanos s'enfuit en laissant quatre mille morts, trois mille prisonniers, trente pièces de canon et d'immenses magasins renfermés dans Tudela.

Deux routes conduisent de Burgos à Madrid; l'une, par Valladolid, est entièrement dégagée d'obstacles; l'autre se trouve coupée à Sommo-Sierra par une redoute située entre deux montagnes escarpées; les Espagnols la regardaient comme inexpugnable. L'Empereur, qui veut frapper un grand coup sur leur imagination, ordonne à ses troupes d'enlever cette position.

Douze mille hommes, commandés par Beni-San-Juan, et seize pièces de canon la défendent. L'artillerie engage le combat; mais ses effets ne répondent point à l'impatience de nos soldats qui font, pour enlever les ouvrages de l'ennemi, d'inutiles et douloureux sacrifices. Accueillis par le feu le plus terrible, ils sont obligés de se replier. L'Empereur, témoin de cette hésitation, donne l'ordre aux chevaux-légers polonais de s'emparer d'une batterie qui, postée sur une éminence, faisait d'affreux ravages dans nos rangs. Le chef d'escadron Kozictulski s'élance aussitôt à la tête de sa troupe, gravit la montagne au galop sous une grêle de mitraille : tout ce qui voulut s'opposer à ce choc fut renversé, le corps espagnol anéanti : cette action ouvrit à nos troupes la route de Madrid. Le 2 décembre, l'Empereur parut devant cette capitale, et, malgré d'immenses préparatifs de défense, les habitants vinrent implorer la clémence du vainqueur. Un pardon général fut proclamé, et les basses classes du peuple, dont on avait excité l'effervescence, reprirent leurs travaux et leurs habitudes.

Le général de brigade Bruyères, tué au moment de la reddition de Madrid, fut inhumé dans l'un des faubourgs de cette ville. Il était renommé par sa bravoure, et périt victime de sa témérité.

La présence de Napoléon sur le sol ennemi établit l'empire de la conquête, et y jette aussi les fondations d'un nouvel ordre politique, qui honore le grand peuple qu'il veut vaincre, et qu'il ne peut pas soumettre. Cependant, si c'est comme vainqueur qu'il est reçu à Madrid, il y entre aussi comme législateur; il y apporte aux vaincus tous les éléments d'une indépendance future, et toutes les garanties d'une liberté légale. Il détruit l'aristocratie du conseil de Castille, il abolit l'inquisition, et prononce la réduction des couvents, l'anéantissement des droits féodaux et les justices seigneuriales.

Dans sa proclamation du 7 décembre, où il menace les Espagnols en peuple conquis, s'ils refusent de reconnaître Joseph pour roi, il leur dit : « Tout ce qui s'opposait à votre prospérité et à votre grandeur, je l'ai détruit : les entraves qui pesaient sur le peuple, je les ai brisées. Une constitution *libérale* vous donne, au lieu d'une monarchie *absolue*, une monarchie *tempérée* et *constitutionnelle*. » Sa réponse à la députation de Madrid, le 15 décembre, renfermait ces passages remarquables. « Du surplus des biens des couvents, j'ai pourvu aux besoins des curés, de cette classe la plus intéressante et la plus utile dans le clergé, j'ai aboli ce tribunal, contre lequel le ciel et l'Europe réclamaient. Les prêtres doivent guider les consciences, mais ne doivent assumer aucune juridiction extérieure ni temporelle sur les citoyens. J'ai satisfait à ce que je devais à moi et à ma nation. La part de la vengeance est faite : elle est tombée sur dix des principaux coupables, le pardon est entier et absolu pour tous les autres. Les armées anglaises, je les chasserai de la Péninsule... Les Bourbons ne peuvent plus rentrer en France... J'ai supprimé des droits usurpés par des seigneurs, dans les temps des guerres civiles, où les rois ont été trop souvent obligés d'abandonner leurs droits pour acheter leur tranquillité et le repos des peuples. J'ai supprimé les droits féodaux... Comme il n'y a qu'un Dieu, il ne doit y avoir dans un état qu'une justice. Toutes les justices particulières avaient été usurpées, et étaient contraires aux droits de la nation, je les ai détruites... *La génération présente pourra varier dans ses opinions* : trop de passions ont été mises en jeu ; mais vos neveux me béniront comme votre régénérateur ; ils placeront au nombre des jours mémorables celui où j'ai paru parmi vous, et de ce jour datera la prospérité de l'Espagne. Voilà, M. le corrégidor, ma pensée tout entière. »

L'armée anglaise en Espagne n'était pas encore entrée en lice. John Moore, qui la commandait, après avoir hésité longtemps à seconder les Espagnols qui lui reprochaient son éternelle temporisation, se décida enfin à quitter Salamanque pour marcher sur Valladolid. Trompé par de faux rapports sur la résistance de Madrid, il espérait opérer une diversion en faveur de cette capitale ; mais à peine avait-il commencé son mouvement, qu'une dépêche lui apprit les succès de l'armée impériale, et les dispositions de Napoléon pour lui couper la retraite : il prit sur-le-champ le parti de rétrograder.

Le 1er janvier 1809, Napoléon qui avait envoyé en avant le corps du maréchal Bessières, vint établir son quartier-général à Astorga où l'ennemi ne s'était point arrêté. Le maréchal Soult, qui arriva dans la soirée, reçut exclusivement de l'Empereur la mission de poursuivre l'armée anglaise. Chaque instant augmentait les alarmes de John Moore et la terreur de ses troupes. Ce général et ses soldats semblaient entraînés par le pressentiment d'une perte certaine. Jamais ils ne croyaient avoir assez accéléré leur marche, ni qu'il y eût assez d'intervalle entre eux et leur adversaire ; cependant, au milieu d'une saison rigoureuse, à travers des sentiers escarpés et montueux, dont la plupart avaient disparu sous la neige ou sous l'inondation des torrents, ils étaient sans cesse retardés par une foule d'obstacles. Dans cette situation pénible, il leur fallait abandonner leurs malades, couper les jarrets des chevaux qui ne pouvaient plus suivre, et détruire en grande partie leurs bagages et munitions. Tant de sacrifices et de précautions pour se soustraire aux lenteurs inséparables d'une semblable retraite, faisaient dire aux habitants de la Galice, que sans doute les alliés de l'Espagne étaient venus parmi eux dans le seul but de défier les Français à la course. Le 3 janvier, les têtes de colonnes aperçurent néanmoins une seconde fois l'arrière-garde ennemie ; elle était forte de six mille hommes, et occupait, près du défilé de Cacabellos, une position de l'accès le plus difficile. Le général Merle débusqua promptement les Anglais, et leurs bataillons en déroute laissèrent plus de trois cents morts sur le champ de bataille. La défaite de l'arrière-garde des Anglais répandit dans leur armée le plus effroyable désordre. Le frein de la subordination disparut entièrement. L'épouvante avait tout nivelé, tout confondu. Officiers ou soldats, tous semblaient n'éprouver d'autre besoin que de s'étourdir sur leurs appréhensions ou leur dépit, qu'ils noyaient dans des flots de vin. Leur passage à Villa-Franca fut marqué par des excès dont les hordes les plus barbares ne se fussent pas souillées dans une place prise d'assaut.

En arrivant à Lugo, le général anglais jugea qu'une halte de trois jours était indispensable pour rétablir la discipline dans son armée et retremper le moral de ses soldats. Le maréchal Soult, le croyant disposé à accepter le combat, rangea ses troupes en bataille ; mais son adversaire profita de l'obscurité de la nuit pour filer en silence sur la Corogne, où il parvint, le 11 janvier, après avoir perdu neuf mille hommes, six mille chevaux, presque toute son artillerie, ses magasins et son trésor.

John Moore, en attendant les vaisseaux qui devaient l'emmener, songea à se mettre à l'abri d'une tentative. Le maréchal Soult se trouva en présence des Anglais le 14, avant que les travaux fussent terminés; mais il ne fut que le 16 en mesure d'ordonner l'attaque. L'action s'engagea à deux heures de l'après-midi. L'ennemi fut délogé d'une partie des hauteurs où il s'était retranché; mais la résistance de ses réserves arrêta nos progrès. Le combat ne cessa qu'à la nuit. Deux mille cinq cents Anglais, morts ou blessés, couvrirent le champ de bataille. Sir John Moore fut tué, et sir John Hope, ayant pris le commandement, n'attendit pas le jour pour faire embarquer ses troupes. Le 17, à cinq heures du matin, la flotte leva l'ancre et fit voile vers l'Angleterre.

Les Anglais avaient perdu le tiers de leurs forces presque sans combattre, et leur armée entière se serait vue dans la nécessité de mettre bas les armes, si Napoléon, au moment de l'atteindre, n'eût été obligé de quitter inopinément la Péninsule, pour revenir au sein de ses états.

Le rembarquement des Anglais fit illusion sur la résistance qu'opposeraient les Espagnols. Napoléon crut que le bruit de nos victoires de Burgos, Tudela, Espinosa, la Corogne, et le peu d'espoir d'un nouveau secours anglais, dégoûteraient les Portugais d'une lutte destructive; mais, dans la Péninsule, le peuple ne sait que ce que les prêtres lui disent : ils cachaient nos victoires et inventaient des revers. La guerre d'Autriche et le départ de l'Empereur pour l'Allemagne étaient présentés comme des gages certains d'une prochaine délivrance. Dix mille Anglais, restés en Portugal, et réunis aux forces régulières et aux milices du royaume, ne pouvaient être soumis par les vingt-six mille hommes de Soult. Il aurait fallu donner à Soult le sixième corps, en faisant occuper en Galice seulement le Ferrol et la Corogne par sept à huit mille hommes. Marcher sans cesse sur l'ennemi avec une armée mobile et ne pas administrer avant de combattre, voilà ce que nous aurions dû faire et ce que les lieutenants de l'Empereur et son frère n'ont pas compris à temps.

Tout le mal provint de la malheureuse déclaration de guerre de l'Autriche, qui fit plus pour la Péninsule que les secours de l'Angleterre, soit par l'effet moral qu'elle produisit en sens opposé sur l'ennemi et sur nos troupes, soit par le défaut de vigueur et d'unité, qui fut le résultat du départ de Napoléon, circonstance déplorable sous tous les rapports, et qui eut aussi les plus funestes conséquences.

Mais, avant de dire l'origine et le développement de cette puissante diversion, il faut signaler un autre événement, qui s'était accompli dans le nord de l'Europe, l'abdication du roi de Suède. Ce jeune roi, si imprudemment voué aux Anglais, auxquels il ne cessa de sacrifier la modeste fortune de sa couronne, se rend odieux, le 13 mars, par un acte de violence qui lui fait tourner son épée contre des conseillers courageux, patriotes et fidèles. On le désarme, et on lui dit : « Votre épée vous a été donnée pour la patrie, et non contre elle. » Le duc de Sudermanie, oncle du roi, prend les rênes du gouvernement, et, le 29 mars, l'abdication de Gustave-Adolphe IV est publiée à Stockolm.

CINQUIÈME COALITION.

CAMPAGNE DE 1809,

CONTRE LES ANGLAIS, LES PORTUGAIS, LES ESPAGNOLS ET LES AUTRICHIENS.

Profondément blessée du droit nouveau que Napoléon s'était arrogé sur l'Allemagne, depuis la paix de Tilsitt et la confédération du Rhin; ulcérée également de n'avoir pas été représentée aux conférences d'Erfurt; environnée de tous les dangers que multipliaient autour d'elle, soit les alliances armées, soit les occupations prolongées, soit les incorporations récentes de la France, la maison d'Autriche se préparait silencieusement à une rupture depuis la fin de l'année 1808. L'occupation forcée de Bayonne, l'usurpation de la couronne d'Espagne par la famille Bonaparte, usurpation d'autant plus sensible peut-être à la maison d'Autriche, que le vœu de plusieurs juntes avait offert cette couronne à l'archiduc Charles, les intelligences actives pratiquées avec le cabinet de Londres, les subsides qui en étaient le résultat, la supériorité numérique de l'armée autrichienne, et enfin la nécessité pour Napoléon de laisser en Espagne une grande partie de ses forces, ces causes matérielles et les précédentes décidèrent l'Autriche à reprendre les armes contre la France, dans les premiers jours d'avril 1809.

L'empereur François fit une proclamation à son peuple, et l'archiduc Charles, généralissime, en fit une à son armée; elle était de cinq cent cinquante mille hommes y compris la Landwehr. Napoléon n'avait pas deux cent mille combattants à leur opposer, soit en Allemagne, soit en Italie; mais ce sont les Français d'Austerlitz, d'Iéna et de Friedland. Sous les ordres de l'Archiduc Charles, sont les archiducs Louis, Jean, Ferdinand, Joseph, les généraux Kiemmayer, Hiller, Jean de Lichtenstein, Haddig. Pendant que l'autriche se défendait contre Napoléon, l'Angleterre, alliée avec cette puissance, combattra l'Empereur faiblement sur les côtes d'Italie : mais d'une manière d'abord plus heureuse dans la Hollande; ses troupes en même temps seconderont les Espagnols.

Ce fut le 17 janvier, à Valladolid, que Napoléon reçut la nouvelle des premières démonstrations hostiles de l'Autriche. Il en part aussitôt à franc-etrier; le sixième jour, il descend aux Tuileries et, sans interrompre la guerre commencée avec les Espagnols, fait des préparatifs pour soutenir celle que les Autrichiens lui déclarent. Il n'avait à leur opposer dans le premier moment que le corps du maréchal Davoust et celui du général Oudinot; l'un, composé de quarante-cinq mille hommes d'infanterie et de quatre mille de cavalerie, et l'autre de douze mille fantassins et de deux mille chevaux. Mais bientôt des détachements tirés, soit de l'Espagne, soit de l'intérieur de la France, et les contingents fournis par les princes de la confédération du Rhin, sont dirigés sur le point menacé où, réunis à ces deux corps, ils formeront un ensemble de cent quatre-vingt mille hommes. C'est en Bavière qu'ils doivent opérer leur jonction. Mais comme ces divers corps ne pouvaient y arriver simultanément, l'archiduc Charles, qui s'y portait avec cent soixante mille hommes, espérait les détruire sans peine en les attaquant séparément. Le plan était bien conçu, mais il fallait pour l'exécuter une rapidité dans les mouvements qui n'est pas dans les habitudes allemandes. Pendant que des bords de l'Ens l'archiduc se portait sur ceux de l'Iser, les différents corps dont se composait l'armée française opéraient leur réunion; et Napoléon, parti de Paris sans gardes, sans équipages, le 12 avril, à la nouvelle de l'invasion des Autrichiens en Bavière, y était arrivé le 17 et avait pris le commandement. Il promit au roi de Bavière, son allié, de le venger, de le ramener avant quinze jours dans sa capitale, et de le faire plus grand que ne fut jamais aucun de ses ancêtres.

Le lendemain, de Donavert, où il porta son quartier-général, il expédia ses ordres sur tous les points, et l'armée fut instruite de son arrivée par cette proclamation :

« Soldats!

« Le territoire de la confédération du Rhin a été violé : le général autrichien veut que nous fuyions à l'aspect de ses armes, et que nous lui abandonnions nos alliés; j'arrive avec la rapidité de l'éclair. Soldats, j'étais entouré de vous lorsque le souverain de l'Autriche vint à mon bivouac de la Moravie; vous l'avez entendu implorer ma clémence, et me jurer une amitié éternelle. Vainqueurs dans trois guerres, l'Autriche a dû tout à notre générosité : trois fois elle a été parjure! Nos succès passés nous sont un sûr garant de la victoire qui nous attend. Marchons donc, et qu'à notre aspect l'ennemi reconnaisse son vainqueur. »

Napoléon s'occupa sur-le-champ de prendre l'offensive. Le 19, les Autrichiens furent repoussés, près de Thann, par le corps du maréchal Davoust; à Urnhoffen, par le maréchal Lefebvre, commandant le contingent bavarois; à Plaffenhoffen, par les grenadiers d'Oudinot, et à la suite de ces combats, Davoust et Lefebvre opérèrent leur jonction. La perte de l'ennemi, à Thann, fut de deux mille morts et de sept cents prisonniers.

L'armée du prince Charles, si formidable par le nombre, venait, par un premier échec, d'être divisée en deux parties presque isolées. L'Empereur, voulant pousser ces deux ailes dans des directions contraires, afin de les accabler ensuite l'une après l'autre, s'avança à la tête de cinquante mille combattants. Plusieurs détachements furent culbutés, et un dernier engagement à Rottemburg eut pour effet de rompre la communication entre l'archiduc Charles et l'archiduc Louis, qui, attaqué lui-même à Siegenburg par le général Wrède, avait été forcé d'abandonner sa position. Nos colonnes victorieuses ne s'arrêtèrent que sur les bords de la Laber, et la nuit seule mit fin à cette suite d'actions partielles qui furent comprises, dans les relations du temps, sous le nom commun de *bataille d'Abensberg*. Sept mille Autrichiens y furent tués, blessés ou pris; huit drapeaux et douze pièces de canon tombèrent au pouvoir des Français. Le 21, à cinq heures du matin, notre avant-garde se jeta sur les troupes ennemies les plus à portée, et les chassa devant elle. A onze heures, Napoléon et toute son armée étaient sous Landshut, en présence du général Hiller. Le maréchal Bessières commença l'attaque par une charge des plus brillantes. La cavalerie hon-

[illegible], sabrée et culbutée, s'enfuit en jetant l'épouvante dans les rangs autrichiens. Bientôt ce désordre s'accrut par l'encombrement des bagages, sur un chemin étroit, et de toutes parts bordé de profonds marais. Le général Mouton, aide-de-camp de l'empereur, se précipita dans le faubourg de Seelingthal, dont il s'empara, et passant ensuite au pas de charge le pont sur le premier bras de l'Iser, il pénétra dans la ville. Les Autrichiens s'y défendirent quelque temps avec résolution; mais ils cédèrent enfin. L'archiduc, qui croyait Napoléon entraîné au delà de l'Iser à la poursuite du général Hiller, et dont l'armée s'était grossie par des renforts, se disposait cependant à enlever le corps de Davoust. Quelque avantageuse que fût la position occupée par ce maréchal vers Eckmulh, où les Autrichiens étaient établis, il lui semblait impossible qu'un corps si faible résistât à cent mille hommes qui manœuvraient pour l'envelopper. Les divisions autrichiennes qui s'étaient mises en marche dans la nuit du 21 au 22, devaient attaquer le maréchal dès le matin. Mais, retardées dans leurs marches par les localités, elles ne se trouvèrent toutes au poste qui leur était assigné qu'à midi. Elles sont attaquées par Napoléon lui-même. Laissant au maréchal Bessières le soin de poursuivre l'aile en retraite, il était revenu avec la majeure partie de ses troupes et toute sa cavalerie au secours de Davoust. Celui-ci reprend aussitôt l'offensive. Le maréchal Lannes, avec les divisions Morand et Gudin, soutenues par la cavalerie, tourne la gauche des Autrichiens, tandis que l'infanterie bavaroise et wurtembourgeoise attaque Eckmulh, et s'en empare. Menacés à leur centre, tournés sur un de leurs flancs, chassés de toutes leurs positions, les Autrichiens, après avoir perdu cinq mille hommes dans le combat, se retirèrent sur Ratisbonne, en laissant quinze mille prisonniers, seize pièces de canon et deux drapeaux aux mains des Français. C'est en récompense de la constance avec laquelle il avait préparé le succès de cette journée, que Davoust, qui déjà avait conquis sur le champ de bataille le titre de duc d'Awerstedt, fut nommé prince d'Eckmulh. Notre perte fut à peu près de deux mille hommes, au nombre desquels se trouva le général Cervoni, qui s'était acquis une honorable réputation dans les premières campagnes d'Italie.

L'archiduc Charles avait encore plus de quatre-vingt mille hommes sous ses ordres. Toutefois, le découragement de ses soldats lui fit juger qu'il serait imprudent d'attendre son ennemi dans une plaine qui n'offrait aucune position favorable, et où il pouvait être acculé au Danube. Il prit donc le parti de se retirer sur la rive gauche du fleuve, qu'il passa, le 23, au-dessous de Ratisbonne. Il y eut une mêlée de cavalerie en avant de cette ville, et le maréchal Lannes vint y former ses troupes en bataille, à huit cents pas des remparts. Napoléon fut alors blessé pour la première fois de sa vie : une balle amortie le frappa au pied droit et lui fit une forte contusion : « Ce ne peut être qu'un Tyrolien, dit-il, qui m'ait ajusté de si loin; ces gens sont fort adroits. » Le général qui commandait dans la place avait ordre de tenir jusqu'à la nuit; mais quelques officiers ayant remarqué une ancienne brèche qui n'avait pas encore été réparée, Lannes, à qui ce passage était offert, s'élança sous le feu de l'ennemi, pénétra dans les remparts, et fit ouvrir la porte de Straubing. Aussitôt, plusieurs de nos bataillons entrèrent de ce côté, pour fermer la retraite à la garnison, qui mit bas les armes, au nombre de sept à huit mille hommes. Les colonnes françaises tentèrent de forcer le pont; mais le général Kollowrath les arrêta par le feu de plusieurs batteries formidables. La prise de Ratisbonne amena la délivrance du 65e régiment, prisonnier dans cette ville, devant laquelle, cinq jours auparavant, il avait arrêté deux corps d'armée pendant quarante-huit heures.

Le 24 avril, l'Empereur passa une grande revue, et, suivant sa coutume, il décerna habilement des récompenses qui augmentèrent encore l'enthousiasme; il fit lire ensuite une proclamation dans laquelle il félicitait l'armée d'avoir justifié son attente. « Soldats, disait-il, l'ennemi, enivré par un cabinet parjure, semblait ne plus conserver aucun souvenir de vous. Son réveil a été prompt; vous lui avez apparu plus terribles que jamais. Naguère il a traversé l'Inn et envahi le territoire de nos alliés; naguère il se promettait de porter ses armes au sein de notre patrie. Aujourd'hui, défait, épouvanté, il fuit en désordre. Déjà mon avant-garde a passé l'Inn ; avant un mois, nous serons à Vienne. » Napoléon ne perdit pas un instant pour réaliser cette prédiction ; le 26, il partit de Ratisbonne, et toutes ses colonnes, à l'exception du corps du maréchal Davoust, qui avait ordre de rejeter le prince Charles dans la Bohême et de revenir ensuite pour former l'arrière-garde, s'avancèrent par la rive droite du Danube, dans la direction de l'Inn. Ce grand mouvement obligea le général Hiller à quitter les environs de Neumarkt, où, deux jours auparavant, il avait attaqué avec quelque succès une division bavaroise. Son rôle se bornait désormais à couvrir, autant que possible, les frontières de l'Autriche.

Trop faible pour essayer de défendre l'Inn, le général Hiller s'était replié sur Ebersberg, village protégé par un château fort, sur la Traun. Cette rivière offre très peu d'endroits guéables, et coule entre deux rives naturellement escarpées ; un pont forme le seul point de communication avec le village. La position, vue de face, paraissait impénétrable. Hiller l'occupait avec plus de trente mille hommes et une formidable artillerie ; il espérait pouvoir s'y maintenir assez longtemps pour rétablir ses communications avec l'archiduc Charles et concourir avec ce prince au salut de Vienne, en défendant le cours du Danube. Du premier choc, les Français culbutent l'avant-garde d'Hiller, qui défend les approches du pont. L'intrépide général Cohorn s'élance à la tête de quelques bataillons. En vain le feu redoublé des batteries ennemies foudroie ces braves ; ils avancent, renversent dans la Traun tout ce qui s'oppose à leur course, et pénètrent dans la ville. Là s'engage un de ces combats de géants auxquels les Français avaient déjà habitué les soldats de l'Autriche ; mais pendant cette lutte, un horrible incendie ayant éclaté dans Ebersberg et consumé les premières arches du pont, la division Claparède, parvenue seule à l'extrémité, se trouva tout à coup sans communication. A peine forte de 7,000 combattants, elle était engagée contre une armée de 35,000 hommes. Cette effrayante disproportion ne fit qu'enflammer son courage. Pendant trois heures, elle soutint avec la plus grande résolution une lutte si inégale. Trois fois les masses les plus formidables se ruèrent sur elle, sans pouvoir l'entamer. L'inexpugnable baïonnette de cette poignée de braves résista à tous les chocs. Trois cents d'entre eux étaient tombés sur le champ de bataille ; le nombre de ceux qui avaient été mis hors de combat s'élevait à plus de sept cents. Mais ni les dangers ni la perte n'exerçaient aucun empire sur l'âme de si vaillants soldats ; ils avaient fait serment de vaincre. Toutefois, l'inévitable résultat de tant de prodiges n'eût été que de succomber glorieusement, si les généraux Legrand et Durosnel, avec quelques régiments d'infanterie et de cavalerie, n'eussent enfin réussi à franchir le fleuve. A la vue de ces nouvelles colonnes, l'ennemi, craignant d'être débordé par sa gauche, prit le parti de la retraite, et le maréchal Bessières, survenu pendant le combat avec la cavalerie, se mit à sa poursuite.

L'Empereur accourait par la rive droite de la Traun ; il n'arriva qu'à la nuit tombante : tout était terminé. La ville offrait un spectacle horrible : des monceaux de morts obstruaient les rues ; les maisons et le château brûlaient encore, et du milieu de leurs débris embrasés s'élevaient les cris des blessés, qu'il était impossible de secourir. Napoléon, en rédigeant le bulletin de cette sanglante action, qu'il nommait un des plus beaux faits d'armes dont l'histoire puisse conserver le souvenir, ajouta : « Le voyageur s'arrêtera et dira : « C'est ici, c'est de ces superbes positions qu'une armée de trente-cinq mille Autrichiens a été chassée par deux divisions françaises. »

Pendant ces victoires, d'autres corps, qui devaient faire partie de la grande armée française, s'avançaient pour entrer en ligne. De ce nombre était le contingent de la Saxe, que Bernadotte commandait en chef ; ce maréchal, après s'être emparé d'Egra, où il avait dissipé un rassemblement considérable de la Landwher, harcelait les derrières du prince Charles, et, par de vives démonstrations, l'obligeait à diviser ses forces. Le corps du maréchal Davoust, qui n'avait cessé de suivre l'archiduc qu'au moment où il s'était enfoncé dans la Bohême, obéissait aussi à ce mouvement de concentration ; il s'était porté sur Molk. Lefebvre marchait sur Inspruck, afin de prendre à revers les détachements autrichiens qui inquiétaient encore la Bavière.

L'armée française, ne pouvant plus être arrêtée par aucun obstacle jusqu'à Vienne, arriva sous les murs de cette ville le 10 mai 1802, comme Napoléon le lui avait promis après la bataille d'Eckmulh. L'archiduc Maximilien y commandait, engagé par serment à s'ensevelir sous les ruines de la place plutôt que de la rendre. Deux sommations n'obtinrent en effet que des coups de canon pour réponse ; les parlementaires furent même maltraités, et le général Lagrange, l'un d'eux, revint au camp des Français couvert de blessures. Napoléon, justement indigné de cette violation du droit des gens, fit sur le champ ses dispositions pour l'attaque. Son dessein était de bombarder la ville et de couper en même temps la retraite à l'ennemi. Pour atteindre ce dernier résultat, il fallait se rendre maître du Prater, et il était indispensable de jeter un pont sur le bras du Danube par lequel cette promenade est séparée des faubourgs. L'opération était difficile ; mais deux officiers, le capitaine Pourtalés et le lieutenant Susaldi, s'étant précipités dans le fleuve, parvinrent, sous une grêle de balles, à la rive opposée, d'où ils ramenèrent deux barques, qui servirent au passage de deux compagnies de voltigeurs, conduites par le chef d'escadron Talhouet. Un bataillon de grenadiers hongrois, qui gardait ce poste, fut culbuté au premier choc. A huit heures du soir, tous les matériaux pour la construction du pont étaient rassemblés. Dans ce moment, une batterie de vingt obusiers, élevée à cent toises des remparts par les généraux Navelet et Bertrand, lançait la foudre sur la ville. Plusieurs édifices y étaient déjà devenus la proie des flammes. A minuit, plus de 1,800 obus avaient éclaté dans les différents quartiers ; l'épouvante était à son comble. De toutes parts, on entendait les cris des femmes et des enfants. Au milieu de cet effroi général, un officier autrichien, précédé d'un trompette, vint annoncer que la jeune archiduchesse Marie-Louise, qu'une maladie grave avait empêchée de suivre la cour, se trouvait dans le palais impérial, exposée au feu des assiégeants. Napoléon ne fut pas plus tôt informé de cette circonstance, qu'ordonnant d'épargner la demeure de la princesse, il fit changer la direction des batteries. L'archiduc Maximilien, voyant que ses communications étaient menacées, tenta, pendant la nuit, d'enlever le poste français établi au Prater ; mais ses colonnes, accueillies par la mitraille de quinze pièces de canon ayant été obligées de se retirer dans le plus grand désordre, il put enfin apprécier tout le danger de sa position, et dès le lendemain, il évacua la place. Le 12, au point du jour, le général Orei'ly, à qui le prince avait laissé tous les pouvoirs nécessaires, fit demander une capitulation, et une députation de la ville vint aux avant-postes ; elle fut présentée à l'Empereur, à Schœnbrun. Oubliant l'outrage fait à son parlementaire, il assura les députés de sa protection et leur promit que la ville serait traitée avec la même clémence qu'en 1805. Les articles de la capitulation furent dressés immédiatement et ratifiés la nuit suivante. Le 13, à neuf heures du matin, les troupes françaises entrèrent dans la ville.

Napoléon ne fit point d'entrée à Vienne. Un ordre du jour, daté de Schœnbrunn, apprit à l'armée l'occupation de la capitale. Dans cette résidence l'Empereur surveillait les travaux, vis-à-vis d'Ebersdof, pour le passage du Danube, dont l'archiduc en se retirant avait fait détruire les ponts.

En cet endroit le fleuve est divisé en trois bras par deux îles, un premier pont fut jeté de la rive droite sur la première île, et de celle-ci, un second fut établi sur celle de Lobau. Napoléon, qui était passé, fit établir le troisième sous ses yeux en moins de trois heures ; le colonel Sainte-Croix aborda le premier, et fut suivi des divisions Molitor, Boudet, et de la cavalerie de Lasalle. Le 21, au point du jour, l'Empereur, entouré de son état-major, alla reconnaître la position de l'ennemi et disposer son champ de bataille.

Cependant l'archiduc Charles, après avoir fait un long circuit par la Bohême, s'était rapproché de Vienne et avait rallié à son armée les troupes du général Hiller. Arrivé, depuis le 16, au pied du mont Bisanberg, il avait appris l'occupation de l'île de Lobau par les voltigeurs de la division Molitor ; mais loin de vouloir empêcher Napoléon de franchir le Danube, il fit au contraire replier ses avant-gardes, afin de faciliter le déploiement de nos troupes et de livrer bataille sur terrain où elles seraient adossées au fleuve.

Le 21, à quatre heures du soir, quatre-vingt-dix mille Autrichiens, soutenus par deux cent vingt-huit pièces de canon, débouchèrent sur cinq colonnes, dans la plaine de Markfeld; le but de cette démonstration était de renfermer Napoléon dans un cercle étroit, et ensuite de l'écraser : on savait qu'à peine trente mille hommes étaient alors réunis autour de lui, et l'on ne pensait pas que, dans cette position, il lui fût possible d'échapper au plus éclatant revers. Ses adversaires ne s'étaient pas encore présentés devant lui avec une telle présomption de la victoire. L'action commença aussitôt par une attaque vigoureuse du général Hiller contre Gross-Aspern, où s'appuyait notre gauche commandée par le maréchal Masséna. Trois fois l'ennemi, avec des forces toujours supérieures, essaya d'emporter ce village, et trois fois il fut repoussé. On se battit dans chaque rue, dans chaque maison, avec un acharnement sans exemple. Les divisions Molitor et Legrand furent inébranlables, et le général Hiller, fatigué d'une résistance aussi opiniâtre, dut enfin renoncer à son entreprise. La division Boudet, qui, défendant Essling, formait la droite sous les ordres du maréchal Lannes, ne montra pas moins de fermeté et de valeur; mais peut-être aurait-elle été forcée à la retraite, si l'Empereur, s'apercevant que l'archiduc dirigeait ses principaux efforts sur nos ailes, n'eût à propos opéré une diversion, en portant contre le centre des Autrichiens toute la cavalerie du maréchal Bessières. Cette manœuvre eut un prompt succès. Le corps du général Hohenzollren fut rompu, et le régiment d'Orilly taillé en pièces. La nuit, qui survint, mit fin à ce combat meurtrier, dont aucun des deux partis ne retira d'avantage, et qui avait été signalé, du côté des Français, par la perte de plusieurs officiers d'un grand mérite. De ce nombre était le général Despagne, emporté par un boulet au moment où, à la tête de sa division de cuirassiers, il venait d'enfoncer deux carrés, et de décider de la prise de quatorze pièces de canon.

Les deux armées conservèrent chacune les positions où elles se trouvaient quand elles avaient cessé de combattre. La division Saint-Hilaire, le corps de grenadiers du général Oudinot, une partie de la garde impériale, la seconde brigade de la division Nansouty, et deux brigades de cavalerie légère arrivèrent de l'île de Lobau pendant la nuit. Ces renforts portaient à quarante-cinq mille hommes l'effectif des troupes françaises, qui étaient entrées en ligne.

Le 22, à quatre heures du matin, partit de tous les points occupés par les Autrichiens un feu d'artillerie croisé sur notre centre, qui répondit vivement à cette canonnade. Les villages de Gross-Aspern et d'Essling furent ensuite attaqués avec la même fureur que la veille, et défendus avec autant de résolution. Napoléon, placé sur une éminence d'où il découvrait toute la plaine, remarqua que le centre des Autrichiens prenait un développement extraordinaire : il conçut alors le projet de le couper en deux.

Aussitôt les divisions Saint-Hilaire et Boudet, les grenadiers d'Oudinot, toute la cavalerie, formée en masse, et une artillerie nombreuse, dirigée par le général Lariboissière, s'avancèrent aux cris de : Vive l'Empereur. Le maréchal Lannes guidait cette charge terrible. En un instant, les plus épais bataillons de l'ennemi furent renversés et mis en déroute. L'archiduc lui-même, qui, en agitant un drapeau, essayait de rallier ses soldats, fut entraîné dans leur fuite. Il était neuf heures, et la bataille était décidée. Encore quelques efforts, et les Français triomphaient d'une armée double de la leur. Napoléon lui-même encourageait l'armée de son exemple; il s'exposait avec la témérité d'un soldat. Le général Walter lui criait au fort de l'action : « Retirez-vous, sire, ou je vous fais enlever par mes grenadiers. » Dans ce moment, on vient apprendre à l'Empereur que les ponts du Danube sont rompus, et qu'il n'existe plus aucune communication avec l'île de Lobau. Tout autre chef eût été consterné d'une si affligeante nouvelle. Napoléon, sans montrer la moindre altération, et avec le calme le plus héroïque, envoya au maréchal Lannes l'ordre de ralentir son mouvement, et de reprendre sa position entre Gross-Asdern et Essling.

L'archiduc, en apercevant cette hésitation de la colonne victorieuse, eut d'autant moins de peine à en deviner la cause, qu'il avait d'avance préparé l'événement par lequel il échappait à une défaite certaine. De toutes parts, on se transmet cet avis : les Français n'ont plus de retraite. Ces mots volent de bouche en bouche, et se répandent au loin avec la rapidité de l'éclair. Tout à coup le désordre cesse, la ligne autrichienne revient à la charge, l'artillerie rallume ses foudres, et le combat recommence sur le même terrain, et avec la même balance de succès que la veille. Deux cents bouches d'airain vomissent à la fois les boulets et la mitraille. Notre armée, obligée de ménager ses munitions, qui ne peuvent plus être renouvelées, n'opposera désormais à ces formidables assauts, que ses baïonnettes et un courage au dessus des revers. Les troupes, l'arme au bras, ne tirent que lorsque les colonnes d'attaque arrivent à la distance de quarante pas. L'intrépide maréchal Lannes parcourt incessamment son front de bataille : personne mieux que lui ne sait enflammer le cœur des soldats, il les anime de sa voix et de son exemple; il se multiplie, il est partout, et partout sa présence enfante des prodiges. C'est Ajax, c'est Achille. Dans son sein revit l'âme de tous ces vaillants guerriers : il les égale, il les surpasse; mais, dans ce jour, les destins ne sont pas pour lui. Un boulet le frappe au genou : il tombe, et, au même instant, le général Saint-Hilaire, si longtemps associé à ses travaux comme à sa gloire, reçoit une blessure mortelle. D'autres chefs, renommés par leurs exploits, paient aussi le dernier tribut à la guerre. Les braves qui les suivent ne s'en laissent point abattre : inaccessibles à tout sentiment de terreur, ils serrent leurs rangs, et affrontent de plus en plus la mort qui les menace.

Napoléon voyait la victoire s'éloigner de ses aigles; mais, supérieur à sa fortune, semblable à ces colosses de la Haute-Égypte qui restent encore debout au milieu des ruines que le temps a nivelées, il paraissait étranger à tant de désastres. Jamais, même dans ses plus beaux triomphes, il n'avait montré plus de sang-froid. Ses dispositions étaient admirables, son œil était partout; mais Gross-Aspern et Essling attiraient plus particulièrement son attention. Le premier de ces villages fut pris et repris quatre fois, et le second treize : à la fin, la valeur des fusiliers et des tirailleurs de la garde, conduits par les généraux Mouton et Curial, conserva ces deux importantes clefs de la résistance. Le général Gros fit passer au fil de l'épée sept cents Hongrois qui s'étaient logés dans un cimetière. La vieille garde, commandée par le général Dorsenne, était placée en troisième ligne : elle attendait avec impatience qu'un danger plus pressant nécessitât sa coopération; mais les colonnes ennemies craignirent de se briser contre ce bloc de granit. Cette lutte, pendant laquelle les Autrichiens avaient tiré plus de quarante mille coups de canon, finit à neuf heures du soir; on continua de tirailler aux avant-postes jusqu'à minuit. Chacune des deux armées garda la position qu'elle occupait avant la bataille; l'ennemi eut quinze à vingt mille hommes tués ou mis hors de combat. Parmi ces derniers, se trouvaient quatre feld-maréchaux, huit généraux et six cent soixante-trois officiers. Notre perte fut presque égale; mais des trophées attestèrent que, sans le plus terrible des contre-temps, la victoire se fût déclarée pour nous. Quatre drapeaux et quinze cents prisonniers, au nombre desquels le feld-maréchal lieutenant Weber, demeurèrent en notre pouvoir.

Depuis dix heures du matin, les officiers du génie et de l'artillerie, restés dans l'île de Lobau, n'avaient pas perdu un instant pour réparer les ponts, et surtout celui qui communiquait à la rive gauche. Mais contrariés sans cesse par les Autrichiens, qui lançaient dans le fleuve des arbres, des brûlots, des barques et des radeaux chargés de pierres, ils avaient été vingt fois obligés de recommencer leur travail. Toutes les circonstances semblaient s'être conjurées pour ajouter aux difficultés de l'opération : une fonte de neiges dans les montagnes avait élevé les eaux de plus de huit pieds; les câbles se rompaient; les bateaux à peine replacés, étaient ou brisés ou entraînés de nouveau. Pendant la journée, il n'avait été possible, que par intervalle, de faire parvenir de faibles secours et quelques munitions aux corps qui en avaient le besoin le plus urgent : aussitôt que les pontons avaient offert la moindre apparence de solidité, des hommes s'y étaient hasardés, et, quoique peu considérables, ces renforts étaient arrivés si à propos, qu'ils avaient mis les Français à même de se maintenir jusqu'à la nuit.

Tandis que l'on prenait toutes les précautions imaginables pour rétablir les communications, et les mettre à l'abri des atteintes les plus violentes, les blessés s'étaient traînés vers le point de passage. Douze mille hommes, presque mourants, mais soutenus encore par leur courage et par l'espoir d'être vengés bientôt, étaient entassés dans un étroit espace. Les uns par leurs cris et leurs gémissements, les autres par leurs vœux et leurs prières, cherchaient à hâter le moment de pénétrer dans l'île. Un grand nombre s'était avancé jusque dans le Danube, où, surpris par le flot qui s'accroissait sous leurs pas et pressés par la foule qui les empêchait de reculer, ils étaient emportés par le courant, et disparaissaient à jamais. Ceux qui venaient après eux ne tardaient pas à subir le même sort. Des milliers de cavaliers se noyèrent ainsi avec leurs chevaux.

Napoléon, qui, depuis quelques instants, était dans l'île, pouvait de là apprécier combien d'obstacles il restait à surmonter. Convaincu qu'il n'y avait plus rien à attendre que du temps, il donna ses ordres pour le dégagement des malheureux mutilés. L'accomplissement de ce triste soin occupait toute sa sollicitude, quand il vit s'approcher à pas lents un groupe de grenadiers, tout couverts de sang et de poussière, et dont les visages, noircis par la poudre, portaient l'empreinte d'une profonde douleur. Leurs fusils croisés sont cachés par le char funèbre, et sur ce brancard repose évanoui le chef illustre dont leurs récits ont tant de fois célébré les prouesses. Napoléon a distingué les traits du héros : c'est le plus fidèle de ses compagnons d'armes : il vole au devant de lui, se précipite sur son sein, et d'une voix entrecoupée : « Lannes! s'écrie-t-il, mon ami! me reconnais-tu?...... c'est l'Empereur..... c'est Bonaparte..... c'est ton ami? » A ces mots, le maréchal entr'ouvre ses paupières appesanties : il veut parler, le souffle expire sur ses lèvres; mais il lève ses bras, et les passe au cou de Napoléon, qui le presse quelque temps contre son cœur : leurs sanglots se confondent alors, et les témoins de cette scène déchirante, ces vieux soldats qui naguère frémissaient de rage quand la victoire se dérobait à leur indomptable valeur, laissent échapper des larmes d'attendrissement. Saisis de respect et tremblants, mornes et silencieux, ils inclinent ces fronts si terribles, et leurs regards farouches et sombres s'égarent pour la première fois. L'Empereur, craignant de rompre, dans un embrassement trop prolongé, le fil d'une si fragile existence, se détermina enfin à s'éloigner. Tous les secours furent prodigués pour arracher au trépas une tête si chère; mais l'heure fatale avait sonné, et le deuil des Français apprit à leurs ennemis que le plus brave des soldats avait cessé de vivre. La mort de ce grand capitaine, surnommé le Bayard moderne, fit un vide dans l'armée, et parut être d'un sinistre présage.

Napoléon, accompagné du maréchal Berthier et d'un seul officier d'ordonnance, M. Edmond de Périgord, se disposa à passer le grand bras du Danube. Les flots rapides et agités par un vent impétueux, les débris qu'ils charriaient sans cesse, l'obscurité d'une nuit profonde, tout concourait à rendre la traversée périlleuse. Napoléon, monté sur un frêle esquif, se confia à sa fortune; mais, auparavant, il envoya le colonel Lejeune au maréchal Masséna, pour lui ordonner de faire sa retraite sur l'île de Lobau, dans le plus grand silence, après avoir augmenté le feu de ses bivouacs, afin de donner le change à l'ennemi. Ce mouvement fut heureusement exécuté : à quatre heures du matin, il n'y avait plus un seul français sur la rive gauche, et le pont était déjà replié. L'Empereur, parvenu sur le bord opposé, y trouva le corps d'armée du maréchal Davoust, ainsi que la division de carabiniers et de cuirassiers du général Saint-Sulpice, qui, attirés dans cette direction par le bruit du canon, étaient dans la plus vive anxiété sur le sort de leurs frères d'armes, dont une barrière insurmontable les avait séparés au moment du combat.

Les troupes qui étaient renfermées dans l'île de Lobau, y restèrent livrées au cruel tourment de la faim : elles manquaient de tout; on ne put leur faire passer des vivres qu'au bout de quelques jours, après qu'elles eurent dévoré un grand nombre de chevaux, et que plus de la moitié des blessés eût péri d'inanition et dans un dénuement absolu de tout ce qui aurait allégé leurs souffrances.

L'archiduc Charles ne profita point de l'avantage que lui donnait l'isolement de cette partie de notre armée. Nous ne chercherons pas les motifs de l'inaction dans laquelle demeura ce prince, seulement nous croyons pouvoir affirmer que, dans une semblable position, son adversaire eût pris une détermination audacieuse dont son génie et la valeur française eussent assuré le succès. Les Autrichiens n'osèrent rien entreprendre. Napoléon, fort de leur hésitation et de la confiance de son armée, médita de nouveaux plans et de nouvelles précautions : et tandis que, dans une attitude inoffensive, on se contentait de l'observer, son activité, toujours féconde en ressources, rassemblait les éléments d'une victoire, et, par des travaux dignes des Romains, préludait à une attaque dont aucune des chances ne devait plus être imprévue. Il brûlait d'effacer jusqu'au souvenir d'un revers qui pouvait ébranler chez les autres la croyance qu'il mettait lui-même en son bonheur ; mais il ne céda pas à cette impatience : trop de précipitation eût tout compromis. Dans toutes ses autres campagnes, on avait vu Napoléon, rapide comme la foudre, ne consulter que l'ardeur de ses soldats. Ici il leur commande de s'arrêter; il temporise ; mais aucun moment n'est perdu pour lui. Tout entier aux immenses préparatifs qu'il a ordonnés, il en surveille les moindres détails, et ne se dérobera à des soins si pénibles que lorsqu'il n'y aura plus de Danube pour les Français.

Napoléon réussit, avec une prodigieuse célérité, à rétablir la communication entre la rive droite et l'île de Lobau, qui, en quelques jours, se trouva convertie en un camp immense protégé par des batteries formidables qui la mettaient à l'abri de toute surprise; les autres petites îles furent fortifiées de même, et le 1er juillet, l'Empereur établit son quartier-général dans l'île de Lobau, qui prit le nom d'île Napoléon.

Les malheurs d'Essling se trouvaient dès lors réparés; de nouveaux renforts s'avançaient de toutes parts pour venir achever la perte de l'Autriche.

Mais les autres puissances étaient aux aguets, et dans l'attente d'un revers qui accablerait leur vainqueur, elles préludaient à des hostilités par des tentatives encouragées secrètement, et diplomatiquement désapprouvées. Des soulèvements partiels qui se rattachaient à une vaste conjuration contre Jérôme Bonaparte, dont on devait s'emparer, éclatèrent en Westphalie.

Jérôme eut bientôt étouffé cette révolte dont le chef Doernberg n'eut d'autre ressource que d'aller se joindre en Bohême au corps insurgé du duc de Brunswick. Toutefois la ténacité allemande donna bientôt naissance à une autre entreprise de ce genre. Schill, ancien partisan, major au service de la Prusse, sortit de Berlin, à la tête de cinq cents hussards de son régiment, auxquels se réunirent trois cents fantassins d'un bataillon d'infanterie légère. Il se porta sur Wittemberg, et entra en Westphalie, où il se vit bientôt à la tête d'une petite armée, vivant de pillage, et levant des contributions au nom du roi de Prusse. Les succès de Schill passèrent son espérance; il fit hardiment sommer le duc de Mecklembourg lui livrer Stralsund, dont bientôt il s'empara.

L'Empereur cependant avait donné des ordres pour réprimer tant d'audace : le général Gratien sortit de Hambourg avec une division hollandaise. Après avoir délivré tout le Mecklembourg, il arriva sous les murs de Stralsund le 31 mai. Le même jour, ses troupes attaquèrent la place, et malgré la résistance acharnée des Prussiens, qui se barricadaient dans les rues, dans les maisons, elle fut emportée d'assaut.

Schill était tombé mort dans la mêlée. Avec lui finissait l'insurrection. Ceux de ses soldats qui échappèrent au massacre de Stralsund se dispersèrent, et bientôt la Westphalie fut pacifiée.

A l'époque où le prince Charles avait passé l'Inn pour envahir la Bavière, le jeune archiduc Ferdinand, à la tête d'une armée de trente-huit mille hommes, s'était avancé sur la Pologne. Le but de cette expédition était, en occupant Varsovie et le grand-duché jusqu'à Dantzick, de donner la main aux Anglais, maîtres de la Baltique, de faire cesser les hésitations de la Prusse et de la Russie, et d'offrir un appui central aux soulèvements des provinces septentrionales.

Ce fut Poniatowski, dont le nom était célèbre, que Napoléon opposa à l'archiduc. Poniatowski se prépara en toute hâte à une vigoureuse résistance, et, avec douze mille hommes, il alla prendre une forte position à quelques lieues de Varsovie.

L'avant-garde de l'archiduc se montra le

19 avril au matin; vers le milieu du jour l'action s'engagea. Les Autrichiens étaient trois fois plus nombreux que les troupes polonaises. Celles-ci cependant, qui se présentaient pour la première fois au combat, soutinrent durant huit heures une lutte inégale. Ce ne fut qu'à la nuit que Poniatowski rentra dans Varsovie.

Convaincu cependant de l'impossibilité de défendre la place, il dut céder aux supplications des habitants que l'archiduc s'apprêtait à bombarder; force lui fut d'abandonner la capitale.

L'armée, à sa sortie de Varsovie, alla prendre position sur le Bug, en s'appuyant sur la forteresse de Modlin. Cette manœuvre habile déconcerta les plans de l'archiduc, qui avait espéré voir les Polonais prendre le chemin de la Saxe. Il lui devint impossible d'entrer en communication avec la flotte anglaise. En vain tenta-t-il de surprendre Praga; un corps autrichien y fut écrasé; Gora vit Poniatowski défaire encore un ennemi supérieur en forces; bientôt enfin, les braves Polonais, poursuivant leur marche, entrèrent en Gallicie. Ils ne tardèrent pas à s'emparer des forteresses de Sandomir et de Zamosc, ils occupèrent Lemberg et Jaroslau. Ces progrès merveilleux enflammaient partout, sur le passage de Poniatowski, le cœur de ses compatriotes. L'esprit patriotique s'était réveillé, et déjà en espoir la Pologne se voyait délivrée du joug odieux de l'Autriche.

C'est sur ces entrefaites qu'arriva la nouvelle de la bataille d'Essling. En vain Poniatowski pressa les généraux russes, Gallitzin et Souvarow, de l'aider à vaincre l'Autriche. Le cas d'un revers était prévu dans les instructions qu'ils avaient reçues de Saint-Pétersbourg. Quoiqu'ils se comportassent plutôt en ennemis qu'en alliés, les Autrichiens ne furent pas moins battus dans toutes les rencontres; ils se décidèrent à faire retraite sur Cracovie; mais l'avant-garde polonaise arriva en même temps que l'archiduc sous les murs de la ville, et Sokolinski se disposa aussitôt à attaquer l'ennemi. Ferdinand refusa le combat, et demanda douze heures pour évacuer la place. Poniatowski y rentra en vainqueur; les braves Polonais y furent reçus par leurs compatriotes avec enthousiasme.

Au début de la campagne, le cabinet de Vienne avait manifesté son intention d'anéantir la domination de la Bavière, et, pour accomplir ce dessein, il avait appelé à l'insurrection les montagnards du Tyrol. Il comptait en même temps révolutionner en sa faveur les peuples de l'Italie que l'archiduc Jean devait envahir avec une armée de quatre-vingt-cinq mille hommes et cent soixante-quinze pièces de canon. Pour déterminer le succès, on avait attaché à la suite des bagages de l'invasion une foule de transfuges, la plupart nobles ou prêtres, qui n'avaient quitté leur pays que pour se soustraire à la loi commune par laquelle de gothiques et absurdes priviléges rentraient dans le néant. Ces hommes sans patrie ne pouvaient être que les coupables instruments d'une cause oppressive : aussi suffit-il de leur présence pour déchirer le voile trompeur dont s'enveloppait alors la cour d'Autriche. Les Italiens se gardèrent bien de croire à une liberté que leur promettait le gouvernement le moins libéral de l'Europe. En vain leur fit-on entrevoir l'avenir le plus prospère, s'ils consentaient à arborer l'étendard de la rebellion. La conduite des Espagnols, qui leur fut offerte en exemple, resta sans attrait pour eux. On voulut les émouvoir, en exagérant les malheurs du pape, que Napoléon avait fait conduire à Savonne, en l'accusant d'avoir, à l'instigation des Anglais, fait de Rome un foyer de discordes politiques, de conspirations sourdes, mais très étendues et très actives. Le pape, de son côté, se plaignait de la violation de ses droits, et accusait d'ingratitude le prince qu'il avait sacré. Toutes les provinces furent inondées de bulles d'excommunication et de doléances du souverain pontife, qui demandait à grands cris la restitution de son temporel.

Les Italiens résistèrent à toutes les séductions. Sourds à la voix des fauteurs de la vieille aristocratie, sourds à toutes les plaintes, ils demeurèrent calmes, et attendirent avec confiance la prompte libération de leur territoire des armées dont ils avaient tant de fois admiré les triomphes.

L'insurrection tyrolienne fut promptement vaincue par le maréchal Lefebvre; quant à l'invasion d'Italie, elle offrit au prince vice-roi l'occasion de déployer une grande habileté. Toutes les chances lui étaient défavorables; pris à l'improviste, et n'ayant à opposer à une armée formidable que trente mille combattants, dont vingt mille Français, après quelques revers, il sut reprendre l'offensive, livra plusieurs batailles, dans lesquelles il fut toujours victorieux et parvint à se mettre en communication avec la grande armée. Une proclamation de l'Empereur aux troupes leur annonça aussitôt cet heureux événement. Eugène arrivait après avoir remporté, le 14 juillet, un dernier et éclatant triomphe sur les forces réunies à Raab des archiducs Jean et Rénier.

Forcés de fuir avec les débris de leurs armées, les archiducs se hâtèrent de passer le Danube et de se retirer derrière le Waag. Napoléon envoya aussitôt à Eugène l'ordre de s'emparer de la ville de Raab; le vice-roi la fit investir par Lauriston. Le commandant ayant refusé de se rendre, le feu commença le 23; et, le 24, la place capitula avant l'arrivée des secours envoyés par l'archiduc Charles : on y fit deux mille prisonniers; de grands magasins de vivres et dix-huit canons tombèrent au pouvoir des Français.

Davoust attaquait en même temps Presbourg, où l'archiduc Jean était entré. Napoléon ordonna à ce maréchal de jeter deux mille obus dans la ville, après avoir sommé le commandant de cesser les travaux de la défense : cet ordre fut exécuté le 26. Le refus de Bianchi, commandant de la ville, dont les travaux sur la droite du Danube avaient assuré la défense, fut à peine signifié à Davoust, que l'artillerie commença le bombardement. L'empereur François II venait d'arriver à Presbourg, il en sortit à l'heure même. Une seconde sommation n'ayant pas eu plus de succès, le feu fut continué jusqu'au 28, et l'incendie dévora une partie de la ville.

Cette façon décisive d'attaquer Presbourg déconcerta l'archiduc; il adressa des plaintes à ce sujet à Napoléon : l'Empereur lui fit répondre que c'était à lui-même qu'il devait s'en prendre; que toutefois l'attaque de Presbourg allait cesser, puisqu'il le désirait.

Depuis la bataille d'Essling, aucune action n'avait eu lieu sur les bords du Danube. L'armée autrichienne, augmentée par de nombreux renforts, s'était livrée à des travaux immenses pour défendre le passage du fleuve, et l'archiduc Charles, qui avait accumulé, pour se fortifier, tous les moyens que l'art peut fournir, attendait patiemment une nouvelle attaque. Il supposait que l'armée française déboucherait sur la rive gauche au même point que la première fois, et Napoléon, établi dans l'île de Lobau, le confirma dans cette pensée par d'adroites démonstrations, dont le but était de rendre inutiles les ouvrages élevés avec tant de soin par les Autrichiens. Le 4 juillet, à 10 heures du soir, le général Conroux et quinze cent neuf voltigeurs, portés par des chaloupes canonnières, débarquèrent sur la rive gauche, ainsi que le colonel Saint-Croix, avec vingt-cinq mille hommes. Les batteries dirigées contre Enzersdorf reçurent aussitôt l'ordre de commencer le feu. Les obus brûlèrent la ville, et, en moins d'une demi-heure, les batteries ennemies furent éteintes.

A deux heures après minuit, notre armée avait débouché sur quatre ponts. Un orage violent, une profonde obscurité, servaient également nos desseins en cachant nos mouvements à l'ennemi, en empêchant sa défense. Le 5, aux premiers rayons du soleil, notre armée était rangée en bataille sur la gauche de l'ennemi; ses camps retranchés étaient tournés, ses ouvrages rendus inutiles, et il se trouvait contraint de livrer bataille sur le terrain que nous occupions.

Notre armée se déploya dans l'immense plaine d'Enzersdorf. Depuis midi jusqu'à neuf heures du soir, on manœuvra dans la plaine, et l'ennemi, toujours repoussé par l'activité de nos canonniers et l'intrépidité de notre infanterie, nous céda successivement les retranchements qu'il avait construits à Gross-Aspernn, à Essling; il n'opposa de résistance qu'au village de Raschdorf, que les Saxons lui enlevèrent sur la fin de la journée. Le champ de bataille resta couvert de morts.

La nuit fut employée de part et d'autre à faire les dispositions convenables pour la bataille qui devait se livrer le lendemain. Au point du jour, l'armée française prit les armes, et la canonnade s'engagea. A cinq heures, la gauche de l'armée autrichienne, sous les ordres du prince de Rosemberg, déboucha de Markgrafen-Neusiedel, pour déborder le maréchal Davoust. L'Empereur se porta aussitôt sur ce point, qu'il renforça d'une division de cuirassiers et de douze pièces d'artillerie légère, Après un engagement opiniâtre, le maréchal Davoust repoussa son adversaire jusque dans Neusiedel.

L'archiduc, dans l'intention d'enfoncer la gauche des Français et d'isoler l'armée de ses points, dirigea de fortes colonnes contre les maréchaux Bernadotte et Masséna, pendant que lui-même conduisait trente-cinq mille hommes de ses meilleures troupes dans l'intervalle qui séparait notre gauche de la position de Gross-Aspernn. Cette masse culbuta sans peine les postes qui se trouvaient devant elle, et inquiéta bientôt les flancs de notre armée. Il était neuf heures, et les Autrichiens poussaient déjà des cris de victoire. Napoléon, après avoir reconnu par lui-même la situation des affaires, donna ordre au maréchal Davoust de tourner Neusiedel, et de marcher ensuite sur Wagram. Ce mouvement fut exécuté avec autant de bonheur que de courage. Napoléon n'eut pas plus tôt aperçu les troupes de l'aile droite sur les hauteurs de Wagram, qu'il fit dire à Masséna de tenir bon dans ses positions, et que la défaite du prince Charles était assurée. Dans ce moment on venait lui annoncer que la division Boudet s'était laissé prendre ses canons. Il ordonna en même temps une attaque décisive contre le centre ennemi. Le général Macdonald, qui devait la diriger, forma ses divisions en colonnes serrées, elles étaient appuyées par la division bavaroise de Wrède et par trois divisions de cavalerie. Les Autrichiens, sans attendre le choc, se replièrent sur Guntersdorf. Ce village, hérissé d'artillerie, fut abordé avec résolution, et pendant plus d'une heure l'avantage resta indécis; mais une dernière charge triompha de l'opiniâtre résistance des ennemis, dont le centre fut entamé. Déjà leur aile gauche rétrogradait devant les corps du maréchal Davoust et du général Marmont, et leur aile droite, après s'être longtemps maintenue contre le maréchal Masséna, que l'empereur avait fait soutenir par cent pièces de canon, avait pris la direction de Strebersdorf

La bataille était gagnée l'amée autrichienne précipita sa marche sur la Moravie, abandonnant dix drapeaux, quarante pièces de canons, près de dix-huit mille prisonniers, quatre mille morts, neuf mille blessés et un grand nombre d'équipages.

Notre perte, bien moins considérable, était de six mille blessés et de deux mille six cents tués. L'armée eut à déplorer la mort du vaillant Lasalle, la fleur des preux et le premier des généraux de notre cavalerie légère. Le colonel Oudet, du 9e de ligne, promu la veille au grade de général, avait péri dans une embuscade avec vingt-deux officiers de son régiment.

Tous les corps avaient rivalisé d'intrépidité et de gloire : dans cette mémorable journée, Napoléon, qui lui-même s'était plusieurs fois exposé au milieu du feu, décerna à ses dignes soldats les récompenses qu'ils avaient méritées. Les généraux Oudinot et Macdonald reçurent le bâton de maréchal sur le champ de bataille. Masséna fut nommé prince d'Essling.

Durant plusieurs jours, il fut impossible d'avoir des informations positives sur les mouvements de l'ennemi. Ce ne fut que le 8 que l'on sut que l'archiduc Charles opérait sa retraite sur la Bohême et la Moravie, et que le prince Jean manœuvrait pour se joindre à lui.

Napoléon résolut de terminer la campagne en détruisant les restes de l'armée de l'archiduc : chargeant donc Eugène de couvrir les derrières de la capitale avec cinquante mille hommes, il marcha droit à l'ennemi.

Le 9, Davoust emporta Nicolsbourg, où il trouva de grands magasins et fit des prisonniers. L'archiduc était à Guntersdorf, opposant partout des forces supérieures à l'avant-garde de Masséna. Poursuivi par celui-ci, pressé par la marche oblique de Marmont sur Lau, et menacé d'être pris en flanc par l'Empereur, l'archiduc fit preuve d'un grand courage et d'une rare habileté en disputant le terrain, de position en position jusqu'à Znaïm. Là, fortement retranché, maître des routes de Budwitz et de Brünn, il attendit les Français le 11 juillet, et soutint sans désavantage, une partie de la journée, les efforts de Masséna et de Marmont.

Oudinot et Davoust accouraient pour soutenir l'attaque; l'archiduc, jugeant que la résistance, tout en lui faisant honneur, n'amènerait aucun résulsat, se résolut à faire écrire à Marmont qu'il allait envoyer le prince Lichtenstein à Napoléon pour demander un armistice. Ce simple avis, transmis à l'Empereur, ne ralentit pas le combat; au contraire, il importait que la suspension d'armes trouvât les troupes françaises dans une position qui permît à leur chef d'en dicter les conditions avec plus d'avantage. Aussi des ordres furent-ils expédiés à l'instant même, pour hâter la marche de Davoust et d'Oudinot, tandis que Marmont et Masséna redoublaient d'efforts afin de couronner la journée par un dernier triomphe. Cependant, à sept heures du soir, au moment où Znaïm allait être enlevée, la nouvelle arriva que le prince de Lichtenstein était parvenu jusqu'à l'Empereur, et que Napoléon consentait à la paix.

Aussitôt les deux armées s'arrêtèrent, le combat resta suspendu, et Napoléon rassembla dans sa tente un conseil où furent appelés les principaux chefs.

L'armistice fut signé dans la nuit du 11 juillet. L'empereur d'Autriche refusa d'abord sa ratification. Il y adhéra néanmoins, et les négociations s'ouvrirent; on exigea d'énormes sacrifices. Il balança longtemps: les Anglais venaient de descendre dans l'Ile de Walchren, de nouveaux mouvements insurrectionnels agitaient le nord de l'Allemagne; il semblait que toute espérance n'était pas perdue; mais l'expédition échoua, les partisans du Bas-Elbe furent anéantis, il fallut céder. Le traité de Vienne fut signé; François II eut la douleur de se voir enlever les provinces illyriennes et de reconnaître les changements faits et à faire au midi de l'Europe.

Mil huit cent neuf est une année de prodiges pour la France et pour Napoléon.

Sous nos drapeaux, dans nos rangs, marchaient en frères les Polonais, les Hollandais, les Suisses; à nos côtés, pour soutenir notre querelle, les Italiens, les Bavarois, les Saxons, les Danois, les Wurtemburgeois, les Westphaliens, dont les étendards se mêlaient glorieusement aux étendards de la France. Tout cédai à l'ascendant de l'homme qui la personnifiait. Autour de ses aigles étaient ralliées vingt nations diverses; autour de son trône, porté triomphalement par ses soldats dans toutes les capitales de l'Europe, s'étaient reconnues vaincues la Russie, la Prusse, l'Autriche, liguées pour le renverser.

Le 5 juillet, jour de Wagram, à quatre heures et demie du matin, l'Empereur sortit de sa tente, monta à cheval, et avant qu'elles ne partissent, passa en revue les divisions de sa garde, restées avec lui au camp de Lobeau. Déjà le gros de l'armée occupait ses positions sur le champ de bataille, en avant d'Enzersdorf. Toutes les dispositions étaient achevées; encore quelques heures, et le combat allait commencer. L'orage de la veille avait éclairci le ciel; l'horizon, admirablement pur, projetait les premiers rayons d'un beau soleil levant, et sous cette riante influence, chacun, dans la magnifique journée qui s'annonçait, voulait reconnaître un heureux présage. L'ardeur, la confiance du succès éclataient dans tous les rangs, et lorsque, au moment du défilé, l'Empereur dit avec cette manière qui exerçait un pouvoir magique sur ses troupes: « Partons, mes enfants! l'ennemi nous attend? » Les cris frénétiquement poussés de: « En avant! en avant! » retentirent snr les rives du Danube tout le temps du passage. D'autres acclamations aussi passionnées, aussi unanimes, saluèrent son arrivée sur le champ de bataille, à cinq heures du matin, et signalèrent sa présence à l'ennemi. A sept heures, une effroyable canonnade commença sur les deux lignes. Le combat s'engagea de notre côté avec une telle impétuosité, que l'Empereur dut envoyer l'ordre sur plusieurs points de ralentir les mouvements de l'attaque: « Modérez les troupes!... modérez-les, pour Dieu! » s'écria-t-il à plusieurs reprises. Les Autrichiens se défendaient avec une grande résolution. A neuf heures, un aide de camp du maréchal Oudinot vient annoncer la prise d'Enzersdorf: vingt pièces de canon, neuf cents prisonniers sont tombés en notre pouvoir. « C'est bien débuter! dit l'Empereur gaîment; mais il nous faut les villages en avant de Russbach... » et aussitôt il envoya l'ordre au maréchal Davoust d'appuyer à droite cette position. Partout où le feu le plus vif fait supposer le danger, l'Empereur accourt, ordonne lui-même les mouvements. Bientôt on s'aperçoit que l'ennemi dirige son feu sur le groupe que forment les aides de camp et les officiers d'état-major de l'Empereur. Cette observation lui fut faite. « Ma place est où je suis, » répondit-il. Alors le prince de Neufchâtel donne l'ordre à l'état-major de s'éparpiller, de se tenir seulement à portée de la voix, et fait défendre aux régiments de saluer l'Empereur de leurs acclamations qui désignent ainsi sa personne au canon de l'ennemi... Mais lui, peu soucieux du danger, ne continue pas moins de s'exposer comme le dernier de ses soldats. Vers midi, des charges consécutives du côté d'Essling attirent son attention ; il envoie le général Savary savoir ce qui se passe ; le général Masséna s'est emparé des ouvrages d'Essling et de Gross-Arpen ; le prince de Ponte-Corvo fait enlever par les Saxons le village de Raarsdorf. « Mais, ajoute Savary, l'archiduc a détaché du gros de son armée six colonnes d'infanterie, soutenues d'une formidable artillerie et de toute la cavalerie, pour essayer de déborder notre droite. » A l'instant l'Empereur part ventre à terre, arrive sur les lieux ; le feu est des plus terribles : un obus éclate à dix pas de lui, blesse un de ses officiers, tue trois dragons de l'escorte. Le maréchal Masséna accourt vers l'Empereur ! « Sire, au nom du ciel, retirez-vous ! lui dit-il avec émotion ; je réponds de tout. » Aussitôt ils sont couverts de terre par un boulet qui, en ricochant, passe aux pieds du cheval de l'Empereur ; l'animal se cabre, fait un écart furieux, Masséna, hors de lui, s'écrie d'une voix retentissante : « Je le jure sur l'honneur ! si vous ne vous retirez pas, sire, je vous fais enlever par mes grenadiers ! » L'Empereur se mit à rire, donna encore avec le plus grand calme des instructions, et se retira enfin.

En passant devant une ambulance établie à la hâte à quelques pas de là, d'où partent des cris déchirants, il s'arrête, et une effrayante scène frappe ses regards : un obus vient d'éclater au milieu des malheureux entassés pêle-mêle... ses ravages sont affreux, épouvantables... Deux chirurgiens tués pendant qu'ils pansaient les blessés, sont étendus dans des mares de sang... « Oh ! c'est horrible ! horrible ! ! ! s'écrie l'Empeur en détournant les yeux, mes braves chirurgiens ! leur zèle est à toute épreuve ! » et se retournant avec vivacité : « Courez en toute hâte à l'ambulance générale, dit-il à un officier d'ordonnance, ramenez sur-le-champ des chirurgiens... dites à Larrey que je l'ordonne. Ramenez-les vous-même, monsieur, vous-même. » Et de toutes ces bouches mourantes, s'échappent encore des bénédictions, des cris de : Vive l'Empereur !

Cette première journée, remplie par des engagements sérieux, a été bien meurtrière, et rien n'est décidé... Toutefois des avantages remportés sur tous les points ont permis à l'armée de se développer tout entière dans l'immense plaine d'Enzersdorf. A la nuit close seulement, le feu a cessé ; les deux armées bivouaquaient en présence sous les armes, dans les positions qu'elles occupaient à la fin de l'action. L'Empereur, préoccupé, parcourt le camp, il prend toutes les précautions pour se mettre à l'abri d'une surprise : la fatigue des troupes est extrême ; elles sont depuis la veille au soir sur pied, et il ne s'en rapporte qu'à lui-même pour s'assurer de la vigilance des sentinelles d'avant-postes.

Cependant, dans la direction qu'occupe le prince Eugène les détonnations du canon, de continuelles décharges de mousqueterie, annoncent que là on se bat encore. Sur les dix heures du soir, un aide de camp expédié par le vice-roi apporte la nouvelle que le village de Wagram est en notre pouvoir, que nos troupes le dépassent même ; trois mille prisonniers, cinq drapeaux et douze pièces de canon sont tombés entre nos mains : « C'est très beau ! s'écria l'Empereur enchanté, Wagram est la clef de tout ! » A peine l'aide de camp chargé des félicitations de l'Empereur pour le prince Eugène est-il reparti que le feu semble redoubler d'énergie : « Qu'est-ce donc que cela ? Il se passe quelque chose d'extraordinaire ! Allez voir ce que ce peut être, Duroc, » dit-il d'un ton où perçait l'inquiétude.

Un quart d'heure s'écoule. Les décharges d'artillerie, les feux de file ne discontinuent pas : les regards de tout le camp sont fixés sur ce point, qu'éclairent les lueurs rougeâtres du feu ; l'impatience de l'Empereur est au comble, des officiers d'ordonnance sont successivement envoyés à la découverte. Le général Duroc arrive enfin, et son air consterné révèle un désastre.

« Qu'est-il arrivé ? demanda l'Empereur avec vivacité. — Sire, un malheur ! répondit Duroc : l'obscurité n'a pas permis aux Saxons de reconnaître les colonnes du général Macdonald, qui venaient les renforcer, et ils ont fait feu sur le front de ces trois divisions en même temps que les Autrichiens les canonnaient en flanc. Le colonel Huin est tué ; les généraux Sahuc, Vignolles, Grenier et Seras sont blessés. Pendant cette malheureuse échauffourée, les prisonniers se sont échappés ; quatre des grenadiers qui portaient des drapeaux enlevés aux Autrichiens ont été tués, un seul a pu conserver le sien... » L'Empereur, les bras croisés, entend, calme, impassible, ce triste compte-rendu, qui intérieurement le poignait. Mais de sa contenance ferme et assurée dépendent la sécurité et la confiance de l'armée, et un triple rang de figures curieuses et attristées entourent le groupe que forment l'Empereur et son état-major. « C'est un malheur ! dit-il d'un ton parfaitement naturel ; si nous n'avions jamais de chances mauvaises, ce serait trop beau, parbleu !... Demain nous prendrons une éclatante revanche... » Et aussitôt mille voix répètent avec exaltation : « Oui, oui, notre empereur ! A demain, la revanche sur ces damnés d'Autrichiens ! »

L'empereur passa la nuit sous une tente qu'on lui dressa au milieu du camp. Aux premières lueurs de l'aube, l'armée prit les armes et se rangea en bataille. Le terrain sur lequel les deux armées se trouvaient en présence avait deux lieues d'étendue. Les troupes les plus rapprochées du Danube étaient à moins d'une demi-lieue de Vienne. A quatre heures du matin, un effroyable feu s'engagea sur les deux lignes : à l'impétuosité de la veille se joint un acharnement furieux. L'archiduc Charles déploie toutes les qualités d'un grand capitaine ; il manœuvre avec une remarquable habileté.

L'Empereur, à travers le feu le plus terrible, est partout ; il se multiplie sur cette saisissante scène qu'il domine de toute sa hauteur. Dans cette journée, il a mis quatre chevaux hors de service : lui seul est infatigable.

A huit heures, le maréchal Davoust a déjà signalé le commencement de la journée par un beau succès. Mais ailleurs notre aile gauche est violemment attaquée : des colonnes autrichiennes, renforcées par une nombreuse artillerie, fondent sur les corps de Bernadotte et Masséna, tandis que l'archiduc, à la tête de quarante mille hommes de ses meilleures troupes, enlève sur les derrières de ces divisions le village de Gross-Apern et les place ainsi entre deux feux. L'Empereur, averti, les fait renforcer par deux régiments de sa garde et l'artillerie Nansouty. Placé sur un tertre, sa lunette braquée de ce côté, il suit attentivement l'action. Tout à coup un mouvement extraordinaire se fait remarquer : les rangs se rompent... une énergique exclamation échappe à l'empereur ; il enfonce ses éperons dans les flancs de son cheval, et, rapide comme la foudre, arrive sur le combat au moment où le village de Gross-Apern vient d'être repris par l'ennemi : les Saxons et les Bavarois, qui le défendaient, commandés par le prince de Ponte-Corvo, sont en pleine déroute... A cette vue, l'Empereur, pâle de fureur, leur crie d'une voix tonnante : « Soldats ! que faites-vous ?... Ralliez-vous !... Vous vous déshonorez, malheureux ! » Et, s'adressant aux régiments de sa garde, assaillis par quatre colonnes autrichiennes qui débouchent de Gross-Aspern : « Soutenez, mes braves grenadiers ! soutenez ! » s'écrie-t-il en se jetant à bas de son cheval ; et il fait pointer lui-même l'artillerie. Au même instant un jeune colonel saxon exhorte, avec l'accent de l'indignation, ses soldats à se rallier. Ses prières, ses menaces sont inutiles. Alors il arrache le drapeau du régiment des mains de celui qui le porte, se jette dans les rangs des grenadiers et s'écrie : « Français ! je vous confie ce drapeau. Vous saurez le défendre, vous ! » Cet élan de l'honneur et du désespoir est compris des Saxons... Ils s'arrêtent, se rallient et marchent à l'ennemi avec la plus grande résolution ; trois fois nos colonnes repoussées reviennent à la charge. Enfin Gross-Aspern est repris aux cris de : *Vive l'Empereur !* Il est là avec eux, et ces hommes, en sa présence, se sentent invincibles...

Cependant l'archiduc déploie des forces considérables, appuyées par une formidable artillerie, dans l'espace qui sépare Gross-Aspern du village de Wagram, dont l'occupation, d'une haute importance pour nous, est le but des efforts tentés depuis le commencement de l'action. Nos troupes défilent devant l'empereur : « Il me faut Wagram, mes enfants ! » leur dit-il avec sa manière accoutumée ; et, électrisés par ces quelques mots, ces hommes s'élancent au pas de course en répondant : « Vous l'aurez, notre empereur ! En avant ! Wagram ! Wagram !

En cet instant, deux grenadiers de la garde, blessés eux-mêmes, portent à bras leur capitaine, vieux soldat d'Égypte, qui vient d'avoir la jambe emportée en faisant une trouée, lui quarantième, à travers un carré autrichien, en avant du village de Wagram. Le triste groupe est rencontré par l'Empereur ; il s'arrête : «Horeau, dit-il, es-tu dangereusement blessé? »

A cette interpellation faite avec un paternel intérêt, un bonheur inexprimable se répand sur les traits horriblement contractés du pauvre blessé, et c'est d'un ton joyeux presque qu'il répond. « Ma jambe est restée à ces enragés d'Autrichiens, mon empereur! mais c'est égal, Wagram nous restera à nous!

— Avançons-nous là-bas? lui demande l'Empereur vivement préoccupé de l'issue de cette affaire si meurtrière.

— On tombe dru comme grêle des deux côtés ; et malgré ça, petit à petit nous avançons, dit Horeau, et ils reculent. Ne craignez rien, mon empereur! *Nous aurons Wagram, c'est entendu!* »

Il est cinq heures de l'après-midi. Depuis quatorze heures l'action est engagée. Des avantages partiels ont été obtenus par des efforts inouïs, et tout est encore en question.

Enfin les troupes de l'aile droite couronnent les hauteurs de Wagram si chèrement conquis.

A cette vue, par un de ces mouvements où l'âme s'élance tout entière, l'Empereur se dresse sur ses étriers, l'œil étincelant, le bras tendu vers nos étendards victorieux, et s'écrie d'une voix forte : « La bataille est gagnée! » Sur son ordre, infanterie et cavalerie se précipitent, se ruent sur l'ennemi avec une impétuosité terrible, aux cris de : *Vive la France! vive l'Empereur!* Rien ne peut résister à ce torrent qui renverse tout devant lui. Les lignes autrichiennes sont enfoncées, culbutées, malgré la plus ferme résistance, et leurs positions enlevées au pas de charge.

L'armée ennemie est en pleine retraite sur tous les points. Nous sommes maîtres du champ de bataille, où nous trouvons pour trophées dix drapeaux, soixante pièces de canon, quatre-vingts caissons, un grand nombre d'équipages, vingt mille prisonniers, neuf mille blessés.

Nous aussi nous comptons des pertes cruelles! Six mille blessés, trois mille morts ont scellé de leur sang les gloires de la patrie.

Là, groupés autour d'une batterie qu'ils ont défendue, cent cinquante à deux cents soldats français, entourés d'un quadruple rang d'Autrichiens, gisent pêle-mêle, dans une rivière de sang, au milieu de canons, de munitions, d'armes brisées... Plus loin, autour d'un étendard lacéré, criblé, noirci par le feu, encore soutenu par le bras maintenant raide et glacé que la mort n'a pas séparé de son trésor, est couchée une compagnie presque tout entière des : UN CONTRE DIX... Ici, on s'est battu avec une incroyable fureur ; les blessures sont hideuses et multipliées sur chaque cadavre ; les Autrichiens avaient une revanche éclatante à prendre ; le 84ᵉ, une héroïque devise à justifier.

Les ambulances, établies sur tous les points, rassemblent les pauvres victimes de la victoire, dont les plaintes déchirantes, les cris de douleur demandent raison au ciel de la cruauté des hommes; tandis que, dans l'ivresse du bonheur, ceux-là que le canon a laissés debout poussent des cris de joie et de triomphe.

C'est que déjà la part que s'est faite chacun, pendant cette terrible journée, est réglée : la récompense due à une action d'éclat ne se fait jamais attendre. L'Empereur a tout vu! il sait quels sont ceux qui ont été les plus braves parmi tant de braves, par quels miracles de dévouement et de valeur la victoire nous est restée ; et après la bataille, le prix du sang versé pour la patrie a été acquitté.

Quelques jours avant Wagram, l'Empereur, qui préludait aux dispositions de la grande bataille, avait donné ordre aux divisions Marmont et Broussier, en Styrie, de diriger leurs mouvements de manière à opérer leur jonction à Ralsdorf; mais l'ennemi occupait Gratz et était en mesure d'empêcher cette jonction : dix-huit mille Autrichiens campaient aux portes de la capitale de la Styrie, sous les ordres du général Giulay.

Deux bataillons du 84ᵉ, le colonel en tête, osent s'y présenter : ils pénètrent audacieusement dans les premières maisons d'un des faubourgs de Gratz. Aux cris d'alerte, le général Giulay les attaque avec des forces considérables, auxquelles ils résistent quatre heures durant. Forcés de se retirer ils se replient en bon ordre, et se jettent dans le cimetière du faubourg, où ils sont aussitôt entourés, assaillis de toutes parts : un combat épouvantable s'engage et se prolonge entre huit ou neuf cents hommes d'un côté, et dix-huit mille de l'autre...

Les Autrichiens, émus de cet héroïsme, leur crient :

— Rendez-vous, vous ne pouvez résister!

— Jamais ! !! répondent-ils; et les rangs se reforment à mesure qu'ils s'éclaircissent.

Les blessés encouragent leurs camarades, aux cris fréquemment poussés de : *Vive la France! vive l'Empereur!* quelques-uns, du sol sur lequel ils ont été renversés, continuent à tirer sur l'ennemi.

Un soldat qui a le bras gauche fracassé, répond à son sergent qui veut le faire sortir des rangs :

— Le bras droit me reste !

Cependant la violence du feu avertit le général Broussier du danger des deux malheureux bataillons du 84e, et deux autres du 92e partent au pas de course. Il faut percer la muraille vivante que forment les Autrichiens autour du cimetière. Mais il s'agit pour les nôtres de dégager leurs admirables camarades, ou de partager l'honneur de tomber à leurs côtés. Ils se forment en masses serrées et tête baissée, la baïonnette en avant, ils s'élancent intrépidement, se fraient un passage, rejoignent l'héroïque phalange, et tous ensemble chargent avec furie l'ennemi, qui, ébranlé par ce choc impétueux, irrésistible, cède, se replie et bat enfin en retraite.

Alors seulement on tombe dans les bras les uns des autres. Mais ce n'est pas assez d'avoir été délivrés, d'avoir battu les Autrichiens; il n'est que neuf heures du soir, il faut les poursuivre, il faut qu'ils évacuent Gratz, *l'Empereur en a besoin*... On s'exalte, aux cris de : *Vive la France!* on marche en avant. Le faubourg de Graben est enlevé, malgré la défense opiniâtre de l'ennemi. Ses cadavres couvrent les rues. Le général Giulay croit avoir affaire à la division Broussier tout entière; il évacue la ville en se défendant pied à pied, et opère sa retraite sur Gnass.

Gratz est en notre pouvoir; douze cents morts, cinq mille blessés, quatre mille cinq cents prisonniers, dont huit officiers et un major; deux drapeaux et trois pièces de canon sont les trophées de cette poignée de héros.

L'Empereur passait la revue de sa garde, dans la cour de Schœnbrunn, au moment où cette nouvelle lui parvient. Aussitôt il fait former le carré, se place au centre, et le front haut, la physionomie rayonnante de bonheur, d'un ton animé, ému, il lit hautement la dépêche. Des houras de joie partent spontanément de tous les rangs de ces braves, qui demain en feront autant. Tous les bonnets sautent en l'air, les officiers brandissent leur épée en signe de triomphe; des cris de *Vive le* 84e ! retentissent avec un délirant enthousiasme : c'est une fête de famille à laquelle tous prennent part. Un roulement de tambours rétablit le silence : l'Empereur va parler, tous les regards s'attachent à ses lèvres.

« Honneur au 84e ! s'écrie-t-il d'une voix éclatante, le fait d'armes de Gratz prime tous ceux de la campagne... Le 84e a FOURNI SON CONTINGENT A L'IMMORTALITÉ DE LA GRANDE ARMÉE... Le 84e gravera sur le support de son aigle UN CONTRE DIX !... il a mérité cette glorieuse devise. Le colonel Cambier est nommé comte de l'Empire, CENT CROIX de la légion-d'honneur sont accordées aux officiers et soldats de l'héroïque 84e. »

D'unanimes acclamations ratifièrent les honneurs si largement décernés par l'Empereur à ces géants des batailles.

Napoléon partit de Schœnbrunn le 14 octobre, et arriva le 27 au palais de Fontainebleau. Ce retour fut un triomphe; partout les acclamations les plus vives témoignaient l'admiration et l'amour des peuples.

A cette époque, l'une des plus importantes et des plus brillantes de sa vie, tous les rois de la confédération du Rhin, ou alliés à la famille impériale, furent successivement appelés autour du trône de leur protecteur, pour assister aux fêtes de la paix.

Au milieu de ces fêtes et de ces triomphes, Napoléon venait d'embrasser une résolution à laquelle il attachait le sort de sa dynastie.

Après avoir rompu les liens qui l'unissaient à l'impératrice Josephine, il fit demander la main de la jeune archiduchesse Marie-Louise, fille aînée de François II; l'offre de son alliance fut acceptée.

On avait hésité longtemps sur le choix d'une nouvelle épouse. On parla, mais peu sérieusement d'abord, d'une princesse de Saxe; la dignité d'empereur demandait un lien plus élevé. Le choix de Napoléon fut donc placé entre deux princesses impériales, une grande-duchesse de Russie et une archiduchesse d'Autriche. L'Empereur se décida pour la grande-duchesse; l'ambassadeur fut chargé de la demander, et la demande fut accueillie; mais l'empereur Alexandre exigeait quelques mois de délai, à cause de la grande jeunesse de la princesse, et aussi pour avoir le temps de faire consentir à ce mariage l'impératrice-mère. La religion, au changement de laquelle on ne consentait pas, était déjà un grand obstacle. Les choses en étaient là, quand, inquiète et jalouse de ce projet, qu'elle soupçonna, la maison d'Autriche offrit sa fille, son *enfant chérie;* telle fut l'expression. Les retards de la Russie, les difficultés pour la religion, que Napoléon aurait pu aplanir, en laissant dans son intérieur la liberté des cultes, lui firent saisir avec empressement l'offre de la cour de Vienne. C'est un grand tort dans les grandes affaires de ne pas admettre le temps dans ses moyens. Napoléon fut toujours pressé de jouir de ce qu'il désirait. Dans la même journée, un conseil fut assemblé; on y lut les dépêches du duc de Vicence. Les avis furent partagés; mais Napoléon se décida pour l'Autriche. Le soir même, l'arrangement fut conclu par le prince Eugène avec le prince de Schwarzenberg. Ainsi, Marie-Louise fut offerte par son père et acceptée par la France, et le prince de Wagram, qui devait ce titre à la dernière humiliation de la cour de Vienne, demanda la main de l'archiduchesse. Il l'épousa solennellement, au nom de l'empereur Napoléon, à Vienne, le 11 mars. Le 13, la nouvelle impératrice partit pour la France. La cour se rendit le 20 à Compiègne, où tout fut préparé pour la réception de la princesse. Le 28, jour de son arrivée, Napoléon alla au-devant d'elle dans la forêt, monta dans sa voiture et revint au palais de Compiègne avec sa nouvelle épouse. Le 30, toute la cour fut réunie à Saint-Cloud, où le mariage civil fut contracté le 1er avril (DE NORVINS). Toutes les imaginations furent frappées des pompes extraordinaires déployées le lendemain, jour où le mariage se célébra spirituellement à Paris, dans une salle de la galerie du Louvre.

Cet acte politique divise la vie de Napoléon en deux périodes distinctes: dans l'une, il n'a compté que des succès; dans l'autre, il ne compta que des revers.

On pouvait alors espérer qu'ayant toutes ses forces disponibles, Napoléon réduirait bientôt l'Espagne, et contraindrait enfin l'Angleterre à entrer en négociation : flatteuses illusions qui ne tardèrent pas à s'évanouir! L'Espagne aguerrie n'était plus qu'un monde de soldats; elle ne pouvait plus être subjuguée, et l'Angleterre demeurait plus que jamais implacable.

Reprenons le récit de ces graves événements au point où nous l'avons interrompu pour raconter ceux de la campagne d'Allemagne.

CAMPAGNE DE 1810 ET 1811

CONTRE LES ANGLAIS, LES PORTUGAIS ET LES ESPAGNOLS.

La capitulation de la Corogne avait livré aux Français deux cents bouches à feu, des munitions considérables et vingt mille fusils. Elle précéda celle du Férol, où l'armée trouva des ressources immenses. Quinze cents canons étaient dans l'arsenal de cette place, dont le port renfermait huit vaisseaux de haut bord, trois frégates et plusieurs autres bâtiments de guerre. L'occupation de Vigo compléta, à la même époque, la conquête de la Galice.

Pendant que le maréchal Soult chassait les Anglais, le maréchal Lefebvre, ayant passé le Tage à Almaraz, avait dispersé une nouvelle armée, formée par le général Galluzo, des débris des corps d'Estramadure et de Castille, et avait poursuivi les divisions espagnoles jusque sur les bords de la Guadiana. Le maréchal Victor n'avait pas été moins heureux à la bataille d'Uclès, où une éclatante victoire, remportée le 13 décembre, avait fait tomber entre ses mains dix mille hommes de troupes du duc de l'Infantado, et quarante pièces de canon. Après cette journée, dont le succès était dû autant à l'habileté des dispositions qu'à la valeur des divisions Villate et Buffin, Victor était entré dans la province de Cuença et avait ensuite pris ses cantonnements dans celle de Tolède.

Joseph Napoléon, que son frère, en s'éloignant, avait nommé généralissime des armées françaises, à la nouvelle des dernières défaites des Espagnols et de la fuite des Anglais, s'était décidé à revenir de Vittoria à Madrid, et y avait fait sa rentrée solennelle le 22 janvier. Enivré de folles espérances, il croyait son règne irrévocablement commencé; mais on pouvait déjà prévoir que le prince qui s'était endormi à Naples, au sein de la mollesse et de l'oisiveté, ne se réveillerait pas sur le trône des Espagnes.

Tandis que Joseph goûtait ainsi prématurément les seules douceurs qu'il envisageât dans la royauté, l'insurrection se ranimait dans plusieurs provinces; Saragosse, victorieuse d'un premier siége, entretenait l'espoir des Espagnols, et leurs regards se tournaient exclusivement vers cette capitale, qu'ils jugeaient imprenable. La défense de Saragosse par les Espagnols doit attirer sur eux le respect et l'admiration des peuples, aussi longtemps que l'amour de la patrie et de l'indépendance nationale sera compté au rang des vertus. Nous ne pouvons nous refuser à retracer ces circonstances mémorables. Les communications de la ville avec la campagne étaient interrompues · dans cette position désespérée, les assiégés résolurent d'attendre l'ennemi derrière leurs murailles, et de s'ensevelir sous leurs décombres.

Dans la nuit du 2 août, et le jour suivant, les Français bombardèrent la ville. Un hôpital, encombré de malades et de blessés, prit feu et fut consumé en peu d'instants, malgré les efforts des assiégés. Ils durent se borner à arracher aux flammes les malheureux qui se trouvaient en même temps exposés aux projectiles ennemis et aux fureurs de l'incendie. La population entière, bravant un danger imminent, se porta sur les lieux, et les femmes surtout montrèrent le dévouement et l'intrépidité dont elles avaient déjà donné tant de preuves.

Le lendemain, les Français achevèrent de placer une batterie sur la rive droite de la Gueva, à portée de pistolet de la porte de Sainte-Engracia, à laquelle donnait son nom le beau couvent des Hiéronymites, qui en était voisin.

Le 4 août, les Français, ayant achevé leurs préparatifs sur ce point, commencèrent le feu. Aux premières décharges, le mur offrit une large brèche, par laquelle ils se précipitèrent. Dans la rue Sainte-Engracia, où leurs premiers corps commencèrent à se former, se trouvent d'un côté le couvent de Saint-François, de l'autre l'hôpital général. Ces deux monuments furent livrés aux flammes; les blessés et les malades, sans secours et abandonnés au milieu du tumulte et de la confusion, se précipitaient par les fenêtres pour échapper à l'incendie et expiraient sur le pavé. Les cris de rage et de désespoir des aliénés renfermés dans le même hôpital vinrent bientôt se mêler aux cris des mourants et des blessés, au bruit des flammes, aux décharges d'artillerie, et compléter l'horreur de cette terrible scène. Plusieurs de ces infortunés perdirent la vie au milieu de l'incendie ou sous les coups des Français. Ceux qui échappèrent furent conduits prisonniers au Torrero; mais le lendemain, on reconnut leur état, et on les fit rentrer dans la ville. Après une lutte opiniâtre et sanglante, les Français s'ouvrirent un passage jusqu'à la rue de Cozo, au centre de la ville, et furent ainsi maîtres de la ville de Saragosse. Lefebvre invita Palafox à se rendre, par un billet contenant ces mots : ***Quartier-général de Sainte-Engracia*, *capitulation*.** L'héroïque Espagnol répondit immédiatement : ***Quartier-général de Saragosse*, *guerre au couteau*.**

Les annales de la guerre n'ont jamais rien offert de semblable à la lutte qui s'engagea dès cet instant. Une ligne de maisons de la rue était occupée par les Français, le côté opposé était encore au pouvoir des habitants, qui élevèrent des batteries à l'entrée des rues de traverse, et en face de celles que leurs ennemis s'empressèrent de construire. L'espace libre entre les deux partis fut bientôt encombré des cadavres des combattants qui avaient péri dans l'action, ou qu'on avait précipités par les fenêtres. Le lendemain, les munitions commencèrent à manquer aux assiégés. Ils attendaient à chaque instant une nouvelle attaque, sans que personne songeât à capituler. La présence de Palafox était instantanément saluée d'acclamations bruyantes et de promesses d'attaquer les Français le couteau à la main, si la poudre venait à manquer. Au moment où on s'y attendait le moins, ces généreuses dispositions reçurent un nouveau degré d'énergie par l'entrée dans la ville de François Palafox, frère du général, qui conduisait un convoi d'armes, de munitions et trois mille hommes.

Cependant le désir et la nécessité de vaincre une résistance aussi opiniâtre enflammèrent le cœur des Français d'une ardeur égale à la bravoure des assiégés. Chaque rue, chaque maison, devinrent bientôt autant de théâtres de combats sanglants et d'un acharnement sans égal. On citerait difficilement un habitant qui, pendant le siége, ne se soit pas fait remarquer par quelque trait de patriotisme et de bravoure; mais il n'est pas permis d'oublier Santiago Sass, curé d'une des églises de la ville, qui sut remplir avec le même dévouement les fonctions de son ministère et les devoirs du soldat. Palafox, dont il avait su attirer les regards et mériter la confiance, le plaçait partout où il y avait un danger imminent à courir, une entreprise difficile à mettre à fin. Il réussit, à la tête de quarante hommes choisis, à faire entrer dans la ville une provision de poudre dont on avait le plus grand besoin.

Ces combats partiels et sans cesse renouvelés se prolongeaient depuis onze jours consécutifs, sans que la nuit même en interrompît le cours, lorsque les chefs espagnols tinrent un conseil de guerre, où ils arrêtèrent de communiquer officiellement au peuple l'héroïque détermination qu'il avait suivie jusqu'alors avec tant de constance. Il fut arrêté que l'on continuerait à défendre les positions que l'on conservait encore jusqu'à la dernière extrémité ; mais que, s'il fallait les abandonner, on passerait l'Ebre pour s'enfermer dans les faubourgs, et y périr en combattant. Ce manifeste fut accueilli par des cris de joie. Au reste, les Espagnols gagnaient graduellement du terrain, et les Français, après tant d'efforts, n'étaient maîtres tout au plus que d'un huitième de la ville. Les nouvelles qu'ils recevaient de toutes parts de la situation de leur armée dans la Péninsule n'étaient pas propres à relever leur énergie. Pendant la nuit du 13, leurs batteries firent feu sur la ville sans interruption. Ils incendièrent ensuite la plupart des maisons dont ils étaient maîtres, et finirent par faire sauter l'église de Sainte-Engracia. Un silence absolu et lugubre succéda aux horreurs de cette nuit désastreuse, et au point du jour, les Espagnols, à leur grand étonnement, virent au loin dans la plaine, les colonnes françaises effectuant leur retraite sur Pampelune.

Palafox mit à profit notre éloignement de Saragosse, pour s'occuper sans relâche d'en réparer et d'en augmenter les fortifications. La garnison, ou, pour mieux dire, l'armée qui s'y rassembla, s'élevait à quarante mille hommes, dont huit à dix mille soldats de ligne, et deux mille cavaliers. Le reste se composait de contingents fournis par les provinces voisines, de quinze mille paysans armés, de moines et de prêtres.

Bientôt le siége recommença, et l'intrépidité des assaillants vint échouer contre le fanatisme des Aragonais, en qui l'exaltation et la soif de la vengeance suppléaient à l'habitude des armes. Résolus d'avance à s'ensevelir sous les ruines de leur cité, ils bravaient tous les moyens de destruction dirigés contre eux, et immobiles, au milieu des débris croulants de toutes parts, ils continuaient leur feu rapide et meurtrier. Les femmes partageaient ce prodigieux dévouement ; des prêtres et des moines parcouraient les rues en brandissant le glaive, pour rallier au combat, ou bien encore, guidant les assiégés dans leurs sorties, ils agitaient dans les airs une sainte bannière sur laquelle était peinte l'aigle française déchirée par le lion espagnol. Plus d'une fois on les vit, au milieu du carnage, quitter tout à coup leurs armes, et, reprenant le caractère apostolique, s'avancer revêtus de leurs habits sacerdotaux, un crucifix à la main, pour montrer à nos postes le signe de la rédemption, et les convertir par leurs discours à la cause qui leur inspirait tant de zèle.

Pendant que Palafox cherchait ainsi à ébranler la fidélité de nos troupes, il mettait tout en œuvre pour imprimer aux siennes l'élan de l'enthousiasme ; il faisait pendre ceux de ses officiers qui capitulaient, et ces mots : *guerre à mort*, étaient son unique réponse aux sommations qui lui étaient adressées ; il ne consentit pas même à demander une trêve pour enterrer les morts ; et, pour éviter les ravages d'une épidémie, il imagina de faire conduire les prisonniers français, attachés avec une corde, dans les endroits où les cadavres étaient amoncelés ; et là, tandis qu'ils donnaient la sépulture à leurs compatriotes, des Aragonais rendaient aux leurs le même devoir.

Cet incroyable acharnement n'empêcha pas les troupes impériales de pénétrer dans la place ; mais quand elles eurent emporté tous les ouvrages intérieurs et franchi les remparts, leur persévérance fut soumise à de nouvelles épreuves.

L'attaque des différents quartiers de la ville présentait des difficultés plus grandes encore que celle des fortifications ; chaque couvent était une citadelle, chaque maison une place d'armes qu'il fallait enlever d'assaut ; les explosions des pétards et des mines, le bruit de la sape se faisaient entendre à toutes les heures ; de toutes parts la foudre souterraine et la hache ouvraient un chemin à nos soldats ; ils se précipitaient aussitôt dans la brèche, et d'étage en étage, de chambre en chambre, s'engageait un combat qui ne finissait qu'avec la vie du dernier des Espagnols. Souvent, dans l'impuissance de forcer ces asiles on était réduit à les embraser. L'ennemi, à la dernière extrémité, allumait lui-même l'incendie, et des torrents de flammes et de fumée étaient la nouvelle barrière qu'ils opposaient à l'attaque. Les Français, au milieu de cet enfer, ne laissaient pas de gagner du terrain ; mais, lorsqu'ils avaient occupé une aile de maison, ils étaient obligés, pour passer dans une autre, de rompre les barricades, et de briser les chaînes qui traversaient les rues. Des retranchements et des batteries, d'où pleuvait sur eux une grêle de balles et de mitraille, les arrêtaient à chaque pas; leurs moindres progrès étaient annoncés par le tocsin, dont le glas sinistre était, pour les assiégés, le signal d'accourir en foule, afin de remplacer ceux des leurs qui avaient succombé.

Il paraissait impossible que notre armée surmontât tant d'obstacles; et, dans le même temps au dehors, des rassemblements s'avançaient, sur plusieurs points, pour l'envelopper et intercepter ses convois.

Chaque fois que les insurgés se montraient, leur apparition était pour nous l'occasion d'une victoire; mais l'on ne pouvait ainsi faire face de tous côtés, sans détourner de leur destination quelques-uns des corps qui eussent été employés plus avantageusement à réduire Saragosse. La cavalerie, manquant de fourrage, ne pouvait s'en procurer que les armes à la main; toutes les troupes ne recevaient plus qu'une demi-ration de pain, sans viande. Malgré ce dénuement, le maréchal Lannes était parvenu, par le seul ascendant de son caractère, à donner plus d'ensemble et d'activité aux opérations; mais à la fin, les soldats, que longtemps ni les privations, ni les périls n'avaient pu rebuter, se laissèrent aller à une opposition morale et à un découragement dont les suites étaient d'autant plus à craindre qu'ils croyaient ne céder qu'à une impossibilité évidente.

Le maréchal leur rendit, par son inébranlable fermeté, toute la confiance nécessaire pour arriver au but qu'il leur montra plus prochain que jamais, et l'enlèvement d'un faubourg, sur la rive gauche de l'Ebre, fut le premier prodige de ce réveil. Nous étions maîtres du pont qui sert de communication avec la ville. Dès le lendemain, cinquante pièces de canon battaient en ruines les maisons qui bordent les quais, et plusieurs fourneaux, chargés chacun de trois milliers de poudre, avait été placés de manière à ce que leur détonnation simultanée achevât de jeter la consternation parmi les assiégés. La junte justement effrayée de ces préparatifs, envoya alors une députation pour demander à capituler ; mais le maréchal Lannes, qui, la veille, avait rejeté une proposition semblable, faite au nom de Palafox, exigea que l'on se rendît à discrétion.

Le 24 février 1809, les Français occupèrent Saragosse. Cette ville, dont ils n'avaient pu s'emparer qu'après cinquante-deux jours de tranchée ouverte, n'était plus qu'un immense monceau de cendres, de cadavres et de décombres. Plus de cinquante mille individus, de tout âge et de tout sexe, avaient péri dans cette malheureuse cité, où la peste vint ensuite détruire ceux qu'avait épargnés la guerre.

La perte des Français fut de trois mille morts, parmi lesquels onze officiers du génie.

Peu de jours après la prise de Saragosse, le maréchal Mortier, qui y avait coopéré, se mit en marche sur la Castille, et Suchet s'occupa d'achever l'entière soumission de l'Aragon. D'après le plan de Napoléon, deux armées devaient envahir le Portugal : l'une sous les ordres du maréchal Victor, l'autre sous ceux du maréchal Soult. Ce dernier, dans cette direction sur Oporto, rencontra le marquis de la Romana à la tête de vingt-cinq mille Galliciens, qui voulurent lui disputer le passage, et furent entièrement dispersés ou faits prisonniers. Relâchés sur parole, ils n'en reparurent pas moins parmi les bandes insurgées. Soult continua son mouvement, débusqua quatre mille Portugais postés au défilé de Verin, et en défit trente mille autres rangés en bataille à Braga. Freire, leur général, qui avait voulu, d'après les ordres de la junte, se retirer sur Oporto, fut massacré par les siens. Nos troupes poursuivirent leurs succès sur les Portugais jusqu'aux approches d'Oporto, et malgré les démonstrations vigoureuses de défense de leurs adversaires, elles y entrèrent après une résistance incomplète. Plusieurs villes, sur nos derrières, étaient encore occupées par l'ennemi; le général Caulaincourt eut ordre de balayer les bords de la

Tamega ; mais ses efforts furent impuissants, et il fut lui-même assailli.

Cet échec éprouvé par nos troupes ranima les Portugais. Déjà nos postes sur la Souza avaient été forcés de se replier, lorsque le maréchal Soult, informé de ces événements, et en outre que le général Morillo, du corps de la Romana, venait de s'emparer de Vigo, où se trouvaient les conseils et les dépôts français, envoya deux régiments au général Loison, avec ordre de se porter sur les Portugais. Culbutés aussitôt qu'aperçus, deux fois ils tentèrent de se rallier, mais ils furent chassés et rejetés derrière la Taméga. Des papiers anglais et portugais, trouvés dans Amarante, firent alors connaître l'état des affaires en Espagne et dans le midi du Portugal. Le maréchal Ney, en Galice, était dans la plus grande détresse. Trente mille Galiciens, sous les drapeaux de la Romana, avaient pris une redoutable offensive. Huit cents Français, formant la garnison de Villafranca, avaient été réduits à mettre bas les armes, et de nombreux rassemblements, enhardis par ce premier succès assiégeaient plusieurs places. Pour parer promptement à ce pressant danger, le général Hendelet traversa la province d'Entre-Duero-è-Minho, défit un corps de douze mille insurgés, qui bloquaient le général Lamartillière dans la ville ouverte de Tuy, où l'armée avait son grand parc d'artillerie ; après cette victoire, il ramena sa division dans Oporto.

Pendant que des obstacles imprévus avaient empêché le maréchal Soult de poursuivre sa route vers l'intérieur du Portugal, le maréchal Victor avait eu à combattre l'armée espagnole d'Estramadure, renforcée par de nombreuses levées. Huit mille Espagnols furent culbutés à la baïonnette, toutes les colonnes du maréchal Victor s'avancèrent vers Guadiana, et rencontrèrent l'ennemi, le 22 mars, dans une excellente position, en avant de la ville de Médellin ; après une résistance de cinq heures, les troupes espagnoles, quatre fois plus nombreuses que les nôtres, commencèrent à se débander ; notre cavalerie continua de les poursuivre jusqu'à la nuit. A tout moment, ses pelotons ramenaient des colonnes entières. Le nombre des prisonniers s'éleva à plus de huit mille. Ces Espagnols, qui, pendant la bataille, avaient fait entendre les provocations les plus menaçantes, marchaient alors tête baissée et, avec la précipitation de la crainte. Chaque fois qu'ils passaient devant un bataillon français, ils ne manquaient jamais de s'écrier avec force : « Vive Napoléon et ses guerriers invincibles ! » ils eussent préféré la mort, si on leur eût imposé le cri de *vive notre roi Joseph !*

Le duc de l'Infantado, à la tête de quinze mille hommes, dans la Manche, attaqué par le général Sébastiani, avait été battu. Tous les dépôts formés par les Espagnols au pied de la Sierra-Morena, et que les Anglais avaient abondamment pourvus d'armes, de munitions et d'autres objets de guerre, tombèrent au pouvoir des vainqueurs.

Malgré ces revers, la junte suprême, en moins de quinze jours, compta trente mille défenseurs de plus, et son armée fut en mesure d'occuper, devant les troupes françaises, tous les débouchés des montagnes. Dans de telles conjonctures, le maréchal Victor, qui avait à peine vingt mille hommes à sa disposition, ne pouvait pas s'avancer vers le Portugal, sans craindre de nombreux rassemblements sur ses derrières. D'autres considérations encore le déterminèrent à ne pas quitter la haute Estramadure.

L'armée française en Portugal, restait ainsi dans un isolement dont les Anglais ne tardèrent pas à profiter. Le 11 mai, sir Arthur Wellesley, depuis duc de Wellington, débarqué depuis vingt-un jours avec dix-huit mille soldats de sa nation, força le maréchal Soult, à la suite d'un combat sanglant, d'évacuer Oporto et d'effectuer précipitamment sa retraite, par un temps épouvantable, dans la Galice. Afin de n'être pas gêné dans sa marche, il avait détruit son artillerie, ses munitions, ses bagages, et abandonné ses caisses militaires.

En rentrant dans la Galice, le maréchal Soult délivra à Lugo une faible garnison assiégée par vingt mille Espagnols, et manquant de vivres. Huit jours après, il fut rejoint par le maréchal Ney, dont les troupes, réunies dans les Asturies à celles du général Kellermann, venaient de remporter une éclatante victoire devant Oviédo. Les Espagnols, sans doute, auraient enfin succombé, si quatre mois auparavant, Napoléon n'eût été obligé, par une diversion violente opérée par une des principales puissances continentales, de retirer de la Péninsule la plus grande partie des troupes destinées à la conquérir.

Lord Wellington venait de faire sa jonction avec Cuesta et marchait sur Madrid, dans l'intention de livrer bataille aux Français et de les rejeter au-delà des Pyrénées. Nous n'avions, à cette époque, que quatre-vingt mille combattants, disséminés sur tous les points de la Péninsule; mais la division se mit parmi les alliés, et Wellington refusa sa coopération. Le roi Joseph marcha sur les Anglais, campés à Talavéra. Wellington informé que le maréchal Soult s'avançait sur ses derrières, opéra sa retraite sur le Portugal, le 3 août 1809.

Le mois de septembre se passa sans mouvements sérieux. A cette époque, le maréchal Soult fut nommé major général des armées françaises en Espagne. Le 18 octobre, le général Marchand fut attaqué à Tamanès par des forces trop supérieures, et obligé de se retirer; mais le général Kellermann marcha contre l'ennemi et le défit complétement.

Dans le même temps, le maréchal Mortier, avec trente-quatre mille fantassins et quatre mille cavaliers, enfonça, au premier choc, le général Arizzaga, qui en avait cinquante mille, et lui fit vingt mille prisonniers.

Le 10 novembre, la place de Gironne, après un siége long et opiniâtre, se rendit à discrétion au maréchal Augereau.

Les premiers renforts, après la paix avec l'Autriche, permirent au maréchal Soult de déloger et culbuter les Espagnols qui gardaient les passages dans la Sierra-Morena. Séville se rendit, le 3 janvier, au maréchal Victor.

Sébastiani, détaché sur Malaga, détruisit l'armée qui en défendait les approches.

En Catalogne, Suchet obtenait de grands avantages. Souham repoussa toujours avec succès les masses espagnoles. Belair dispersait les montagnards des Alpajarès, tandis que Dessoles contenait ceux de la Murcie, et que Foy, envoyé en reconnaissance sur les frontières du Portugal, surprenait et mettait en déroute un corps de deux mille hommes. Enfin, le maréchal Mortier signalait sa présence à Valverde, et poussait jusque sous les murs de Badajoz une colonne considérable qui avait osé l'attaquer.

Le maréchal Victor, s'étant rendu devant Cadix, fit dresser des batteries pour le bombarder. Le 15 mai, quinze cents Français, reste de l'armée de Beylen, parvinrent à s'évader du ponton la *Vieille-Castille*, sous le feu des chaloupes anglaises et des forts de la ville. Échappés à une longue et affreuse captivité, ces malheureux semblaient avoir perdu l'usage de la raison. On les vit chanter et pleurer à la fois, en embrassant leurs frères d'armes.

Le général Suchet pressait le siége de Lérida, dont le gouverneur, réduit aux abois, et n'ayant plus l'espoir d'être secouru, se rendit.

Après la prise de cette ville, la forteresse de Mequinenza, appelée la Clé-de-l'Ebre, et située sur un roc escarpé au confluent de ce fleuve et du Sègre, fut attaquée et prise.

Masséna entra en campagne dans le mois de mai 1810, et débuta par la prise de Ciudad-Rodrigo, qui fut suivie de celle d'Alméida. Wellington, informé de la catastrophe d'Alméida, se rapprochait de Lisbonne. Le 19 septembre, l'armée française atteignit son arrière-garde et lui fit quelques prisonniers, et six jours après, elle fut enfoncée et chassée de ses positions. Le 26, Masséna aperçut l'armée de Wellington couronnant les hauteurs de Busaco, et fit ses dispositions pour l'attaque. Il n'avait avec lui que cinquante-quatre mille combattants; Wellington en avait plus de soixante-dix mille. Malgré le feu le plus vif et le mieux nourri, nos colonnes s'avancèrent à trois reprises différentes. Il y eut un instant d'hésitation parmi les Anglais; mais de nouvelles forces leur ayant rendu une nouvelle assurance, les assaillants furent partout repoussés, et plus de quatre mille d'entre eux restèrent sur la place. Le 29, Masséna fit tourner la position; mais Wellington, dans la crainte d'être coupé s'étant retiré, nos troupes se dirigèrent sur Coïmbre, où elles firent leur entrée le 1er octobre. Le général anglais, en la quittant, avait permis à ses soldats de se livrer à des excès dont l'atrocité répugnerait à des hordes de cannibales. Après onze jours de marches forcées, Masséna se croyait au moment de couronner son expédition par un coup décisif, persuadé que les Anglais ne songeaient plus qu'à se rembarquer; mais des reconnaissances trouvèrent l'armée de Wellington retranchée sur la chaîne de montagnes qui s'étendent depuis Alhandra jusqu'à Torres-Vedras. Masséna, renonçant à l'espoir de les enlever de vive force, au moyen d'une ligne de circonvallation, voulut bloquer son adversaire et l'affamer; mais les Anglais, approvisionnés par mer, ne manquaient de rien, tandis que notre armée, au contraire, n'avait aucune ressource. Effrayé d'une pareille situation, Masséna, qui avait perdu sans combattre le tiers de son monde, se décida, le 14, à quitter ses lignes et à se replier sur Santarem, où il prit position et se fortifia.

Les deux armées se cantonnèrent pendant le mois de novembre et reçurent chacune des renforts.

Pendant ce temps, le maréchal Soult pacifiait l'Andalousie et détruisait les guérillas; le maréchal Victor pressait le siége de Cadix, et Suchet investissait Tortose, qui capitula le 11 janvier 1811.

La campagne de 1811 s'ouvrit sous les auspices les plus favorables. L'Andalousie, la Castille, les Asturies, l'Aragon, la Catalogne, la Biscaye et la Navarre étaient au pouvoir des Français, et, malgré les revers qui avaient assailli l'expédition de Portugal, ils se flattaient d'avoir avancé l'œuvre de la conquête.

Malaga s'était rendue à nos armes, et le général Balesteros s'était réfugié sous le canon de Gibraltar. Olivenza, ville fortifiée, fut prise sous les yeux de Mendizabal, à la tête de dix-huit mille hommes. Le général vaincu se retira sur Badajoz et fut attaqué, le 19 février, par le maréchal Soult avec la plus grande impétuosité. Les colonnes ennemies abandonnèrent le terrain, laissant tous leurs bagages, leur artillerie et six mille prisonniers. Cette victoire, qui ne coûta pas quatre cents hommes, accéléra la chute de Badajoz, qui se rendit le 18 mars, après un siége honorable.

La Romana, qui avait joint Wellington sur le Tage, apprit bientôt les dangers qui menaçaient ses lieutenants. Il se disposait à marcher à leur secours, lorsqu'une attaque d'apoplexie foudroyante l'enleva à Cartaxo le 23 janvier.

La Romana a joué un grand rôle dans la guerre de l'indépendance, moins encore par ses talents militaires que par son activité, et cette opiniâtreté espagnole qui se roidit contre la mauvaise fortune. Sa résolution d'abandonner le Danemark avec son armée, lorsqu'il eut connaissance des événements de Madrid, fut conçue avec audace et exécutée avec autant d'adresse que de présence d'esprit. Il débarqua en Espagne pour assister à la défaite d'Espinosa, passa dans le royaume de Léon, où il réunit les corps qui formèrent l'armée de gauche, et seconda ensuite les opérations de Wellington et de Hill sur la rive gauche du Tage. Il fut souvent en désaccord avec les cortès de Cadix, qu'il seconda avec ardeur dans tout ce que leur inspirait la haine des Français et leur zèle pour la défense du pays: mais il ne partageait pas leurs idées de liberté et n'approuvait pas les réformes qu'elles voulaient introduire dans le gouvernement.

Campo-Mayor fut prise et rasée, et le fort d'Albuquerque reçut une garnison française, ainsi que celui de Balagmer. Sur ces entrefaites, les Anglais, qui avaient résolu de s'emparer des nombreuses batteries qui encadraient Cadix, débarquèrent à Algésiras et s'avancèrent par Tariffa, au nombre de vingt-cinq mille hommes. L'affaire qui eut lieu fut d'autant plus honorable pour les Français, qu'à peine ils purent en opposer dix mille.

Masséna, malgré la persévérance et l'opiniâtreté de son caractère, commença à effectuer sa retraite dans la nuit du 5 au 6 mars. Poursuivi par Wellington, l'arrière-garde reçut, le 12 mars, l'attaque des Anglais, et se replia en ordre. Des charges, faites à propos, forcèrent l'ennemi à être circonspect.

Masséna fut généralement blâmé, dans le temps, d'avoir abandonné le Portugal; mais l'Empereur, convaincu que la conduite militaire de ce général était exempte de reproche, lui garda toujours une estime intérieure. Wellington, pour se donner les apparences d'un grand capitaine, n'eut presque rien à faire. La peur lui tint lieu de prudence; les localités, le génie, la disette et le temps firent le reste.

Cette retraite rendit disponibles les nombreux renforts que Wellington avait reçus de l'Angleterre. Ce général, au lieu de poursuivre Masséna, dirigea ses colonnes sur l'Estramadure, assiégea et reprit Olivenza.

La victoire était gagnée : mais les généraux ennemis rallièrent leurs colonnes et les firent soutenir par leurs réserves, qu'il fut impossible d'entamer. Néanmoins, les Anglais levèrent le siége.

Le maréchal Masséna, pour opérer une diversion, se porta sur Alméida et attaqua Wellington. De part et d'autre, on se battait avec une égale valeur. Masséna se replia sur San-Félices, sans avoir pu débloquer Alméida, que l'Empereur avait prescrit de faire sauter.

Le 18 juin, Marmont fit sa jonction avec Soult et s'avança contre Wellington, qui, ayant pris position sur la Caya, dans les environs d'Aronchès, refusa le combat.

Le maréchal Soult, de retour à Séville, marcha contre l'armée de Murcie. De vingt mille Espagnols, à peine quatre mille parvinrent à gagner Murcie et Carthagène.

Le général Drouet força Balesteros à quitter l'Estramadure, et Suchet, continuant ses conquêtes en Aragon, emporta Tarragone, après deux mois de siége et cinq assauts consécutifs.

Une garnison nombreuse défendait cette place, protégée, du côté de la terre, par des fortifications, par le fort Olivo, et du côté de la mer par une flotte anglaise, qui la rendait accessible à tous les secours. Ces obstacles n'arrêtèrent pas le vainqueur de Tortose et de Lérida. Il avait quarante mille hommes sous ses ordres. Laissant une partie de ses forces en Aragon pour contenir les bandes de Mina et faire face aux généraux espagnols qui tenteraient d'opérer une diversion, il se porta sur Tarragone avec vingt mille hommes de toutes armes. Le 4 mai, la place fut investie On ouvrit aussitôt les travaux du siége. Ce n'est qu'avec des peines infinies qu'on les conduisait à travers le roc sur lequel Tarragone est assis. Des redoutes, dont le feu força la flotte anglaise à se tenir à une distance d'où elle ne pouvait plus inquiéter les assiégeants, furent bientôt construites sur le point qu'elle insultait. Sur un autre point, cependant, la garnison d'Olivo gênait les travailleurs par ses fréquentes sorties. Foudroyé par les batteries que les Français établirent sur des plateaux presque inaccessibles, ce fort fut pris d'assaut le 29 mai. Suchet n'eut plus alors à s'occuper que de la villle. Les ouvrages qui couvraient le faubourg ayant été successivement emportés, et la brèche faite aux fortifications d'enceinte étant praticable, il fut pris par escalade le 21 juin. Le 28, la haute ville éprouva le même sort. La fureur du soldat, irritée par deux mois de résistance et par la perte de plusieurs officiers qu'il affectionnait, fut terrible, elle ne s'arrêta que devant l'hôpital, où gisaient neuf cents blessés. Tout ce qui s'offrit à elle d'hommes armés fut, dans le premier moment, frappé par le glaive. Dix mille prisonniers, vingt drapeaux, trois cent trente-sept pièces d'artillerie et quantité de munitions de toute espèce tombèrent entre les mains des vainqueurs, avec la ville. Le siége de Tarragone, pendant lequel les généraux Harispe, Habert, Frère, Palombini et Salme, qui y furent tués, se signalèrent par leur courage, fut conduit avec une grande habileté par les généraux Valée et Rogniat. Cette conquête, qui n'était pas la dernière que devait faire le général Suchet, lui valut le bâton de maréchal.

Le 1er août, l'armée de Portugal occupait Placentia. Wellington, qui suivait ses mouvements, s'approcha de Ciudad-Rodrigo, dont il fit le blocus; mais dès qu'il eut appris que les armées combinées du nord et du Portugal marchaient contre lui, il s'empressa de s'éloigner.

Après la prise de Tarragone, le maréchal Suchet s'empara de la ville de Murviedro et bloqua le fort d'Orepasa. Informé que les généraux Odonnel, Villa-Campa et Saint-Juan réunissaient des troupes, le maréchal s'avança contre eux : l'armée entière fut anéantie.

Dans le défilé de Gilet, les alliés, attaqués vigoureusement, furent culbutés sur tous les points; on leur prit six cents hommes, seize pièces de canon et six drapeaux.

L'occupation des forts de Sagonte suivit de près cette victoire. Valence fut serrée de près et capitula le 9 janvier 1812. Le général espagnol y fut fait prisonnier avec vingt mille des siens. La province entière ne tarda pas à se soumettre.

Le 19 janvier, Wellington se présenta devant Ciudad-Rodrigo. Après dix jours de canonnade, la trahison d'un habitant le rendit maître de cette ville. Le 16 mars, il investit Badajoz. Le général Philippon, qui y commandait depuis dix-huit jours, soutint le choc des masses anglaises, et lorsqu'enfin elles eurent pénétré dans la place, il se retrancha dans une église, jusqu'au moment où toutes ses munitions étant épuisées, il fut obligé de se rendre. Cinq mille assiégeants périrent dans le dernier assaut.

Vers cette époque, plusieurs corps, parmi lesquels la garde impériale, qui se trouvait à Valladolid, furent rappelés en France, et l'armée dite du Nord fut dissoute.

Pendant que l'élite des bataillons français repassait les Pyrénées, les Anglais recevaient tous les jours de nouveaux renforts. Wellington, que son gouvernement mettait à même de poursuivre ses opérations avec vigueur, se disposa à marcher contre l'armée de Portugal. Marmont se dirigea sur Ciudad-Rodrigo et s'empara du premier mamelon des Arapiles. Vis-à-vis, et à une portée de fusil, était un autre monticule. Wellington ne nous laissa pas le temps de l'occuper; il s'y plaça avec son état-major et rangea son armée derrière lui, afin de l'avoir concentrée sous sa main. A une heure, un feu très vif d'artillerie s'engagea. Les Portugais se retirèrent en désordre. Deux régiments s'emparèrent du village des Arapiles, contre lequel tous les efforts de l'ennemi vinrent échouer. Le maréchal Marmont, ayant été blessé au bras, laissa au général Clausel le commandement de l'armée. Celui-ci rétablit l'ordre et sut imposer à l'ennemi par des manœuvres habiles. Toutefois, il ne put réparer tout le mal résultant des fausses combinaisons de son prédécesseur. La bataille fut perdue; mais son issue, longtemps indécise, honora encore la valeur française. Les Anglais étaient au nombre de plus de quatre-vingt mille, et nous pouvions leur opposer à peine trente-cinq mille baïonnettes.

Wellington, voulant profiter de sa victoire des Arapiles, marcha sur Madrid; le roi Joseph se retira à Valence, le maréchal Soult évacuant l'Andalousie. Maîtres de la capitale, les Anglais manœuvrèrent sur Valladolid, que l'armée française occupait de nouveau. Le général Clausel, ayant concentré ses forces, quitta cette ville, le 5 septembre, se repliant lentement et arrêtant à chaque pas son adversaire; il fit quinze lieues en dix jours. Nos troupes prirent position à Briviesca, à sept lieues de Burgos. Le château qui domine cette ville fut assiégé par l'ennemi; mais le vaillant Dubreton, gouverneur de cette bicoque, sut la faire respecter. Nous ne pouvons résister au plaisir de citer les deux traits suivants, qui caractérisent ce guerrier. Une chapelle dominait le fort; les assiégeants avaient résolu de s'en emparer. Dubreton ne contrarie point ce dessein; mais le lendemain il s'avance, s'assure que la chapelle est garnie de troupes, revient à son poste, rassemble la garnison, et après lui avoir déclaré que l'endroit où l'ennemi s'est établi cache une mine, il court et met le feu à la mèche. L'effet en fut aussi soudain que prodigieux : tout croule, les rocs volent en éclats, et deux régiments anglais ont disparu.

Peu de jours après, les assiégeants, ayant fait des progrès, commencèrent à miner le château. La garnison n'avait plus d'espoir. Dubreton connaît seul un moyen de salut : il fait une sortie, culbute les grand'gardes ennemies, se replie tout à coup sur les travailleurs, détruit la mine, et fait les mineurs prisonniers. Tant d'opiniâtreté décida Wellington à lever le siége; ce mouvement rétrograde enhardit les Français à prendre l'offensive; Wellington fut mis en pleine déroute et évacua Madrid, pressé d'éviter un plus éclatant revers, par lequel tout le prestige de sa gloire se fût évanoui sans retour; il ne songea plus qu'à aller chercher un refuge à Fuente-Guinaldo. Le mauvais temps put seul le sauver d'une destruction totale; dès lors, il ne fut plus troublé dans sa retraite : il l'acheva paisiblement. Notre armée, qui avait pris des cantonnements, n'y fut pas inquiétée; Wellington resta dans les siens, et l'hiver se passa sans combats.

CAMPAGNE DE 1812

CONTRE LES ANGLAIS, LES PORTUGAIS, LES ESPAGNOLS ET LES RUSSES

Pendant le cours de l'année 1812, l'attention générale, abandonnant la guerre d'Espagne, qui n'offrait plus qu'un intérêt secondaire, se porta vers le Nord.

L'empereur Napoléon était à l'apogée de sa fortune politique. La France n'avait d'autres limites que celles fixées par son souverain; pendant l'année 1811, il avait épuisé toutes les ressources de son génie pour perfectionner l'organisation intérieure de l'empire. Le nom français était un talisman qui faisait courber les têtes et fléchir les volontés; néanmoins, on pouvait déjà, à des indices certains, prévoir une rupture prochaine avec la Russie. Une guerre, pour des raisons devenues de haute politique, était inévitable; mais ce serait à tort qu'on l'attribuerait à Napoléon.

Les deux empires croissaient tous les jours; et, comme ils paraissaient tous deux marcher vers le même but, prétendre à la monarchie universelle, il n'était pas difficile de prévoir une rupture prochaine et une lutte terrible; la France, par ses conquêtes, était devenue voisine de la Russie, et les intérêts de ces deux peuples, longtemps séparés par leur éloignement, étaient à la fois rapprochés et contraires; à la moindre réclamation de part et d'autre, des plaintes devaient se faire entendre, la guerre devait éclater : c'était enfin le résultat que la politique habile attendait.

L'Angleterre le saisit; elle excita de nouveau le cabinet de Saint-Pétersbourg, qui, d'ailleurs était tout disposé à jeter le gant. Ses armées, démoralisées, détruites à Austerlitz et à Friedland, s'étaient reformées à l'ombre de protestations mensongères; elle était impatiente de dépouiller toute feinte, de répudier l'alliance jurée à Tilsitt et à Erfurth.

Deux grandes violations des traités avaient eu lieu; les ports russes furent ouverts au commerce britannique, et un ukase chassa le nôtre de cet empire. Le blocus continental, dont le but était de contraindre l'Angleterre à la paix, était détruit, et cela au moment même où il commençait à porter ses fruits. Alexandre demandait, pour rentrer dans cette mesure, deux choses inadmissibles; il ne se contentait pas de la promesse de Napoléon *de ne rien faire pour ré-*

tablir le royaume de Pologne, il voulait qu'il signât : *le royaume de Pologne ne sera jamais rétabli*. L'honneur défendait à la France de souscrire à cette première demande; son intérêt ne lui permettait pas d'admettre la seconde : la possession de Constantinople et des Dardanelles.

La guerre n'était pas encore déclarée; la bonne intelligence n'existait plus. La France armait sur tous les points de son vaste territoire; des cohortes nombreuses disparaissaient des bords du Tage, et se trouvaient transportées sur les rives de l'Oder avec une promptitude qui tenait du prodige. Un sénatus-consulte parut, par lequel tout Français était déclaré guerrier, tout était enrôlé jusqu'à l'arrière-ban. Napoléon, tourmenté du dessein de mettre le sceau à son éclatante carrière, en assurant à jamais l'Europe contre les empiétements des czars, se sentait la force de pousser tout le continent contre leur empire, et diriger de sa main puissante les éléments si divers dont les troupes de l'expédition devaient être composées; de passionner, par la seule influence de son nom, des armées novices et hétérogènes; de faire briller d'un égal éclat, sur le champ de bataille, Français, Bavarois, Wurtembergeois et Westphaliens. Le simple exposé des faits et des circonstances fatales de la campagne, fera juger s'il a trop présumé de lui-même, ou si à ses vastes desseins il n'a manqué que le succès pour forcer l'admiration des contemporains et de la postérité.

Dans ces circonstances on avait les yeux fixés sur la Prusse; on la voyait hésiter; les Prussiens étaient presque unanimes dans leur vif désir de tirer l'épée contre la France. Leur roi ne souhaitait pas moins de relever l'indépendance de son royaume; sa première pensée fut donc de se jeter dans les bras de la Russie; mais l'empereur Alexandre parut sentir qu'en acceptant cet auxiliaire, il contractait l'obligation de le protéger dans la supposition d'un revers; les plus fortes places de la Prusse étaient entre les mains des Français, son armée n'excédait pas quarante mille hommes et il eût fallu du temps pour l'augmenter. L'empereur de Russie refusa donc pour le moment l'alliance de la Prusse qui alors se décida en notre faveur. Mais elle n'était conduite à traiter avec nous que par la crainte, et sa position donnait la mesure de la confiance que sa bonne foi devait inspirer. L'Autriche, ainsi que les autres États allemands, était aussi notre alliée; une des principales clauses du traité conclu avec elle était que trente mille hommes seraient fournis par chacune des parties contractantes à l'autre, quand elle serait attaquée. Napoléon déclara la guerre à la Russie. Le prince de Schwartzemberg marcha sous ses ordres avec les forces promises, mais muni d'instructions secrètes pour ne rencontrer dans cette campagne que l'activité nécessaire pour jouer décemment le rôle d'un auxiliaire en quelque sorte sommé de prendre les armes. La Suède seule, immolant ses véritables intérêts à un ressentiment ridicule, rejeta notre alliance.

Cependant une lutte s'était engagée entre la Russie et la Turquie; après plusieurs actions sanglantes, les Russes battus d'abord, avaient ressaisi l'avantage, et des négociations furent entamées. Napoléon, qui avait le plus grand intérêt à ce que la Porte ne fît pas sa paix, chargea son ambassadeur de presser le grand seigneur de marcher lui-même sur le Danube à la tête de cent mille hommes, lui promettant non seulement de l'aider à se mettre en possession des deux provinces contestées, la Moldavie et la Valachie, mais de lui procurer aussi la restitution de la Crimée. Le message arriva trop tard; le système pacifique avait prévalu au sein du divan, persuadé par les Anglais que, quoique la Russie fût son ennemie naturelle, il pouvait conclure avec elle une paix de quelque durée, sous la garantie de l'Angleterre et de la Suède; tandis, que si Napoléon détruisait le pouvoir de la Russie, le partage de l'empire ottoman, stipulé par lui à Tilsitt, serait une mesure qu'aucun État ne pourrait empêcher. La paix de Bucharest entre la Russie et la Turquie devint un peu plus tard la conséquence de ce raisonnement. Napoléon, dans ces circonstances reconnut la nécessité de faire usage de toutes ses ressources, et bientôt il put opposer à la Russie plus d'un million d'hommes, Français, Allemands, Italiens et Polonais.

Les routes de l'Allemagne étaient couvertes de soldats, qui, observant dans leur marche la discipline la plus sévère, se rendirent vers l'Oder. Le roi de Westphalie, à la tête de sa garde et de deux divisions, avait déjà passé ce fleuve, de même que les Bavarois et les Saxons. Le premier corps était à Stetin, le second et le troisième marchaient dans cette direction. Le quatrième, arrivé à Glogau, remplaça les Westphaliens, qui partirent pour Varsovie.

Au mois d'avril, la grande armée comptait neuf corps d'infanterie, dans chacun desquels étaient au moins trois divisions; à cette masse se joignait la garde impériale, composée d'environ cinquante mille hommes, et quatre grands corps de cavalerie de réserve. Le total de ces forces, sans y comprendre les Autrichiens, pouvait s'élever à quatre cent soixante mille fantassins et soixante mille cavaliers. Douze cents pièces de canon et plus de dix mille caissons, complétaient cet appareil formidable.

Le maréchal Davoust avait le commandement du premier corps; le second fut confié au maréchal Oudinot, le troisième au maréchal Ney, le quatrième, connu sous le nom d'*armée d'Italie*, et où se trouvait la garde royale, était commandé par le prince Eugène. Le prince Poniatowski, à la tête de ses Polonais, formait le cinquième corps; les Bavarois, incorporés dans le sixième, étaient sous les ordres du général Gouvion-Saint-Cyr; les Saxons comptaient comme septième corps, et avaient pour chef le général Reynier. Les Westphaliens prirent rang sous le nom de huitième corps. Le neuvième, dont les cadres seuls étaient formés, était destiné au maréchal Victor; enfin, le dixième corps, sous les ordres du maréchal Macdonald, était composé de Prussiens, commandés par le général Grawert, et de la division Grandjean. Cette armée était remplie d'espoir; tous les soldats qui n'en faisaient pas partie se plaignaient de n'être pas appelés à une entreprise si glorieuse.

Les forces russes se divisaient en deux parties, désignées par les noms de première et deuxième *Armée de l'Ouest*. L'une sous les ordres du général Barclay de Tolly, l'autre sous le commandement du prince Bagration. Le nombre des divisions s'élevait à quarante-sept, dont huit de cavalerie, et formait un total de trois cent mille hommes. L'empereur Alexandre, arrivé à Iéna le 29 avril, était depuis longtemps préparé à repousser nos attaques.

Napoléon partit de Paris le 9 mai; quatre jours après, il passa le Rhin et arriva à Dresde, au milieu des feux de joie. Jamais potentat n'étala plus de magnificence qu'il ne fit pendant son séjour dans cette capitale; sa grandeur était parvenue à un si haut période, que, dédaignant les hommages vulgaires, il lui fallait des rois pour courtisans; il était le roi des rois, le véritable empereur de l'Europe.

Cependant Napoléon fit une dernière tentative de négociation : le général Lauriston fut député auprès d'Alexandre pour obtenir de sa bouche un mot d'explication qui pût laisser une voie ouverte à une conciliation; mais il revint sans réponse satisfaisante.

La guerre fut donc définitivement résolue le 2 juin; le 22, Napoléon était à Thorn. De son quartier-général de Wilkoswisky, il adressa à ses armées la proclamation suivante :

« Soldats !

« La seconde guerre de Pologne est commencée. La première s'est terminée à Friedland et à Tilsitt. La Russie a juré éternelle alliance à la France, et guerre à l'Angleterre; elle viole aujourd'hui ses serments. Elle ne veut donner aucune explication de cette étrange conduite que les aigles françaises n'aient repassé le Rhin, laissant par là nos alliés à sa discrétion. La Russie est entraînée par sa fatalité; ses destins doivent s'accomplir. Nous croit-elle donc dégénérés? ne serions-nous plus les soldats d'Austerlitz! Elle nous place entre le déshonneur et la guerre, le choix ne saurait être douteux. Marchons donc en avant, passons le Niémen; portons la guerre sur son territoire. La seconde guerre de Pologne sera glorieuse aux armées françaises comme la première; mais la paix que nous conclurons portera avec elle sa garantie, et mettra un terme à la funeste influence que la Russie a exercée depuis cinquante ans sur les affaires de l'Europe. »

Alexandre, de son côté, fit une proclamation à son armée, dont voici quelques fragments :

« Il ne nous reste, après avoir invoqué l'Être-Suprême tout puissant, qui est le défenseur de la cause juste, qu'à opposer nos forces à celles de l'ennemi; il est inutile de rappeler aux généraux, aux officiers, aux soldats, ce que nous attendons de leur courage et de leur loyauté. Le sang des anciens Esclavons circule dans vos veines; soldats, vous combattez pour votre liberté, pour votre religion, pour votre patrie; votre Empereur est au milieu de vous, et Dieu est l'ennemi de l'agression! »

L'armée d'Alexandre était forte de trois cent mille hommes. Napoléon avait partagé ses forces en cinq armées: Macdonald commandait l'aile gauche, composée de trente mille hommes; il avait ordre de pénétrer dans la Courlande, de tenir en échec le flanc droit des Russes, d'assiéger Riga. L'extrême droite, placée vers Pinsk, en Volhinie, était presque entièrement composée des auxiliaires autrichiens, sous les ordres du prince de Schwartzemberg; ils avaient en face l'armée russe commandée par Tormazoff. Entre ces deux ailes, la grande armée s'avançait vers le Niémen, divisée en trois masses séparées. Napoléon marchait lui-même à la tête de la garde, l'Empereur avait aussi sous ses ordres immédiats le corps d'armée commandé par Davoust, Oudinot et Ney, qui avec les divisions de cavalerie de Grouchy, Montbrun et Nansouty, s'élevaient à deux cent cinquante mille hommes. Ce corps d'armée devait opérer contre le noyau des forces russes, portant le nom d'armée de l'Ouest. Le roi de Westphalie, à la tête de quatre-vingt mille hommes marchait contre l'armée de réserve russe. Enfin, une armée centrale, sous les ordres du vice-roi d'Italie, devait pénétrer entre la première et la seconde armée russe, et les tenir de plus en plus séparées, pour rendre leur jonction impossible; Murat avait le commandement en chef de toute la cavalerie de cette armée, la plus belle qu'aucune puissance eût jamais mise sur pied.

Le 24 juin, deux cent mille soldats avaient passé le Niémen avec lui, aux environs de Kowno. Cette nouvelle alla surprendre Alexandre, au milieu d'un bal, à Wilna. Napoléon donne ses ordres pour concentrer son armée autour de cette ville: il y court lui-même comme à une bataille générale, à une victoire décisive. Son attente est trompée: l'ennemi fait sauter le pont de la Willia, brûle ses magasins, et abandonne Wilna. Napoléon s'arrête dix-sept jours dans cette ville. Des soins multipliés, l'administration d'une armée immense à régler, une police militaire à établir, un gouvernement à créer, justifient ce long repos, étranger aux habitudes du vainqueur de l'Italie.

La Lithuanie accueille les Français avec enthousiasme. Dès le 26 juin, la diète de Varsovie avait proclamé le rétablissement du royaume de Pologne. Une députation ayant le sénateur Wibicki à sa tête, apporte une adresse de la diète à Napoléon, et le supplie de prononcer ces paroles: « que le royaume de Pologne existe. » Napoléon s'y refuse, et ne laisse échapper que des paroles évasives. La France est étonnée, mécontente, il semble que son empereur a douté de lui-même. La Pologne, qui avait cru s'adresser à l'arbitre souverain du monde, se décourage, s'intimide. Désormais Napoléon peut lui donner un gouvernement, mais non lui rendre la confiance. Il a manqué l'occasion de réparer un grand attentat politique, en se ménageant un solide appui.

A Wilna, des propositions de paix lui arrivent encore: l'empereur Alexandre offre de rentrer dans le système continental, et de s'entendre sur tous les points en litige, à condition que l'armée française se retirerait derrière le Niémen. Mais Napoléon demande à traiter sur-le-champ. Soit que les termes de sa réponse aient été dénaturés, soit que l'envoyé russe ait excité l'irritation de son maître, la guerre continue. Alexandre, dans de fastueuses proclamations, avait promis de vaincre à Drissa. Là, dans un camp retranché, protégé par la Dwina, ayant Barclai de Tolly sous ses ordres, il attendait avec anxiété des nouvelles de ses autres généraux, dispersés au loin, et surtout de Bagration, dont la défaite eût été complète, si le roi de Westphalie et Davoust eussent exécuté leurs instructions. A l'approche de Napoléon, il déserte ce camp fameux, ouvrage d'une année entière, et se rend à Saint-Pétersbourg pour presser la levée générale que réclame le salut de l'empire. La grande bataille échappe encore à Napoléon. Tous les corps de l'armée française, partis du Niémen à des époques et par des routes différentes, se retrouvent le même jour et au même point donné. A Ostrowno, devant Witepsk, divers engagements ont lieu. Barclai de Tolly est prêt à livrer une action décisive : un courrier de Bagration change ses dispositions : il recule, et nous abandonne tout le pays entre la Duna et le Borysthène, avec Witensk dans laquelle il ne reste pas un habitant.

Tout à coup, Napoléon conçoit la pensée de se porter rapidement sur la rive gauche du Dniéper, où Davoust l'attendait déjà, de repasser le fleuve sur les ponts de cette ville, et de revenir attaquer en queue les troupes qui s'en éloignent. En quarante-huit heures, cent vingt-cinq mille hommes exécutent ce mouvement avec une précision admirable. Un moment, Napoléon se flatte de frapper du même coup Barclai et Bagration, qui tous deux reviennent sur leur pas pour secourir Smolensk. Mais le premier, craignant de perdre la route de Moscou, envoie le second s'en saisir : Napoléon, jugeant qu'il faut renoncer à une action générale, se décide à enlever la ville. L'action commence le 17 août, à deux heures après midi, et dure jusqu'à minuit : cent mille hommes combattent de part et d'autre. Le prix de cette lutte, c'est une ville en cendres, qui a coûté des flots de sang.

Vers le milieu de juillet, la Russie avait conclu la paix avec l'Angleterre et la Turquie. Le traité de Bucharest ayant rendu disponible l'armée russe du Danube, elle se dirige aussitôt vers le nord : le général prince Kutusoff, qui l'avait commandée contre les Turcs, est nommé généralissime des armées de la Russie, et vient remplacer Barclai de Tolly, le 29 août, à Wiasma, où ce dernier allait tenter la fortune. Mais Kutusoff veut choisir une autre position, et prépare tout pour combattre dans celle du village de Borodino, à deux petites marches de la ville de Gjath, où Napoléon s'arrête les trois premiers jours de septembre. Le 5, l'armée française découvre l'armée russe en ordre de bataille sur une rangée de collines. La redoute de Schwardina, construite en avant sur un mamelon, attaquée par la division Compans, et défendue par Bagration en personne, est emportée avec toutes les pièces de canon qui la garnissent. La journée du lendemain, 6 septembre, est entièrement consacrée aux préparatifs de la lutte terrible, qui ne peut plus s'ajourner. Un seul coup de canon en interrompt le silence ; il est tiré contre l'Empereur, qui s'avançait pour reconnaître les positions de l'ennemi. Dans cette même journée, Napoléon reçoit deux courriers chargés de missions bien diverses : l'un, M. de Beausset, apporte avec des lettres de l'impératrice, le portrait du Roi de Rome : l'autre, le colonel Fabvier, aide de camp du duc de Raguse, annonce la perte de la bataille des Arapyles.

Rentré dans sa tente, Napoléon dicte une proclamation digne de l'armée et de lui : « Soldats, dit-il, voilà la bataille que vous avez tant désirée. Désormais la victoire dépend de vous ; elle nous est nécessaire ; elle nous donnera l'abondance, de bons quartiers d'hiver et un prompt retour dans la patrie Conduisez-vous comme à Austerlitz, à Friedland, à Witepsk et à Smolensk, et que la postérité la plus reculée cite votre conduite dans cette journée, que l'on dise de vous : Il était à cette grande bataille sous les murs de Moscou ! »

Le 7, à cinq heures et demie du matin, Napoléon s'est rendu près de la redoute enlevée deux jours auparavant. En voyant le soleil paraître et se dégager du brouillard épais qui couvrait l'horizon, il dit à ses officiers : « C'est le soleil d'Austerlitz ! » Ce mot passe de bouche en bouche, et redouble l'enthousiasme dans tous les rangs.

Bientôt l'action commence. Voici le résumé qu'en présente l'historien le plus récent et le plus populaire de Napoléon.

Sous le feu des deux batteries du général Sorbier, les divisions Compans et Desaix, que le prince d'Eckmühl a lancées, marchent sur les positions de Bagration ; Poniatowski attaque par la vieille route de Smolensk ; Eugène agit sur la grande route de Moscou : tout réussit d'abord ; mais Compans, Desaix et Rapp, blessés, le prince d'Eckmühl, renversé avec son cheval atteint d'une balle, ont compromis le premier succès : le maréchal Ney reçoit de l'Empereur, presque placé sur la ligne d'attaque, l'ordre de recommencer le combat. Cependant, le vice-roi a enlevé Borodino. Le même triomphe couronne la valeur des maréchaux Ney et Davoust, réunis dans le but d'emporter les redoutes de Bagration ; et malgré l'opiniâtreté de ses tentatives pour les reprendre, elles restent en notre pouvoir. L'aile gauche des Russes n'a plus d'appui. Pendant le nouveau mouvement que Napoléon fait faire au prince d'Eckmühl, Bagration en péril appelle à son secours Kutusoff; mais, assailli par le prince Eugène, maître de Borodino, Kutusoff n'a pu nous empêcher de forcer une grande batterie du centre, vers laquelle il envoie incessamment des secours à la division Paskewich; et ce n'est qu'avec des efforts inouis qu'elle parvient à rentrer dans la redoute, que le général Bonami, qui l'a prise, s'obstine à défendre jusqu'au dernier soupir. Alors Kutusoff porte ses masses sur sa gauche: Napoléon, qui l'a prévu, engage ses réserves, et fait avancer une batterie de quatre-vingts canons. Les Russes se précipitent pour l'attaquer: les carabiniers de Paultre et de Chouars, les cuirassiers de Saint-Germain, les hussards de Pajol et de Bruyères, s'élancent à leur tour, et remportent une sanglante victoire. Enfin l'Empereur, un moment attiré par le *hourra* de huit régiments d'Ouwaroff et de quelques milliers de cosaques de Platoff vers le prince Eugène, s'apprête, suivant sa coutume, à percer la ligne de l'ennemi, qui vient d'être renouvelée pour la troisième fois. Sur notre front tonne avec fureur une artillerie immense, à laquelle répond l'artillerie russe: huit cents pièces de canon vomissent la mort des deux côtés dans l'espace d'une demi-lieue. A droite, Poniatowski marche malgré tous les obstacles; à gauche, le prince Eugène dirige trois divisions sur les parapets de la grande redoute; au centre, l'empereur s'avance jusqu'à la position de Semenowskié: long-temps impassibles sous la mitraille des Russes, comme ceux-ci sous la nôtre, les soldats français vont droit à l'ennemi, qui s'ébranle à son tour. On se joint, on charge à la baïonnette, au milieu d'une troisième mêlée plus affreuse encore que les autres. L'attaque et la résistance sont également acharnées; mais enfin, grâce aux efforts de Davoust et à l'héroïsme du maréchal Ney, notre cavalerie, conduite par Murat, peut se développer et décider l'action, en enfonçant le centre de Kutusoff. Pendant ce temps, Montbrun s'élance à la tête des cuirassiers, il tombe mort: Auguste Caulaincourt lui succède, et pénètre par la gorge dans la grande redoute, que le prince Eugène envahit d'un autre côté. Un combat terrible se renouvelle sur ce point: il se termine par le massacre de tous les Russes: leur retraite, que presse la cavalerie de Grouchy, le brillant succès des Polonais de Poniatowski sur les troupes de Toutchkoff et de Baggowouth, achèvent notre triomphe; toutefois les débris de l'armée de Kutusoff s'arrêtent sur le ravin de Psarewo, et demeurent, on ne sait pourquoi, exposés au feu de nos batteries, qui causent d'effroyables ravages dans leurs rangs jusqu'à la fin du jour, et les forcent enfin à s'éloigner. Il dépendait de nous d'exterminer les Russes; mais il fallait faire donner la garde, et entamer un corps encore intact, qui pouvait sauver l'armée dans un péril ou assurer la victoire dans une autre action: une prudence si hautement justifiée par le reste de la campagne, empêcha Napoléon de porter un second coup à Kutusoff.

Cette bataille, trop peu décisive, ajoute M. de Norvins, nous coûta douze à treize mille hommes hors de combat, et neuf mille tués: il n'y eut presque pas de division qui ne déplorât la mort d'un ou de plusieurs de ses chefs. Nous perdîmes les généraux Plauzolle, Romeuf, Marion, Bonami, Compère, Huart, Lanubère, Montbrun et Auguste Caulaincourt, tué comme lui dans la terrible redoute; un grand nombre d'officiers supérieurs furent blessés. Les Russes eurent à regretter environ cinquante mille hommes, parmi lesquels on comptait le prince Bagration, le général Koutaïsoff, et les deux Toutchkoff. Les Français s'emparèrent de cinquante pièces de canon et firent plusieurs milliers de prisonniers. Le maréchal Ney, digne de la plus magnifique récompense, reçut le titre de *prince de la Moskowa*. Davoust et surtout le vice-roi n'avaient pas moins mérité que lui peut-être, et ne se montrèrent pas jaloux; Compans, Gérard, Morand, Caulaincourt, Montbrun, Poniatowski et ses Polonais, enfin les généraux d'artillerie Forestier, Sorbier, Lariboissière, etc., avaient aussi puissamment contribué au triomphe de nos armes. Kutusoff, vaincu, poursuivi, ne craignit pas de faire proclamer à Moscou et d'annoncer à son souverain une victoire complète.

Cependant, par une vive résistance à Mojaisk, le feld-maréchal indiqua l'intention de livrer une seconde bataille dans la position de Fili, à une demi-lieue en avant de

Moscou ; mais le 14 septembre, ses troupes quittèrent cette position sans combattre, et traversèrent en vaincues la ville sainte, le berceau de l'empire. Ce même jour, les soldats français aperçurent Moscou : des hauteurs du mont du Salut, ils virent cette grande cité, moitié orientale, moitié européenne, avec ses huit cents églises, ses mille clochers, ses coupoles dorées, que le soleil faisait étinceler. « Moscou ! Moscou ! » s'écrièrent-ils, en battant des mains, et ils entonnèrent ce vers de l'hymne patriotique :

Le jour de gloire est arrivé.

Quant à Napoléon, son premier mot avait été : « La voilà donc enfin cette ville fameuse! » et le second fut : « Il était temps. » Surpris de ne voir aucune députation se présenter, il repousse d'abord l'idée que la ville est déserte, que les Russes l'ont évacuée. Lorsqu'il n'en peut plus douter, il ordonne à Murat d'y pénétrer avec sa cavalerie. Le vice-roi force à coups de canon les portes du Kremlin, et en chasse quelques milliers de misérables que le gouverneur y avait placés. Toujours impétueux, infatigable, il traverse la ville, et poursuit jusque sur la route de Voladimir et d'Asie les cosaques qui se retiraient dans cette direction.

Napoléon n'entra qu'avec la nuit dans Moscou. Il s'arrêta dans une des premières maisons du faubourg de Dorogomilow. Cette nuit fut triste : des rapports sinistres se succédaient, annonçant l'incendie, en révélant les préparatifs : vers deux heures, on en vit les premières lueurs éclater : c'était au palais marchand, au centre de la ville. Napoléon donne des ordres, les multiplie : le jour venu, lui-même court au foyer de l'incendie, et se rend au Kremlim. La nuit suivante, les flammes, dont le duc de Trévise, secondé de la jeune garde, croyait s'être rendu maître, reparaissent avec une fureur nouvelle : elles ondoient, tourbillonnent : trois fois le vent change, et trois fois, d'un point différent, les flammèches et les débris ardents viennent tomber sur le quartier impérial. Les ordres de Rostopchin, du gouverneur de Moscou, sont exécutés. C'est lui qui livre aux torches dévorantes la ville qu'il n'a pu disputer aux Français : c'est ainsi qu'il veut les ensevelir dans leur triomphe! Tout lui appartient dans cette résolution terrible, pensée et exécution. Cet homme, ce barbare avait fait construire un immense ballon incendiaire, destiné à envelopper Napoléon au milieu de son armée : cette tentative ayant échoué, il s'en dédommage, en faisant préparer des fusées, des étoupes soufrées et goudronnées. Avant de quitter Moscou, il a confié les instruments de sa vengeance aux mains d'une multitude de forçats, dont il a ouvert les cachots, et qui, se répandant de tous côtés, ivres de vin et d'une joie féroce, portent le ravage de maison en maison, de palais en palais. Le 16 septembre, Moscou tout entier n'est plus qu'une vaste fournaise, un océan de feu, qui, pareil au volcan, vomit la fumée et les débris avec un bruit épouvantable. Quel spectacle pour Napoléon ! Avec quelle douleur, dit M. de Norvins, il sent alors l'impuissance de son génie, de sa volonté, de ses ressources et de ses soldats contre un tel désastre ! Accoutumé à tout regarder, sans s'étonner de rien, il conçoit d'autant moins cette détermination, sans exemple, que, jamais, semblable barbarie ne fût entrée dans sa pensée, même quand il eût fallu acheter au prix de la ruine de Moscou l'empire du monde! «Quoi! brûler leur capitale ! eux-mêmes ! quelle effroyable horreur ! » s'écrie-t-il. L'armée, qui s'est épuisée en efforts inutiles pour sauver sa conquête, tombe dans la stupeur. Les exécrables agents du gouverneur sont saisis en flagrant délit; Napoléon les interroge lui-même : ils avouent hautement leur crime, et sont fiers d'avoir obéi aux ordres de Rostopchin. Jugés par une commission militaire et fusillés sur l'heure, leurs cadavres disparaissent dans le gouffre de flammes qu'ils ont allumé.

Tandis que l'incendie dévorait Moscou, le Kremlin, environné de hautes murailles, paraissait à l'abri de toute atteinte; mais les flammèches, qui tombaient dans la cour de l'arsenal pendant la visite de l'Empereur, les brandons enflammés, qui volaient de toutes parts, pouvaient causer l'explosion des canons de la garde. Déjà deux fois le feu a été mis à la forteresse, on n'y respire que de la cendre et de la fumée ; la nuit approche, le vent redouble avec violence ; chaque instant ajoute à l'intensité du mal et diminue les chances de salut.

En vain les généraux, les amis de Napoléon le supplient à genoux de sortir de ce lieu de désolation. Maître du palais des czars, Napoléon s'opiniâtrait à ne pas céder cette conquête, même à l'incendie, quand tout à coup un cri : *Le feu est au Kremlin!* passe de bouche en bouche.

Napoléon pâlit de colère. Ainsi le palais antique, le vieux Kremlin, la demeure des czars, n'est pas même sacrée pour ces Érostrates politiques; mais du moins on a pris celui qui a mis le feu; on l'amène devant l'Empereur. C'est un soldat de la police russe. Napoléon l'interroge lui-même : il répète ce qui a été dit; chacun a reçu sa tâche; lui et huit de ses compagnons ont été chargés du Kremlin. Napoléon le chassa avec dégoût, dans la cour même il est fusillé, et son cadavre disparaît dans le gouffre de flammes que ces exécrables agents de Rostopchin ont allumé.

Alors on presse l'Empereur de quitter le palais où le feu le poursuit; mais il se raidit contre l'évidence, il se cramponne à sa volonté, il ne refuse ni n'accepte; il reste sourd, inerte, abattu; tout à coup un vague murmure circule autour de lui : le Kremlin est miné.

Au même instant on entend les cris des grenadiers qui le demandent; cette nouvelle s'est répandue aussi parmi eux; ils veulent leur Empereur; il leur faut leur Empereur; s'il tarde d'un instant, ils viendront le chercher eux-mêmes.

Napoléon se décide enfin; mais par où sortir? On a tant attendu qu'il n'y a plus d'issue. L'Empereur ordonne à Gourgaud et au prince de Neufchâtel de monter sur la terrasse du Kremlin pour tâcher de découvrir un passage, et en même temps il ordonne à plusieurs officiers d'ordonnance de se répandre aux alentours du palais dans le même but; tous s'empressent d'obéir, les officiers descendent rapidement par tous les escaliers, Berthier et Gourgaud montent sur la terrasse.

A peine y sont-ils qu'ils sont forcés de se cramponner l'un à l'autre : la violence du vent, la raréfaction de l'air, causent une si terrible tourmente que le tourbillon qui passe et repasse incessamment a failli les emporter avec lui; au reste, d'où ils sont, impossible de rien voir qu'un océan de flammes sans issues et sans bornes.

Alors Napoléon n'hésita plus; au risque d'aller donner tête baissée dans la flamme, il descend rapidement l'escalier du Nord, sur les marches duquel les Strélitz ont été égorgés; mais, arrivé dans la cour, on ne trouve plus d'issues, les flammes bloquent toutes les portes : on a attendu trop tard, il n'est plus temps.

En ce moment, un officier accourt haletant, la sueur sur le front, les cheveux à demi brûlés; il a trouvé un passage : c'est une poterne fermée qui doit donner sur la Moskowa; quatre sapeurs se précipitent, la porte est brisée à coups de hache. Napoléon s'engage à travers deux murailles de rochers; ses officiers, ses maréchaux, sa garde le suivent; s'il fallait maintenant revenir sur ses pas, la chose lui serait impossible : il faut marcher en avant.

L'officier s'est trompé : la porte ne donne pas sur la rivière, mais sur une rue étroite et enflammée; n'importe, cette rue menât-elle à l'enfer, il faut la prendre : Napoléon donne l'exemple et s'élance le premier sous une arcade de feu; tout le monde le suit, nul ne cherche un salut à côté ou en dehors du sien : s'il meurt, on mourra.

Il n'y a plus de chemin, il n'y a plus de guide, il n'y a plus d'étoiles : on marche au hasard.

Il fallait pourtant se hâter. A chaque instant croissait autour de Napoléon le mugissement des flammes. Là se serait peut-être terminée la vie aventureuse de Napoléon, si des pillards du premier corps n'avaient point reconnu leur empereur au milieu de ces tourbillons de flammes; ils accoururent et le guidèrent à travers les décombres fumants d'un quartier réduit en cendres dès le matin.

Alors il s'enfonce entre un double rang de voitures : il demande quels sont ces fourgons et ces caissons, on lui répond que c'est le parc du premier corps que l'on a sauvé : chaque voiture contient des milliers de poudre, et des tisons brûlent entre les roues.

Napoléon donne l'ordre de prendre la route de Petroskoï : c'est un château royal situé hors de la ville, à une demi-lieue de Saint-Pétersbourg, au milieu des cantonnements du prince Eugène; là sera désormais le quartier impérial.

Pendant deux jours et deux nuits, Moscou brûle encore ; puis enfin, au matin du troisième jour, la flamme a entièrement disparu, et, à travers la fumée qui le couvre comme une brume, Napoléon peut voir se dresser, noirci et à demi consumé, le squelette de la ville sainte.

Se voyant privé de Moscou, qui ne peut plus servir à ses desseins, Napoléon conçoit et déclare, après deux jours de méditation, le projet de marcher sur Saint-Pétersbourg, en effectuant sa retraite sur la Basse-Dwina, pour aller traverser les routes de Velikie-Louki et de la grande Novoharod, prendre Witgenstein à dos, et donner la main aux armées du maréchal Saint-Cyr, des ducs de Tarente et de Bellune, qui s'avanceront vers Pskow. Ce mouvement hardi, qu'Alexandre redouta au point d'évacuer sur Londres ses archives avec ses trésors les plus précieux, et d'appeler de la Podolie l'armée de Tchitchagow pour couvrir Saint-Pétersbourg, décourage les plus entreprenants, excepté le vice-roi. C'est vers le Midi, vers la Wolhynie, dit-on, qu'il faut tourner ses pas, cantonner dans un climat plus doux, refaire notre armée, réunir tous nos moyens, et revenir ensuite au printemps attaquer les Russes au cœur de l'empire ; il fallait aussi décider l'Empereur à partir le jour même pour la Wolhynie.

Napoléon a cédé ; mais malheureusement il rentre au Kremlin le 18 septembre. Il met toute sa gloire, toute son espérance à attendre la paix à Moscou. Fatale illusion d'une âme héroïque, qui trompa son génie ! l'incendie de Moscou disait assez qu'il n'y avait point de terrain en Russie pour la paix.

Cependant les ruines de Moscou, et le reste des édifices qui subsistait encore, fournirent aux soldats un butin abondant pendant leur court intervalle de repos ; et, avec cette insouciance, précieux caractère de la vie militaire, ils jouirent du présent sans songer à l'avenir. L'armée était dispersée dans toute la ville, pillait tout ce qu'elle pouvait trouver ; découvrant tantôt de riches marchandises et des objets précieux, qu'on prenait sans en connaître la valeur, tantôt des objets de luxe qui faisaient un étrange contraste avec le manque général des denrées les plus indispensables. Napoléon et ses officiers ne parvinrent pas sans difficulté à rétablir une sorte d'organisation dans l'armée. On fit sortir de la ville la plus grande partie des troupes, et on les retint dans les édifices non brûlés qui leur servaient de casernes. On n'oublia rien pour protéger les paysans qui apportaient au camp des provisions pour les vendre ; toutefois il n'en vint qu'un petit nombre. Les plus grands efforts ne pouvaient faire de Moscou une place où il fût possible de séjourner longtemps, et la difficulté du choix d'une route pour en sortir devint alors une considération embarrassante.

L'hésitation de Napoléon sur ce point important fut augmentée par l'obstination avec laquelle il s'attachait encore à son premier plan, de terminer la guerre par une paix triomphante conclue avec Alexandre sur les ruines de sa capitale. Ce fut donc en vain que Napoléon espéra qu'Alexandre ouvrirait quelques communications avec lui en répondant à la lettre qu'il lui avait envoyée par un officier russe, la nuit même de son entrée à Moscou. Il se détermina donc à faire de nouvelles avances, chargea de cette mission le général Lauriston, son aide de camp, de crainte que le rang supérieur de Caulaincourt, grand écuyer, ne pût indiquer que son maître désirait traiter, moins par intérêt pour Alexandre que pour sa propre sûreté et celle de son armée. Lauriston, qui connaissait le caractère russe, exprima quelques doutes sur l'opportunité de la mission qui lui était confiée, et qui pouvait faire pressentir à l'ennemi les embarras dans lesquels se trouvait l'armée. Il croyait plus sage, sans perdre un seul jour, de commencer la retraite par la route du Midi, en se dirigeant vers Kalouga. Mais Napoléon ne changea pas de détermination.

Le 5 octobre à minuit, Lauriston arrivait aux avant-postes russes ; il fut aussitôt admis à une entrevue avec Kutusoff. Les hostilités furent à l'instant suspendues.

Lauriston proposa d'abord à Kutusoff un échange de prisonniers ; qui lui fut refusé, par cette raison bien simple que les soldats ne manquaient pas aux Russes, et que les rangs de ceux de Napoléon devaient s'éclaircir de jour en jour. Le négociateur français parla ensuite des bandes franches, et proposa de mettre fin à ce genre de guerre inunité, et dans lequel tant de cruautés se commettaient. Kutusoff répondit que cette espèce de guerre de partisans était indépendante de ses ordres, et qu'elle était l'effet de l'esprit national du pays, qui portait les Russes à regarder l'invasion des Français comme une incursion de Tartares. Enfin le général Lauriston en vint à l'objet véritable de sa mission, et lui demanda « si cette guerre, qui avait pris un caractère si inouï, devait toujours durer, » en déclarant en même temps que le désir sincère de son maître, l'empereur de France, était de terminer les hostilités entre deux grandes et généreuses nations. Le vieux Russe, astucieux, vit dans le désir de la paix affecté par Napoléon une preuve évidente de la nécessité où il était de la faire, et il résolut sur-le-champ de gagner du temps, ce qui devait augmenter, d'une part, les embarras des Français, et de l'autre, les moyens qu'il aurait lui-même d'en profiter. Il affecta un désir véritable de concourir à une pacification; mais il déclara qu'il lui était positivement défendu de recevoir aucune proposition à ce sujet, et même de les transmettre à l'Empereur. Il refusa donc d'accorder au général Lauriston le passeport qu'il lui demandait pour se rendre près d'Alexandre; mais il lui offrit de dépêcher le général Wolkonsky, aide de camp du czar, pour apprendre quel serait son bon plaisir. Lauriston ne pouvait faire d'objections à cette proposition; il conçut même l'espoir qu'elle conduirait à la réussite de sa mission, tant le général Kutusoff lui exprima de satisfaction, ainsi que les officiers de son état-major, qui semblaient tous déplorer les malheurs de la guerre, et qui allèrent jusqu'à dire que l'annonce d'un traité serait accueillie à Pétersbourg par des réjouissances publiques. Ce rapport fut transmis à Napoléon, et le berça d'une fausse sécurité. Il en revint à sa première opinion, qui avait été ébranlée, et il annonça à ses généraux, avec grande satisfaction, qu'ils n'avaient qu'une quinzaine de jours à attendre pour obtenir une pacification glorieuse. Il se vanta de connaître mieux que personne le caractère russe. Cependant, ne pouvant compter entièrement sur la paix, Napoléon se préparait depuis le 5 octobre à quitter une cité déserte et ruinée, qui ne pouvait plus être une position militaire. Il avait annoncé sa retraite au roi de Naples, aux ducs d'Abrantès et de Bellune, à son ministre des relations extérieures, le duc de Bassano, en leur prescrivant tout ce qu'ils avaient à faire, soit pour seconder ses mouvements, soit pour garantir la sûreté de la route et des communications de Moscou à Smolensk, soit pour réunir sur les points les plus nécessaires les hommes, les armes, dont il aurait besoin. Napoléon veut ramener son armée dans le carré formé par Smolensk, Mohilow, Minsk et Witepsk. Là, entouré de ses imposantes réserves et de ses deux ailes, appuyé sur un pays ami de la Pologne, et sur six lignes de dépôts et de magasins contenant des approvisionnements de toute espèce, il pourra au printemps menacer la ville de Saint-Pétersbourg, dont sa nouvelle situation l'aura rapproché de cinquante lieues. Chaque jour s'exécutaient de nombreuses mesures par lui prises pour l'évacuation. Retenu par tant de travaux, et plus encore par l'attente des réponses de Saint-Pétersbourg, qui ne devaient pas venir, il a vu la première neige tomber le 13 octobre, et il s'est hâté de mettre ses différents corps en marche. Avant leur départ, Napoléon a recommandé au roi de Naples de se bien garder et de tenir à Winkowo autant qu'il sera possible, ou de se replier sur la belle position de Woronowo: en même temps le vice-roi, destiné à déguiser la direction de l'armée sur Kalouga, faisait faire avec succès à la division Delzons un mouvement en sens contraire sur Demilzow. Il existait entre les Français et les Russes une espèce de suspension d'armes, pendant laquelle Kutuzoff et ses généraux n'avaient négligé aucun moyen de tromper le roi de Naples par une continuelle et mensongère manifestation de leurs vœux pour la paix. Le 18 octobre, tandis que Napoléon passait en revue le corps du duc d'Elchingen, qui allait sortir de Moscou, on apprit que l'armée russe, quittant son camp, était venue prendre position la veille sur la Nara, qu'à Beningsen, suivi de plusieurs généraux, avait passé ce fleuve, assailli les troupes françaises, surpris et tourné la division Sébastiani, appuyée sur un bois, qui n'était pas même gardé. Le roi de Naples avait sur-le-champ porté des secours au lieu du péril. Pendant ce temps, Kutusoff s'était avancé avec le reste de ses soldats : alors Murat, par des prodiges de valeur, Poniatowski, par sa vive résistance, avaient fait échouer le mouvement de Benningsen et l'attaque de Kutusoff. Ce combat d'une avant-garde contre une armée était glorieux sans doute; mais, quoique la perte des Russes eût été supérieure à celle des Français, il coûtait encore trop cher à ces derniers dans un moment où ils avaient besoin d'économiser leurs forces. La surprise de Winkowo causa un excessif mécontentement à l'Empereur. Murat n'avait voulu prendre aucune des précautions qui lui avaient été prescrites : il s'était laissé tromper par les Russes et par sa propre vanité. Napoléon sort de Moscou le 23 octobre. Le même jour, Mallet tentait de le détrôner à Paris.

L'armée française, qui défilait hors des portes de Moscou, et qui, comme une masse vivante, continua à se mouvoir ainsi pendant plusieurs heures, se composait d'environ cent vingt mille hommes bien équipés et marchant en bon ordre. Ils avaient à leur suite cinq cent cinquante pièces de canon et deux mille chariots d'artillerie. Cette armée avait un aspect martial et imposant; mais elle était suivie d'une foule confuse, s'élevant à plusieurs milliers d'hommes, les uns marchant à la suite du camp, les autres traîneurs, qui avaient rejoint l'armée; puis des prisonniers, dont la plupart étaient employés à porter le butin des vainqueurs. L'armée traînait à sa suite les familles françaises habitant autrefois Moscou, et qui y composaient ce qu'on appelait la *colonie française*. Ne pouvant plus regarder cette ville comme un lieu de sûreté pour elles, elles avaient saisi cette occasion pour se retirer avec leurs compatriotes. Il y avait d'ailleurs une confusion de voitures de toutes les espèces, chargées des bagages de l'armée, du butin individuel des soldats, et des trophées que Napoléon avait enlevés aux édifices de Moscou.

Après avoir suivi d'abord la vieille route de Kalouga, Napoléon passe tout à coup à droite et gagne rapidement la nouvelle route. Abusé par un rideau de troupes laissées vis à vis de lui en arrière du défilé de Woronowo, l'ennemi n'aperçut point la contremarche du roi de Naples et de Poniatowski : tranquille dans son camp de Taroutino, que les Français avaient tourné, il les attendait sur son passage, quand déjà leurs colonnes avaient atteint Borowsk, Malo-Jaroslavetz, d'où elles n'avaient plus qu'une marche à faire pour le devancer à Kalouga. A Borowsk, on reçut la nouvelle que le duc de Trévise avait quitté Moscou le 23, à deux heures du matin, après avoir fait sauter le Kremlin. Aussitôt après son départ, les cosaques et les paysans envahirent Moscou et se précipitèrent sur leur proie. L'humanité française avait sauvé, nourri et soigné plusieurs milliers des blessés russes que la fourberie de Kutusoff et la froide cruauté de Rostopchin livraient au plus affreux supplice. Voici quelle fut la récompense de cette générosité : sur six cent cinquante malades ou blessés français que leur faiblesse avait empêchés d'accompagner l'armée, une partie fut jetée par l'ennemi sur des chariots et traînée vers Twer; mais ils périrent presque tous de froid et de misère, ou tombèrent sous le couteau des paysans de leur escorte; les autres restèrent dans les hôpitaux sans vivres ni médicaments. Le stratagème, ou plutôt l'habile manœuvre de Napoléon avait réussi : un succès complet allait couronner ses espérances, si le prince Eugène eût fait occuper Malo-Jaroslavetz par une division entière. Malheureusement l'ordre de l'Empereur, comme il arriva tant de fois dans cette campagne, ne fut pas exécuté. Kutusoff ayant enfin pénétré le mouvement de l'armée française, avait levé son camp de Taroutino; le 24 octobre, la bataille s'engagea sur le terrain de Malo-Jaroslavetz entre Kutusoff et le vice-roi. La victoire resta aux Français : soixante-dix mille hommes furent battus par seize mille soldats ramassés dans un ravin, dominés par une ville bâtie sur une pente rapide et escarpée. Kutusoff rappela ses troupes harassées, et recula sa ligne en gardant la route de Kalouga. Ainsi commença cette grande et fatale retraite, si souvent marquée par de glorieuses mais sanglantes stations! Des cent mille braves échappés aux flammes de Moscou, combien peu les glaces de l'hiver, les fatigues, le fer et les balles devaient en laisser rentrer dans leur patrie.

Le 28 octobre, l'armée française revit Mojaïsk. Cette ville était encore remplie de blessés; la plus grande partie fut emmenée.

Napoléon dépassa cette ville de quelques werstes, et l'hiver commença. Il allait être son plus cruel ennemi. Dès le 29, quelques soldats succombèrent au froid, à la fatigue, à la faim. Chacun marchait absorbé dans l'inquiétude et la douleur, quand quelques soldats, levant les yeux, jetèrent un cri. L'armée foulait le sol de Borodino, théâtre d'une grande bataille, qui offrait tant de souvenirs de la valeur des Français et de la perte qu'ils avaient faite. Au couvent de Kolotskoi, qui avait été le plus grand hôpital des Français après cette action, la plus sanglante des temps modernes, il se trouvait encore un grand nombre de blessés, quoiqu'il en eût péri des milliers faute de moyens pour les traiter, et par le manque d'une nourriture convenable; les survivants se traînèrent à la porte, et tendirent des mains suppliantes à leurs camarades, qui continuaient leur pénible retraite. Par ordre de Napoléon, ceux qui étaient en état de supporter le transport furent mis sur les chariots des cantiniers; les autres furent laissés dans le couvent avec quelques prisonniers russes blessés, dont on espérait que la présence leur servirait de sauvegarde.

Plusieurs de ceux qui avaient été placés dans les chariots ne firent pas un bien long voyage. Les misérables à qui appartenaient ces voitures, chargées du pillage de Moscou, se débarrassèrent plus d'une fois du surcroît de fardeau qui leur avait été imposé, en s'arrêtant derrière la colonne de marche, dans quelque endroit désert.

Napoléon, avec sa première division de la grande armée, arriva à Gjatz. De Gjatz, il s'avança en deux marches jusqu'à Wiasma, où il fit une halte, afin de donner au prince Eugène et au maréchal Davoust le temps d'arriver : ce dernier était en arrière de cinq journées au lieu de trois seulement, comme on l'avait calculé. Le 1er novembre, l'Empereur recommença sa pénible retraite, laissant cependant à Wiasma le corps de Ney pour renforcer et relever l'arrière-garde de Davoust, qu'il supposait devoir être épuisée par la fatigue. Il reprit avec sa vieille garde le chemin de Dorogobouje, ville vers laquelle il croyait que les Russes pouvaient se diriger pour le couper, et où il était très important de les prévenir.

Les dépouilles de Moscou, les anciennes armures, les canons et la grande croix d'Ivan, embarrassaient inutilement la marche de l'armée; on les jeta dans le lac de Semelin, comme des trophées qu'on ne voulait pas rendre, et qu'on ne pouvait plus emporter. On fut aussi obligé alors de laisser en arrière une partie de l'artillerie, que les chevaux, manquant de fourrages, n'étaient plus en état de traîner.

L'Empereur et l'avant-garde de son armée avaient marché jusqu'alors sans rencontrer aucune opposition. Les corps du centre et de l'arrière-garde n'avaient pas eu le même bonheur; ces deux divisions furent harcelées continuellement par des nuées de cosaques ayant avec eux une espèce d'artillerie légère, qui, montée sur des traîneaux, et accompagnant tous leurs mouvements, faisait pleuvoir les boulets sur les colonnes françaises, tandis que les charges de cette cavalerie irrégulière les forçaient souvent à faire une halte pour se défendre en ligne ou se former en bataillon carré. Cependant ces deux divisions n'ayant pas encore aperçu de troupes russes régulières, passèrent la nuit du 2 novembre, à deux lieues de Wiazma, où Ney les attendait pour se joindre à elles.

Pendant cette nuit, Miloradowich, un des plus entreprenants et des plus actifs généraux d'Alexandre, et que les Français avaient surnommé le Murat russe, arriva avec l'avant-garde des troupes régulières : soutenu par Platoff et par plusieurs milliers de cosaques, il précédait Kutusoff et toute la grande armée russe.

Kutusoff, en apprenant que le plan de l'Empereur était de se retirer par Gjatz et Wiazma, imprima sur-le-champ à sa propre retraite un mouvement sur la gauche, et arriva de Malo-Yarowslavetz par des routes de traverse. Les Russes atteignirent le lieu de l'action au lever de l'aurore, traversèrent la ligne de marche du prince Eugène, et isolèrent son avant-garde, pendant que les cosaques, fondant sur les traîneurs et les bagages de l'armée, les dispersaient dans la plaine.

Le vice-roi fut secouru par un régiment que Ney, quoique vivement pressé lui-même, lui envoya de Wiazma, et son arrière-garde fut dégagée par les efforts de Davoust, qui s'avança à la hâte. L'artillerie russe, supérieure en calibre à la nôtre, et portant plus loin, manœuvra avec rapidité, en nourrissant une canonnade épouvantable à laquelle il était impossible de répondre aussi vivement. Eugène et Davoust se défendirent avec bravoure et habileté; cependant ils n'auraient pas été en état de maintenir leur terrain, si Kutusoff, comme on s'y attendait, se fût avancé en personne, ou eût envoyé un fort détachement pour soutenir son avant-garde.

Cette bataille, commencée à la pointe du jour, dura jusqu'à la nuit. Eugène et Davoust traversèrent alors rapidement Wiazma, et, après avoir passé la rivière, s'établirent à la faveur de l'obscurité sur la rive gauche.

Cette journée avait été terrible. Soldats, officiers, généraux, tous avaient également payé de leur personne. Foudroyés par quatre-vingts pièces de canon, nos rangs avaient été éclaircis à un point effrayant : lorsque les bivouacs furent établis, on se compta; on était quatre mille de moins, mais on avait sauvé l'honneur.

Si Kutusoff eût envoyé des renforts à Miloradowitch, ou qu'il eût enlevé Wiazma, ce que le nombre de ses troupes lui permettait, les divisions du centre et de l'arrière-garde de Napoléon, comme probablement aussi les troupes commandées par Ney, auraient été coupées. Mais le vieux guerrier, déterminé à éviter une action générale, et à maintenir seulement son avantage par ses manœuvres, transporta son quartier-général à Krasnoé, laissant à Miloradowitch le soin de harceler l'arrière-garde des Français, pendant que Platow les prenait en flanc avec ses cosaques.

C'est alors que le vice-roi reçut de Napoléon l'ordre de quitter la route directe de Smolensk, qui était celle que devaient suivre les corps de Davoust et de Ney, et de se porter vers le nord sur Dowkhowtchina et Poreczie, pour appuyer le maréchal Oudinot, qu'on savait serré de très près par Wittgenstein, qui avait repris la supériorité dans le nord de la Russie. Obéissant à cet ordre, le vice-roi marcha sur Zasselie, poursuivi, surveillé et harcelé par son cortége ordinaire. Il fut obligé de laisser derrière lui soixante-quatre pièces de canon, dont les ennemis s'emparèrent. Il perdit aussi un grand nombre de traîneaux. Quiconque s'écartait de la colonne était inévitablement fait prisonnier. Eugène passa une nuit à Zasselie, sans avoir éprouvé aucun échec; mais, en s'avançant jusqu'à Dowkhowtchina, il fallait traverser le Wop, rivière que les pluies avaient enflée, et dont les rives escarpées étaient couvertes de verglas. Le vice-roi y fit passer son infanterie avec la plus grande difficulté; mais il fut obligé d'abandonner encore aux cosaques vingt-trois pièces de canon. Les malheureux Italiens, mouillés de la tête aux pieds, furent contraints de rester toute la nuit au bivouac, sur l'autre rive; plusieurs y périrent. Le lendemain, la colonne arriva à Dowkhowtchina, où l'on espérait trouver quelque soulagement; mais elle y fut accueillie par une nouvelle nuée de cosaques, qui s'élancèrent de la ville avec de l'artillerie. C'était l'avant-garde des troupes qui avaient occupé Moscou, et qui se portaient alors vers l'orient.

Eugène attaqua vivement l'ennemi, et, malgré l'infériorité de ses forces, il le culbuta et s'empara de la ville, où il s'établit pour la nuit; mais ayant perdu ses bagages et la plus grande partie de son artillerie, sa cavalerie étant entièrement détruite, il se trouva hors d'état de marcher sur Witepsk, pour soutenir Oudinot. Dans cette situation désespérée il résolut de rejoindre la grande armée; il marcha donc sur Wlodimerowa, et de là suivit, à travers mille périls, la direction de Smolensk. L'Empereur avait fait halte à Stakawo, les 3 et 4 novembre, et il passa la nuit du 5 à Dorogobouje.

FIN DE LA RETRAITE DE RUSSIE.

Le 6 novembre fut le jour fatal où l'hiver de Russie se déclara dans toute sa rigueur. Le soleil ne se montra plus, et le brouillard noir et épais, suspendu sur la colonne en marche, se changea bientôt en un déluge de neige, qui, tombant par gros flocons, glaçait et aveuglait en même temps. Toutefois, la marche continua tant bien que mal. Les soldats, encouragés par l'exemple des chefs, redoublaient d'efforts. Beaucoup s'engloutissaient cependant dans les ravins, qui leur étaient cachés par la nouvelle face que prenait la nature. Ceux qui se conformaient à la discipline, et qui gardaient leurs rangs, avaient quelques chances d'être secourus; mais, dans la masse des traîneurs, chacun ne songeait qu'à sa propre conservation. Les cœurs étaient endurcis et fermés à ce doux sentiment de pitié que l'égoïsme de la prospérité fait oublier quelquefois, mais qui est bien plus sûrement étouffé par celui d'une grande infortune.

Pendant que ses soldats étaient aux prises avec tant d'éléments de destruction, et que chaque heure en voyait tomber, couchés par les frimas ou par la faim, des milliers qui ne se relevaient plus, Napoléon cherchait encore à leur persuader, et peut-être se le persuadait-il à lui-même, qu'il lui était encore possible, avec eux, d'accomplir sa vaste entreprise. Quand, appuyé sur une branche de sapin, avec sa capote grise comme le ciel du pays, ses gros gants et sa toque de velours vert, brodée d'astracan, il marchait sur le verglas, entre deux files de grenadiers et de marins de sa garde, tant de sérénité et de constance se peignaient sur son front de César, qu'il faisait douter à ses compagnons de leur mauvaise fortune et de la sienne.

Quelle fut épouvantable, cette retraite! C'étaient toujours des combats à soutenir, des marches forcées à faire, et d'horribles privations à supporter. Sans cesse le vent du nord fouettait au visage les flocons de neige, qui venaient tout ensemble du ciel et de la terre. Le soir, lorsqu'on avait atteint un village, un hameau, ou au moins quelques maisons pour loger l'état-major, c'était là qu'on établissait des bivouacs sans abri, où il ne fallait pas moins de deux heures pour allumer le bois vert qu'on était allé couper dans les forêts; à peine ces feux brillaient. Les cantinières emplissaient leurs bouilloires, où elles faisaient du café qu'elles vendaient jusqu'à cinq francs la tasse. Ceux-ci pétrissaient avec de la neige un peu de farine ou fabriquaient des galettes qu'ils faisaient cuire au feu devant lequel ils étaient assis, en les tenant appuyées sur la pointe de leurs pieds. Ceux-là, qui avaient été assez heureux pour assister à la chute d'un cheval qu'on avait éventré, jetaient sur les flammes quelques lambeaux de cette chair saignante. D'autres faisaient dans leurs bidons de la bouillie de seigle ou de son, dans laquelle ils mettaient une cartouche, pour remplacer le sel. Puis, auprès d'eux, il y avait, en grand nombre, ceux qui, n'ayant rien à manger, voyaient ces apprêts avec douleur; et derrière, la foule des retardataires égarés, errant de bivouacs en bivouacs, cherchant, appelant, pendant seize heures de ténèbres, pour retrouver leur régiment, leur compagnie, implorant partout l'approche de quelque feu, et ne l'obtenant jamais.

Désespérés, ils finissaient par s'accroupir en dehors du cercle compacte de ceux qui se chauffaient, et quand on quittait la place, ils étaient gelés. Ces haltes nocturnes, qui commençaient dans la neige et se terminaient dans la boue, ruinèrent promptement la chaussure et les vêtements du soldat, qu'il était difficile de ne pas brûler, lorsque, le visage penché sur les tisons, sans crainte de s'enfumer, il entrait dans la flamme pour échapper au froid.

L'espérance d'atteindre Smolensk soutenait seule le courage de nos malheureux soldats. Le nom de cette ville, répété de rang en rang, ranimait quelque peu leur ardeur; il semblait que là ils dussent retrouver l'abondance et le repos.

Ce fut dans la matinée du 6 novembre, au moment où ces nuées, chargées de frimas, crevaient sur nos colonnes en marche, que Napoléon reçut la nouvelle de deux événements de la plus haute importance : l'un était la singulière conspiration de Malet, si remarquable par le succès momentané qu'elle obtint, et par la manière également soudaine dont elle fut déjouée. La pensée de l'Empereur se reporta naturellement vers Paris. Son œil brilla d'un éclair d'étonnement et de colère; mais bientôt il fut rappelé à sa situation présente par la nouvelle fâcheuse que Wittgenstein avait pris l'offensive, battu Saint-Cyr, occupé Polotsk et Witepsk, et reconquis toute la ligne de la Dwina. C'était un obstacle qu'il n'avait pas prévu. Afin de l'écarter, il ordonna à Victor de partir de Smolensk avec sa division, forte de trente mille hommes, et de repousser sur le champ Wittgenstein au-delà de la Dwina.

Le même jour, un convoi de vivres, envoyé de Smolensk par le général Charpentier, arriva au quartier-général. Bessières voulait s'en emparer; mais l'Empereur le fit passer sur le champ au maréchal Ney. « C'est à ceux qui se battent, dit-il, à manger avant les autres. » Il fit en même temps recommander à Ney « de se battre assez de temps pour lui permettre de séjourner à Smolensk, où l'armée mangerait, reposerait et se réorganiserait. »

Enfin, on aperçut Smolensk tant désiré. A la vue de ses fortes murailles et de ses tours élevées, tous les traîneurs de l'armée, trois fois plus nombreux alors que ceux qui gardaient leurs rangs, se précipitèrent vers cette ville; mais, au lieu de voler au-devant d'eux, les Français, qui y étaient en garnison, leur en fermèrent les portes avec effroi, car leur état de confusion et de désordre, leur attitude, leur aspect, leurs cris d'impatience les faisaient ressembler à des bandits plutôt qu'à des soldats. Enfin, la garde impériale arriva; les portes lui furent ouvertes, et la foule entra à sa suite. On délivra des rations à la garde et au petit nombre de soldats qui avaient marché avec ordre; mais, parmi cette multitude de traîneurs, qui ne pouvaient rendre aucun compte ni d'eux-mêmes ni de leurs régiments, qui n'avaient avec eux aucun officier responsable, plusieurs périrent, tandis qu'ils assiégeaient en vain les portes des magasins. Telle fut la distribution des vivres qu'on s'était promise. Quant au refuge, il n'en existait point. Il ne restait à Smolensk, pour se mettre à l'abri, que de misérables hangars appuyés sur des murs noircis par l'incendie; mais c'était encore là un asile et un lieu de repos, comparé au long bivouac de neige de l'armée depuis Moscou. La faim fit à l'égard des traîneurs ce que n'avait pu faire la discipline : elle les ramena sous leurs drapeaux, et une espèce d'ordre commença à se rétablir dans la première division de la grande armée.

Les nouvelles que l'Empereur avait reçues à Semlewo l'engageaient à précipiter sa retraite. Il savait que les armées de Moldavie et de Wolhynie s'avançaient sur la Bérésina, qu'un corps ennemi marchait pour reprendre Witepsk, et que Polotsk avait été enlevé de vive force. Le maréchal Gouvion-Saint-Cyr s'y était défendu pendant dix heures; il avait disputé le terrain pied à pied; mais, quoique vaillamment secondé par les généraux de Wrède, Legrand, Merle, Maison, Laurencey, Aubry et Dode, il avait été contraint d'évacuer la ville. Toutefois, il ne s'était décidé qu'après que ses bagages et cent quarante pièces d'artillerie eurent achevé de repasser la Dwina.

Polotsk étant abandonné vers les trois heures du matin, le général russe Cazanova en prit possession. Il n'y trouva que des blessés recueillis sur le champ de bataille. Leur grand nombre attesta la valeur de nos soldats, dont la retraite forcée était encore glorieuse, puisque, dans une position si critique, ils firent éprouver à l'ennemi une perte triple de la leur et ne lui laissèrent pour trophée qu'une seule pièce de canon. Le même jour, l'état-major russe ayant donné un grand dîner dans le couvent des Jésuites, vers la fin du repas, Wittgenstein, après avoir loué la bravoure des soldats français, se leva, et, par un mouvement spontané, qui honorait à la fois le vainqueur et le vaincu, il porta la *santé du brave Gouvion-Saint-Cyr*. Ce maréchal avait été dangereusement blessé dans cette action.

Ces événements montrèrent à l'Empereur qu'il lui serait désormais impossible de se maintenir dans un pays où il s'était flatté de prendre ses quartiers d'hiver : il renonça donc à un plan, d'après lequel, faisant prendre à son armée des cantonnements entre Smolensk et Witepsk, il aurait facilement réparé les pertes qu'il avait éprouvées. Ainsi, les malheurs dont les Français étaient accablés devinrent plus grands à l'endroit même ou ils en attendaient la fin.

Au moment où le gros de l'armée entrait dans Smolensk, le prince vice-roi en était encore à plusieurs journées de marche. Vivement poursuivi par plusieurs milliers de cosaques, il traversait à gué le Wop, et abandonnait, avec le reste de ses provisions, cent pièces de canon sur le bord de cette rivière, l'armée en avait déjà perdu cent. Napoléon apprit encore à cette époque que le général Baraguay-d'Hilliers, envoyé sur la route d'Elnia avec le général Augereau, pour arrêter le comte Orloff-Denisoff, avait échoué dans cette tentative. Le général Augereau avait capitulé. L'expédition du général Baraguay-d'Hilliers avait pour but d'ouvrir une meilleure route par Mistislavl et Mohilow. On lui fit alors un crime de n'avoir pas réussi : mais il n'avait avec lui que trois mille hommes, et il est aisé de concevoir que quelques bataillons ne pouvaient pas arrêter une armée entière.

Napoléon, ne sachant comment faire face à tant de disgrâces, tint, le 14 novembre, un grand conseil, auquel assistèrent les maréchaux de l'empire et tous les autres chefs de corps. Peu d'instants après, il fit brûler une portion de ses équipages, et partit en voiture, accompagné de ses chasseurs et des anciens polonais de la garde. A la suite du conseil, les troupes, qui n'étaient restées que deux jours à Smolensk, évacuèrent cette ville après avoir dévoré en un instant tout ce qui se trouvait dans les magasins. Le cinquième et le troisième corps, qui, réunis sous le commandement du maréchal Ney, étaient destinés à former l'arrière-garde, ne devaient partir qu'après avoir fait sauter les fortifications; mais l'hetmann Platow, étant entré brusquement dans la place empêcha l'exécution de cet ordre. On eût le regret de lui abandonner un immense parc d'artillerie. Dans l'espace de plus de trois lieues, la route était couverte de canons; des attelages entiers, succombant à leurs fatigues, tombaient à la fois l'un sur l'autre. Plus de trente mille chevaux moururent en peu de jours. Tous les défilés que les voitures ne pouvaient pas franchir étaient encombrés d'armes, de casques, de schakos et de cuirasses. De distance en distance, on apercevait quelque tronc d'arbre au pied duquel des soldats avaient tenté de faire du feu, mais presque tous ces malheureux étaient morts; on les voyait étendus autour de quelques branches vertes, qu'ils avaient vainement essayé d'allumer.

L'Empereur n'avait pas encore fait quinze lieues, quand il fut attaqué par une colonne ennemie, qui, ayant filé par la gauche de Smolensk, s'était portée sur Krasnoë, et avait débordé l'armée française. Napoléon, à qui les Russes voulaient fermer le passage, déploya aussitôt toutes ses forces. La garde et les débris de quelques corps se mirent en bataille, et chargeant intrépidement à la baïonnette, se firent jour à travers les masses les plus formidables. Le général Roguet, à la tête des fusiliers, enleva un village, où les assaillants s'étaient concentrés. L'empereur, pendant ce combat, courut les plus grands dangers, et ne dut son salut qu'au dévouement de ses soldats. Le lendemain, 16 novembre, le prince vice-roi, parvenu à deux lieues de Krasnoé, se trouva dans la même situation que les troupes qui avaient combattu la veille. Les généraux Poitevin et Guyon, qui marchaient en avant, virent s'approcher d'eux un officier russe, qui, se présentant comme parlementaire, leur annonça que le général Milodarowitch, après avoir défait Napoléon, le cernait avec vingt mille hommes; que le vice-roi ne pouvait échapper; que cependant, s'il consentait à se rendre, on lui offrait des conditions honorables: « Retournez promptement d'où vous êtes venu, répondit le général Guyon à cet officier, et annoncez à ceux qui vous ont envoyé, que, si vous avez vingt mille hommes, nous en avons ici quatre-vingt mille. » Cette assurance interdit à un tel point le parlementaire, qu'il partit sur-le-champ.

Bien résolu à succomber plutôt que d'accepter une capitulation, le vice-roi ordonna aux débris de la quatorzième division de faire front à l'ennemi, et d'emmener les deux pièces de canon qui composaient toute son artillerie. Cette division formait à peine mille hommes armés. Les Russes, en la voyant déboucher, rétrogradèrent jusqu'au pied d'un plateau, sur lequel le gros de leurs forces était campé: parvenus à ce point et démasquant leur artillerie qu'ils avaient placée sur des traîneaux pour la transporter avec plus d'agilité, ils commencèrent leur feu, tandis que leurs cavaliers descendaient dans la plaine pour charger nos carrés. Mais ils furent reçus avec cette valeur qui anime à un si haut degré le soldat français. Le général Ornano fit des prodiges: toutefois les efforts les plus héroïques furent impuissants, et déjà le colonel Delfanti, le major Oreilli, les capitaines Bordini et Mastini, l'aide de camp Fromage, l'auditeur du conseil d'état de Villeblanche, qui s'était mêlé aux combattants, ainsi qu'une foule d'officiers du premier mérite, avaient succombé, lorsque le vice-roi, affligé de tant de pertes et voyant l'opiniâtreté de l'ennemi à lui fermer le passage, feignit, par un mouvement habile, de vouloir prolonger le combat sur sa gauche: mais tandis que les Russes dirigeaient sur ce point la majeure partie de leurs forces, le prince ordonna à tout ce qui restait encore de profiter de l'approche de la nuit pour filer sur la droite avec la garde royale, qui n'était point engagée. Dans cette marche, le colonel Kliski donna une preuve remarquable de sa présence d'esprit. Il allait en avant de la colonne, lorsqu'il fut arrêté par le *qui vive* d'une vedette ennemie. Kliski, à qui la langue russe était familière, ne fut point troublé par une rencontre si fâcheuse, il s'avança aussitôt vers le factionnaire, et lui dit, dans sa langue: « Tais-toi, malheureux; ne vois-tu pas que nous sommes du corps d'Ouwarow, et que nous allons en expédition secrète? » Le soldat se tut et le laissa passer.

La quinzième division, qui, restée en arrière-garde sous le commandement du général Triaire, devait attendre, pour se mettre en marche, que le vice-roi eût effectué sa manœuvre, sut par sa contenance ferme, imposer à des nuées de cosaques, dont les hourras réitérés menaçaient à la fois ses flancs et ses derrières. Le général Triaire s'arrêta plusieurs fois pour combattre; mais il fut assez heureux pour n'être pas entamé, et pour ramener cette petite troupe devant Krasnoé, ou le vice-roi venait de faire sa jonction avec le gros de l'armée. La garde impériale, la cavalerie, les 4e et le 8e corps étaient dans cette ville, où l'encombrement devint extrême.

Le 17 novembre, Napoléon et le vice-roi, à la tête de la garde, marchèrent sur la position qu'occupaient les Russes, afin de frayer un passage aux 1er, 3e et 5e corps réunis sous les ordres du maréchal Ney, qui, n'ayant que trois mille hommes en armes, traînait avec lui plus de quatre mille malades ou blessés; ces trois corps fermaient la marche. Une nouvelle affaire s'engagea, l'action fut opiniâtre et sanglante; le corps du maréchal Davoust fut fortement compromis; il déploya une grande bravoure, et son chef une rare habileté, mais le courage et la sagesse des dispositions ne purent conduire au but qu'on s'était proposé. Le maréchal Ney, n'ayant pu vaincre la résistance de Kutusof, fut séparé du reste de l'armée, et l'Empereur, s'apercevant que l'ennemi filait sur ses derrières, dut s'éloigner avec le regret de ne pouvoir secourir le plus vaillant des maréchaux de France. Ney, loin d'accepter les propositions de ses adversaires, se jeta de l'autre côté du Dniéper avec le reste de ses troupes, luttant sans cesse contre les Russes, qui, ne pouvant croire à l'heureuse issue d'une résolution si hardie, le comptaient déjà parmi leurs prisonniers, et redoublaient d'efforts pour le réduire à mettre bas les armes.

Vingt-cinq canons et plusieurs milliers de prisonniers furent le fruit que les Russes retirèrent de quatre combats consécutifs, où nous n'avions pu opposer à une armée complète que quelques soldats harassés par des marches inouies, et qui étaient sans vivres, sans munitions et sans artillerie. A cette époque, on nous avait déjà pris trente mille fantassins ou cavaliers, vingt-cinq généraux, cinq cent pièces de canon, trente-un drapeaux, une grande partie de nos bagages, toutes les dépouilles de Moscou. Depuis le commencement de la retraite, c'est-à-dire, dans l'intervalle d'un mois, plus de quarante mille Français étaient morts de misère, ou avaient été tués. Tant de pertes réduisaient l'armée à trente mille hommes, parmi lesquels on ne comptait plus que huit mille combattants. C'était cependant avec cette poignée de braves qu'il fallait résister au choc terrible de tous les bataillons du Nord. Malheureusement on était à peine à moitié chemin du Niémen, et il restait encore deux montagnes à gravir, et trois fleuves à traverser.

A peine parti de Krasnoé, Napoléon apprit que les Autrichiens, après avoir battu à Slonim le corps de Saken, s'étaient tout-à-coup retirés en arrière du Bug, et avaient, par cette manœuvre perfide, livré aux Russes la place de Minsk, qui renfermait des approvisionnements immenses. L'armée y eût trouvé des ressources pour tout l'hiver. Cette trahison, consommée par Schwarzemberg, qui la couvrait du voile d'une insigne prudence, donna de vives inquiétudes à l'Empereur. D'un côté, il n'ignorait pas que tous les corps Russes tendaient à se rapprocher de Borisow, et à l'y devancer. En conséquence, il redoubla de vitesse pour atteindre la Bérésina.

Le 17 novembre, toute l'armée se mit en mouvement vers les onze heures du matin pour aller à Liadouï. On fit une fausse attaque, afin de contenir les cosaques, et de donner aux bagages et aux convois de blessés le temps de poursuivre leur route. Mais les Russes, sans cesser de s'avancer, continuèrent leur épouvantable canonnade, et refusèrent de s'engager. Napoléon, ne pouvant se résoudre à abandonner le maréchal Ney, s'arrêtait souvent, et à chaque halte, il était forcé de livrer plusieurs combats. Les soldats de la jeune garde, se battant toujours avec un courage admirable, et supportant avec résignation leurs souffrances, se montrèrent les dignes émules de leurs aînés.

Au déclin du jour, l'armée arriva à Liadouï : c'était le premier bourg où elle rencontrait des habitants et quelques secours en vivres. La cavalerie étant totalement démontée, et Napoléon ayant besoin d'une escorte, on réunit à Liadouï tous les officiers qui avaient un cheval, pour en former quatre compagnies de cent cinquante hommes chacune. Les généraux Defrance, Saint-Germain, Sébastiani et quelques autres faisaient les fonctions de capitaines. Les colonels y tenaient lieu de sous-officiers. Cet escadron, auquel on donna le nom de SACRÉ, était commandé par le général Grouchy, sous les ordres du roi de Naples. Cette élite de braves suivait partout l'Empereur, veillait autour de lui, et éclairait sa marche.

Napoléon allant souvent à pied, suivi de son état-major, voyait sans s'émouvoir, défiler devant lui les tristes restes d'une armée naguère si formidable : sa présence ranimait les plus timides, ses paroles excitaient encore l'enthousiasme, et il n'y avait pas un soldat qui, dans l'occasion, ne lui eût fait un bouclier de son corps. A Dombrawna, où l'armée s'arrêta, les juifs procurèrent aux soldats de la farine, de l'eau-de-vie et de l'hydromel; dès lors, il leur sembla que l'abondance allait renaître. Cependant il était encore éloigné ce moment, où ils ne feraient plus entendre des cris de détresse.

Le 19 novembre, on toucha au Dniéper, sans avoir été inquiété même par les cosaques. On avait construit sur ce fleuve deux ponts, dont la gendarmerie faisait la police. Comme chacun voulait passer des premiers, le concours était immense; toutefois il ne survint point d'accident. L'armée se reposa le 20 dans Orcha; quelques provisions réservées pour son passage par le général Jomini, gouverneur de la ville, furent réparties entre les différents corps qui jusque là n'avaient pas reçu de distributions régulières. La journée fut très paisible; mais l'absence des restes du troisième et du cinquième corps, dont la perte ne paraissait que trop certaine, était pour l'armée un sujet de vive douleur. Au milieu de la nuit, une grande rumeur se fit entendre; elle était causée par l'arrivée du maréchal Ney, qui, durant trois jours, n'avait cessé de combattre et de faire usage de tout ce que le talent et la bravoure peuvent déployer de plus extraordinaire; traversant des pays inconnus, il marchait en carré, repoussant avec succès les attaques de six mille cosaques, qui chaque jour fondaient sur lui pour le forcer à capituler. Cette résistance héroïque mit le comble à sa brillante réputation. Tant de fermeté dans le péril fut secondée par le mouvement généreux du prince vice-roi qui alla au devant du maréchal pour le dégager, et dont les secours achevèrent sa délivrance.

Cette retraite, par sa difficulté, fut une des plus belles opérations de la campagne, et celle qui peut-être honora le plus le caractère français. On raconte qu'au moment de passer le Dniéper à moitié gelé, tout le monde était dans le désespoir, et se croyait perdu, chacun cherchait le maréchal pour savoir ce qu'il ordonnerait. Mais on fut bien surpris de le trouver couché sur la neige, et, la carte à la main, examinant la direction qui serait la moins dangereuse. Tant de calme, au milieu d'un si grand péril, ranima le courage des soldats, et les tira de l'abattement où ils étaient plongés.

Le 21 novembre, l'armée sortit d'Orcha, et une heure après l'arrière-garde était déjà aux prises avec les cosaques. Napoléon, prévoyant qu'il se trouverait bientôt dans une situation plus critique, fit tous ses efforts pour rallier ses troupes. Il fit publier au bruit du tambour, et par trois colonels, que les traîneurs seraient punis de mort, et que les généraux ou autres officiers qui abandonneraient leurs postes seraient destitués. Il prit les mesures les plus sévères pour empêcher le désordre de se glisser dans sa garde, il veillait surtout avec un soin extrême à ce qu'elle marchât réunie et en colonne serrée; il mettait toute sa sollicitude à la ménager, pendant toute la route, il lui consacra exclusivement les ressources qu'offraient les localités. En partant d'Orcha, plusieurs corps furent envoyés dans la direction de l'armée de Wittgenstein; mais ces mouvements n'eurent que de fâcheux résultats. Ces corps s'étant égarés éprouvèrent de nouvelles pertes: ainsi, tous les jours l'armée se fondait par les évènements de la guerre et par l'effet des privations et des maladies.

Napoléon continua sa retraite par Dombrowna, Tolokzin et Bobr. A quelque distance de Borisow, le bruit se répandit tout-à-coup que l'ennemi avait coupé la route de Wilna, et des reconnaissances annoncèrent bientôt que pour franchir la Bérésina, il fallait passer sur le ventre à une armée considérable. Cette armée était celle de Moldavie, commandée par l'amiral Tschitchogow, qui s'était emparé de Borizow, malgré la vigoureuse défense des Polonais. Le général Dombrowski les commandait, et ce guerrier intrépide n'avait évacué son camp retranché et ne s'était retiré qu'après dix heures de combat contre les divisions Langeron et Lambert.

Le maréchal Oudinot, qui était à Tschéreïa, ayant appris par le général Pampelune la perte de la ville et du pont de Borisow, se porta au secours du général Dombrowski, afin d'assurer à l'armée le passage de la rivière. Le 24 novembre, il rencontra une division russe, l'attaqua et la battit; en même temps le général Berkheim, chargeant à la tête du 4e de cuirassiers, fit sept cents prisonniers, enleva une grande quantité de bagages, et força l'ennemi à repasser la Bérésina.

Les corps de la Dwina venaient d'opérer leur jonction avec la grande armée; les renforts et les approvisionnements qu'ils amenaient devaient être d'un puissant secours; mais ils étaient eux-mêmes suivis par Wittgenstein, devant qui ils se retiraient, et l'on était effrayé en songeant que cette masse d'hommes réunis dans un vaste désert ne ferait que redoubler les maux des troupes dont elle accroissait le nombre.

L'armée de Moldavie, ayant dans sa fuite coupé le grand pont de Borisow, gardait toute la rive droite, et ses quatre divisions occupaient les points principaux par où les Français pouvaient déboucher. Pendant la journée du 25, Napoléon manœuvra pour tromper la vigilance de l'ennemi : afin de persuader à l'amiral Tschitchagow qu'il était dans l'intention de forcer à Borisow même le passage de la Bérézina, il ordonna au général Partonneaux de faire un grand mouvement d'artillerie, et parvint, à force de stratagèmes, à s'établir au village de Weselowo placé sur une éminence. Cet endroit était le même, où, en 1708, Charles XII avait traversé la rivière lorsqu'il marchait sur Moscou. Napoléon y fit construire en sa présence, et malgré l'opposition des Russes, deux ponts sur lesquels Oudinot s'avança le premier avec la 6e division. Les troupes du général Tschaptitz, qui gardaient la rive droite, furent aussitôt attaquées et poursuivies sans relâche jusqu'à la tête du pont de Borisow. Les généraux Legrand et Dombrowski furent grièvement blessés dans cette affaire, qui eut pour résultat principal de faire connaître à Napoléon que l'armée de Wittgenstein ne s'était pas encore réunie à celle de l'amiral.

Le 27, à deux heures après midi, Napoléon, au milieu de sa garde, alla établir son quartier-général à Zembin, sur la rive droite, laissant derrière lui, sur l'autre rive, une foule immense, dont les continuelles fluctuations présentaient l'image animée, mais effrayante, de ces ombres malheureuses qui, selon la fable, errent sur les bords du Styx, et se pressent en tumulte pour approcher de la barque fatale. La neige tombait à gros flocons, l'obscurité était horrible, un vent affreux, soufflant avec violence, rendait encore le froid plus aigu. Pour comble de disgrâce, on manquait de bois, et, pour éviter d'être gelés, les soldats et les officiers, transis et morfondus, n'avaient d'autre moyen de se réchauffer qu'une agitation perpétuelle. L'armée ne passait que lentement. Quoique l'un des ponts fût réservé pour les voitures et l'autre pour les fantassins, l'affluence était si grande et les approches si dangereuses, qu'il était impossible de se mouvoir. Malgré ces difficultés, les gens à pied, à force de persévérance, parvenaient à se sauver; mais le 28, vers les huit heures du matin, le pont réservé pour les voitures et les chevaux s'étant rompu, les bagages et l'artillerie s'avancèrent vers l'autre pont et tentèrent de forcer le passage. Alors s'engagea une terrible lutte entre les fantassins et les cavaliers; tous voulaient s'élancer à la fois, entassés les uns sur les autres, ils se pressaient, se froissaient, se culbutaient avec le plus grand acharnement; bientôt ce ne fut plus qu'un véritable carnage et les cadavres des hommes et des chevaux obstruèrent à tel point les avenues, qu'il fallait monter sur les corps de ceux qu'on avait écrasés.

Le maréchal Victor, laissé sur la rive gauche, se mit en position sur les hauteurs de Weselowo, avec les deux divisions Girard et Daendels, pour couvrir le passage et le protéger au milieu de cette effroyable confusion, contre le corps de Wittgenstein, dont l'avant-garde avait paru la veille. Cependant, le général Partonneaux, après avoir repoussé les attaques de Platow et de Tschitchagow, cherchait à regagner le gros de l'armée, lorsque sa division fut arrêtée par des partis ennemis. Quoiqu'il n'eût que trois mille hommes avec lui, il chercha à se faire jour et soutint pendant plus de quatre heures un combat où furent blessés les généraux Blamont et Delaître. Cette troupe, formée en carré, resta sur pied toute la nuit sans avoir rien à manger, sans même oser allumer du feu, dans la crainte de faire connaître sa position. Cet état cruel dura jusqu'au lendemain, où la division se vit entourée par le corps entier de Wittgenstein, fort d'environ quarante-cinq mille combattants; alors, perdant l'espoir d'échapper, elle se rendit prisonnière : elle ne comptait plus que douze cents hommes et deux faibles escadrons, tant les horreurs de la faim, la rigueur du froid et le feu de l'ennemi avaient diminué le nombre de ces braves, qui prouvèrent que les soldats français, jusque dans leur défaite, savent trouver des occasions de gloire!

Borisow ayant été évacuée, les trois armées russes firent leur jonction, et le même jour, 28 novembre, Victor fut attaqué sur la rive gauche par Wittgenstein, en même temps que le maréchal Oudinot l'était sur la rive droite par Tschitchagow, qui était venu fondre sur lui avec toutes ses forces. L'affaire s'engageait avec chaleur sur ce dernier point, lorsque Oudinot, blessé au commencement de l'action, remit son commandement au maréchal Ney, qui, ayant ranimé les troupes, leur inspira une nouvelle ardeur. Au moment où le général Claparède, à la tête de la légion de la Vistule, enfonçait le centre de l'ennemi, le général Doumerc fit une charge brillante avec sa division de cuirassiers. Ces braves, exténués par l'excès des fatigues et des privations prolongées, firent néanmoins des prodiges de valeur, ils enfoncèrent des carrés, enlevèrent des canons et trois à quatre mille prisonniers qu'ils ne purent conserver.

Malgré la bravoure de nos soldats et les efforts de leurs chefs, Wittgenstein pressait vivement le 9e corps, qui formait l'arrière-garde. La position qu'occupait le maréchal Victor n'était pas avantageuse ; cependant il s'y maintint plus longtemps qu'on ne pouvait l'espérer. Le courage héroïque des troupes et l'intrépidité des généraux Girard, Dumas et Fournier, qui, quoique blessés, n'abandonnèrent pas le champ de bataille, apprirent aux ennemis que la victoire ne trahit jamais les Français sans avoir été longtemps indécise : enfin le courage dut céder au nombre, et le 9e corps, accablé par tant de forces réunies, se replia.

L'ennemi arriva vers le soir à portée de canon de la Bérézina, et fit pleuvoir une grêle de mitraille, de boulets et d'obus sur cette multitude qui, depuis trois jours, se pressait à l'entrée du pont ; la terreur et le désespoir s'emparèrent de toutes les âmes ; l'instinct de la conservation troubla toutes les têtes. Les Russes, toujours renforcés par des troupes nouvelles, chargèrent en masse, et chassèrent devant eux la division polonaise du général Girard, qui jusqu'alors les avait contenus. A la vue de l'ennemi, ceux qui n'avaient pas encore passé, se mêlant avec les Polonais, se précipitèrent vers le pont. Artillerie, bagages, cavaliers, fantassins, c'était à qui traverserait le premier. Le plus fort jetait dans l'eau le plus faible, qui l'empêchait d'avancer, et foulait aux pieds les malades et les blessés, qui se trouvaient sur son passage. Plusieurs centaines d'hommes furent broyés sous les roues du canon ; d'autres, espérant se sauver à la nage, se gelèrent au milieu de la rivière, ou périrent en s'abandonnant sur des glaçons, bientôt après submergés par la vague en furie. Des milliers de soldats, malgré ce triste exemple, se jetèrent pêle-mêle dans la Bérézina ; presque tous y moururent dans les convulsions de la douleur et du désespoir.

La division Girard, par la force des armes, vint à bout de se faire jour à travers tant d'obstacles, et rejoignit l'autre rive, où les Russes l'auraient peut-être suivie, si, dans l'instant, on ne se fût hâté de brûler le pont : alors, les malheureux qui n'avaient pu arriver assez tôt, n'eurent plus autour d'eux que l'image de la mort la plus horrible. Quelques uns, pour s'y soustraire, se précipitèrent au milieu des flammes ; mais les débris sur lesquels ils s'étaient hasardés s'écroulant sous eux, ils disparaissent dans les flots.

Les Russes s'étant rendus maîtres du champ de bataille, nos troupes se retirèrent ; et au fracas le plus épouvantable succéda le plus morne silence. Tel fut le terrible passage de la Bérézina ; plus de sept mille Français furent tués sur ses bords, vingt mille tombèrent au pouvoir de l'ennemi. Deux cents pièces de canon, d'immenses bagages devinrent en outre la proie des Russes. La nuit du 28 au 29 fut une des plus funestes à notre armée. Le terrain, sur lequel elle avait établi ses bivouacs, resta jonché de soldats qui avaient succombé à la rigueur de la température, ou qui étaient morts d'inanition.

Ces désastres et les journées qui les précédèrent firent éclater tout ce qu'il y a de grand, tout ce qu'il y a d'admirable dans le caractère français. Napoléon fut sublime au milieu de ces revers ; Ney qu'il surnommait le *brave des braves*, Eugène qui était la fleur des preux de cette malheureuse et vaillante armée acquirent pendant cette marche périlleuse une gloire qui ne sera peut-être jamais égalée. Napoléon marchait en tête des restes de la vieille garde ; dans tous les engagements c'était lui qui la guidait. — « Il y a assez longtemps que je fais l'Empereur, disait-il en tirant son épée, il est temps que je fasse le général. »

La retraite de Napoléon sembla rompre le charme qui avait engourdi les Russes et ranimé les Français ; Mortier et Davoust furent assaillis avec fureur ; dans un combat terrible, ils perdirent la moitié des leurs, et ne parvinrent qu'après des peines incroyables et des prodiges de valeur à gagner Liady. Les Français laissèrent sur ce fatal champ de bataille quarante-cinq pièces de canon, plus de six mille prisonniers, un grand nombre de morts, et plus encore de blessés. Pour compléter le désastre, la division de Ney, par suite de la marche des autres colonnes sur Liady, eut toute l'armée russe entre elle et Napoléon. La résolution de Ney et son audace dans cette circonstance sont un épisode si prodigieux de cette guerre, qu'avant de clore la série des événements postérieurs, il est besoin d'y revenir et d'en parler avec quelques détails.

Ney s'étant égaré dans sa marche, au milieu d'un brouillard épais arrive tout à coup, sans s'en douter, sous les batteries des Russes ; un officier de Kutusoff s'avance alors au nom de son général. Il arrive auprès de Ney :

« Le feld-maréchal, lui dit-il, n'oserait sommer de se rendre un guerrier si renommé, s'il lui restait une seule chance de salut ; mais quatre-vingt mille Russes l'entourent ; s'il en doute, Kutusoff lui offre d'envoyer parcourir les rangs et compter ses forces. »

L'envoyé n'avait pas achevé, que quarante décharges de mitraille, partant de son armée, viennent déchirer les rangs français. Ney s'écrie : « Un maréchal de France ne se rend jamais ; on ne parlemente pas sous le feu. » Les batteries russes continuèrent un feu de mitraille, à la distance seulement d'environ cent vingt-cinq toises. L'ébranlement de l'atmosphère dissipa le brouillard, et fit voir la malheureuse colonne française ayant en face un ravin couronné par les ennemis, et exposée de toutes parts au feu des artilleurs, tandis que les hauteurs étaient couvertes de soldats russes postés pour soutenir les batteries. Loin de perdre courage dans cette horrible crise, Ney s'exalte, et ses intrépides soldats se frayant un chemin à travers le ravin de la Losima, se jettent avec fureur sur les batteries ; mais ils sont à leur tour chargés à la baïonnette, et ceux qui ont passé par la rivière souffrent cruellement. Cependant Ney, sans s'étonner, s'élance à la tête des grenadiers : en un instant, la première ligne ennemie est renversée ; ils courent à la seconde, mais une pluie de balles et de mitraille les arrête : tous sont blessés.

Ney, alors encore, prouve son grand courage : avec deux mille hommes il se défend contre quatre-vingt mille ; avec six pièces de canon il répond au feu de deux cents pièces et persiste à vouloir s'ouvrir un passage à travers ce corps ennemi, qui lui est opposé en front. Les Français se précipitent de nouveau sur les batteries, perdant des rangs entiers.

Enfin la nuit vint faire trêve à ce carnage. Ney l'attendait ; il profite de son ombre pour faire un mouvement en arrière, comme s'il avait eu dessein de retourner à Smolensk. C'était dans le fait la seule route qui lui fût ouverte ; bientôt il se trouva sur le bord d'un ravin, qui lui parut être le lit d'une rivière. Il fait écarter la neige, brise la glace, observe la direction du courant : « C'est un affluent du Dniéper, s'écrie-t-il ; voilà notre guide. » Il suit dès lors cette indication ; et après d'incroyables efforts, il arrive sur les bords du fleuve, près du village de Syrokovenia. Là, la surface de l'eau n'était complétement gelée que sur un point, mais la glace était si mince qu'on l'entendait craquer sous les pieds des soldats.

On fit une halte de trois heures pour donner aux traîneurs qui s'étaient écartés le temps de se rallier en cet endroit, s'ils étaient assez heureux pour le trouver. Ney passa ces trois heures dans un profond sommeil, couché sur le bord du fleuve, et enveloppé de son manteau. A son réveil, il ordonna le passage, qui fut effectué sans interruption ; le mouvement de la glace et ses effroyables craquements faisaient cependant hésiter plus d'un soldat ; elle se rompit sous les chariots, dont quelques uns étaient chargés de malades et de blessés : le bruit qu'ils firent en s'engloutissant, et les gémissements étouffés des malheureux qui se noyaient, arrachèrent un cri douloureux à leurs camarades. Les cosaques parurent alors à l'arrière-garde, glanèrent quelques centaines de prisonniers, et s'emparèrent de l'artillerie et des bagages.

Depuis la veille, quatre mille traîneurs trois mille soldats étaient morts ou égarés il restait à peine à Ney trois mille hommes ; mais, par une retraite qui n'a pas sa pareille dans l'histoire, il avait placé le Dniéper entre lui et les corps réguliers de l'armée russe.

Napoléon échappait aux Russes ; il restait debout au milieu de tant de ruines et de trépas ; s'ils avaient pu réfléchir, il y avait là un miracle capable de les faire douter que le ciel lui eût retiré sa protection pour toujours !

Le village de Brelowan, où on fit halte la nuit qui suivit le passage, fut entièrement détruit pour faire servir les bois dont les maisons étaient construites à alimenter les feux du camp. Une partie considérable du quartier-général de Napoléon subit le même sort; les soldats, mourant de froid et de fatigue, venaient enlever jusqu'aux solives du plafond de la misérable cabane où leur empereur trouvait un abri.

Le 29 novembre, Napoléon quitta les rives fatales de la Bérézina, à la tête d'une armée plus désorganisée que jamais; à peine quelques soldats du corps d'Oudinot et de celui de Victor furent-ils à l'épreuve de la contagion du désordre général. Tous les corps marchaient sans aucune disposition régulière, n'ayant plus ni avant-garde, ni centre, ni arrière-garde. Les soldats n'avaient d'autre désir que de gagner de vitesse sur les Russes, et cependant les cosaques en surprenaient tous les jours un grand nombre. La nuit et le froid étaient en outre de cruels ennemis; et, au retour de la lumière, chaque bivouac était marqué par un large cercle de morts. Heureusement l'Empereur avait eu la précaution d'envoyer, vers les bords de la Bérézina, une division de Français commandée par le général Maison; elle put suffire pour protéger cette masse de fuyards sans défense. Ils arrivèrent ainsi le 3 décembre à Maledeczno, où l'armée se reposa pendant vingt-quatre heures. Ce fut dans cette ville que Napoléon traça en caractères de sang ce vingt-neuvième bulletin qui mit en deuil la France et tous ceux de ses alliés qui lui étaient encore attachés.

Jusque-là, Napoléon semblait n'avoir pas conçu le dessein de quitter son armée, et de se rendre à Paris. Vers le milieu du jour il annonça sa résolution à Duroc et à Daru. La conspiration récente de Malet l'avait convaincu que sa présence y était nécessaire, et d'ailleurs, après des revers tels que ceux qu'il venait d'éprouver, il avait besoin de se concerter avec la nation pour de grandes mesures.

Le 5 décembre, Napoléon était à Smorgoni, où il reçut un renfort qui arrivait fort à propos. C'était le général Loison qui, à la tête de la garnison de Wilna, s'était avancé pour protéger sa retraite dans cette ville; secours heureux qui fournit une nouvelle arrière-garde pour remplacer celle que commandait Maison, et que le froid et la fatigue avaient mise hors de service. Loison reçut ordre de se charger à son tour de ce devoir périlleux; il resta donc à une journée de distance des débris de ce qui avait été la grande armée. Ce fut à Smorgoni que le froid commença à se faire sentir avec une violence jusqu'alors inconnue. Dans les journées des 6, 7 et 8 décembre, le thermomètre descendit jusqu'à vingt-six et vingt-sept degrés au dessous de glace; les nuits devenaient de plus en plus plus meurtrières, et les marches étaient affreuses. Pourtant une sorte de discipline s'établit alors parmi les traîneurs; ils se divisèrent en petites bandes, dont quelques unes avaient le secours d'un misérable cheval; si l'animal succombait sous le poids du fardeau dont il était chargé, il était mis en pièces, et dévoré pendant que la vie palpitait encore dans ses veines. Ces bandes avaient des chefs qu'elles se choisissaient dans leurs rangs. Mais cette espèce d'union, quoique avantageuse en général, avait aussi ses inconvénients. Ceux qui étaient affiliés à quelqu'une de ces confréries, n'auraient donné à aucun de ceux qui n'en faisaient point partie une bouchée de pâte de farine de seigle qui, relevée par un peu de poudre à canon au lieu de sel, formait, avec la chair de cheval, leur seule nourriture. Ils permettaient à peine à un étranger de venir se réchauffer à leur feu; et quand on trouvait quelque parcelle de vivres, on voyait souvent deux de ces compagnies, surtout si elles étaient de pays différents, se les disputer les armes à la main.

Sous les coups d'une temperature mortelle, les uns expiraient en silence; le sang des autres se portant vers la tête faute de circulation, leur sortait par les yeux et la bouche, et les malheureux tombaient sur la neige ensanglantée, où ils trouvaient dans la mort la fin de leurs souffrances. La nuit, dans leurs bivouacs, les soldats approchaient leurs membres engourdis si près du feu, que, s'endormant dans cette position, leurs pieds étaient brûlés jusqu'aux os, tandis que la gelée attachait leurs cheveux à terre. C'était dans cette situation que les cosaques les trouvaient souvent : heureux ceux dont les ennemis terminaient la micère d'un coup de lance. Dans cette horrible retraite, vingt mille recrues avaient rejoint l'armée depuis qu'elle avait repassé la Bérézina, où, en y comprenant les corps d'Oudinot et de Victor, elle se fût montée à quatre-vingt mille hommes; mais de ce nombre moitié avait péri dans la Bérézina.

L'ordre de la marche sur Wilna étant réglé, Napoléon se détermina à partir. On avait préparé trois traîneaux, sur l'un desquels il devait se placer avec Caulincourt, dont l'Empereur avait dessein de prendre le nom, en voyageant incognito. Dans une audience générale, à laquelle étaient présents le roi de Naples, le vice-roi d'Italie, Berthier et les maréchaux, Napoléon annonça qu'il laissait à Murat le commandement de l'armée comme généralissime. Il parla le langage de l'espérance et de la confiance. Il promit de contenir les dispositions hostiles des Autrichiens et des Prussiens, en se présentant à eux à la tête de la nation française et de douze cent mille hommes. Il dit qu'il avait ordonné à Ney de se rendre à Wilna, de réorganiser l'armée, et de frapper un coup capable d'ôter aux Russes l'envie d'aller plus loin. Enfin il les assura qu'ils trouveraient des quartiers d'hiver derrière le Niémen. Il fit alors des adieux touchants à chacun de ses généraux, les embrassa l'un après l'autre avec une vive émotion, et, montant sur son traîneau, il partit de Smorgoni à dix heures du soir.

On a écrit qu'en partant de Wilna, Napoléon était malade d'esprit et de corps. Caulincourt s'est chargé de contredire ces assertions.

« J'ai le droit, dit-il, d'élever la voix, et de dire que l'Empereur conservait une force d'âme, une lucidité d'esprit vraiment admirables. Je dois être cru, quand j'affirme qu'il ne m'a jamais semblé si grand qu'au milieu de nos désastres. Là, côte à côte avec moi, renfermé dans un étroit traîneau, environné des plus actuels périls, épuisé de froid, souvent de faim, car nous ne pouvions nous arrêter nulle part, laissant derrière lui les restes d'une armée débandée et exténuée, Napoléon ne posait pas : c'était une nature d'homme à nu, énervée ou vigoureuse. Et pourtant l'Empereur ne s'illusionnait point, il sondait la profondeur de l'abîme, son regard d'aigle dévorait l'espace : « Caulincourt, me disait-il, les circonstances sont graves... très graves... Mon courage ne faillira pas... Mon étoile a pâli... Mais tout n'est pas perdu... La France est essentiellement noble et brave... J'organiserai des gardes nationales... Cette institution de la garde nationale est une des plus grandes conquêtes de la révolution... C'est un moyen dont je me servirai avec succès... Dans trois mois, j'aurai sur pied un million de citoyens armés, trois cent mille hommes de belles troupes de ligne.

« Mes alliés, tous les traités sont engloutis sous les cendres de Moscou... ces gens-là ne sont avec nous que pour échelonner la trahison, pour entraver mes opérations...

« Mais la France est encore redoutable... la France offre de grandes ressources... le Français est le peuple le plus spirituel de la terre... mon vingt-neuvième bulletin n'est pas un coup de tête sans portée... c'est un acte de haute et loyale politique. Dans une circonstance donnée, la meilleure des finesses c'est le droit chemin, c'est la vérité... L'intelligence française comprendra la position de la nation, les énormes sacrifices que cette position impose. Moi, l'Empereur, je ne suis qu'un homme, mais tous les Français savent qu'autour de cet homme gravitent les destinées du pays, les destinées de la famille, la sûreté du foyer. »

Avant d'arriver à Varsovie, Napoléon courut les plus grands dangers : il fut même sur le point d'être pris par le partisan russe Seslawin, dans un village nommé Youpranoui. De là, il continua son voyage avec la plus grande célérité. Le 14 décembre, il était à Dresde, où il eut une longue conférence avec le vieux roi, dont la reconnaissance qu'il avait pour l'Empereur, son bienfaiteur, ne s'était pas refroidie par suite des revers. Cette entrevue, bien différente de la précédente, eut lieu dans l'hôtel où l'Empereur était descendu, et où Auguste alla le voir incognito. Il arriva à Paris le 18, dans la soirée.

FIN DE LA CAMPAGNE DE RUSSIE.

— 1812. —

Plus encore que le retour d'Egypte, le départ de Smorgony a servi contre Napoléon de texte à des interprétations calomnieuses, qu'on pardonne à peine à des étrangers, et qu'on s'indigne de rencontrer sous des plumes françaises. Cependant l'utilité de ce départ était si évidente qu'un Russe même l'a loyalement proclamée une nécessité. « On a » diversement jugé, dit M. de Butturlin, le » départ de Napoléon; rien de plus facile à » justifier. En effet, Napoléon n'était pas » seulement le chef de l'armée qu'il quittait, » mais puisque les destinées de la France » entière reposaient sur sa tête, il est clair » que, dans ces circonstances, son premier » devoir était moins d'assister à l'agonie » des débris de son armée que de veiller à » la sûreté du grand empire qu'il gouver» nait. Il ne pouvait mieux satisfaire à ce » devoir qu'en se rendant à Paris, afin de » hâter, par sa présence, l'organisation des » nouvelles armées devenues nécessaires » pour remplacer celle qu'il venait de per» dre. » Quelques considérations achèveront de motiver cette opinion si judicieuse.

Une seule objection réelle peut être présentée contre le départ de Napoléon : l'influence heureuse de sa présence pour la conservation des débris de l'armée. Il faut voir qu'à Smorgony, six jours après le passage de la Bérésina, la campagne était terminée. Il ne restait plus guère à combattre qu'un ennemi, la température; la face de l'empereur, si puissante qu'elle fût sur ses vieux soldats, ne les pouvait pas réchauffer contre un froid de vingt-cinq degrés, et lorsqu'on attribue au départ de Napoléon les progrès de misère et de désorganisation qui suivirent le 5 décembre, on oublie que la force des choses, indépendamment de toute cause accidentelle, devait rendre la retraite plus désastreuse du Dniéper au Niémen.

Du moment où les opérations militaires cessaient, les opérations politiques allaient commencer : Napoléon devait donc quitter sa position bornée de général pour reprendre son rôle d'empereur, et passer, par conséquent, du commandement de l'armée à la tête de la France. Il faut rechercher si, manœuvrant entre le Niémen et la Vistule, il aurait pu créer cette nouvelle armée qui vainquit à Lutzen, à Bautzen et à Dresde, et s'il eût pu tenir l'Allemagne en suspens et partagée jusqu'au milieu de l'année 1813. C'était en revenant de la France et non en fuyant vers elle qu'il pouvait continuer énergiquement la guerre ou faire dignement la paix, et se montrer encore imposant à l'Europe, et, pour revenir à temps de la France, il fallait se hâter d'y aller! En un mot, Napoléon, demeurant, soulageait à peine son armée et compromettait la France, tandis qu'en partant, il sauvait certainement la France et peut-être l'armée.

On a eu recours encore pour condamner le départ de Napoléon à des considérations d'un autre ordre, et l'on a prétendu que, par point d'honneur, par sentiment chevaleresque, il aurait dû rester associé, jusqu'à la fin aux destinées de ses soldats. Ainsi eût agi, ainsi eût dû agir un général, un maréchal; autre était la position de l'Empereur, autre son devoir. Le salut de la France devait être sa suprême loi, et cette loi lui ordonnant de partir, comme il le jugea, comme le jugèrent ses officiers et comme le jugera l'impartiale histoire, qu'importaient dans la question les émotions de son cœur?

Après la retraite de Moscou, les armées russes, profitant des avantages que nos désastres leur avaient fait obtenir, franchirent leurs frontières, et s'avancèrent dans l'Allemagne. Le roi de Prusse n'était que trop porté à briser des nœuds contractés par force, et qui devenaient de plus en plus pesants pour ses peuples. Aspirant à se soustraire à la suprématie de l'Empire, il répondit à l'appel de la Russie, et ses sujets auxquels il donna le signal de l'insurrection, s'organisèrent en landwehr avec une célérité remarquable.

Les autres états de l'Allemagne, encore enchaînés par la crainte, furent plus de temps à se décider; ils marchèrent dans nos rangs pendant la moitié de la campagne de 1813. L'Autriche, neutre jusqu'alors, ne s'unit à l'empereur Alexandre que lorsqu'elle vit qu'il y avait certitude de succès.

Le maréchal Macdonald, forcé de lever le siége de Riga, était arrivé à Tilsitt le 29 décembre 1812, laissant à une journée en arrière le contingent prussien, que commandait le général York. Celui-ci profita de son éloignement du maréchal, et entama des négociations avec les Russes, contre lesquels on s'était battu trois jours auparavant. A la suite d'une entrevue avec le général Diebitch, Yorck conclut une convention par laquelle il abandonna les Français et joignit ses troupes à celles de l'ennemi. Une brigade prussienne restait encore auprès de Macdonald, le général Massemback, à qui elle était confiée, suivit l'exemple de son compatriote, et sur la simple sommation du général major Kutusoff, il abandonna son poste.

La fortune couronna cette première défection des alliés de l'Empire; mais si les Prussiens voulaient enfin effacer la honte du traité de Tilsitt, devaient-ils consigner une seconde fois ce nom dans leurs annales par un acte plus honteux encore? Frédéric-Guillaume désavoua d'abord les généraux qui peut-être n'avaient fait que suivre ses instructions secrètes, et par cette démonstration, aussi lâche que perfide, il recueillit toute l'ignominie d'une trahison impunie: pour mieux déguiser son projet, il annonça que le prince Hatzfeld se rendrait incessamment à Paris, et qu'une *mission si éclatante prouverait à l'Europe l'invariabilité de ses serments*. Dans le même temps, sous le prétexte de faire arrêter le général York, il envoya le major Natzmer à Kenigster, avec l'ordre d'entrer en relations avec l'empereur de Russie. Ce dernier monarque avait fait remettre à des agents prussiens soixante mille fusils destinés à armer les recrues de Frédéric-Guillaume, qui ne faisait, disait-il, des levées que pour *réparer le vide qu'avait laissé dans nos rangs la fuite du général d'Yorck*.

Cependant les débris de l'armée française, dans le nord, diminuaient tous les jours. La rigueur du climat et les maladies, suite de l'intempérance après des jeûnes forcés, exerçaient les plus cruels ravages; la discipline était détruite, et des soldats errants n'étaient plus pour l'ennemi une barrière difficile à surmonter. Le roi de Naples, qui s'était fait une brillante réputation lorsqu'il commandait à des soldats victorieux, montrait dans l'adversité toutes les faiblesses d'un homme qui aime le rang suprême, sans en connaître les devoirs. On eût dit que les vénérables restes de la garde, depuis qu'ils étaient dépouillés de leur brillant costume, lui paraissaient dignes de mépris. Il s'entourait de quelques régiments napolitains, qui l'avaient joint en route, et dont l'uniforme plus frais flattait sa ridicule vanité. Des magasins estimés à plus de trente millions, nous restaient encore; il les abandonna plutôt que de consentir à quelques sacrifices pécuniaires; et, à la même époque, on le vit étaler le luxe le plus insultant pendant son séjour à Kœnisberg. Quoique le major-général Berthier n'eût pas quitté l'armée, il se tenait éloigné des affaires, soit qu'il fût réellement affaibli par ses infirmités, soit qu'il ne voulût pas prendre part à des opérations aussi mal conçues que mal exécutées. L'ennemi faisait tous les jours des progrès; nos troupes, hors d'état de le contenir, se retirèrent derrière la Passarge, et furent cantonnés sur la Vistule. Dans cette retraite, il y eut quelques engagements, et nos soldats, malgré leur dénument, prouvèrent qu'ils étaient encore capables d'affronter les périls. Les cosaques, ayant franchi la Vistule sur la glace, furent repoussés sur plusieurs points; cependant ils pouvaient aisément se présenter avec de plus grandes forces, et l'on décida qu'après avoir mis les places de Modlin, Thorn et Dantzick en état de défense, l'armée serait concentrée à Posen.

Sur ces entrefaites, le grand duché de Varsovie était menacé par les Russes, et le prince de Schwartzemberg, qui devait leur en fermer l'entrée, se retirait sans combattre devant le corps de Sacken. Les généraux Régnier et Durutte, livrés à leurs faibles moyens, s'efforçaient vainement de lutter avec quelque avantage; les grands de la Pologne, pleins de l'amour pour la patrie, épuisaient leurs ressources pour prévenir un envahissement; leurs nombreux paysans et leurs domestiques qu'ils avaient armés, ne purent arrêter les masses qui s'avancèrent sur leur territoire.

Le roi de Naples, ayant fait annoncer à tous les chefs de corps son arrivée à Posen, les invita à se rendre auprès de lui pour former un conseil de guerre, où l'on discuterait un plan pour la défensive. Dès que le prince Eugène se fut conformé à ces ordres, Murat lui annonça qu'il était sur le point de se retirer dans ses états, et qu'avant de partir, il lui laissait le commandement de l'armée. Le vice-roi, justement surpris, refusa d'accepter une autorité dont Joachim lui-même n'était que le dépositaire. Celui-ci n'en persista pas moins dans sa résolution, et, sans attendre le consentement des maréchaux qu'il avait convoqués, il prit dès le lendemain, 18 janvier, la route d'Italie. Ainsi, c'était un parent de Napoléon, un compagnon d'armes, celui qu'il avait tiré des derniers rangs pour le placer sur le trône, qui le premier osait ouvertement insulter au pouvoir à qui l'Europe avait été soumise.

Le prince Eugène, placé, malgré lui, à la tête des troupes, s'occupa sans relâche à rétablir la confiance et le matériel de l'armée. En ne voyant plus la possibilité de garder la Pologne avec dix mille soldats tout au plus, il résolut de passer l'Oder, et de se réunir au maréchal Augereau, dont la contenance ferme pouvait à peine arrêter l'effervescence du peuple de Berlin.

Le corps du général Grenier, récemment arrivé d'Italie, donnait la double espérance de dompter les séditieux et d'arrêter les Russes, qui, enflammés par des succès imprévus, redoublaient d'ardeur, afin de hâter, par une prompte jonction avec les Prussiens, le moment où ils n'auraient plus seuls à supporter tout le poids de la guerre. Chaque pas en arrière donnait une nouvelle extension aux ressources de l'ennemi; aussi le prince Eugène fit-il des efforts incroyables pour se maintenir à Posen, et après avoir culbuté quelques escadrons cosaques, qui s'opposaient à son passage, il parvint à Francfort, où il joignit le général Grenier.

En comptant quelques renforts amenés par Bertrand, nos forces s'élevèrent alors à cinquante mille hommes en présence de cent cinquante mille ennemis, qui devaient bientôt s'augmenter de cent mille Prussiens.

Trois cent vingt-cinq mille hommes, rejoints par environ cinquante mille, avaient passés le Niémen; il en restait à peine quatre-vingt-dix mille, non compris cinquante mille hommes de troupes étrangères; c'était à trois cent trente-cinq mille hommes morts ou prisonniers que s'élevaient les pertes de la campagne.

Napoléon considérant que la défense des places fortes des pays que nous étions obligés d'évacuer, était de la plus grande importance, et que si leurs garnisons affaiblissaient l'armée active, elles occupaient en même temps un plus grand nombre d'ennemis, rendaient leurs communications difficiles et maintenaient la domination française jusqu'aux frontières de la Russie, où une seule victoire pouvait nous reporter, Napoléon, disons-nous, avait donné aux gouverneurs l'ordre de ne rien négliger pour leur conservation. — Les principales des places étaient Dantzick, sous le commandement du général Rapp; Thorn, sous celui du général Maureillan. — Modelin avait une garnison de Français, de Polonais et de Saxons, sous les ordres du général Daendels. — Pillau était défendu par des Prussiens qui forcèrent le général Castellé à capituler. — Enfin Zamoze et Ozenstochau étaient confiées à des troupes polonaises assidues à les conserver au péril de leur vie.

Le prince Schwartzemberg, par suite d'un arrangement avec les généraux du czar, venait d'occuper dans le grand duché de Varsovie, un des districts voisins des états de l'Autriche. Ce mouvement avait obligé le général Reynier, chef du septième corps, à se retirer sur Kalitsch. Le 13 février, la cavalerie russe vint l'attaquer, et le rejeta dans Prosna, ses troupes dispersées se rendirent partie à Glogau, partie dans les rangs des Polonais. En apprenant cet échec, Poniatowski se rapprocha du prince de Schwartzemberg; mais dès qu'il fut convaincu que les Autrichiens avaient cessé d'être nos auxiliaires, ils entra dans la Gallicie pour éviter d'être enveloppé; la cour de Vienne, sous divers prétextes voulut lui refuser cet asile. Cette puissance spéculait sur nos revers pour ressaisir quelques portions de territoire, et sous les apparences d'une bienveillante méditation, elle entretenait dans ce but des relations perfides avec la Russie et la Prusse, et excitant en même temps à la révolte les princes de la confédération du Rhin, elle s'unissait par des traités secrets au roi Frédéric-Guillaume.

Les Français occupaient Berlin, que le roi de Prusse avait quitté pour êtr eà Bres au plus à portée de seconder les Russes. Dès que les autorités prussiennes purent compter sur l'appui des cosaques qui s'approchaient, elles prirent une attitude menaçante. Le maréchal Augereau, en tournant ses canons contre la populace de Berlin, parvint à comprimer ses premiers mouvements dirigés contre les Français et l'arrivée du vice-roi acheva de rétablir la tranquillité. Cependant, sur l'avis que l'avant-garde du prince Reynier approchait, le maréchal Gouvion-Saint-Cyr, qui avait remplacé le maréchal Augereau, se décida, le 4 mars, à céder la place aux cosaques de Ozernischew qui l'occupèrent aussitôt. L'armée sans cesse inquiétée dans sa retraite, ne s'arrêta qu'au delà de l'Elbe.

Dès ce moment la Prusse leva entièrement le masque et conclut un traité avec la Russie.

Déjà Hambourg, à l'approche des cosaques, et sur la certitude d'un débarquement des Anglais, avait secoué le joug de la domination française et enjoint à sa faible garnison de repasser l'Elbe.

Après le combat de Kalissech, le général Reynier s'était retiré dans la Saxe avec sa division forte au plus de deux mille cinq cents hommes. Le roi Frédéric-Auguste, voyant que son pays allait devenir le théâtre de la guerre ordonna les dispositions nécessaires pour arrêter les progrès de l'ennemi, puis il se retira le 23 février à Plauen, avec sa famille.

Le général Reynier entra à Dresde, et s'y fortifia. Il y fut rejoint par le maréchal Davoust à la tête d'une division bavaroise. Bientôt l'ennemi parut; le général évacua la place et fit sa retraite sans obstacle jusqu'à Leipsick. Le général Durutte, qui avait remplacé Reynier, continua d'occuper Dresde avec trois mille soldats et quelques Saxons. Une trêve suspendit les hostilités pendant quatre jours, au bout desquels le général Durutte prit la route de Wildorf; les Bavarois soutinrent vaillamment, à l'arrière-garde, les attaques de la cavalerie ennemie, et se retirèrent sur la Saale. Quant aux Saxons, leur cavalerie se rendit à Plauen, et leur infanterie à Torgau.

Dans cet état de choses, le prince Eugène rassembla plusieurs divisions et, trompant les généraux russes, vint, par d'habiles manœuvres, se placer sur leurs derrières. Les Prussiens, effrayés d'un mouvement qui semblait dirigé contre leur capitale, renforcèrent de suite les corps russes de Yorck et de Bulow. Une action s'engagea près de Moekern. Nos soldats de nouvelle levée se comportèrent en héros; cependant, malgré leurs efforts, les sages dispositions du vice-roi demeurèrent sans succès. Les progrès des ennemis devinrent alarmants; mais le prince Eugène, persuadé qu'il recevrait bientôt des secours, se maintint dans une position qui lui donnait la facilité de contenir une grande étendue de pays, et surtout la Westphalie, où les Russes cherchaient à accélérer l'insurrection.

Pendant ces mouvements, le général Cara-Saint-Cyr, forcé d'abandonner aux Anglais les bouches du Weser, se replia sur Brême et Lunebourg, où il se retira après avoir battu les Russes; mais ceux-ci revinrent à la charge avec des renforts et reprirent la ville à la suite d'une sanglante affaire, dans laquelle le général Moran fut blessé à mort. Transporté à Hambourg avec ses soldats prisonniers, il y expira au milieu des vociférations injurieuses d'une populace exaltée.

L'Empereur, informé de leur révolte et de celle de Lubeck, donna des ordres pour renforcer les troupes qu'il se proposait d'envoyer dans la trente-deuxième division territoriale, dont il confia le commandement au maréchal Davoust.

SIXIÈME COALITION.

CAMPAGNE DE 1813,

CONTRE TOUTES LES PUISSANCES DE L'EUROPE, EXCEPTÉ LES DANOIS ET LES TURCS.

De retour aux Tuileries, Napoléon, impatient de réparer les pertes que son armée avait éprouvées dans une campagne désastreuse, accéléra les nouvelles forces que le sénat avait mises à sa disposition. Appuyé sur l'assentiment du peuple et comptant sur la bravoure naturelle des Français, l'Empereur mit tout en usage pour ranimer les cœurs et leur donner cette énergie si nécessaire après de grandes catastrophes. Il puisa dans l'histoire des souvenirs du généreux élan de nos ancêtres dans de telles circonstances, et ne trouva pas les Français dégénérés. Des préparatifs de guerre furent commencés de toutes parts; on dirigea les troupes disponibles pour soutenir l'armée dans sa retraite, et pour empêcher, s'il était possible, le soulèvement des états, qui, depuis la retraite de Moscou, commençaient à se lasser de notre alliance.

En Espagne, Valence assiégée par Suchet, voulut résister comme Saragosse, mais elle succomba plus tôt. Le 9 janvier, les Français y entraient; le 19, Wellington s'était emparé de Ciudad-Rodrigo. Le 7 avril, Badajoz, assiégée pour la troisième fois, est prise par les Anglais, malgré la brave défense de Philippon. Le 12 juin, Suchet met en désordre l'armée anglo-espagnole qui assiége Tarragone. Le 22 juillet, l'armée de Marmont est défaite par Wellington, et lui-même, dangereusement blessé, cesse sa sanglante bataille des Arapiles. Le vainqueur continue sa marche au centre de l'Espagne, et occupe Madrid du 12 au 14 août; mais il ne sut pas profiter ensuite de ces avantages, qui lui auraient permis de rejeter peut-être entièrement les Français au delà des Pyrénées. Le 20 octobre, au contraire, il lève lui-même lâchement le siége de Burgos, fermée seulement par des ouvrages irréguliers et construits à la hâte, mais habilement et bravement défendue par Debreton, qui soutint trente-cinq jours de siége et d'assaut. Wellington se retire dans ses retranchements, sur le Tage, pour garantir Lisbonne. Le 10 novembre, les trois armées françaises, dites du Portugal, du Centre et du Midi, appuient leur jonction à Alb-de-Tormez, et soutiennent encore la cause du soi-disant roi Joseph qui, selon l'expression du caustique Montgaillard, offre l'étrange spectacle d'un usurpateur sans génie, sans talents et sans courage.

Napoléon organise le gouvernement intérieur, il nomme l'impératrice régente avec un conseil spécial, il pense que ce choix resserrera ses liens d'amitié avec l'empereur François II, et ordonne le couronnement du roi de Rome.

Il croit à la sincérité des adresses qu'il reçoit de tous les départements de l'Empire. Peut-il douter du dévouement de cette France qu'il a arrachée à l'anarchie, à la honte dont la couvrait le directoire, de cette belle France qu'il a replacée au premier rang des puissances de l'Europe et inondée d'une gloire immortelle? Par ses exploits prodigieux il a fait oublier les succès obtenus sous la République. Les nouveaux peuples qu'il a associés aux destinées de la grande nation peuvent-ils se montrer ingrats? N'a-t-il pas créé le royaume d'Italie, sa population ne lui doit-elle pas son indépendance? Les Italiens acquittent donc la dette de la reconnaissance en mettant à sa disposition leurs bras et tout ce qu'ils possèdent pour vaincre les ennemis.

Il forme quatre régiments de gardes d'honneur, composés des fils des principales familles de l'état; ils se montent et s'équipent à leurs frais.

Napoléon peut disposer des cent cohortes de la garde nationale déjà organisées pendant la campagne de Russie. Il tire de l'armée d'Espagne cent cinquante cadres de bons officiers et sous-officiers qui donneront aux nouveaux soldats l'instruction et l'expérience qui leur manque.

Les canonniers de marine, appelés au service de terre, apportent ce courage et ce sangfroid qui, dans les combats sur mer, font braver la fureur de tous les éléments. La vieille et la jeune garde se reforment. La cavalerie se monte avec les chevaux qu'on achète, ceux que le dévouement donne et ceux que cède la gendarmerie. Cependant, plus difficile à former que les autres armes de l'armée, elle ne comptait guère que quatre mille combattants montés.

Un sénatus-consulte appelle sous les drapeaux trois cent mille hommes tirés de la garde nationale, des conscriptions antérieures à 1813, et pris par anticipation sur celle de 1814. Ensuite une nouvelle levée de cent quatre-vingt mille hommes est ordonnée; quatre-vingt mille hommes de ce premier ban passeront nos frontières.

L'Empereur passe de fréquentes revues, il inspecte lui-même les régiments qui partent pour l'armée, et ne laisse échapper aucune occasion pour produire ou exciter leur enthousiasme.

Le corps législatif est ouvert pour la sanction de ces grandes mesures, des levées d'hommes et des impôts. Napoléon fait exposer la situation de la France, sa prospérité croissante et ses innombrables ressources, il déclare : « que l'Espagne sera évacuée par les Anglais, que l'ennemi sera vaincu et repoussé dans ses limites, qu'ayant à sa disposition les forces immenses de l'empire, il ne doute pas un moment du glorieux succès de ses armes. »

Mais après la Prusse qui s'est liée avec la Russie, par un traité signé le 1er mars, et ajoute cent mille hommes aux armées de la coalition, le prince royal de Suède, Bernadotte, que l'Empereur a fait asseoir aux banquets des rois, arme contre sa patrie, trace le plan de campagne et se met à la tête d'une armée active.

L'Allemagne était couverte de proclamations incendiaires, l'empereur de Russie appelait aux armes tous ses habitants pour conquérir l'indépendance, la liberté!

Le Danemarck seul n'abandonne pas notre cause.

L'Empereur, en apprenant l'état des choses, part de Paris le 15 avril, et, quarante-huit heures après, il arrive à Mayence, où une quantité immense de recrues allaient se réunir aux débris des vieilles phalanges, que le patriotisme sauvage des Moscovites et la rigueur des climats avaient dévorés.

L'Empereur se rendit successivement à Francfort, à Erfurth et à Weimar. A partir de cette dernière ville, il abandonna sa voiture pour ne plus voyager qu'à cheval, et justifier ce qu'il avait promis en passant le Rhin, de faire la campagne comme *général Bonaparte*, et non comme *Empereur*.

Le vice-roi, instruit de l'arrivée prochaine de Napoléon, commençait à menacer le flanc droit et les derrières de l'ennemi.

Le 1er mai, Napoléon se porta en avant de Weissenfels. Les éclaireurs ayant signalé l'ennemi, la division Souham et la cavalerie du général Kellermann s'avancèrent aussitôt pour forcer le défilé de Rippach.

L'affaire fut prompte et glorieuse. A cinq heures du soir, l'ennemi était en pleine déroute. Le feu avait cessé partout; quelques rares boulets arrivaient de temps à autre, lancés au hasard et sans but. Le maréchal Bessières, enveloppé dans son manteau, monté sur une hauteur, suivait, une longue vue à la main, la retraite des Russes. Un éclat d'obus tue un brigadier de son escorte: « Enterrez ce brave homme, dit-il en faisant un mouvement en avant », et il tombe lui-même frappé à mort par un autre boulet lancé à une très grande distance.

Cette mort glorieuse, mais fatale, fut cachée à l'armée jusqu'à ce qu'elle eût trouvé une sorte d'indemnité dans la victoire du lendemain. Le général Bessières joignait à la valeur d'un héros une prudence et une humanité consacrées par le souvenir de la reconnaissance.

L'ennemi, enfoncé de toutes parts, nous laissa maîtres de ses positions. Avant même que le vice-roi, qui le matin même avait reçu l'ordre de joindre l'Empereur, débouchât dans la plaine de Lutzen, Napoléon résolut de passer l'Elster pour prendre l'ennemi à revers; et le 2 mai au matin, les divers corps se dirigèrent, par des lignes différentes, sur Leipsick. Rien ne semblait pouvoir arrêter leur marche, quand une épouvantable canonnade se fit tout à coup entendre sur leur droite. Le général Wittgenstein, qui depuis quelques jours remplaçait le général Kutusoff, mort de fatigue à Buntzlau, ayant réuni tous ses moyens, était parti de Dresde dans l'intention de se porter sur Iéna, où les Prussiens comptaient prendre leur revanche sur Napoléon; mais, instruit de la marche de celui-ci sur Leipsick, il avait changé la direction de la sienne: c'est lui qui arrivait sur le flanc droit des Français. Pendant qu'une partie de ses forces attaquait le corps de Ney, l'autre manœuvrait pour couper nos communications avec les corps de Marmont, de Bertrand et d'Oudinot, qui se trouvaient à la gauche: une cavalerie nombreuse appuyait ces opérations. « Nous n'avons pas de cavalerie, dit Napoléon; mais n'importe, ce sera une bataille d'Égypte. Partout l'infanterie française doit savoir se suffire; je ne crains pas de m'abandonner à la valeur innée de mes jeunes conscrits. »

Son plan de bataille est aussitôt improvisé. L'armée fait volte-face, et les corps qui avaient passé la nuit autour de Lutzen se trouvent ainsi placés parallèlement à l'ennemi. Le corps de Macdonald, qui s'était avancé jusqu'à Mark-Ranstedt, rétrograde et vient former la gauche; la droite est formée par le corps de Marmont, que soutiendra Bertrand, qui a l'ordre de presser sa marche.

Cependant Blücher, à la tête des Prussiens, avait réussi à s'emparer des villages qui couvrent Lutzen, et se portait sur cette ville. Napoléon y court avec sa garde. Les affaires ont bientôt changé de face. Ramenés au feu par le comte Lobau, les conscrits reprennent les villages. Arrivé au point qui lui a été assigné, Marmont dépasse la cavalerie qui manœuvrait pour le tourner; Macdonald, rendu à son poste, prête le même appui à la gauche; et les trois divisions du général Bertrand paraissent dans la plaine. Notre armée, dont la ligne déborde l'ennemi de part et d'autre, ramenant ses ailes en forme de croissant, menace de l'envelopper.

Wittgenstein, qui voit le danger, tente un nouvel effort au centre. Il rentre dans les villages: « Conscrits, s'écrie Napoléon, quelle honte! J'avais fondé sur vous mes espérances; j'attendais tout de votre courage, et vous fuyez! » Les conscrits reviennent sur leurs pas. Soutenus par la garde et par quatre-vingts pièces de canon, ils chassent de nouveau l'ennemi des postes qu'ils avaient abandonnés. Eugène, qui cependant était accouru avec un des corps de son armée et s'était porté sur notre gauche, renversait tout ce qui s'y trouvait. Wittgenstein n'avait plus de retraite ouverte que sur un point; il s'y précipite et abandonne le champ de bataille à une armée qu'il a surprise, à une armée inférieure en nombre à la sienne. Quatre-vingt-cinq mille hommes en ont battu cent mille.

Les Français victorieux poursuivirent les coalisés avec vigueur pendant une lieue et demie; mais comme notre cavalerie n'était pas nombreuse, et que Napoléon voulait la ménager, les ennemis ne laissèrent que peu de prisonniers : sans cette circonstance fatale, la bataille de Lutzen eût amené des résultats semblables à ceux d'Austerlitz et d'Iéna : trois cent mille hommes venaient de combattre avec un égal acharnement; trente mille ennemis jonchaient le champ de bataille, et les destinées de l'Europe restaient incertaines. Des torrents de sang devaient encore couler.

« Nos jeunes soldats, disait Napoléon, ont révélé toute la noblesse du sang français. » Notre perte fut de dix mille morts ou mis hors de combat.

Cette bataille, remarquable sous tant de rapports, l'est surtout en ce qu'elle fut le coup d'essai de la jeunesse française et de la jeunesse prussienne. Elles y montrèrent d'autant plus d'ardeur qu'elles avaient l'une et l'autre leurs souverains pour juges de leurs exploits. L'empereur de Russie et le roi de Prusse assistèrent à l'action du haut d'une éminence, et Napoléon sur le champ de bataille même, au milieu du feu.

Après quelques affaires peu importantes, l'armée française entra dans la capitale de la Saxe, d'où l'empereur de Russie et le roi de Prusse étaient sortis le matin même. Le roi de Saxe, rappelé à Dresde par Napoléon, y fit son entrée le 12 mai au milieu des acclamations de son peuple.

Napoléon, après avoir donné ses ordres pour la direction des troupes, envoya le prince Eugène en Italie, pour veiller à la sûreté du royaume, et hâter l'organisation d'une armée sur les bords de l'Adige.

Les alliés s'étaient ralliés sous Bautzen, ville située sur les frontières de la Saxe et de la Silésie; là leur armée, grossie par des renforts, attendait une nouvelle bataille dans une position jugée inexpugnable et protégée par trois cents redoutes. Napoléon ne tarda pas à les atteindre. Ses troupes, qui avaient passé l'Elbe, venaient se réunir sous cette ville par divers chemins. Le 19 mai, il va lui-même reconnaître la position des alliés. D'une éminence au pied de laquelle coule la Sprée, il voit une partie de leurs troupes se déployer sur une ligne dont Bautzen est le centre, et qui s'appuie à gauche aux montagnes, et à droite à des mamelons fortifiés qui défendent le cours de la rivière; par-delà Bautzen, derrière cette ligne, il aperçoit le gros de l'armée occupant un vaste camp défendu par des fortifications. Cette enceinte, qui s'étendait des hauteurs de Kreckwitz à Holchkirch, s'appuyait à plusieurs villages. A une lieue était Wurtchen, où l'empereur Alexandre, qui depuis la journée de Lutzen commandait en personne, avait établi son quartier-général; son plan d'attaque est aussitôt arrêté.

Le 20, dès le matin, tous les corps de l'armée française ont ordre de passer la Sprée, celui du maréchal Oudinot à droite de Bautzen, celui du maréchal Macdonald en face même de Bautzen, celui du maréchal Marmont à gauche au dessous de cette ville. Le maréchal Mortier, avec la garde et la réserve, vient en seconde ligne, et le général Bertrand se porte sur notre gauche, pour attirer sur ce point toute l'attention de la droite de l'ennemi, que commande le général Blücher. Les mouvements du centre sont dirigés par le maréchal Soult, qui en a le commandement supérieur.

Malgré la résistance de l'ennemi, à midi la Sprée était franchie; à deux heures, la division Compans entre dans Bautzen. De là notre gauche marche au centre des alliés; la résistance y fut grande. Malgré la vigueur avec laquelle ils sont pressés par le maréchal Marmont et par le maréchal Bertrand, les généraux prussiens, grâce au secours de Blücher, se maintinrent longtemps dans leurs positions : il leur fallut toutefois les abandonner vers le soir.

Notre droite avait obtenu des succès plus prompts. Au moment où le maréchal Marmont s'emparait enfin des hauteurs que les généraux Kleitz et Ziethen avaient défendues toute la journée, il y avait déjà longtemps que le corps d'Oudinot couronnait les monticules qu'avaient attaqués les troupes du général Miloradowitch. Blücher seul conservait sa position à notre gauche.

A neuf heures, l'Empereur vint coucher à Bautzen, où le quartier-général avait été transporté. « A chaque jour suffit sa peine : donnons-nous quelques moments de repos, et nous recommencerons demain, dit-il à ses généraux. »

Cette fois c'est dans leur camp que les alliés l'attendaient. Les troupes d'Yorck et de Kleist formaient leur première ligne ; derrière, en seconde ligne, était leur réserve. Dès cinq heures du matin, le canon gronde, l'action s'engage sur notre droite; persuadés, à la vivacité avec laquelle les attaque le général Oudinot, qu'il veut les tourner du côté d'Epelkisch, les alliés envoient des secours. Leurs efforts tenaient la victoire en suspens sur ce point depuis huit heures, quand à dix heures une autre canonnade se fait entendre tout à coup sur la gauche. L'Empereur, qui s'était endormi sur le champ de bataille, reconnaît à ce bruit, qui le réveille, que les mouvements qu'il a prescrits la nuit sont exécutés : « La victoire est à nous, dit-il en regardant à sa montre. »

Les mouvements qui s'opéraient depuis deux jours hors du champ de bataille expliquent sa certitude. Ce n'est pas dans les retranchements où Alexandre se croyait invincible, qu'avait dû se décider la victoire : l'engagement dont elle dépendait avait eu lieu depuis deux jours à Kœnigswarta, à six lieues de Bautzen. Après avoir battu les corps d'Yorck et de Barclay le 19, le général Lauriston était arrivé sur la droite des alliés, pendant qu'ils le croyaient arrêté par ces deux généraux; traversant la Sprée, il avait dépassé la position de Blücher.

Au même instant le maréchal Ney, dont le corps s'était grossi de celui du général Regnier, débouchait sur le flanc droit et sur les derrières de l'ennemi, qui se trouva tout à coup attaqué sur ce point par soixante mille hommes.

Les alliés surpris se portent où le danger les appelle; ils dégarnissent leur centre pour fortifier leur droite. Prévoyant cette manœuvre, l'Empereur, qui avait placé derrière son centre la garde impériale que cachait un mamelon, la lâche tout entière sur le point affaibli. Soult, Mortier, Macdonald, Marmont, Bertrand, Latour-Maubourg chargent à la tête des troupes. Attaqué au même instant à droite, à gauche et au centre, l'ennemi ne peut résister. Mortier et Macdonald pénètrent dans le camp par deux côtés différents.

Forcé cependant de se défendre de trois côtés, Blücher ne peut secourir Kleist, dont il ne peut être secouru. Kleist est obligé de reculer devant le maréchal Ney dont les troupes se répandent jusqu'à Wurtchen; et Blücher, du poste où il se croyait inexpugnable, est enfin précipité dans la plaine. Il bat en retraite; mais, en se retirant, il rallie à lui les corps en déroute, et se réfugie à Weissemberg. A six heures, le camp retranché était envahi par l'armée française, et le quartier-général de l'empereur Napoléon occupait Klein-Buschwitz, auberge où, pendant la journée, avait été transporté celui de l'empereur Alexandre. — La journée de Wurschen coûta à l'ennemi plus de vingt mille hommes. Notre perte, dans trois journées de combat, s'éleva à douze mille soldats tués ou blessés.

A peine le soleil paraissait-il à l'horizon, que, le 22 mai, toute l'armée se mit à la poursuite des ennemis, qui se dirigeaient vers la Silésie. Le défaut de cavalerie n'ayant pas permis à Napoléon de ramasser les fuyards, leurs bataillons s'étaient reformés, et tenaient tête partout où le permettait la disposition du terrain qui les favorisait souvent dans ce pays montueux et entrecoupé de défilés. Après avoir forcé successivement les positions de Weissemberg, de Rothkrestham, de Schœpp, Napoléon se vit arrêté de nouveau à celle de Reichembach. Elle fut emportée comme les autres; mais ce succès coûta cher : il fut payé du sang du général Bruyères, l'un de nos meilleurs officiers de cavalerie. Jeune encore, Bruyères était un des vétérans de l'armée; il avait fait toutes les campagnes d'Italie.

Un autre malheur moins grand pour l'armée que pour Napoléon termina cette laborieuse journée. L'Empereur, qui n'avait pas quitté l'avant-garde, s'impatientait de l'obstination des vaincus, qui, tout en cédant, ne cessaient de lui envoyer des boulets, quand, voyant tomber presque à ses pieds un cavalier de sa garde : *Duroc*, dit-il au grand maréchal du palais, *la fortune nous en veut bien aujourd'hui*. Il en eut bientôt une nouvelle preuve. L'ennemi, en abandonnant sa position, tire trois coups de canon, les derniers qui aient retenti dans cette journée. Renvoyé par un arbre qu'il a frappé près de l'Empereur, un des projectiles vient ricocher dans un groupe où se trouvaient le duc de Vicence, le maréchal Mortier, le général Kirgener et le maréchal Duroc, et renverse ces deux derniers. Le général meurt sur la place. Moins heureux, le maréchal survécut quelques heures à une blessure mortelle : on le porta mourant à Matressdorf, où il expira le lendemain dans des souffrances insupportables. Ce jour était presque l'anniversaire de celui où le maréchal Lannes avait été atteint aussi d'un boulet à Essling.

La douleur de Napoléon fut profonde. Son cœur saignait encore du coup qui, vingt jours avant, lui avait enlevé le maréchal Bessières. Frappé deux fois dans ses amis en moins d'un mois, il parut sentir que sa fortune l'abandonnait; oubliant un moment les intérêts de l'empire : *A demain tout*, répondit-il au général Drouot, qui lui demandait ses ordres, et il se renferma dans sa tente, dont l'accès fut interdit à tout le monde. Après avoir reçu les derniers adieux de Duroc, il se remit pourtant au travail; mais ce fut d'abord pour assurer par un décret spécial le sort le plus brillant à la fille de ce maréchal. Faisant pour la mémoire de Duroc ce qu'il avait fait pour celle de Lannes, il décréta que son corps serait transporté à Paris, pour être inhumé aux Invalides. De plus, il ordonna qu'une pierre tumulaire serait placée *à l'endroit même où Duroc avait expiré dans les bras de son Empereur et de son ami;* et achetant de ses propres deniers la maison où Duroc était mort, il en accorda la jouissance à l'ancien propriétaire, pasteur de l'endroit, à condition qu'il veillerait à la conservation du monument, pour les frais duquel il lui fit compter deux cents napoléons d'or.

Concevra-t-on que l'année suivante un général russe, le prince Repnin, n'ait pas eu honte de reprendre au pasteur un don consacré par une si sainte destination? Est-ce là un effet du droit de conquête? Les braves ne se sont-ils pas toujours plu à honorer les braves même sous l'uniforme ennemi? Napoléon, dont tel était le principe, l'avait proclamé tout récemment encore. Passant à Bruntzlau, où quelques semaines avant était mort le vieux Kutusoff, à qui ses compatriotes n'avaient pas élevé de monument : *C'est un oubli*, avait-il dit, *c'est à nous à y suppléer.*

Les victoires de Lutzen et de Wurschen avaient rétabli la réputation des armées françaises; le roi de Saxe avait été ramené triomphant dans sa capitale; l'ennemi était chassé de Hambourg; un des corps de la grande armée était aux portes de Berlin, et le quartier de Napoléon était à Breslau : les armées russes et prussiennes découragées n'avaient plus d'autre parti que de repasser la Vistule, quand l'Autriche, intervenant dans les affaires, conseilla à la France de signer une suspension d'armes. Napoléon retourna à Dresde; l'empereur d'Autriche quitta Vienne et se rendit en Bohême; celui de Russie et le roi de Prusse s'établirent à Schweidnitz. Les pourparlers commencèrent : le prince de Metternich proposa un congrès à Prague : on l'accepta. Ce n'était de la part de l'Autriche qu'un vain simulacre. Déjà la cour de Vienne avait pris des engagements avec la Russie et la Prusse : elle allait se déclarer, quand les succès inattendus de l'armée française l'obligèrent à mettre plus de réserve dans sa conduite. D'ailleurs son armée était encore peu nombreuse, mal organisée : un armistice et des négociations lui étaient donc presque indispensables. Cependant le duc de Vicence se rendit à Prague, et les conférences commencèrent. Le prince de Metternich demandait les provinces illyriennes et une frontière sur le royaume d'Italie; le grand-duché de Varsovie, la renonciation de Napoléon au protectorat de la confédération du Rhin, à la médiation de la confédération Suisse, et à la possession de la 32e division militaire, ainsi que des départements de la Hollande. Évidemment ces conditions n'étaient mises en avant que dans la conviction qu'elles seraient rejetées. Tous les efforts du plénipotentiaire français pour amener les puissances à en retrancher quelques parties n'avaient procuré que des modifications insignifiantes. Napoléon crut devoir se résigner à de grands sacrifices, et fit porter ses offres à l'empereur d'Autriche par le comte de Bubna, qui résidait à Dresde. Mais lorsque celui-ci arriva à Prague, le terme fixé pour la durée de l'armistice était expiré depuis quelques heures. Sous ce prétexte, l'Autriche déclara son adhésion à la ligue contre la France, et la guerre recommença.

Au moment d'ouvrir la campagne, la totalité de nos forces s'élevait à trois cent mille fantassins et trente-deux mille cavaliers; mais, sur ce nombre, cent mille hommes se trouvaient dispersés; les places fortes en renfermaient quarante mille; le reste était réparti entre le corps d'Augereau, destiné à former à Wurtzbourg une armée d'observation, et celui de Davoust, placé dans les environs de Hambourg. La Bavière avait levé vingt-cinq mille hommes que le général de Wrède dirigeait sur l'Inn ; mais l'on ne pouvait pas compter les Bavarois parmi nos auxiliaires. Ce peuple ingrat, qui devait son existence à Napoléon, paraissait se rapprocher de la puissance dont les dépouilles l'avaient enrichi. Une semblable politique animait les Napolitains; quoique leur roi servît dans nos rangs, ses soldats, vainement attendus, ne se ralliaient pas au prince Eugène, qui se disposait à tenter sur Vienne une puissante diversion.

Depuis que l'Autriche avait fourni son contingent de cent cinquante mille hommes, l'armée coalisée, y compris les vingt mille Suédois qu'amenait le prince royal, était double de la nôtre. C'était avec une masse de forces si imposante, que, dans l'espoir de cerner Napoléon à Dresde, les alliés avaient choisi la Bohême pour point d'appui de leurs opérations, et s'apprêtaient à porter les premiers coups sur les derrières de notre armée : tel était le plan adopté d'après les avis de Moreau. L'arrivée, au quartier-général du czar, de l'ex-général Moreau, était considérée par les coalisés comme un renfort de cent mille hommes. Ses rivalités avec Napoléon, l'espoir de lui succéder, l'avaient ramené en Europe, pour diriger par ses conseils les ennemis de sa patrie.

Les alliés, ayant dénoncé l'armistice le 10 août, nous attaquèrent le 14; après plusieurs engagements à leur désavantage, leur armée pénétra dans la Saxe, et assaillit le maréchal Gouvion-Saint-Cyr, qui se retira dans un camp retranché sous les murs de Dresde.

Les coalisés pensèrent que le moment était favorable pour attaquer la capitale de la Saxe. La grande armée Austro-Prusso-Russe, forte de plus de deux cent mille hommes, déboucha de la Bohême, le 22 août. Le prince de Schwartzemberg, commandant le contingent autrichien, en était devenu le général en chef; il dirigeait aussi le centre. Barclay de Tolli, avec deux corps, l'un Russe et l'autre Prussien, formait l'aile droite. Klenau, avec les Prussiens, devait former l'aile gauche.

Gouvion-Saint-Cyr n'avait que dix-sept mille Français, pour résister à cette masse d'assaillants; il replia ses postes derrière ses lignes retranchées, et le 25, les coalisés cernèrent la ville, sur la rive gauche de l'Elbe. On devait croire que Schwartzemberg attaquerait le même jour, afin de ne pas donner le temps à Napoléon d'accourir avec des troupes assez nombreuses pour sauver la communication et le passage de l'Elbe à Dresde, devenu le point central des opérations de l'armée française. Malgré la supériorité de ses forces, le général ennemi différa l'attaque pour donner le temps à ses réserves d'arriver. En attendant, il fit resserrer de plus en plus les avant-postes français, et des dispositions furent prises pour enlever de vive force le corps de la place.

Napoléon n'apprit que le 20 août la jonction des troupes autrichiennes opérée le 13 avec les Prussiens et les Russes. Dès le 21, il reprenait l'offensive, repoussait Blücher, et le 23, enlevait la forte position de Goldberg. Mais averti du mouvement que les alliés, conseillés par le général Moreau, tentaient sur Dresde, il confia au duc de Tarente l'armée de Silésie et se porta en toute hâte avec sa garde sur la capitale de la Saxe. Il arriva le 26 à Dresde, avant sa garde, à dix heures du matin.

L'attaque eut lieu le même jour, à quatre heures de l'après-midi. Ignorant le retour de Napoléon, et comptant n'avoir affaire qu'au corps de Gouvion Saint-Cyr, les coalisés formés en six colonnes, s'avancèrent avec résolution. La confiance des Allemands de notre parti en fut ébranlée. Deux régiments de hussards westphaliens passèrent à l'ennemi. Le combat fut acharné et opiniâtre; chaque colonne marchait précédée de cinquante pièces d'artillerie : de nombreuses batteries croisaient leur feu sur la ville. En vain l'artillerie de nos redoutes avancées sillonnait par des décharges redoublées ces redoutables colonnes; rien, dans le premier moment, ne pouvait arrêter l'ardeur et l'impétuosité des assaillants; ils arrivèrent jusqu'aux palissades, et bientôt toutes les réserves de Gouvion Saint-Cyr furent engagées. Déjà, au centre, les Hongrois de Colloredo avaient enlevé plusieurs ouvrages, l'artillerie autrichienne éteignait le feu des batteries françaises, et les Russes et les Prussiens pénétraient dans un de ses faubourgs...

Les habitants, consternés, se barricadèrent dans leurs maisons; l'ennemi se croyait sûr de la victoire. C'est en criant: *A Paris! à Paris!* que ses premières colonnes couraient forcer la porte de Plauen. Cette porte s'ouvrit: ce fut comme l'éruption d'un volcan. Les bataillons de la garde impériale, commandés par Tyndal, par Cambronne, et dirigés par le général Dumoustier, s'élancèrent: le feu des murs crénelés soutint leur sortie; celui des redoutes prit à revers les colonnes autrichiennes; de toutes parts, une grêle de balles, de boulets couvrent la plaine. L'ennemi recule épouvanté, ses pièces sont enlevées au pas de course, et les canonniers tués sur leurs affûts; de toutes les portes de Dresde, des sorties décisives eurent lieu simultanément; les Français reprirent l'offensive. Les redoutes enlevées par l'ennemi furent reprises. Notre cavalerie nettoya la plaine, que l'Empereur parcourut au galop, au milieu des balles et des boulets, qui blessaient à ses côtés ses officiers et ses aides de camp; il se montra aussi sur toute la ligne: sa présence fut électrique. Aux clameurs de triomphe de l'ennemi, succèdent des cris de détresse, et les coalisés, protégés par leurs batteries qui ne cessèrent de tirer qu'à neuf heures du soir, revinrent en désordre se réfugier derrière les hauteurs où leur artillerie était placée.

Dans cette première journée, l'ennemi avait perdu quatre mille hommes, tués ou blessés, et deux mille prisonniers; les Français eurent environ trois mille hommes hors de combat. Cinq généraux de la garde étaient au nombre des blessés: Gros, Tyndall, Boyeldieu, Dumourier et Combelles.

Le retour de l'Empereur avait rendu à la ville autant de confiance, qu'il avait jeté de terreur parmi les coalisés. Les rôles étaient changés, et le lendemain, ce fut l'armée française qui se disposa à assaillir les positions de l'ennemi.

Le lendemain 27, à la pointe du jour, Napoléon, à la tête de cent dix mille hommes, commandant le centre, et ayant le roi de Naples à l'aile gauche, présente le combat à cent quatre-vingt mille Russes, Prussiens et Autrichiens. Apercevant un vide dans leur ordre de bataille, l'Empereur se met en devoir d'en profiter, et donne le signal du combat avant que l'ennemi puisse réparer sa faute; l'attaque est aussi vive que la pensée qui l'a conçue: les corps ennemis sont repoussés, désunis, rejetés en arrière, laissant quinze mille hommes sur le champ de bataille, et quinze mille prisonniers, presque tous Autrichiens. Napoléon remportait en même temps une double victoire: l'empereur Alexandre fuyait devant lui, et un boulet frappait le général Moreau.

Cet ex-général français, qui n'avait jamais été blessé en servant sa patrie, tombait ainsi au milieu de l'état-major russe, et rendait le dernier soupir sur un brancard que les cosaques lui firent de leurs armes. Triste et déplorable fin pour le vainqueur de Hohenlinden!

Le lendemain, Napléon se disposait, pour désorganiser l'armée battue, à la poursuivre l'épée dans les reins; malheureusement une indisposition violente le saisit et le força de rentrer à Dresde.

Dès lors il n'y eut plus ni précision dans les ordres, ni ensemble dans les mouvements. Vandamme, victime de sa témérité, veut arrêter les colonnes ennemies, dans la vallée de Tœplitz, jusqu'à l'arrivée des corps qui le poursuivent, et finir ainsi la guerre d'un seul coup.

L'avant-garde française n'était plus qu'à une demi-lieue de Tœplitz, quand le comte Ostermann, qui s'était jusque-là retiré lentement, fit halte tout à coup, et commença la plus opiniâtre résistance. Vandamme multiplia ses attaques furieuses, et fut forcé d'avoir enfin recours à ses dernières réserves qu'il fit descendre des hauteurs de Péterswald dans la profonde vallée, entre Culm et Tœplitz. Ostermann perdit un bras, et ses grenadiers souffrirent beaucoup; mais ils avaient gagné le temps nécessaire. Barclay de Tolli, qui s'approchait alors du lieu de l'action, amenait les premières colonnes de Russes. Schwartzemberg envoya d'autres secours, et Vandamme, accablé à son tour par le nombre, se retira à Culm aux approches de la nuit. Le 3, au point du jour, il se vit attaqué par plus de cent mille hommes. Il résista vaillamment et se mit en retraite pour regagner les hauteurs de Péterswald. Mais tandis que sa troupe gravissait, elle aperçut le sommet qu'elle se proposait d'atteindre occupé par des soldats prussiens, dans un état de désordre qui annonçait qu'ils échappaient à quelque danger pressant, ou qu'ils couraient à quelque attaque précipitée. C'était le corps du général Kleist, qui, poursuivi par Saint-Cyr, était parvenu à échapper en se jetant dans le bois de Schœnvald, d'où il débouchait. Quand les Prussiens découvrirent les Français, ils crurent qu'il étaient là pour leur couper le chemin, et au lieu de prendre position pour intercepter la retraite à Vandamme, ils résolurent de se frayer un passage à travers ses troupes, et de les repousser sur Tœplitz. De leur côté, les Français se voyant fermer le passage, prirent la même résolution à l'égard du corps de Kleist. Les Prussiens s'élancèrent de la colline tandis que les Français la gravissaient avec un courage que balançait l'avantage du terrain.

Les deux armées étaient ainsi l'une sur l'autre, comme une foule tumultueuse dans un chemin étroit et creux. L'attaque de la cavalerie française, sous Corbineau, fut si terrible, qu'elle passa outre, quoique la pente qu'elle gravissait n'eût pas été facile à monter au trot dans d'autres circonstances; et les canons des Prussiens furent un moment entre les mains des Français, qui leur tuèrent beaucoup d'artilleurs. Cependant les Prussiens se rallièrent bientôt, et les combattants se mêlèrent encore, moins pour la victoire ou le carnage, que pour s'ouvrir une route à travers les uns des autres. Tout était en confusion: les généraux prussiens au milieu des Français, les officiers français au centre des Prussiens. Mais l'armée russe, qui était à la poursuite de Vandamme, mit fin à ce singulier combat. Les généraux Vandamme, Haxo et Guyot, furent pris avec deux aigles et sept mille soldats, outre un grand nombre de tués et blessés.

Ce désastre qui nous ferma l'entrée de la Bohême, ralentit les généraux français dans l'ardeur de leur poursuite. Le roi de Naples fit halte à Sayda, Marmont à Zinnwalde, et Saint-Cyr à Liebenau. Le quartier-général de l'empereur Alexandre resta à Tœplitz.

Napoléon apprit cette calamité inattendue avec le calme imperturbable qui était une de ses qualités distinctives, mais il a vu d'un coup d'œil toutes les conséquences de l'événement: «Eh! bien, dit-il au duc de Bassano, vous venez d'entendre! Voilà la guerre: bien haut le matin, et bien bas le soir!»

Ce désastre commença pour lui une série de revers qui ne fut plus interrompue. L'armée de Silésie, commandée par Macdonald, éprouva une perte de vingt-cinq mille hommes contre Blücher, et fut refoulée en Lusace; celle qui marchait sur Berlin, sous les ordres de Ney, fut battue par Bernadotte; dès lors, les trois armées ennemies du Nord, de Silésie et de Bohême, pouvaient se concentrer pour nous écraser. Une quatrième armée formée en Pologne surgit encore contre nous, en même temps que la Bavière, jetant enfin le masque, accédait à la coalition, et lui fournissait un contingent de trente mille hommes. Cette défection devait faire pressentir celle des autres princes de la confédération.

Pendant le mois de septembre, Napoléon refoula les alliés sur tous les points par des manœuvres savantes, puis tenant toutes les divisions sous sa main, il attendit les mouvements des masses ennemies.

Dans les premiers jours d'octobre, plus de trois cent mille alliés, répandus sur la rive gauche de l'Elbe, marchaient du nord au midi sur la ville de Leipsig. Alors Napoléon, partant de Dresde où il laissait Gouvion Saint-Cyr, avec ordre d'y résister jusqu'à la dernière extrémité, il se dirigea aussi vers Leipzig, avec cent cinquante mille hommes, qui formaient toutes ses forces. Un moment la présence des ennemis sur la rive gauche de l'Elbe lui inspira une grande pensée.

Il songea à se lancer sur la rive droite, à prendre l'Elbe pour base d'opération; à marcher sur Berlin, laissé à découvert; à rallier toutes les garnisons qui tenaient les places de l'Oder et de la Vistule; à revenir, ainsi fortifié, sur les alliés; à leur passer sur le ventre et à reprendre en triomphateur la route de France; mais ce plan audacieux effraya ses lieutenants. Fatigués de la guerre, ils voulaient revoir la France; ils ne faisaient plus qu'à regret chaque pas qui les éloignait d'elle. Seul contre tous, Napoléon abandonna son plan; il s'en repentit plus tard. Puisqu'il renonçait à la guerre offensive, il n'avait plus qu'à s'aller mettre derrière la barrière du Rhin. Il fallait donc qu'il devançât les alliés sur la côte de France, qu'il les battît à Leipzig, pour conquérir une bonne retraite. De tous les points de l'horizon, les Français et les alliés se dirigeaient, à marches forcées, sur Leipzig.

Les Français arrivèrent les premiers, le 15 octobre, et firent aussitôt volte-face de tous les côtés; l'ennemi les suivait de près.

Le 16, trois immenses colonnes, précédées d'une formidable artillerie, s'avancèrent à la fois sur Dœlitz, Wachau, et Liberwolvitz. Nos forces numériques étaient dans une disproportion effrayante avec celles de l'ennemi, et cette bataille était décisive. En suivant sur la carte, avec le doigt, son tracé de bataille, l'Empereur dit: « Il n'y a pas de savantes dispositions qui compensent à ce point le vide des cadres. Nous succomberons sous le nombre. Cent vingt-cinq mille hommes contre trois cent cinquante mille, et en bataille rangée!... Ils l'ont voulu!... »

Le 16 octobre, dès les premières lueurs du jour, trois batailles s'engagèrent autour de Leipzig. Au sud de la ville, du fond de la Bohême, accouraient cent quarante mille alliés, sous les ordres du prince de Schwartzemberg; Napoléon le reçut à la tête de quatre-vingt-seize mille hommes. Quand la nuit mit fin au combat, les Français conservaient leurs positions; c'était encore une victoire. Au nord de Leipzig, Blucher lança soixante-dix mille alliés contre vingt-cinq mille soldats, commandés par le maréchal Ney; la lutte dura toute la journée, sans autre résultat qu'un fâcheux carnage: c'était encore une victoire. A l'ouest de Leipzig, vingt mille Autrichiens, sous les ordres du général Giulay, voulurent enlever la route de la France à quinze mille hommes que commandait le général Bertrand; la route resta au pouvoir des Français.

La journée du 17 octobre se passa sans combats. Les alliés attendaient leurs renforts; Napoléon préparait sa résistance.

Napoléon, dans la supposition qu'une nouvelle bataille ne tarderait pas à lui être offerte, voulut choisir une position plus favorable; il se rapprocha donc de Leipzig et fit garder le passage de la Saale. Les alliés, voyant que les Français retiraient leurs postes, pensèrent qu'ils se disposaient à la retraite et se préparèrent à l'attaque.

On amena à l'Empereur le général autrichien Meerfeld, culbuté et défait, avec toute sa division, à Dœlitz, par les Polonais et la vieille garde. Meerfeld, actuellement prisonnier, était un des négociateurs de Campo-Formio. A Austerlitz, il avait porté les premières paroles d'un armistice. L'Empereur, qui, contre toute évidence, plaçait encore l'espoir dans de nouvelles ouvertures à tenter envers l'Autriche, chargea Meerfeld de faire goûter à l'empereur François les considérations qui devaient faire fléchir sa politique devant la perte imminente de sa fille et de son petit-fils. Il demandait un armistice à des conditions raisonnables. Meerfeld partit du camp français et ne reparut plus.

Dans la nuit du 17 au 18, l'Empereur, entouré de son état-major, donna des ordres et expédia des ordonnances à tous les chefs de corps d'armée. Le jour commençait, et le carnage aussi allait commencer.

« Ce jour, dit l'Empereur en montant à cheval, ce jour va résoudre une grande question. Les destinées de la France se décideront sur le champ de bataille de Leipzig. Si nous sommes vainqueurs, tout peut encore se réparer; si nous sommes vaincus, il est impossible de prévoir où s'arrêteront les conséquences d'une défaite. » Toute l'escorte put entendre ces paroles.

Vers midi, nous étions attaqués sur tous les points par toutes les forces réunies des alliés. L'armée, réduite à moins de cent mille hommes, avait devant elle trois cent cinquante mille combattants, serrés en masse, dans un demi-cercle de trois à quatre lieues, avec douze cents pièces de canon. Des réserves fraîches remplaçaient à mesure les trouées faites par notre mitraille.

On annonça successivement la mort des généraux Vial et Rochambeau. Le brouillard, la fumée, le tumulte de la mêlée permettaient à peine de se reconnaître. Il était fort difficile de suivre l'Empereur; à chaque instant, on le perdait de vue. Il était partout, bravant les plus grands dangers, et dédaignant la vie sans la victoire.

Jusqu'ici, on combattait avec des chances diverses. Un aide de camp de Regnier arrive; il annonce que l'armée saxonne et la cavalerie wurtembergeoise du général Normann, c'est-à-dire douze mille hommes et quarante pièces de canon, ont passé du côté de Bernadotte. D'après l'ordre de ce dernier, le commandant de l'artillerie saxonne a tourné ses canons et tiré au moment même sur les Français. L'Empereur, immobile sur son cheval, lève les yeux au ciel, comme pour en appeler à la justice de Dieu. « Infamie! » s'écrie-t-il d'une voix tonnante. Mille voix couvrent la sienne; des imprécations, des rugissements de rage retentissent de toutes parts. L'Empereur, ému, dit: « Qu'il y a de ressources dans notre France, avec de tels hommes! » Et sa physionomie sombre et glacée s'éclaircit un moment.

Tant d'admirable valeur, tant de bravoure ne peuvent vaincre la destinée. Nos munitions sont épuisées avant le reste de notre sang. Pour la première fois, nous quittons le champ de bataille sans avoir vaincu, et nous allons commencer cette fatale retraite, où les malheureux échappés à une mort glorieuse trouveront une mort sans gloire dans les eaux de l'Elster. Là périra aussi Poniatowski, l'idole et le drapeau des braves et dévoués Polonais.

A neuf heures du soir, Napoléon ordonna la retraite sur Erfurth et rentra à Leipzig. Cette ville pouvait servir de tête de pont pour protéger le départ de nos troupes. Si Napoléon eût voulu la brûler, il aurait assuré et couvert sa retraite, sans avoir de combat à livrer. L'incendie lui eût servi d'arrière-garde; mais la guerre en barbare lui répugnait. Ne voulant pas que le roi de Saxe, qui, depuis son départ de Dresde, ne l'avait pas quitté un seul jour, eût à déplorer la ruine d'une des plus belles cités de son royaume, il se contenta d'en faire défendre les approches, tandis que, dans la journée du 19, le gros de l'armée s'écoulerait.

La garde du pont de l'Elster fut confiée à des sapeurs, qui reçurent l'ordre de le faire sauter lorsque tous les corps français auraient atteint la rive gauche.

Effrayés de leurs pertes, étonnés de l'opiniâtreté héroïque des Français, les alliés étaient décidés à ne pas renouveler l'attaque sur Leipzig; mais lorsqu'ils s'aperçurent des mouvements rétrogrades de Napoléon, l'audace et la confiance leur revinrent, et ils se précipitèrent sur la ville avec fureur.

Une nouvelle trahison de la part des Saxons, qui, du haut des remparts de Leipzig, tirèrent sur nos soldats, les obligèrent à accélérer la retraite. Le défilé de Lindenau était obstrué par les bagages, l'artillerie et la foule entassée, qui cherchait à se faire jour; au milieu de ces embarras, Napoléon lui-même ne parvint qu'avec beaucoup de peine à se frayer un passage. La fusillade continuait encore dans plusieurs faubourgs; mais les alliés, certains d'être bientôt maîtres de la ville, ne paraissaient pas vouloir sacrifier leurs soldats: tout faisait croire que notre arrière-garde pourrait s'échapper sans être inquiétée, quand, à l'apparition de quelques tirailleurs russes, le chef des sapeurs qui avaient miné le pont de Lindenau pensa qu'il était temps de le faire sauter. Par cette explosion, près de vingt mille hommes et soixante canons, restés en deçà de Leipzig, se trouvèrent séparés de l'armée: cet accident les livra au plus affreux désespoir. Les uns jurèrent de mourir plutôt que de se rendre, d'autres, voyant que toute résistance était inutile, se jetèrent dans le Pleiss, qu'ils franchirent sans difficulté; mais, pour le plus grand nombre, les eaux bourbeuses de l'Elster devinrent un gouffre dans lequel ils disparurent à jamais.

Plus de trente mille Français et plus de quatre-vingt mille alliés, tués et blessés, jonchèrent les champs de bataille de Leipzig: c'était le cinquième des combattants. Cette effroyable boucherie, consommée par seize cents pièces de canon, fut le résultat des calculs stratégiques des alliés. Ils réduisaient toutes les combinaisons à une supputation exacte des forces respectives des deux armées; convaincus de leur énorme supériorité numérique, ils firent homme pour homme autant qu'ils le purent, et donnèrent un peu plus de deux alliés pour un Français. En jouant ce jeu jusqu'à la fin, il leur serait resté un excédant de cent mille hommes; ils calculaient donc avec justesse et logique, mais ils dérogeaient aux maximes d'humanité qui surchargeaient tous leurs manifestes.

La bataille d'Austerlitz avait été appelée *la bataille des empereurs*; celle de Leipzig fut nommée *la bataille des nations*. Le prix du combat était le sceptre de l'Europe; il passa des mains de la France aux mains de la Russie, de l'Autriche, de l'Angleterre et de la Prusse. Les destinées de la France furent accomplies sur les rives de l'Elster, plus qu'aux bords de la Bérésina.

Napoléon s'arrêta, le 19, dans la plaine et Lutzen, pour y recueillir les débris de ses troupes que Murat abandonna à Erfurth, sous prétexte que sa présence était indispensable à Naples pour défendre son royaume. Aux avant-postes, le 22 octobre, il avait stipulé des conventions avec l'Autriche et l'Angleterre.

Le 23 octobre, l'armée, réduite à quatre-vingt-dix mille hommes, arrive à Erfurth, dont l'arsenal répara les pertes de notre artillerie. L'Empereur n'a rien négligé à cet égard; il a réorganisé ses batteries, et nos parcs ont rempli leurs caissons au moment de quitter l'Allemagne. On ne peut s'empêcher de jeter un dernier regard sur les braves qui sont enfermés dans les places fortes, ce sont : à Dresde, le 1er et 14e corps aux ordres du maréchal Gouvion-Saint-Cyr ; à Hausbourg, le 13e aux ordres du prince d'Eckmulh ; et dans les forteresses de Magdebourg, de Wittenberg et de Torgan, des garnisons devenues d'autant plus nombreuses, qu'elles se sont accrues de tous les blessés, malades et hommes isolés qui n'ont pu suivre les derniers mouvements de l'armée.

Leur perte sera la plus grave de la campagne; mais l'Empereur se refuse à l'idée que quatre-vingt mille Français qui se trouvent dans la même vallée, distribués par masses de trente, de quinze et de dix mille hommes, et formant sous la protection du fleuve et des forteresses une seule et même ligne, puissent jamais être à la merci d'un ennemi dont la force ne se compose que de nouvelles levées et de landwerh. Il est persuadé que le prince d'Eckmülh et le maréchal Saint-Cyr n'auront négligé aucune précaution pour être bien informés, et qu'aussitôt qu'ils auront connu les événements, ils ne se seront plus occupés que de se faire jour d'un côté ou d'un autre. « S'ils s'entendent, dit l'Empereur, s'ils sortent de leurs murailles, s'ils se réunissent, ils sont sauvés : quatre-vingt mille Français passent partout ! »

L'armée poursuivit sa route. Le 25 mars, Napoléon n'avait point encore quitté Erfurth lorsqu'il apprit que les Bavarois, réunis aux Autrichiens, étaient déjà en marche sur Wurtzbourg, pour inquiéter la retraite de l'armée française. Ainsi, non seulement les Bavarois ont abandonné notre cause, mais ils sont décidément ennemis, et ne perdent pas de temps pour nous le prouver. Cette inimitié impromptu qui éclate avec tant de violence, étonne l'Empereur et bouleverse toutes les idées qu'il s'était faites sur la défection de la Bavière.

La reunion des deux armées autrichienne et bavaroise avait accru les forces de la coalition d'une nouvelle armée de soixante-deux mille hommes, sous le commandement du général de Wrède, qui avait gagné son illustration, l'ingrat ! en combattant, pendant dix années sous les drapeaux français. Parvenu le 27 à Aschaffenbourg, il détacha dix mille Bavarois sur Francfort, et avec le reste de son armée, il alla s'établir, le 29, à Hanau, afin de barrer aux Français le passage de la vallée du Mein : « C'était une parodie de la Bérésina : ainsi, après le désastre de Leipzig, l'armée française rentrait en France entre deux défections, comme elle rentrait en Allemagne, après celui de Moscou. Un reste de pudeur de la part de deux alliés, tels que les souverains de l'Autriche et de la Bavière, aurait au moins dû respecter le retour de Napoléon dans sa patrie... »

Les alliés ne nous suivaient plus que de loin; ils semblaient abandonner aux cosaques le soin de profiter de leurs avantages. Ceux-ci côtoyaient les colonies françaises, et quelquefois les précédaient. Ils faisaient sans doute beaucoup de mal; mais leur voisinage, présentant un danger toujours imminent à ceux des traînards qui auraient été tentés de s'écarter ou de rester en arrière, servait à remédier au relâchement de la discipline, et à prévenir des pertes plus graves. On marchait plus vite; la nécessité prêtait des forces aux plus faibles, et cette foule de soldats, qui avaient perdu leur corps d'armée et leurs officiers, s'écoulait du moins avec quelque apparence d'ordre, au milieu des cadres peu nombreux qui formaient la tête et la queue de nos colonnes. En présence de la manœuvre audacieuse de Wrède, il n'y avait pas à tergiverser : il fallait se hâter de se frayer un chemin à travers ces nouveaux ennemis, pour ne pas donner le temps à ceux qui suivaient d'arriver. Blücher, quittant la chaussée d'Eifenach, s'était élevé au nord, par Hersefeld, vers les sources de la Nidda, pour attaquer l'armée française par son flanc gauche. Bobna suivait toujours l'armée en queue, et la grande armée alliée gagnait la droite des Français par les montagnes de la Franconie. La situation était critique. Napoléon s'éleva à la hauteur des dangers, et, loin de perdre courage, marcha vivement vers Hanau.

Une épaisse forêt que la route traverse couvre les approches de Hanau. Au delà du bois, la Kintzig forme un coude qui resserre le débouché de la forêt. La ville se présente sur la rive opposée. La route la laisse sur la gauche, en suivant les contours de la rivière pour gagner la chaussée de Francfort. Tel était le long défilé dont il fallait forcer le passage.

Quelques coups de mitraille et une décharge de cavalerie dissipèrent l'avant-garde ennemie qui se tenait à l'entrée du bois. Nos tirailleurs s'engagèrent sur les pas des Bavarois; ils les poussèrent d'arbre en arbre. Les étincelles d'une vive fusillade brillaient au loin dans les ombres de la forêt, et la bataille commençait comme une grande partie de chasse. La cavalerie profitait de toutes les clairières pour charger l'ennemi. — En peu de temps les Français parvinrent au débouché de la forêt; mais alors une ligne de quarante mille hommes s'offrit à la vue des tirailleurs et les arrêta. L'armée ennemie avait son front couvert par quatre-vingts bouches à feu.

Le général de Wrède était persuadé que l'armée française n'avait pas cessé, depuis Leipzig, d'être poursuivie à outrance par la grande armée des alliés : il s'imaginait trouver des troupes rompues, exténuées, hors d'haleine, devant lesquelles il n'aurait qu'à se présenter pour leur faire déposer les armes. Dans son empressement, négligeant toute considération de prudence, il attendait l'armée de Napoléon sur la lisière du bois, en ayant la rivière à dos.

Si les quatre-vingt mille Français, débris de l'armée qui avait combattu à Leipzig, s'étaient trouvés en ce moment rangés par bataillons, par divisions et par corps d'armée, de Wrède aurait payé cher sa témérité. Un mouvement vigoureux aurait suffi pour lui enlever le pont de Lamboy, le seul qu'il eût pour retraite, et aurait mis son armée à la discrétion de l'Empereur. Mais les corps du général Bertrand et du duc de Raguse étaient encore éloignés; l'arrière-garde du duc de Trévise ne faisait même que d'arriver à Hunefeld. Napoléon ne pouvait réellement disposer que des braves qui s'étaient portés à l'avant-garde, et on n'en comptait pas plus de dix mille.

Cependant, à mesure que l'artillerie de la garde arrivait, le général Drouot faisait placer les pièces en batterie. Il commença à tirer avec quinze pièces; sa ligne s'accrut bientôt et finit par présenter cinquante bouches à feu. Cette grande batterie s'avançait en tirant, sans qu'aucunes troupes fussent derrière elle pour la soutenir. Mais, à travers l'épaisse fumée qu'elle vomissait, l'ennemi voyait sortir de la forêt l'armée française tout entière. Les Bavarois furent frappés de terreur quand ils reconnurent les bonnets à poil de la vieille garde. C'était en effet le général Curial qui débouchait avec quelques bataillons. Après le premier moment d'hésitation, de Wrède se décida à faire charger sa cavalerie sur l'artillerie, et bientôt une nuée de chevaux environna les batteries; mais les canonniers français, saisissant leurs carabines, restèrent inabordables derrière leurs affûts. Le général Drouot, l'épée à la main, leur donnait l'exemple de la fermeté et du calme; le secours d'ailleurs ne se fit pas longtemps attendre. Sur l'ordre de l'Empereur, la cavalerie de la garde s'élança, conduite par Nansouty; en un instant, elle dégagea cette partie du champ de bataille. Les dragons, commandés par Lefort; les grenadiers, conduits par Laferière-Levêque; les vieux cuirassiers, aux ordres du général Saint-Germain; les jeunes gardes d'honneur, commandées par de Saluces, se précipitèrent sur les carrés d'infanterie et les enfoncèrent après avoir dispersé à coups de sabre la cavalerie ennemie. Les cosaques de Czernizeff essayèrent de soutenir une charge et furent culbutés.

Bientôt, la ligne austro-bavaroise fut en déroute. De Wrède se trouvait dans la position la plus critique : il ne lui restait d'autre ressource que de porter tous ses efforts sur sa droite, afin de dégager sa gauche et de donner à sa ligne de bataille le temps de gagner le pont de la Kintzig.

Les troupes en marche arrivaient successivement; elles s'entassaient au milieu de la forêt, où l'Empereur lui-même était arrêté. Une foule inquiète entourait Napoléon, qui se promenait sur le chemin, donnant des orbres et causant avec le duc de Vicence. Tout à coup, un obus tomba près d'eux, dans le fossé bordant la route. Le duc de Vicence s'élança et se plaça entre Napoléon et le danger. La conversation de l'Empereur et du général continua, comme si rien ne les menaçait. Autour d'eux, on respirait à peine. Heureusement, l'obus, enfoncé dans la terre, n'éclata pas. La forêt retentissait du bruit du canon. Les boulets sifflaient dans les branchages, et les rameaux hachés tombaient avec fracas. L'œil cherchait en vain à percer la profondeur du bois; à peine pouvait-on entrevoir la lueur des décharges d'artillerie, qui brillaient par intervalles. Dans cette situation, la bataille paraissait longue. Tout à coup, la fusillade se rapprocha sur la gauche; la cîme des arbres fut agitée plus violemment par les boulets, et les cris des combattants se firent entendre: c'était l'attaque désespérée que le général de Wrède tentait par sa droite. L'Empereur diregea de ce côté les grenadiers de la vieille garde commandés par le général Friant, et bientôt ils eurent triomphé de ce dernier effort de l'ennemi. De Wrède, pour ne pas être acculé à la Kintzig, se hâta d'abandonner le champ de bataille et de passer la rivière avant que la cavalerie française, qui gagnait toujours du terrain, prît en flanc son aile droite. Il rallia son armée près de la ferme de Lehrhof, sous la protection de la place de Hanau, que ses troupes occupaient encore, mais dont il ordonna l'évacuation pendant la nuit.

La cavalerie du général Sébastiani avait pris les devants pour gagner Francfort. Quelques colonnes la suivaient; mais la plus grande partie de l'armée passa la nuit dans la forêt. L'Empereur y resta au bivouac. Le lendemain matin, une députation de la ville de Hanau vint l'y trouver pour implorer la bienveillance de Sa Majesté Impériale, qui leur fut accordée.

Au jour, toute l'armée continua à défiler, laissant sur sa gauche la ville de Hanau, où un détachement s'était introduit pendant la nuit.

Le 31, l'Empereur se trouvait à peine à quelques lieues de Hanau, lorsqu'il apprit que la bataille recommençait.

Les Bavarois, voyant l'armée française plus pressée de regagner le Rhin que de les poursuivre, avaient repris confiance et étaient revenus sur leurs pas; mais le général Bertrand et le duc de Raguse s'étaient portés à Hanau et attendaient l'ennemi. Ils laissèrent les Bavarois s'engager encore une fois au delà de la Kintzig, et les têtes de colonne de de Wrède, reçues à la baïonnette par les divisions Morand et Guilleminot, furent culbutées. Le général bavarois lui-même fut atteint d'une balle; son gendre, le prince d'Œttengen, fut tué. Le premier soin du général autrichien Freñel, à qui échut le commandement, fut d'ordonner la retraite. — Dans ces deux journées, l'armée austro-bavaroise avait perdu dix mille hommes, dont six mille tués ou blessés. La perte des Français, en y comprenant trois mille malades ou blessés, marchant isolément en avant de l'avant-garde, et qui furent enlevés, s'éleva à cinq mille hommes.

La justice et la gloire marquèrent ainsi les adieux de la France à l'Allemagne. Le 2 novembre, l'armée avait repassé cette grande limite que la nature et la République avaient donnée à la France, que la soif des conquêtes n'avait pas su respecter, que celle plus implacable de la vengeance allait franchir.

Les derniers mois de 1813 furent marqués par les événements les plus sinistres; la plupart des places fortes, dont l'ennemi nous avait séparés, venaient de succomber ou touchaient à leur chute. Saint-Cyr, à Dresde, se trouvant complètement abandonné à ses seules ressources, capitula le 11 novembre. Pour évacuer la place avec sa garnison, il devait avoir un sauf-conduit pour la France, sous la condition de ne pas combattre les alliés pendant six mois. Schwartzenberg osa refuser de ratifier la capitulation comme trop favorable aux assiégés; il offrit à Saint-Cyr, qui avait déjà quitté Dresde, de le remettre dans le même état de défense où il se trouvait au moment de la convention. C'était une chose impossible et contraire aux lois de la guerre. Le général français, victime de la mauvaise foi et de la lâcheté de son ennemi, fut fait prisonnier avec sa garnison de trente cinq mille hommes.

Stellin se rendit le 21 novembre, après un blocus de huit mois.

» *J'aurai besoin de toi à Dantzick* » avait

dit Napoléon à Rapp pendant la retraite de Moscou, en lui refusant une mission périlleuse. La confiance prophétique de l'Empereur ne fut point trompée ; Rapp ne lui manqua pas à Dantzick.

Le 10 juin, l'armistice conclu par Napoléon, amena la suspension des hostilités; les clauses de cet armistice, relatives au ravitaillement des places bloquées, furent déloyalement exécutées par les assiégeants, et pour que les assiégés obtinssent les vivres, qui leur devaient être fournis, il fallut que Rapp menaçât de reprendre les armes. Les deux mois d'armistice furent consacrés à préparer, à tout événement, une résistance désespérée.

Les hostilités, reprises sur l'Elbe, dans les premiers jours d'août, le furent, sous les murs de Dantzick, le 28 du même mois. Pendant tout le mois de septembre, quoique la garnison s'affaiblît de plus en plus, tandis qu'au contraire des renforts arrivaient, chaque jour, aux assiégeants, Rapp, par d'habiles et audacieuses sorties, parvint à tenir l'ennemi éloigné de la ville même. Ce ne fut que vers le milieu d'octobre que les premières bombes tombèrent dans la place; mais alors le feu devint si terrible qu'en vingt-quatre heures il fut fait pour plus de neuf millions de dégâts. La disette, la maladie, le fer et la désertion détruisaient peu à peu la garnison, dont la plus petite moitié était française.

La première parallèle s'ouvrit, le 3 novembre, et le siége régulier commença. Ce ne fut que le 29 que Rapp consentit, enfin, après avoir épuisé toute possibilité matérielle d'une plus longue résistance, à écouter les propositions, que le duc de Wurtemberg, commandant en chef des assiégeants, lui renouvelait tous les jours, et à entrer en négociations. Les conditions de la capitulation étaient honorables ; Rapp devait avoir le bonheur et la gloire de ramener librement en France les débris de l'héroïque garnison, réduite alors à quinze mille hommes; mais les clauses de ce traité solennel furent lâchement violées par cet Alexandre, dont on a vanté la modération généreuse. Au lieu d'être rendue à la France, la garnison fut conduite prisonnière de guerre en Russie. Tous les soldats étrangers en avaient été préalablement séparés; les Français seuls furent réservés pour les douleurs d'une captivité russe.

La défense de Dantzick ne fut pas moins glorieuse pour les Français que ne l'avait été l'attaque en 1807. C'est une des plus belles pages de la vie du général Rapp, qu'il ne faut pas juger sur les plaintes des habitants de Dantzick. La résistance prolongée du gouverneur français fut désastreuse pour la ville; mais son premier devoir était de défendre, jusqu'à la dernière extrémité, et à tout prix, le poste qui lui avait été confié. Torgau, avec une garnison de vingt-six mille Français, réduite à cinq mille par une affreuse épidémie, était tombée au pouvoir des Prussiens, ainsi que Mollen, Lamosc et Wurtsbourg. Erfurth résista quelque temps et fut obligée de capituler faute de vivres. Wittemberg, que défendait avec courage la garnison aux ordres du général Lapoype, enlevée d'assaut le 12 janvier, Magdebourg, où commandait le brave général Lemarrois, qui fut conservée jusqu'à la fin de la guerre en mai 1814.

A cette même époque, le corps du maréchal Davoust était concentré autour de Hambourg, qu'il devait aussi conserver jusqu'à la fin de la guerre, malgré tous les efforts de l'ennemi et le mauvais vouloir de la population. Magdebourg, Custrin et Glogau, étaient à la fin de 1813 les dernières places qui restassent aux Français en arrière des alliés.

Pour connaître quelle était alors notre situation dans la Péninsule, il est nécessaire de remonter à la fin de 1812.

Le roi Joseph, qui était rentré dans sa capitale d'après les ordres de Napoléon, prit lui-même le commandement des troupes, et choisit pour son chef d'état-major-général le maréchal Jourdan. A peine nous restait-il quatre-vingt mille hommes ; l'armée anglo-espagnole en comptait plus de cent cinquante mille. Elle prit l'offensive vers la fin du mois de mai. Les généraux français, qui s'attendaient à ce mouvement, évacuèrent Madrid et Valladolid, et se concentrèrent à Burgos. Cette place n'offrait aucun moyen de défense; le fort même était dans un état extrême de délabrement : il fallut le détruire. Le 21 juin eut lieu la bataille de Vittoria; le défaut de terrain ne permettant pas à notre cavalerie de fournir une charge, nos colonnes cédèrent et battirent en retraite. Notre droite tenait encore, et si, dans ce moment décisif, on eût mis en batterie quatre-vingts bouches à feu, qui, pendant toute la bataille, restèrent oisives, si la cavalerie et l'infanterie se fussent ralliées derrière ce rempart, les Anglais, reçus par de vigoureuses décharges de mitraille, nous eussent cédé la victoire : mais l'imprévoyance des chefs fut extrême. La bataille de Vittoria fut perdue par le manque d'ordre et d'ensemble dans les dispositions. Les Anglo-Espagnols étaient trois fois plus nombreux que nous; les Français perdirent six mille hommes, et ne ramenèrent que quelques pièces d'artillerie. Le roi Joseph fut forcé de se réfugier en France. Dès que Napoléon apprit les fautes de ses généraux en Espagne, il jugea indispensable d'opposer à Wellington un adversaire aussi habile que prudent : il ordonna aussitôt au maréchal Soult de voler vers les Pyrénées, et de rallier nos troupes sur la frontière. Wellington se disposait alors à envahir le midi de la France, peu de jours après la bataille de Leipzig, trois colonnes ennemies franchirent la Bidassoa, et attaquèrent les retranchements d'Andaye, qui furent enlevés après un violent combat, à la suite duquel nous eûmes la douleur de voir les drapeaux britanniques flotter sur le sol de notre chère France. Wellington ayant reçu des renforts, se décida à franchir la Nivelle. La totalité des troupes que nous avions à lui opposer, n'excédait pas soixante mille combattants. Nos soldats, sur le point attaqué, étaient au nombre de vingt mille ; ils se battirent en héros; mais, assaillis par des forces doubles des leurs et sur le point d'être enveloppés, ils ne purent conserver leur position. Le maréchal Soult ordonna la retraite sur Bayonne.

A l'approche de l'ennemi, les Basques furent les seuls peuples du Midi qui se montrèrent animés d'un véritable patriotisme. Ils se formèrent en compagnie de chasseurs, et, à la voix du général Arispe, leur compatriote, ils volèrent à la défense de leur pays.

La Hollande s'était soulevée en faveur du prince d'Orange, qui fit, le 31 décembre, son entrée à Amsterdam ; et Bernadotte, après avoir renversé le royaume de Westphalie et rétabli en Hanovre l'ancienne régence, avait forcé les Danois à entrer dans la coalition, pendant que les Anglais et les Hollandais, se rendant maîtres des bouches de l'Escaut, bloquaient Anvers.

Enfin, le prince Eugène, à la tête de quarante mille hommes, conservait toute l'Italie; nos soldats ignoraient encore la conduite incertaine du roi de Naples, la défection des Bavarois, et les désastres de Napoléon; mais lorsque ces événements furent confirmés, lorsque la défection d'un illustre ingrat se consommait et cachait de nobles lauriers sous le voile de la trahison, la brave armée d'Italie, dont le nom glorieux ne rappelait que des triomphes, triste et abattue, quoique intacte et victorieuse, reprit sa marche rétrograde, se mit en position derrière l'Adige sur le plateau de Rivoli, et enfin, le 4 novembre, elle se concentra en avant de Vérone.

L'ennemi continuellement renforcé, faisait des progrès de toutes parts ; après la plus honorable résistance, le général Roizi, qui défendait Zara en Dalmatie, capitula le 6 décembre, et rentra en France avec sa garnison, sous la condition de ne servir qu'après échange. Venise tenait encore, mais étroitement bloquée, et n'ayant plus aucune communication avec le continent. A la fin de 1813, l'armée d'Italie renforcée de divers détachements de toutes armes venant d'Espagne et d'Allemagne, se trouvait encore forte de quarante-trois mille trois cent vingt hommes, dont trois mille trois cent de cavalerie, sous le commandement des généraux Grenier et Verdier.

CAMPAGNE DE 1814

CONTRE TOUTES LES PUISSANCES DE L'EUROPE.

Quelque désastreuse qu'eût été pour la France la retraite de Moscou, quelques pertes qu'elle eût essuyées en Saxe, peut-être aurait-elle pu lutter encore avec succès contre l'Europe conjurée, si, au milieu de tous ces malheurs, elle eût conservé, avec la conscience de sa force, quelques étincelles de ce feu sacré que la liberté seule allume, de ce feu qui produit tant d'actions nobles et généreuses; si la France impériale eût gardé quelque mémoire de la France républicaine, qui peut douter que les armées coalisées n'eussent trouvé leur tombeau sur cette terre où elles portaient l'incendie et la dévastation?

Napoléon dédaigna cette force invincible, ou plutôt il redouta de l'employer. Trompé par les protestations des puissances étrangères, il crut n'avoir pas besoin de faire un appel à la nation: il craignit que trop d'énergie ne fît naître la liberté qu'il avait ravie; épris de son pouvoir, il voulait que les seules idées monarchiques prévalussent. Lorsque tous les potentats de la terre annonçaient qu'ils n'avaient pris les armes que pour délivrer le monde, Napoléon n'osait rien promettre à la nation qui avait tant fait pour lui. Son amour pour le despotisme lui faisait regarder les pensées généreuses comme incompatibles avec l'autorité suprême. On pouvait cependant sans danger réveiller un enthousiasme qui n'eût été fatal qu'aux ennemis de la France; mais, du moment où il n'y eut rien d'électrique, rien qui pût produire l'entraînement, elle montra la même résignation que les peuples dont elle avait été si longtemps victorieuse. Dès ce moment, les alliés voyant que Napoléon ne serait pas secondé par l'énergie nationale, ne pensèrent plus qu'à profiter de tous leurs avantages, et l'Empereur entrait parfaitement dans leurs vues, en s'obstinant à ne point faire les concessions qu'ils lui demandèrent.

La barrière du Rhin arrêta, jusqu'à la fin de 1813, les armées étrangères, le prestige de gloire qui environnait nos armes défendait encore nos frontières, car les bataillons qui étaient rentrés sur le sol natal étaient trop peu nombreux pour garder tous les passages. Mais l'invasion de la France fut décidée dans une réunion des souverains tenue à Francfort. Tandis que les troupes étrangères s'accumulaient sur la rive droite du Rhin, il y eut des pourparlers de paix; mais ce ne fut, de la part de la diplomatie étrangère, qu'une ruse pour mieux abuser les peuples; car, malgré les sacrifices de territoire imposés à l'Empereur, et auxquels il se résignait, il ne put obtenir que, pendant les négociations, les opérations militaires fussent suspendues.

A mesure que le plénipotentiaire français acceptait ce qu'on offrait, une nouvelle prétention s'élevait à la suite d'une difficulté vaincue.

Les avis du comité, organisé à Paris pour renverser le gouvernement impérial, réagissaient comme une puissance dirigeante dans les délibérations des alliés. Les destinées de la France étaient entre les mains d'une coterie inhabile, malheureusemet secondée par les dernières défaites, qui avaient épuisé nos forces. La France, avec les débris de son admirable armée, était seule contre toute l'Europe, et la trahison, organisée dans le sein de la capitale, livrait à l'ennemi le secret de ses derniers moyens de défense, lui donnait le chiffre exact de nos cadres, et indiquait avec une atroce précision le terme de la résistance possible...

Il fallut donc se résoudre à combattre; mais alors pour la première fois, opposant aux volontés de l'Empereur une résistance inopportune et d'un courage facile, quelques membres du corps législatif se plaignirent de la constitution de l'état, et de l'abus du pouvoir: cet acte, d'une tardive indépendance, n'était alors qu'un mouvement inconsidéré, et dont les suites ne pouvaient être que funestes.

Après avoir fait tous les efforts qu'on devait attendre de son génie et de son activité pour réorganiser l'armée, et donner l'élan aux populations, l'Empereur conféra, pour la seconde fois, la régence à l'impératrice Marie-Louise, le commandement militaire de la capitale à son frère Joseph, et se disposa à quitter Paris. En prenant congé des officiers de la garde nationale parisienne qu'il avait réunis, il leur adressa cette allocution:

« Je pars, leur dit-il, en leur présentant l'impératrice et le roi de Rome; je vais combattre nos ennemis. Je laisse à votre garde ce que j'ai de plus cher... Vous m'avez élu: je suis votre ouvrage: c'est à vous de me défendre. »

Le 25 janvier, l'Empereur quitta la capitale pour se mettre à la tête de son armée, déjà refoulée jusqu'à Saint-Dizier.

Alors commença cette campagne de miracles, où le génie de Napoléon brilla d'un immortel éclat. A quatre cent mille étrangers qui pénétrèrent au cœur de la France, à peine put-il opposer soixante-dix mille soldats; ces restes de la grande armée devaient succomber; mais, que leur résistance a été glorieuse! quelles traditions ils ont laissées! comme à chaque pas ils ont fait voir qu'on n'envahit pas impunément la France.

Les alliés ont sept armées actives: deux restent en Italie sous les ordres du comte de Bellegarde et de Joachim Murat qui, en sa qualité de roi de Naples, s'est joint, le 11 janvier, à la ligue européenne; cinq entrent immédiatement sur notre territoire:

La grande armée austro-russe, commandée par le prince de Schwartzemberg, en pénétrant par la Suisse; Napoléon comptait sur sa neutralité; elle fut indignement violée;

La grande armée de Silésie ou prussienne, sous le maréchal Blucher, en passant le haut et le moyen Rhin;

La grande armée suédoise, sous les ordres de Bernadotte, prince royal de Suède, en traversant le Bas-Rhin;

L'armée anglo-batave, conduite par sir Graham a pris possession de la Hollande, elle marche jusqu'à l'Escaut et attaque les places que nous possédons encore dans ces contrées;

L'armée anglo-espagnole et portugaise a passé les Pyrénées ayant à sa tête lord Wellington.

Les forces des alliés s'élèvent à plus de six cent mille hommes, mais par le retard de plusieurs colonnes et de nombreux blocus, ils ne pénétrèrent dans le centre de la France qu'avec trois cent cinquante mille combattants.

Napoléon, convaincu qu'en gagnant du terrain, l'armée ennemie s'affaiblirait par la seule nécessité de laisser des corps considérables dans les villes dont elle s'emparait, ou devant les places de guerre, avait recommandé à ses généraux d'éviter les affaires particulières, et de converger avec leur corps sur Châlons en Champagne, point central, qui devait être le pivot des opérations, pendant que les garnisons et les populations belliqueuses et dévouées de l'est se seraient levées au signal donné par la victoire.

Le 1er janvier, l'armée russo-prussienne avait passé le Rhin sur plusieurs points; elle se partageait en trois colonnes, formant un total de soixante-dix mille hommes. Le duc de Raguse avait dû se retirer devant cette armée, mais sans éprouver aucune perte. D'un autre côté, l'armée, sous les ordres du prince de Schwartzemberg, composée de Russes, d'Autrichiens, de Bavarois, de Wurtembergeois et de Badois, et forte de cent quatre-vingt mille hommes, se dirigea vers la Champagne, par Langres, afin de faire sa jonction sur l'Aube avec l'armée de Silésie, tandis que l'armée de l'Est, commandée par Bubna, marchait sur Genève et Lyon. Le maréchal Augerean rallia alors dans le Dauphiné toutes les troupes sous ses ordres, pour protéger Lyon. Quelques villes, n'ayant pour garnison qu'une poignée de soldats et de gardes nationales, s'étaient bien défendues; d'autres avaient ouvert leurs portes, sans coup férir.

Les forces que l'empereur Napoléon pouvait opposer à ces masses ne s'élevaient pas à plus de cent vingt mille hommes, outre les garnisons des places fortes.

Napoléon, parti de Paris le 25 janvier, arriva le lendemain à Châlons-sur-Marne. Aux environs de cette ville, se trouvaient les corps des maréchaux Macdonald, Ney, Marmont, Victor, et la cavalerie. Le maréchal Mortier était vers la droite, à Vandœuvre; le général Alix à l'extrême droite, à Auxerre. La réunion de ces troupes vers ce point portait les forces disponibles, sous les ordres immédiats de l'Empereur, à soixante-dix mille hommes. Napoléon ayant pris connaissance de la position des alliés, apprit que la tête de l'*armée de Silésie* marchait sur l'Aube et venait d'arriver à Brienne, que son centre occupait Saint-Dizier, attendant, pour quitter cette position, que la gauche eût passé la Meuse à Saint-Mihiel, et fût venue le remplacer. — La *grande armée* austro-russe approchait de Troyes, et déjà son avant-garde, ayant contraint le maréchal Mortier à se retirer sur cette ville, était arrivée à Bar-sur-Aube. Dans deux jours, les deux armées alliées peuvent opérer leur jonction. Il n'y avait pas un instant à perdre. Napoléon résolut de percer l'armée de Silésie par son centre, en débouchant par Saint-Dizier, de se rabattre, par Joinville et Chaumont, sur Langres, où il comptait encore trouver le reste de l'armée austro-russe; mais déjà celle-ci s'était avancée sur Troyes, pour soutenir l'armée de Silésie, de sorte que Napoléon allait se heurter contre des masses énormes, croyant n'avoir à faire qu'à des têtes de colonnes. Le 27 janvier, Napoléon marcha donc sur Saint-Dizier et en déposta la division russe de Laudskoy, qui se retira sur Brienne, par Joinville. Le lendemain, laissant le maréchal Marmont et le premier corps de cavalerie à Saint-Dizier, il porta le reste de ses troupes sur Montierender, où il établit son quartier-général, dans la nuit du 28 au 29. De là, il envoya dans toutes les directions des reconnaissances, qui rentrèrent sans avoir rien découvert. Les habitants affirmant, de leur côté, qu'une armée ennemie avait passé la veille par Joinville, marchant sur Troyes, Napoléon en conclut qu'elle avait passé l'Aube à Lesmonts. Espérant tomber sur son arrière-garde à l'improviste, il quitta la direction de Langres par Chaumont, et le 29, à la pointe du jour, il prit la route de Brienne en une seule colonne, la cavalerie en tête, l'infanterie de la garde en queue. Pendant la nuit, ignorant que Mortier avait été obligé de se retirer sur Troyes, il avait envoyé à ce maréchal l'ordre de se rapprocher de l'armée. Malheureusement, l'officier qui portait cet ordre fut pris, et les dépêches éclairèrent Blucher sur les dangers auxquels il était exposé. Il se hâta de rappeler Sacken, qu'il avait dirigé sur Lesmonts. A sept heures et demie du matin, l'avant-garde, sous les ordres du général Piré, découvrit l'ennemi en position, entre Méizières et Brienne. L'Empereur fit continuer la marche, qui ne fut point arrêtée par la rencontre de deux régiments d'infanterie légère, sous les ordres du prince Sherbatow; mais celui-ci ayant été rejoint par six escadrons et quatre pièces légères, la route fut barrée à la hauteur de Perthes, et une canonnade s'engagea. Sherbatow se replia bientôt sur le chemin de Lassicourt, tandis que Sacken, qui revenait de Lesmonts, se plaça en colonne derrière Brienne, sur la route de Vitry à Bar, et que Pahlen, qui avait flanqué Sacken, se forma en première ligne.

Le cinquième corps de cavalerie, sous les ordres de Grouchy, ne tarda pas à se déployer dans la plaine. Pahlen n'ayant que deux mille cinq cents chevaux, se replia en colonne sur Brienne, en se plaçant sous la protection de trois carrés d'infanterie qui firent un feu meurtrier sur la cavalerie française; il traversa ensuite Brienne pour aller se placer à la droite du corps de Sacken.

Cependant le mauvais temps avait retardé la marche de l'infanterie française, et l'on ne pouvait rien entreprendre sans elle. Vers trois heures et demie les colonnes du duc de Brienne parurent à la hauteur du bois d'Ajon; ce maréchal poussa en avant la division Duhesme : alors s'engagea un feu d'artillerie et de mousqueterie qui pendant une heure produisit peu de résultats. A la chute du jour, l'Empereur ordonna au prince de la Moskowa de marcher sur Brienne, à la tête de six bataillons, par le chemin de Méizières, tandis que le général Duhesme renouvellerait son attaque, et que le général Château tournerait la ville par la droite pour s'emparer du château. A peine ce mouvement fut-il commencé que Blucher, s'apercevant que toute la cavalerie française se trouvait à la droite, fit charger la colonne de Duhesme par les escadrons de Pahlen et de Wassiltschikow. Cette colonne fut ramenée en désordre, et perdit huit pièces de canon. La colonne du centre, qui était prête à pénétrer dans la ville, fut ralentie par cet échec; elle se replia devant deux régiments de chasseurs russes, et se logea dans les jardins. La colonne de droite, plus heureuse, pénétra dans le château par le parc et s'en empara sans peine; l'ennemi, qui n'avait pas prévu cette attaque audacieuse, n'y avait laissé que très peu de monde. Le général français, après y avoir placé quatre cents hommes, descendit sur la ville avec le reste de sa colonne, renversant tout sur son passage. Blucher, qui revenait de repousser la cavalerie de la garde et de la division Duhesme, réunit aussitôt des forces considérables contre la colonne descendue du château. Sentant toutefois qu'il ne suffisait pas de repousser cette colonne, et qu'il était urgent de la chasser du château, il ordonna une attaque combinée des corps d'Alsusiew et de Sacken : l'un devait attaquer en flanc et sur les derrières; l'autre, marcher par la grande rue de Brienne. Deux fois les colonnes russes escaladèrent le château sur plusieurs points, deux fois elles furent chassées à la baïonnette; les cours, l'intérieur, et surtout le parc du château étaient jonchés de morts; enfin Alsusiew fut obligé de se rejeter sur la ville sous le feu de la garnison du château. Mais la brigade Baste, soutenue par la division Meunier, après avoir repoussé le corps de Sacken dans la grande rue, fermait le passage à la retraite d'Alsusiew, dont les soldats se jetèrent dans les maisons voisines. Alors commença une épouvantable mêlée. Les maisons furent prises et reprises avec un incroyable acharnement; tous les corps se trouvaient pêle-mêle dans cette boucherie qu'éclairait l'incendie de la ville. Vers dix heures, Grouchy tenta une charge qui n'eut point de succès. Enfin, vers minuit, les deux armées, épuisées d'efforts et de fatigue, cessèrent le feu. Les Français conservèrent le château, les Russes la plus grande partie de la ville. Le quartier-général de l'Empereur s'établit à Perthes. Chaque armée perdit environ trois mille hommes tués ou blessés; on fit de part et d'autre quelques centaines de prisonniers; le contre-amiral Baste fut tué en combattant glorieusement à la tête d'une brigade de la jeune garde; les généraux Decourt et Lefèvre-Desnouettes furent mis hors de combat; le prince de Neufchâtel fut atteint à la tête d'un coup de lance.

L'Empereur, en débouchant du bois de Valentigny, fut assailli par une colonne de cavalerie qui l'eût enlevé, si la division Meunier ne l'eût dégagé. Blucher, de son côté, faillit être pris dans le château avec tout son état-major.

Un combat aussi meurtrier, et sans résultat décisif, plaçait l'armée française dans une situation critique : ce fut donc avec joie que l'Empereur apprit le lendemain matin que les Russes s'étaient retirés dans la nuit par la route de Bar. Napoléon, attribuant cette retraite à la crainte d'un nouveau combat, donna ordre aussitôt qu'on se mît à leur poursuite

Mais les Prussiens, parvenus à Trannes, le 31, s'y arrêtèrent en rencontrant les corps de Ginlay, du prince de Wurtemberg, et les réserves commandées par Barclay de Tolli. Blucher, fort de cet appui, résolut d'attaquer l'Empereur le 1er février. La bataille se livra à la Rothière, et quoique soutenue par des troupes à peu près épuisées, contre des forces presque quadruples, elle n'amena pas de déroute; l'Empereur se retira en bon ordre à Troyes. La bataille de la Rothière, dont l'issue n'avait pas été difficile à prévoir, les Français n'ayant eu que trente-six mille hommes à opposer à cent-dix mille ennemis, exalta l'ardenr des alliés; ces généraux, tant de fois vaincus par Napoléon, s'énorgueillissaient d'un triomphe facile que toutefois ils payaient chèrement.

Napoléon apprit à Troyes la défection de Murat et les progrès des alliés qui pénétraient au cœur de la France, malgré les négociations ouvertes à Châtillon pour traiter de la paix. Faisant encore un pas rétrograde, l'Empereur plaça son quartier-général à Nogent; c'est là que les courriers venus du nord l'instruisirent de la perte de la Belgique, par suite de la retraite du général Maison en deçà de l'ancienne frontière. Carnot s'était enfermé à Anvers, que bloquait un corps d'anglo-prussiens. Napoléon apprend en même temps que Blucher et Schwartzemberg, encouragés par leurs premiers succès, se sont de nouveau séparés, et marchent à l'envi l'un de l'autre sur Paris; le premier à la tête de l'armée de Silésie, grossie de renforts considérables, se dirige par la grande route de Châlons, le second suit le cours de la Seine.

C'est parmi les alarmes nées de cette position critique que Napoléon reçut du duc de Vicence le protocole des conférences de Châtillon, du 7 février.

Ce congrès, le dernier dans lequel Napoléon dût figurer comme l'un des souverains de l'Europe, s'ouvrit le 4 février 1814, quelques jours après le funeste combat de Brienne. L'Autriche était représentée par le comte de Stadion; la Russie, par le comte de Razoumowsky; la Prusse, par le baron de Humboldt; l'Angleterre, par lord Aberdeen, lord Cathcart et Ch. Stewart; la France, par le duc de Vicence. Le premier jour se passa en formalités et visites d'usage, ainsi qu'il est constaté par le protocole: le 5 février seulement, les plénipotentiaires prirent séance; ceux des cours alliées annoncèrent qu'ils étaient chargés de traiter de la paix *avec la France au nom de l'Europe*, ne formant qu'un *seul tout*; et le surlendemain, 7 février, ils déclarèrent que la condition du traité, c'était que la France rentrât dans les limites qu'elle avait avant la révolution.

Quelle différence entre ces propositions et celles du congrès de Prague, ou même celles de Francfort! mais aussi combien la face des affaires n'était-elle pas changée. A Prague, Napoléon, maître de Dresde, vainqueur dans trois batailles, commandant encore à deux cent cinquante mille hommes; aujourd'hui le lieu du congrès est presque au centre de la France, et il est au centre de la guerre!

Les plénipotentiaires délibéraient sous l'influence des événements militaires qui se passaient autour d'eux. Leurs prétentions croissaient avec l'infortune de nos armes. Napoléon pressé par les instances du maréchal Bertrand et du duc de Bassano, s'était décidé aux plus grandes concessions pour obtenir la paix; il devait signer à sept heures du matin les dépêches qui autorisaient le duc de Vicence à traiter à ce prix, lorsqu'il reçut à cinq heures un rapport sur les mouvements de l'armée russe et prussienne qui lui fit juger que des événements glorieux allaient changer la face des choses; il ajourna les instructions au duc de Vicence et partit pour Champ-Aubert. La marche de flanc de l'armée de Blucher que Napoléon épiait en secret, avait enfin lieu; le moment était devenu favorable pour l'attaquer.

Napoléon s'élance à travers les vastes plaines qui séparent Nogent de Montmirail, et qui n'ont pas moins de douze grandes lieues. Il laisse à Nogent le général Bourmont, sous les ordres du duc de Bellune; il laisse au pont de Bray-sur-Seine le duc de Reggio, et leur recommande de retenir les Autrichiens le plus longtemps qu'ils pourront au passage de la Seine. Le 9 février, Napoléon arrive à Sézanne avec le gros de ses troupes. Le soir même de ce jour, les coureurs français rencontrent quelques cavaliers prussiens sur les bords de la rivière du Petit-Morin, entre Sézanne et Champ-Aubert. Tous les rapports s'accordent à dire que les troupes prussiennes couvrent les routes depuis Châlons jusqu'à Laferté, et qu'elles marchent dans la sécurité la plus parfaite. Quatre lieues en séparent encore Napoléon, il les franchit avec la rapidité de l'éclair.

Le 10, au matin, le duc de Raguse, qui d'abord, trouvant les chemins trop mauvais, était revenu en arrière, passe les défilés de Saint-Gond sous les yeux de Napoléon, et enlève à l'ennemi le village de Baye. Dans l'après-midi, l'armée parvient au village de Champ-Aubert, débouche sur la grande route de Châlons et y bat à plate couture les colonnes que le général Alsusiew (le même qui défendait Brienne) a ralliées trop tard contre nous. La déroute est telle que les forces de l'ennemi se séparent : les uns fuient du côté de Montmirail et sont poursuivis par la cavalerie du général Nansouty ; les autres fuient sur Etoges et sur Châlons, et sont poursuivis par le duc de Raguse. Douze cents hommes restèrent sur le champ de bataille : plus de trois cents se noyèrent dans les étangs du Désert, contre lesquels le général Bordesoulle avec ses cuirassiers les avait acculés ; deux mille trois cents furent faits prisonniers. Parmi ceux-ci se trouvait le général Alsusiew et deux autres généraux. Sur vingt-quatre bouches à feu qu'avait la division russe, vingt et une restèrent en notre pouvoir. Notre perte ne s'éleva pas au delà de six cents tués ou blessés.

Maître de Champ-Aubert, Napoléon s'y loge dans une chaumière qui est sur la route, au coin de la grande rue du village. C'est là qu'on amène les généraux ennemis qui viennent d'être pris : il les fait dîner avec lui.

Depuis l'ouverture de la campagne nous avions toujours été malheureux ; avec quelle joie nous voyons briller sur nos armes cette première lueur de succès ! Napoléon sent renaître bien des espérances. L'armée prussienne, coupée encore une fois dans sa marche, n'oppose plus que deux tronçons dont il compte tirer bon parti ; et déjà il craint que le duc de Vicence, usant de la latitude des pouvoirs, qui lui ont été expédiés de Troyes, ne mette trop d'empressement à signer le traité. Il lui fait écrire qu'un changement brillant est survenu dans nos affaires, que de nouveaux avantages se préparent, et que le plénipotentiaire de la France peut prendre au congrès une attitude moins humiliée.

Les Français retrouvaient leur force en reprenant l'attitude offensive. Napoléon, replacé comme eux dans sa vraie position, en calcule tous les avantages, et poursuit l'ennemi avec son habileté ordinaire.

Le 11, il arrive en avant de Montmirail. Le général Nansouty était en position avec la cavalerie de la garde, et contenait l'armée de Sacken, qui était accourue pendant la nuit, en apprenant l'échec de Champ-Aubert. Le général York avait également quitté Château-Thierry. A onze heures, les alliés se formèrent en bataille : les divisions françaises, arrivaient successivement. Napoléon aurait voulu les attendre toutes ; mais à trois heures, la nuit approchant, il fit déboucher le duc de Trévise par Montmirail. Le général Friant, avec quatre bataillons de la vieille garde, reçut ordre d'attaquer la ferme de l'Epine-aux-Bois, position d'où dépendait le succès de la journée, et que les alliés défendaient avec quarante pièces de canon.

Alors les troupes russes et prussiennes du centre furent abordées au pas de course par la vieille garde, ayant le maréchal Ney en tête. Les tirailleurs se retirèrent épouvantés sur les masses ; l'artillerie ne put plus jouer, mais la fusillade devint effroyable ; le succès était encore indécis lorsque les lanciers, les dragons, les grenadiers de la vieille garde arrivèrent au grand trot sur les derrières des masses d'infanterie, les rompirent, les mirent en désordre, et tuèrent tout ce qui ne fut pas fait prisonnier. Le duc de Trévise s'empara du village de Fontenelle, celui de Marchais fut mis entre deux feux ; tout ce qui s'y trouvait fut pris ou tué. En moins d'un quart d'heure, le plus profond silence succéda à la fusillade. Les alliés ne cherchèrent plus leur salut que dans la fuite, et perdirent huit mille hommes tués ou prisonniers ; notre perte fut de deux mille blessés. Cette journée, si glorieuse pour l'armée française, ranima encore la confiance de nos soldats et retraça aux ennemis effrayés l'image des hommes d'Austerlitz et de Iéna.

Le lendemain c'était au tour des Prussiens d'être battus ; Napoléon fit poursuivre les alliés sur la route de Château-Thierry : ils soutenaient leur retraite avec huit bataillons qui n'avaient pas donné la veille, étant arrivés trop tard ; ces bataillons étaient appuyés par quelques escadrons et par trois pièces d'artillerie. Le général Nansouty, avec deux divisions de cavalerie, se porta par un mouvement à droite entre Château-Thierry et l'arrière-garde des alliés. Le général Lefort, avec une division de dragons de la garde, s'élança sur leurs flancs. Toute cette arrière-garde fut enveloppée ; on en fit un horrible carnage : deux mille hommes furent faits prisonniers. En ce moment, le prince Guillaume de Prusse, qui était resté à Château-Thierry avec deux mille hommes, s'avança à la tête des faubourgs pour protéger les fuyards. Deux bataillons de la garde impériale arrivèrent au pas de course, et les faubourgs furent nettoyés ; alors la réserve des alliés brûla ses ponts et s'établit sur la rive droite de la Marne où elle démasqua une batterie. Ne pouvant se retirer sur la route d'Épernay, ni sur celle de Soissons qui leur étaient coupées, les alliés furent obligés de prendre la traverse dans la direction de Rheims.

Blucher, comme étourdi de ces choses rapides et imprévues, demeura depuis trois jours immobile aux Vertus. Le 12 février, il fut rejoint par le corps prussien du général Kleist : il réunit alors les débris des autres corps et marcha avec vingt mille hommes contre le duc de Raguse, resté à Étoges avec la cavalerie du général Grouchy, pour observer la route de Châlons ; se trouvant trop faible devant un corps si nombreux, le maréchal se replia lentement sur Montmirail, et fit prévenir Napoléon, qui venait d'entrer à Château-Thierry.

Après avoir pourvu à la défense de la Marne, Napoléon monte à cheval à minuit pour suivre le mouvement de sa garde et rejoindre le duc de Raguse. Les demandes de secours deviennent d'heure en heure plus pressantes de la part de ce maréchal ; il vient d'évacuer la position de Champ-Aubert et recule encore.

Le 14 au matin, le maréchal Blucher était au moment d'arriver à Montmirail, lorsque le duc de Raguse fait faire tout à coup volte-face à son corps d'armée, et prend position dans la plaine de Vauchamps : nos troupes de Château-Thierry arrivaient. Bientôt l'ennemi aperçoit derrière le duc de Raguse toute l'armée française se déployant pour livrer bataille. A huit heures du matin, les cris des soldats signalent la présence de l'Empereur lui-même, et la bataille commence.

Dans le premier moment, le maréchal Blucher avait voulu éviter le combat, mais il n'était plus temps. En vain sa retraite est protégée par d'habiles manœuvres de cavalerie ; les charges de notre cavalerie culbutent tous les carrés qui nous sont opposés ; chaque pas rétrograde accélère la retraite de l'ennemi, et bientôt ce n'est qu'une fuite. Dans la soirée, le maréchal Blucher, enveloppé plusieurs fois avec son état-major, ne parvient à se dégager qu'à coups de sabre, et ne nous échappe qu'à la faveur de l'obscurité, qui n'a pas permis de le reconnaître : le duc de Raguse le poursuit toute la nuit

Toute l'armée de Blücher aurait été prise si le mauvais état des chemins n'eût retardé la marche de l'artillerie. Toutefois, malgré l'obscurité de la nuit, la cavalerie française enfonça et sabra trois carrés de troupes russes et poursuivit les autres jusqu'à Étoges. Là seulement s'arrêta la poursuite ; l'armée française exténuée de fatigues prit enfin quelque repos. Les tristes débris de l'armée de Silésie continuèrent, pendant la nuit, leur fuite sur Châlons, arrosant la route de leur sang, et la jalonnant de blessés. Le lendemain, ils passèrent la Marne et prirent des cantonnements ; les corps de Sacken et d'Yorck les rejoignirent enfin le 16 ; mais de quelques jours, Blucher, trop maltraité, ne put rien entreprendre.

Ainsi ce général malencontreux, après avoir été témoin passif de la défaite de trois de ses lieutenants, vint se faire écraser lui-même par une attaque étourdiment intempestive.

Telle est la rapide esquisse du combat de Vauchamps, dans lequel, sans avoir perdu plus de six cents hommes, l'armée française prit vingt pièces de canon, dix drapeaux, fit cinq mille prisonniers, et mit hors de combat plus de neuf mille hommes.

Dans cette courte expédition, Napoléon,

en se jetant tête baissée avec vingt-six mille hommes au centre de quatre-vingt mille coalisés, en avait détruit le tiers, et en aurait achevé la complète désorganisation, si les progrès des Autrichiens ne l'eussent pas forcé à lâcher prise pour se rapprocher de la Seine.

Déjà les corps de Wrède et de Wittgenstein s'étaient déployés jusqu'à Provins; déjà Platoff et la cavalerie entraient à Fontainebleau. Napoléon se dirigea aussitôt contre l'armée autrichienne, que Schwartzemberg pousse vers Nangis, après avoir forcé Nogent, Bray et Montereau. Le 16 au soir, le quartier impérial est à Guignés; la marche des Autrichiens s'arrête : le lendemain matin le canon français les réveille.

La vigueur du choc apprend aux soldats étrangers que Napoléon est à la tête des siens. L'infanterie du général Gérard, l'artillerie du général Drouot, les dragons du général Treilhard, arrivés la veille de l'armée d'Espagne, rivalisent de valeur et d'audace. Les colonnes de l'ennemi sont culbutées les unes sur les autres, et leurs débris couvrent les routes depuis Mormans jusqu'à Provins. La déroute de Schwartzemberg est complète, comme l'a été celle de Blucher.

A cette époque, le maréchal Augereau venait de reprendre Bourg et Mâcon, et menaçait Genève, tandis que le général Marchand, après avoir enlevé le passage des Échelles, rentrait dans Chambéry. Les Alpes touchaient au moment d'être affranchies; Napoléon avait recouvré l'art de vaincre. Placé entre la Seine et la Marne, il avait su se multiplier par la rapidité de ses marches, et se portant tour à tour contre Blucher et Schwartzemberg, il venait de triompher de chacun d'eux.

Dès le lendemain du combat de Montereau un envoyé du général autrichien se présente aux avant-postes : c'est le comte de Parr; il demande une suspension d'hostilités. Cette démarche inspire à Napoléon l'espoir d'une négociation directe avec son beau-père : il se flatte de terminer ce grand débat, comme il a pu le faire à Prague, sans l'intermédiaire d'un congrès.

Des instructions furent donc expédiées au duc de Vicence pour la rédaction d'un contre-projet. La proposition des alliés fut envoyée à l'impératrice avec ordre de la soumettre à un conseil extraordinaire convoqué à cet effet, et composé principalement des hommes qui avaient exercé de l'influence aux différentes époques de la révolution, et qui avaient été élevés aux grandes fonctions de l'empire. Un seul repoussa le projet avec indignation, comme la proposition la plus déshonorante dont l'histoire de France eût jamais fait mention, et comme une loi honteuse à laquelle l'honneur même ne permettait pas aux Français de rester soumis; les autres furent d'avis d'obéir à la nécessité.

Mais Napoléon rejeta cette proposition, ainsi qu'un autre acte préliminaire, dont les bases ne pouvaient être présentés dans une circonstance moins opportune. Les alliés conservaient à Napoléon la France telle qu'elle était sous ses rois; mais ils exigeaient l'occupation de Besançon, de Béfort et d'Huningue : il répondit à l'agent diplomatique qui lui remettait la minute d'un traité si onéreux : « C'est trop exiger! les alliés oublient que je suis plus près de Munich qu'eux de Paris. »

Abandonner les conquêtes de l'empire, Napoléon pouvait s'y résoudre; mais celles de la France républicaine, il ne se croyait pas le droit de consentir à un tel sacrifice : il l'aurait fait cependant, car le salut de la patrie impose des devoirs qui passent avant tout, si un traité de paix définitif eût été le résultat immédiat de cet abandon; mais ce n'était pas un traité définitif qu on lui proposait : c'étaient des préliminaires de paix, c'était un armistice les armes à la main, ou plutôt c'était un armistice par lequel la France aurait mis bas les armes, tandis que ses ennemis auraient occupé les parties de son territoire qu'ils avaient envahies, et les forteresses d'Huningue, Béfort et Besançon, dont ils exigeaient la remise, quoiqu'elles fussent situées dans le pays qu'ils n'occupaient pas. Un tel traité n'était, aux yeux de Napoléon qu'une capitulation déshonorante.

Napoléon écrit lui-même à l'empereur d'Autriche; il lui manifeste un vif désir d'entrer en accommodement, mais il attend des conditions moins défavorables que celles qu'on lui a proposées, et auxquelles le changement survenu dans les affaires ne permet plus de s'arrêter.

Dans sa dépêche au duc de Vicence, Napoléon s'exprimait ainsi :

« Je vous ai donné carte blanche pour sauver Paris et éviter une bataille qui était la dernière espérance de la nation. La bataille a eu lieu ; la Providence a béni nos armes : j'ai fait trente à quarante mille prisonniers ; j'ai pris deux cents pièces de canon, un grand nombre de généraux, et détruit plusieurs armées presque sans coup férir. J'ai entamé hier l'armée de Schwartzemberg, que j'espère détruire avant qu'elle ait repassé nos frontières. Votre attitude doit être la même ; vous devez tout faire pour la paix ; mon intention est que vous ne signiez rien sans mon ordre, parce que seul je connais ma position. En général, je ne désire qu'une paix solide et honorable; et elle ne peut être telle que sur les bases proposées à Francfort, etc. »

Le lendemain Napoléon écrivait au prince Eugène; et sa lettre prouve que, loin de renoncer aux limites du Rhin, il ne désespérait pas encore de conserver l'Italie. La victoire de Nangis lui avait mis tant de confiance dans le cœur, qu'il disait : « Je suis plus près de Vienne, que mon beau-père ne l'est de Paris. »

Cependant les ordres qu'a donnés Napoléon, après l'affaire de Nangis, n'ont pu être exécutés à temps par le duc de Bellune.

En vain ce dernier essaie d'occuper le pont de Montereau : les Wurtembergeois, arrivés avant lui, le repoussent. Le général Château, son gendre, paie ses vaillants efforts de sa vie. Cependant le général Gérard arrive et soutient le combat : Napoléon le suit de près et décide la victoire.

On s'empare des hauteurs de Surville, qui dominent le confluent de la Seine et de l'Yonne, on y place en batterie l'artillerie de la garde, qui foudroie les Wurtembergeois dans Montereau. Napoléon pointe lui-même les pièces, commande lui-même les décharges; l'ennemi fait de vains efforts pour démonter nos batteries ; les boulets sifflent sur le plateau de Surville. Mais le soldat murmure de ce que Napoléon, cédant à l'attrait de son ancien métier, reste ainsi exposé aux coups de l'ennemi. C'est dans cette circonstance qu'il dit gaîment ce mot, que tous les canonniers de l'armée ont retenu : « Allez, mes amis, ne craignez rien ; le boulet qui me tuera n'est pas encore fondu. »

Le feu de nos pièces redouble. Protégées par cette redoutable artillerie, les gardes nationales bretonnes s'emparent du faubourg de Melun; le général Pajol s'empare du pont par une charge tellement vive, que l'ennemi n'a pas le temps d'en faire sauter une arche. Wurtembergeois et Autrichiens s'entassent et périssent dans les rues de Montereau. Ce combat est un des plus brillants de la campagne.

Après la victoire, Napoléon croit avoir à exercer un acte de justice sévère. Si le duc de Bellune eût exécuté ponctuellement ses ordres, le sang français n'eût pas coulé. Napoléon lui ôte son commandement, et *lui permet de se retirer chez lui*. Le duc se hâte de se rendre auprès de l'Empereur. D'abord il essuie de violents reproches. Quand il voit que toute justification est impossible, il s'écrie, les larmes aux yeux : « Si j'ai fait une grande faute militaire, je l'ai payée bien cher, Sire, par la mort de mon gendre, le général Château... » A ce mot, l'Empereur l'interrompt vivement, et s'informe si l'on conserve quelque espoir de sauver le général. Le duc de Bellune, reprenant confiance, proteste de nouveau qu'il ne quittera pas l'armée : « Je vais prendre un fusil, dit-il; je n'ai pas oublié mon ancien métier : Victor se placera dans les rangs de la garde. — Restez, Victor, restez, lui dit Napoléon, en lui tendant la main ; je ne puis vous rendre votre corps d'armée, puisque je l'ai donné à Gérard, mais je vous donne deux divisions de la garde ; allez en prendre le commandement, et qu'il ne soit plus question de rien entre nous. »

L'armée austro-russe, défaite à Montereau, et évitant un nouvel engagement général, se retira sur Troyes suivie par l'armée française, commandée par l'empereur Napoléon. Le 23 février, le corps du général Gérard se trouva en présence de l'arrière-garde ennemie ; sa cavalerie atteignit celle du prince Lichtenstein; deux escadrons de dragons, appuyés par la cavalerie légère, s'élancèrent avec audace sur la ligne ennemie, et lui prirent six pièces de canon attelées et 300 cavaliers montés. Les fuyards se réfugièrent dans Troyes, mais le prince de Schwartzemberg fit continuer ses mouvements derrière la Seine.

Napoléon, voulant troubler sa retraite,

ordonna les dispositions nécessaires pour l'assaut; déjà les colonnes françaises s'avançaient pour pénétrer dans la ville, lorsqu'un parlementaire vint annoncer qu'elle serait évacuée dans la nuit. L'Empereur, voulant sauver Troyes d'une destruction certaine, contremanda l'attaque, et le lendemain l'armée française entra dans la ville, l'Empereur en tête. On l'accueille par les acclamations les plus vives; c'est à qui pressera ses bottes et baisera ses mains. Cependant, au milieu de l'expansion générale, des plaintes s'élèvent, on parle de traîtres, on dénonce des coupables.

Napoléon, forcé par la foule de s'arrêter à chaque pas, apprend aussi, au milieu des rues, du haut de son cheval, et de la bouche des principaux habitants dont il est entouré, que plusieurs royalistes, désavouant les couleurs sous lesquelles la France combattait, avaient osé arborer la cocarde blanche afin de rappeler à la fois sur les Bourbons l'attention des Français et des souverains alliés. Napoléon partage le mécontentement qui agite le peuple; il promet hautement de faire prompte justice; et à peine est-il descendu à son logement, que, jetant ses gants sur sa table, et le fouet encore à la main, il ordonne qu'on réunisse un conseil de guerre.

Napoléon s'était jusqu'alors refusé à sévir, tant le remède des supplices lui inspirait de dégoût! La raison d'état parle enfin si haut qu'il est forcé de l'entendre. On vient d'apprendre l'entrée du comte d'Artois en Franche-Comté. Non seulement cet individu et ses fils, placés sur les frontières les plus opposées sous l'égide des ennemis de la France, semblent se présenter pour appeler à eux leurs indignes partisans et troubler le pays; mais Louis XVIII lui-même est parvenu à faire circuler dans Paris ses paroles, ses insinuations, ses pardons et ses promesses, que s'empressent d'accueillir plusieurs hauts fonctionnaires de l'empire, des membres du conseil et de la magistrature! Des rumeurs souterraines commencent à se faire entendre dans la capitale, tandis que la conjuration éclate dans les provinces occupées par l'ennemi, et surtout dans le midi... Telle est la substance des derniers rapports qu'on reçoit de toutes parts.

Cet état de choses n'aggrave que trop le crime des royalistes de Troyes, et quand chaque jour, et à chaque instant, quelques-uns des nôtres tombent sous les coups de l'ennemi, la vie d'un obscur conjuré pèse à peine dans les balances sanglantes de la guerre. Parmi les noms des coupables que la clameur publique vient de signaler, on a retenu ceux de deux anciens émigrés, que toute la ville accuse, non seulement d'avoir porté la cocarde blanche et repris la croix de Saint-Louis, mais encore d'avoir fait des démarches auprès de l'empereur de Russie en faveur de la cause des Bourbons; ce sont les nommés Gouault et Vidranges. Ce dernier s'est réfugié à Chaumont; mais l'autre est resté. La foudre qu'il a voulu braver tombe sur lui: il est traduit au conseil de guerre et servira d'exemple.

Napoléon, harassé de fatigue, venait de se retirer dans sa chambre, lorsque la famille du condamné se présente aux portes, pour demander grâce. Napoléon ne savait pas résister à ces cris de miséricorde: des rémissions éclatantes et nombreuses attestent assez sa clémence; mais, cette fois, déterminé à ne pas se laisser fléchir, il avait pris des précautions contre lui-même et n'avait trouvé d'autres moyens que de ne pas se laisser approcher. Cependant, à peine Napoléon est réveillé, que le placet de Gouaut est présenté; mais est-il temps encore? Le prince de Neufchâtel, interrogé, répond que la sentence a dû être exécutée. Napoléon ordonne qu'on s'en assure. Un officier d'ordonnance part et revient bientôt: il est trop tard. Napoléon garde un long silence et le rompt enfin, en disant: « *La loi le condamnait!* »

Cependant, les hostilités continuaient toujours, et ce fut vainement que des commissaires nommés par toutes les parties belligérantes furent réunis à Lusigny pour traiter des conditions d'une suspension d'armes; ils ne purent s'entendre sur la ligne de démarcation.

Cependant, les moments étaient précieux, et de nouveaux événements allaient compliquer les embarras déjà si graves de la guerre et de la politique. Après le combat de Vauchamps, le maréchal Blucher, séparé de ses lieutenants, battu comme eux, avait fait en toute hâte retraite vers Châlons-sur-Marne, ne sachant trop où sa déroute pouvait le mener; mais la fortune ne lui tint pas longtemps rigueur. Dès le lendemain, Napoléon, rappelé vers Nangis et Montereau, cessa de peser sur lui. Blucher ne fut plus poursuivi que par le duc de Raguse, et bientôt celui-ci se vit obligé lui-même de lâcher prise, pour revenir sur Montmirail combattre un corps de troupes que le prince de Schwartzemberg avait fait avancer au secours des Prussiens. Tandis que le duc de Raguse, occupé à poursuivre cette troupe, était allé prendre position à Sezanne, Blucher mit les moments à profit et rallia à lui les corps de Sacken et de Yorck. Ceux-ci avaient échappé, de leur côté, à la poursuite du duc de Trévise, par un concours de circonstances non moins heureuses que celles qui avaient débarrassé leur général en chef.

Les corps prussiens de Bulow, et les divisions russes de Wintzingvode et de Woronzof, après avoir pris possession de la Belgique, avaient franchi notre ancienne frontière du nord. Leur avant-garde, pénétrant à travers les Ardennes, s'était avancée jusqu'aux portes de Soissons, dont la mort du brave commandant Rusca leur ouvrit les portes. Peu de jours après, ils en furent chassés par le duc de Trévise et allèrent, par la route de Rheims, guetter les troupes de Blucher. Celui-ci, ayant réussi à réunir toutes ses forces, et se voyant au moment d'en recevoir de nouvelles, qui arrivaient de Mayence, s'était décidé, dans l'impossibilité de rejoindre l'armée de Schwartzemberg aux environs de Troyes, à repasser l'Aube et à s'avancer encore une fois sur Paris, pour opérer une diversion en faveur de l'armée autrichienne. Aussi, pendant que l'armée française était autour de Troyes, occupée d'armistice et de paix, les troupes prussiennes descendaient rapidement les deux rives de la Marne. Le duc de Raguse, forcé, le 24, d'abandonner Sezanne, se retirait par Laferté-Gaucher, sur Laferté-sous-Jouarre, et de l'autre côté de la Marne, le duc de Trévise, après avoir laissé garnison dans Soissons, se retirait également sur Laferté-sous-Jouarre.

L'empereur Napoléon, apprenant ces mouvements, laissa les corps de Macdonald, Oudinot, Gérard, en position sur les routes de Châtillon et de Bar-sur-Aube, pour observer l'armée autrichienne, et avec le reste de ses troupes, se mit, le 27 au matin, à la poursuite de Blucher.

Le prince de Schwartzemberg, profitant aussitôt de l'éloignement de Nadoléon, quitta la défensive, et reprenant l'offensive, attaque le jour même les corps français laissés devant lui sur l'Aube. Après le combat de Bar-sur-Aube, où cinquante mille alliés ne gagnèrent que le champ de bataille sur quinze mille Français presque sans artillerie, un nouvel engagement eut lieu à Bar-sur Seine, entre le prince royal de Wurtemberg et le maréchal Macdonald. Les deux corps français, qui ne comptaient pas au-delà de vingt-cinq mille hommes, trop faibles pour soutenir le choc d'un ennemi quatre fois plus nombreux, se replièrent sur Troyes, qu'ils ne purent conserver, et qui fut de nouveau occupé par l'ennemi.

Pendant que l'Empereur se dirigeait, par Arcis-sur-Aube, sur Sezanne, les ducs de Trévise et de Raguse, trop faibles encore, malgré leur jonction, pour arrêter toutes les forces de Blucher, continuèrent de reculer jusqu'à Meaux. Napoléon pressait sa marche pour sauver cette ville, si voisine de la capitale. L'armée était harassée; mais l'ardeur de vaincre la soutenait. Arrivée enfin sur les hauteurs de Jouarre, elle découvrit à ses pieds la ville de Laferté, les sinuosités de la vallée, et de l'autre côté de la Marne, l'armée prussienne qui lui échappait.

Blucher avait été informé sans doute de l'approche de Napoléon; il avait évacué aussitôt la Marne, et, réuni à ses troupes de la rive droite, il avait coupé les ponts et venait de mettre la rivière entre son armée et celle qui le poursuivait.

Dans la nuit du 2 au 3 mars, l'armée française effectua le passage de la Marne sur un pont qui fut rétabli à Laferté : mais tout à coup le temps changea; une forte gelée succéda à la pluie, et l'ennemi vit se convertir en routes solides et faciles de mêmes boues d'où, quelques heures auparavant, il désespérait de sortir.

Malgré ce contretemps, toutes les chances d'un grand succès n'étaient pas perdues. Dans la direction que l'ennemi était forcé de suivre pour opérer sa retraite, le cours de l'Aisne lui barrait le passage. Soissons était la clé de cette barrière, Soissons, dont les fortifications avaient été relevées, et dont quatorze cents Polonais formaient la garnison l'ennemi ne pouvait espérer de l'enlever par un coup de main. Les troupes de Blucher, éparses dans les plaines, ayant devant eux l'Aisne, derrière eux la Marne, pressées à gauche par les ducs de Trévise et de Raguse, à droite par l'armée de Napoléon couraient donc grand risque d'être acculées sur Soissons, et d'être forcées de déposer armes et bagages aux pieds des remparts de cette ville.

Plein de ces espérances, Napoléon déboucha, le 3 mars, par le nouveau pont de Laferté; il porta rapidement ses troupes sur la grande route de Châlons jusqu'à Château-Thierry; et là, trouvant à gauche la route de Soissons, il la fit prendre à son armée qu'il ramena ainsi sur les flancs de l'ennemi.

Tandis que la droite de l'armée française s'avançait ainsi par la route de Château-Thierry à Soissons, la gauche, formée des troupes des ducs de Trévise et de Raguse, tournait l'ennemi, et marchait également sur Soissons par Villers-Cotteret et par Neuilly-Saint-Front.

Dans ce moment critique les ponts-levis de Soissons s'abaissèrent, devant l'armée prussienne étonnée. Ce passage inespéré lui fut ouvert par les généraux Brunow et Woronzof, que le hasard venait d'amener sur l'autre rive de l'Aisne.

Soissons, prise le 14 février, avait été ainsi que nous l'avons vu, évacuée par les Russes et réoccupée par une garnison de douze à quinze cents Polonais, commandés par le général Moreau.

Les généraux Woronzow et Bulow se présentèrent devant cette place le 2 mars, et, après quelques coups de canon tirés, la sommèrent d'ouvrir ses portes. Considérant la force de l'ennemi, le commandant français crut devoir capituler, sous la condition qu'il lui serait loisible de rejoindre l'armée française avec sa garnison et ses pièces de campagne. Cette convention, très avantageuse aux Prussiens, manqua d'être rompue par leur déloyauté: au mépris des termes dans lesquels elle était conçue, ils ne voulaient laisser sortir que deux pièces de campagne. La garnison allait se révolter, et défendre la place malgré son général, lorsque Woronzow aplanit les difficultés, en faisant sentir aux Prussiens l'injustice et le danger de leurs prétentions: « Donnez-leur, dit-il, toutes les pièces qu'ils réclament, et les miennes même, s'ils les exigent; mais qu'ils partent tout de suite: nous aurons encore fait un bon marché. »

Le calcul de Woronzow était juste. A peine la garnison fut-elle hors des faubourgs, que les têtes de colonne de l'armée de Blucher y entrèrent dans le plus grand désordre, vivement poursuivies par l'armée sous les ordres de Napoléon. Blucher était sauvé, car il put passer l'Aisne sans obstacle. Si Soissons eût tenu seulement trois ou quatre jours, la perte de ce général était certaine. Pressé par les maréchaux Mortier et Marmont, poussé sur son flanc gauche par Napoléon, arrêté par la rivière de l'Aisne, il aurait été forcé de mettre bas les armes en rase campagne, comme à Schwartau, dans la guerre de 1806. Pour cette fois, le hasard vint au secours de son imprudence.

Pendant que le gros de l'armée française, sous les ordres de l'empereur Napoléon, poussait l'armée de Silésie, de la Marne sur l'Aisne, le général Corbineau, à la tête de quatre cents hommes de cavalerie de la garde impériale, se portait par des chemins de traverse, sur Rheims, et y faisait son entrée après avoir fait mettre bas les armes à quatre bataillons ennemis postés sur le plateau de Sainte-Geneviève. La possession de Rheims coupa la communication entre l'armée de Silésie et l'armée austro-russe, restée sur la Seine.

La jonction de l'armée de Silésie avec les corps des généraux Bulow, Woronzof et Wintzingerod, qui s'effectua sur l'Aisne, porta les forces réunies sous les ordres de Blucher à cent mille hommes. Napoléon, après sa réunion avec les maréchaux Mortier et Marmont, pouvait disposer d'à peu près trente-cinq mille hommes; malgré son infériorité numérique il se disposa à donner une seconde leçon de tactique au général Blucher. Son projet était de couper l'armée de Silésie de la route de Belgique, en la tournant par sa gauche, et, à cet effet de la prévenir à Laon.

L'armée française, passsant l'Aisne, sur le pont de Bery au Bac, qu'avait forcé la cavalerie Excelmans et la brigade polonaise de Pacsz, prit position à Corbeny. Blucher, se voyant ainsi menacé par sa gauche, se hâta d'arrêter la retraite, et ordonna à ses divers corps de se réunir sur le plateau de

Craonne, pour s'opposer à la marche de l'armée française sur Laon.

Les divisions russes de Sacken et Wintzingerode avaient pris position sur les hauteurs de Craonne, et les corps prussiens sur les hauteurs de Laon. Napoléon arriva le 6 mars devant les Russes; les hauteurs de Craonne furent attaquées et enlevées. Les Russes se retirèrent et prirent possession le 7 sur une autre hauteur, ayant leur droite et leur gauche appuyées à deux ravins et un troisième ravin devant eux. Un seul passage d'une centaine de toises joignait cette position au plateau de Craonne, mais il était défendu par soixante pièces de canon. Le maréchal Victor, avec deux divisons de la jeune garde, chassa les Russes de l'abbaye de Vaucler, à laquelle ils avaient mis le feu, et passa le défilé. Le général Drouot le franchit aussitôt avec plusieurs batteries. Au même instant, le maréchal Ney passa le ravin de gauche, et déboucha sur la droite des alliés. Pendant une heure, la canonnade fut épouvantable. Le général Grouchy déboucha alors avec sa cavalerie, et le général Nansouty passa le ravin à droite. Une fois le défilé franchi, les alliés, forcés dans leur position, furent pouruivis pendant quatre heures, et canonnés par quatre-vingts pièces de canon à mitraille. Ils éprouvèrent une perte immense, mais les ravins dont ils étaient entourés les préservèrent d'être débordés et entamés par la cavalerie française.

Le lendemain ils furent poursuivis par le général Ney jusqu'au village d'Etouvelle. Le 9, ils joignirent les Prussiens sur le plateau de Laon.

Napoléon voulut attaquer le plateau de Laon, sans calculer que l'ennemi était en forces considérables, et que plusieurs rangées d'escarpements, séparés par des vallées, rendaient la position inexpugnable : en vain tous les officiers blâmèrent-ils cette funeste entreprise ; il fallut obéir. Les troupes franchirent les premières hauteurs avec l'élan d'une rare intrépidité ; mais, après ce premier choc, elles avaient perdu beaucoup de monde sous les batteries, et leur succès même les força de se retirer en désordre : nous marchâmes sur l'Aisne pour nous y rallier.

Sur ces entrefaites, Saint-Priest, né Français, mais alors aux ordres des coalisés, s'avança à la tête de seize mille hommes, de Châlons sur Reims, place fermée seulement par un mur en partie abattu, et n'ayant pour garnison qu'une centaine de chevaux de la garde impériale, cinquante gendarmes et les cadres de trois bataillons, sous les ordres du général Corbineau.

Le 12 mars, l'ennemi surprit à la pointe du jour la petite garnison qui eût été prisonnière sans le généreux dévouement de la garde urbaine, qui facilita son évasion en la soutenant vaillamment dans plusieurs quartiers. Cette poignée de braves résistèrent aux poursuites de dix escadrons ennemis et parvinrent à se joindre à la division des gardes d'honneur du général Defrance qui accourait, mais trop tard, pour secourir Reims.

L'empereur Napoléon, instruit de ces évènements, qui avaient permis à Blucher, au moment où celui-ci venait de faire sa jonction avec Bernadotte, de renouer ses communications avec Schwartzemberg, quitta Soissons, et se porta rapidement sur Reims. Il reprit la ville, tua beaucoup de monde à l'ennemi, lui fit trois mille prisonniers, et lui enleva onze bouches à feu, cent chariots de munitions, et un équipage de pont. La déroute de l'ennemi fut complète, et les troupes, n'écoutant plus les généraux, se sauvèrent à la débandade dans toutes les directions.

Il semblerait que la justice divine poursuit l'homme qui combat contre son pays; Saint-Priest reçut une blessure grave, et l'on prétendit que le coup était parti de cette même batterie qui avait tué le général Moreau.

Napoléon entra dans Reims à une heure du matin. La ville fut spontanément illuminée; le peuple dans l'ivresse de la joie, se précipita au devant de l'Empereur, et le conduisit en triomphe à l'Hôtel de ville. L'armée obtint trois jours de repos à Reims, après lesquels Napoléon retourna sur l'Aube et la Seine pour opérer contre l'armée austro-russe de Schwartzemberg, et laissa sur l'Aisne divers corps afin d'observer Blucher.

Le grand drame diplomatique et militaire touchait à son terme : il n'était plus possible au représentant de la France, de prolonger les séances de Châtillon. Vainement avait-il sollicité des instructions nouvelles pour le contre-projet que lui demandaient les plénipotentiaires étrangers. On connaît la réponse que Napoléon avait faite à son envoyé sur le champ de bataille même de Craonne. Dans la soirée du 18 mars, M. de Rumigny reparaît encore au quartier-général; il annonce à Napoléon que les alliés, n'ayant plus d'inquiétude sur le sort de Blucher, ont renfermé aussitôt le duc de Vicence dans un délai de trois jours pour souscrire aux conditions proposées: ainsi pressé, le plénipotentiaire de France a remis le 15 un contre-projet; mais dans une pareille démarche, et lorsqu'il ne s'agit plus que de concessions et d'humiliations, le duc de Vicence s'est renfermé strictement dans la limite de ses pouvoirs; il est donc probable que son contre-projet, quelque modéré qu'il puisse être, va devenir le signal de la rupture. Tandis que nos derniers courriers font mille détours au gré des caprices des commandants des troupes alliées, le délai fatal doit avoir expiré.

En effet, la séance de clôture de ce congrès, ouvert le 5 février précédent, avait eu lieu le 19 mars; le protocole avait reçu les dernières déclarations des puissances; et quelques jours après, le duc de Vicence était de retour auprès de Napoléon.

Forcé de renoncer à tout espoir de négociation, Napoléon, malgré le découragement des chefs de l'armée, se fie encore à la victoire. Il vaincra, mais sans aucun profit pour lui-même ni pour la France.

Le prince de Schwartzemberg, généralissime de la coalition et commandant la grande armée austro-russe, venait, en passant sur la rive droite de la Seine, de contraindre le duc de Tarente à se replier sur Provins; il marchait sur Paris, lorsqu'il reçut du général Blucher un courrier l'informant du résultat de la bataille de Laon et de l'approche de Napoléon.

Schwartzemberg, croyant trouver une occasion favorable pour livrer bataille à son adversaire, affaibli par son expédition sur l'Aisne, et qu'il supposait serré de près par Blucher, concentra son armée, forte alors d'à peu près cent mille hommes, aux environs d'Arcis-sur-Aube, dans l'intention de se porter sur la Marne et d'y arrêter le mouvement de l'Empereur; mais, au moment où il se berçait de cette flatteuse espérance, Napoléon avait passé cette rivière, et déjà forçait à se replier les avant-postes de l'armée austro-russe sur l'Aube.

Schwartzemberg, dérouté par la rapidité de cette marche, instruit d'ailleurs que Blucher, restant maladroitement de l'autre côté de la Marne, ne l'avait point suivi, renonça à son premier projet et prit le parti de se retirer vers Bar-sur-Aube, dans la position de la Rothière, où la fortune lui avait, en février, été plus favorable qu'ailleurs. Cependant, à peine son mouvement rétrograde était-il commencé, que l'attaque des Français lui ayant fait connaître qu'ils voulaient se porter, par Plancy et Méry, sur Troyes, afin de déborder sa gauche et de menacer ses communications, il revint à son premier plan et résolut de marcher au-devant d'eux, afin de s'opposer à leur mouvement. En conséquence, il arrêta ses colonnes en retraite et les porta sur Arcis.

Napoléon, trompé par la faible résistance qu'il avait trouvée en arrivant sur la Seine et sur l'Aube, et par différents rapports qui affirmaient que l'ennemi se retirait, le supposa en pleine retraite et résolut de le pousser à outrance. Il ordonna donc au général Sébastiani, commandant les divisions de cavalerie Excelmans, Colbert et Letort, et à l'infanterie du maréchal Ney, prince de la Moskowa, de se porter sur Arcis le 20, au matin.

A peine le général Sébastiani était-il en mouvement, qu'il reconnut le changement de résolution de l'armée. Il en avertit Napoléon, qui refusa de le croire; mais bientôt toute l'armée austro-russe se porta sur Arcis et replia nos avant-postes. Déjà les fuyards, poussés par la cavalerie ennemie, décuple de la nôtre, se précipitaient sur le pont, lorsque Napoléon, qui était accouru dès qu'il n'avait plus douté de l'attaque, l'épée à la main, se jeta au-devant d'eux: « Voyons, dit-il, qui de vous passera avant moi. » Ces paroles suffirent pour arrêter le désordre. Une division de la vieille garde, commandée par le général Friant, traversa rapidement l'Aube, et, se formant en dehors d'Arcis, arrêta les assaillants et ramena la confiance.

Ce combat sanglant se prolongea toute la journée, sans avoir aucun résultat décisif. Les deux armées conservèrent leur même position.

Il est de la dernière évidence que l'Empereur, dans cette bataille, a cherché la mort. Effrayés des dangers qu'il courait, l'état-major et les escadrons de service se rapprochaient de lui et le serraient de près ; mais à chaque instant l'empereur se portait en avant. Epouvanté de son intention, qu'il pénétrait, le duc de Vicence se hasarda à lui faire observer que, le débouché servant de point de mire à l'ennemi, il se trouvait horriblement exposé à cette place : « Je me trouve bien, lui répondit-il brièvement. » Ce ne fut qu'au moment où il s'élança l'épée à la main au devant des cosaques qu'il quitta cette dangereuse position. Durant cette affaire, enveloppé plusieurs fois dans le tourbillon des charges, son escorte ne put le rejoindre. Un obus tombe à ses pieds, et il disparaît dans un nuage de poussière et de fumée. Des cris de terreur s'élèvent de toutes parts : on le croit perdu ! Il se relève, se jette sur un autre cheval, et va se placer sous le feu d'une batterie que quelques bataillons de la vieille et de la jeune garde cherchaient en vain à débusquer.

La présence de l'Empereur au milieu d'eux, les dangers qu'il court, électrisent ces braves. Leurs efforts redoublent, ils forcent la position, en chassent l'ennemi et laissent à cette seule place plus de quatre cents des leurs.

Napoléon, ayant été rejoint dans la soirée par le corps du maréchal Oudinot, attendait le lendemain avec impatience. Au point du jour, un mouvement rétrograde des alliés lui ayant fait croire qu'ils se retiraient, il s'avança pour les poursuivre, mais il les trouva campés sur les hauteurs avec des forces plus considérables que celles de la veille, et dans une attitude plus menaçante. Les deux armées restèrent quelque temps en présence, et tout annonçait qu'on allait livrer bataille.

Malgré l'extrême disproportion des forces, Napoléon avait ordonné une attaque générale, et la cavalerie française s'y portait avec intrépidité. Cependant le prince de la Moskowa et le général Sébastiani, jugeant que l'ennemi était assez nombreux pour les occuper de front et envoyer en même temps un corps convenable s'emparer d'Arcis, engagèrent Napoléon à ne pas persister dans son dessein. Il se rendit enfin à l'évidence et ordonna la retraite.

L'armée ennemie se porta en avant ; mais ses attaques furent si maladroitement dirigées, si mollement exécutées, que le duc de Reggio, chargé de défendre Arcis, afin de laisser à l'armée la facilité de traverser les ponts sur l'Aube et un long défilé qui vient après, se maintint longtemps, lorsqu'il aurait pu être enlevé du premier choc. Enfin la retraite de toute l'armée étant effectuée, ce maréchal passa l'Aube à son tour et en détruisit les ponts. L'ennemi ne poussa pas au delà.

FIN DE LA CAMPAGNE DE 1814.

BATAILLE ET CAPITULATION DE PARIS.

31 MARS 1814.

Les sublimes efforts du génie militaire du grand capitaine, les prodiges de dévouement, la constance inébranlable de cette poignée de soldats qui, de la rivière d'Yonne à la rivière d'Aisne, tenaient ferme, depuis deux mois, devant deux armées combinées, devant trois cent mille hommes incessamment renforcés; la stratégie audacieuse qui, d'un revers d'épée, avait séparé, par deux fois, la masse assaillante en deux tronçons, rejetés à cinquante lieues l'un de l'autre; Brienne, Champ-Aubert, Montmirail, Montereau, Craonne; tant de marches forcées à travers les boues et les neiges de la Bourgogne et de la Champagne; tant de privations surhumaines, tant de périls et tant de gloire devaient être inutiles : l'arrêt suprême était prononcé! Le clairon des barbares, résonnant dans Paris, allait annoncer au monde étonné que la France était trahie et livrée, que la révolution était vaincue, vaincue par l'alliance monstrueuse des peuples et des rois.

Spectacle admirable! sur le vaste demi-cercle qui s'étend de Montereau à Reims, soixante mille Français, présents partout et partout invincibles, tiennent immobiles au bout de leurs baïonnettes trois cent mille alliés. La route de Paris est fermée. Le premier flot de l'invasion, qui semblait devoir tout emporter sur son passage, a trouvé une digue insurmontable.

Mais ce n'est pas assez que d'arrêter ainsi, à quarante-huit lieues de la capitale de la France, Blücher et Schwartzemberg : le salut de l'empire est à plus haut prix!

De toutes parts à l'horizon, si loin que la vue s'étende, l'œil aperçoit de longues colonnes d'hommes armés se dirigeant vers la France. Des steppes de la Russie aux monts asturiens, l'Europe soulevée est en armes, se ruant aux rives de la Seine; et du sein de ces masses guerrières, un cri unanime, formidable s'élève : Guerre, haine à la France! Enveloppée dans les plis dorés de son manteau impérial, la nation révolutionnaire a été méconnue : le glaive qui prépare l'affranchissement de l'Europe n'apparaît plus aux yeux des nations que comme l'instrument d'une conquête ambitieuse. Fatale erreur qui coûtera cher à la France, cher à son chef, et que les peuples expieront durement!

Bientôt, pénétrant par nos frontières ouvertes, un million d'hommes viendra se joindre aux nombreuses armées qui déjà étreignent la France et touchent à Paris. Pour les arrêter dans leur marche, il faut donc frapper un coup qui les étonne et les intimide, faire plus que tenir en échec la double armée de Blucher et de Schwartzemberg; il faut la disperser, l'anéantir; et, devant un si grand désastre, ces auxiliaires qui accourent des confins de l'Europe n'oseront pas s'aventurer sans doute sur le sol brûlant qui aura dévoré tant de légions : la coalition sera rompue.

Ce coup de génie et d'audace, Napoléon l'a conçu, et il s'est résolu à le tenter. Il abandonne sa base d'opérations : il va s'appuyer aux places fortes de l'est, aux populations dévouées de l'Alsace, de la Lorraine, de la Bourgogne, de la Champagne; il va porter la guerre sur les derrières de l'ennemi, en coupant ses lignes d'opérations, ses communications, en l'isolant de ses dépôts et de ses renforts. Augereau remontera simultanément la vallée de la Saône, prendra à revers la gauche de Schwartzemberg, et coopérera à l'exécution de cette grande combinaison militaire. Déjà les généreuses provinces sur qui a compté Napoléon ont lancé des milliers de partisans sur toutes les routes. Malgré la lâcheté, la trahison des grands fonctionnaires qui les gouvernent, leur courage et leur patriotisme ont surgi sous la pression de l'invasion : que sera-ce donc quand l'armée sera au milieu d'elles, quand Napoléon lui-même activera leur énergie, dirigera leurs efforts ?

Paris est ainsi livré à ses propres forces. Napoléon a pensé, les yeux fixés sur un passé glorieux, que la capitale de France saurait, au besoin, pourvoir à sa défense. Si l'ennemi osait, avait-il dit, entreprendre contre Paris, Paris se défendrait sur les hauteurs qui le couronnent et le protégent; il combattrait jusque dans ses faubourgs, dans ses maisons crénelées, dans ses rues barricadées. Sa résistance serait assez énergique et assez prolongée pour donner à l'armée le temps d'arriver à son secours; et alors les coalisés, pressés entre nos bataillons et la population parisienne, éprouveraient une défaite certaine.

Les moments sont précieux; l'exécution a suivi immédiatement la pensée. Libre de ses mouvements dans la grande trouée qu'il a pratiquée entre Blucher et Schwartzemberg, Napoléon s'est porté sur Vitry, poussant une division jusqu'à Chaumont. Maintenant, Marmont, qui conduit l'aile gauche, Marmont, la fatalité de la campagne, viendra-t-il le rejoindre? Augereau répondra-t-il à la confiance du chef? Si Paris est attaqué, verra-t-il luire encore ces jours de grandeur et d'énergie où, à l'approche de Brunswick, il lança soudain, aux rives de la Marne, quarante-huit bataillons recrutés dans ses murs? De la solution de ces questions, de la dernière surtout, dépend le salut de la patrie.

Vitry, occupé en force, a résisté aux sommations; Napoléon a passé outre, a couru à Doule, veut battre un corps austro-russe. Marmont s'est laissé couper et rejeter sur Paris. Il n'importe : Napoléon poursuit ses desseins, et bientôt il atteint le russe Vinzingerode et dix mille hommes qui sont culbutés. Victoire inutile! Dans la nuit du 27 au 28 mars, trente-six heures après ce dernier succès de nos armes, l'armée française occupait Saint-Dizier et ses alentours. Vers deux heures du matin, tout était calme au bivouac. Épuisés de fatigue, hommes et chevaux gisaient étendus sur la terre durcie par la gelée, se préparant, par un sommeil de quelques heures, aux rudes travaux de la journée qui allait suivre. Autour de la flamme vacillante des feux qui vont s'éteindre, les fantassins, enveloppés dans leurs capotes grises, les cavaliers, roulés dans leurs manteaux, demeurent immobiles et silencieux.

Au quartier-général du chef, dont le génie commande à ces légions mutilées, tout est plongé aussi dans un silence profond, qu'interrompt à peine le pas précipité de quelques soldats qui gardent, par une froide nuit, la demeure passagère de l'homme du destin.

Tout à coup, suivi d'une faible escorte,

un cavalier arrive au galop, traverse les gardes, met pied à terre, et pénètre précipitamment à l'intérieur du quartier-général. Il entre dans une salle basse où veillent quelques officiers de service, il jette de côté le manteau qui le couvre : c'est Caulaincourt, le négociateur malheureux de Châtillon. Il a quitté Châlons, le 20 mars. Les derniers ordres de l'Empereur ne lui sont parvenus qu'après la rupture du congrès, et pour revenir jusqu'au quartier-général de Napoléon, il a dû subir les nombreux détours que l'ennemi lui a prescrit. Il paraît en proie à une agitation profonde. D'un ton bref, il dit, s'adressant à un des officiers qui sont là : « Réveillez le grand-maréchal ; il faut que je lui parle sur-le-champ, allez-vite ! » L'officier obéit ; mais, sans plus attendre, Caulaincourt le suit et arrive en même temps dans la chambre où le grand-maréchal dormait tout habillé. Caulaincourt, congédiant d'un geste son guide, referme brusquement la porte.

Quelques minutes après, Bertrand et Caulaincourt sortent et vont droit à un salon situé sur le même palier, où repose l'Empereur. Napoléon avait travaillé jusqu'à une heure fort avancée de la nuit ; il sommeillait à peine depuis trois quarts-d'heure ; mais, à la voix du grand-maréchal qui lui annonça l'arrivée inopinée de Caulaincourt, il fut bientôt debout, tout prêt à écouter son plénipotentiaire. Eh bien, Caulaincourt, dit Napoléon, quelles nouvelles? J'ai reçu vos dernières dépêches ; le congrès est rompu ; *ils* ne veulent pas la paix ; *ils* ne l'ont jamais voulue ; soit : la guerre va continuer, et nous la ferons bonne. — Sire, reprit Caulaincourt d'une voix émue, ce que j'ai à vous apprendre est plus grave encore que ce que vous savez. Napoléon croisa les bras sur sa poitrine, en regardant Caulaincourt d'un air de surprise. Celui-ci continua, et raconta que, d'après des rapports certains, l'armée de Schwartzemberg avait passé l'Aube au moment même où l'Empereur marchait contre Vitry, rejoint sur la Marne l'armée de Silésie, et, de concert avec elle, s'avançait sur Paris. C'est Alexandre qui a emporté cette décision dans le conseil des coalisés, en montrant les avis que lui ont fait parvenir de Paris quelques misérables à la tête desquels se trouvent Talleyrand, Delberg, Montesquiou, etc., et, ajouta Caulaincourt, au moment où je parle, les deux armées réunies ne sont peut-être pas à vingt-cinq lieues de Paris. Le corps de Winzingerode, que vous avez battu, le 26, n'avait été laissé devant vous que pour masquer la grande opération qui menace la capitale.

Ce récit concordait avec les renseignements donnés par des prisonniers du corps de Winzingerode. Ce qui n'était encore qu'un doute devenait une certitude terrible. A cette désastreuse nouvelle, Napoléon resta impassible : on eût cherché en vain sur sa figure, dans ses gestes, la trace de la plus légère émotion. Après que Caulaincourt eût fini de parler, il parcourut deux ou trois fois le salon dans sa longueur, livré à ses réflexions ; puis, il dit d'une voix calme : Bertrand, mes cartes.

Une carte du théâtre de la guerre fut étendue sur le plancher, et, une bougie dans une main, un compas dans l'autre, Napoléon l'examina d'un œil tranquille, se faisant répéter avec tous les détails le récit qu'il venait d'écouter, discutant les preuves, les renseignements qui lui étaient fournis, supputant les distances, évaluant froidement les chances qui lui restaient dans cette nouvelle phase de la lutte.

Au bout d'une heure, la diane retentissait dans le camp et dans la ville, l'armée avait reçu l'ordre de se mettre en marche sur Troyes. De là, elle devait se porter au secours de Paris.

Le jour commençait à peine à poindre, que déjà les colonnes étaient formées et s'ébranlaient pour converger au point assigné. Suivant une habitude qu'il avait prise dans cette campagne, Napoléon avait voulu voir défiler sa garde au départ. Il s'était placé près d'un feu de bivouac allumé tout exprès à quelques pas, hors de Saint-Dizier, à droite de la chaussée qui conduit de cette ville à Troyes, par Montiérender. Là, il contemplait au passage les restes de ses redoutables phalanges. A côté de lui se tenaient Bertrand et Caulaincourt, à deux ou trois pas en arrière, quelques officiers formés en groupe, et plus en arrière les escadrons de service.

Cette garde, quoiqu'elle fût incessamment recrutée dans les autres troupes, présentait des vides immenses dans ses cadres, et qu'on essayait en vain de dissimuler, en formant l'infanterie sur deux rangs, au lieu de trois, en réduisant la longueur du front des pelotons de la cavalerie. Des compagnies de cinquante ou de soixante hommes à peine, des régiments de cavalerie de moins de trois cents chevaux attestaient avec une triste éloquence les luttes gigantesques soutenues, depuis trop longtemps, contre les hommes et contre les éléments. Officiers et soldats portaient sur leur figure la dure empreinte des souffrances endurées et des malheurs de la patrie. Une boue blanchâtre, fixée par la gelée des derniers jours, couvrait leurs vêtements usés et déchirés. Puis, çà et là, dans les rangs, apparaissaient des têtes enveloppées de linge passant sous le casque et le schako, des visages balafrés, des bras en écharpe ; et, ce qui accusait encore bien clairement tant de fatigues, de privations, et, de plus, bien des pertes cruelles, des jeunes gens jaunis par la fièvre, au corps débile et exténué, se trouvaient mêlés à ces vieux débris.

Cependant, rien en ces hommes éprouvés n'annonçait le découragement ; et, au moment où ils passaient devant le chef dont le regard était fixé sur eux, on les voyait tous jusqu'aux plus faibles soldats se redresser fièrement, et jeter de son côté un coup-d'œil assuré. Pour eux et pour lui, cela voulait dire : Aujourd'hui, comme hier, tu peux compter sur nous.

Napoléon assistait pourtant, en apparence, à ce défilé de sa garde comme à une parade au Carrousel, au temps de sa puissance. La physionomie calme et ouverte, il adressait, de temps à autre, la parole à Bertrand et à Caulaincourt, saluait les drapeaux qui s'inclinaient devant lui, faisait appeler quelques généraux, quelques colonels pour leur poser de ces questions auxquelles il fallait être toujours prêt à répondre : Combien d'hommes dans le rang? Combien de cartouches dans la giberne? Combien de coups à tirer dans les caissons? La confiance du chef fait la force du soldat. Mais autour de l'Empereur les figures étaient soucieuses; on échangeait tout bas de pénibles réflexions : la fatale nouvelle avait circulé dans l'état-major, on la commentait avec une anxiété qui ne pouvait guère se déguiser. Le grand-maréchal surtout avait un air de tristesse indicible. En devinant l'objet, et voulant sans doute faire passer un peu de sa confiance au cœur de son entourage, Napoléon interpella tout à coup ce noble compagnon de sa bonne et de sa mauvaise fortune : « Eh bien ! Bertrand, à quoi pensez-vous donc ainsi, depuis une heure? voyons, dites-moi le sujet de vos graves réflexions? » — Le grand-maréchal resta muet et embarrassé. Napoléon ajouta en souriant, mais un peu impatient : « Allons, parlez-donc, Bertrand, et parlez franchement. — Sire, puisque vous l'exigez... je pensais qu'au moment où nous sommes ici, l'ennemi était peut-être entré dans Paris. — Et bien! Bertrand, » dit Napoléon, en élevant la voix pour être entendu de son état-major, « si l'ennemi est entré dans Paris, nous l'en chasserons. Les Parisiens, et ces soldats, qui seront dans quatre jours sous Paris, suffiront à la besogne. » Ces mots furent prononcés d'une voix vibrante, d'un ton d'assurance qui n'admettait pas la réplique ; et cette confiance n'était pas affectée : le grand capitaine avait foi en son génie, en ses soldats, en la population de Paris. A quoi a-t-il tenu que les faits l'aient justifié?

Après le défilé, Napoléon prit le galop, et gagna bientôt la tête de la colonne, disant à mi-voix aux colonels et aux généraux à côté desquels il passait : « Allons ! allons ! dépêchons-nous ! des jambes ! des jambes ! » Le soir la garde était à Montiérender, après une journée affreuse de pluie et de boue. Le reste de l'armée suivait le mouvement.

Le lendemain, 29 mars, cette marche pénible continua. Tous les soldats savaient le but de ce mouvement rétrograde et précipité. Aussi, pas une plainte, pas un murmure dans leur bouche. Cependant, des soldats, des officiers même, sortaient parfois des flancs des colonnes qui marchaient à travers champs et sur des chemins défoncés, jetaient leurs sacs et leurs armes pour s'étendre sur le sol boueux, abandonnant le drapeau; mais ceux-là ce n'était pas le cœur, c'était la force physique qui faisait défaut. Oh ! qui dira jamais les souffrances, la résignation, l'intrépide patriotisme de ces conscrits, de ces gardes nationaux levés à la hâte, de ces vétérans qui, fidèles jusqu'à la dernière heure à la fortune de la France, ne désespéraient pas de son salut alors même que la défection avait déjà éclaté dans les hautes classes de la nation ?

Napoléon marchait à la tête de la cavalerie de la garde, il arrivait au pont de Toulencourt, quand un courrier expédié de Paris, et accourant à bride abattue, lui apporta, avec la nouvelle de l'entrée des alliés à Meaux, des renseignements circonstanciés sur les menées des royalistes auxiliaires de l'étranger. Alors Napoléon redoubla de vitesse, et le soir même, avec la cavalerie de la garde, il entrait dans Troyes. Il avait fait vingt lieues dans la journée. L'armée et l'infanterie de la garde n'avaient pu le suivre si loin : celle-ci, abîmée de fatigue, s'était arrêtée à trois lieues de Troyes, et il y avait encore des divisions à dix lieues en arrière !

Mais, pour sauver Paris, il ne s'agissait que de montrer des têtes de colonne à ses barrières. Un coup de canon tiré sur les hauteurs de Villejuif par une batterie de la garde, Napoléon dans Paris, et l'armée coalisée battait en retraite devant les aigles impériales pour la deuxième fois. La garde se remit donc en route après une courte nuit de repos. Neuf heures de marche la portèrent à Villeneuve-l'Archevêque ; mais là, elle s'arrêta encore : hommes et chevaux tombaient épuisés ; il fallut attendre au lendemain pour continuer la route. Cette avant-garde de l'armée n'était donc plus qu'à trois journées de Paris ; le 2 avril au plus tard, elle pouvait être rangée en bataille dans la plaine de Saint-Denis ; mais ces trois jours, la fortune les accorderait-elle à la France ? doute affreux, doute terrible qui avait envahi tous les cœurs, et qui pénétra enfin jusqu'à Napoléon.

L'armée a besoin de trois jours ; mais lui, dans douze heures il peut être à Paris ; il peut parcourir la ville et ses faubourgs, soulever le peuple en lui criant *aux armes!* de cette voix puissante qui, depuis vingt années, retentit dans tout le monde. Sa seule présence intimidera les traîtres, encouragera les timides, enhardira les braves. Sous l'empire de ces pensées, Napoléon n'hésite plus : laissant ses troupes, sûr de les retrouver au rendez-vous d'honneur, il s'élance sur la route qui conduit à Paris. Dans une ville française, au centre de la France, on n'a pas trouvé une seule voiture pour transporter l'Empereur ; les équipages sont en arrière... Qu'importe à cet homme de fer ? il a déjà parcouru en ce jour dix lieues à cheval ; il en parcoura ainsi trente encore, s'il le faut. Deux ou trois escadrons à peine peuvent lui servir d'escorte ; il s'expose à se faire enlever par une partie de cosaques dans cette course aventureuse.... Qu'importe encore ? il a levé les yeux au ciel, et son étoile semble y briller toujours. Lui qui, il y a huit jours, poussait son cheval sur la fusée brûlante d'un obus, ne craint pas quelques lances cosaques.

Pressé par l'éperon qui lui déchire le flanc, son cheval arabe vole plutôt qu'il ne marche sur le sol fangeux ; et il est encore trop lent au gré de la pensée impatiente qui dévore l'espace. Paris ! Paris : dix années de sa vie, sa gloire passée, les trésors des Tuileries, Napoléon les donnerait pour franchir d'un bond les quelques lieues interposées par la fortune infidèle entre Paris et lui. Une espèce de rage s'est emparée des cavaliers d'escorte, à la vue de l'Empereur les gagnant incessamment de vitesse, et sur le point de disparaître à leurs yeux. Les cris, les jurements, les coups d'éperon et les coups de sabre sollicitent avec fureur l'ardeur défaillante de leurs montures. Mais les malheureux animaux ne répondent bientôt plus aux nobles passions de leurs maîtres. Au bout d'une heure de cette course rapide, plusieurs tombent harassés, exténués, et ne se relèvent plus ; les autres continuent à suivre de plus ou moins loin le cheval blanc qui galoppe en avant ; mais peu à peu la plupart tombent à leur tour, ou bien s'arrêtent haletants. Quelques uns, sans doute, arriveront à Villeneuve-le-Guiard, ayant fourni une carrière de 12 heures à peine ; mais ni cavaliers, ni chevaux ne peuvent aller plus loin. Cependant Napoléon a trouvé un cheval qui remplace le sien, et il continue à courir ventre à terre, escorté seulement de Bertrand et de sept ou huit généraux de son état-mojor.

Il poursuivra ainsi jusqu'à Fontainebleau où il se rencontrera enfin deux voitures et des chevaux pour le service du chef de l'empire et de sa suite.

Avant de raconter ce qui se passait du côté de Paris, il convient de revenir sur quelques événements trop brièvement mentionnés dans le récit qui précède.

Lorsqu'après la bataille d'Arcis-sur-Aube, Napoléon prit la résolution de découvrir Paris, pour manœuvrer sur les derrières de l'armée russe, il avait enjoint aux maréchaux Mortier et Marmont de venir le joindre, avec leurs troupes, vers Saint-Dizier. En exécution de ces ordres, le corps de Marmont se réunit près de Fismes à celui de Mortier venant de Reims qu'il avait été forcé d'évacuer, et les deux maréchaux se mirent en marche le 24 mars; mais tous les malheurs devaient nous accabler à la fois. Les deux maréchaux, persuadés que Napoléon faisait ses retraites sur eux, avaient cru devoir se porter au devant de lui. Le lendemain, aux environs de Fère-Champenoise, ils tombèrent dans le gros des armées alliées qui, bien loin de suivre Napoléon, se portaient en masse sur Paris. Le combat était trop inégal pour être douteux; les corps français, enfoncés et mis en déroute, furent vivement dispersés, et ne parvinrent à se rallier qu'à la nuit; et ne pouvant dès lors exécuter leurs instructions, ils se retirèrent sur Sézanne, abandonnant des canons, des bagages et des prisonniers.

Dans le même temps, les divisions Pactod et Amery, composées de gardes nationaux, escortant un immense convoi d'artillerie et de munitions de toute espèce, envoyé à Napoléon par le ministre de la guerre, livrées à elles-mêmes par l'évacuation de Fère-Champenoise, furent enveloppées de toutes parts par plus de cent mille hommes. Ces deux divisions n'en combattirent pas moins avec résolution. Dans la position désespérée où il se trouvait, le général Pactod harangua ses gardes nationaux, et leur montrant la honte de capituler en rase campagne, leur fit jurer de vendre chèrement leur vie. Ces intrépides citoyens, qui, pour la plupart, voyaient le feu pour la première fois, immobiles comme des rocs, écartèrent par un feu roulant, l'innombrable cavalerie ennemie qui s'épuisait en vaines charges. A cette masse de cavalerie, à l'effroyable mitraille vomie par soixante bouches à feu, sur ces sept mille braves, se joignirent les attaques de l'infanterie. Les divisions françaises écrasées par un feu aussi violent, n'en furent point ébranlées et résistèrent avec une égale audace.

Ce furieux combat durait depuis plus de quatre heures, lorsque l'empereur de Russie et le roi de Prusse, réunirent toute la cavalerie de l'armée austro-russe, celle des corps de Sacken et de Laugeron, de l'armée de Silésie. Environ quarante mille hommes s'élancèrent à la fois sur ces deux divisions: cette fois, ils les enfoncèrent et en firent une horrible boucherie; peu d'hommes échappèrent au tranchant du sabre; car, quoique enfoncés, les gardes nationaux, combattant toujours à la baïonnette, ne voulurent point recevoir de quartier.

Les généraux Pactod, Améry, Jamin, Delord, Bonté et Thévenet, se trouvaient au nombre des prisonniers; ils furent présentés à l'empereur Alexandre qui les acceuillit avec les égards dus à la valeur malheureuse.

La perte des Français, dans cette sanglante journée, fut de neuf mille hommes, soixante pièces de canon, cent cinquante caissons; celle des alliés s'éleva à quatre mille hommes.

Les corps des maréchaux Mortier et Marmont, ainsi que la cavalerie du général Belliard, s'étant fait jour dans Sézanne à travers les Prussiens, se retirèrent précipitamment par la route de Meaux. La division Compans franchit la Marne à Trilport; mais au moment où les autres colonnes voulurent à leur tour effectuer le passage, elles en furent subitement empêchées par les troupes d'Yorck et de Kleist, qui débouchèrent sur Laferté-Gaucher. Le maréchal Mortier, avec une division de la garde, entreprit de renverser les obstacles qu'on lui opposait; mais, ayant échoué dans cette tentative, il se porta à travers champs sur Provins. Alors, le maréchal Marmont, qui suivait le mouvement, envoya à Nogent la division Souham, afin de conserver le seul pont par lequel Napoléon pût traverser la Seine, si, comme il est vraisemblable, il arrivait par Troyes. Après s'être séparés auprès de Nangis, les deux généraux se rejoignirent à Brie-Comte-Robert, et se dirigèrent ensemble vers Charenton.

Depuis plusieurs jours, Paris était sans nouvelles de l'Empereur, et le récit de ses derniers triomphes avait trouvé peu de créance. Tout à coup, une foule de villageois, fuyant devant les cosaques et les soldats de Blucher, se présentent avec toutes les marques du désespoir aux barrières de Paris. Tous leurs rapports annoncent l'arrivée d'ennemis innombrables; ils les ont vus en marche sur Paris.

A cette dernière nouvelle, le roi Joseph se hâta de convoquer aux Tuileries tous les membres du conseil de régence. Ce conseil, nommé lors du départ de l'Empereur pour l'armée, comptait seize membres, non compris l'impératrice; il était ainsi composé: l'impératrice, le roi Joseph; les princes Cambacérès, Lebrun et de Talleyrand; les ducs de Massa (Régnier), président du corps législatif; de Gaëte (Gaudin), ministre des finances; de Rovigo (Savary), ministre de la police; de Feltre (Clarke), ministre de la guerre; de Cadore (Champagny); les comtes Mollien, ministre du trésor; Montalivet, ministre de l'intérieur; Daru; Boulay (de la Meurthe); Régnault (de Saint-Jean-d'Angely); Defermont et Sussy.

Lorsque tous ces personnages furent réunis sous la présidence de Marie-Louise, Cambacérès, au nom de la régente, posa cette question: « L'impératrice et le roi de Rome doivent-ils rester à Paris ou se retirer à Blois? »

Joseph s'empressa d'opiner pour le départ. Appuyé avec chaleur par Cambacérès et par Clarke, il fut combattu par le duc de Cadore, par MM. de Talleyrand et Boulay (de la Meurthe). Le conseil se trouva d'abord partagé: l'ex-consul Lebrun, le duc de Massa, MM. Montalivet, Sussy et Régnault (de Saint-Jean-d'Angely), s'étaient rangés à l'avis des premiers; les ducs de Gaëte et de Rovigo, MM. Daru, Mollien et Defermont se trouvaient avec les seconds. Ils étaient huit contre huit. La discussion continua. Joseph ne conseillait pas le départ; il l'exigeait. Cambacérès s'exprima dans le même sens avec une véhémence qu'on ne lui connaissait pas. Clarke s'emporta; Clarke, a-t-on dit, était inspiré par la coalition: il n'était inspiré que par la peur. Cambacérès et lui, doués du même courage, s'irritaient à la pensée de rester à Paris quand l'ennemi s'avançait; ils voulaient fuir. L'un et l'autre s'appuyaient exclusivement, ainsi que Joseph, sur les intentions de l'Empereur; elles étaient connues, disaient-ils, et la désobéissance serait criminelle. Puis ils ajoutaient, pour dernier argument: « La France est dans l'impératrice et son fils, les exposer à tomber entre les mains des alliés, c'est vouloir livrer la patrie à l'ennemi. »

La majorité se trouvait opposée au départ. Le conseil allait donc décider que Marie-Louise et son fils ne quitteraient point Paris, lorsque Joseph, à bout d'arguments, exhiba une lettre de l'Empereur, dont voici les passages essentiels:

« Vous ne devez permettre, en aucun cas, que l'impératrice et le roi de Rome tombent entre les mains de l'ennemi. Vous serez plusieurs jours sans avoir de mes nouvelles. Si l'ennemi s'avance sur Paris avec des forces telles que toute résistance devienne inutile, faites partir dans la direction de la Loire la régente, mon fils, les grands dignitaires, les ministres, les officiers du sénat, les présidents du conseil d'Etat, les grands officiers de la couronne, le baron de la Bouillerie et le trésor. Ne quittez pas mon fils, et rappelez-vous que je préférerais le savoir dans la Seine plutôt qu'entre les mains des ennemis de la France. Le sort d'Astyanax prisonnier des Grecs m'a toujours paru le sort le plus malheureux de l'histoire. »

Le sens prophétique de l'Empereur ne le trompait pas: son fils eut le sort d'Astyanax; mais ce fut précisément pour avoir quitté Paris.

Cette communication attérra la majorité du conseil.

— Sire, dit aussitôt le duc de Cadore à Joseph, je connaissais la lettre que vient de lire Votre Majesté. Cette lettre a été écrite pour une circonstance différente de celle qui se présente; elle ne saurait donc modifier l'opinion du conseil.

— Cette lettre a deux mois de date, ajouta M. de Talleyrand. Depuis cette époque, la même menace de danger qui nous fait délibérer s'est produite: les alliés se sont approchés de la capitale; cependant, l'impératrice est toujours restée. L'Empereur n'a jamais blâmé Sa Majesté ni ses conseillers. Cette approbation tacite équivaut à un changement d'instructions. Dans tous les cas, Sa Majesté ne saurait courir le moindre péril, et il est impossible qu'elle n'obtienne pas de l'Empereur son père et des souvesins alliés des conditions meilleures que celles qu'ils accorderaient, si elle était à cinquante lieues de Paris.

Mais l'Empereur avait parlé, et telle était la soumission aveugle, absolue à laquelle il avait habitué les personnages même les plus élevés de son empire, que M. de Talleyrand et le duc de Cadore restèrent à peu près seuls du parti de la désobéissance. Le départ fut décidé.

La nuit du 28 au 29 mars se passa tout entière en préparatifs pour le départ de Marie-Louise et de son fils. A dix heures et demie, l'impératrice, vêtue d'une amazone de couleur brune, prit place avec le roi de Rome dans une voiture qu'entourait un fort détachement de la garde impériale, et que suivait une ligne interminable d'équipages, où se trouvaient quelques uns des grands dignitaires, ainsi que les personnes attachées à la maison de Marie-Louise et à la personne de son fils. Cet immense et triste cortége, qui emportait la fortune de l'Empereur, défila au milieu d'une double haie de spectateurs étonnés et silencieux, et franchit la barrière de Passy à la même heure, au même moment où les têtes de colonnes des maréchaux Mortier et Marmont, battant en retraite de Fère-Champenoise, arrivaient par le pont de Charenton, et quand, du haut des collines qui couronnent le côté opposé de Paris, les habitants de Montmartre et de Belleville voyaient l'avant-garde des coalisés débouchant de la forêt de Bondy.

Vers deux heures, des crieurs circulèrent sur toute cette ligne, vendant un sou la proclamation suivante :

Le roi Joseph, lieutenant-général de l'Empereur, commandant en chef de la garde nationale, aux citoyens de Paris.

« Citoyens de Paris, une colonne ennemie s'est portée sur Meaux. Elle s'avance par la route d'Allemagne; mais l'Empereur la suit de près, à la tête d'une armée victorieuse. Le conseil de régence a pourvu à la sûreté de l'impératrice et du roi de Rome. Je reste avec vous!

» Armons-nous pour défendre cette ville, ses monuments, ses richesses, nos femmes, nos enfants, tout ce qui nous est cher! Que cette vaste cité devienne un camp pour quelques instants, et que l'ennemi trouve sa honte sous ces murs, qu'il espère franchir en triomphe! L'Empereur marche à notre secours. Secondez-le par une courte et vive résistance, et conservons l'honneur français!

» Paris, ce 29 mars 1814.

» JOSEPH. »

Je reste avec vous, disait Joseph, dont les voitures et les bagages couraient sur la route de Blois, où ils allaient l'attendre. *Armons-nous*, s'écriait-il. Mais où s'armer? avec quoi? Joseph ne le disait pas, et, dans ce moment-là même, le ministre de la guerre et le commandant de Paris refusaient des fusils et des munitions à la garde nationale.

Si un lieu d'armement ou de réunion eût été indiqué, plusieurs milliers d'hommes auraient immédiatement quitté les boulevarts pour aller se mettre en mesure de repousser l'ennemi. Forcés à l'inaction par l'inconcevable silence du frère de l'Empereur, ils en étaient réduits à commenter sa proclamation.

Pendant ce temps, le roi Joseph s'installait aux Tuileries. Le ministre de la guerre, Clarke, enfermé dans ses bureaux, attendait des ordres qui ne venaient pas, et le général Hullin, commandant la place et la division militaire de Paris, faisait prendre note, au pont de Charenton, du nombre de soldats ramenés par Mortier et Marmont, et dirigeait sur les barrières les plus menacées quelques canons, ainsi que des détachements empruntés aux conscrits, aux soldats de dépôt ou aux convalescents composant la garnison.

Jusqu'au 29, Joseph avait eu le titre de lieutenant-général de l'empire, sans en exercer sérieusement les fonctions. C'était l'Empereur qui continuait à gouverner par dépêches envoyées de ses différents quartiers-généraux. Les affaires courantes s'expédiaient par l'impératrice-régente, assistée de Cambacérès et des ministres à département. Quant au lieutenant-général, la plupart de ses journées s'écoulaient assez loin de Paris, à Morfontaine, au milieu d'un petit nombre de courtisans.

Créé roi deux fois par Napoléon, Joseph était resté simple comparse sur le double théâtre de Naples et de Madrid. Nommé lieutenant-général de l'empire, il devait également se trouver au dessous de ce nouveau rôle.

Le roi Joseph, le ministre Clarke, le général Hullin, voilà les trois hommes qui, le 29 mars, étaient chargés e diriger la situation et de tenir tête aux événements.

L'histoire serait injuste si elle faisait peser exclusivement sur eux les fatals résultats de leur incapacité. Le véritable coupable fut l'Empereur qui, absent depuis plus de deux mois aima mieux laisser ces trois médiocrités en face d'un péril au dessus de leur intelligence et de leurs forces, plutôt que de confier le commandement suprême de Paris à un maréchal énergique et dévoué. Mais il aurait craint le mécontentement des deux rois ses frères et des autres maréchaux. Il aurait redouté surtout de créer une position trop importante, de confier à un de ses généraux une autorité que les hasards de la guerre, durant quelques jours, pouvaient rendre indépendante de la sienne.

Les moyens de défense, cependant, ne manquaient pas : on ne comptait pas moins de quatre cents pièces d'artillerie de gros calibre, suffisamment approvisionnées, soit à Vincennes, soit à l'Ecole-Militaire ou au Champ-de-Mars, soit au dépôt central; vingt mille fusils neufs existaient, en outre, dans ce dépôt; voilà pour le matériel. Quatre-vingts pièces de plus fort calibre, transportées de Cherbourg au Hâvre, où elles furent embarquées sur la Seine, et destinées à la défense de Paris, attendaient depuis plus de trois semaines à Meulan des moyens de transport qui n'arrivèrent pas. Elles y furent oubliées par Clarke et par Joseph Quant aux hommes, le gouvernement pouvait disposer, outre les corps ramenés par Marmont et Mortier, de sept à huit mille hommes casernés à Paris, appartenant aux dépôts de la garde impériale ou de la ligne; de six à sept mille soldats de cavalerie, conscrits ou soldats de dépôt, destinés aux régiments de ligne ou de garde nationale active, casernés à Saint-Denis, à Courbevoie et dans d'autres villages épars autour de Paris; de plus de deux mille officiers sans emploi, qui, le 28 et le jour même du 29, vinrent offrir leurs services au ministre de la guerre; de quinze à vingt mille ouvriers, tous anciens soldats, qui auraient répondu au moindre appel; enfin, de douze mille gardes nationaux, tous équipés et en partie armés. Ces forces réunies pouvaient présenter un effectif de soixante-cinq à soixante-dix mille combattants, qu'il était facile de rassembler et d'armer en quelques heures.

Joseph et Clarke connaissaient l'approche des alliés dès le matin du 28; ils eurent donc toute cette journée, la nuit suivante, la journée et la nuit du 29 pour utiliser les ressources que nous venons d'énumérer; aucune ne fut, pour ainsi dire, mise en œuvre. Les canons restèrent dans leurs parcs, moins quelques pièces placées les 28 et 29 aux barrières du Nord et sur deux ou trois points des hauteurs qui commandent Paris de ce côté; les fusils ne quittèrent point leurs râteliers; les six à sept mille cavaliers démontés, de Versailles, ne furent point appelés, bien qu'une députation d'officiers fût venue solliciter de Clarke, au nom de ces corps, la faveur de prendre part à la défense de la capitale; les quinze à dix-huit mille conscrits casernés dans la banlieue restèrent dans leurs dépôts; le concours des deux mille officiers fut repoussé; les ouvriers, malgré leurs énergiques réclamations, durent se borner au rôle de spectateurs; enfin la garde nationale, réorganisée au mois de janvier précédent, avant le départ de l'Empereur, avait été désarmée dès le mois de février par le général Hullin, sous prétexte que ses fusils étaient nécessaires à l'armement des troupes de ligne. Vainement le maréchal Moncey, major-général de cette garde, dont Joseph était l'inutile commandant en chef, avait-il réclamé; Hullin ne voulut rien rendre; il lui fallait, disait-il, un ordre de l'Empereur; l'ordre ne vint jamais..... Il y a plus : le 29 au matin, lorsqu'on ne connaissait pas encore aux Tuileries le hasard providentiel qui amenait sous Paris les deux corps de Marmont et de Mortier, Joseph et Clarke faisaient sortir de cette capitale la partie la plus vigoureuse des dépôts de la garde impériale pour former à l'impératrice une escorte inutile; près de quatre mille de ces soldats d'élite, fantassins et cavaliers, nous l'avons dit, sortaient par la barrière de Passy, se rendant à Blois, à la même heure, au même moment où l'avant-garde des alliés établissait déjà quelques batteries sur le canal Saint-Martin et s'emparait des approches de Romainville. On croirait qu'il est impossible de pousser plus loin la sottise et l'impéritie ; deux faits achèveront de donner la mesure des hommes qu'un hasard fatal et l'aveugle imprévoyance de l'Empereur, véritable vertige, appelaient à diriger la situation.

Les abords de Paris, sur un cinquième environ de sa circonférence, sont défendus par une chaîne de collines abruptes, continues, qui s'étendent depuis Rosny, à la hauteur des villages de Montreuil et de Charonne jusqu'au faubourg de la Villette. Le point saillant et central de cette chaîne est Romainville. Le sol ne présente aucun accident entre la Villette et Montmartre ; ce terrain est seulement défendu par les deux faubourgs et par les nombreuses maisons bâties en dehors des barrières qui séparent ces deux points. De Montmartre à Neuilly, les avenues du mur de l'octroi ne sont également protégés que par les édifices et les enclos construits entre ces deux villages. On sait que, de l'autre côté de la Seine, Paris est facilement abordable sur tous les points. Ce fut précisément par la ligne des fortifications naturelles, comprise entre Rosny et la Villette, que les alliés attaquèrent les approches de Paris, et le point sur lequel ils se portèrent le premier fut le saillant de Romainville. Quelques fortifications de campagne, un petit nombre de batteries suffisamment approvisionnées et bien servies, auraient arrêté le premier effort de l'ennemi. Malheureusement il n'existait des retranchements nulle part ; toutes les avenues de la capitale avaient été laissées ouvertes ; aucune résistance n'était préparée ; on n'avait pas donné un seul coup de pioche, percé ou crénelé un seul mur ; pas un arbre n'était abattu. Quelques tambours en bois établis en avant de cinq ou six barrières, quelques canons placés en arrière des canaux Saint-Denis et Saint-Martin, voilà tous les préparatifs que depuis deux mois avait inspirés au gouvernement de la régente la présence, à quatre reprises différentes et à moins de quinze lieues de Paris, des têtes de colonnes de Blucher et de Schwartzemberg. L'ennemi n'eut donc qu'à se présenter pour s'emparer du village de Noisy, au pied des hauteurs de Romainville, et pour se loger dans le village et dans le bois de ce nom. S'il eût continué sa marche, il serait arrivé sans coup-férir aux murs de l'octroi ; Paris aurait été occupé dès le 29. Mais, dans leur ignorance des moyens de défense réunis sur les collines qui se dressaient devant elles, les têtes de colonnes des alliés s'arrêtèrent pour attendre le gros de l'armée. Cette halte devait donner à Marmont et à Mortier le temps d'arriver sur le terrain.

Il était à peu près trois heures de l'après-midi lorsque Romainville et Noisy furent occupés. La nouvelle en parvint à cinq heures et demie au ministère de la guerre. A six heures, un officier supérieur du génie, envoyé par Clarke, se présenta aux Tuileries pour avertir Joseph et pour lui demander les ordres nécessaires à la reprise de Noisy et du village, ainsi que du bois de Romainville, clé de la position ; il fut arrêté à la porte des appartements intérieurs ; observations, prières, paroles de colère, tout fut inutile ; il ne put arriver jusqu'au lieutenant-général.

D'un autre côté, Marmont et Mortier, que les hasards d'une retraite venaient d'amener sous les murs de Paris, franchissaient, on l'a vu, la Marne au pont de Charenton, et, tournant Paris par Saint-Mandé et Charonne, s'avançaient vers la chaîne de collines dont nous venons de parler, en même temps que les alliés prenaient position au pied et sur une partie de ces hauteurs. Marmont, vers le soir, visita les buttes de Chaumont et de Belleville, qu'il n'avait jamais étudiées comme position militaire. Trouvant un terrain coupé dans toutes les directions par de nombreux murs de jardins, il lui parut indispensable d'y pratiquer de larges ouvertures pour faciliter les mouvements de la cavalerie et de l'artillerie. Ses soldats, harassés de fatigue, étaient en outre sans pain. Il fallait ménager les forces qui leur restaient pour la lutte qui allait s'ouvrir ; il se rendit donc de sa personne au ministère de la guerre, afin de demander des vivres pour les hommes, du fourrage pour les chevaux, et d'obtenir que quelques travaux fussent faits dans la nuit. Clarke fut invisible comme Joseph. Marmont, quelles que fussent ses instances, ne put parler qu'au secrétaire du ministre, auquel il laissa, en désespoir de cause, un mot que le duc de Feltre lut seulement le lendemain.

Voilà sous quels auspices s'ouvrit, à quelques heures de là, le 30 mars, au matin, la lutte désespérée connue sous le nom de *Bataille de Paris*.

Les hommes sur lesquels Napoléon comptait le plus avaient oublié ses volontés les plus expresses, et au zèle qu'ils consacraient à sa prospérité, pourtant si fructueuse pour eux, avait succédé une torpeur sans exemple. Rien n'avait été organisé suivant ses intentions; la garde nationale elle-même, qui aurait pu s'élever à trente mille hommes, en offrait à peine douze mille, dont la moitié seulement avait des fusils de munition; le reste n'était qu'un véritable corps de parade, plus capable de nuire que de contribuer à la défense. Pour en tirer parti il eût fallu en exclure tous les hommes coutumiers du repos et de toutes les aisances de la vie, dont la plupart n'avaient revêtu l'uniforme que par cette espèce de coquetterie qui recherche des illusions de jeunesse, ou bien encore par cette étrange vanité qui se complaît dans des apparences martiales. Alors comme aujourd'hui, tous ces boutiquiers, tous ces coulissiers de la Bourse, tous ces employés, qui étaient entrés dans ses rangs, n'étaient que des monteurs de gardes, des faiseurs de patrouilles, ou des soldats de revue. Ce n'était pas à cette classe d'individus que l'on pouvait demander un patriotisme actif et un ardent courage. Tant qu'on leur avait parlé de victoires, ils avaient paru les plus dévoués; mais dès qu'ils virent refluer vers Paris des milliers de soldats blessés et toute la population des campagnes environnantes, lorsqu'ils virent toutes les routes couvertes de paysans traînant après eux leurs familles éplorées et leurs troupeaux, l'aspect de ces fugitifs et de leur misère les glaça d'effroi. Ces citoyens d'humeur pacifique songèrent qu'ils se devaient à leurs femmes, à leurs enfants, à leurs occupations, à leur commerce, à leur industrie, et même à leurs plaisirs. Ceux qui n'avaient pas un prétexte à alléguer, annoncèrent qu'ils étaient convaincus de l'impossibilité de la résistance. A les entendre, c'était un million de soldats qui se précipitaient sur Paris. Ces alarmistes, courant aux barrières alimenter leur curiosité et leur peur, revenaient ensuite, le visage effaré, raconter dans les lieux publics quelles étaient leurs appréhensions, et pour les motiver, ils en exagéraient la cause. Bientôt la consternation devint générale; tous les cœurs furent livrés à l'abattement et au désespoir; chacun cachait ses marchandises, enfouissait ses richesses. Les banques, les boutiques, les magasins ne s'ouvraient plus; les maisons de jeu même étaient fermées. Jamais les Parisiens n'avaient été en proie à de plus vives anxiétés. Depuis l'invasion des Normands, ils n'avaient pas vu déployer dans leurs murs l'appareil des combats contre des armées étrangères. Quand pour la première fois, au milieu de la nuit, ils furent éveillés par la marche pesante des canons et le bruit d'un attirail de guerre, ils se crurent perdus; pour les rassurer, les efforts d'un gouvernement qui les avait trompés tant de fois par des bulletins mensongers, furent impuissants. La confiance avait fait place à l'incrédulité la plus complète, et le petit nombre de dispositions que l'on faisait pour la défense étaient vues d'un œil dérisoire, tant l'on révoquait en doute leur succès.

Les troupes des ducs de Raguse et de Trévise, réunies aux deux petits corps des généraux Arrighi et Compans, furent les seules qui prirent une part sérieuse à cette journée avec plusieurs bataillons tirés des dépôts de la garde impériale, quelques centaines de gardes nationaux parisiens, les élèves de l'école polytechnique et plusieurs détachements d'artilleurs de la garde, de la marine et des invalides. Les soldats des deux maréchaux ne s'élevaient pas au delà de sept à huit mille hommes d'infanterie et de deux mille cinq cents cavaliers; ceux des généraux Compans et Arrighi allaient à trois mille. Si l'on ajoute à ces chiffres deux mille cinq cents à trois mille hommes de la garde, douze à quinze cents hommes fournis par les gardes nationaux volontaires, les élèves et les détachements d'artillerie dont nous venons de parler, puis environ cinq mille soldats de toutes armes, convalescents, etc., placés directement sous les ordres du ministre de la guerre et du général commandant la division, on trouve, pour les forces actives qui, le 30 mars, furent destinées à concourir à la défense de Paris, un total de vingt et-un à vingt-trois mille baïonnettes ou sabres. Ces forces obéissaient à six ou sept chefs différents, tous jaloux de leur indépendance, et agissant, sans direction commune, isolément les uns des autres. De là, le décousu et le désordre que l'on put remarquer dans la défense ; de là, des envois de munitions pour pièces de douze à des pièces de huit ou de quatre; pour pièces de huit à des canons de quatre ou de douze; et, par suite, tous ces bruits de cartouches pleines de cendre et de gargousses remplies de son. Ce défaut d'unité dans le commandement fit encore que toutes les troupes ne furent pas également engagées ; que des détachements nombreux restèrent toute la journée l'arme au pied, et que les positions de Marmont et de Mortier furent les seules qui offrirent une défense sérieuse. La forte position de Montmartre, entre autres, resta, pour ainsi dire, désarmée et ne fut pas défendue.

Les douze à treize mille combattants placés sous les ordres directs des deux maréchaux se trouvèrent eux-mêmes fort inégalement répartis.

Marmont avait le commandement effectif des deux corps. Ce maréchal se chargea de défendre toute la partie des approches de Paris qui s'étend depuis le canal de l'Ourcq jusqu'à la Marne, c'est-à-dire depuis le faubourg de La Villette jusqu'à Charenton ; il abandonna au duc, son collègue, le soin de garder la gauche du canal jusqu'à la basse Seine, c'est-à-dire toute la ligne enfermée entre le faubourg de La Chapelle-St-Denis et Neuilly....

Pendant que le duc de Raguse disposait ses régiments, le canon tonnait au pied des buttes....

L'ennemi, dans la plaine, venait de prendre l'offensive ; sur les plateaux, ce fut à Marmont qu'elle appartint.

Le maréchal, quand il eût terminé ses dispositions, voulut chasser les alliés du village et du bois de Romainville, et les rejeter au delà des hauteurs; il lança ses troupes. L'ennemi, attaqué avec impétuosité, fut culbuté sur tous les points. Nos régiments se logeaient déjà dans le village, quand la venue de nouvelles colonnes alliées obligea nos soldats de se défendre à leur tour. La lutte, alors, devint furieuse, acharnée. La nature du sol, sur ce point, empêchait les engagements par masses ; on se battait par détachements, par pelotons. Le nombre pourtant l'emporta ; les régiments de Marmont reculèrent. Refoulé sur un terrain plus découvert, le maréchal essaie d'arrêter l'ennemi. Il prend plusieurs bataillons, les forme en colonne d'attaque, se met à leur tête, et marche sur une batterie de douze pièces que les alliés venaient d'établir en avant des jardins de Romainville. Les pièces tirent à mitraille; leur feu est appuyé par une attaque de la division des grenadiers russes de Rajewski, qui n'avaient pas encore combattu dans cette campagne, et par la charge d'un corps nombreux de grosse cavalerie russe dont faisaient partie plusieurs détachements de chevaliers-gardes, conduits par le général Miloradovich. La colonne du duc de Raguse, ébranlée par la mitraille, désunie par les charges des cavaliers et des fantassins russes, se retire bientôt en désordre; les autres troupes du maréchal sont également repoussées dans toutes les directions ; à sept heures et demie, les soldats de Marmont sont rejetés sur les premières maisons de Belleville, à cinq cents toises au delà de leurs premières positions. De nombreux murs de jardins, des haies épaisses leur permettent alors de s'arrêter. Le maréchal reforme sa ligne. Sa droite, dans cette nouvelle position, s'appuie à Ménilmontant ; sa gauche s'étend vers les prés Saint-Gervais. Vainement l'ennemi redouble ses attaques; toutes sont repoussées ; ses efforts, durant une heure, sont brisés par la résistance de nos soldats ; ses morts couvrent le terrain.

Les alliés n'étaient pas arrivés le 29 avec toutes leurs forces. Soixante-dix à quatre-vingt mille hommes de toutes les nations, commandés par Schwartzemberg, avaient seuls engagé l'action. La garde royale prussienne, plusieurs corps détachés et l'armée de Blucher composant un total de plus de cent mille autres combattants, ayant traversé Meaux et Claye avec Alexandre et le roi de Prusse, la veille au soir ou durant la nuit, devaient successivement arriver sur le terrain. Les attaques du généralissime autrichien, quelles que fussent ses pertes, pouvaient donc se renouveler sans péril. A neuf heures, il ordonne un nouvel et furieux effort contre la nouvelle ligne du duc de Raguse; ses troupes sont encore repoussées. Le nombre de leurs morts et de leurs blessés, cette fois, est si considérable, que Schwartzemberg se hâte d'appeler à son aide la garde royale prussienne dont on vient de lui annoncer l'arrivée en arrière de Pantin.

Cette garde, forte de douze à treize mille soldats d'élite qui avaient peu souffert dans cette campagne, prit la tête d'une nouvelle et nombreuse colonne. Mais au lieu de déboucher par le plateau de Romainville et d'attaquer de front les positions de Marmont, les Prussiens s'avancèrent par la plaine, et reçurent l'ordre d'aborder les troupes du maréchal par les pentes découvertes des premières buttes de Belleville. Averti de ce mouvement sur son flanc gauche, le duc de Raguse fit immédiatement couronner les hauteurs par son artillerie. Les Prussiens s'avancèrent avec une grande bravoure. Quand ils furent à portée, les conscrits et les invalides des batteries de Belleville accueillirent ces nouveaux adversaires avec un feu si vif et si nourri, que la colonne, obligée de se retirer dans le plus grand désordre, ne put se rallier, toujours poursuivie par nos boulets, qu'à l'abri des maisons de Pantin. Il était dix heures et demie. A onze heures, la garde prussienne se présenta une seconde fois en ligne, appuyée par des forces encore plus nombreuses que celles qui l'avaient déjà secondée. Ses coups, toutefois, changèrent de direction; ce nouvel effort porta sur les buttes Chaumont; il n'eut pas un meilleur succès que le premier. Les marins, qui servaient les trente-huit pièces placées sur cette position, reçurent, à leur tour, la garde du roi de Prusse avec un feu si terrible et si soutenu, que ce corps, ainsi que les masses qui l'appuyaient, furent encore une fois obligés de reculer. Notre cavalerie ne se contenta pas de les regarder fuir; elle s'élança à leur poursuite. Pantin fut enlevé.

Il était onze heures et demie quand nos soldats avaient pénétré dans Pantin. Depuis quatre heures et demie du matin, ils luttaient huit à neuf mille contre des forces presque décuples, sans autre appui que les mouvements naturels du sol. Tant d'efforts avaient lassé les plus robustes; l'ennemi lui-même avait besoin de se reposer. A midi, la canonnade se ralentit des deux parts; le bruit de la mousqueterie diminua; durant quelques instants chaque parti sembla d'accord pour suspendre la lutte. Ce repos devait seulement profiter aux alliés. Vers une heure, les Français, postés sur les hauteurs, purent apercevoir au fond de la plaine qui s'étendait à leurs pieds, des masses noires, profondes, qui s'avançaient lentement dans la direction de Noisy et de Pantin. A mesure qu'elles approchaient, ces masses se partageaient en trois colonnes; celle de droite s'étendait dans la direction de la basse Seine, vers Aubervilliers, Saint-Ouen et Clichy : celle du centre, et c'était la plus compacte, venait droit sur Pantin; celle de gauche se dirigeait vers Romainville. Ces masses étaient une nouvelle armée : c'étaient près de cent mille soldats nouveaux que Blucher venait lancer contre les débris héroïques qui, depuis l'aube du jour, disputaient à Schwartzemberg l'entrée ouverte de la capitale française.

Si les défenseurs de Belleville et des buttes Chaumont virent avancer ces nouveaux adversaires sans s'émouvoir, sans pâlir, il n'en fut pas ainsi de quelques spectateurs de haut rang alors enfermés dans un pavillon du village de Montmartre.

Six pièces de canon, deux obusiers, quelques détachements de cavalerie, un bataillon de sapeurs-pompiers et cent cinquante à deux cents gardes nationaux, voilà tous les moyens de défense réunis à Montmartre. Eloignée de plus de trois quarts de lieue du théâtre de la bataille dont la séparaient, d'ailleurs, les deux canaux de l'Ourq et de Saint-Denis, ainsi que les populeux villages de La Villette et de La Chapelle, et les positions défendues par Mortier, la butte Montmartre resta sans être inquiétée, même par les éclaireurs de l'ennemi, durant la plus grande partie de la journée du 30. Ce fut à cet observatoire commode et sûr que le roi Joseph, accompagné du roi Jérôme, son frère, et du ministre de la guerre Clarke, vint se placer pour juger et attendre les événements. Si ce prince eût eu le cœur ou l'intelligence au niveau de sa position, au lieu d'assister à la chute de Paris et du trône impérial en spectateur inoccupé, on l'aurait vu, s'installant au centre de la capitale, appeler la population aux armes, distribuer des fusils et des cartouches, et diriger vers les positions des deux maréchaux, ou détacher sur les flancs de l'ennemi, les quinze à vingt mille volontaires levés à cet appel, les vingt-cinq à trente mille soldats de dépôt qu'il laissait inactifs dans leurs casernes de la banlieue; ou bien encore, prenant place derrière les combattants de Chaumont et de

Belleville, il aurait donné aux généraux et aux soldats ces encouragements, ces éloges qui sont assurément le moindre prix dont les chefs des nations puissent payer le sang versé pour eux. Mais non : tranquillement assis aux fenêtres d'un pavillon appelé Maison-Rouge, Joseph, Jérôme et le duc de Feltre, depuis sept heures et demie du matin jusqu'à une heure de l'après-midi, ne firent pas autre chose qu'envoyer aux nouvelles et tâcher de saisir, à l'aide de longues-vues, quelques détails des rudes assauts que livraient les alliés aux troupes de Marmont Dans Paris, hors Paris, quarante à cinquante mille hommes, toute une armée, nous ne saurions trop le dire, émus depuis la veille par le bruit des canons alliés, demandaient vainement des armes et des ordres; à dix heures, une partie de l'artillerie de position des deux maréchaux avait dû tirer avec des gargousses d'un calibre inférieur; vers midi plusieurs batteries avaient même complétement manqué de munitions, circonstance qui fut la première cause du ralentissement du feu; il n'y avait qu'un cri d'indignation et de colère parmi les troupes des deux maréchaux, le mot de trahison était dans la bouche de tous les soldats. Qu'importait à ces rois de hasard, à ce ministre san courage! Indifférents à tous les soins qui n'intéressaient pas leur sûreté personnelle, ils n'attendaient que le moment de fuir. Aussi, lorsque, vers une heure, le duc de Raguse fit dire à Joseph que les positions où il s'était jusqu'alors maintenu, commençaient à être forcées et qu'un des corps amenés par Blucher s'avançait, par Romainville, sur Ménilmontant et Charonne, quand ce prince, plongeant lui-même ses regards sur la plaine Saint-Denis, aperçut les nouvelles troupes qui noircissaient au loin la campagne, il chargea deux de ses officiers de porter aux maréchaux quelques lignes que, dans une indigne prévision, il avait écrites plus d'une heure auparavant; et, abandonnant à tous les hasards de la lutte le gouvernement, Paris et ses héroïques défenseurs, il s'élança au galop sur les boulevards extérieurs et prit la route de Versailles. Jérôme et Clarke le suivirent.

Dans ce moment, un officier-général, accourant à franc étrier, paraît devant la Maison-Rouge et demande Joseph à grands cris. On le lui montre fuyant avec Jérôme et Clarke de toute la vitesse de leurs chevaux dans la direction du bois de Boulogne. Le général s'élance à la poursuite du frère de l'Empereur.

Napoléon, à quelques lieues au delà de Doulevent, à Doulencourt, avait dépêché son aide-de-camp, le général Dejean, à Joseph, pour annoncer son retour à Paris et enjoindre au lieutenant-général de l'empire de *tenir jusque-là*. « Votre Majesté n'a rien de particulier à me prescrire pour la défense de la capitale », avait dit le général Dejean en quittant l'Empereur. — « Non, avait répondu ce prince, *tous mes ordres sont donnés à cet égard.* » C'était ce général qui venait d'arriver. Il atteignit Joseph au milieu du bois de Boulogne et lui rendit compte de sa mission. « Il est trop tard, lui dit Joseph. Je viens de donner des ordres pour traiter avec l'ennemi. — Mais vous pouvez les retirer, les suspendre. Revenez. Vous n'autoriserez qu'une simple suspension d'armes; l'essentiel est de gagner la nuit; l'Empereur sera ici demain matin, ce soir peut-être. — Allez trouver les maréchaux; dites-leur tout cela; c'est maintenant leur affaire. — Mais les ordres sont pour Votre Majesté. — Je ne le nie pas. Mais, en cas d'armistice, les alliés, si je restais, pourraient me vouloir prendre *en ôtage*; que dirait l'Empereur, si un de ses frères se trouvait entre les mains de l'ennemi! »

Le général Dejean voulut répliquer : Joseph ne lui en donna pas le temps; il enfonça ses éperons dans le ventre de son cheval, et reprit sa course toujours suivi par Clarke et par Jérôme : ils allaient à Blois. Le général Dejean, revenu à Paris, erra quelque temps à la recherche des deux maréchaux; vers trois heures, il arriva enfin sur les positions du maréchal Mortier.

Le duc de Trévise, nous l'avons dit, était chargé de défendre la ligne comprise entre le canal et la basse Seine. Séparées de Marmont et des masses alliées par les deux faubourgs de La Chapelle-Saint-Denis et de la Vilette, réunies entre le premier de ces villages et Montmartre, le petit nombre de troupes dont Mortier disposait étaient restées, pour ainsi dire, sans adversaires durant tout le matin. Ce fut seulement vers les onze heures qu'elles eurent à repousser l'at taque de plusieurs corps avancés. Des charges de cavalerie et une vive canonnade suffirent longtemps pour arrêter l'ennemi dans cette direction. Le maréchal se tenait de sa personne dans la partie de la plaine comprise entre Clignancourt et Lachapelle. C'est là que le trouva le général Dejean. Il était dans une extrême irritation lorsque ce dernier se présenta; son artillerie, sa principale force, venait de cesser le feu faute de munitions. Le général lui fit connaître les ordres de l'Empereur et lui rendit compte de sa courte entrevue avec Joseph.....

A ce moment, un dragon vint lui annoncer qu'un officier du roi Joseph, ayant un *papier* à lui remettre, attendait depuis longtemps à la barrière un moyen de le lui faire tenir : « Pourquoi ne l'apporte-t-il pas? » s'écria le maréchal. — « Il prétend que c'est trop difficile, » répondit le dragon. Quelques balles, quelques boulets égarés arrivaient jusqu'à la barrière; l'officier, aussi résolu que son chef, prétendait qu'il était impossible de passer. Le duc de Trévise envoya chercher la dépêche : c'étaient les quelques lignes adressées aux maréchaux par Joseph, avant de quitter la Maison-Rouge.

L'officier, chargé de porter à Marmont l'ordre écrit de Joseph dont nous venons de parler, le lui avait remis à deux heures. Cet ordre, formulé dans les mêmes termes pour les deux maréchaux, était ainsi conçu :

« Si M. le maréchal duc de Raguse et M. le maréchal duc de Trévise ne peuvent plus tenir, ils sont autorisés à entrer en pourparlers avec le prince de Schwartzemberg et l'empereur de Russie qui sont devant eux.

« JOSEPH. »

« Montmartre, ce 30 mars 1814, à *midi un quart*. Ils se retireront sur la Loire. »

Le duc de Raguse n'en continua pas moins à se battre. Il avait alors à soutenir l'effort non seulement des troupes de Schwartzemberg, mais encore du centre de l'armée de Silésie que venait d'amener Giulay. Cette armée, nous l'avons dit, s'était partagée en trois colonnes : celle de droite, conduite par Blucher en personne, se portait à pas comptés, par Aubervilliers et Clichy, sur la butte Montmartre, tandis que celle de gauche, aux ordres du prince de Wurtemberg, après avoir traversé le bois et le village de Romainville, s'avançait, partie sur Ménilmontant, partie sur Charonne et la chaussée de Vincennes que défendait une batterie de vingt-huit pièces manœuvrées par les élèves de l'École Polytechnique, au nombre de deux cent seize, et pointées par des artilleurs de la vieille garde.....

A dix heures du soir, des braves adolescents faisaient encore feu lorsqu'on vint leur donner l'ordre de rentrer à l'École.

Blucher ne devait pas rencontrer la même résistance. Ne pouvant croire que Montmartre n'était pas fortifié, il ne s'en approcha, nous l'avons dit, qu'avec les précautions les plus grandes. Ce fut à trois heures et demie seulement que ses premiers détachements parurent au pied de la butte. Quelques obus et quelques boulets furent lancés contre eux; mais, à quatre heures, il ne restait plus un seul homme armé sur ce point. Blucher l'occupa immédiatement en force, et, à quatre heures et demie, les batteries que nos soldats y avaient laissées étaient tournées contre nos régiments, sur les faubourgs les plus rapprochés, des boulets et des obus.

Il était près de quatre heures lorsque Marmont connut le double mouvement de Blucher et du prince de Wurtemberg; près de se voir forcé en tête, tourné sur sa gauche et sur sa droite, ne sachant rien de la prochaine arrivée de l'Empereur, il jugea le moment venu de faire usage de l'autorisation de Joseph. Le colonel Charles de Labédoyère reçut l'ordre de traverser les lignes des deux armées, précédé d'un trompette, de gagner le quartier-général allié et de proposer aux souverains une suspension d'armes. Labédoyère partit; il ne tarda pas à reparaître : son cheval et celui de son trompette venaient d'être tués. « Passer, disait-il, était presque impossible; l'ennemi, devant les positions du maréchal, se trouvait trop nombreux, le terrain était trop difficile et le feu trop vivement engagé. »

Le général Compans, au bas des buttes, à La Villette, était plus favorablement placé, ses avant-postes tenaient l'entrée de la grande route. Le duc de Raguse lui envoya l'ordre de tenter la négociation. Compans fit successivement partir trois parlementaires, le premier fut tué, le second grièvement blessé; le troisième, M. de Quelen, son aide-de-camp, put enfin arriver au château de Bondy où se trouvaient Alexandre et le roi de Prusse. Il leur exposa sa mission. « Mon intention n'est pas de faire le moindre mal à la ville de Paris, dit Alexandre à M. de Quelen ; ce n'est pas à la nation française que nous faisons la guerre, mais à Napoléon. » — « Ce n'est pas même à lui, ajouta aussitôt le roi de Prusse, mais à son ambition. »

La suspension d'armes fut consentie, et deux officiers revinrent, avec M. de Quelen, à La Villette pour en arrêter les termes. La conférence se tint dans un pauvre cabaret portant l'enseigne du *Petit-Jardinet* ; et à cinq heures du soir, un armistice de quatre heures destiné à régler la retraite des troupes ainsi que les conditions d'une capitulation pour Paris, était convenu et signé.

Il était temps : Blücher hérissait déjà de batteries toutes les plates-formes de Montmartre ; les hauteurs de Mont-Louis, à la droite de Ménilmontant, se couvraient également de canons alliés ; enfin, Marmont, après la lutte la plus désespérée, se voyait littéralement acculé au mur de l'octroi, mais sans avoir laissé, assure-t-on, ni un canon ni un prisonnier entre les mains de l'ennemi. On raconte que, dans les derniers instants, enveloppé dans la grande rue de Belleville par les corps alliés qui venaient de ramener sa droite depuis Bagnolet, il dut combattre en simple soldat. On se fusillait des croisées, de chaque côté de la rue où il était enfermé. Les généraux Ricart et Pelleport furent blessés près de lui ; onze hommes tombèrent à ses côtés percés de coups de baïonnettes ; son chapeau, ses habits furent troués de balles. Ce fut à pied, une épée nue à la seule main qui lui restât libre, et à la tête seulement de quarante grenadiers qu'il parvint à se faire jour et à gagner la barrière. C'est là que, pour sa gloire, ce maréchal aurait dû mourir !

Pendant que quelques milliers de valeureux soldats, épuisés par la fatigue et par la faim, débris de plus de cent soixante bataillons ou escadrons qu'avaient décimés les luttes des deux derniers mois, défendaient ainsi pied à pied l'entrée ouverte des faubourgs de Paris ; le peuple de cette capitale suivait avec une attention inquiète le bruit du canon tiré à ses portes. Selon que les décharges arrivaient plus distinctes ou plus sourdes, selon qu'elles étaient plus répétées ou plus ralenties, l'ennemi, dans la pensée de la foule, gagnait du terrain ou en perdait. Ces alternatives de crainte ou d'espérance agitaient la masse des curieux qui, depuis la rue de la Paix, jusqu'à la porte Saint-Antoine, occupaient chaque côté des boulevarts. Il y avait cependant une notable différence entre l'attitude des groupes selon qu'ils stationnaient près des quartiers opulents ou près des quartiers populeux. Sur le boulevart des Italiens, devant le café Tortoni, des oisifs des deux sexes, nonchalamment assis sur des chaises, ne prêtaient qu'une oreille distraite aux détonnations de l'artillerie des deux armées et regardaient passer d'un œil indifférent les blessés, gardes nationaux ou soldats, que l'on portait aux ambulances provisoires ou aux hôpitaux. Plus loin, au contraire, dans la partie la plus rapprochée des rues du faubourg Saint-Martin et du faubourg du Temple, la foule était compacte et agitée. Là, une exaltation patriotique s'emparait de tous les groupes à la vue de chaque voiture de mourants ou de blessés qui descendait des barrières. On interrogeait ceux-ci : « *Ah!* s'écriait un soldat dont le bras droit avait été fracassé par un biscayen, *ils sont* TROP ! »

On appelait la présence de l'Empereur, on proposait de marcher à l'ennemi, on demandait des armes. L'Empereur ! les dernières nouvelles qu'on avait de lui remontaient à sept jours ! Des armes ! Joseph, Clarke et Hullin, nous l'avons dit, avaient autorisé les mairies à délivrer des *piques* aux seuls gardes nationaux, moyennant un dépôt préalable de 10 ou de 20 francs ! Le gouvernement, d'ailleurs, où était-il ? Ses chefs, qu'étaient-ils devenus ? Depuis la veille et le matin, régente, grands dignitaires, ministres, hauts fonctionnaires, les principaux employés des administrations, tout, jusqu'au trésor, avait disparu, tout avait fui ! Les seules autorités qui fussent restées étaient les deux préfets de la Seine et de police, ainsi que les maires fort ignorés des douze arrondissements.

Ce désarroi, cet abandon général inspiraient les craintes les plus vives à la partie riche de la population de Paris ; ils préoccupaient surtout vingt-cinq à trente personnes, banquiers, commerçants, propriétaires, qui attendaient Marmont, lorsqu'à six heures du soir, après avoir fait avertir le duc de Trévise, par le général Meynadier, de la signature de l'armistice, il parut dans le salon de son hôtel de la rue de Paradis-Poissonnière. Il était à peine reconnaissable, a dit un témoin oculaire; sa barbe avait huit jours, la redingote qui recouvrait son uniforme était en lambeaux; de la tête aux pieds il était noir de poudre. Il annonça la suspension d'armes. « C'est bien pour l'armée, s'écria-t-on autour de lui; mais Paris? qui le garantira des excès de l'ennemi? Il faut une capitulation pour le sauver! » Marmont en convint. — « L'armistice, ajouta-t-il, a précisément pour objet de faciliter un arrangement particulier à la capitale. Mais je suis sans autorité pour traiter en son nom; je ne la commande pas; je ne suis pas le gouvernement. Simple chef de corps, je n'ai à m'occuper que des troupes sous mes ordres. Elles ne peuvent plus rien; elles ont fait tout ce que l'on pouvait humainement exiger d'elles. On vient de m'annoncer le retour de l'Empereur par la route de Fontainebleau; je vais me replier sur cette ville, et laisser, à qui doit le prendre, le soin d'une capitulation spéciale pour Paris. — Mais qui la proposera, qui la signera? répliqua-t-on tout d'une voix. Le gouvernement, toutes les hautes autorités nous ont abandonnés; il ne reste plus personne! Ce n'est pas le conseil municipal qui peut traiter directement avec l'empereur de Russie et le roi de Prusse; ces princes ne connaissent, pas même de nom, un seul de ses membres. Les maréchaux, après avoir défendu la ville, auraient-ils l'inhumanité de l'abandonner à toutes les exigences, à toute la colère du vainqueur? Puisqu'ils ont conclu l'armistice, que leur coûterait-il de compléter la négociation? Joseph, d'ailleurs, ne leur a-t-il pas donné carte blanche? »

Marmont résista longtemps. A la fin, entraîné par les supplications de tout ce qui l'entourait, par les prières d'une députation du corps municipal qui vint le conjurer de s'entremettre, il consentit à prendre la responsabilité d'un acte que tous lui signalaient comme l'unique moyen de salut pour Paris. Deux aides-de-camp furent chargés de conclure en son nom. Les troupes commencèrent leur mouvement de retraite sur Fontainebleau. Ce furent les détachements les premiers partis que l'Empereur rencontra à Fromenteau.

La capitulation de Paris étonna, indigna la France. Le peuple ne put comprendre comment Paris, capitale d'un grand empire, centre de toutes les ressources du gouvernement, avec une population de sept cent mille âmes, s'était rendu après une lutte de quelques heures. Les nations ont leurs jours d'injustice; le gouvernement de la régente avait été inepte et lâche, l'Empereur imprévoyant et aveugle au delà de toute croyance; l'armée, sous Paris, s'était montrée héroïque; fait inouï! elle venait de tuer à l'ennemi plus de soldats qu'elle ne comptait de combattants; et ce furent les chefs de cette armée qu'on accusa (1)! Les nations ont aussi leurs passions : la défaite, même la plus honorable, leur semble une honte qu'elles ne peuvent accepter; être trahies va mieux à leur orgueil; la capitulation, signée par les aides-de-camp du duc de Raguse, fut reprochée à ce maréchal comme un acte d'infâme trahison. — Joseph Bonaparte, Clarke, duc de Feltre, le général Hullin, voilà les seuls noms sur qui doit éternellement peser le fatal souvenir de la *première* capitulation de Paris. Le maréchal Marmont était encore un des plus nobles soldats de notre armée, au 30 mars 1814!

Dans la nuit qui succéda à ce jour fatal, les 16 ou 18 mille hommes, restes de la faible armée qui vient de lutter contre les masses alliées, traversent Paris en frémissant, et battent en retraite sur la route d'Italie; ils doivent prendre position sur les hauteurs de Villejuif. A une heure et demie du matin, quelques centaines de blessés de la bataille avec l'avant-garde y étaient déjà établis, et le feu brillait au loin dans la campagne.

A cette heure même, deux chaises de poste, attelées chacune de six chevaux, arrivaient brûlant le pavé devant la maison de poste de la cour de France, à six lieues de

(1) Les alliés, dans leurs états officiels, ont porté le chiffre de leurs pertes, devant Paris, à quatorze mille hommes. Au début de la lutte, on l'a vu, les soldats de Marmont et de Mortier étaient à peine de treize mille

Paris ; elles roulaient encore que déjà huit ou dix personnes en étaient sorties précipitamment pour stimuler le zèle des postillons de relai, pour activer le départ. L'une d'elles cependant a jeté les yeux dans la direction de Paris, et reste un instant immobile, fixant avec anxiété des feux allumés sur les hauteurs qui bornent l'horizon : c'est Napoléon ! Il arrête brusquement au passage un valet d'écurie, et lui montrant de la main les lueurs :

« Quels sont ces feux ? lui dit-il. — C'est le bivouac des blessés de la bataille de Paris. — Il y a donc eu une bataille à Paris ? — Toute la journée nous avons entendu la canonnade de ce côté, et des voyageurs qui ont passé ici, il y a une demi-heure, ont dit... — Et à quelle heure avez-vous cessé d'entendre le canon ? — Vers six heures. — C'est bientôt, dit à mi-voix Napoléon ; puis se tournant vers un des officiers de sa suite, qui s'était rapproché de lui, il lui donna l'ordre d'appeler immédiatement le maître de poste. »

Mais en ce moment arrivait de Paris Belliard, un des généraux combattants de la journée, chargé de lui annoncer la capitulation des maréchaux. A la clarté de la nuit étoilée, le général reconnut immédiatement l'Empereur, et lui raconta le combat auquel il venait de prendre part, les faibles ressources de la défense, l'inaction des autorités civiles, les incroyables dispositions prises par les autorités militaires de la capitale, et il ajouta : « Une capitulation a été signée, il y a cinq heures, par les ducs de Trévise et de Raguse : leurs corps d'armée, avec toutes les autres troupes, doivent évacuer Paris dans la nuit, et ce matin, à sept heures, les alliés y entreront. — Non, général, ils n'y entreront pas, s'écria Napoléon qui avait écouté jusque-là sans mot dire ; et, tirant sa montre : Il est une heure et demie, à trois heures, je serai dans Paris ; le tocsin sonnera dans toutes les églises ; la générale battra dans les rues ; je me montrerai au peuple, je lui parlerai, en deux heures j'aurai levé une armée. Ah ! vous ne savez pas ce que vaut la population de Paris ; vous ne vous doutez pas de ce qu'elle peut, quand elle veut ; et, avec moi, elle voudra. Des barricades dans les rues, des pavés sur les toits, des tirailleurs aux fenêtres, et les alliés en ont pour un mois avant de parvenir à l'Hôtel-de-Ville. Marmont et Mortier sont encore, m'avez-vous dit, à la tête de quinze ou dix-huit mille hommes, je vais les ramener ; ma garde sera à Paris après-demain, et toute l'armée le jour d'après : c'est plus qu'il n'en faut pour sauver Paris, pour sauver la France. Allons, Messieurs, partons. — Mais, Sire, dit le général Belliard, j'ai eu l'honneur de vous prévenir qu'il y avait une capitulation... — Ça, répliqua Napoléon avec un sourire indicible de mépris, c'est un acte nul, sans valeur aucune. — Mais Paris lui-même est engagé, dit encore Belliard ; les préfets Chabrol, Pasquier, des maires sont allés au quartier-général de l'empereur Alexandre solliciter pour Paris, faire sa soumission. — Et croyez-vous, dit l'Empereur, pouvez-vous croire, général, que le peuple de Paris ne soit pas indigné d'une pareille démarche ? C'est le faubourg Saint-Germain, c'est l'aristocratie, ce sont quelques émigrés, quelques traîtres qui l'ont provoquée. Mais Paris n'est pas tout entier dans le faubourg Saint-Germain ; et grâce à Dieu, le peuple, le vrai peuple, les braves ouvriers des faubourgs, les jeunes gens des écoles et des ateliers ont au cœur un dévouement inépuisable, un courage sans bornes au service de la patrie. Ils frémissent de colère à l'idée de la souillure que l'étranger va imprimer à la capitale ; ils feront tout pour lui épargner ce déshonneur, pour empêcher la ruine de la patrie. Ils ne s'abaisseront jamais, eux, à solliciter la générosité des ennemis de la France ; ils n'en veulent pas, ils n'en ont pas besoin. Ce qui manque à leur courage, c'est un chef en qui ils aient confiance, un chef résolu à combattre à leur tête, à mourir, s'il le faut, avec eux... Qu'ils apprennent que je suis dans Paris ; qu'ils entendent le tocsin, et vous verrez comment ils acceptent cette capitulation, la pitié protectrice des souverains alliés. »

En parlant ainsi, Napoléon s'était animé par degrés ; sa pâle figure avait pris une vive teinte ; sa voix s'était élevée ; du geste, il montrait Paris ; et ce n'était pas de la colère qui brillait dans ses regards ; c'était du courage, c'était une confiance sans bornes dans le dévouement populaire.

Prenant le bras de Belliard, il hâte le pas

pour rejoindre les voitures qui sont restées attelées devant la maison de poste : « Sire, lui dit de nouveau ce général, chemin faisant, je puis certifier à Votre Majesté qu'à l'heure qu'il est, il ne doit plus y avoir de troupes dans la capitale, que plus de cent trente mille étrangers l'entourent, que Votre Majesté s'expose à se faire prendre... »

A ces mots, l'Empereur s'arrête, et pressant avec force le bras de Belliard :

« Moi !... prisonnier d'un russe ou d'un prussien ! Moi ! s'écria-t-il d'un ton de dédain, jamais ! entendez-vous, Belliard ! » Puis il ajouta avec douceur : « Vous ne songez pas à ce que vous dites. Je sais le moyen d'échapper à une telle infamie, croyez-le bien... Vous allez venir avec moi, n'est-ce pas ? — Sire, je ne le puis ; je suis sorti de Paris avec mes troupes ; il y a une convention signée ; je n'y puis rentrer ni moi ni mes troupes. » Après de nouvelles instances de Napoléon pour marcher en avant, et de nouvelles représentations de Belliard, auquel s'étaient joints Berthier et Caulaincourt pour le dissuader de son projet, l'Empereur dit d'un ton de résolution et de mépris tout à la fois : « Allons ! je vois bien que tout le monde a perdu la tête. Joseph est... un *imbécile*, et Clarcke un traître ; car je commence à croire ce que me disait Savary, l'année dernière, à pareille époque, en me parlant de M. le ministre de la guerre. » En ce moment, l'avant-garde de la colonne d'infanterie du maréchal Mortier parut sur la route. Le prince de Neufchâtel, voyant que l'Empereur ne prenait aucun parti, et que le temps s'écoulait, car le jour commençait à poindre, le pressa d'envoyer à Paris M. Caulincourt pour traiter avec les coalisés : « Sire, lui dit-il, rien n'est désespéré. Il n'y a encore de signé qu'une convention ; M. le duc de Vicence... » Ici le major général fut interrompu par le duc de Vicence lui-même, qui se hâta de s'adresser à l'Empereur en lui disant :

« Sire, je pense que l'envoi de M. le prince de Neufchâtel serait préférable ; lié comme il l'est avec M. Schwartzemberg, il sera plus à même de servir Votre Majesté auprès des souverains alliés. » Napoléon resta quelque temps sans répondre ; puis enfin, paraissant faire un effort sur lui-même, il dit à M. de Caulaincourt : « Monsieur le duc, Berthier a raison. Partez à l'instant ; voyez l'empereur Alexandre ; peut-être m'est-il encore possible d'intervenir. Je vous donne carte blanche. Allez, Caulaincourt, et songez cette fois que l'honneur et la dignité de la France sont en vos mains. » Napoléon remonta dans sa voiture, et tous ceux qui l'avaient rejoint prirent la route de Fontainebleau.

Avant de rendre compte du triste dénoûment de la campagne de 1814, nous allons résumer les faits militaires qui, sur divers points de la France, ont signalé le courage et le dévouement d'un petit nombre de braves luttant contre les masses ennemies, et défendant pied à pied, sans grande espérance, mais sans faiblesse, le territoire de la patrie.

Vers la fin de 1813, l'approche des corps d'armée de Bulow et de Wintzingerode sur Munster avait provoqué une révolution en Hollande. Le général Rampon et l'amiral Verhuel, fidèles à la foi qu'ils avaient jurée à Napoléon, refusèrent d'accepter les ordres des partisans du prince d'Orange.

Les ennemis en profitèrent habilement. Le général Bulow vint se réunir à Breda aux troupes du général Wintzingerode, et la Meuse franchie, les alliés n'avaient plus qu'un pas à faire pour attaquer Anvers. Cette entreprise les effraya.

Napoléon, jetant un coup d'œil sur la Belgique, organisa une armée du Nord, qu'il confia au général Maison, qui, bientôt, eut dégagé l'Escaut. Ce succès nous donna le temps de perfectionner la défense de la frontière septentrionale ; mais la Russie, la Prusse et l'Angleterre vinrent opposer leur formidable concours au général Maison. Alors l'Empereur confia à Carnot la défense d'Anvers.

En janvier, le duc de Tarente fut rappelé, et le général Maison continua à manœuvrer entre Tournay, Lille et Courtray, et contint l'ennemi. Le général Carnot resta maître de la campagne d'Anvers, et toute espèce de tentative fut vaine de la part des Anglais, qui furent repoussés avec perte. L'attaque de Maubeuge, attaque pourtant inutile, fut la seule opération importante qu'entreprirent les alliés dans le courant de mars. Vers la fin de février, les troupes russes et prussiennes s'étaient réunies à l'armée de Silésie.

Cependant, les Anglais attaquèrent Anvers; mais, trouvant une trop vigoureuse résistance dans la personne de Carnot, ils convertirent le siége en blocus. Le prince royal de Suède essaya d'entamer des négociations avec le général français, qui resta toujours ferme à son poste jusqu'en avril, où s'opérèrent en France tant de changements politiques. Carnot avait défendu la place au nom de l'Empereur; il continua de la défendre au nom de la patrie, et les ordres seuls du comte d'Artois lui imposèrent l'obligation de capituler.

En s'avançant dans le cœur de la France, les alliés avaient laissé derrière eux des places fortes, où les généraux français jetèrent des garnisons insuffisantes. Toutefois, aucune d'elles ne tomba au pouvoir de l'ennemi. Les troupes de Métry et de Thionville firent plusieurs sorties, qui toutes eurent un plein succès. La ville de Soissons, qui deux fois avait été prise par les alliés, fut réoccupée par l'armée française après la bataille de Croone. Sa prompte reddition avait sauvé l'armée de Silésie et fait échouer les savantes manœuvres de l'Empereur. Napoléon, en se retirant de Laon sur Reims, le 9 mars, laissa dans cette ville trois mille hommes de garnison et quarante pièces de canon, sous le commandement du chef de bataillon Gérard, connu dans l'armée par son intrépidité. Le 19 mars, Soissons fut investi par vingt mille Prussiens sous les ordres de Bulow. Sommé de se rendre, le commandant français répondit par des coups de canon. Bulow, qui ne pouvait s'avancer sur Paris sans prendre cette place, tenta plusieurs escalades, qui toutes furent vaines et lui coûtèrent beaucoup de soldats. Il fit une seconde sommation. On y répondit de nouveau par une sortie générale. Le combat fut opiniâtre. L'ennemi fit bonne contenance; mais il fut enfoncé, chassé du faubourg, eut huit cents hommes tués, blessés ou prisonniers, et perdit le fruit de tous ses travaux.

Du 29 au 30, il voulut faire une nouvelle tentative; mais, cette fois encore, il fut si rudement accueilli, qu'il convertit alors le siége en blocus. L'occupation de la capitale par les alliés et l'abdication de Napoléon mirent enfin un terme à la guerre. Gérard conclut un armistice avec les troupes du blocus, mais ne leur permit pas l'entrée de la place.

Cependant une armée, sous les ordres de Bubna, était chargée d'envahir l'est de la France. Le Valais fut enlevé, et la Savoie menacée d'être rendue au roi de Sardaigne. Le duc de Castiglione organisa la défense de ce côté; il se rendit à Lyon. Desaix protégea Chambéry, et le général Marchand fit des levées en Dauphiné.

Après le combat de Montereau, Napoléon fit entrer les troupes de Lyon dans ses combinaisons. Le Dauphiné, uni à la Savoie, combattit alors avec succès sous les ordres des généraux Marchand, Desaix et Seras. Bubna fut forcé d'évacuer Montluel et les environs de Lyon. Les rives de la Saône furent rendues libres, et les Autrichiens se concentrèrent sur Genève.

De tels succès rendirent l'espoir à nos troupes. Le duc de Castiglione remonta la Saône avec l'ordre de culbuter tout ce qu'il rencontrerait sur son passage. Napoléon, en organisant une armée de troupes de ligne, croyait bientôt reprendre sa supériorité sur l'ennemi; mais cette armée, composée principalement de soldats de l'Italie et de la Catalogne, ne pouvait pas être aussi nombreuse que l'Empereur l'avait d'abord calculé. Les événements d'Italie dérangèrent cette combinaison. L'ingrat roi de Naples se déclara contre lui.

Le vice-roi, environné d'ennemis, fut égal au danger, combattit les Autrichiens sur le Mincio et les Napolitains sur le Taro; mais, obligé de faire face à tout, il priva Lyon des troupes précieuses qui devaient assurer la victoire à l'armée d'Augereau.

La vigueur peut quelquefois suppléer au nombre. Le maréchal avait sous ses ordres deux divisions aguerries venues de Catalogne. L'Empereur crut un instant que le duc de Castiglione, électrisé par l'importance du rôle qu'il avait à jouer, retrouverait son ancienne audace; mais ce dernier, au lieu de remonter la Saône et de se porter franchement sur Vesoul, s'amusa à guerroyer avec Bubna, ce qui donna le temps aux généraux détachés de la grande armée autrichienne d'arriver à marches forcées sur Dijon, pour occuper les routes de la Saône.

Augereau, surpris, fut obligé de faire une contremarche vers eux. Le 7 mars, il abandonna le pays de Gex et la Franche-Comté. Il était trop tard : l'occasion de sauver la France était manquée. Il se borna à couvrir Lyon. Napoléon, décidé à le remplacer par un général plus actif, jeta d'abord les yeux sur son frère Jérôme ; mais, jugeant qu'une réputation populaire pouvait seule inspirer de la confiance aux troupes, il allait arrêter son choix sur le maréchal Suchet, lorsque, le 20 mars, il apprit que, battu à Linconest, Augereau avait évacué Lyon, où les alliés étaient entrés le lendemain.

Les troupes françaises se retirèrent sur l'Isère pour couvrir Grenoble et le Dauphiné.

Jusqu'au 15 janvier, on resta dans l'inaction de part et d'autre, jour où les Anglo-Espagnols tentèrent d'entamer l'armée française au pont de Molino-del-Rey ; mais, après une canonnade de sept heures, les assaillants se replièrent sur leur position. Ce fut alors que le duc d'Albufera détacha dix mille hommes de ses troupes et les dirigea sur Lyon. Il fut informé de la prochaine arrivée du roi Ferdinand et de ses frères, auxquels l'Empereur avait rendu ses États. Cette remise fut faite le 24 mars. L'armée de Suchet repassa ensuite les Pyrénées pour se réunir à l'armée qui combattait Wellington ; mais il arriva trop tard dans les plaines de Toulouse.

Cependant une partie des troupes ennemies s'avançait sur Orthrey. Le 12e d'infanterie légère en défendait l'accès avec quatre pièces de canon. Son feu l'emporta d'abord ; mais sa position fut enfin emportée par Beresford, qui, voulant étendre ses succès plus loin, fut attaqué par l'artillerie de la division Taupin, qui le contraignit à rétrograder par plusieurs décharges à mitraille.

Wellington, dégoûté par ce revers, pensait à la retraite ; mais une tentative où le succès couronna ses efforts lui rendit un peu de sa confiance. Dans une lutte qu'il engagea avec la division Darmagnac, on se battit avec autant de sang-froid que de bravoure ; mais une grave blessure reçue par le général Foy et la mort du général Béchaud mirent l'avantage du côté de l'ennemi. Beresford en profita pour marcher sur Bordeaux, où il fit son entrée, le 12 mars, avec le duc d'Angoulême. Wellington prit la route de Toulouse, ville autour de laquelle se concentrait l'armée française.

Soult y trouva des ressources très-favorables aux besoins de son armée. Pour éviter toute surprise de la part de l'ennemi, il profita de tous les accidents de terrain et disposa ses troupes sur les points les plus avantageux. La marche de Wellington fut lente et circonspecte. Enfin, il se trouva en vue des troupes françaises, qui, campées sur des hauteurs, virent une forte colonne, avec du canon, passer la rive droite de la Garonne. L'état affreux des chemins arrêta le chef anglais sur la ligne qu'il s'était tracée. Il fut obligé de rallier sa colonne sur la rive gauche.

Le duc de Dalmatie, qui avait étudié tous les mouvements de l'ennemi, porta son attention vers l'embouchure du canal. Il fit couvrir tous ses ponts d'ouvrages avancés, fit créneler les habitations et construire divers fortins sur les hauteurs de Montrave.

Enfin, le 8 au matin, diverses escarmouches de cavalerie eurent lieu au quartier-général des Anglais. Les voltigeurs français répondirent vigoureusement au feu de l'ennemi ; mais trop faibles en nombre, ils furent obligés de se replier. Vers deux heures après midi, une vedette française ayant été enlevée, l'ennemi attaqua inopinément la brigade Vial. Le général Soult faillit être enlevé avec son état major et ne dut sa liberté qu'à la bravoure du deuxième régiment de hussards.

Une bataille décisive était devenue inévitable. Tous la désiraient. Elle fut provoquée par des feux qui éclatèrent sur tous les points où notre armée éparpillée s'était placée en défense. Dans ces attaques multipliées, la valeur de nos soldats sut les protéger contre le nombre et les rendit même victorieux plusieurs fois. Vers le côté du pont Matabiau, les assaillants, trompés par le silence qui y régnait, s'avancèrent sans défiance et éprouvèrent à bout portant un feu terrible de mousqueterie.

Profitant de cet avantage, quatre régiments sous les ordres du général Darmagnac, s'élancèrent sur le flanc gauche des Espagnols, les attaquèrent à la baïonnette et les culbutèrent, tandis que les batteries de la tête de pont les foudroyaient en face. Le désordre fut bientôt parmi les ennemis qui, en moins d'une demi-heure, eurent deux mille hommes hors de combat. Sur plusieurs autres points, l'armée française avait vu ses efforts couronnés de succès. Tout présageait les meilleurs résultats, et l'honneur et les intérêts des alliés semblaient devoir être infailliblement compromis. Mais une attaque dirigée contre Beresford entre les redoutes de Lavour et de Caraman devint nuisible à nos troupes. Par l'ordre du maréchal Soult, le général de division Taupin se prépara à exécuter un mouvement. Emporté par trop d'audace, car ainsi que tous ses soldats, il brûlait d'en venir aux mains, il ne prit pas le temps de déployer toute sa brigade pour attaquer les assaillants. Alors il les masqua involontairement et empêcha le feu de nos ouvrages de se diriger sur eux. Le général Taupin se battit avec un courage héroïque, fit des prodiges, mais son élan fut arrêté par une blessure mortelle qui priva l'armée d'un de ses plus nobles soutiens. Cet événement sinistre jeta le découragement et l'alarme parmi les défenseurs de la redoute, qui fut bientôt évacuée et tomba au pouvoir des Anglais. Cette nouvelle ne produisit pas le même effet sur tous les autres points. Elle doubla au contraire le courage, et les Français se surpassèrent quoique luttant contre des forces infiniment supérieures en nombre. Mais tant de valeur déployée pour la patrie n'eut pas sa digne récompense, et après divers combats tous glorieux pour nous, les retranchements furent abandonnés. On s'était battu jusqu'à neuf heures du soir.

On s'attendait le lendemain à de nouvelles hostilités; mais un conseil de guerre avait été tenu et le résultat de sa délibération fut l'évacuation de Toulouse et de son territoire. La retraite fut ordonnée le 11 au soir à dix heures. Les alliés occupèrent Toulouse le 12 au matin. Sur douze mille hommes restés sur le champ de bataille, huit mille appartenaient aux Anglais.

Le 19 avril, le maréchal Soult adhéra aux actes du sénat et du gouvernement provisoire, et la guerre cessa dans le midi de la France.

Ce n'est pas toujours le courage et le patriotisme qui produisent le gain d'une bataille.

ABDICATION DE NAPOLÉON.

TRAITÉ DE FONTAINEBLEAU. — 15 AVRIL 1814.

Le lendemain de la capitulation de Paris, Marmont, après avoir accompagné ses troupes jusqu'à Essonne, sur l'ordre de l'Empereur se rendit le soir même à Fontainebleau. Il soupa avec lui. Napoléon lui donna les plus grands éloges sur sa belle défense de Paris. Après souper, le maréchal rejoignit son corps d'armée à Essonne, et six heures après, l'Empereur y arriva pour visiter les lignes.

Le maréchal, en quittant Paris, y avait laissé les colonels Fabvier et Denys pour veiller à l'exécution de la capitulation, en rendant la ville aux alliés.

Le soir, dans le conseil souverain, on décida que Napoléon, en France, était incompatible avec le repos de l'Europe et qu'on devait rétablir l'ancienne dynastie. Le Sénat, convoqué et gagné par le prince de Talleyrand, déclara Napoléon déchu du trône, le droit d'hérédité aboli dans sa famille, et le peuple, ainsi que l'armée, déliés envers lui du serment de fidélité.

L'Empereur laissa le maréchal à Essonne, repartit immédiatement pour Fontainebleau, et alla, au point du jour, visiter les avant-postes. A son aspect, les troupes frémissaient de joie et semblaient chercher par la vivacité de leurs acclamations, à dissiper les nuages dont son front paraissait obscurci. Ému de cet accueil : « Officiers, sous-officiers et soldats, leur dit-il, l'ennemi nous a dérobé trois marches, et il est arrivé à Paris avant nous. Quelques factieux, restes d'émigrés à qui j'avais pardonné, ont entouré l'empereur de Russie; ils ont arboré la cocarde blanche, et ils veulent nous forcer à la prendre. Depuis la révolution, la France a été maîtresse chez elle, souvent chez les autres, mais toujours chez elle. J'ai offert la paix; j'ai proposé de laisser la France dans ses anciennes limites, en perdant tout ce qu'elle a acquis. On a tout refusé. Dans peu de jours, j'attaquerai l'ennemi; je le forcerai de quitter notre capitale. J'ai compté sur vous; ai-je eu raison? (Oui, oui! s'écrièrent les braves, comptez sur nous! Vive l'Empereur!) Notre cocarde est tricolore; plutôt que d'y renoncer, nous périrons sur notre sol. »

Cette voix connue de la victoire, qu'ils ont entendue sur les bords du Tibre, du Nil et du Danube, n'a rien perdu de son empire sur l'âme des soldats. Des pleurs roulent dans leurs yeux. Ils agitent leurs armes, ils appellent les combats; ils brûlent d'arracher la capitale au joug de l'étranger, et leur cœur bondit d'enthousiasme et d'impatience. Il n'en est pas de même parmi les généraux: presque tous demeurèrent froids et silencieux. Dans la nuit du 3 au 4 avril, on reçut à Fontainebleau, par un exprès du duc de Raguse, le sénatus-consulte qui prononçait la déchéance de l'Empereur, et en même temps le maréchal Macdonald arriva de Troyes : « Duc de Tarente, lui dit l'Empereur, quelles nouvelles? — De bien tristes, Sire : Paris est aux mains de l'étranger, et on dit que Votre Majesté veut marcher sur la capitale. — Eh bien? — On craint que la seule tentative d'une bataille ne la livre à toutes les horreurs d'une ville prise d'assaut. L'armée paraît découragée, et les populations demandent la paix. » Le visage de Napoléon se rembrunit, et ses yeux se promenèrent avec sollicitude sur ses anciens compagnons d'armes : « Eh bien! Messieurs, reprend-il, vous ne voulez donc plus vous battre? — Il est trop tard, Sire, répond un maréchal. — Et que pourriez-vous faire, Sire? dit un autre maréchal. Brûler Paris? Mais cette ville renferme nos femmes, nos enfants! » Enfin, un troisième, après avoir fait une peinture énergique des maux que la guerre civile entraînerait pour la patrie, osé parler d'abdication. Une seule voix s'élève pour protester contre ce mot. Napoléon réplique avec émotion et dignité : « Vous croyez que c'est le vœu de la France? — Oui, Sire. — Que c'est le vœu de l'armée? — Oui, Sire. — Ah! du moins, si j'abdiquais, vous seriez d'avis de faire passer la couronne sur la tête du roi de Rome? Mon fils et la régente pourraient faire encore le bonheur de la France. — Oui, oui! s'écrièrent les maréchaux. Cette proposition, soutenue par l'armée, dissipera sans peine les intrigues commencées en faveur des Bourbons. La France ne les connaît plus; mais elle connaît le fils de l'Empereur. Elle l'aime; elle l'adoptera, et l'Autriche le verra couronner avec plaisir. Sire, il faut se hâter. Les alliés n'ont encore rien arrêté. Il n'y a pas un instant à perdre. — Qui chargerai-je de cette négociation? — Le duc de Vicence, le prince de la Moskowa, le duc de Raguse... Oui, ces [illegible]eurs vont partir pour Paris. Je vais leur faire donner leurs pouvoirs... Et cependant, ajoute-t-il en se jetant sur un canapé, et comme ressaisissant l'adhésion qui vient de lui échapper, je suis sûr que nous les battrions! » Ce dernier cri du héros, qui eût, dans tout autre temps, électrisé ses lieutenants, expire inécouté. Se relevant alors avec majesté, Napoléon fait comprendre par son geste qu'il veut rester seul; les maréchaux se retirent.

Cependant, l'Empereur a réfléchi que le duc de Raguse, qui commandait en chef le quartier-général d'Essonne, serait plus utile à son poste qu'à Paris. C'est le maréchal Macdonald qui le remplacera comme plénipotentiaire. Les trois commissaires partent pour Paris, afin de négocier un traité de paix, avec ordre de le communiquer à l'Empereur avant de le signer. Ils sont porteurs de la notification :

« Les puissances alliées ayant proclamé que l'empereur Napoléon était le seul obstacle au rétablissement de la paix en Europe, l'empereur Napoléon, fidèle à son serment, déclare qu'il est prêt à descendre du trône, à quitter la France, et même la vie, pour le bien de sa patrie, inséparable des droits de son fils, de ceux de la régence de l'impératrice et du maintien des lois de l'empire.

» Fait en notre palais de Fontainebleau, le 4 avril 1814.

« Napoléon. »

Les plénipotentiaires trouvent à Essonne le duc de Raguse, qui leur apprend qu'en vertu d'ordres émanés de la régence, il a eu des pourparlers avec le prince de Schwartzemberg, mais que, pour ne pas entraver le succès de leur mission, pour la seconder même, il va les suivre à Paris. Parvenus aux avant-postes, les commissaires y sont reçus affectueusement par le prince de Schwartzemberg, avec lequel ils s'entretiennent de leur mission, dans l'espoir que le généralissime autrichien se montrera favorable à la fille de son souverain; mais, à leur grand étonnement, le prince paraît opposé à leurs pressentiments. Au milieu de cet entretien, un officier vient demander le prince. Il sort, et, quelques instants après, revient suivi du duc de Raguse, qui s'était tenu à l'écart à son arrivée aux avant-postes. Il explique à ses collègues qu'il avait été bien aise de parler au prince de Schwartzemberg, afin de suspendre les préliminaires de ses négociations, et qu'il allait retourner à Essonne. Les commissaires se remettent en route, et, arrivés à Paris, se rendent chez l'empereur Alexandre. Après avoir traversé un salon où le gouvernement provisoire était réuni, entouré de plusieurs généraux de l'empire, qui s'étaient déjà brusquement tournés vers le soleil du Nord, ils entrent dans le cabinet des souverains. Alexandre, l'air soucieux, causait avec le roi de Prusse dans l'embrasure d'une croisée. A la gauche de Guillaume, un peu en arrière, se tenait le général Beurnonville. La discussion paraissait animée, et le roi de Prusse, dans sa réplique, semblait toujours interpeller son *acolyte*, qui, par un salut obséquieux, oppose sans doute ses idées à celles d'Alexandre. On a su depuis que ce général, en portant au roi de Prusse l'importante nouvelle de la défection de Marmont, l'avait décidé à rejeter avec fermeté la régence, qui allait être proposée au conseil par les plénipotentiaires de Napoléon.

L'arrivée des plénipotentiaires fit cesser les conversations particulières. L'empereur de Russie et le roi de Prusse s'assirent devant une grande table, et chacun se plaça. Le duc de Vicence remit à l'empereur Alexandre l'acte d'abdication de l'empereur Napoléon en faveur de son fils, le roi de Rome, et de l'impératrice Marie-Louise, régente.

Le roi Guillaume prit froidement l'initiative et répondit, en termes mesurés, que des événements subséquents ne permettaient plus aux puissances de traiter avec l'empereur Napoléon. Les vœux de la France pour le retour de ses anciens souverains se manifestaient, dit-il, de toutes parts. Le premier corps de l'État, le sénat, appuyé de l'assentiment de ses concitoyens, ayant déclaré Napoléon déchu du trône, il n'appartenait pas aux souverains alliés de s'immiscer dans les affaires du gouvernement français, et, contrairement à la déclaration du sénat, de reconnaître à l'empereur Napoléon déchu du trône le droit de disposer de la couronne de France.

Le maréchal Macdonald exposa avec force les hautes considérations politiques qui devaient décider les puissances alliées à accepter l'acte d'abdication en faveur de l'impératrice et de son fils : « L'armée, dit-il, toute dévouée à son chef, est encore debout et prête à verser jusqu'à la dernière goutte de son sang pour soutenir les droits de son souverain. »

Un sourire imperceptiblement dédaigneux accueillit cette déclaration ; des chuchottements se firent entendre dans une certaine partie du salon. Au même instant, on annonça : « M. le maréchal duc de Raguse. » Il entra la tête haute, le sourire sur les lèvres. Des poignées de mains, des félicitations sont échangées entre lui et quelques personnages qui se portent à sa rencontre. Il se manifesta comme un sentiment de stupeur dans la majorité de l'assemblée ; mais l'intérêt personnel devait l'emporter sur les émotions généreuses.

L'arrivée de Marmont avait tellement simplifié la discussion, qu'elle ne fut pas reprise. Les considérations que les commissaires avaient essayé de faire prévaloir n'avaient pas de valeur, et les explications, de part et d'autre, devenaient oiseuses.

« Messieurs, dit Alexandre aux commissaires, d'un ton décidé, les alliés déclarent ne vouloir traiter ni avec Napoléon, ni avec aucun membre de sa famille ; mais ils feront tout pour sa personne. Qu'a-t-il demandé? Que désire-t-il? — Rien, Sire, répondirent les commissaires. L'empereur Napoléon a défendu qu'on stipulât rien pour sa personne. — Je l'en estime davantage, » répondit l'empereur. Et, après avoir lu les instructions que le duc de Vicence met sous ses yeux, et qui contenaient, entre autres, cette manifestation de la volonté de Napoléon, il ne peut revenir de cette abnégation magnanime. — « Non, non, dit-il, nous voulons qu'il soit indépendant, qu'il ait une souveraineté à lui ou autre chose. Si cela ne lui convient pas, qu'il vienne en Russie ; je l'y traiterai en souverain. »

Le maréchal Macdonald fait observer avec dignité à l'Empereur que leur mission est finie ; ils n'avaient pouvoir de traiter que pour la régence ; ils vont reporter à l'empereur Napoléon la réponse des alliés. Le duc de Vicence demande à Alexandre un mot de sa main pour Napoléon. Après quelque hésitation, ce prince fait écrire quelques lignes où se retrouvent ces deux mots : *L'île d'Elbe, ou autre chose ;* et les commissaires prennent congé de l'empereur, après avoir obtenu une suspension d'armes de quarante-huit heures.

Ils étaient réunis chez le maréchal Ney, lorsqu'ils furent rejoints par le duc de Raguse. Tout à coup, un officier vient lui an-

-noncer que son corps d'armée tout entier a abandonné Essonne! Marmont disparaît, et les commissaires stupéfaits, se regardent sans proférer une parole. L'âme inquiète et abattue, tous trois regagnent Fontainebleau.

Napoléon croyait à la générosité de l'empereur Alexandre; et il se confiait surtout dans le dévouement de l'armée qui était réunie à Essonne. Il était loin de s'attendre au coup qui le menaçait. La vieille garde venait d'arriver, à marches forcées, dans les environs de Fontainebleau. Le général Friant avait dit au général Petit, commandant des grenadiers à pied, de se tenir prêt à repartir à deux heures du matin. Son sommeil se prolongea jusqu'à cinq heures: « Ah! mon Dieu! s'écria-t-il, je suis en retard! Comment ne m'a-t-on pas réveillé? — Le général Friant l'a défendu, lui répond un de ses aides-de-camp; on ne marche plus sur Ponthierry: le corps d'armée du duc de Raguse a quitté Essonne; ses troupes mises en mouvement par des ordres inconnus, traversent en ce moment les cantonnements des Russes, et Fontainebleau reste à découvert. »

Cette nouvelle fut un coup de foudre pour le brave général Petit. Il la transmit sur-le-champ à Fontainebleau. L'Empereur n'y voulait pas croire; mais enfin, trop convaincu, il s'écria: « L'ingrat! il sera plus malheureux que moi. »

Les commissaires, revenus à Fontainebleau, exposèrent franchement la situation des choses, leur voyage à Paris, le peu de succès de leur mission, et enfin la désertion du corps d'armée d'Essonne. Aussitôt une discussion très animée donna cours à toutes les opinions qui partageaient les esprits diversement passionnés; quelques-uns, qui frémissaient au seul nom d'étrangers, voulaient encore tenter la fortune des armes; mais la majorité, effrayée de l'état déplorable où le départ du duc de Raguse laissait Fontainebleau, l'Empereur et les débris de l'armée, fut unanime pour reconnaître que ce noble désespoir ne pourrait qu'entraîner la ruine de Paris, et peut-être le partage de la France; enfin on déclara qu'au nom même de sa gloire, l'Empereur devait se sacrifier pour sauver la patrie.

C'est sous ces impressions que les commissaires se rendirent auprès de Napoléon, qui les attendait dans son cabinet. Il se lève, et, marchant à grands pas: « Me croient-ils donc vaincu, parce qu'un de mes lieutenants m'abandonne? Me croient-ils sans ressources? Ne puis-je réunir les cinquante mille hommes de Soult, les quinze mille de Suchet, les vingt mille du prince Eugène, les quinze mille d'Augereau? Ne puis-je pas me retirer sur la Loire? J'ai encore là l'épée d'Austerlitz, et je leur vendrai cher mon sang et ma vie. » Ce réveil du lion remue au fond du cœur des maréchaux les souvenirs de Wagram et de la Moskowa, mais sans éblouir leur raison. « La guerre, toujours la guerre, Sire! mais il vous faudrait des soldats, et vous n'avez plus d'armée. Vous abaisserez-vous à n'être qu'un chef de partisans? La fatigue, les intérêts personnels, l'amour de la famille, le besoin du repos, tout se réunit contre vous, et la France veut la paix. — Eh bien! reprend l'Empereur, puisqu'il faut renoncer à défendre la France, l'Italie ne m'offre-t-elle pas une retraite digne de moi? Marchons vers les Alpes. On s'y souvient peut-être encore d'Arcole et de Marengo. Veut-on m'y suivre?... Vous gardez le silence, vous voulez du repos, ayez-en donc! Hélas! vous ne savez pas combien de chagrins vous attendent sur vos lits de duvets: quelques années de cette paix que vous allez payer si cher, en moissonneront un plus grand nombre d'entre vous que n'aurait fait la guerre. »

Et après ces paroles prophétiques, il tire à lui un guéridon, et trace de sa main la seconde formule de son abdication.

« Les puissances alliées ayant proclamé que l'empereur Napoléon était le seul obstacle au rétablissement de la paix en Europe, l'Empereur, fidèle à son serment, déclare qu'il renonce, pour lui et ses successeurs, au trône de France et d'Italie et qu'il n'est aucun sacrifice personnel, même celui de la vie, qu'il ne soit prêt à faire aux intérêts de la France.

« Napoléon, Empereur des Français. »

Une dernière tentative fut encore faite par Napoléon auprès des souverains alliés pour obtenir le maintien des droits de sa femme et de son fils; mais elle fut définitivement repoussée. A cette nouvelle, l'Empereur ne prononça pas un mot, et congédiant tout le monde, il se retira de bonne heure et se coucha. A minuit, il sonna ; il venait de délayer dans un verre d'eau, et de boire une poudre contenue dans le petit sachet qu'il portait suspendu à son cou au bout d'un ruban noir, depuis la campagne d'Espagne.

« Je vais mourir! dit-il à ceux qui s'empressèrent d'arriver. On a traîné mes aigles dans la boue... ; Marmont m'a porté le dernier coup!... L'abandon de Berthier m'a navré!... Mes vieux amis..., mes compagnons d'armes... » Quelques mouvements convulsifs agitèrent sa figure, et un léger vomissement suivit cette crise. On le supplia de prendre une potion calmante; il repoussa tous les efforts. Mais le docteur Yvan, devinant que l'Empereur avait voulu s'empoisonner, et que le poison, conservé depuis longtemps, avait perdu de son efficacité, obtint à la fin, que l'Empereur bût une tasse de thé, après laquelle il s'assoupit, et à son réveil, le danger était passé. Alors il se leva, son teint était livide, ses yeux enfoncés. « La mort ne veut pas de moi! » dit-il; et son âme reprit bientôt toute son énergie.

Par un traité signé à Fontainebleau, l'Empereur, l'Impératrice et tous les membres de la famille impériale devaient conserver leurs titres et leurs qualités. L'île d'Elbe était accordée en toute souveraineté à Napoléon, avec deux millions de revenu. On donnait à l'Impératrice les duchés de Parme, Plaisance et Guastalla; ces duchés devaient passer à son fils. Deux millions cinq cent mille francs étaient accordés aux membres de la famille impériale; on assignait un million au traitement de l'impératrice Joséphine; et un établissement était assuré au prince Eugène. L'empereur Napoléon pouvait emmener avec lui et conserver pour sa garde quatre cents hommes.....

L'empereur d'Autriche enleva à Napoléon sa femme et son fils. On ne sait rien sur la résistance que Marie-Louise peut avoir opposée à son père pour remplir ses devoirs d'épouse et de mère. Quant à Joséphine, elle mourut à la suite d'une courte maladie un mois à peine après l'abdication de Napoléon.

Le 16 avril, les commissaires chargés d'accompagner l'Empereur jusqu'au lieu de son embarquement pour l'île d'Elbe, arrivèrent. Napoléon embrassa ses amis; il descendit les degrés du palais et se trouva au milieu de sa garde. Elle était rangée dans la cour du palais: ces vieux soldats, flétris et cicatrisés par tant d'illustres travaux, tenaient leurs regards baissés. Napoléon, à leur vue, se rappelle toutes ses victoires, et leur laisse voir son visage couvert de larmes. Ils pleuraient aussi. Alors Napoléon leur dit :

« Soldats de ma vieille garde, je vous fais mes adieux! Depuis vingt ans, je vous ai trouvés constamment sur le chemin de l'honneur et de la gloire. Avec des hommes tels que vous, notre cause n'était pas perdue; mais la guerre était interminable. C'eût été la guerre civile, et la France n'en serait devenue que plus malheureuse. J'ai donc sacrifié tous nos intérêts à ceux de la patrie; je pars. Vous, mes amis, continuez de servir la France, son bonheur était mon unique pensée; il sera toujours l'objet de mes vœux. Ne plaignez pas mon sort; si j'ai consenti à me survivre, c'est pour servir encore à votre gloire. Je veux écrire les grandes choses que nous avons faites ensemble?... Adieu mes enfants; je voudrais vous presser tous sur mon cœur; que j'embrasse du moins votre drapeau!... »

A ces mots, le général Petit, saisissant l'aigle, s'avança; Napoléon reçut le général dans ses bras, et baisa le drapeau. Le silence d'admiration que cette grande scène inspirait, n'était interrompu que par les sanglots des soldats. Napoléon, dont l'émotion croissante était visible, fit un effort, et reprit d'une voix plus ferme: « Adieu encore une fois, mes vieux compagnons; que ce dernier baiser passe dans vos cœurs!... » Il dit; puis s'arrachant au groupe qui l'entourait, il s'élança dans sa voiture, au fond de laquelle le général Bertrand était déjà placé, et partit.

EVENEMENTS DE 1815.

RETOUR DE NAPOLÉON.

BATAILLES DE FLEURUS ET DE WATERLOO.

Deuxième abdication.

Les armées de la coalition avaient triomphé; Paris, vendu avant d'être attaqué, avait souscrit au marché passé par Raguse, et consacré par une capitulation précipitée les résultats encore incertains de l'invasion. La paix et les Bourbons furent salués comme le bonheur et la liberté. Mais le bonheur est incompatible avec l'humiliation, et le principe d'une charte octroyée fut impuissant contre de vieilles prétentions qui ne tardèrent pas à se faire valoir. La liberté selon la charte n'était qu'une grâce accordée par prudence, en attendant la possibilité de la révoquer sans danger, et quoique le gouvernement fût appelé représentatif, il n'y avait de représenté que l'élément aristocratique, que les possesseurs de parchemins et de la fortune.

Effrayé de la mâle énergie d'un grand peuple, le gouvernement de Louis XVIII écartait avec soin tout ce qui pouvait contribuer à exalter l'honneur national, à élever l'esprit public : il comprimait l'essor des sentiments généreux; il fomentait l'esprit de désordre et de haine; sa marche était tortueuse, rétrograde; ses mesures, ses actes, ses écrits, ses idées, tout chez lui était marqué du sceau de la petitesse et de la fausseté.

L'armée, trompée par des promesses qui ne se réalisaient pas, l'armée injuriée, licenciée, maltraitée, n'avait pas oublié le chef qui l'avait tant de fois conduite à la victoire : soldats, officiers, généraux, tous tournaient leurs regards vers cette île d'Elbe où Napoléon dans l'exil expiait notre gloire et ses revers; ils l'appelèrent, ainsi que tous les amis de la patrie; car maintenant mieux que jamais, tous comprenaient que le dogme de l'égalité devait rester sans application, avec une famille qui ne pouvait cesser de se considérer comme un des éléments sacrés de l'ancien ordre de choses.

Le vœu de la nation fut entendu : l'aigle impérial reprit son essor; il fut salué par l'enthousiasme des populations; la tourbe bourbonienne se dispersa devant lui comme balayée par un coup de vent.

Napoléon a confirmé lui-même un fait qui n'était douteux pour personne. Le jour où il signait son abdication à Fontainebleau, il prévoyait déjà la possibilité de son retour en France : « Si les Bourbons, disait-il, veulent commencer une cinquième dynastie, je n'ai plus rien à faire ici : mon rôle est fini; mais s'ils s'obstinaient, par hasard, à vouloir recontinuer la troisième, je ne tarderais pas à reparaître. »

Le congrès de Vienne s'était assemblé, et la Russie, l'Autriche et la Prusse se partageaient l'Europe à leur gré; mais la présence seule de l'Empereur dans le voisinage de la France était un sujet de frayeur pour les rois. En apprenant qu'on avait mis en question sa translation à Sainte-Hélène, et que les vainqueurs d'un jour, envers lesquels il s'était montré si généreux après tant de batailles si décisives, avaient peut-être déjà résolu de l'ensevelir dans les mers du tropique, Napoléon hésita d'autant moins à prévenir le coup qui le menaçait, que les journaux et tous les rapports des hôtes nombreux qui venaient le visiter lui avaient révélé un grand mécontentement national; mais il garda son secret jusqu'au dernier moment. Il fit acheter des munitions de guerre à Naples, des armes à Alger, des transports à Gênes. Une troupe de onze cents hommes, dont six cents de sa garde, deux cents chasseurs corses, deux cents hommes d'infanterie et cent chevau-légers polonais reçut l'ordre d'embarquer le 26 février à huit heures du matin.

Napoléon profitait du jour où le commandant de la station anglaise était parti pour Livourne : afin d'éloigner tout soupçon, il donnait lui-même une fête, dont sa mère et sa sœur faisaient elles-mêmes les honneurs, et à laquelle il se déroba. « Le sort en est jeté, » s'écria-t-il comme César, en mettant le pied sur le bâtiment : c'était le brick *l'Inconstant;* il portait vingt-six canons et quatre cents grenadiers. Six autres bâtiments légers composaient la flottille impériale. Excepté les généraux Bertrand, Drouot et Cambronne, personne ne connaissait le but du voyage; cependant l'opinion commune des officiers et des soldats était qu'ils allaient débarquer à Naples ou sur quelque autre point de l'Italie. Au bout d'une heure de route, Napoléon rompit le silence : « Grenadiers, dit-il, nous allons en France, nous allons à Paris. » A ces mots, la joie cessa d'être inquiète : tous les visages s'épanouirent, et des cris de : Vive la France! vive Napoléon! retentirent sur les sept bâtiments composant la flottille.

Au moment du départ de l'île d'Elbe, la corvette anglaise était à Livourne; on n'avait donc rien à craindre de sa part; mais le lendemain on aperçut un brick de guerre français, qui venait vent arrrière sur *l'Inconstant :* c'était *le Zéphyre*, commandé par le capitaine Andrieux. Le capitaine de *l'Inconstant* proposa d'aborder ce brick et de l'enlever; mais Napoléon repoussa cette idée comme absurde, excepté dans le cas où l'on serait forcé d'en venir aux extrémités. Il ordonna à ses grenadiers de se cacher dans l'entrepont. Les deux bricks furent bientôt bord à bord, et se firent les saluts d'usage. Le commandant du *Zéphyre* ayant reconnu le brick de l'île d'Elbe, demanda des nouvelles de l'Empereur, et Napoléon lui répondit lui-même, avec un porte-voix, qu'il se portait fort bien.

Le 1er mars, à trois heures du matin, la flottille mouilla au golfe Juan, et à cinq heures Napoléon mit pied à terre : son bivouac fut établi dans un champ d'oliviers. « Beau présage, dit-il, puisse-t-il se réaliser! » Vingt-cinq grenadiers et un officier de la garde furent envoyés à Antibes pour sonder les dispositions de la garnison. Mais, entraînés par leur ardeur, les grenadiers entrèrent dans la place aux cris de *vive l'Empereur!* Le commandant fit lever le pont-levis et les retint prisonniers. En apprenant cet échec, quelques officiers parlèrent de marcher sur Antibes et de l'enlever de vive force, afin de prévenir le mauvais effet que pouvait produire la résistance de cette place.

Napoléon leur fit observer que la prise d'Antibes ne faisait rien à la conquête de la France, que les moments étaient précieux, qu'il fallait voler et remédier à l'événement d'Antibes, en marchant plus vite que la nouvelle. Dans la soirée, quelques paysans s'étaient approchés du bivouac; l'un d'eux, ancien militaire, voulut absolument suivre Napoléon, qui dit en riant au comte Bertrand: «Voilà déjà un renfort.»

Le bivouac fut rompu au lever de la lune, et Napoléon se mit en marche pour Paris, à la tête de sa petite troupe.

A mesure que Napoléon avançait, les populations se prononçaient pour lui avec ardeur; mais il n'avait encore vu aucun soldat. Entre la Mure et Vizille, le général Cambronne, marchant à l'avant-garde avec quarante grenadiers, rencontra un bataillon envoyé de Grenoble, et dont le chef refusa de parlementer. Napoléon n'hésita pas, il s'avança seul: sa démarche, son costume si simple et si célèbre produisirent un effet magique sur les soldats, qui demeurèrent immobiles. Arrivé à quelques pas d'eux, il s'arrête, efface sa poitrine et s'écrie: «S'il est parmi vous un soldat qui veuille tuer son général, son empereur, il le peut, me voilà!» Le cri unanime de: *Vive l'Empereur!* fut leur réponse. Napoléon commanda un demi-tour à droite, et tous marchèrent vers Grenoble, aux acclamations de la multitude rangée en haie sur la route. Bientôt de nouveaux cris se firent entendre: c'était le septième de ligne qui venait se joindre à Napoléon, commandé par le jeune Labédoyère.

Cependant le général Marchand, commandant à Grenoble, et le préfet s'étaient déclarés contre Napoléon. La célérité de sa marche avait déjoué toutes les mesures: il arriva sous les murs de Grenoble à huit heures du soir; on n'avait pas eu le temps de couper les ponts, mais les portes étaient fermées, et le commandant de la place refusa de les ouvrir. Une circonstance qui caractérise singulièrement cette époque sans pareille dans l'histoire, c'est que les soldats ne manquèrent, jusqu'à un certain point, ni de discipline, ni d'obéissance envers leurs chefs; seulement ils opposèrent la force d'inertie, et s'en servirent comme d'un droit qu'ils auraient cru devoir leur appartenir. Ainsi l'on vit le premier bataillon exécuter toutes les manœuvres commandées, refuser de communiquer, mais en même temps ne pas charger ses armes: il n'aurait pas tiré. Devant Grenoble, toute la garnison, sur les remparts, criait: *Vive l'Empereur!* On se donnait les mains par les guichets; mais on n'ouvrait pas, parce que les supérieurs l'avaient défendu. Il fallut que Napoléon fît enfoncer les portes, ce qui s'exécuta sous la bouche de dix pièces d'artillerie chargées à mitraille. «Tout est décidé maintenant, dit-il à ses officiers; tout est décidé, nous allons à Paris.»

Napoléon se fit précéder dans sa marche de deux proclamations au peuple et à l'armée qui, par l'influence qu'elles exercèrent, frayèrent sa route jusqu'à la capitale.

Dans la première, après un tableau rapide de ses dernières victoires, il déclarait qu'à cette époque l'élite de l'armée ennemie allait être perdue sans ressource, quand la double trahison de Marmont et d'Augereau avait changé le destin de la guerre. Il poursuivait:

«Français, après la prise de Paris, mon cœur fut déchiré, mais mon âme resta inébranlable. Je ne consultai que l'intérêt de ma patrie: je m'exilai sur un rocher au delà des mers. Ma vie vous était et devait encore vous être utile...

»Élevé au trône par votre choix, tout ce qui a été fait sans vous est illégitime. Depuis vingt-cinq ans la France a de nouveaux intérêts, de nouvelles institutions, une nouvelle gloire, qui ne peut être garantie que par un gouvernement national, et par une dynastie née dans ces nouvelles circonstances...

»Un prince qui règnerait sur vous, qui serait assis sur mon trône par la force des mêmes armées qui ont ravagé notre territoire, chercherait en vain à s'étayer des principes du droit féodal; il ne pourrait assurer l'honneur et les droits que d'un petit nombre d'individus ennemis du peuple, qui depuis vingt-cinq ans, les a condamnés dans toutes nos assemblées nationales...

»Dans mon exil, j'ai entendu vos plaintes et vos vœux: vous réclamez ce gouvernement de votre choix, qui seul est légitime; vous accusez mon long sommeil; vous me reprochez de sacrifier à mon repos les grands intérêts de la patrie. J'ai traversé les mers au milieu des périls de toute espèce ; j'arrive parmi vous reprendre mes droits qui sont les vôtres...»

«Français, il n'est aucune nation qui n'ait eu le droit de se soustraire au déshonneur d'obéir à un prince imposé par un ennemi victorieux un moment. Lorsque Charles VII entra dans Paris et renversa le trône éphémère de Henri VI, il reconnut qu'il tenait son trône de la bienveillance de ses braves, et non pas d'un prince régent d'Angleterre.»

Son langage à l'armée était encore plus véhément : « Soldats, nous n'avons pas été vaincus. Deux hommes sortis de nos rangs ont trahi nos lauriers, leur pays, leur prince, leur bienfaiteur.

«Ceux que nous avons vus pendant vingt-cinq ans parcourir toute l'Europe pour nous susciter des ennemis, qui ont passé leur vie à combattre contre nous dans les rangs des armées étrangères, en maudissant notre belle France, prétendraient-ils commander et enchaîner nos aigles, eux qui n'ont jamais pu en soutenir les regards ? Souffrirons-nous qu'ils héritent des fruits de nos glorieux travaux ; qu'ils s'emparent de nos honneurs, de nos biens, qu'ils calomnient notre gloire ?... Ils cherchent à rabaisser ce que le monde admire ; et s'il reste encore des défenseurs de notre gloire, c'est parmi ces mêmes ennemis que nous avons combattus sur les champs de bataille... Dans mon exil j'ai entendu votre voix, je suis arrivé à travers tous les obstacles et tous les périls ; votre général, appelé au trône par le choix du peuple, et élevé sur vos pavois, vous est rendu, venez le joindre.....

»Arrachez cette couleur que la nation a proscrite, et qui, pendant vingt-cinq ans, servit de ralliement à tous les ennemis de la France ; arborez cette cocarde tricolore, vous la portiez dans nos grandes journées ; reprenez vos aigles... Pensez-vous que cette poignée de Français, aujourd'hui si arrogants, puissent en soutenir la vue ? Ils retourneront d'où ils viennent ; et là, s'ils le veulent, ils règneront comme ils prétendent avoir régné depuis dix-neuf ans !

» Soldats, venez vous ranger sous les drapeaux de votre chef. Ses droits ne sont que ceux du peuple et les vôtres. La victoire marchera au pas de charge. L'aigle, avec les couleurs nationales, volera de clocher en clocher jusque sur les tours de Notre-Dame ! Honneur aux braves soldats de la patrie ! honte éternelle aux Français criminels qui combattirent vingt-cinq ans avec l'étranger, pour déchirer le sein de la France ! »

Napoléon savait que le seul moyen de reconquérir le pouvoir, c'était de l'enlever au pas de course. Entré à Grenoble le 7 mars, il en sortit le 9, et le 10 il était à Lyon, presque en même temps que le comte d'Artois, le duc d'Orléans et le maréchal Macdonald, accourus pour défendre cette ville. En arrivant, il apprit qu'on avait barricadé le pont de la Guillotière, et que des troupes étaient rangées en bataille sur le quai. Une reconnaissance de hussards, qu'il envoya, fut accueillie par la population du faubourg aux cris de : *Vive l'Empereur!* Napoléon mit à profit ce moment d'enthousiasme en se portant lui-même au galop vers le faubourg. Lorsque les hussards débouchèrent de la Guillotière, et se présentèrent devant le pont, le maréchal Macdonald contint les soldats pendant quelques moments ; mais, entraînés par les provocations du peuple, ils se jetèrent sur les barricades, les brisèrent, et furent bientôt dans les bras et dans les rangs des soldats de leur ancien chef. Napoléon entra dans la ville à sept heures du soir, seul, en avant de ses troupes, mais précédé et suivi d'une foule immense, qui faisait retentir l'air de ses cris. Pendant les quatre jours qu'il passa à Lyon, l'enthousiasme populaire conserva toute son ardeur : dans le même sens, mais avec d'autres formes, les classes élevées ne multiplièrent pas moins les preuves de leur dévouement.

Napoléon était descendu à l'archevêché, que venait de quitter le comte d'Artois, et il avait voulu y être gardé par la garde nationale à pied : la garde à cheval s'étant présentée : « Je vous remercie de vos services, lui dit Napoléon : nos institutions ne reconnaissent pas de garde nationale à cheval, et d'ailleurs votre conduite envers M. le comte d'Artois m'apprend ce que vous feriez si la fortune venait à m'abandonner ; je ne vous soumettrai pas à cette nouvelle épreuve. » En effet, de tous les nobles dont cette garde était presque entièrement composée, un seul avait suivi le prince jusqu'à ce que sa personne fût hors de tout danger. Napoléon le fit appeler : « Je n'ai jamais laissé, lui dit-il, une belle action sans récompense. Je vous donne la croix de la Légion-d'Honneur. »

Maître de Lyon, Napoléon voyait s'ouvrir la route de la capitale : de tous les maréchaux envoyés contre lui, le seul dont il craignît encore les dispositions, c'était Ney, qui s'était avancé jusqu'à Lons-le-Saulnier. Le 12 mars, il chargea le général Bertrand de lui écrire, et quelques jours après, l'illustre maréchal vint offrir à Napoléon ses soldats et son épée.

Napoléon quitta Lyon le 13 mars ; le soir il était à Mâcon, et le lendemain à Châlons ; il n'avait plus besoin d'attendre aux portes des villes ; le peuple et les magistrats accouraient à sa rencontre. A Châlons, il aperçut avec surprise des caissons et de l'artillerie ; on lui apprit alors que ces canons étaient destinés à agir contre lui, mais qu'on les avait arrêtés au passage pour les lui présenter.

Napoléon marchait presque en poste : nulle part il n'y avait ni combat, ni lutte, ni opposition ; ce n'était, à son aspect, que changement de décorations théâtrales. Quoiqu'il eût appris qu'on avait fait de grands préparatifs pour lui disputer l'approche de la capitale, il n'en continua pas moins sa marche rapide. S'il l'eût voulu, ou qu'il ne s'y fût pas opposé, il aurait pu arriver à Paris avec deux millions de paysans ; mais il se borna à s'entourer des troupes qu'il rencontrait sur son passage. Les généraux Girard et Cambronne marchaient en avant avec quelques centaines de braves ; cette avant-garde avait des cartouches. L'armée impériale traînait à sa suite une soixantaine de pièces de canon, afin de pouvoir surmonter toute résistance. Napoléon n'avait pas dit au général Cambronne : « Vous ne brûlerez pas une amorce, » puisque cela ne dépendait pas de lui ; mais il lui avait dit, sous la forme d'une prédiction : « J'espère que vous ne tirerez pas un coup de fusil. » Et cette prédiction s'accomplit.

Le 20 mars, à minuit, le roi partit du château des Tuileries. A quatre heures du matin, Napoléon arrive à Fontainebleau ; à neuf heures du soir, il est à Paris. Mille bras l'enlèvent et l'emportent en triomphe dans le palais : les appartements offraient en ce moment la réunion confuse d'une foule immense de généraux, d'officiers, de fonctionnaires, qui couraient dans tous les sens, s'embrassaient, et épanchaient, sans contrainte, leur joie et leur ravissement ; les salles semblaient métamorphosées en un champ de bataille, où des frères, des amis, échappés inopinément à la mort, se retrouvent après la victoire.

La tête de Napoléon avait été mise à prix par le gouvernement du roi ; cependant on chercha à organiser partout des moyens de résistance. Le comte d'Artois n'avait pu obtenir de la garnison de Lyon qu'elle en défendît l'entrée. Le duc d'Angoulême, alors en voyage dans le Midi, du côté de Bordeaux, se porta à Toulouse, y forma un conseil de défense et rassembla des troupes pour marcher sur les derrières des forces napoléoniennes. La duchesse d'Angoulême resta à Bordeaux pour contenir par sa présence les mauvaises dispositions de la garnison de cette riche cité, et trouver dans sa population un point d'appui contre cette subite invasion. Le duc de Bourbon se rendit dans la Vendée pour lui faire prendre les armes. Le duc de Berry ne quitta pas le roi son oncle, et devait commander l'armée réunie, au dernier moment, sous les murs de Paris. La vieillesse et les infirmités du prince de Condé l'empêchèrent de prendre un service actif.

Les chambres furent convoquées, on ne leur proposa, elles ne prirent aucune mesure de salut. Louis XVIII se voit alors contraint de fuir de sa capitale et d'emmener avec lui la partie de sa famille qui l'entoure ; suivi par sa maison militaire, il se dirige sur Lille, qu'il ne peut conserver, et se retire à Gand, en Belgique.

C'est vainement que la duchesse d'Angoulême, à Bordeaux, court aux casernes et harangue les soldats ; c'est inutilement que le sang coule sur la Drôme ; le duc d'Angoulême, abandonné par ses soldats, licencie les volontaires et la garde nationale ; un des généraux de l'Empereur le retient prisonnier au Pont Saint-Esprit. Pendant que son héroïque épouse s'embarque à Bordeaux pour retourner sur la terre d'exil, il lui est permis de se rendre à *Cette* et de passer en Espagne. L'armée a donné l'impulsion au peuple, tout est entraîné par le torrent. La France entière a arboré le drapeau tricolore et reconnu le pouvoir de Napoléon.

A peine de retour aux Tuileries, Napoléon demanda la paix ; mais toute la diplomatie de la coalition était alors en congrès à Vienne, elle mit lui et sa *faction* hors du droit des gens. Les souverains donnèrent le signal à leurs armées qui couvraient encore l'Allemagne, et ils ébranlèrent un million de soldats sous le prétexte de lui arracher *absolument* le pouvoir suprême. Dès lors, il était évident que Napoléon ne pouvait plus se confier qu'à une excessive rapidité, à une extrême audace; il devait aussitôt se porter sur la Belgique, et profiter de la surprise générale pour ressaisir la limite du Rhin. Il préféra la temporisation et la tactique politique, et cette erreur immense le jeta dans un dédale inextricable de fausses combinaisons, qui ne pouvaient que le perdre irrévocablement.

Cette lenteur et cette hésitation refroidirent les esprits, et tandis que la majorité de la France revoyait avec transport les couleurs nationales, et se montrait animée de la haine de l'étranger, la Vendée et le Midi s'insurgeaient contre le gouvernement impérial, et nécessitaient la diversion funeste d'une partie de ses forces. Cependant, le général Lamarque força les Vendéens à se soumettre, et, au 12 avril, le drapeau tricolore fut arboré à Marseille.

Joachim Murat, qui, pour prix de la lâcheté avec laquelle il avait trahi Napoléon en 1814, avait conservé sa couronne, et qui allait être reconnu par l'Angleterre même légitime roi de Naples, comme Bernadotte avait été reconnu roi de Suède; Joachim Murat, disons-nous, à la nouvelle du débarquement de son beau-frère, rêva tout à coup le projet d'affranchir l'Italie. Au lieu de s'annoncer comme lieutenant de Napoléon, il se fit proclamer du nom de *Libérateur* jusqu'aux Alpes-Juliennes. Le 28 mars, à la tête de cinquante mille Napolitains, Murat commence une irruption dont il annonce que le résultat doit être l'indépendance. Telle était parmi les peuples d'Italie le besoin de cette indépendance, que plusieurs villes se lévèrent à l'appel du roi de Naples; mais le 5 avril, le général autrichien Bellegarde répond de Milan à sa proclamation, et le général anglais Bentinck y répond aussi de Livourne en unissant ses armes à celles de l'Autriche. Les Allemands surpris sont d'abord obligés de se replier, mais les généraux Bianchi et Neipberg combinent leur mouvement, prennent à leur tour l'offensive et chassent bientôt devant eux les bandes napolitaines. Le 2 et le 3 mai, ils les mettent dans une déroute complète à la bataille de Tolentino. L'intention de Joachim avait été de servir Napoléon, en s'élevant lui-même; mais, par cette folle entreprise il contribua encore à la ruine de l'Empereur français, en appesantissant le joug autrichien sur cette malheureuse Italie, dont la destinée ne pouvait être décidée que par la victoire ou par la défaite de Napoléon.

A son retour, Napoléon avait trouvé l'armée française réduite à quatre-vingt mille hommes, tandis que les alliés en comptaient encore plus de huit cent mille sous les armes: il en eût fallu autant à la France pour combattre l'Europe. Au 1er juin, l'effectif de nos forces avait été porté à quatre-cent mille hommes: avec deux mois de plus, en septembre, il se fût élevé à sept cent mille; mais la Vendée, la garde des ports et des frontières, les garnisons des places fortes, ne laissaient pas sur la frontière du Nord plus de cent vingt mille hommes disponibles.

Cependant, les armées autrichiennes et russes étaient éloignées. Près de nos frontières du Nord, dans des cantonnements séparés, se trouvaient celles de Prusse, de l'Angleterre, et les contingents du roi de Hollande et de divers princes, formant un total de deux cent vingt mille hommes, qui n'attendaient plus que le signal de franchir la frontière. Napoléon résolut de les prévenir par une vigoureuse offensive. Le 12 juin, il quitta Paris, après avoir pris toutes ses dispositions pour faire de cette capitale et de Lyon deux grands centres de résistance. Son projet était de dissoudre la coalition par un coup de tonnerre; et, s'il échouait dans cette première tentative, de se rabattre sur les deux principales villes de l'empire, en disputant le terrain pied à pied, afin de laisser à la guerre le temps de se nationaliser, et de prendre un caractère interminable.

Le 13, il arriva à Avesnes; aussitôt il visita les fortifications de la place, et eut une conférence avec les commandants des corps. Le 14 au soir, son quartier-général était à Beaumont, et l'armée française, divisée en quatre corps, et forte de cent quinze mille combattants, était campée, la gauche à Laire et à Soire-sur-Sambre, le centre à Beaumont, et la droite en avant de Philippeville. Notre cavalerie comptait vingt-un mille cinq cents chevaux, et nous pouvions mettre en batterie trois cent cinquante pièces de canon.

L'armée prussienne, sous les ordres de Blucher, comptait à elle seule plus de cent vingt mille hommes, parmi lesquels dix-huit mille cavaliers. Trois cents bouches à feu composaient le matériel de son artillerie, et elle était divisée en quatre corps, dont la concentration ne pouvait encore s'effectuer que dans l'intervalle de quinze heures. Le quartier-général prussien était à Namur, à seize lieues de Bruxelles, où les Anglais avaient établi le leur. Cent mille combattants, dont seize mille chevaux, formaient l'effectif de l'armée anglo-hollandaise, commandée par Wellington, qui pouvait mettre en batterie plus de deux cent cinquante pièces de canon. Ces troupes, réparties en deux grands corps, étaient tellement dispersées, que, pour les rassembler autour de Charleroi, il ne fallait pas moins de deux jours.

Dans la nuit du 14 au 15, des espions rapportèrent au quartier-général français que tout était tranquille à Namur, à Bruxelles et même à Charleroi. La sécurité des deux armées ennemies donnait l'espoir de les séparer pour les combattre l'une après l'autre : c'était déjà un véritable succès de leur avoir dérobé pendant deux jours la connaissance des mouvements que nous avions faits. Bientôt on eut la certitude que même les hussards de leurs avant-postes étaient sans défiance. Cependant dès la veille, le général Bourmont, chef d'état-major du corps de Gérard, le colonel Clouet et l'officier d'état-major Villontray, étaient passés à l'ennemi : en apprenant cette lâche désertion qui avait jeté de l'inquiétude dans l'esprit du soldat, Napoléon s'écria : « Leurs noms seront en exécration tant que le peuple français formera une nation. »

Napoléon avait calculé que l'armée prussienne serait la première réunie ; il concevait même l'espérance de l'attaquer avant que tous ses corps se fussent joints.

Le 15, au point du jour, toute l'armée se mit en mouvement sur trois colonnes; les avant-gardes prussiennes furent culbutées. Napoléon entra à Charleroi à onze heures, précédé de la cavalerie du général Pajol, qui sabrait les Prussiens fuyant devant elle. Cette ville venait d'être évacuée à la hâte par le corps prussien du général Ziéthen, qui fut également chassé de Gilly. Napoléon ordonna alors au maréchal Ney de se rendre à Gosselies, d'y prendre le commandement de toute la gauche de l'armée, de donner tête baissée sur tout ce qu'il rencontrerait sur la route de Bruxelles, et de prendre position avec les quarante mille hommes sous ses ordres, au delà des Quatre-Bras. Les Prussiens s'étaient retirés sur Fleurus.

Après avoir entamé le corps de Ziéthen Napoléon revint à Charleroi pour y recevoir tous les rapports. Dans la nuit du 15 au 16, la gauche de l'armée française, alors sous les ordres du maréchal Ney, avait son quartier-général à Gosselies. Le centre bordait le bois vis-à-vis de Fleurus; la droite était en avant du Châtelet; la garde impériale était échelonnée entre Fleurus et Charleroi.

L'armée prussienne avait son premier corps rallié à Fleurus : les trois autres corps étaient en mouvement pour se réunir à leurs points de concentration, afin de se porter ensuite sur Sombref et Ligny. L'armée anglaise venait seulement de recevoir l'ordre de se rallier.

Le 16 au matin, Napoléon donna ordre au général Kellermann de se porter, avec son corps de cuirassiers, aux Quatre-Bras, pour y renforcer la gauche. Il fit dire en même temps au maréchal Ney de marcher en avant avec ses troupes, et de prendre une bonne position au delà de celle des Quatre-Bras, puisqu'il ne l'avait pas prise la veille; et, dans le cas où l'armée prussienne recevrait la bataille près de Fleurus ou de Gembloux, de faire un détachement sur le flanc droit des Prussiens. Napoléon marcha sur Fleurus avec tout le centre. La droite, sous les ordres du général Gérard joignit le centre à une heure après-midi.

Napoléon ne tarda pas à reconnaître l'armée prussienne, dont la gauche était à Sombref, le centre à Ligny, la droite à Saint-Amand. Cette position de bataille était très forte par elle-même; mais elle parut extraordinaire, car les Quatre-Bras se trouvaient sur les derrières des Prussiens, dont la droite était aussi tout à fait en l'air. L'armée prussienne paraissait forte de quatre-vingt-dix mille hommes, et semblait attendre l'arrivée du corps de Bulow, d'une part, et de l'autre, l'arrière-garde de l'armée anglo-hollandaise aux Quatre-Bras. Napoléon résolut d'attaquer à l'instant. Toute l'armée fit un changement de front, l'aile droite en avant, en pivotant sur l'extrémité de la gauche. De nouveaux ordres furent envoyés au maréchal Ney; il lui était prescrit d'attaquer avec la plus grande vigueur, et de tomber sur les derrières de l'ennemi aussitôt qu'il aurait pris position en avant des Quatre-Bras. Ce mouvement devait causer la ruine totale de l'armée prussienne. Napoléon en était si persuadé, qu'il fit dire à ce maréchal que le sort de la France était entre ses mains.

Cependant, à Namur, Blucher, averti du mouvement des Français, en donna sur-le-champ avis à Wellington, et pressa la concentration de ses forces, qu'il dirigea vers le point menacé. L'alarme fut grande à Bruxelles; le courrier du feld-maréchal surprit Wellington au milieu d'une fête: des ordres furent expédiés à l'instant même pour rassembler l'armée anglaise.

A trois heures, tous les préparatifs étant terminés, Vandamme aborda la droite de l'ennemi à Saint-Amand, que la division Gérard devait tourner. Quelques instants après, Gérard attaqua le centre à Ligny, en même temps que Grouchy rejetait au delà du ruisseau de Ligny toute la cavalerie ennemie, et forçait la gauche des Prussiens à rentrer dans sa position à Sombref. La canonnade et la fusillade engagées sur toute la ligne, le feu devint très vif. Le village de Ligny fut pris et repris plusieurs fois: à cinq heures et demie, le général Gérard n'en était pas encore maître. Napoléon allait faire une attaque décisive sur ce point important avec sa garde et toute la cavalerie, lorsque le général Vandamme l'envoya prévenir qu'à une lieue sur sa gauche, une colonne ennemie, d'une vingtaine de mille hommes, débouchait des bois et tournait les Français, en ayant l'air de se porter sur Fleurus. Ce mouvement paraissait inexplicable: il fallait que ce corps ennemi eût pénétré entre le corps du maréchal Ney et la gauche de l'armée. Napoléon fit faire halte à sa garde, et ordonna diverses dispositions pour recevoir cette colonne; on vint lui annoncer que c'était le premier corps d'armée, commandé par d'Erlon. L'erreur une fois reconnue, il fallut une demi-heure pour rappeler les réserves, et ce ne fut qu'à sept heures que Napoléon put marcher sur Ligny. L'attaque eut lieu comme elle avait été projetée; mais cette malheureuse erreur l'avait retardée de deux heures. Ligny fut emporté; les Prussiens, battus partout, ayant leur centre enfoncé, leur droite tournée au delà de Saint-Amand par la division Gérard, abandonnèrent précipitamment le champ de bataille, et se mirent en retraite dans plusieurs directions. Quarante pièces de canon, six drapeaux et un grand nombre de prisonniers tombèrent au pouvoir des Français. L'obscurité de la nuit ne permit pas d'obtenir tous les résultats qu'on devait espérer de cette victoire.

Dans cette journée, l'armée prussienne, forte de quatre-vingt-dix mille hommes (le corps de Bulow, arrivant de Liége ne la rejoignit que dans la nuit), fut battue par soixante mille Français. Le maréchal Blucher, renversé de son cheval, fut quelques instants au pouvoir de nos cuirassiers. Comme il ne portait aucun indice de son grade, ne voyant en lui qu'un homme sans importance, ils dédaignèrent de le ramasser, et passèrent outre.

Blucher opéra sa retraite en deux colonnes, l'une par Tilly, l'autre par Gembloux. C'est là que le général Bulow le rejoignit, dans la nuit, avec les trente mille Prussiens qui n'avaient pas pris part à la bataille.

Pendant que le centre et la droite de l'armée française obtenaient ce succès, de grandes fautes se commettaient à la gauche. Déjà le 15, Ney s'était arrêté trop longtemps à Marchiennes, et n'avait pas pris position en avant des Quatre-Bras, ainsi que Napoléon le lui avait prescrit. Il s'excusa en disant qu'ayant eu avis que toute l'armée prussienne était à Fleurus, il craignait de se trouver débordé par sa droite en se portant aux Quatre-Bras. Par la même raison, le lendemain, 16, il n'exécuta pas l'ordre de se diriger à la pointe du jour sur les Quatre-Bras, position qui n'était alors occupée que par des troupes légères, qui ensuite le fut par une division hollandaise depuis midi jusqu'à l'arrivée des divisions anglaises, à quatre heures; de sorte que l'occupation de cette position si importante, qui n'offrait aucun obstacle depuis le jour jusqu'à midi, qui était facile de midi à quatre heures, devint impossible aux approches de la nuit. Ce ne fut qu'après avoir entendu la canonnade du côté de Ligny, que le maréchal Ney se décida à attaquer la position des Quatre-Bras; mais par une autre fatalité inexplicable, il ne s'y porta qu'avec vingt-deux mille hommes, laissant en arrière la cavalerie légère de la garde, et le corps entier du général d'Erlon.

Les Anglais avaient alors trente mille hommes aux Quatre-Bras. Il est impossible de se battre avec plus de courage et d'ardeur que le maréchal Ney et ses troupes n'en montrèrent aux Quatre-Bras; et s'il eût employé la cavalerie de la garde et le corps d'Erlon, cette portion de l'armée entière aurait été détruite et rejetée au delà de la Dyle. Mais, à la nuit, deux nouvelles divisions anglaises vinrent rétablir les affaires des ennemis. Ce renfort porta leurs forces à cinquante mille hommes; dès-lors, les troupes de Ney furent réduites à ne se battre que pour conserver leur position. Les mouvements du corps d'Erlon, sous les ordres de Ney, sont difficiles à expliquer; il était resté à tort, la nuit du 15 au 16, échelonné entre Marchiennes et Julmet; il s'était ensuite dirigé sur Fleurus, par la route de Charleroi à Bruxelles, et par un autre faux mouvement, le 16 au soir, lorsqu'il fut instruit que le village de Saint-Amand était enlevé, il fit une seconde marche de flanc pour retourner près du maréchal Ney, qu'il ne rejoignit qu'à neuf heures du soir. Ainsi, durant cette journée, qui pouvait être décisive, ce corps ne fut utile nulle part.

« Dans les autres campagnes, dit Napoléon, ce maréchal eût occupé à six heures du matin la position en avant des Quatre-Bras, eût défait ou pris toute la division belge; il eût surpris en marche et détruit les divisions de Brunswick et une division anglaise sur la route de Bruxelles, et de là, eût marché contre deux autres qui accouraient par la chaussée de Nivelles, harassées de fatigue et sans artillerie. »

Dans ces combats, les soldats français se battaient avec la même bravoure et la même confiance en la victoire, qu'ils avaient montrées dans les plus belles journées; mais plusieurs généraux, et le maréchal Ney lui-même, n'étaient plus les mêmes hommes. Ils n'avaient plus cette énergie, cette brillante audace qu'ils avaient si souvent déployées autrefois, et qui avaient eu tant de part aux grands succès. Ils étaient devenus craintifs et circonspects dans toutes leurs opérations; leur bravoure personnelle seule leur était restée. C'était à qui se compromettrait le moins. Telle était la situation des esprits, que les soldats n'avaient de confiance qu'en Napoléon; ils étaient disposés à se croire trahi à chaque instant.

Napoléon ne rentra à Fleurus, où était son quartier-général, qu'à onze heures du soir. Il reçut le rapport de ce qui s'était passé aux Quatre-Bras, et expédia tout de suite l'ordre au maréchal Ney d'avoir ses troupes prêtes à la pointe du jour, et de poursuivre vivement l'armée anglaise, aussitôt qu'elle commencerait sa retraite, qui devait être la conséquence de la perte de la bataille de Ligny par les Prussiens.

Le lendemain matin, Napoléon mit sous les ordres du maréchal Grouchy deux corps d'armée, et lui donna l'ordre de poursuivre vivement les Prussiens, de culbuter leur arrière-garde, et de les presser au point de ne pas les perdre de vue. Il lui prescrivit surtout de déborder l'aile droite des Prussiens, de manière à être toujours en communication avec le reste de l'armée. Napoléon, avec les autres corps, marcha aussitôt sur les Quatre-Bras, où il arriva avant le maréchal Ney. L'armée française se dirigeait ainsi sur Bruxelles en deux colonnes, l'une de gauche, commandée par Napoléon, et forte de soixante-six mille hommes et de deux cent cinquante bouches à feu, y compris le corps du maréchal Ney, ayant devant elle toute l'armée anglo-hollandaise; l'autre de droite, forte de trente-six mille hommes et de cent dix bouches à feu, commandée par le maréchal Grouchy, devait passer la Dyle à Wavres.

Le 17, à dix heures du soir, Napoléon croyant Grouchy à Wavres, lui expédia l'ordre de diriger sept mille hommes et une batterie du côté de Saint-Lambert, afin de le seconder dans la bataille qu'il allait livrer à Wellington. Bientôt après on reçut des nouvelles de ce maréchal; il mandait qu'il ignorait la route prise par Blucher; la dépêche était datée de Gembloux. L'Empereur lui fit adresser là l'ordre précédemment expédié à Wavres Enfin, un nouveau rapport de Grouchy parvint, à deux heures du matin, au quartier-général; il savait que Blucher était à Wavres, et s'apprêtait à l'y poursuivre à la pointe du jour.

L'Empereur, malgré toutes ces dispositions, ne croyait pas à la bataille du lendemain; il était persuadé que les Anglais et les Prussiens allaient traverser la forêt de Soignes, et opérer leur jonction devant Bruxelles.

Ç'eût été beaucoup hasarder alors que d'aller combattre au delà de cette forêt des forces plus que doubles, formées en position; et cependant il fallait se hâter, les Russes, les Autrichiens, les Bavarois allaient passer le Rhin, se porter sur la Marne; le corps d'observation en Alsace n'était que de vingt mille hommes! Préoccupé de ces pensées, l'Empereur sortit à pied, à une heure du matin, accompagné seulement du grand maréchal Bertrand. Il parcourut la ligne des grand'-gardes; la forêt de Soignes apparaissait comme un vaste incendie; la campagne à l'entour resplendissait du feu des bivouacs. Napoléon, agité de la crainte que l'ennemi ne lui échappât, était attentif au moindre signe qui pouvait trahir la retraite des Anglais. Il crut un moment distinguer au loin le retentissement des pas d'une colonne en marche; mais l'erreur fut courte; bientôt tout rentra dans le silence, et, malgré la pluie qui continuait de tomber avec violence, le camp ennemi restait enseveli dans un profond sommeil. Vers trois heures et demie, des rapports fidèles donnèrent à Napoléon la certitude qu'aucun mouvement rétrograde ne s'était opéré dans l'armée anglaise, et qu'elle se préparait à la bataille pour le lendemain. Le jour commençait à poindre; l'Empereur rentra plein de satisfaction à son quartier-général; sa seule inquiétude était que le mauvais temps ne mît obstacle à ses projets. Mais déjà l'atmosphère s'éclaircissait; Napoléon, à l'aspect des premiers rayons du soleil, espéra le voir éclairer, avant la fin du jour, la perte de l'armée anglaise et la gloire de la France, prête à se relever plus grande et plus puissante que jamais!

Les Anglo-Hollandais étaient rangés en bataille sur la chaussée de Charleroi à Bruxelles, en avant de la forêt de Soignes, occupant une ligne de hauteurs à partir d'un plateau dominant le château de Gomont jusqu'au penchant d'un autre plateau qui couronne les fermes de la Haye et de la Papelotte. A huit heures et demie, on venait de servir le déjeûner de l'Empereur, le maréchal Ney se présenta en assurant que les colonnes de Wellington étaient en pleine retraite, et commençaient à disparaître dans la forêt. « Vous avez mal vu, répondit l'Empereur; il n'est plus temps; il s'exposerait à une perte certaine; il a jeté les dés, et ils sont pour nous. »

On vint alors annoncer à Napoléon que l'artillerie pouvait déjà manœuvrer, mais avec quelques difficultés, qui dans une heure seraient bien diminuées. Aussitôt il monte à cheval, reconnaît la ligne ennemie; après un quart d'heure de réflexion, il dicte le plan de la bataille, que deux généraux écrivent assis par terre; et les aides de camp volent dans toutes les directions, portant des ordres aux divers corps d'armée déjà sous les armes, et pleins d'ardeur et d'impatience.

Peu à peu l'armée s'ébranla et se mit en marche sur onze colonnes; jamais de si grandes masses ne se remuèrent avec tant de facilité; elle était complétement rangée en bataille vers dix heures et demie. L'empereur parcourut les rangs; il serait difficile d'exprimer l'enthousiasme des soldats. Les derniers ordres donnés, Napoléon, à la tête de sa garde, se posta sur les hauteurs de Rossomme; il découvrait de là les deux armées; la vue s'étendait fort au loin à droite et à gauche du champ de bataille. Le combat s'engagea d'abord sur la gauche, au bois de Gomont, défendu par les gardes anglaises; Jérôme Bonaparte l'enleva plusieurs fois, et plusieurs fois il en fut repoussé. Ces vicissitudes employèrent une partie de la matinée. Le bois occupé, le château était encore vivement disputé; l'Empereur fit avancer sur ce point une batterie d'obusiers, qui mit le feu aux toits; les Français restèrent maîtres de cette position.

Avant de donner le signal de l'attaque du centre, confiée au maréchal Ney, l'Empereur jetant un dernier coup-d'œil autour de lui, aperçut du côté de Saint-Lambert un nuage qui lui parut être des troupes. Il consulta le maréchal Soult, son major-général, qui crut distinguer une force de cinq à six mille hommes, et jugea que ce devait être le détachement demandé à Grouchy. Les avis se partagèrent dans l'état-major. Napoléon, incertain, ordonna au général Daumont de diriger vers ce point sa division de cavalerie, pour communiquer avec ces troupes, si elles appartenaient au corps de Grouchy, ou pour les contenir, dans le cas où ce seraient des troupes ennemies.

Un quart d'heure après, une lettre interceptée apprit à l'Empereur que c'était Bulow qui s'avançait de ce côté avec trente mille Prussiens. Il était onze heures, l'ordre fut expédié à Grouchy de venir prendre à dos ce corps d'armée, et le comte de Lobau se porta au devant de Bulow à la tête de dix mille hommes. Par cette disposition, Napoléon restait avec cinquante-neuf mille combattants contre quatre-vingt-dix mille. Il fit alors observer au maréchal Soult que les chances favorables étaient bien diminuées pour l'armée française par l'arrivée des Prussiens : « Mais, ajouta-t-il, si Grouchy répare l'horrible faute qu'il a commise de s'amuser à Gembloux, et envoie son détachement avec rapidité, la victoire en sera plus décisive, car le corps de Bulow doit être entièrement perdu.

A midi, les tirailleurs étaient engagés sur toute la ligne; mais il n'y avait encore eu de combats que sur la gauche, dans le bois et au château de Gomont : Bulow paraissait stationnaire L'Empereur envoie l'ordre au maréchal Ney d'enlever la ferme de la Haye-Sainte et le village de la Haye, afin de couper la communication de Wellington avec Bulow. Alors quatre-vingts bouches à feu vomissaient la mort sur toute la gauche des Anglais; une de leurs divisions est détruite. Cependant une charge de la cavalerie ennemie repousse l'infanterie française, lui enlève deux aigles, et désorganise sept pièces de canon; aussitôt l'Empereur lance sur les assaillants une brigade des cuirassiers du général Milhaud. La cavalerie anglaise est rompue, l'artillerie reprise, l'infanterie protégée.

Le combat fut terrible sur ce point, et le terrain vaillamment disputé; mais, après trois heures d'une lutte opiniâtre, la ferme de la Haye-Sainte était au pouvoir des Français, malgré la belle résistance des Écossais; la 2e division belge, les 5e et 6e anglaises, étaient écrasées et repoussées avec de grandes pertes, et deux régiments de dragons entièrement détruits : le général Picton avait été tué sur le champ de bataille.

Au milieu de cette horrible mêlée, l'Empereur parcourait les rangs parmi les boulets et la mitraille; le brave général Devaux tombe mort à ses côtés. A quatre heures la victoire paraissait décidée; le désordre était dans l'armée anglaise; les charrois, les bagages, les blessés pressaient leur retraite par le principal débouché de la forêt; des milliers de fuyards sabrés par la cavalerie se précipitaient en foule sur la chaussée de Bruxelles, quand Bulow, en se rapprochant, opéra sa diversion. Au même instant, l'Empereur, qui fondait tant d'espérances sur l'arrivée du corps de Grouchy, fut informé que ce maréchal n'avait pas encore quitté Gembloux à dix heures du matin!

La canonnade était vivement engagée entre les troupes de Bulow et celles de Lobau. Les Prussiens, marchant droit au centre de la ligne d'opérations de l'armée française, s'avancèrent bientôt à tel point, que leur artillerie labourait la chaussée devant et derrière la Belle-Alliance, où se trouvait l'Empereur. Pour repousser cette attaque, Napoléon ordonne au général Duhesme, commandant deux divisions de la jeune-garde, de se porter en avant, avec vingt-quatre pièces de canon, formidable batterie, dont le feu, commencé un quart-d'heure après, a bientôt acquis la supériorité sur celui de l'ennemi. La jeune garde est à peine engagée que les Prussiens s'arrêtent; on remarque de l'indécision dans toute leur ligne. Le général Morand s'avance à son tour, suivi des bataillons de la vieille-garde; Bulow recule alors : il était en retraite à sept heures du soir.

Déjà le comte d'Erlon s'était emparé des fermes de la Haye et de la Papelotte, débordant la gauche des Anglais et la droite des Prussiens; mais vers cinq heures, pendant l'attaque de Bulow, la cavalerie légère, poursuivant l'ennemi au delà du hameau de la Haye-Sainte, sur le plateau qui se prolonge à droite et à gauche de la chaussée, avait été ramenée par une cavalerie supérieure en nombre. Alors le général Milhaud, à la tête de ses cuirassiers, et Lefèvre-Desnouettes, avec les chasseurs et les lanciers de la garde, gravissent les hauteurs et occupent le plateau : les Anglais repoussés abandonnent tout le champ de bataille entre la Haye-Sainte et Mont-Saint-Jean.

A la vue de ces charges brillantes, des cris de victoire s'élèvent autour de l'Empereur. Cependant, peu satisfait de cette occupation prématurée du plateau : « C'est trop tôt d'une heure, dit-il, mais il faut soutenir ce qui est commencé. »

Aussitôt il envoie aux trois mille cuirassiers Kellermann l'ordre d'appuyer la cavalerie dans sa position. Pendant cet instant de crise, tout ce qui se trouvait à la portée de Napoléon l'observait avec inquiétude. On cherchait à lire dans ses yeux si l'armée était victorieuse ou en danger ; son regard plein de calme ranima la confiance. C'était, depuis vingt ans, la cinquantième bataille rangée qu'il commandait.

Cependant la division de grosse cavalerie de la garde, sous les ordres du général Guyot, en deuxième ligne derrière les cuirassiers Kellermann, suivait au grand trot, et se portait aussi sur le plateau. L'Empereur s'en aperçut, et envoya le comte Bertrand pour la rappeler ; mais elle était déjà engagée, et tout mouvement rétrograde eût été dangereux. Ainsi, dès cinq heures, Napoléon fut privé de sa réserve de cavalerie, de cette réserve qui, bien employée, lui avait si souvent donné la victoire.

Toutefois, ces forces réunies enfoncent l'ennemi ; tout est culbuté devant elles. Enfin, les Anglais et les Prussiens repoussés, écrasés, et cette brave cavalerie restée maîtresse du plateau qu'elle avait conquis, la bataille était gagnée. L'armée française, moins forte de moitié, venait de battre cent vingt mille ennemis qui fuyaient devant elle.... Mais tout à coup ils s'arrêtent et se rallient ; un événement décisif venait de tout changer; Blucher entrait en ligne avec trente mille Prussiens.

Si le maréchal Grouchy eût couché devant Wavres, comme il le devait et en avait l'ordre, le soir du 17, Blucher y fût resté en observation avec toutes ses forces. Si le maréchal, comme il l'avait écrit de Gembloux, à deux heures du matin, eût pris les armes à la pointe du jour, il fût du moins arrivé à Wavres assez à temps pour arrêter Blucher ; la victoire était encore certaine ; mais, parti à dix heures seulement de Gembloux, il se trouva vers midi à moitié chemin de Wavres ; là, il entendit l'épouvantable canonnade de Waterloo ; aucun militaire exercé ne pouvait s'y tromper, ni douter un moment que l'Empereur ne fût aux prises avec toute l'armée anglaise. Et, cependant, malgré les vives sollicitations des généraux Excelmans et Gérard, qui le pressaient de voler au secours de Napoléon, il continua sa marche sur Wavres : Grouchy n'y trouva plus que le corps de Thielman ; Blucher en était parti le matin, et à sept heures du soir il débouchait sur le champ de bataille, ouvrant la communication entre Bulow et Wellington.

L'un et l'autre se croyaient perdus ; ils reprennent courage, et redoublent d'efforts pour regagner du terrain. A cet instant critique, Napoléon conçut et ordonna une belle et brillante manœuvre dont la réussite devait, malgré l'intervention de Blucher, décider en faveur des Français l'issue de la bataille : c'était un grand changement de front, dans le but de remplacer par des troupes fraîches les régiments des corps les plus maltraités, de dégager et d'appuyer la cavalerie trop aventurée sur le plateau de la Haye-Sainte, et enfin de faire face à la fois aux deux armées ennemies.

La résolution des chefs, la valeur héroïque des soldats, tout seconde dans les premiers moments le dessein de l'Empereur. Le choc est terrible : Ney, démonté, marche à la tête des grenadiers ; Napoléon lui-même conduit quatre bataillons de la garde en avant de la Haye-Sainte, et par son ordre des aides de camp parcourent toute la ligne, annonçant l'arrivée de Grouchy. Il s'efforçait ainsi d'animer la troupe, tandis que huit autres bataillons de la garde, restés en arrière, accouraient sur ce point. Il était important qu'elle s'engageât toute à la fois, cependant, la cavalerie étant décontenancée avant d'être immédiatement soutenue par de l'infanterie, l'Empereur fait avancer les quatre premiers bataillons, sous les ordres du général Friant. Ils attaquent avec impétuosité ; des charges de cavalerie portent la terreur dans les rangs anglais. Le soleil était couché : le général Friant blessé, passant auprès de l'Empereur, lui dit que tout va bien, que l'ennemi se dispose à la retraite, et qu'elle sera décidée aussitôt que les quatre bataillons de la garde donneront.

Ils venaient d'arriver depuis quelques minutes; l'Empereur les range en bataille; ils allaient déboucher; il fallait encore un quart-d'heure... Mais tout à coup Blucher, parvenu au village de la Haye, culbute la division chargée de le défendre... Il faisait déjà nuit : c'est là que, du sein des ténèbres, s'éleva ce funeste cri de : *Sauve qui peut!*

A ce signal de détresse, à cette annonce d'une irrémédiable défaite, dont l'avis avait dès cinq heures été répandu sur tous les derrières de notre armée par des hommes à cheval, courant à toute bride, quelques soldats se troublent et reculent; en un clin-d'œil l'effroi les saisit, il se propage, on fuit; la déroute est complète sur ce point. La trouée faite, la ligne rompue, la cavalerie ennemie inonde le champ de bataille : Bulow revient sur ses pas et attaque de nouveau. Alors la cohue devient telle, qu'il faut ordonner un changement de front à la garde; au même instant, de nouvelles divisions de cavalerie anglaise chargent à leur tour.... Le désordre parvient au comble, il est épouvantable partout à la fois. L'Empereur, les maréchaux Soult et Ney, les généraux Bertrand, Drouot, Flahaut, Labédoyère, Gourgaud, n'eurent que le temps de se jeter dans le carré de la garde, commandé par Cambronne; ce général, atteint d'un éclat d'obus à la tête, est renversé de cheval. La mitraille porte le ravage et la mort dans les rangs éclaircis de ce qui tient encore, et l'obscurité, ajoutant à l'horreur de ce désastre, ravit à l'Empereur tout moyen d'y porter remède.

La nuit voila une foule de beaux faits d'armes et de traits glorieux; dont les récits, recueillis depuis, seront à jamais l'entretien de la France : ils charmèrent alors un moment ses douleurs, et toute la nation répéta ces accents héroïques d'un brave : « La garde meurt, et ne se rend pas ! »

Napoléon resta quelques moments encore sur un mamelon, avec les débris de la garde; mais le feu de l'ennemi se rapprochant de minute en minute, il fallut se décider à la retraite. L'Empereur la fit à travers champs: cavalerie, infanterie, artillerie, tout était pêle-mêle. L'état-major gagna la petite ville de Genape. Là, Napoléon se flattait de rallier du moins un corps d'arrière-garde, il fit de vains efforts, rien n'était plus possible. Napoléon céda à la nécessité, il prit la route de Charleroi, après avoir expédié plusieurs officiers au maréchal Grouchy, pour lui annoncer la perte de la bataille.

Les pertes que les Français y firent furent très grandes, dix-neuf mille hommes restèrent sur le champ de bataille, sept mille furent pris, avec la majeure partie du matériel; mais les alliés, malgré leur victoire, y perdirent encore plus de monde, et leurs propres rapports en font monter le nombre à trente-trois mille hors de combat. Un des braves de la garde impériale qui fit partie de ces carrés héroïques contre lesquels se brisèrent les derniers efforts de l'ennemi, a tracé un triste tableau de la plaine de Waterloo, le lendemain de la bataille :

« Les corps mutilés et sans vie étaient privés de tous vêtements; toute chose de quelque valeur avait déjà été enlevée. Le chemin de Waterloo à Bruxelles qui, pendant trois lieues, passe sous les épais ombrages de la forêt de Soignes, était encombré de bagages épars, de chariots brisés, de chevaux morts, et presque impraticable à cause des grandes pluies et du grand nombre de ceux qui s'y étaient entassés, de sorte qu'on avait beaucoup de peine à faire marcher en avant les chariots de blessés. La route était bordée de malheureux qui s'étaient traînés là du champ de bataille, et dont un grand nombre, ne pouvant aller plus loin, s'étaient couchés et étaient morts. Des trous creusés à côté du chemin furent leurs tombeaux, et plusieurs semaines après la bataille, la route était encore couverte de débris de leurs habillements. Dans chaque village, chaque hameau, chaque chemin, en un mot, partout le pays, on trouvait errants des soldats blessés. Ceux d'entre eux qui étaient Belges ou Hollandais, s'efforçaient de gagner leurs maisons. Le nombre des blessés était si grand, dit-on, que, malgré les soins les plus actifs et les plus continus, les derniers ne furent amenés du champ de bataille à Bruxelles que le jeudi suivant, c'est-à-dire, après y être restés gisants pendant plus de trois jours.

» On ne pourrait non plus décrire la désolation qui régnait sur le champ de bataille; les blés, en pleine croissance, étaient renversés à terre, et tellement foulés aux pieds qu'ils n'étaient plus que de la paille hachée. Les charges de cavalerie avaient, presque partout, comme labouré le terrain, et les pas des chevaux, profondément imprimés dans la terre, attestaient où les rencontres avaient été les plus meurtrières. Toute la campagne offrait d'affreuses traces de guerre et de dévastation: des têtes de soldats percées de balles et foulées aux pieds, des bonnets, des casques, des décorations, des cuirasses, des débris d'armes, des quantités innombrables de fourreaux et de ceinturons, des restes d'habits en lambeaux, des souliers, des gibernes, des romans français et des livres de prières allemandes, des feuillets de musique déchirés, des paquets de cartes, et une immense quantité de toutes sortes de papiers ôtés des poches des morts par ceux qui les avaient dépouillés. »

Mais c'est assez de détails: que l'imagination des militaires complète cette pénible description, ils se figureront aisément ce que devait être le champ de bataille de Waterloo pendant les trois jours qui suivirent la journée du 18 juin. Plus de cent mille hommes morts ou blessés gisant pêle-mêle; quarante mille chevaux également tués ou estropiés, trois cents pièces de canon démontées ou brisées, des milliers d'armes de toutes espèces répandues partout, et enfin tout l'encombrement du matériel. de trois armées!.....

La journée de Waterloo était désastreuse, mais elle n'était pas irremédiable: indépendamment du pont sur la Dyle, au village de Genape, il y en avait plusieurs autres dans les villages voisins; mais, au milieu de l'extrême confusion où était l'armée, tous les fuyards se dirigèrent sur Genape, qui, en un moment, en fut encombré. Tous les corps, toutes les armes étaient confondus: soldats d'infanterie, de cavalerie, d'artillerie, tous se pressaient, s'écartaient mutuellement Beaucoup de chariots et de caissons étaient renversés, tant sur le pont que dans les rues: plusieurs étaient fixés entre eux, ce qui était un nouvel indice de la malveillance. Napoléon s'arrêta quelques instants pour essayer encore de rétablir un peu d'ordre; mais le tumulte, augmenté par l'obscurité de la nuit, rendit de nouveau toutes ses tentatives inutiles. Il continua donc sa route, et arriva à cinq heures du matin à Charleroi. Il donna ordre aux équipages des ponts et à ceux des vivres, qui étaient restés en arrière de la ville, de partir sur-le-champ pour Philippeville et Avesne, et de là se rendre à Laon.

Napoléon se rendit lui-même à Philippeville, d'où il expédia de nouveau des ordres au maréchal Grouchy pour faire sa retraite par Rhetel, sur Laon. Pendant ce temps, les débris de l'armée repassaient la Sambre aux ponts de Marchiennes, de Charleroi et du Châtelet, opérant ainsi la retraite sur plusieurs points, ce qui rendit le ralliement encore plus difficile.

Après avoir expédié tous les ordres que les circonstances rendaient nécessaires, Napoléon quitta Philippeville à deux heures après midi, y laissant le maréchal Soult pour rallier le grand quartier-général, et les corps qui se porteraient sur cette place. Il se mit en marche sur Laon, d'où il expédia plusieurs de ses aides de camp; il se rendit ensuite en toute hâte à Paris, afin de prévenir la commotion politique que la nouvelle du désastre pouvait occasionner, de prendre les mesures les plus promptes pour hâter et terminer tous les préparatifs de défense de la capitale, de préparer les esprits à la grande crise dans laquelle la France allait se trouver, et faire diriger aussitôt sur Laon toutes les troupes, tous les renforts qu'on pourrait tirer des dépôts et des places.

Cependant Grouchy, dont on avait entendu le feu, avait marché sur Wavres, et avait occupé les hauteurs, malgré les vives représentations d'Excelmans et de Gérard. Il n'avait pas cru devoir se porter dans la direction de Saint-Lambert, où l'épouvantable canonnade d'une bataille aurait dû l'appeler; dès qu'il apprit quelle en était la fatale issue, il divisa son armée en deux corps, et, en contenant l'ennemi, il se replia sur Namur, où il soutint un dernier choc, puis traversa Mézières, Rheims, et ne fit halte qu'à Laon, où nos troupes s'étaient ralliées, et présentaient encore un total de soixante-dix mille hommes de cette ville jusqu'à Paris.

Les gardes nationales et les volontaires des départements arrivaient chaque jour, et, à défaut d'expérience, semblaient devoir apporter à la défense du pays toute l'ardeur, tout le zèle du patriotisme. Les corps d'armée de la Moselle, du Rhin et des Alpes, malgré leur infériorité numérique, défendaient le territoire pied à pied, et successivement se retiraient devant l'ennemi, ou s'enfermaient dans nos places fortes. Malgré ses revers, le courage de l'armée qui avait combattu à Waterloo n'était point au dessous des grandes circonstances dans lesquelles elle se trouvait. Cette armée voulait se dévouer pour repousser l'agression étrangère, et la victoire pouvait encore l'illustrer sous les murs d'une ville que ses triomphes antérieurs avaient rendue la capitale de l'Europe.

Napoléon fut de retour à Paris le 20 juin à neuf heures et demie du soir, abîmé de douleur, et succombant à la fatigue. Il descendit à l'Élysée. Sa respiration oppressée ne laissait échapper de sa bouche que des paroles entrecoupées.

Il se mit au bain. et son anxiété ne lui permettait aucun repos. L'altération affreuse de ses traits indiquait sa lassitude; il ne pouvait distraire ses pensées des scènes affreuses qui venaient de le désoler, ni contenir l'expression des angoisses qui le dévoraient.

L'intention de Napoléon était de réunir les deux chambres en séance impériale, de leur peindre fidèlement les malheurs de l'armée, de leur demander les moyens de sauver la patrie, et de repartir ensuite pour s'opposer aux progrès des ennemis.

Le duc de Vicence lui ayant représenté que les dispositions des députés étaient des plus hostiles, et que les machinations de 1814 se renouaient sous d'autres formes. « — Des traîtres, des traîtres partout! Qu'est devenue l'héroïque France de 93, se levant comme un seul homme pour repousser l'invasion étrangère? Mais, enfin, ces gens-là ont du sang français dans les veines! » Le duc ajouta: « Les chambres ne répondront ni à votre confiance, ni à votre attente... Et, permettez-moi de le dire à Votre Majesté, il ne fallait pas, Sire, vous séparer de votre armée; c'est elle qui fait votre force, qui est votre sûreté. Au milieu de vos soldats, vous êtes inviolable. — Je n'ai plus d'armée, dit-il avec un accent déchirant; je retrouverai des hommes, mais comment se battront-ils? Je n'ai plus de fusils, plus de matériel, plus de munitions. Cependant, avec du patriotisme et de l'union, tout pourrait encore se réparer. »

Lucien et Joseph entrèrent; l'Empereur les interrogea avec anxiété sur l'attitude que prenaient les chambres. Ils lui conseillèrent de différer la convocation pour la séance impériale, et de laisser agir préalablement les ministres. L'Empereur passa successivement en revue les moyens de réparer les désastres de Waterloo; il traça à grands traits le tableau des malheurs qui menaçaient la France, et termina par l'exposé d'un admirable plan de défense et d'attaque à opposer à l'envahissement de l'ennemi. Les diverses nuances d'opinion des membres du conseil se fondirent dans une seule, et se réunirent pour approuver les dispositions de l'Empereur. Il fut décidé que les ministres se rendraient en corps à la chambre, et feraient une communication officielle, sauf à prendre une résolution suivant l'urgence des circonstances.

Mais en ce moment le conseil fut interrompu par un message de la chambre des représentants. La chambre se déclarait en permanence, qualifiait crime de haute trahison toute tentative pour la dissoudre, et traître à la patrie quiconque porterait atteinte aux droits des représentants. Les ministres de la guerre, des relations extérieures et de l'intérieur étaient invités à se rendre sur-le-champ dans le sein de l'assemblée. L'Empereur, pâle de colère, se leva, et frappant avec violence sur le bureau, s'écria avec l'accent de l'indignation: « J'aurais dû congédier ces gens-là avant mon départ. Je l'ai prédit, ces factieux perdront la France! Je mesure toute l'étendue du mal; ils sont en pleine révolte contre l'autorité légitime. J'ai besoin de réfléchir, » et il leva la séance.

L'Empereur, irrité, envoya Régnault à la chambre des députés, porteur de paroles dignes et convenables; et Carnot à la chambre des pairs, chargé de la même communication; il y fut écouté avec calme. Régnault, à la chambre des députés, ne put parvenir à obtenir même du silence; on refusa de l'entendre.

Enfin l'abdication fut arrachée à Napoléon; il se démit pour la dernière fois du trône en faveur de son fils. Napoléon annonça ainsi au peuple français le nouveau sacrifice que lui imposait l'attitude des chambres.

« En commençant la guerre pour l'indépendance nationale, je comptais sur la réunion de tous les efforts, de toutes les volontés, et sur le concours de toutes les autorités nationales. J'étais fondé à en espérer le succès, et j'avais bravé toutes les déclarations des puissances contre moi. Les circonstances me paraissent changées; je m'offre en sacrifice *à la haine des ennemis de la France :* puissent-ils être sincères dans leurs déclarations, et n'en avoir voulu seulement qu'à ma personne! Ma vie politique est terminée, et je proclame mon fils, sous le titre de Napoléon II, empereur des Français. Les ministres actuels formeront provisoirement le conseil du gouvernement. L'intérêt que je porte à mon fils m'engage à inviter les chambres à organiser sans délai la régence par une loi. — *Unissez-vous tous pour le salut public et pour rester une nation indépendante.* »

Lorsqu'arriva la députation de la chambre des députés, chargée de lui exprimer le respect et la reconnaissance avec lesquels elle acceptait le sacrifice qu'il avait fait à l'indépendance et au bonheur du peuple français, l'Empereur, fier et digne, l'accueillit froidement; mais entraîné par les sentiments qui le débordaient, son discours, fort de raisonnement, plein de hautes et grandes pensées, ses recommandations si nobles pour la prospérité et la gloire nationale, émurent tous les assistants.

Pendant ce temps, l'attitude de la population parisienne était remarquable. L'on sentait fort bien que ce n'était pas avec de furibondes harangues de tribune qu'on sauverait le pays... L'ennemi était à dix lieues de Paris. L'Empereur, prisonnier à l'Elysée, excitait la sympathie du peuple, qui se montrait menaçant et jetait l'épouvante dans la capitale. Des bandes de fédérés parcouraient les rues en faisant entendre des menaces contre les représentants; la force armée, aux ordres de Fouché, entourait la chambre, et protégeait ses délibérations; et les abords de l'Elysée étaient encombrés d'une foule furieuse qui mêlait des cris de mort aux cris de *vive l'Empereur!*

De quart d'heure en quart d'heure, il arrivait à l'Empereur des nouvelles de la chambre; l'orage grossissait; la foudre éclata enfin. Qu'on le sache bien, ce ne furent pas les insolentes insinuations des représentants qui décidèrent l'Empereur à quitter la capitale, où les meneurs le voyaient avec effroi. Las du trône, las des hommes, il les méprisait trop pour les redouter; il céda non à la crainte, mais au dégoût que lui inspiraient leurs lâchetés. Il ne voulut pas que le sang coulât dans les rues de Paris pour le triomphe de sa cause.

Le 25 à midi, il partit de l'Elysée pour la Malmaison. Becker fut désigné pour l'accompagner à l'île d'Aix, jusqu'à son embarquement, ou plutôt pour surveiller les mouvements du prisonnier...

Les destinées de la patrie furent remises entre les mains de cinq personnes. Le 23, la commission exécutive se constitue sous la présidence de Fouché, duc d'Otrante, s'empare du gouvernement et des négociations ouvertes avec les chefs des armées de la coalition.

Cependant Fouché a donné des commandements, distribué des emplois, il a mis Masséna à la tête de la garde nationale de Paris et confié à Davoust les respectables débris de nos troupes, alors réunies sous les murs de la capitale.

La trahison et l'absence de Napoléon avaient ouvert Paris à l'Europe en armes, le 31 mars 1814. Le 7 juillet 1815, Paris reçut de nouveau dans ses murs les troupes coalisées, victime cette fois de la trahison et d'une convention intervenue le 3 du même mois, entre le maréchal Davoust d'une part, Wellington et Blucher de l'autre.

Ce farouche Prussien, qu'irritaient la longue humiliation de sa patrie et le souvenir récent de sa défaite à Fleurus, affecta toutes les démonstrations d'une insolente prospérité. Il s'abandonna avec un orgueil ridicule à la vanité d'une procession triomphante dans la capitale. Puis, à défaut de Wellington, qui déclina adroitement l'odieux d'une pareille mission, Blucher se chargea de dissoudre à main armée le gouvernement et les chambres. Cette première violence ne doit pas nous arrêter, aujourd'hui qu'un vol fameux et le long cri du sang répandu au mépris de la convention de Paris imposent à l'historien le devoir d'imprimer sur le front des étrangers l'éternelle infamie du parjure, en démontrant que cette convention, qu'il aurait fallu exécuter rigoureusement lors même qu'elle n'eût été qu'un contrat où deux parties trouvent un avantage égal à des concessions réciproques, donnait sans combat aux puissances alliées ce qu'elles auraient à peine obtenu au prix d'une victoire, dont toutes les chances étaient en faveur de la France.

Le corps que le général Grouchy avai ramené sous Paris comptait quarante mille combattants, qui se grossirent d'une trentaine de mille hommes échappés au désastre de Waterloo, de dix mille de la garde, et de huit mille tirés des dépôts voisins. L'armée qui doit couvrir la capitale, déclarée en état de siége par une loi du 28 juin, comptait donc quatre-vingt-dix mille hommes environ, dont vingt-cinq mille d'excellente cavalerie, et un train d'artillerie de cinq cents pièces au moins. Il y avait en outre quinze à dix-huit mille fédérés, qui brûlaient de se mesurer avec l'ennemi, et tous les retranchements extérieurs pouvaient être défendus par la garde nationale. Ce n'étaient pas là nos seules ressources contre la coalition; mais, telles que les avaient faites la trahison, l'ineptie ou la lâcheté, elles suffisaient au salut de la France. Nous avions pour nous l'avantage du nombre et de la position et de toutes les connaissances locales. Le général Vandamme, avec son corps et le quatrième, se plaça sur les hauteurs de Montrouge; le reste de l'armée occupa toute la ligne extérieure du côté du nord, depuis Vincennes jusqu'au bois de Boulogne. Le maréchal Davoust, qui avait le commandement en chef, établit son quartier-général à La Villette. Une exaltation extraordinaire enflammait toute l'armée. Qui pourrait en être surpris? Le sentiment de l'honneur national ne parlait pas plus haut dans le cœur d'un maréchal que dans le dernier soldat français, et pas un ne se fût trouvé qui ne s'indignât à la pensée de passer sous les fourches caudines de la coalition, lorsqu'il avait encore les armes à la main, et que son courage lui répondait de la victoire.

Les Anglais, réunis aux Prussiens, formaient une masse de soixante mille hommes, affaiblis et fatigués de la campagne, dénués de grosse artillerie et loin de tout secours. Les Russes étaient à plus de vingt-cinq journées de marche, les Bavarois à dix, et les Autrichiens n'avaient pas encore passé le Rhin. Cependant Blucher se convainquit, par une reconnaissance sur les lignes qui couvraient la capitale, qu'il ne parviendrait à les rompre qu'au moyen d'une attaque de vive force et en sacrifiant un grand nombre d'hommes. Dans cet état de choses, l'armée prussienne eut l'imprudence de se séparer de l'armée anglaise pour passer sur la rive gauche de la Seine. Si, pendant cette marche, Blucher ne fut pas anéanti, c'est que les chefs de l'armée française ne le voulurent pas. Néanmoins, l'un des plus distingués par sa valeur et ses talents, le général Excelmans, rencontra la cavalerie prussienne à la hauteur des bois de Verrières, la chargea et la culbuta jusqu'au delà de Versailles, où elle fut entièrement détruite. Mais ce brillant fait d'armes ne valut au général Excelmans qu'une gloire stérile pour sa patrie; car il attendit en vain les corps qui devaient l'appuyer. Les soldats n'expliquèrent ce défaut d'appui que par la trahison. Dès lors rien ne s'opposa plus à l'investissement de la capitale par les deux rives de la Seine. Dans cette extrémité, la défense de Paris était-elle encore possible? Cette question, adressée sans ambiguité, sans détour au maréchal Davoust, appelait impérieusement une réponse affirmative. Fouché sut s'y prendre de manière à l'éviter; et toutefois ce n'était pas seulement la possibilité de défendre Paris qui existait pour tout autre qu'un lâche, un traître ou un homme privé de raison, mais bien la certitude de contenir les Anglais à l'aide des retranchements de la rive droite; de réunir la plus grande partie de l'armée contre les Prussiens, de les battre complétement, et de forcer ensuite Wellington à s'éloigner de Paris.

Le 3 juillet, l'armée française, animée du plus vif désir d'en venir aux mains et de l'espérance de vaincre, se berçait encore de l'illusion d'une bataille générale. Cependant, dès huit heures du matin, le gouvernement provisoire avait fait demander formellement une suspension d'armes, sous la condition de livrer Paris à l'ennemi. Cette demande fut acceptée, et Saint-Cloud désigné pour le lieu des conférences. Là, dans la nuit, des commissaires français, anglais et prussiens signèrent une capitulation qui stipulait, entre autres choses, la retraite de notre armée derrière la Loire, avec armes et bagages, et pour le 6, la remise de toutes les barrières de Paris aux étrangers. L'avenir démontra que l'on traitait avec un ennemi sans foi, qui ne voulait que désarmer nos guerriers. En effet, il était plus commode de s'en débarrasser par la proscription que de les vaincre sur le champ de bataille. Toutefois, bien qu'on eût laissé échapper l'occasion d'une victoire certaine, au prix d'un combat qu'il faudra regretter éternellement de n'avoir pas vu livrer, les représentants de la France avaient encore le droit d'obtenir des garanties formelles pour la nation et pour l'armée. Voici les articles de la capitulation de Paris qui touchaient à ces grands intérêts :

ARTICLE 11.

Les propriétés publiques, à l'exception de celles qui ont rapport à la guerre, soit qu'elles appartiennent au gouvernement ou qu'elles dépendent des autorités municipales, seront respectées, et les puissances alliées n'interviendront en aucune manière dans leur administration et direction.

ARTICLE 12.

Les personnes et propriétés individuelles seront également respectées. Les habitants, et en général tous les habitants qui seront dans la capitale, continueront de jouir de leurs droits et libertés, *sans être recherchés, soit en raison des emplois qu'ils occupent ou ont occupés, ou de leur conduite ou opinions politiques.*

ARTICLE 15.

S'il survient des difficultés dans l'exécution d'aucun des articles de la présente convention, l'interprétation en sera faite en faveur de l'armée française et de la ville de Paris.

Ces garanties, corroborées par les art. 11 et 12 de la convention signée entre le général en chef de l'armée des Alpes et les Autrichiens, furent complétement foulées aux pieds. Cependant, la capitulation de Paris évitait une défaite sanglante aux coalisés. Elle leur livrait la ville sans coup férir ; elle assurait le retour des Bourbons. Elle était donc pour tous de la plus étroite obligation. C'est une vérité qu'il nous aurait été facile d'entourer de la plus vive lumière, s'il n'avait fallu élargir notre cadre au delà de toute mesure; mais, à défaut de preuves nombreuses et détaillées, nous rapporterons ici, comme un témoignage aussi décisif qu'irrécusable, les paroles de lord Wellington à Louis XVIII, sur la disgrâce de Fouché : « Sire, je suis bien fâché de ce qui arrive au duc d'Otrante ; à *lui seul* vous devez d'être rentré dans votre capitale et remonté sur votre trône. *Blucher ni moi n'étions capables de vous rendre votre couronne. Nous avions affaire à une armée de quatre-vingt mille enragés qui nous auraient écrasés.* Nous ne pouvions éviter une bataille, si on nous l'eût offerte, et nous étions obligés de battre en retraite pour attendre la coopération des autres puissances, et Votre Majesté sait *quelles étaient alors leurs dispositions.* Le duc d'Otrante a empêché que la bataille n'eût lieu, et c'est à lui que vous devez d'être remonté sur le trône de vos pères. »

En obligeant Napoléon à dépouiller le caractère impérial, on n'avait pu lui enlever les talents militaires qui avaient fait la gloire du général Bonaparte.

Le 29 juin, l'Empereur, à la Malmaison, ayant entendu le canon gronder à quelque distance, électrisé par ce bruit, s'écria : « Qu'on me rende le commandement, et je jure, foi de soldat et de citoyen, de m'éloigner aussitôt que j'aurai délivré la capitale. Je ne veux que battre l'ennemi, l'écraser et le forcer à consentir à des négociations qui ménagent les intérêts de la France. Je ne veux pas ressaisir le pouvoir, Dieu m'en garde ! Je ne veux que me battre pour mon pays. »

Le général Becker fut chargé d'apporter à la commission une lettre qui reproduisait à peu près cette noble détermination ; mais les hommes qui venaient de se liguer contre lui ne permirent pas que cette main, qui avait porté le sceptre de l'Empereur, ressaisît l'épée du général. Les meneurs de l'intrigue craignirent évidemment qu'après le triomphe, Napoléon ne voulût reprendre les rênes du gouvernement. On ne doit guère admettre une telle supposition après des promesses aussi solennelles que celles de l'Empereur; mais on peut croire que la France lui aurait pardonné sans peine une infraction à sa parole, car tout le monde, excepté quelques personnes aveugles ou des traîtres entraînés par des intérêts particuliers, sentait profondément le besoin qu'on avait d'un tel défenseur. Peut-être, au lieu de demander une permission qu'on lui refuserait infailliblement, devait-il courir au camp sous Paris et entraîner l'armée.

Il fallait cependant que Napoléon s'éloignât; il le fallait pour sa propre sûreté. Sur les instances de Decrès et Boulay (de la Meurthe), l'Empereur se décida à partir et envoya le général Flahaut pour concerter avec la commission son départ et son embarquement.

Le départ de l'Empereur pour Rochefort fut enfin irrévocablement arrêté pour le 29 juin, et le 5 juillet il arriva à Rochefort accompagné du général Becker.

Le 6 juillet, les coalisés envahirent Paris, pillèrent les musées et braquèrent leurs canons sur le palais où Louis XVIII rentrait à la faveur de leur victoire.

Le 7, le gouvernement provisoire cesse l'exercice de ses fonctions sans avoir obtenu aucune garantie. Il a abandonné jusqu'aux couleurs nationales, une amnistie n'est pas même proclamée. Tous ceux qui ont pris part à ce qui s'est passé depuis le débarquement de Napoléon, doivent fuir pour mettre leurs têtes à l'abri.

Le 8, la chambre législative ne peut se réunir dans le lieu ordinaire de ses séances, dont les portes lui sont fermées par les baïonnettes étrangères. Quelques membres signent une protestation inutile et tous se séparent emportant le mépris et l'indignation inspirés par leur courte mission, qui fut sans résultat honorable pour la France.

C'était surtout dans les départements des frontières de l'est de la France que l'esprit national s'était montré avec le plus d'énergie. Le général Molitor, chargé d'organiser le système défensif des départements du Haut et du Bas-Rhin, avait pris les mesures les plus énergiques, et fait exécuter des travaux considérables.

Le général Rapp, commandant en chef du 5e corps de la grande armée, avait secondé ses efforts; mais après le désastre de Waterloo, il dut réunir ses colonnes pour mettre en état de défense les places renfermées dans l'étendue de son commandement, et en attendant l'issue des événements, son corps d'armée se retira derrière la Lauter. Quelques engagements eurent lieu avec les troupes autrichiennes et à l'avantage des Français, jusqu'au 28 juillet, époque où les hostilités cessèrent entièrement.

Le général Lecourbe avait sous ses ordres le corps d'observation du Jura, composé de dix à onze mille hommes, et de quatre mille cinq cents gardes nationaux d'élite. Ces troupes étaient destinées à défendre les défilés du Jura et ceux des Vosges contre les alliés débouchant par la Suisse. Les Autrichiens, s'étant rendus maîtres de Montbeillard, commencèrent à serrer Befort de près. Le général Lecourbe, pour couvrir cette place, en approcha la plus grande partie de son corps d'armée; mais la rentrée de Louis XVIII à Paris amena aussitôt un armistice.

Le 28 juin, une suspension d'armes avait eu lieu devant Genève entre l'armée française des Alpes et les Autrichiens, commandés par le général Frinont. Cet armistice ne devait expirer que le 2 juillet; mais l'approche des Piémontais et des Autrichiens décida le maréchal Suchet à faire passer le Rhône à son corps d'armée. Après quelques engagements, les Piémontais arrivèrent le 4 juillet sous les murs de Grenoble, et sommèrent le commandant d'ouvrir les portes. Celui-ci, quoiqu'il n'eût qu'une garnison de deux cents conscrits, refusa de se rendre, et le 6, les portes extérieures furent attaquées. La garde nationale, qui les défendait, fut obligée de rentrer dans la place. Enfin, après une défense énergique, une trêve eut lieu pour enlever les morts. Le même jour, la division Desaix fut attaquée dans les deux positions qu'elle occupait; mais elle repoussa les assaillants. Cependant les nouvelles de l'intérieur devenaient fort alarmantes, et la désertion faisait des progrès parmi nos soldats découragés. Les circonstances forcèrent bientôt le maréchal Suchet à faire une convention avec le général autrichien. Lyon, ainsi que le département de l'Isère, furent occupés et l'autorité du gouvernement royal rétablie.

La place d'Huningue, comprise dans le commandement du général Rapp, devait, d'après le plan de défense arrêté par Napoléon, recevoir une garnison de plusieurs bataillons de gardes nationaux d'élite : ils étaient en marche et près d'arriver, quand quelques uns se débandèrent à la nouvelle du désastre de Waterloo; quinze à dix-hui mille seulement se rendirent à leur poste. Le général Barbanègre, commandant de la place, avait à peine eu le temps d'y faire exécuter les opérations les plus urgentes, qu'il s'y vit bloqué. Soldat intrépide, il fit promettre à ses troupes de soutenir une résistance héroïquement téméraire, mais malheureusement condamnée d'avance à la stérilité.

Le 15 août, les cent vingt pièces d'artillerie qui garnissent les fortifications saluent, par leur enthousiasme militaire, la fête de l'empereur Napoléon, que *le Northumberland* emportait déjà vers l'île de Sainte-Hélène. Le 22 août, l'archiduc Jean commence le bombardement de cette malheureuse cité; elle répond à cette attaque par le feu de ses remparts, qui va répandre la terreur dans les murs de Bâle. Les citoyens de Huningue arborent le drapeau blanc; Barbanègre le fait enlever, et le 24 il propose de capituler. L'archiduc Jean rejette ses conditions; mais le 25, l'incendie s'étant manifesté plus rapide et plus effrayant que jamais, le général Barbanègre vit que la défense était arrivée à son terme, et le 26, il se rendit sans condition. — Cette obstination non motivée, et ne prenant pas sa source dans un désespoir qui attend et brave la mort, accusait fatalement l'anarchie universelle de cette malheureuse époque. Les alliés s'étaient rendu fidèle compte de toutes ces confusions, et en profitèrent pour contenir et abaisser la France : la résistance d'Huningue fut pour eux un argument dont ils mesurèrent l'étendue : ils le mirent à profit contre le pays.

La seconde invasion n'offrit donc plus le même caractère que la première. Le retour de l'île d'Elbe, accompli d'une manière si prodigieuse, avait dans les provinces réveillé l'esprit de liberté dont, pendant ses dix années de règne, l'Empereur avait comprimé les élans. Les haines de parti à parti fermentaient; les souverains, effrayés de ces tendances qui pouvaient corrompre les dispositions de leurs sujets, dont on avait peut-être trop flatté les intérêts de liberté afin de les pousser en masse contre Napoléon, ne se présentaient plus à la France vaincue avec les intentions de 1814. Maîtres de nos places fortes, de nos arsenaux, de nos villes maritimes, du cours des fleuves et du territoire qu'un sublime effort aurait pu seul délivrer, les princes alliés avaient de longues vengeances à satisfaire, de grandes terreurs à calmer, de pénibles précautions à prendre contre cet élan militaire, dont les champs de bataille de Ligny et de Waterloo venaient d'être les témoins. A tout prix il fallait affaiblir la France, afin de ne la plus redouter.

Par les généraux ou par les commissaires attachés à ses armées, la France avait parfois abusé de la victoire. Elle avait levé sur les peuples vaincus d'immenses contributions de guerre, changé les lois d'un pays, substitué une dynastie à une autre et fait violence à des régions qui, par un simple décret, se voyaient tout à coup forcées de renoncer à leur langue maternelle, à leurs usages pour être incorporées à l'empire.

Ces souvenirs tout récents dominaient les intelligences. La Prusse surtout, dont Blucher, avec son vieil instinct populaire, avait su si profondément remuer les universités et les sociétés secrètes, la Prusse, si souvent abattue sous nos aigles et qui croyait toujours voir planer sur sa tête l'image désolée de sa belle reine morte de désespoir patriotique, la Prusse se montrait sans pitié. L'Angleterre tenait prisonnier à bord d'un de ses vaisseaux le géant qui, pour consommer sa ruine, s'était tour à tour jeté sur l'Espagne et sur la Russie; mais cette victoire d'un grand peuple sur un grand homme, victoire achetée par tant d'incommensurables sacrifices, ne suffisait pas au cabinet de Londres. L'Empereur captif et remis par l'Europe à la garde de l'Angleterre pouvait bien satisfaire l'amour-propre britannique; ce n'était pourtant pas assez pour lui.

Le gouvernement anglais sait par expérience les bénéfices de toute sorte que l'on peut escompter après un triomphe, et il se les accorde tous. La gloire pour lui est sans doute quelque chose; mais, avant même cette gloire, il doit faire passer ses intérêts mercantiles, son désir d'agrandissement et de colonisation, qui a encore un but commercial. Dans la situation de 1815, à ces combinaisons réunies venait s'en joindre une dernière qui les effaçait toutes : c'était la France qui n'avait plus de Jeanne d'Arc pour chasser les Anglais, la France vaincue qui allait recevoir des lois, et la Grande-Bretagne, qui, forte de sa vieille haine, s'apprêtait à les dicter.

A côté de ces deux puissances, ne cachant ni leurs répulsions, ni leurs espérances, se groupaient la Russie, l'Autriche et les états secondaires qui, soit comme alliés, soit comme ennemis de la révolution et de l'Empire, avaient tous de graves plaintes à faire prévaloir, des sévices de plus d'un genre à jeter dans le plateau de la balance. La Russie, par l'absence de ses armées à Waterloo, perdait sur l'esprit de ses coalisés une partie de l'influence dont la position personnelle du czar et les immenses services rendus par ses bataillons dans les dernières campagnes l'avaient investie en 1814. Alexandre s'était vu à cette époque l'arbitre du destin, et le Grec du Bas-Empire, ainsi que Bonaparte le nommait sur le rocher de Sainte-Hélène, avait déployé dans ces circonstances décisives un simulacre de désintéressement trop vanté.

Son exemple avait entraîné les autres souverains; mais les temps étaient changés, et la colère l'emportait sur la générosité. L'Angleterre et la Prusse dirigeaient les conseils des monarques. L'Autriche, qu'une alliance de famille attachait à Napoléon, mais que l'irritation de son armée vaincue par le même homme depuis Marengo jusqu'à Wagram, poussait aux moyens extrêmes, faisait cause commune avec les exagérations de la victoire. La Bavière, la Saxe, les Pays-Bas, le Wurtemberg, la Sardaigne et toutes les principautés de la confédération du Rhin se montraient aussi âpres que la Prusse et l'Angleterre.

Ce fut dans ces dispositions que les alliés se présentèrent aux portes de Paris. Au milieu de leurs discours d'apparat ou de leurs actes officiels, on proclamait bien encore que Bonaparte seul était l'ennemi de l'Europe; que, lui abattu, il n'y avait plus de motifs pour guerroyer contre un pays dont les malheurs étaient aussi grands que le courage; mais cette mansuétude dans les paroles trouvait vite un contrepoids dans les actions.

L'empereur Napoléon se voyait mis dans l'impossibilité de nuire. Sa famille était rayée du livre des rois; elle rentrait dans sa riche obscurité, n'ayant eu besoin que de naître pour la mériter, et en restant toujours là. Mais il fallait, par toutes les humiliations réservées à la défaite, arracher du cœur de la France ce souvenir des récentes victoires qui, à un jour donné, pouvait se réveiller plus vivace que jamais. Il fallait surtout museler le lion révolutionnaire dont l'Europe avait pendant si longtemps entendu les rugissements autour de ses capitales. La cause des Bourbons, presque abandonnée au mois de mars 1815 comme un an auparavant, la pondération même et l'intérêt des gouvernements ne passaient qu'après ce principe d'hostilité, après la guerre que les puissances appelaient la consécration de la paix.

Il fut résolu qu'avant tout débat politique ou financier sur l'interprétation du traité de 1814, qu'au dire des alliés celui de 1815 devait régulariser seulement, on s'occuperait des débris de l'armée. Au nombre de cinquante mille hommes à peu près ils se trouvaient réunis derrière la Loire, sous le commandement du maréchal Davoust, prince d'Eckmühl.

Préliminairement à toute négociation diplomatique, le comte de Nesselrode, au nom de l'empereur Alexandre, remit au ministère une note dans laquelle il était dit « que la convention de Vienne, du 25 mars, avait été dirigée contre Bonaparte, ses adhérents et particulièrement contre l'armée française, dont l'ambition désordonnée et l'esprit insatiable de conquêtes avaient plusieurs fois troublé l'Europe ; que Bonaparte était aux mains des alliés; que le roi de France avait pris certaines mesures pour rendre impuissants les efforts des factions. Il ne restait plus dès lors que l'existence de l'armée qui menaçât la tranquillité générale. Déterminé, continuait le ministre russe, par le besoin de la paix universelle, l'empereur de Russie et ses alliés font une condition impérative du licenciement de cette armée, autant dans l'intérêt de sa majesté très chrétienne que pour le repos des peuples. »

Le prince d'Eckmühl céda le commandement au maréchal Macdonald, qui établit son quartier-général à Bourges. Ce dernier opéra aussi lentement que possible la désorganisation des vieilles et dernières bandes de la révolution et de l'Empire. C'était tout ce qui restait à la France de vingt-trois ans de guerres et de conquêtes.

Ces légionnaires, que l'esprit de parti a cru flétrir en les surnommant les *brigands de la Loire*, ces légionnaires se retirèrent dans un calme plein de dignité. Généraux, officiers, simples soldats, ils n'avaient pour la plupart que la demi-solde ou la retraite que leur garantissait le gouvernement. Beaucoup se voyaient sans asile, quelques uns même sans famille, d'autres sans pain. La République et l'Empire les avaient habitués à cette vie militaire qui, en pays conquis, procède souvent par le pillage et la confiscation. En se retirant par toutes les routes de France, ils mirent un orgueil bien entendu à respecter les propriétés et à n'étaler leur douleur que par des larmes amères, et quand le gouvernement, forcé plus tard de réorganiser l'armée, fit un appel à leur patriotisme, les débris de Waterloo donnèrent à tous l'exemple de la subordination.

Deux mois et demi après le licenciement de l'armée, eut lieu le mémorable traité du 20 novembre qui enlevait à la France cinq villes, et restituait à la Savoie et aux Pays-Bas le territoire obtenu par le premier traité de Paris; il fallut en outre raser les fortifications d'Huningue, et recevoir les alliés pendant cinq ans dans seize forteresses. Une armée d'occupation de cent cinquante mille hommes resta sur le territoire français, et les engagements que la France fut obligée de contracter, y compris l'entretien des troupes, s'élevèrent à près de deux milliards.

L'étranger avait décidé que la France rembourserait largement et surabondamment tous les frais de cette campagne et de l'occupation qui en était la conséquence. Les vainqueurs avaient des prétentions exorbitantes: les uns formaient le vœu de voir la France partagée et ses provinces frontières devenir le patrimoine des états voisins, en laissant douze ou treize départements du centre pour composer un nouveau royaume de Bourges. Les autres parlaient de la tuer moralement, et pour cela ils se préparaient à fomenter les vieilles dissensions de province à province, et à ressusciter le projet de fédéralisation républicaine que les Girondins avaient proposé. Les plus sages ou les moins ambitieux, ceux qui n'avaient aucun intérêt direct à effacer le royaume de la carte des nations, ou qui, comme l'empereur de Russie, sentaient la nécessité d'imposer à l'Angleterre un contrepoids, ne se montraient ni si acerbes ni si exigeants. Ils consentaient bien à affaiblir l'empire tel que Napoléon l'avait constitué, mais ils ne voulaient pas arriver au démembrement de la France monarchique.

L'idée d'un partage ou d'un dépouillement germait avec tant de force dans l'esprit des peuples et de leurs chefs, que, sur tous les points, il s'était élevé contre la France révolutionnaire un cri de réprobation universelle. Dans ce cri il y avait sans doute un sentiment bien prononcé de jalousie, mais la descente de Napoléon sur les côtes de la Méditerranée et son dernier défi à l'Europe donnaient à ce sentiment une consécration si populaire, que le gouverneur-général des provinces rhénanes, Justus Gruner, adressa aux Allemands le manifeste suivant. C'était traduire par la parole imprimée les discours que le prince Blucher ne cessait de tenir à son armée :

« Braves Teutons! disait le gouverneur-général des provinces rhénanes, cette nation si longtemps fière de ses triomphes, et dont nous avons courbé le front orgueilleux devant les aigles germaniques, vient troubler encore le repos de l'Europe.

» Braves Teutons! un pays ainsi livré au désordre de l'anarchie menacerait l'Europe d'une honteuse dissolution si tous les braves Teutons ne s'armaient contre lui. Ce n'est plus pour lui rendre des princes dont il ne veut pas, ce n'est plus seulement pour chasser encore ce guerrier dangereux qui s'est mis à leur place, que nous nous armons aujourd'hui : c'est pour diviser cette terre impie que la politique des princes ne peut plus laisser subsister; c'est pour nous indemniser, par un juste partage de ses provinces, de tous les sacrifices que nous avons faits depuis vingt-cinq ans. Guerriers, cette fois vous ne combattrez pas à vos dépens. »

Ce langage avait si souvent retenti dans les bivouacs des armées coalisées qu'elles ne pouvaient plus renoncer à la pensée d'abandonner leur conquête, et que même on vit les Espagnols accourir après la bataille pour tâcher d'enlever quelques membres à la proie abattue

Afin de bien faire comprendre leur pensée à Louis XVIII et à ses ministres, les alliés, qui avaient pour organe le duc de Wellington et le feld-maréchal Blucher, s'emparèrent, sur ces entrefaites, du gouvernement de la capitale et des positions militaires. Le baron de Müffling, un général prussien, fut nommé gouverneur de Paris; la garde nationale et la gendarmerie, même pour le service intérieur, n'eurent plus d'ordres à recevoir que de lui. C'était une violation manifeste de la convention du 3 juillet 1815 conclue à Saint-Cloud entre le baron Bignon, le général Guilleminot et le comte de Bondy, préfet de la Seine, d'une part, le général Müffling et le colonel Hervey de l'autre. Par cette convention, qui règle la deuxième capitulation de Paris, il était stipulé :

« Art. 9. Le service intérieur de Paris continuera à être fait par la garde nationale et par le corps de la gendarmerie municipale.

» Art. 10. Les commandants en chef des armées anglaise et prussienne s'engagent à respecter et à faire respecter par leurs subordonnés les autorités actuelles tant qu'elles existeront. »

Mais dans la confusion d'un changement de règne, dans la désorganisation de tous les pouvoirs, en présence d'un empereur vaincu que ses ministres, que les représentants de la nation avaient presque fait appréhender au corps pour le livrer à l'ennemi, dans cette agitation fébrile des masses, la force seule devait être entendue. Les partis, au lieu de se rallier dans le péril commun, se divisaient avec un acharnement fatal. L'Europe répudiait Napoléon et sa dynastie. Au nom de la France, qu'on s'était bien gardé de consulter, le général Horace Sébastiani, le comte Doulcet de Pontécoulant, le marquis de Lafayette, le comte de Laforêt, le comte d'Argenson et Benjamin-Constant, toujours si mobile dans ses opinions, allaient au quartier-général des vainqueurs de Waterloo demander un monarque quel qu'il fût, à la condition qu'il n'aurait dans les veines ni du sang de Bourbon ni du sang de Français.

Les coalisés ne purent s'expliquer cette division si tranchée, ces haines si publiquement manifestées, lorsque le malheur devait les condamner toutes au silence, afin de réunir dans un même effort les volontés, les sacrifices, l'amour de la patrie et les dévouements. Les Anglais et les Prussiens virent que la France ne savait plus être une; ils profitèrent de ce désordre moral pour asseoir leur autorité et briser eux-mêmes la convention qu'ils avaient signée.

M. de Bondy, préfet de la Seine pendant les Cent-Jours, avait fait place au comte de Chabrol, qui reprenait les fonctions administratives abandonnées par lui depuis le 20 mars. L'hôtel-de-ville était envahi par les états-majors des armées qui, dans tous les dialectes, articulaient les plus extravagantes demandes. Ici l'on requérait de force des meubles, des logements, des tables servies, un luxe inouï; là, avec une brutalité qui trahissait un sentiment mal compris d'orgueil national, on exigeait impérieusement des contributions de guerre. M. de Chabrol résistait à ces ordres.

On menace de l'enlever et de le transporter dans la citadelle prussienne de Graudenz. Des soldats poméraniens font même irruption dans la salle où le conseil municipal délibérait. A la même heure d'autres étrangers se livraient au pillage des premières maisons du faubourg Saint-Marceau, comme pour provoquer cette population, la plus pauvre et la plus exaltée de Paris, à un soulèvement qui leur aurait offert l'occasion de combattre la France dans les rues mêmes de sa capitale. Les places et les promenades publiques étaient transformées en camps. Des canons étaient braqués à toutes les issues, jusque sur le Carrousel, en face même des fenêtres du roi; et les artilleurs, toujours mèche allumée, n'attendaient que le signal de faire feu. Les alliés parlaient de s'emparer des caisses de l'État, du trésor, de la banque et de toutes les administrations. Toutefois le roi de Prusse et Alexandre crurent prudent de faire cesser tous ces actes de colère. Mais au milieu de tant de luttes se renouvelant dans chaque administration, sous les yeux même de l'autorité impuissante, le maréchal Blucher manifesta l'intention de détruire le pont d'Iéna. Le nom de ce monument rappelait à la Prusse un immense désastre militaire.

C'était à la suite de ce triomphe que l'empereur Napoléon était entré à Berlin et qu'il avait enlevé l'écharpe et l'épée du grand Frédéric. Ces trophées de la victoire avaient été déposés dans l'église des Invalides et suspendus vers le centre de l'arche qui conduit au dôme. Lorsqu'en 1814 les alliés approchaient de Paris, on avait, sur un ordre du duc de Feltre, brûlé l'écharpe et l'épée de Frédéric II dans la cour de l'hôtel avec tous les drapeaux pris sur l'ennemi. Ces souvenirs s'étaient réveillés dans les cœurs prussiens, et leur irritation n'avait plus de bornes. Ils parlaient de rendre affront pour affront; ils espéraient se venger sur les monuments publics de la violation des tombeaux et de l'injure qu'ils avaient subie dans la mémoire de leur vieux Fritz, toujours chère à leurs cœurs.

Le pont d'Iéna était le monument désigné pour cette expiation. Les mineurs en creusaient déjà les piliers. Les instances du comte Molé, directeur-général des ponts et chaussées, avaient été à peu près sans effet. Lord Wellington répondait que lui et les autres généraux ne pouvaient apaiser l'exaltation des Prussiens, quand Louis XVIII s'adressa directement à l'empereur de Russie, en descendant jusqu'à la prière.

Le pont d'Iéna, qui joint les Champs-Elysées au Champ-de-Mars, était un point de communication stratégique trop important pour être livré à un vandalisme provocateur. Alexandre et le roi de Prusse donnèrent des ordres. Blucher renonça à son projet.

Les choses se passèrent ainsi : la lettre de Louis XVIII demandant au feld-maréchal prussien l'heure à laquelle il ferait sauter le pont, cette lettre où le roi annonçait qu'il se placerait dessus afin de périr en même temps, n'est qu'une forfanterie inventée après coup. Mais tandis que les basses vengeances des alliés se relâchaient sur ce point, elles renaissaient plus cupides, dans l'envahissement du Musée que les Anglo-Prussiens dépouillaient des chefs-d'œuvre de sculpture et de peinture, dont la conquête ou des traités solennels nous avaient rendus possesseurs.

La République et l'Empire, en parcourant l'Europe, avaient pris comme trophées de leurs conquêtes ou acquis par des traités les plus beaux monuments des arts, les plus curieuses archives, enfin tout ce qui pouvait flatter l'orgueil d'une nation. L'Apollon du Belvédère, la Vénus de Médicis, les toiles de Raphaël, les chefs-d'œuvre de Michel-Ange, de Van Dick, de Rubens et du Murillo; les chevaux de Venise, le lion de Saint-Marc, le trésor des archives du Vatican, de Turin et de La Haye, tout cela se trouvait en notre possession. La Prusse avait contribué, ainsi que les autres peuples, à ce magnifique encombrement de toutes les merveilles du monde. L'heure des désastres sonnait. Nos armées n'avaient point épargné les humiliations aux puissances vaincues : triomphantes à leur tour, elles nous rendirent avec usure outrage pour outrage.

On parla à Talleyrand des sentiments unanimes que cette spoliation faisait naître dans les masses. A toutes les observations il se contenta de répondre : « Ce n'est pas une affaire. »

A l'aide d'un bon mot Talleyrand croyait avoir pourvu à tout; tandis qu'avec un peu de résistance dans la forme, il pouvait arracher plus d'un de ces monuments de gloire artistique au vandalisme qui les brisait avant de les rendre à leurs anciens maîtres. Il n'en fit rien; il protesta seulement par son silence ou par une obséquieuse résignation. Cet homme d'état ne comprit pas qu'une aussi brutale agression contre nos musées frappait plus vivement au cœur le peuple de Paris que cent autres avanies plus importantes dans le fond.

Ce dépouillement du Louvre et de nos places publiques ne fut sans doute qu'un très minime accident dans l'histoire de l'occupation de 1815; mais les nations, la France surtout, ne s'arrêtent guère à un ensemble de faits : il ne reste dans leur mémoire que des épisodes. Les générations, qui se succèdent si rapidement, emportent avec elles dans la tombe les gloires qu'elles ont acquises, les malheurs qu'elles ont subis. Il ne surnage dans les masses que des événements isolés. Les récits contemporains les lèguent à la postérité comme un point de départ de l'époque que cette même postérité est appelée à juger. La spoliation du Louvre et quelques arbres abattus dans le bois de Boulogne, changé par les alliés en un camp militaire, sont de ce nombre. (1)

(1) Histoire des traités de 1815.

NAPOLÉON EST CONDUIT A SAINTE-HÉLÈNE.

JUILLET 1815.

Napoléon avait quitté la Malmaison le 29 juin, et était arrivé à Rochefort le 5 juillet, accompagné du général Becker; aussitôt des milliers de citoyens entourèrent la préfecture maritime que l'on supposait occupée par l'Empereur.

L'on s'entretenait à voix basse des craintes qu'on éprouvait pour la vie de l'illustre proscrit. Les Bourbons de retour, se disait-on, ne vont-ils pas encore une fois mettre sa tête à prix?

Les masses parlaient déjà de recourir aux armes; mais, informées que deux frégates étaient à la disposition du monarque, leur irritation se calma. L'Empereur s'avança jusqu'au milieu de la terrasse, accompagné du préfet maritime et des généraux. Un religieux silence s'établit : tous les cœurs battirent avec force, toutes les âmes semblèrent s'identifier avec celle du grand homme et ressentir ses malheurs. . .

Calme et résigné, il salue la foule avec un sentiment marqué de bonté, et les acclamations vives et frémissantes de : Vive l'Empereur ! vive le roi de Rome ! éclatèrent sans interruption.

Napoléon ne parut le lendemain qu'à l'une des croisées de ses appartements ; les mêmes acclamations l'accueillirent. De nombreuses propositions lui furent adressées pour l'inviter à se placer encore à la tête des armées du midi ; mais il s'y refusa : le premier vœu de son cœur était d'épargner à la France les désastres d'une guerre civile. Son parti était pris d'être la seule victime de la haine des rois.

Le 8 juillet, Napoléon monta à bord de la frégate *la Saale*, mouillée avec *la Méduse* sur la rade de l'île d'Aix, et descendit dans l'île.

Le lendemain, les Anglais n'avaient pas encore paru. Le même dévouement et le même respect grave et religieux, qui l'avaient accueilli à Rochefort, se manifestèrent dans toute l'île, surtout de la part des militaires. Un grenadier marin lui dit : Mon Empereur nous vous portons tous là ! Vive notre empereur ! A l'armée de la Loire ! répétèrent les militaires et les citoyens...

L'Empereur se dirigea vers les fortifications, et commença par visiter l'ancienne citadelle. L'émotion qu'il venait d'éprouver était calmée ; son âme, toutefois, était visiblement ébranlée à chaque témoignage d'attachement qu'il recevait ; mais il s'élevait au dessus de son infortune.

Peu d'instants après, il retourna à bord de sa frégate, et eut jusqu'à son canot le 14e régiment de marine tout entier pour escorte.

Cependant dans la journée du 10, le vaisseau anglais *le Bellérophon* vint prendre position sur la rade des Basques, hors de la portée des bombes de la forteresse; dès lors le passage de nos deux frégates devenait impraticable.

Le brave commandant de *la Méduse* proposa au commandant de *la Saale* d'appareiller dans la nuit pour profiter d'une brise favorable, tandis qu'il attaquerait le vaisseau ennemi à l'ancre, pour l'empêcher de poursuivre *la Saale* avec quelques chances de succès.

Cette noble et téméraire proposition ne fut pas acceptée, et l'Empereur, prévenu par M. Philibert, commandant de *la Saale*, qu'il craignait de recevoir l'ordre de ne plus le garder à bord, quitta la frégate et descendit dans l'île d'Aix.

Un des lieutenants de vaisseau, commandant l'une des compagnies du 14e régiment de marine, le capitaine Genty, conçut alors le projet d'arracher le monarque au sort qui le menaçait.

Ce projet consistait à acheter deux petits bâtiments pontés qui faisaient le cabotage à l'île d'Aix, et qui se trouvaient mouillés sur la rade de cette dernière île. Les deux équipages devaient se composer d'officiers et de sous-officiers, marins déterminés. Le premier navire de commerce que les fugitifs eussent rencontré en mer, sous quelque pavillon qu'il naviguât, pourvu qu'il ne fût pas français, eût été abordé, et contraint de faire route pour les États-Unis. Ce projet fut communiqué à l'Empereur, qui l'approuva et donna l'ordre de traiter de suite de l'achat de ces deux petits bâtiments. Le 15, tout étant disposé à onze heures du soir, les deux petits bâtiments mirent sous voiles, et, se tenant très près de terre, ils attendirent son arrivée. La troisième heure d'une impatiente attente venait de s'écouler et personne n'avait encore paru au point convenu. Dès ce moment, il fallut renoncer au dernier moyen de salut pour l'Empereur; le jour allait paraître.

Les motifs qui empêchèrent l'Empereur d'être au point indiqué pour son embarquement n'ont jamais été bien connus (1). La cause la plus vraisemblable est toutefois qu'au nombre des personnes de la suite, il se trouvait des dames, des enfants dont les préparatifs de voyage furent plus longs que les circonstances ne le permettaient.

Sur ces entrefaites, le roi Joseph vint prévenir son frère qu'un navire américain était à Bordeaux, prêt à faire voile pour les États-Unis; que sa voiture était sur l'une des rives de la Charente, d'où elle pouvait en quelques heures atteindre la Gironde; mais cette proposition fut encore rejetée.

Dans la soirée, on fut informé que Napoléon allait prendre passage sur le *Bellérophon*, pour se rendre en Angleterre, et le 14, à trois heures et demie du matin, il monta à bord du brick *l'Epervier*, ayant pavillon parlementaire, qui fit route vers le vaisseau anglais. Mais le vent et la marée se tronvant contraires, il était de toute impossibilité que *l'Epervier* pût atteindre le mouillage du *Bellérophon* avant le reflux. Dans son impatience, l'officier anglais expédia ses péniches, qui vinrent à la rencontre de *l'Epervier*, et le sacrifice fut consommé!

Le même jour, une frégate anglaise, sur laquelle était embarqué le général Gourgaud, appareilla et mit à la voile vers l'Angleterre. Le capitaine Maitland écrivit, par la voie de cette frégate, aux lords commissaires de l'amirauté que « Napoléon lui ayant fait proposer de le recevoir à son bord, se remettant lui-même à la générosité du prince régent, il avait accédé à cette proposition, s'y croyant autorisé par l'ordre *secret* de LL. Seigneuries. » — Il ajoutait que, pour éviter tout mal entendu, il avait annoncé clairement qu'il n'était autorisé en aucune manière à accorder des conditions d'aucune espèce; que tout ce qu'il pouvait faire était de conduire Napoléon et sa suite

(1) On lit, dans *Montgaillard*, que ce fut madame Bertrand, née Dillo, qui décida l'Empereur à se rendre à bord du vaisseau anglais *le Bellérophon*. Un capitaine danois jura sur sa tête de sortir l'Empereur et de le mettre en pleine mer; il exigeait seulement que le fugitif fût soigneusement caché pour le départ. Napoléon, d'abord persuadé, finit par céder aux représentations de madame Bertrand.

en Angleterre, pour y être reçu de la manière que le prince régent trouverait convenable.

La lettre pour le prince régent, dont M. Gourgaud fut chargé, était ainsi conçue :

Altesse royale,

« En butte aux dissensions qui divisent mon pays et à l'inimitié des puissances de l'Europe, je termine ma carrière politique. Je viens, comme Thémistocle, m'asseoir au foyer du peuple britannique. Je viens me mettre sous la protection de ses lois, que je réclame de V. A. R., comme du plus puissant, du plus constant et du plus généreux de mes ennemis.

« NAPOLÉON. »

Pour chercher à expliquer l'excès d'une telle confiance, on a prétendu, comme nous l'avons rapporté déjà, que ce fut sur l'assurance des vertus hospitalières du gouvernement anglais à l'égard d'un ennemi désarmé, donnée à Napoléon par madame Bertrand, que ce prince avait renoncé trop facilement au projet courageux d'abord formé. Son cœur, brisé par l'infortune et avide de repos, accepta, sans réflexion, ces trompeuses espérances.

Cependant Fouché, le premier dans Paris, instruit de l'embarquement sur le *Bellérophon* par la voie du télégraphe, s'empressa d'écrire le billet suivant au lord Castlereagh, qui venait d'arriver à Paris.

« J'ai l'honneur d'informer votre seigneurie que Napoléon Bonaparte, ne pouvant échapper aux croiseurs anglais, ni aux gardes mises sur les côtes, a pris la résolution de se rendre à bord du vaisseau anglais le *Bellérophon*, capitaine Maitland...

« J'ai l'honneur d'être, etc.

« Signé, duc d'OTRANTE. »

Lord Castlereagh eut ainsi la facilité de régler d'avance la direction du ministère anglais.

Gourgaud revint, il ne lui avait pas été permis de parvenir jusqu'au prince régent. Dès lors, l'Empereur ne se fit plus d'illusion ; il connut qu'il était livré à ses ennemis. Lord Keith enfin se rendit à bord du *Bellérophon*, et remit à Napoléon une déclaration ministérielle où on lisait :

« Il ne peut convenir ni à nos devoirs envers notre pays, ni à nos alliés, que le général Bonaparte conserve le moyen de troubler de nouveau la paix du continent. L'île de Sainte-Hélène a été choisie pour sa future résidence. *Le climat est sain*, et la situation locale permettra qu'on l'y traite avec plus d'indulgence qu'on ne le pourrait faire ailleurs, *vu les précautions indispensables qu'on serait obligé d'employer pour s'assurer de sa personne....* »

A cette violation manifeste des droits du malheur et de l'humanité, l'Empereur, indigné, répondit par cette protestation éloquente adressée à lord Keith :

« Je proteste solennellement ici, à la face du ciel et des hommes, contre la violence qui m'est faite, contre la violation de mes droits les plus sacrés, en disposant, par la force, de ma personne et de ma liberté. Je suis venu librement à bord du *Bellérophon*. Je ne suis pas le prisonnier, je suis l'hôte de l'Angleterre. J'y suis venu à l'instigation même du capitaine, qui a dit avoir des ordres du gouvernement de me recevoir et de me conduire en Angleterre avec ma suite, si cela m'était agréable. Je me suis présenté de bonne foi, pour venir me mettre sous la protection des lois de l'Angleterre. Aussitôt assis à bord du *Bellérophon*, je fus sur le foyer du peuple britannique. Si le gouvernement, en donnant des ordres au capitaine du *Bellérophon*, n'a voulu que me tendre une embûche, il a forfait à l'honneur et flétri son pavillon. Si cet acte se consommait, ce serait en vain que les Anglais voudraient parler désormais de leur loyauté, de leurs lois, de leur liberté. La foi britannique se trouvera perdue dans l'hospitalité de *Bellérophon*.

» J'en appelle à l'histoire : elle dira qu'un ennemi, qui fit vingt ans la guerre au peuple anglais, vint *librement*, dans son infortune, chercher un asile sous ses lois : quelle preuve plus éclatante pouvait-il lui donner de son estime et de sa confiance ? mais comment répondit-on, en Angleterre, à une telle magnanimité ? On feignit de tendre une main hospitalière à cet ennemi, et, quand il se fut livré de bonne foi, on l'immola.

« NAPOLÉON. »

On n'eut aucun égard aux cris de la victime. « On avait décidé que ce qui était expédient était juste, que ce n'était plus le temps de consulter la raison et l'équité, et que la loi du plus fort était applicable. »

L'amiral Cokburn fut chargé de traîner, sur le *Northumberland*, l'illustre captif et la suite qu'on lui avait permis d'avoir. Quant à l'argent, aux diamants, aux valeurs négociables, estimés par les Anglais eux-mêmes à une valeur de dix millions, les forbans s'en emparèrent, à l'exception seulement de trois ou quatre mille pièces d'or, et il fut signifié à l'Empereur *qu'une fois arrivé à Sainte-Hélène, il serait mis en prison s'il cherchait à s'évader!!!*

« L'idée seule de Sainte-Hélène, disait Napoléon me fait horreur. Etre relégué pour la vie dans une île entre les tropiques, à une distance immense de tout continent, privé de toute communication avec le monde, et de tout ce qu'il renferme de cher à mon cœur! c'est pis que la cage de fer de Tamerlan!

» ... Autant aurait valu signer tout de suite mon arrêt de mort. Il est impossible qu'un homme de mon tempérament et de mes habitudes puisse vivre longtemps dans un pareil climat. » Mais la mesure était irrévocablement prise : si Napoléon résistait, il fallait employer la violence. Les satellites du ministère anglais avaient reçu l'ordre de porter leurs mains sur le captif : tout était prévu.

Ceux qui abusent de la force sont rarement émus par les protestations de ceux qu'ils oppriment; mais les actes d'une noble résistance ne sont jamais perdus : et lorsque c'est le sentiment de sa dignité personnelle et la conviction profonde de son droit qui les ont dictés, dans la suite des temps, la justice reprend son empire sur l'opinion des hommes : la victime se grandit par l'oppression même qui l'a brisée, et les oppresseurs sont jetés ignominieusement à ses pieds.

Chacun le sait, la captivité de Napoléon fut horrible dans ses détails. Ce formidable adversaire de l'Angleterre, celui qui l'avait mise à deux doigts de sa perte, compromis son crédit, menacé son existence, était tombé dans le piége que lui avaient préparé des mains ennemies. Il a connu ce que, dans l'âme de certains politiques, la haine peut produire de cruauté. Les réclamations déchirantes de ceux qui le voyaient périr lentement restèrent sans réponse; mais les âmes généreuses de toutes les opinions n'ont eu qu'une même indignation contre le long supplice infligé à un si illustre captif. On y voyait non seulement de la haine contre Napoléon, il y avait aussi une sorte de mépris et d'ostentation contre la France dont il avait été le chef, et qu'on paraissait vouloir humilier en lui : certes, ces traitements indignes, ces précautions si humiliantes, cette vigilance farouche du gouverneur, choisi avec un si cruel discernement, ont dû surtout humilier l'Angleterre elle-même : n'était-ce pas l'aveu le plus solennel de la terreur que le captif avait inspirée à ses hommes d'état. Le gouvernement anglais se serait honoré par un traitement digne de la confiance qu'on lui avait accordée. On l'avait cru généreux, parce qu'il était fort. La vengeance qui, punissant Napoléon de cette confiance, l'a poursuivi jusqu'à la mort, eût été, dans tous les cas, ignominieuse et incompatible avec tout sentiment de générosité (1).

Napoléon a retracé ainsi les tortures de sa prison : « Nouveau Prométhée, je suis attaché à un roc où un vautour me ronge. Oui, j'avais dérobé le feu du ciel pour en doter la France; le feu est remonté à sa source, et me voilà. »

Il fallait cependant six années de tortures et de souffrances pour abattre le colosse du XIXe siècle. Les forces de Napoléon diminuèrent rapidement à compter du mois de mars 1821; sa maladie fit de grands progrès. La fin d'avril annonça une entière dissolution. Sentant approcher le terme de ses maux, il avait fait son testament le 15 de ce même mois; on y lit ce qui suit :

« Je désire que mes cendres reposent sur les bords de la Seine, au milieu de ce peuple français que j'ai tant aimé.

» Je meurs prématurément, assassiné par l'oligarchie anglaise et son sicaire; le peuple anglais ne tardera pas à me venger. »

Tandis qu'il se mourait, le ministère an-

(1) Les bêtes féroces seules déchirent l'ennemi renversé ; toutes encore ne sont pas sans générosité : les éléphants et les lions passent devant le vaincu, et ne s'acharnent pas sur lui.

glais enjoignait au gouverneur de redoubler de surveillance.

Les derniers jours de Napoléon furent aussi grands que les plus beaux instants de sa vie. Certain de sa mort, il souriait de pitié lorsqu'on cherchait à lui donner de l'espoir. « Pouvez-vous joindre cela? dit-il un jour, après avoir coupé en deux le cordon de la sonnette de son lit... Aucun art ne peut me sauver la vie. J'aurais voulu revoir ma femme et mon fils... mais que la volonté de Dieu soit faite! Il n'y a rien de terrible dans la mort; elle a été la compagne de mon oreiller pendant ces trois dernières semaines, et à présent elle est prête à s'emparer de moi pour jamais... » On vint lui apprendre que la nouvelle maison qu'il devait habiter était prête : « Elle me servira de tombeau! » dit-il; et en effet, on en prit plus tard les pierres pour bâtir le caveau où il reposa.

Enfin le 5 mai 1821, à six heures du soir, après une agonie calme comme son âme, ses lèvres se couvrent d'une légère écume. Il n'est plus...

Ainsi s'éteignit, après une captivité de soixante-sept mois et demi, à l'âge de cinquante-un ans, huit mois, vingt jours, le plus grand homme dont l'histoire ait eu à perpétuer le souvenir. Jamais autant de gloire n'avait été expiée par un si long supplice; jamais le chef généreux d'une nation magnanime n'avait rencontré des ennemis plus dépourvus de loyauté. La mort de Napoléon fut un événement immense pour toutes les têtes couronnées de l'Europe, mais plus encore pour la dynastie des Bourbons. En l'apprenant, ils ne purent contenir ni dissimuler leur joie: Il en fut de même pour le plus grand nombre des anciens dignitaires de l'Empire. Il sembla que les traîtres de Waterloo et les ingrats étaient délivrés de leurs remords. Dès lors la Sainte-Alliance respira à l'aise; car du haut du rocher sur lequel elle tenait Napoléon enchaîné, cette image si populaire, si menaçante, la remplissait encore d'effroi. Mais parmi les habitants de Paris, à la lecture des détails de ses funérailles accomplies au bout du monde, dans un isolement qui serrait le cœur, il se manifesta un sentiment de tristesse : l'affliction de chacun révélait assez que l'homme dont on déplorait le funeste sort avait été l'ami le plus intime de la patrie, si ce n'est de la liberté! Cette impression de deuil parcourut toute la France, et quoiqu'on ne découvrît pas alors tout ce qu'il y avait eu d'incomparable dans cette existence, de mérite dans cette incommensurable renommée, un certain reflet de cette gloire qui, de plus en plus appréciée, resplendirait immortelle dans la postérité, se faisait déjà apercevoir. Mille brochures furent consacrées aux louanges du général sans pareil, de l'Empereur, que l'armée et le peuple avaient hissé sur le pavois. Les insultes vénales de M. Chateaubriand furent flétries par le mépris infligé à leur auteur, et la haine qui avait, disait-on, précipité la chute du colosse, fut accueillie par le sentiment mélancolique du peuple, qui répétait les chants de Béranger; par cette apothéose universelle, par ce culte qui multipliait l'effigie du grand homme et lui érigeait un sanctuaire dans chaque demeure; par les malédictions qui s'attachaient à l'Angleterre, à ses hommes d'état et à Hudson Lowe, cet ignoble bourreau, qui s'était fait l'instrument d'une vengeance si basse et si implacable; par l'anathème qui poursuivait, jusque dans les antichambres royales, les traîtres de Waterloo, par le dégoût profond qu'inspirait l'indifférence de Marie-Louise, et l'ingratitude, plus coupable encore, de quatre frères, dont trois avaient été faits rois par lui, et dont pas un n'avait eu le courage de demander à partager sa captivité.

Plus tard, lorsque la révolution de 1830 eut rétabli le peuple dans ses droits imprescriptibles, sa voix puissante réclama du *trône de juillet* le cercueil du grand homme qui l'avait placé au premier rang des peuples de la terre. Le moment n'était pas encore venu cependant; dix ans devaient s'écouler avant que la France pût obtenir une réparation si tardive. Enfin en 1840, la dépouille mortelle du glorieux capitaine a été rapportée de l'exil où son tombeau, au milieu de l'Océan, était pour l'Angleterre un opprobre plutôt qu'un trophée. Les témoins des dernières angoisses du prisonnier ont eux-mêmes sollicité l'honneur d'aller chercher ses cendres inanimées; ceux qui assistèrent à son agonie ne devaient-ils pas être les compagnons de son retour? C'est le 7 juillet 1840, que les généraux Bertrand, M. Las Cases fils, l'ancien valet de chambre Marchand, et trois autres personnes attachées autrefois au service de la personne impériale, s'embarquèrent sur la frégate *la Belle-Poule*, commandée par le prince de Joinville, et sur la corvette *la Favorite*, montée par M. Cuyet, pour exécuter cette expédition funèbre, qui rentra à Cherbourg le 30 novembre suivant.

Avec quelle impatience n'était-elle pas attendue cette précieuse dépouille mortelle de l'empereur Napoléon, comme nos souvenirs allaient au devant d'elle! et puisque ses bourreaux avaient enfin consenti à nous rendre ce corps dont leur traître et ignoble vengeance avait si cruellement torturé l'âme, combien il nous tardait de protester par notre recueillement, par des manifestations profondément respectueuses, et par nos sympathiques regrets, contre les mauvais traitements qui lui furent prodigués! Les yeux de nos belliqueux vétérans se sont remplis de larmes en voyant blanchir à l'horizon les voiles de *la Belle-Poule*, où étaient déposés les restes du grand capitaine qui les conduisit si souvent à la victoire; de tous les points du rivage on était accouru en foule pour contempler le navire, fragile sanctuaire dont les flancs contenaient les débris inanimés de cette organisation de fer qu'agitaient autrefois de si puissantes idées...

Une justice tardive t'a enfin été rendue, Napoléon! tes restes mortels, à l'abri de tous les outrages, seront désormais respectés : ta gloire, s'il est possible, grandira encore avec les siècles.

Ton épée reposera inutile sur ta tombe, jusqu'au moment marqué par la Divinité pour qu'une étincelle échappée de ton génie aille enflammer celui d'un être prédestiné, doué d'une force et d'une intelligence supérieures. Alors toute sa puissance lui sera révélée; il s'élancera à la tête de notre armée nationale pour réduire au néant les ennemis de la patrie, et replacer la France au premier rang qu'elle doit occuper dans l'Europe civilisée.

GUERRES DE LA RESTAURATION.

EXPÉDITION CONTRE LE GOUVERNEMENT CONSTITUTIONNEL ESPAGNOL.

1823.

Deux partis divisaient l'Espagne, celui des *Cortès* et celui de l'*armée de la foi* : l'un voulait maintenir la Constitution que le roi avait jurée, l'autre ne cachait nullement le projet de la détruire.

La grande question du droit d'intervention s'agitait dans tous les cabinets de l'Europe : le roi de France la résolut en ces termes, dans le discours qu'il prononça, le 28 janvier 1823, à l'ouverture des Chambres :

« ... J'ai tout tenté pour garantir la sécurité « de mes peuples, et préserver l'Espagne elle-« même des derniers malheurs.

« L'aveuglement avec lequel ont été repous-« sées les représentations faites à Madrid laisse « peu d'espoir de conserver la paix.

« J'ai ordonné le rappel de mon ministre : « cent mille Français, commandés par un prince « de ma famille, par celui que mon cœur se « plaît à nommer mon fils, sont prêts à mar-« cher en invoquant le Dieu de saint Louis pour « conserver le trône d'Espagne à un petit-fils « de Henri IV, préserver ce beau royaume de « sa ruine, et le réconcilier avec l'Europe. »

Les résultats de la campagne firent voir que la plupart de ces espérances n'étaient que des illusions.

Diverses circonstances se réunirent pour rendre remarquable l'ouverture de cette campagne, la première que la restauration ait entreprise, et qui produisit des résultats si contraires aux principes sur lesquels elle devait chercher à s'appuyer.

Vers la fin de mars, des bruits de conspiration, de défection se répandirent dans toute la France et même au dehors avec une inconcevable rapidité : selon quelques personnes, le foyer de la trahison était dans l'état-major du prince généralissime. Un aide-de-camp du major-général, comte Guilleminot, fut arrêté le 23 de ce mois, et conduit sous escorte à Paris, où il n'eut pas de peine à se justifier. Mais déjà la confiance du duc d'Angoulême, s'abandonnant forcément et sans réserve à une armée nouvelle, formée d'éléments divers, avait fait taire le soupçon et jusqu'à la jalousie. Dès ce moment un même esprit anima toute l'armée, qui ne demandait qu'à marcher au-devant du danger et de la gloire.

Un grand obstacle s'y opposait : le défaut presque absolu d'approvisionnements et de vivres. Soit que les ordres donnés par le duc de Bellune, ministre de la guerre, eussent été mal exécutés, comme le prétendit Son Excellence, soit qu'ils fussent inexécutables, comme l'affirmèrent ses agents, au moment d'entrer sur le territoire espagnol, l'armée française se trouva dénuée de tout. Alors se présenta un homme, dans lequel nos ministres et nos armées avaient plusieurs fois déjà reconnu quelque chose de providentiel, bien qu'il fît payer ses services un peu cher, M. Ouvrard : le 6 avril des marchés furent passés avec lui; et le lendemain l'armée française passa la Bidassoa.

Les troupes françaises, formant un total de plus de 80,000 hommes étaientpartagéesen cinq corps commandés par le duc de Reggio, le général Molitor, le prince de Hohenloë, le duc de Conegliano (maréchal Moncey) et le cinquième, dit de réserve, se trouvait sous les ordres du général Bordesoulle. L'artillerie et le génie avaient fourni à chaque corps, dans une juste proportion, les détachements nécessaires pour le service. La maison militaire du roi fournit aussi son contingent à l'armée active, il se composa de 450 gardes du corps, commandés par le général comte Audenarde; enfin, le général Guilleminot était placé auprès du prince général en chef avec le titre de major-général.

Deux escadres, composées de vaisseaux, de frégates, de corvettes et de bâtiments légers, avaient été formées pour être en mesure d'agir simultanément avec les forces de terre; la première, dans l'Océan, sous les ordres du contre-amiral Hamelin; la seconde, dans la Méditerranée, commandée par le contre-amiral Des Rotours.

Les croisières que les contre-amiraux étaient chargés de combiner, autant que possible, avec les opérations de terre devaient intercepter les communications que les Constitutionnels pouvaient tenter d'entretenir par mer, et contribuer ainsi à accélérer la pacification de l'Espagne.

Les rapports présentés aux Cortès par le ministre de la guerre, le 7 février 1823, établissaient que l'armée espagnole comptait, déjà à cette époque, 80,000 soldats de ligne, que pouvaient, au besoin, soutenir 60,000 miliciens. Une levée de 30,000 hommes fut décrétée dans la même séance, et les opérations en commencèrent aussitôt.

Ainsi, d'après les propres assertions des Constitutionnels, ils auraient pu disposer, pour prévenir l'invasion française, de forces beaucoup plus considérables que celles qui composaient l'armée des Pyrénées. Mais il y avait exagération dans cette évaluation des forces espagnoles, un grand nombre de vieux soldats avaient depuis longtemps quitté le drapeau de la Constitution pour passer sous celui de la Foi, ou pour rentrer dans leurs foyers; et les milices, par cela même qu'on n'y voulait admettre que des révolutionnaires prononcés, éprouvaient, dans la plupart des provinces, de grandes difficultés à se recruter. Quoi qu'il en soit, à l'ouverture de la campagne, quatre corps d'armées Constitutionnels étaient régulièrement organisés : l'un, sous les ordres de Mina, pouvait compter 25,000 combattants aguerris. — Ballesteros n'avait pas moins de 36,000 hommes à sa disposition. — Morillo avait réuni plus de 15,000 hommes et un corps de réserve s'était formé à Madrid, sous les ordres de l'Abisbal.

Les Cortès comptaient sur une ressource de 30,000 Portugais : la contre-révolution de Portugal leur enleva cette ressource.

La veille du passage de la Bidassoa par l'armée française, une troupe de transfuges ralliés autour d'un drapeau tricolore s'était présentée aux soldats dans l'espérance d'ébranler leur fidélité. Mais une décharge de mitraille ordonnée par le général Vallin, commandant l'avant-garde et le feu de peloton d'une compagnie de voltigeurs du 9e léger, avaient suffi pour les disperser.

Peu de jours suffirent pour l'occupation de la Biscaye et de la Navarre. Saint-Sébastien, Saint-Ander, Santona et Pampelune furent les seules places qui restèrent aux Constitutionnels.

L'ordonnance d'Andujar est demeurée l'acte le plus remarquable d'une expédition qui, destinée à délivrer un roi de l'oppression d'un peuple, aboutit à replacer un peuple sous l'oppression d'un roi. Si quelques illusions cachaient encore le résultat probable de la guerre d'Espagne, à l'époque où elle fut déclarée, à celle où l'armée française passa la Bidassoa, il ne devait plus en rester lorsque l'ordonnance d'Andujar fut rendue. Dès le 23 mai, le prince généralissime avait fait son entrée à Madrid : une régence provisoire y avait été établie. Le 12 juin suivant, les Cortès, réfugiées à Séville, contraignirent le roi d'Espagne à les suivre à Cadix. Il s'agissait de les forcer dans cette dernière retraite : le prince généralissime se mit en marche le 18 juillet. Des arrestations arbitraires avaient eu lieu tant à Madrid qu'à Saragosse et dans toutes les provinces occupées par les bandes royalistes : de graves excès les avaient suivies. Le prince, ou plutôt son conseil, sentit la nécessité de rassurer les troupes constitutionnelles, disposées à capituler, contre les réactions d'un parti qui ne respectait nullement la parole de ses libérateurs, et en même temps de donner à toute l'Espagne un gage de sa modération et de sa puissance médiatrice. Tels furent les principaux motifs de l'acte qui signala son séjour à Andujar. On avait promis aux soldats rentrant dans leurs foyers qu'ils ne seraient point inquiétés pour les opinions qu'ils avaient manifestées, et pour la conduite qu'ils avaient tenue en cette qualité. C'était pour ne pas voir enfreindre les conventions faites, et pour ne pas entraver les conventions à faire, que le prince ordonnait aux autorités espagnoles de ne faire aucune arrestation sans l'autorisation des commandants français de l'arrondissement, et à ceux-ci de faire élargir tous ceux qui avaient été arrêtés pour des motifs politiques, notamment les miliciens rentrant chez eux. La même ordonnance plaçait les journaux et les journalistes sous la surveillance des commandants de troupes françaises. La manière dont fut reçu à Madrid cet acte de prudence et de sagesse présagea le sort que lui réservait la faction absolutiste. Sur le faux bruit de la délivrance du roi, toute la capitale était en rumeur : la populace parcourait les rues en criant : *Vive le roi absolu! meurent la Constitution et les libéraux!* Néanmoins le duc de Reggio se disposait à faire publier l'ordonnance : on assure même qu'elle était déjà livrée à l'impression, mais qu'elle en fut tout-à-coup retirée. Pendant les pourparlers, qui s'entamèrent entre la régence et le duc de Reggio, des officiers français se mirent en devoir d'exécuter la volonté du prince généralissime, et firent sortir des prisons une vingtaine de détenus. La régence protesta sur-le-champ contre cet acte, qu'elle considérait comme un outrage à son autorité, et cette protestation fut la réponse officielle qu'elle crut devoir faire à la communication de l'ordonnance d'Andujar. A la vérité, le lendemain elle essaya, par une sorte de demi transaction, d'éviter le scandale d'une rupture. Mais déjà cette rupture venait d'éclater avec une violence inouïe dans les provinces du nord : partout les vengeances politiques s'y exerçaient, au mépris des autorités françaises. Ainsi la voix du prince se perdit dans les clameurs d'une faction !

L'ordonnance d'Andujar, tel est le monument civil, la prise du Trocadéro, tel est le trophée militaire de cette promenade en Espagne, qui coûta tant de millions à la France, et dont le résultat unique fut le renversement d'une constitution.

Les Cortès avaient forcé Ferdinand VII à se renfermer avec elles à Cadix : l'armée française en formait le blocus. Toute négociation étant rompue, on s'occupa des préparatifs d'attaque, et surtout de celle du Trocadéro, position importante en ce qu'elle défendait l'entrée du port intérieur, et empêchait les vaisseaux français de coopérer activement aux opérations du siége entre Cadix et l'île de Léon ; aussi les Espagnols en avaient-ils augmenté les fortifications, au moyen d'une coupure de trente-cinq toises, qui en avait fait une île, en face de Puerto-Réale, défendue par plus de cinquante pièces de canon et par dix-sept cents hommes d'élite. C'est contre cette position que se dirigèrent les premiers efforts de l'armée française. Le 30 août, à la pointe du jour, on ouvrit une forte canonnade, dans le but d'intimider et de fatiguer la garnison. Le 31, à deux heures du matin, on prit les armes sur toute la ligne. Quatorze compagnies d'élite, cent sapeurs et une compagnie d'artilleurs défilèrent par la tranchée dans le plus grand silence, et se formèrent en une colonne, à quarante pas de la coupure. Il leur était ordonné de franchir le canal et de marcher, sans tirer, aux retranchements. Ces ordres furent exécutés avec précision. La colonne d'attaque, entrée dans la tranchée, et arrivée au couronnement de la seconde parallèle, se formait, à la faveur de la nuit, dans un silence tel que l'ennemi ne s'aperçut qu'il allait être attaqué, qu'au moment où la colonne se déployait, à quarante pas de la coupure. Les soldats s'y jettent au pas de course, ayant de l'eau jusqu'à la poitrine, au milieu d'une pluie de balles et de mitraille. Arrivés aux retranchements, ils s'élan cent avec la même ardeur à travers les chevaux-de-frise; les batteries de leurs fusils et leurs munitions avaient été mouillées : ils enlèvent les retranchements à la baïonnette. Un grand nombre de soldats espagnols tombent sous leurs coups; le reste fuit : presque tous les artilleurs se font tuer sur leurs pièces, dont on s'empare, et qu'on tourne contre l'ennemi : ce fut l'affaire d'une demi-heure.

Il ne restait plus à prendre que le fort Saint-Louis. Avant neuf heures du matin, les Français étaient maîtres de la totalité de l'isthme. Deux à trois cents Espagnols se sauvèrent à la faveur de leurs chaloupes. On en comptait environ cent cinquante tués et trois cents blessés; les autres, officiers et soldats, furent faits prisonniers. De leur côté, les Français n'avaient eu que cent trente à cent quarante hommes tués ou blessés. Le duc d'Angoulême n'était pas du nombre, et, quoiqu'on ait vanté son courage, sa prudence l'avait encore mieux servi. Le prince de Carignan ayant voulu marcher comme volontaire, dans les rangs des grenadiers, avait escaladé l'un des premiers les retranchements ennemis. Les soldats français l'en récompensèrent en le décorant d'une paire d'épaulettes de laine. C'étaient celles d'un de leurs plus braves camarades tué dans l'action.

Voilà l'exploit dont la Restauration se montra si fière, et dont elle fit tant de bruit pendant six ans! Cela se conçoit; elle n'en avait pas d'autres à opposer aux journées de Marengo, d'Austerlitz et de Wagram!

Cette guerre, commandée par la Sainte-Alliance, réunie au congrès de Vérone, cette guerre, qui devait laisser derrière elle, pour la France des procès, pour l'Espagne des supplices; enfin, cette guerre à la fois ridicule et fatale, avait produit son effet et touchait à son terme. L'arrestation de l'infortuné Riégo, la reddition de Pampelune, de Saint-Sébastien, de Figuères, et surtout celle du fort Santi-Pétri, qui décidait la soumission de Cadix, avaient encore hâté un dénouement inévitable. Ferdinand VII voyait se briser les entraves constitutionnelles dont il était chargé depuis trois ans. Le premier usage qu'il fit de sa liberté fut d'aller rendre hommage à son libérateur. Le 1er octobre, il sortit de Cadix avec sa famille, et se rendit à Port-Sainte-Marie, quartier-général de l'armée française. Le *Moniteur* retraça en ces termes la principale scène de l'entrevue d'un fils de France et d'un roi d'Espagne : « Monseigneur « le duc d'Angoulême est allé recevoir le roi au « port; le duc d'Angoulême s'est jeté aux ge- « noux du roi; le roi l'a relevé et l'a embrassé : « la reine a présenté sa main au duc d'Angou- « lême, qui l'a baisée. » Après cela tout fut dit : Ferdinand VII redevint despote pur et simple, sans pitié, sans bonne foi : par un décret rendu le jour même, il déclara nuls et de nulle valeur tous les actes du gouvernement constitutionnel, quels qu'ils fussent. Par un autre décret, daté de Xères, il ordonna que « pendant son voyage « pour se rendre dans sa capitale, il ne se pré- « sentât sur son passage, à cinq lieues de la « route, aucun individu qui, durant le système « dit constitutionnel, ait été député aux cortès « des deux dernières législatures; .... aucuns « ministres, conseillers d'état, membres du « tribunal suprême de justice, commandants « généraux, chefs politiques, employés des se- « crétaireries d'état, chefs et officiers de la ci- « devant milice nationale volontaire, auxquels « S. M. interdisait pour toujours l'entrée de sa « capitale et de ses résidences royales dans un « rayon de quinze lieues. » Ce n'était là que le début des proscriptions et des vengeances monarchiques. Quant au duc d'Angoulême, il reprenait héroïquement le chemin de la France, et une ordonnance royale prescrivait de terminer immédiatement l'arc de triomphe de la barrière de l'Etoile : l'arc ne fut terminé qu'en toile ou en papier, matière trop solide encore pour la gloire du héros.

BATAILLE DE NAVARIN.

20 octobre 1827.

Des envoyés grecs s'étaient présentés en suppliants au congrès de Vérone, et ils avaient été repoussés. Au moment où des insurrections en Espagne et en Italie excitaient les alarmes et la colère des grandes puissances européennes, les Grecs, frappés d'anathème, comme Carbonari, ne devaient rencontrer aucune sympathie dans les membres d'un congrès. Les cabinets attendaient avec impatience et désiraient avec ardeur que cette révolte contre la légitimité du sabre s'éteignît, à quelque prix que ce fût; mais la lutte se prolongeait avec acharnement et prenait des caractères de férocité de plus en plus marqués : des massacres en masse sur différents points prouvaient que l'entière extermination de la nation grecque pouvait seule rétablir la paix dans l'orient.

Cédant à la clameur publique, et voulant d'ailleurs faire cesser un état de choses préjudiciable à leurs intérêts commerciaux, l'Angleterre et la Russie avaient signé, le 4 avril 1826, un traité dont le but était la pacification de la Turquie d'Europe : le 6 juillet 1827, la France avait accédé à ce traité. Les trois puissances signataires s'engageaient à agir de concert auprès des gouvernements turc et grec pour obtenir d'eux la cessation des hostilités et un réglement définitif de leurs relations futures sur des bases conformes à leurs intérêts et à leurs droits respectifs. Si la médiation pacifique des trois puissances n'était pas acceptée, elles devaient recourir à la force, et, en conséquence, chacune d'elles armait quatre vaisseaux de ligne et quatre frégates, pour appuyer la négociation du traité.

La Porte-Ottomane, que cette intervention venait arrêter au moment où elle était prête à triompher des dernières résistances, la repoussa vivement, opposant à la France et à l'Angleterre les promesses du congrès de Vérone, et à la Russie les conventions d'Ackermann. Les Grecs, au contraire, réduits aux plus cruelles extrémités, accueillirent avec transport une médiation qui les arrachait à une destruction inévitable. Les ambassadeurs des trois puissances ayant échoué à Constantinople, les amiraux anglais, français et russe dirigèrent, conformément à leurs instructions, leurs escadres vers le théâtre de la guerre. Ils signifièrent à Ibrahim, vice-roi d'Egypte, généralissime des forces turques en Morée, le traité du 6 juillet, le sommant de suspendre ses opérations ou plutôt ses dévastations. Ibrahim répondit judicieusement qu'il était sans pouvoir et sans caractère pour recevoir les communications des amiraux et pour les prendre en considération; qu'il pouvait tout au plus consentir à un armistice, pendant lequel il en référerait à Constantinople et au Caire, et demanderait de nouvelles instructions. Il engageait, d'ailleurs, sa parole que les hostilités seraient interrompues jusqu'au retour de ses courriers. Sur cette promesse formelle, les escadres combinées rompirent la croisière qu'elles avaient établie devant le port de Navarin, et s'éloignèrent. Mais leur confiance fut trompée; les dévastations de la Morée se poursuivirent avec un redoublement de fureur, et quelques frégates égyptiennes tentèrent une sortie pour ravitailler la forteresse de Patras.

Comme il était important d'obtenir un résultat définitif avant que la saison ne rendît un blocus impossible, les amiraux alliés résolurent, afin d'arriver promptement à un dénouement quelconque, de pénétrer dans le port de Navarin et d'y garder à vue les vaisseaux ennemis. Il semblait difficile que la présence simultanée des escadres combinées et de la flotte turco-égyptienne dans un espace aussi resserré n'amenât pas une collision; cependant les amiraux déclaraient ne vouloir prendre position dans le port que pour renouveler à Ibrahim leurs propositions et leurs représentations. Ils n'en faisaient pas moins des préparatifs de combat; et, selon leurs instructions, pour donner plus d'ensemble et de régularité aux manœuvres, les amiraux russe et français, le comte de Heyden et le chevalier de Rigny, se plaçaient sous les ordres de l'amiral anglais, sir Ed. Codrington, plus ancien qu'eux dans son grade.

La flotte turco-égyptienne, embossée dans le port, en forme de fer à cheval, était forte de trois vaisseaux de ligne, d'un vaisseau rasé, de dix-neuf frégates, de vingt-six corvettes, de douze bricks et de cinq brûlots. La flotte combinée, au nombre de dix vaisseaux de ligne, de dix frégates et de quelques bâtiments légers, ayant passé sous voiles à une portée de pistolet des batteries de terre, qui ne tirèrent pas, vint jeter l'ancre bord à bord des ennemis. Chaque vaisseau put choisir son adversaire.

Comme ces diverses manœuvres s'étaient exécutées sans démonstrations hostiles de la part de la flotte turco-égyptienne, il devenait probable que la journée, déjà avancée, se passerait sans événements, lorsque quelques coups de fusil, tirés par des Turcs sur des embarcations anglaises, et suivis d'un coup de canon, tiré également par un vaisseau turc, engagèrent une action générale. Pendant quatre heures, plus de cent bâtiments de guerre, renfermés dans une étroite enceinte, se canonnèrent avec fureur. A sept heures du soir, la flotte turco-égyptienne était anéantie.

Malgré l'intérêt qu'inspire la cause des Grecs, il faut reconnaître qu'il y eut dans l'intervention de la France, de l'Angleterre et de la Russie quelque chose de la brutalité du droit du plus fort, et, en dépit des coups de fusil tirés par les Turcs, il est difficile de les considérer comme les agresseurs. Ce que le combat de Navarin offrit de plus remarquable, indépendamment de ces circonstances étrangères au fait d'armes, ce fut l'accord parfait qui exista entre les alliés, accord tel qu'on put s'étonner de voir flotter trois drapeaux différents sur les vaisseaux confédérés. La ruine totale de la flotte turco-égyptienne n'est pas un fait extraordinaire; elle était inévitable d'après la supériorité de l'artillerie des Francs, et surtout d'après la position particulière des alliés, qui ne pouvaient que détruire, sans faire de prises.

Le grand désastre des Turcs à Navarin n'affranchit pas complétement la Morée; l'armée de terre égyptienne en restait encore maîtresse; il fallut une nouvelle intervention hostile pour l'en expulser; une expédition française mit à la voile pour consommer l'affranchissement d'un pays qui avait acheté la liberté par sept années de guerre. La prise du château de Morée, qui ne causa guères que 25 hommes tués ou blessés, fut l'unique exploit et le terme de l'expédition française, ayant pour but l'expulsion complète des Turcs du Péloponèse.

CONQUÊTE D'ALGER.

1830.

Quand nos neveux liront un jour l'histoire de notre époque, cette histoire marquée par des succès dont la grandeur n'a pu être égalée que par celle des revers ; quand ils verront tous les Etats de l'Europe devenus si puissants que chacun d'eux pourrait mettre sur pied des armées de cinq cent mille hommes, et que plusieurs entre eux pouvaient couvrir la mer de flottes innombrables ; quand nos neveux seront frappés de cette puissance européenne, et qu'on leur dira qu'à ce moment là même une poignée de pirates campés sur des côtes arides s'étaient érigés en suzerains de la mer qui sépare l'Afrique de l'Europe, et que, s'emparant des navires qui osaient sillonner cette mer, ils réduisaient à la vile condition d'esclaves les prisonniers qu'ils faisaient ainsi, contre toutes les lois de la nature et des gens, quand on dira cela à nos neveux, ils se refuseront à le croire. Et certes, ils croiront encore bien moins que des nations puissantes, comme l'Espagne, et éloignées, comme le Danemarck et la Suède, avaient consenti à payer tribut à ces pirates, pour qu'ils épargnassent leurs pavillons !

Tout cela est vrai cependant ! Tandis que les rois d'Europe se livraient de sanglantes batailles, les Barbares d'Afrique, profitant des convulsions politiques qui agitaient les nations civilisées, continuèrent leurs brigandages ; mais quand vint la paix, les cris des malheureux esclaves qui s'étaient crus jusqu'alors perdus dans le tumulte général purent se faire entendre. L'Angleterre fut la première à les écouter. Les Barbares se rirent de ses menaces, persuadés que la mer qui les avait protégés jusqu'alors pourrait les défendre des attaques des chrétiens. Lord Exmouth parut devant Alger, et en quelques heures l'orgueil des Arabes fut forcé de demander merci et de recevoir les lois du vainqueur. Ils mirent en liberté tous les esclaves chrétiens ou s'engagèrent à le faire, et renoncèrent à jamais à en faire de nouveaux. L'Angleterre satisfaite s'apaisa; l'Europe applaudit à ce coup de vigueur, et Lord Exmouth, laissant les Algériens rebâtir leur ville, fit voile pour la Tamise.

Pendant quelque temps la Méditerranée fut libre, les navires de toutes les nations purent y naviguer en toute sûreté; mais peu à peu on eut lieu de penser que les pirates recommençaient leurs brigandages, car des navires disparaissaient sans qu'il y eût eu de tempêtes, et le bruit se répandit que des blockaus avaient été entamés dans l'intérieur des terres. Il était réservé à la France, dont la puissance s'est toujours exercée en faveur des peuples, de faire cesser à jamais l'audace toujours renaissante de la piraterie barbaresque.

A la fin du dix-huitième siècle, la France républicaine avait envoyé en Egypte une armée vraiment digne de sa haute mission, une armée sans égale chez les peuples les plus militaires et les plus civilisés; car elle comptait presque autant de savants et d'artistes éminents que d'illustres capitaines, et avait pour général en chef Bonaparte. — Le temps seul avait manqué à de si grands projets; mais, sur cette terre stérilisée depuis des siècles par un despotisme infécond, si la civilisation française ne fit que paraître, elle y laissa du moins de puissantes semences qui ne tardèrent pas à se développer, et l'Égypte de Mehemet-Ali entra bientôt dans cette voie de progrès où la guide encore son habile et énergique réformateur.

Trente ans plus tard, les fils des vainqueurs de l'Egypte vont reporter dans l'Algérie ce même drapeau de la civilisation, dont seulement les couleurs étaient changées. Il semble qu'une force providentielle pousse la France en Algérie, et toujours aux lieux où l'humanité a le plus besoin d'appui....

La rapide conquête d'Alger parut une entreprise pleine, sans doute, de difficultés et de périls, mais digne de la France, de sa grandeur et de son passé, digne aussi de notre époque d'intérêts positifs, où les plus nobles actes sont jugés par leurs résultats et où la gloire elle-même a besoin d'être utile.

En 1827, la veille des fêtes musulmanes, le dey d'Alger avait osé braver la France et frapper son consul; il ne voulut point, après un tel outrage, se soumettre aux justes réparations qui lui furent demandées. Au contraire, ce chef de barbares jeta un défi à la nation française, en donnant l'ordre de faire feu sur *la Provence*, vaisseau parlementaire monté par le contre-amiral de la Brétonnière, au moment où cet officier regagnait son bord.

Au mois d'avril 1830, après un blocus qui fut moins nuisible aux Algériens qu'à la France, une expédition fut préparée contre la Régence; le ministre de la guerre, M. de Bourmont, le même qui avait déserté le drapeau français à la bataille de Ligny, en 1815, prit le commandement des forces de terre; la flotte obéit aux ordres de l'amiral Duperré, et au bout de quelques jours Alger était tombé devant notre jeune armée, le Dey avait expié par la perte de son royaume l'affront d'un coup d'éventail.

Le 29 mai, au soir, on eut connaissance des côtes de Barbarie et de la province d'Alger; le temps était beau; mais, au grand désappointement de l'armée, l'amiral donna le signal de virer de bord.

Il était temps; car bientôt après, une raffale assaillit et dispersa la flotte.

Le 6 juin, toute l'expédition était ralliée dans la rade de Palma, port et ville de l'île Majorque. Le 10, l'armée navale remit à la voile. Le 13, à huit heures du matin, la flotte se présenta devant la ville d'Alger. A dix heures, les bâtiments armés en guerre se trouvaient à peu près à la hauteur de Sidi Ferruch.

Quelques Bédouins paraissent et disparaissent successivement dans les dunes. A une distance plus éloignée, on aperçoit de nombreuses colonnes se dirigeant vers le rocher. On distingue facilement les Arabes derrière les aloès à leurs longs burnous.

La journée était trop avancée pour opérer le débarquement; des dispositions furent prises pour l'exécuter le lendemain, à la pointe du jour.

Le 14 juin, à quatre heures et demie du matin, la première division de l'armée mit pied à terre avec huit pièces de campagne, sous le feu des batteries de l'ennemi, qui eurent peu d'effet. Un marin de la *Surveillante* perdit une jambe; un lieutenant de vaisseau et un matelot reçurent une forte contusion par un boulet mort.

L'artillerie des corvettes, placée dans l'est de Torre-Chica, maîtrisa le feu des batteries ennemies. Deux matelots sautèrent à terre les premiers, s'élancèrent ensemble dans le fort, et y arborèrent le pavillon français.

A six heures, la deuxième division de l'armée et toute l'artillerie de campagne furent mises à terre. A six heures et demie le général en chef débarqua.

La première division, sous les ordres du général Berthezène, marcha contre les dunes occupées par les Arabes, dont les batteries continuèrent le feu et nous mirent cinquante hommes hors de combat. Cependant l'amiral avait fait prendre l'ennemi d'écharpe par l'artillerie des bateaux à vapeur *le Nageur* et *le Sphinx* qui se trouvaient dans la baie de l'ouest, et par les bordées de la corvette *la Bayonnaise* et des bricks *la Badine* et *l'Actéon*, lancées de la baie de l'est.

Les feux combinés de ces navires, partant des deux côtés de la presque île, portèrent le ravage et la consternation dans les rangs ennemis.

La division Berthezène reçut l'ordre de tourner par la gauche la position des troupes du dey. Elles furent débusquées. Treize pièces de canon de 16 et deux mortiers tombèrent en notre pouvoir. Les divisions Loverdo et d'Escars suivirent le mouvement de la première.

Le feu venait à peine de cesser lorsqu'on vit entrer dans la baie de Sidy-Ferruch une frégate anglaise que nos amis d'outre-Manche, selon leur habitude, avaient envoyée pour prendre des renseignements positifs sur l'issue du dangereux débarquement.

L'armée occupa pendant plusieurs jours, qui furent consacrés au débarquement des munitions et des vivres, les positions dont elle s'était emparée. Le 14, les divisions Berthezène et Loverdo étaient établies à une lieue en avant de la tour de Sidy-Ferruch. La brigade du général Berthier avait pris position sur le versant d'une colline, à l'endroit nommé le *Gros-Olivier*. Les soldats du 9e léger amenèrent un prisonnier bédouin d'un âge avancé et d'une figure vénérable.

On fureta dans le vocabulaire Français-Arabe pour l'interroger; mais, à chaque question, il répondait : *Ma fahemt*, Je ne comprends pas.

Le fils de cet arabe était à l'hôpital parmi les blessés français; on devait lui faire l'amputation d'une jambe. D'après l'assurance qu'il reverrait son fils à Alger, le vieillard se rendit à l'hôpital, fit part de cette heureuse nouvelle au jeune blessé; puis se dirigeant vers le littoral à l'est de Sidy-Ferruch, il s'enfonça dans les dunes afin d'éviter les Turcs qui pouvaient le traiter comme transfuge. Tout porte à croire qu'il regagna ses montagnes et sa tribu.

Le 16 juin, un ouragan épouvantable accompagné de tonnerre et de torrents de pluie vint fondre sur l'armée et sur la flotte qui courut de grands dangers.

Les plus gros vaisseaux filaient sur leurs ancres; la mer en furie soulevait ses vagues à une hauteur prodigieuse; les dunes étaient couvertes de ses eaux mugissantes.

L'armée de terre, dont le salut dépendait de celui de la flotte, se trouva dans une position très-critique.

Enfin, vers le soir, la pluie, le vent et le tonnerre se calmèrent.

Bientôt les feux des bivouacs étoilèrent cette terre que les éléments conjurés venaient de bouleverser.

Le gendre du Dey, Ibrahim-Aga commandait l'armée algérienne. Il avait donné rendez-vous à toutes les tribus arabes au camp de Staouëly : cette plaine a deux lieues d'étendue.

Le cri : Aux armes! retentit aux avant-postes français

Les tirailleurs engagèrent une fusillade qui fut bientôt suivie de feux de peloton. On ne doutait plus de la présence des Arabes, lorsqu'une voix s'écria : Ce sont les Français! Un brouillard épais avait causé cette fatale méprise.

Les collines élevées de la rive gauche du *Madiffla*, petite colline ou torrent qui se change en fleuve dans les temps d'orage, étaient couvertes de Bédouins.

Le corps commandé par Ibrahim en personne s'ébranlait de son côté. Tout-à-coup la fusillade s'étendit sur le développement de la ligne. Les Français avaient devant eux quarante mille Turcs et Arabes. Vingt-quatre pièces de canon de gros calibre servies par les Tobjis (canonniers Turcs) étaient opposées au centre de la division Berthezène.

La division Loverdo, vivement attaquée dès le commencement de la journée, avait sur les bras la plus grande partie des forces algériennes; elle repoussait avec intrépidité toutes les attaques de l'ennemi; mais les tirailleurs du général Clouet, emportés par leur fougueuse ardeur, avaient poussé trop vivement les Arabes devant eux, et ce général s'était vu forcé de faire prendre position à sa brigade sur les hauteurs d'où les Arabes avaient été débusqués et se trouvait ainsi faire une pointe en avant de toute l'armée. Avant que le général Berthezène pût venir au secours de cette brigade, elle fut assez rudement maltraitée par les feux de l'ennemi.

Le 1er bataillon du 28e éprouva surtout de grandes pertes, et son drapeau fut sur le point d'être pris par les Arabes. Une pensée subite et digne des soldats de la République et de l'Empire, vint au cœur des officiers de ce bataillon. Ils entourèrent leur drapeau et jurèrent tous de le sauver ou de mourir. Un mouvement en avant les sauva. Le signal de l'attaque est donné.

Trois régiments de la division Des Essars arrivent en ce moment. L'enthousiasme gagne tous les soldats. Atteints jusque dans leurs retranchements par les coups de l'ennemi sans pouvoir bouger, cette fois, ils le tiennent en rase campagne. Aussi Turcs et Bédouins, poursuivis la baïonnette dans les reins, tourbillonnent, chancellent, reculent et sont débusqués de toutes leurs positions; leurs batteries, leurs drapeaux, leurs bagages, tout tombe en notre pouvoir.

Pendant le combat et avant la défaite de son armée, Ibrahim-Aga, qui comptait sans doute sur la victoire, était placé au centre et en avant des siens. Doué d'un grand courage, il s'était avancé le premier, dès le commencement de l'action, à une faible portée de nos soldats, et, plantant son étendard, il avait fait feu sur ceux qui étaient accourus pour s'en emparer.

Son costume oriental si beau, si pittoresque, et son coursier rapide comme le vent du désert, se faisaient aisément distinguer au milieu des groupes d'Arabes, drapés à l'antique, comme on l'était il y a deux mille ans.

Les divisions Berthezène et Loverdo s'établirent sur l'emplacement du camp des Arabes, et les tentes qui s'y trouvaient encore leur servirent d'abri. Plusieurs de ces tentes, et entre autres celles de l'Aga et des Beys d'Oran et de Constantine, qui avaient marché à la tête de leurs contingents, étaient de la plus grande richesse.

Nous trouvâmes dans le camp abandonné de Staouëli une grande quantité de dromadaires que l'ennemi, dans la rapidité de sa fuite, n'avait pu emmener.

Le général en chef poussa en avant avec quelques bataillons, et ne s'arrêta que lorsqu'il se fut assuré que l'ennemi était en pleine retraite.

Notre perte dans cette journée s'éleva à six cents hommes environ, mis hors de combat.

La tente d'Ibrahim attira les regards des curieux par la richesse et par le luxe tout oriental avec lequel elle était décorée. Elle avait plusieurs compartiments; l'intérieur était tendu de velours cramoisi, avec des draperies relevées de glands et de franges d'or; des tapis de Turquie d'une grande beauté, ornés de dessins gracieux, aux couleurs brillantes et variées, recouvraient le sol. L'essence pure de rose et celle de jasmin, si renommées chez les Orientaux, mariaient leurs suaves odeurs et répandaient comme un parfum d'ambroisie.

Une autre tente de forme circulaire, mais plus petite, était vis-à-vis celle de l'Aga. Elle était aussi décorée avec beaucoup de recherche et de goût. C'était la demeure mobile de l'odalisque favorite d'Ibrahim. On les vit fuir tous les deux sur des coursiers rapides, comme autrefois Malek-Adel et Mathilde dans le désert.

On amena au camp de Staouëli un vieux bédouin, vrai type patriarchal, au nez aquilin, au front haut et aux yeux noirs bien arqués et un peu ouverts. Il portait une barbe d'Hector, et une couronne verte reliait son burnous sur sa tête. Il s'assit, prit une attitude contemplative, en roulant dans ses doigts les grains de son chapelet, sans faire la moindre attention à ce qui se passait autour de lui. Après être resté assez longtemps dans cette position, il se leva et dit: « Français, que venez-vous faire sur nos terres? vous êtes couverts d'or et nous de hail lons. » On lui fit entendre que c'était pour l'affranchir lui et ses compatriotes. — « Buono, buono » murmura le vieux bédouin, en faisant avec la tête un signe négatif qui disait positivement : Je n'en crois rien.

Depuis le 19, l'armée française était campée à Staouëli. Nos soldats, harcelés chaque jour, demandaient à grands cris à marcher en avant. C'était la crainte prudente de laisser Sidy-Ferruch à découvert, et l'obligation où l'on était d'attendre le débarquement du matériel de l'artillerie de siége, qui avait retardé la marche de l'armée française.

Enfin, le mouvement en avant, si impatiemment attendu, fut ordonné.

La première division et une brigade de la deuxième s'avancèrent en colonnes d'attaque, et bientôt leurs tirailleurs furent aux prises avec l'ennemi.

Les Turcs, au nombre de huit mille environ, escortés par d'innombrables bandes de Bédouins, couronnaient les collines qui terminent à l'est la plaine de Staouëli. Leur ligne de bataille était fort étendue. Ils descendaient dans la plaine en assez bon ordre, et il semblait que la bataille dût être aussi sanglante que celle de Staouëli; mais leur manœuvre, qu'ils croyaient si bien combinée, fut tout-à-coup dérangée par une volée de projectiles qui, habilement lancés contre eux, jetèrent le désordre dans leurs masses compactes. L'artillerie légère s'avança aussitôt jusqu'aux avant-postes et foudroya l'armée d'Ibrahim, qui dès-lors commença sa retraite vers le nord.

Ce fut au combat de Sidy-Kalef que le jeune Amédée de Bourmont reçut une blessure mortelle.

A une lieue de Staouëli, le pays change d'aspect. La chaîne du Boudjérah recommence par des collines et des mamelons qui s'exhaussent graduellement, séparés de temps en temps par des vallons au fond desquels les pluies d'orages font rouler des torrents.

C'est à travers ce labyrinthe et ses nombreuses sinuosités qu'une voie romaine vient se perdre dans les vagues sentiers du désert et dans les broussailles.

On devait supposer que les Turcs se défendraient avec vigueur derrière les nombreux obstacles que leur offrait le terrain; mais, battus et découragés, ils ne s'arrêtèrent nulle part.

Les troupes françaises, après avoir atteint la limite du pays découvert, prirent position. Un ravin les séparait de l'ennemi qui s'était enfin arrêté sur la crête des hauteurs situées du côté opposé à celui qu'elles occupaient. L'artillerie avait surmonté avec rapidité toutes les difficultés du terrain. Elle se mit en batterie, et quelques obus dispersèrent les groupes qui se présentaient encore. Peut-être les Turcs craignaient-ils alors d'être refoulés dans la place, dont les Français n'étaient plus séparés que par un intervalle d'une lieue à une lieue et demie.

Une grande masure blanche abandonnée se faisait remarquer sur le versant de la colline dont le sommet était occupé par l'avant-garde de l'armée française, ayant ses tirailleurs en avant, et soutenue par quelques pièces d'artillerie.

Au fond du vallon roulait l'eau fangeuse d'un torrent que la voie romaine traverse sur un petit pont en maçonnerie. Le terrain qui se relevait de l'autre côté en pente plus douce, était bordé par l'arrière-garde de l'ennemi.

Tout-à-coup une violente détonation se fit entendre. La masure était un magasin à poudre que les Turcs venaient de faire sauter au moment où ils croyaient que les Français allaient l'entourer. Les nuages d'une fumée épaisse qui s'élevaient à une grande hauteur, et que réfléchissaient les rayons du soleil d'Afrique, présentèrent à l'armée un magnifique spectacle. Cette explosion ne produisit aucun accident, bien que la terre tremblât à une distance considérable.

Toutefois l'alarme se répandit au camp de Sidy-Ferruch, qui, depuis que nous marchions en avant, était devenu le théâtre d'alertes continuelles.

Entre Staouëli et le Bakschédéré, on n'aperçoit qu'une vaste solitude couverte d'arbustes et de grandes bruyères. Plusieurs Français voulurent se promener isolément et périrent victimes de leur aveugle imprudence.

De ce nombre fut M. Amoros, lieutenant d'artillerie et fils du colonel de ce nom.

Ce jeune homme aussi recommandable par sa science que par sa bravoure, fut blessé légèrement d'abord et se défendit vaillamment contre plusieurs Bédouins; mais, accablé par le nombre, terrassé et désarmé, ces barbares l'achevèrent après l'avoir horriblement torturé, puis ils lui coupèrent la tête pour aller l'échanger à Alger contre la prime promise par les Turcs.

Un des camarades de M. Amoros, qui l'accompagnait, se cacha dans les bruyères et fut sauvé.

Le 24, la flotte fut encore une fois affaiblie dans la baie de Sidy-Ferruch, par un affreux coup de vent du Nord-Est. La tempête fut si violente qu'elle causa, dit-on, pour plusieurs millions d'avaries aux bâtiments de l'Etat.

Le 26, dans la soirée, le vent passa enfin à l'Est, et le lendemain matin, les deux divisions du convoi arrivèrent à Sidy-Ferruch. La plus grande partie des chevaux furent mis à terre dans la journée, ainsi que le matériel du génie.

Cette arrivée, qui termina toutes les expéditions faites par la marine, fut fort heureuse; car le soir même, sur les sept heures, le vent, quoique frais de la partie de l'Est, sauta à l'Ouest, par une révolution extraordinaire et instantanée; pendant trois heures il souffla avec force, et la mer, comme de coutume, devint très-grosse. Le lendemain, le temps fut beau, mais le vent continua de l'Ouest et Ouest-Nord-Ouest, et la mer fut très houleuse; l'amiral craignait des avaries pour les bâtiments du convoi qui étaient à peine amarrés; il n'y en eut heureusement que de très-légères.

Le 27 un nouveau coup de vent assaillit la flotte et lui fit éprouver des pertes et des avaries assez considérables; plusieurs vaisseaux chassèrent, cassèrent leurs câbles, chaînes et cigales d'ancre. La sûreté de l'armée navale, dit l'amiral Duperré, aurait pu être compromise; les coups de vent se renouvellent fréquemment, bien que nous soyons dans une belle saison. La mer devient aussitôt monstrueuse. Je reconnais bien aujourd'hui que la baie n'est pas tenable. Cependant, sans la présence d'une partie de la flotte, point de débarquement, et par conséquent point de vivres pour l'armée de terre. La position est des plus difficiles.

Le débarquement fini, l'armée navale s'écarta un peu de la côte et quitta la baie de Sidy-Ferruch, se mettant ainsi à l'abri des dangers les plus graves.

Après le débarquement des derniers convois arrivés de Palma, on résolut l'attaque d'Alger.

Toutes les forces de terre furent réunies, à l'exception d'un bataillon de la division Loverdo. Ce bataillon, avec trois équipages temporaires, composés chacun de huit compagnies et formant une masse forte de 2,160 hommes, composa la garnison de la presqu'île de Sidy-Ferruch.

Les Algériens avaient deux batteries sur les collines qui dominent le Bakschédéré. Toute l'armée d'Ibrahim, moins les contingents d'Oran et de Constantine, qui venaient de se retirer mécontents et découragés de voir l'armée combinée battue tant de fois, couronnait le sommet de ces collines.

Du haut de leurs batteries, les Turcs ne perdaient aucun mouvement de l'armée française campée dans le ravin; et, dès qu'ils en apercevaient un dont ils croyaient pouvoir profiter, ils se précipitaient prompts et terribles comme l'avalanche.

C'est là, c'est dans ce ravin du Bakschéré que fut massacré tout un bataillon du 4e léger, surpris au moment où les soldats venaient de démonter leurs armes pour les nettoyer. Quatorze hommes se sauvèrent de cette boucherie et se réfugièrent sous les murs de l'habitation où le duc d'Escars avait établi son quartier-général.

Des troupes furent immédiatement envoyées à la poursuite des Bédouins; mais pas un homme du bataillon n'était debout : tout avait été immolé.

Dans les journées des 26, 27 et 28 juin, douze cents hommes furent mis hors de combat.

Ces pertes considérables avaient fait sentir au général en chef la nécessité d'appeler la 4e division de l'armée d'Afrique, qui était restée à Toulon. Il donna des ordres en conséquence et se prépara à marcher en avant dès le lendemain.

Des ambulances furent provisoirement établies dans les jardins des campagnes turques occupées par les généraux d'Escars et Berthier de Sauvigny. Dans l'après midi du 28, l'ennemi essaya de lancer quelques obus au milieu des malheureux blessés; mais deux pièces de canon, habilement pointées, assurèrent le repos de nos braves.

Le 29 juin, au lever de l'aurore, l'armée se mit en mouvement sur trois colonnes marchant de front, et gravit la colline élevée que couronnait l'artillerie des Algériens. L'attaque de la droite fut confiée aux 2e et 3e brigades de la division Berthezène; celle du centre aux 1re et 3e brigades de la division Loverdo ; le duc d'Escars reçut l'ordre d'attaquer la gauche avec les deux premières brigades de sa division et de suivre à peu près la ligne de partage des ravins qui versent à l'est et à l'ouest d'Alger.

L'armée, après s'être avancée en bon ordre, aborda l'ennemi, le culbuta au premier choc et le chassa de position en position.

L'infanterie arabe, qui tiraillait en avant des redoutes, ne tint nulle part ; chargée à la baïonnette, elle se débanda pêle-mêle avec les Tobjis.

Une campagne turque tenait encore ; des Algériens s'y étaient retranchés et faisaient un feu roulant sur nos soldats. Deux pièces d'artillerie, braquées à l'instant sur cette maison, en firent précipitamment déloger tous les hôtes.

L'artillerie légère, marchant par des sentiers escarpés qui ne l'arrêtèrent nulle part, accéléra sur tous les points la déroute de l'ennemi, qui, obligé de lâcher pied partout, s'enfuit dans les falaises qui avoisinent Alger. Les Turcs rentrèrent dans la ville par *Babal-Ouëd* ou la porte de *la Vallée*, les Bédouins encombrèrent le faubourg *Babazoune* et les cimetières environnants, tandis que d'autres, refluant vers la Métidja, se disposaient à recommencer la lutte. La deuxième division leur tint tête jusqu'à la nuit.

Les divisions d'Escars et Berthezène, ayant nettoyé tout le Boudjérah, se mirent en mouvement pour en couronner les hauteurs ; mais le peu de connaissance que l'on avait du pays rendait la marche incertaine. Les colonnes s'avançaient à travers des vallées profondes et dont les pentes rapides sont d'un accès difficile par la quantité de jardins et de haies qui les couvrent. Arrivés sur les sommets de ces vallées, nos bataillons étaient obligés de descendre à une grande profondeur pour reparaître à une très-petite distance sur la hauteur opposée Il s'ensuivit de l'indécision dans la marche. Les régiments se mêlèrent, et l'on vit, chose assez singulière, les drapeaux de plusieurs d'entre eux marcher pêle-mêle dans le même peloton.

L'artillerie surtout éprouva de grandes difficultés, et sans son nouveau matériel elle n'aurait jamais pu les vaincre.

La chaleur était excessive, et l'on manquait d'eau. Le jour était très-avancé, et personne n'avait pris de nourriture. Des soldats tombaient asphyxiés. Le chirurgien-major du 34e eut le même sort et expira sous les yeux de ses camarades sans qu'il fût possible de le secourir.

Enfin, après bien des marches et contremarches, l'armée gagna le sommet du Boudjérah et aperçut Alger et le fort l'Empereur, dont le canon s'empressa de la saluer.

C'est surtout des hauteurs de cette double montagne du Boudjérah que le port d'Alger, la ville et les campagnes qui l'environnent présentent un aspect délicieux, un magnifique panorama.

L'armée française contemple ce spectacle grandiose. Alger est là sous ses yeux ; elle voit ses minarets, ses murailles blanches, son port, ses batteries formidables; puis, dans la plaine, des châteaux et de riantes bastides s'élèvent au milieu des massifs de verdure et d'une végétation aussi riche que variée. L'Atlas, dont les masses gigantesques se perdent dans les nues, forme un contraste imposant avec la plaine et l'azur de la mer.

Des acclamations générales se font entendre sur toute la ligne, et l'armée salue de ses cris de victoire les remparts de cette cité orgueilleuse, sur lesquels va bientôt flotter le drapeau que naguère elle a osé insulter.

Les consuls des puissances chrétiennes avaient leurs résidences d'été dans la riche campagne qui environne la ville. On distinguait leurs hôtels aux larges pavillons dont ils étaient surmontés. Ces fonctionnaires s'étaient retirés au consulat américain, situé à mi-côte du Boudgérah. Ils avaient une garde de janissaires, à laquelle le général Bourmont adjoignit une sauve-garde composée de gendarmes et de grenadiers français.

Le général en chef descendit le Boudjérah, se dirigeant vers le chemin creux qui conduit à Alger, et suivit ce chemin jusqu'à une distance assez rapprochée du fort l'Empereur. Là les brigades du duc d'Escars furent échelonnées sur la route de manière à se lier avec la division Berthezène, qui continua d'occuper le Boudjérah et étendit ses colonnes jusqu'à la mer en s'emparant de la pointe Pescade.

Le 30 juin, dès le matin, la deuxième division

vint appuyer la droite du duc d'Escars, en prenant position au Sud-Est du ravin qui, commençant à l'embouchure du Harrach et finissant au fort Babazoune, interrompt brusquement la plaine de Métidja par une falaise profonde à un quart de lieue de la mer. Un torrent formé par les eaux qui s'écoulent du Boudjérah sépare la même plaine d'*Elbiar*, nom donné aux jardins et bocages qui avoisinent Alger et le fort l'Empereur, lequel fort est bâti sur une éminence rapide et isolée entre la mer et la falaise dont nous venons de parler.

Alger est investi par terre et par mer. La plaine de Métidja est suffisamment éclairée; un grand dépôt de vivres et de munitions se forme au pied de la montagne qu'occupe et couronne l'armée française. Le dépôt central de Sidy-Ferruch est à l'abri de toute surprise et confié à la garde de trois mille marins. Une brigade campée à Staouëli forme un point intermédiaire entre Sidy-Ferruch et l'armée, et protège les convois. Le génie a fait le tracé d'un chemin praticable de plus de cinq lieues d'étendue. Tout s'apprête pour le siége du fort l'Empereur et *d'El-djezaïr* elle-même (Alger), dont les portes jusqu'ici ne s'ouvrirent aux soldats européens que pour recevoir des esclaves, et non des vainqueurs.

Les Algériens, de leur côté, se disposent à combattre. Partout il y a du monde, et on est préparé à la défense. Un nombreux rassemblement de troupes se trouve entre la ville et le fort l'Empereur. Ces troupes paraissent prêtes à se porter sur le point menacé; mais tous leurs mouvements sont épiés. Tous les débouchés des collines par où les Arabes peuvent faire des sorties sont observés par de nombreuses vedettes et par de forts détachements postés sur les hauteurs.

Le général en chef avait établi son quartier-général au centre de la division d'Escars, dans une des villa d'Elbiar, où les bombes et les boulets du fort l'Empereur tombaient fréquemment.

Les consuls des puissances européennes vinrent en corps, puis individuellement, rendre au général Bourmont la visite diplomatique et d'étiquette; ils émirent des vœux pour le succès des armes françaises, en énumérant les probabilités qui existaient en faveur de leur prochain triomphe; mais ces vœux étaient sincères comme le sont ordinairement des phrases diplomatiques.

Un officier en habit rouge exprima, quand son tour fut venu, les vœux de l'Angleterre en faveur de la France. Il le fit avec un flegme tout britannique. Cet anglais avaient donné à Hussein des notions exactes sur les forces de l'armée française; il était même entré dans les détails les plus minutieux sur son matériel et tous ses accessoires.

Le 29 juin, à l'entrée de la nuit, les maisons situées sur le plateau le plus rapproché du fort l'Empereur furent occupées par des compagnies d'élite, et on travailla immédiatement à les créneler. Les Algériens auraient dû porter tous leurs moyens de défense sur le rideau qui domine ce fort, ainsi que sur les hauteurs de Boudjérah; mais ils apportèrent dans la défense de leur capitale la même ignorance des principes de la guerre que pendant la campagne, et ils ne surent jamais que se faire tuer bravement.

Dans la nuit du 29 au 30 juin, le général Valazé fit ouvrir la tranchée à environ six cents mètres du fort. Les Algériens firent une sortie vigoureuse, qui fut repoussée par la brigade qui occupait les deux côtés de la voie romaine. Refoulés vers le fort l'Empereur, ils se replièrent en désordre sur le faubourg Babazoune, puis revinrent à la charge en plus grand nombre.

Ils s'avancèrent en tiraillant jusqu'à la hauteur du consulat de Suède, où une brigade de la seconde division les arrêta en se déployant et s'engageant pour couvrir la droite de l'armée et les travaux du siége.

Les Arabes avaient l'avantage du terrain; ils étaient abrités par des halliers touffus, ils pouvaient s'embusquer derrière des arbres, tandis que les Français étaient à découvert au milieu des vignes.

Tous ces abris furent impuissants quand l'artillerie donna. Ses boulets et ses obus dissipèrent subitement la nuée d'Arabes que la deuxième division avait sur les bras. Epouvantés des ravages affreux que le canon français faisait dans leurs épaisses colonnes, les Algériens refluèrent comme un torrent vers le faubourg Babazoune.

Les canonniers turcs du fort l'Empereur aperçurent cette déroute et parurent vouloir la venger, en tirant sur Elbiar avec une ardeur nouvelle, mais au moment où leur feu était le plus violent et où les éclats de leurs obus volaient de toutes parts, la marine vint faire une diversion puissante en canonnant les forts d'Alger à demi-portée. Les vaisseaux de haut bord *l'Hécla*, *le Vésuve*, *la Provence*, *la Belle Gabrielle*, *le Rhône*, ces volcans mobiles, faisaient trembler l'orgueilleuse El Djezaïr (Alger), et l'onde bouillonnait sous la grêle de boulets qui s'échappait de leurs flancs. Les forts de la ville, hérissés de douze cents pièces de gros calibre, répondaient avec vigueur et formaient le concert le plus formidable qu'il soit possible d'imaginer.

C'est un souvenir sanglant, mais glorieux, pour l'armée d'Afrique que celui de la tranchée du fort l'Empereur. Il fallut porter des sacs à terre sur un terrain nu et découvert, à une faible portée de la place, où chaque coup des assiégés pouvait atteindre. Beaucoup de mineurs trouvèrent la mort en accomplissant cette tâche périlleuse.

Le terrain où il fallait ouvrir la tranchée présentait beaucoup de difficultés; il était en grande partie composée de roche mixte ; aussi les compagnies qui passaient à tour de rôle pour marcher à ces travaux laissaient apercevoir à leur retour bien des vides dans leurs rangs......

La mort suivait généralement de très-près les blessures, tant elles étaient terribles, produites pour la plupart par des éclats d'obus.

Le feu cessait après le coucher du soleil ; et, comme leurs compatriotes qui avaient tenu la campagne, les Tobjis du fort l'Empereur ne se souciaient ni de veiller ni de combattre pendant la nuit.

L'imminence du danger les fit pourtant déroger à cet usage pendant la nuit qui fut la dernière de la puissance musulmane à Alger, nuit dans laquelle le fameux *Sultan-Calasy* (le fort l'Empereur), perdit son nom d'inexpugnable.

Ils avaient aperçu les travailleurs sur plusieurs points, et ils y dirigèrent un feu terrible de mitraille, pendant que les bombes et les obus pleuvaient au milieu des soldats qui gardaient la tranchée et sur toutes les villa et bastides d'Elbiar.

Dans l'agonie d'un empire, il se fait souvent des mouvements brusques et d'une grande puissance. L'espèce de rage avec laquelle se défendaient tout-à-coup les assiégés, mit en un instant toute l'armée française sous les armes. Il fallut renoncer au sommeil et attendre, pour en reprendre un peu, l'accomplissement du grand événement que nous attendions tous.

Pendant la même nuit, une troupe de soldats braves et dévoués, exaltés par les dangers de leur patrie, voulurent tenter encore les chances d'une sortie contre les assiégeants.

La terreur répandue dans la ville par l'attaque foudroyante de la marine y avait fait surgir des symptômes de sédition. Ibrahim-Aga, gendre du dey, avec ses janissaires dévoués, était chargé du maintien de l'ordre dans la cité et ne quittait plus les casernes. Ce fut donc un autre chef intrépide qui conduisit ces nouveaux Spartiates contre les Français.

Les Arabes sortirent par la porte de la vallée et gravirent en silence le revers de la colline. Ils s'approchèrent d'une batterie dont les canons n'étaient pas encore démasqués.

Les sapeurs du génie, les canonniers et les fantassins qui gardaient la tranchée avaient posé leurs armes pour aider à l'érection de la batterie.

Assaillis impétueusement et à l'improviste par les Bédouins, qui tombaient sur eux le yatagan à la main après avoir escaladé les sacs à terre et les gabions, fusillés à bout portant par les Turcs qui arrivaient de tous côtés, nos soldats se défendirent un moment à coups de pioches, de leviers et de pelles; mais il fallut céder au nombre et aux armes et abandonner la tranchée. Ils se replièrent sur un bataillon d'infanterie qui, averti par le tumulte de l'attaque, se mit aussitôt en bataille.

Un sergent d'artillerie assomma d'un coup de levier un des Bédouins qui le poursuivaient; puis, le brandissant, il en effraya les autres et parvint à se sauver.

Le capitaine du génie de Villalier ne fut pas aussi heureux; après avoir déchargé ses pistolets sur les Arabes, ne pouvant plus leur opposer que sa frêle épée, assailli et entouré par le nombre, il succomba, et sa tête alla augmenter les trophées de Hussein.

Mais bientôt l'infanterie qui s'était rangée en bataille, ouvrant un feu de deux rangs bien nourri, força les Bédouins et les Turcs à la retraite. Ils redescendirent précipitamment la colline sous une grêle de balles et dans le plus grand désordre.

Un morne silence, un silence qui semble être le précurseur de quelque grande catastrophe, règne dans Elbiar et au fort l'Empereur. Après tous les mouvements et le fracas de la veille, il semble que la nature entière se repose. La lune montre à de longues distances un disque pâle, à travers des nuages épais et presque immobiles qui couvrent totalement le ciel.

Le cri aigu et sinistre de la chouette et le glapissement lugubre des chacals, qui suivaient l'armée depuis Sidy-Ferruch, interrompent de temps en temps ce silence solennel, qui bientôt va finir d'une manière si brusque et si terrible.

Le 4 juillet, à trois heures du matin, le fort l'Empereur recommence de nouveau à lancer ses flammes et son tonnerre. Au même instant, une fusée à la congrève tirée du quartier-général donne le signal, et toutes les batteries françaises commencent un feu formidable. Les boulets décrivent une ligne horizontale et font trembler les murs de la vieille forteresse; les bombes volent dans les airs pour venir tomber à la place où Charles-Quint planta sa tente et son drapeau.

La terre frémit sous la pluie de fer qui tombe de toutes parts. L'artillerie turque riposte avec vigueur, et bientôt Sultan-Calasy ressemble au Vésuve en flammes et vomissant la lave par ses flancs sillonnés.

Les décharges des batteries françaises se multiplient avec une rapidité étonnante. Le général Lahitte, commandant l'artillerie, ordonne de viser à la précision des coups plutôt qu'à leur nombre. Nos artilleurs pointent avec plus d'attention, et bientôt on voit tomber un créneau, puis un autre, et un instant après un troisième. Une partie du donjon s'écroule, le reste se déchire, se brise et tombe avec fracas.

Les intrépides Tobjis et les Coulouglis, leurs compagnons d'armes, se voient à découvert et paraissent perdre contenance au milieu des cadavres étendus à leurs pieds. Le feu et les projectiles les menacent à la fois, et la mort semble les envelopper de toutes parts.

On est arrivé au milieu du jour. Tout-à-coup le bruit d'une détonation épouvantable se fait entendre. L'écho du Boudjérah le répète et le multiplie en l'envoyant aux échos des autres montagnes. Des masses de maçonnerie, des quartiers de remparts, d'énormes pierres, une foule d'autres débris et des cadavres même sont lancés dans les airs et retombent en pluie effroyable sur les batteries françaises. La terre tremble au loin, des arbres déracinés tombent sur le sol, les murs des villa voisines sont ébranlés et se fendent, et les vitres même des plus éloignées se brisent. Le soleil est obscurci par une trombe immense de fumée et de poussière s'élevant sur deux colonnes.

Les canonniers et les sapeurs montent avec intrépidité sur les murailles écroulées et à travers les cadavres écrasés et les canons renversés, ils arborent en signe de victoire le drapeau français sur les ruines fumantes de Sultan-Calasy.

Immédiatement après la prise du château, l'artillerie et le génie travaillèrent à en réparer les brèches, afin de le mettre à l'abri d'une surprise.

Mais le Dey qui s'était imaginé, dit-on, que son fort était imprenable tant que les Français n'en élèveraient pas un pareil en hauteur pour y placer leurs batteries, et qui avait calculé que les pluies de l'hiver les surprendraient pendant ce travail, s'effraya des progrès rapides de l'invasion, et passant tout-à-coup d'une extrême confiance au plus grand abattement, il demanda à capituler et envoya à cet effet un plénipotentiaire au quartier-général.

La milice turque, qui de son côté avait tenu un conciliabule, envoya aussi le sien. Les deux parlementaires se présentèrent à cheval et sans armes aux avant-postes français; deux officiers anglais, en grande tenue militaire, les accompagnaient.

Le général les reçut près des ruines du château, environné de son état-major. En arrivant auprès de lui, les deux envoyés se prosternèrent à la manière orientale. M. de Bourmont s'empressa avec bonté de leur faire quitter cette humble posture, et deux interprètes furent chargés de traduire leurs paroles. Un instant après, l'interprète Bracevitch, dalmate, qui avait été autrefois l'interprète du général Kléber, lut en français les paroles suivantes qui avaient été prononcées en langue turque :

« O invincible tête des armées du plus grand sultan de notre siècle ! Dieu est pour toi et pour tes drapeaux ! mais la clémence de Dieu commande la modération après la victoire. La prudence humaine la conseille comme le moyen le plus sûr de désarmer tout-à-fait l'ennemi vaincu.

« Hussein-Pacha embrasse la poussière de tes pieds et se repent d'avoir rompu les anciennes relations du Beylik avec le grand et puissant *Mélik Charal* (sultan Charles).

« Il reconnaît aujourd'hui que quand les Algériens sont en guerre avec le roi de France, ils ne doivent pas faire la prière du soir avant d'avoir la paix. Il fait amende honorable pour l'insulte commise sur la personne de son consul; il renonce, malgré la pauvreté de son trésor, à ses anciennes créances sur la France; bien plus, il paiera tous les frais de la guerre.

« Moyennant ces satisfactions, notre maître espère que tu lui laisseras la vie sauve, le trône d'Alger, et que de plus tu retireras ton armée de la terre d'Afrique et tes vaisseaux de ses côtes. »

Ce langage fut loin de satisfaire le général en chef, qui, s'adressant à son interprète, lui dit avec dignité : « Monsieur Bracevitch, il faut que ce parlementaire rapporte fidèlement à son maître mes propres paroles :

« Le sort de la ville d'Alger et de la Kasaba (résidence du Dey) est dans mes mains, car je suis maître du fort l'Empereur et de toutes les positions voisines. En quelques heures les cent pièces de canon de l'armée française et celles que j'ai enlevées aux Algériens, auront fait de la Kasaba et de la ville un monceau de ruines; et alors Hussein-Pacha et les Algériens auront le sort des populations et des troupes qui se trouvent dans les villes prises d'assaut.

» Si Hussein veut avoir la vie sauve pour lui, les Turcs et les habitants de la ville, qu'ils se rendent tous à merci, et remettent sur-le-champ aux troupes françaises la Kasaba, tous les forts de la ville et les forts extérieurs. »

Une empreinte de tristesse profonde se répandit sur la mâle et belle figure de l'envoyé du Dey, lorsqu'il entendit cette fatale réponse. Il parut hors de lui-même, et déclara que sa bouche n'oserait jamais la transmettre à Hussein-Pacha. Il fallut que M. de Bourmont apposât son cachet sur cette pièce officielle, pour vaincre la répugnance du parlementaire à porter un pareil message à son maître.

Après le plénipotentiaire de Hussein, Karami-Oglou, celui qui avait été choisi par l'assemblée de la milice Algérienne, remit au général la communication suivante par l'intermédiaire du second interprète.

« Salut et gloire au Sultan et Padischa Charal, le glorieux, le sublime, le secouru de Dieu, et à son sélictar redoutable, illustre et fidèle contidi (comte).

« Les grands rois qui ont d'immenses domaines ne font pas la guerre pour y ajouter des provinces pauvres et éloignées; les rois possesseurs d'immenses trésors dédaignent de les grossir d'un peu d'or. Mais fiers et implacables, ils ne posent les armes que quand le sang de leur ennemi a coulé, que quand ils y ont lavé l'insulte qui fut la première cause de la guerre.

« Apprends donc, ô vaillant général, que l'insulte faite au grand Mélick Charal est la faute personnelle de Hussein-Pacha. L'argent qu'il réclamait de lui et de son consul, au lieu d'être la propriété du Beylik et celle de ses frères et enfants, les miliciens turcs, était sa propriété unique et celle de quelques chiens de Juifs qui lui avaient prêté leurs ruses et leur nom dans cette affaire.

« Le glorieux Mélik Charal a eu raison de refuser de payer, et il doit vouloir la mort de l'insolent qui osa insulter son ambassadeur.

« Plusieurs fois déjà nos frères ont essayé de se révolter, à cause de cette offense, contre Hussein, qui, en la commettant, s'est montré traître à ses devoirs et à son pays; nous avons enfin réussi, nous le tenons prisonnier dans son palais.

« Que ta bouche laisse tomber une parole, et nous allons t'envoyer sa tête en réparation de ses méfaits. Nous espérons que cette satisfaction fera cesser la guerre, et que ton armée se retirera. Nous nous empresserons d'élever au pouvoir suprême un autre pacha qui recherchera et cultivera par tous les moyens possibles l'amitié et les bonnes grâces de Mélik Charal, et protègera ses consuls, ses marchands et ses vaisseaux dans nos ports....... »

« Assez, assez, s'écria le général en chef dont l'indignation ne pouvait plus se contenir. Interprète, dites à cet homme de porter mes ordres à ses frères ignorants et féroces. Dites-lui bien que j'entends que ce divan extraordinaire de la milice algérienne cesse à l'instant même ses délibérations. Jusqu'à ce que je commande dans la

Kasaba, Hussein est leur souverain, et ils lui doivent soumission et obéissance. Ma volonté est de ne traiter qu'avec lui seul. Les membres de ce divan me répondront sur leur tête de la moindre offense commise contre la Kasaba, la ville ou la personne du Dey. Qu'ils sachent que l'armée française n'est pas venue ici pour faire assassiner un homme, mais pour vaincre glorieusement un ennemi. »

Karami-Oglou qui avait compté pleinement sur le succès de sa mission, éprouva plus d'étonnement que de peine en entendant les menaces du général en chef. De retour aux casernes où l'attendait le divan extraordinaire, il rapporta verbalement les paroles qu'il avait entendues. Elles causèrent une vive explosion au milieu de l'assemblée tumultueuse et mutinée de la milice algérienne. On en vint aux résolutions les plus extrêmes et les plus barbares. Mort à Hussein ! s'écrièrent à la fois plusieurs voix, auxquelles toutes les autres répondirent approbativement : A nous sa tête et l'or de la Kasaba !

Les conjurés décidèrent, au milieu de l'agitation et du tumulte, qu'ils sortiraient par la porte Babazoune, emportant avec eux les trésors du palais. Pour occuper les habitants d'Alger pendant le pillage, ils mettraient le feu à la ville ; puis, gagnant la plaine de la Métidja, ils se dirigeraient vers Constantine, où ils proclameraient un nouveau Dey.

Les plus jeunes et les moins avancés en grade se montrèrent les plus exaltés, et appuyèrent le plus chaleureusement ces propositions. Ils n'avaient encore eu ni le temps ni l'occasion de s'enrichir ; cette occasion allait se présenter peut-être, et ils voulaient la saisir.

Mais comme il arrive toujours parmi les hommes que l'intérêt et l'égoïsme dominent, les opinions opposées se heurtèrent, se combattirent ; et il en fut de cette assemblée comme de toutes celles qui lui ont ressemblé ou lui ressembleront, on ne put ni s'entendre ni s'accorder.

Cette tentative désespérée répugnait à ceux qui avaient des richesses et que l'âge avait rendus plus froids et plus prudents. L'espérance de conserver leurs trésors et l'effroi que leur inspiraient la sommation et les menaces du général français, les concilièrent instinctivement pour la négative. Ils montrèrent quelle chance effrayante il fallait courir en se jetant chargés d'or entre les Bédouins et les Kabiles. Et d'ailleurs, ajoutèrent-ils, le projet dont il s'agit est-il exécutable ? c'est là une question. Hussein, du haut de la Kasaba, ne peut-il pas réclamer les secours des Français ? Et d'après le langage du chef de nos ennemis, ces secours ne lui sont-ils pas assurés ?

Le divan se sépara en faisant beaucoup de bruit, mais sans rien décider.

Bientôt après sortirent d'Alger deux envoyés du Dey. L'un d'eux était Turc et se nommait Mahmoud-Effendi ; l'autre était Maure et s'appelait Abou-Derba. Ce dernier fut, après la prise d'Alger, l'un des syndics de la ville.

Abou-Derba, qui avait longtemps habité la France, parlait bien le français. Il avait les manières insinuantes et polies d'un homme de bonne société et joignait à ces avantages celui que donne un extérieur fort agréable. Sa position le mettait à même d'étudier et de bien comprendre celle des deux partis. Sa qualité de Maure lui donnait une espèce de neutralité, la querelle existant réellement entre les Français et les Turcs ; aussi son intervention eut bientôt aplani les obstacles.

Abou-Derba fit aisément comprendre à M. de Bourmont qu'il fallait abandonner cette demande de reddition à merci, demande qui n'était propre qu'à pousser au désespoir et à toutes les conséquences qu'il peut enfanter des hommes barbares qui, n'ayant jamais épargné un ennemi vaincu, verraient toujours dans cette clause la mort en perspective, ou un avenir plus terrible peut-être que la mort elle-même.

Enfin, tout s'arrangea dans l'entrevue des deux ambassadeurs avec le général en chef Ils retournèrent à Alger en promettant qu'avant six heures du soir, ils apporteraient la ratification de Hussein-Pacha.

Ils tinrent parole. Dans la soirée les conventions furent échangées, et une commission fut chargée d'aller prendre à la Kasaba les arrangements nécessaires pour l'occupation du lendemain et la remise du trésor.

Trois clefs différentes ouvraient l'appartement qui contenait le trésor de la Kasaba. Le Dey en avait une, le trésorier une autre, et l'Imin sicca (le directeur de la monnaie) une troisième ; de manière que l'un des trois n'allait jamais seul au trésor.

Une salle longue et mal éclairée par deux fenêtres grillées en bronze règne tout le long du vestibule, situé au fond de la cour principale de la Kasaba. Cette cour, formant un carré équilatéral, est entourée d'une galerie soutenue par des colonnes torses.

Indépendamment de l'argent monnayé, des tonneaux et des caisses étaient remplis de lingots d'or et d'argent.

A l'approche de l'armée française, le Dey avait fait ouvrir les bagnes, lieux infects où gémissaient dans d'affreuses tortures des chrétiens de toutes les nations. Les infortunés! nourris comme des animaux immondes, entassés dans d'étroits galetas où l'air et le jour pénétraient à peine par quelques rares issues, couchés non sur de la paille, mais sur du fumier, ils ne recevaient plus de consolation, ils n'espéraient plus de délivrance des pères de la Merci. Le commerce qu'ils avaient fait fleurir par leurs courses périlleuses et lointaines ne les délivrait pas, et leurs souverains eux-mêmes ne pouvaient obtenir leur liberté.

Séjour de calamité, d'horreur et de misère, un ange descendit un jour dans les cachots et les sanctifia. C'est là en effet que saint Vincent de Paule, cet apôtre de l'humanité, échangea sa liberté contre les fers d'un malheureux, réduit au désespoir par le souvenir de sa femme et de ses enfants qu'il savait être plongés dans le besoin pendant son absence.

La plupart des prisonniers qui sortirent de ces bagnes affreux ressemblaient plutôt à des cadavres qu'à des êtres vivants. On se sentait de la pitié dans le cœur en voyant leur démarche incertaine, lente et pénible. Ils portaient un costume semi-oriental, semi-européen, qu'on leur avait donné pour les couvrir en leur rendant la liberté; car auparavant ils étaient dans un état de nudité complète, et ne portaient pour tout vêtement qu'un peu de paille autour des reins.

Plusieurs de ces malheureux avaient, à force de souffrance, perdu totalement la raison; d'autres n'y voyaient presque plus, quelques-uns étaient tout-à-fait aveugles. Dans leur démence, ils nous disaient, en riant d'un air insensé qui faisait mal à voir, qu'ils voulaient retourner au bagne, d'où on les avait chassés.

Les capitaines des bricks le *Silène* et l'*Aventure* arrivèrent au camp avec les débris de leurs équipages. Ils nous contèrent en peu de mots les affreux traitements qu'on leur avait fait subir, puis ils parlèrent de leur joie et des transports d'allégresse qui retentirent dans le bagne quand on entendit le canon français gronder de sa voix formidable sur les hauteurs du Boudjérah. Oh! pendant la lutte terrible, quels vœux formaient ces infortunés! Eh bien! ces vœux étaient réalisés, ils pressaient des mains amies, les mains de leurs compatriotes, de leurs frères.

Le Dey d'Alger, dit le commandant du *Silène*, nous envoya, le jour de notre arrivée au bagne, les objets que réclamaient nos premiers besoins; mais l'apparition de la flotte française dans la baie modéra tout-à-coup à notre égard les élans de sa générosité. Notre captivité devint plus dure quand il apprit le débarquement des Français à Sidy-Ferruch. Depuis lors, chacun des progrès de l'armée nous fut indiqué par un redoublement de mauvais traitements et de clameurs populaires.

» Le consul de Sardaigne acquit des droits à notre reconnaissance par le zèle et le dévouement dont il fit preuve à notre égard.

» Mais bientôt l'imminence de la catastrophe rappela Hussein à des sentiments de douceur et de clémence auxquels nous n'étions pas accoutumés, et nous devinâmes à ses bons procédés le triomphe prochain de l'armée française......

» Nos malheurs, ajouta l'officier de marine, oh! nous les avons oubliés, puisqu'il nous est permis d'embrasser nos frères victorieux qui viennent nous délivrer. »

L'artillerie eut l'honneur d'entrer la première dans Alger. Elle passa par les rues Babaloued et Babazoune. Les roues des affûts et des voitures enlevaient sur leur passage les échopes ou étalages des marchands turcs et maures, tant le passage était étroit et difficile dans ces rues qui sont pourtant les plus larges de la ville.

Les Algériens, en voyant défiler devant eux tout cet attirail de guerre, paraissaient n'éprouver d'autre sentiment que celui de la surprise.

Le général en chef partit du quartier-général pour se rendre à la Kasaba, à la tête d'un nombreux et brillant état major; les officiers-généraux et autres étaient en grande tenue militaire. Les chasseurs de l'escorte portaient à leurs schakos et à leurs lances des branches de myrthe et de laurier. L'air retentissait de fanfares guerrières.

Ni l'harmonie d'une musique qu'ils n'avaient jamais entendue, ni l'éclat du triomphateur ne firent impression sur les Algériens. Assis ou couchés sur des bancs de pierre, ils ne se retournaient même pas pour voir passer le cortége. Bien plus, les Bédouins montés sur leurs ânes ou conduisant leurs dromadaires lui faisaient signe de se ranger et criaient de toute leur force : *Balak*! *Balak*! (gare).

Immédiatement après son entrée dans la Kasaba, le général fit chanter le *Te Deum*, pour remercier Dieu de la victoire qu'il avait donnée aux armes de la France.

Le haut des terrasses de la Kasaba était armé de pièces d'artillerie fleurdelisées. Hussein-Pacha était fier de la possession de ces canons; il les montrait avec orgueil aux consuls et envoyés des puissances européennes.

Les premiers jours de l'occupation française furent employés à la vérification du trésor de la Kasaba et au désarmement de la milice et des habitants. Cette dernière opération se fit sans la moindre résistance Prévenus de cette mesure par les autorités de la ville, les Maures vinrent eux-mêmes avec insouciance et à la file les uns des autres, remettre à la Kasaba leurs fusils, pistolets et yatagans.

Avant de quitter la terre d'Afrique, le Dey fit une visite au général en chef, après avoir en vain attendu la sienne à laquelle il croyait avoir droit en sa qualité de souverain. M. de Bourmont se contenta de faire avertir Hussein-Pacha qu'il le recevrait avec plaisir, et celui-ci se résigna puisque telle était la volonté du vainqueur.

Plusieurs aides-de-camp du général, le consul et le vice consul de France allèrent prendre le Dey *, et l'accompagnèrent à pied jusqu'à la Kasaba, où il se rendit monté sur un très-beau cheval arabe richement caparaçonné: l'amiral Duperré fut invité à assister à cette entrevue.

Les honneurs militaires furent rendus à Hussein-Pacha. Les troupes qui formaient la haie sur son passage lui présentèrent les armes, et les tambours battirent aux champs.

* Forcé de quitter la Kasaba à l'approche de l'armée française, le Dey s'était retiré dans la maison qu'il occupait avant son élévation au pouvoir.

Avant de quitter pour toujours les lieux témoins jadis de sa grandeur et de sa puissance, le palais où il commandait autrefois en maître, mais où maintenant il adressait des prières et recevait des ordres, Hussein témoigna le désir d'être transporté à Livourne; et après avoir remercié le général, il prit congé de lui. On le reconduisit avec le même cérémonial.

Hier au faîte de la puissance et comblé des faveurs de la fortune, aujourd'hui déchu, prisonnier dans sa propre capitale, le malheureux Hussein dut faire des réflexions bien amères sur la position dans laquelle l'avait plongé son opiniâtreté à engager une lutte aussi fatale. Quelques larmes vinrent trahir la fermeté de son âme et effleurer son visage; il se couvrit aussitôt le front avec le capuchon de son burnous.

Le Dey regagna sa demeure, pâle, pensif et le cœur gros de soupirs; et il apprit en y entrant la défection du Bey de Tittery. Il était malheureux, on l'abandonnait; c'est comme cela partout, chez les peuples barbares comme chez ceux qui vantent leur civilisation.

Peu de jours après l'entrée des Français dans Alger, une frégate conduisit à Naples Hussein et sa suite. Les Turcs célibataires furent embarqués pour l'Asie mineure. Quand, à leur départ, on distribua une somme de cinq piastres à chacun d'eux, ils témoignèrent leur étonnement et leur reconnaissance pour la générosité de leurs ennemis.

On comptait que la prise d'Alger entraînerait la soumission des tribus arabes qui s'étaient retirées dans leurs montagnes, et surtout celles des chefs des trois provinces d'Oran, de Tittery et de Constantine. Le Bey de Tittery fit le premier sa soumission. Il vint à la Casabbah, jura solennellement devant le Cadi turc obéissance et fidélité à la France, et fut confirmé dans le gouvernement de sa province.

La capitulation cédait à la France tous les droits de souveraineté sur la Régence : on s'empressa de prendre possession des points les plus importants du littoral maritime.

Le général en chef envoya son fils aîné au Bey d'Oran; celui-ci ne refusa ni de faire sa soumission ni même de remettre la place d'Oran et ses dépendances aux Français; mais prétextant son grand âge, il ne voulut pas consentir à garder le gouvernement de la province, il remit le fort de Mers el-Kibir à un détachement de marins français, et reçut une garnison française.

Une division de la flotte sous les ordres du contre-amiral Rosamel porta du côté de Bône une brigade d'infanterie, accompagnée d'une batterie de campagne et d'un détachement de sapeurs du génie. Cette expédition, commandée par le général Damrémont, avait été demandée par les habitants de cette ville, souvent victimes des brigandages des Kabayles, habitant les montagnes voisines.

Le bey de Tittery avait engagé le comte de Bourmont à s'avancer jusqu'au pied de l'Atlas et à visiter la ville de Blidah qu'il désirait faire joindre à son gouvernement; il assurait que la présence du chef de l'armée aurait pour résultat la soumission de la province. D'autres notables du pays, et sur tout le nouveau Syndic des Arabes, qui préparait alors un arrangement pacifique entre les Français et les Scheiks arabes de la province d'Alger, représentaient au général en chef que le bey de Tittery, connu comme le plus fourbe des hommes, cherchait à l'attirer dans un piége. Ils engageaient M. de Bourmont à ne pas s'aventurer aussi loin d'Alger avant d'avoir terminé cette importante négociation, et de s'être assuré des dispositions amicales de toutes les peuplades voisines; mais le général français avait promis d'aller à Blidah. Il venait de recevoir, le 18 juillet, le brevet de maréchal de France, et il ambitionnait la gloire d'arborer le drapeau français sur l'Atlas.

Blida ou Blideah, ville située au pied du petit Atlas, à huit lieues d'Alger, dans une campagne couverte de bois de citronniers et d'orangers, est renommée par ses eaux sulfureuses. Cette ville, dont la population s'élevait à 3,600 habitants, était considérée comme l'entrepôt du commerce entre Alger et l'intérieur de l'Afrique. Revenu de ses dispositions favorables pour le bey de Tittery, le général français, trompant ses espérances, voulait confier le gouvernement ou district de Blida à un Aga particulier. Cette décision excitait dans les tribus de Kabayles un mécontentement qu'entretenait le Bey de Tittery.

Ce fut pour en prévenir l'effet que le nouveau maréchal de France se décida au voyage de Blida.

Le 23 juillet, le maréchal de Bourmont sortit d'Alger à quatre heures du matin, accompagné des généraux Desprez, La Hitte, d'Escars, Hurel, et d'un nombreux état-major; il avait avec lui 1,500 hommes d'infanterie, un escadron de chasseurs et une demi-batterie de campagne. Il emmenait le nouvel Aga de Blida pour l'installer dans sa résidence. On pensait ne faire qu'une promenade militaire. On traversa sans obstacle les hauteurs qui s'élèvent en amphithéâtre au-dessus d'Alger, et après avoir franchi un des affluents de l'Haracht, on entra dans cette vaste plaine de la Métidja, unie comme la surface de la mer et s'étendant à droite et à gauche à perte de vue.

Les troupes marchaient depuis douze heures par une chaleur que tempérait une brise légère lorsqu'on aperçut, à travers les arbres des jardins, la ville et les minarets de Blida. Une nuit tranquille fit oublier aux Français les fatigues de la journée.

Le lendemain, à cinq heures du matin, le maréchal alla reconnaître les sources qui découlent de l'Atlas; ensuite il installa dans ses fonctions l'Aga, que les habitants parurent bien accueillir.

Pendant toute la journée la tranquillité ne fut point troublée; mais, vers le soir, des groupes de Kabayles, descendus de l'Atlas, se montrèrent jusque dans la ville, où leur présence inquiéta les habitants eux-mêmes. A onze heures de la nuit quelques coups de fusil se firent entendre autour de la maison occupée par le général en chef. M. de Trelan, son premier aide-de-camp, sortit pour voir ce qui se passait et bientôt fut rapporté blessé mortellement. Les bivouacs français furent attaqués; une vive fusillade s'engagea sur toute la ligne; on n'eut que le temps de se mettre en défense et d'opérer un mouvement de retraite. Les Kabayles, pleins d'audace, ne reculaient point devant les décharges d'artillerie. Les Français se formèrent en colonne et se dirigèrent vers Alger précédés par des tirailleurs et flanqués par la cavalerie. Cette marche fut longue et périlleuse; les Kabayles harcelaient les troupes avec acharnement. Plusieurs fois elles furent obligées de se former en carré et d'employer l'artillerie pour les éloigner. L'état-major se trouva engagé dans une charge, et le général Desprez faillit tomber entre les mains de l'ennemi. Les Arabes ne cessèrent leurs furieuses attaques qu'à la vue des avant-postes d'Alger. Retournés à Blida, ils se vengèrent sur les Juifs et les Maures du bon accueil fait aux Français : la ville fut livrée au pillage. L'Aga et la garde maure étaient revenus à Alger avec nos troupes.

Pendant que ces événements se passaient en Afrique, une grande révolution avait lieu à Paris. — Le maréchal de Bourmont en fut instruit par des dépêches qu'apporta, le 11 août une corvette venant de Toulon. Cette corvette portait le drapeau tricolore. Après avoir délibéré en conseil avec les principaux chefs de l'armée sur ce qu'il convenait de faire, le maréchal ordonna que l'armée reprendrait la cocarde aux trois couleurs illustrée par les guerres de la République et de l'Empire. Le général Clausel arriva à Alger le 2 septembre, et après une courte entrevue avec l'amiral Duperré, il se rendit directement chez M. de Bourmont qu'il était chargé de remplacer. Celui-ci, qui n'avait agi ou commandé depuis la nouvelle révolution qu'au nom du lieutenant-général, publia, le 2 septembre un ordre du jour, pour annoncer à l'armée qu'il remettait le commandement en chef à son successeur.

« En s'éloignant de ces troupes, dont la direc- « tion lui avait été confiée dans une campagne « qui n'a pas été sans gloire, disait-il, le maré- « chal éprouve les regrets qu'il a besoin de leur « exprimer. Il eût été heureux pour lui qu'avant « son départ, ceux dont il a signalé le dévoue- « ment en eussent reçu le prix; mais le choix de « son successeur leur garantit que cette dette « sera acquittée. »

Le maréchal de Bourmont remit ensuite à son successeur les papiers de l'expédition, avec une lettre pour le ministre de la guerre, auquel il demandait la permission ou annonçait l'intention de passer quelque temps à l'étranger, en Italie ou en Belgique, sans s'exprimer sur le serment qu'il avait à prêter. — L'amiral Duperré lui ayant refusé un bâtiment de l'Etat pour le conduire autre part qu'en France, il s'embarqua sur un petit bâtiment autrichien monté par huit matelots et se rendit à Malaga, avec deux de ses fils et deux domestiques. Ils jetèrent en partant un dernier regard sur cette terre, théâtre de tant de gloire et d'inconsolables douleurs. Deux matelots avaient suffi pour transporter le bagage du général qui, moins de trois mois auparavant, avait traversé les mers à la tête de mille vaisseaux.

Le maréchal de Bourmont se montra, pendant la campagne d'Afrique, digne de la haute mission qui lui avait été confiée; mais la prise d'Alger, toute glorieuse qu'elle pouvait être, ne dissipa point les funestes préventions que sa conduite en 1815 avaient élevées contre lui. Traître tour-à-tour à la Vendée, à Napoléon et aux Bourbons même, pour lesquels il affichait maintenant un si pieux dévouement; infidèle à Waterloo à l'honneur français; méprisé pour avoir livré à l'ennemi les plans d'une campagne qui s'était annoncée sous de si brillants auspices, et qui se termina par une si douloureuse catastrophe; à jamais flétri par les ordres du jour du sévère et vertueux général Gérard; délateur, faux témoin, parjure dans le procès du maréchal Ney, dont son témoignage entraîna la condamnation, quelle confiance pouvait-il inspirer à notre généreuse nation? Nommé ministre de la guerre au 8 août 1829, quand Charles X, renversant le ministère de transition dirigé par M. de Martignac, choisit des conseillers dont les noms suffisaient pour épouvanter et attrister la France, l'armée lui obéit avec mépris; de courageux officiers protestèrent, par une démission, contre l'insulte qu'on leur faisait en les mettant aux ordres d'un tel homme. Un courage non équivoque, un talent reconnu ne purent ramener les esprits.

Il était en Afrique lorsque Charles X promulgua ces ordonnances infâmes qui précipitèrent sa ruine. Il ne put donc signer cet acte de démence et de perfidie. Néanmoins il sut se faire lui-même justice, en n'osant pas remettre le pied sur le sol de la patrie. Des côtes de l'Espagne, où il se rendit, il se hâta d'aller rejoindre le monarque-prêtre dans sa retraite de Holy-Rood. Depuis, il visita plusieurs cours de l'Europe, se mêlant toujours aux intrigues légitimistes; il alla mendier des ennemis à la France, et ne pouvant lui en susciter, par amour pour le despotisme, il offrit ses services au tyran dom Miguel. Après cette honteuse conduite, et renonçant à l'exil, il eut l'audace de reparaître à Marseille, où le zèle empressé des Henriquinquistes ne put le préserver des huées du parti national.

EXPÉDITION CONTRE LISBONNE.

1832.

Depuis que don Miguel avait ressaisi le pouvoir à Lisbonne, les Français établis en Portugal, et qu'on accusait d'attachement aux idées constitutionnelles, étaient l'objet de vexations et de violences. Deux Français, surtout, furent victimes de jugements iniques ; l'un, M. Bonhomme, étudiant à l'Université de Coimbre, fut condamné à être fouetté publiquement, et conduit ensuite aux présides (galères) d'Afrique, pour un outrage prétendu à la décence dans une église. L'autre, vieillard septuagénaire, M. Sauvinet, était accusé d'avoir pris part à une conspiration qui devait éclater contre don Miguel, et qui fut découverte. On n'avait rien trouvé chez lui qui pût le compromettre, car jamais il ne s'était occupé des affaires du Portugal; cependant des soldats affirmèrent que des fusées, signaux propres à une conjuration, étaient parties de son jardin, et bien que ce jardin fût ouvert à tout le monde, que par conséquent d'autres personnes eussent pu s'y introduire, allumer des feux d'artifice et disparaître, le malheureux vieillard fut condamné à la déportation en Afrique pour dix ans. D'autres Français, arrêtés arbitrairement à Lisbonne et à Oporto, languissaient dans les prisons. Le consul de France à Lisbonne, pour arrêter d'aussi cruels abus dont les conséquences pouvaient, hélas! devenir si funestes, avait tout employé, remontrances, lettres, démarches de toute espèce; il voulait ramener le gouvernement portugais à des sentiments de justice. Ses avis généreux, puisés dans les lois de l'humanité et que le vertige seul pouvait dédaigner, ne frappèrent que des oreilles insensibles et ne purent trouver le moindre écho. Voyant tous ses efforts inutiles et obéissant à une noble indignation, il instruisit son gouvernement de l'état des choses. Cette fois ses plaintes furent accueillies avec un vif intérêt, et sans le moindre retard une petite escadre fut formée et envoyée à Lisbonne pour appuyer le consul dans sa demande de redressement des griefs Le gouvernement portugais, dès qu'il sut qu'un brick français, ayant à bord des dépêches pour le consul, avait paru à l'embouchure du Tage, comprit aisément le dessein de la France, et pour le faire avorter, se hâta de faire exécuter le jugement rendu contre M. Bonhomme.

Le consul, appuyé par son gouvernement dans son honorable entreprise, transmit au ministère portugais la note des réparations qu'il avait reçu ordre d'exiger. Rebelle encore à ce prudent conseil, ce ministère refusa de prendre cette note en considération. En conséquence, le consul quitta Lisbonne vers le milieu d'avril 1831.

L'escadre française, composée de deux frégates et de quelques batiments plus petits, parut ensuite : son commandant renouvela les demandes de satisfaction, menaçant, si dans vingt-quatre heures les conditions offertes n'étaient pas acceptées, de quitter le Tage après avoir pris à bord les Français résidant à Lisbonne. Des mesures si sages, qui semblaient devoir amener le résultat qu'on devait naturellement en attendre, n'eurent pas plus de succès que les démarches du consul. Aucune réponse ne lui fut faite. Alors, s'appuyant sur les ordres qu'il avait reçus, le commandant n'hésita pas de les mettre à exécution. L'escadre mit à la voile, et les représailles commencèrent immédiatement contre le pavillon portugais.

La lutte s'engagea, toute à l'avantage des Français. Après un combat de quelques heures, la victoire se rangea de leur côté ; un grand nombre de vaisseaux portugais furent capturés et sans retard conduits en France ; mais ces représailles n'atteignaient que le commerce, et le but du gouvernement français n'était pas atteint. Pour y réussir, il résolut d'avoir recours à des moyens plus énergiques, pensant qu'eux seuls lui feraient obtenir satisfaction.

Une escadre, forte de six vaisseaux de ligne, trois frégates, une corvette et deux bricks, sous les ordres du contre-amiral Roussin, et accompagnée de bâtiments de transport et de bateaux à vapeur portant des troupes de débarquement, arriva, le 8 juillet 1831, à l'entrée du Tage. Un brick parlementaire fut envoyé à Lisbonne pour exiger l'acceptation immédiate de toutes les conditions qui avaient déjà été présentées de la part du gouvernement français, avec la demande additionnelle d'une indemnité pécuniaire pour couvrir les frais de l'expédition.

Le gouvernement portugais, croyant que l'escadre française ne pousserait pas les choses à la dernière extrémité, et ne voyant dans cette agression que le faux semblant d'une guerre arrêtée, proposa de traiter à Paris par l'intermédiaire de l'ambassadeur d'Espagne. Une ligne d'embossage, formée en travers du Tage par l'escadre portugaise, forte de huit bâtiments de guerre et soutenue par les forteresses et les tours qui avaient été préparées et approvisionnées pour une vigoureuse résistance, ainsi que des corps nombreux de troupes placés le long du rivage, depuis Belem jusqu'à Lisbonne, lui donnaient une confiance que l'escadre française ne fut pas longue à détruire.

Le 11 juillet, les circonstances de vent et de marée se trouvant favorables, cette escadre força l'entrée du Tage. Comprenant combien les mesures de prudence lui devenaient nécessaires devant les forces et le courage auxquels elle avait à répondre, elle attendit pour commencer le feu que l'ennemi eût commencé à tirer. Les tours de la barre prirent, dix minutes avant les vaisseaux français, l'initiative de l'attaque. Leur feu fut successivement secondé par toutes les tours et les forteresses dont la rive du fleuve était garnie. Cependant l'escadre française, gardant toujours l'attitude d'une parfaite sécurité, remontait majestueusement le Tage, et manœuvrant dans l'ordre le plus parfait, ripostait par un feu bien nourri et très-habilement dirigé et faisait éprouver aux forteresses et aux tours des dommages considérables.

En trois heures et demie, l'escadre avait dépassé les nombreuses batteries de Goulet, regardées jusqu'alors comme inexpugnables dans le pays ; elle avait fait amener le pavillon de tous les bâtiments de guerre portugais formant la ligne d'embossage, et jeté l'ancre devant les quais de Lisbonne, en face du palais du roi.

Au secours de cet ensemble formidable et de ces souvenirs de défaite pour l'ennemi, les forces françaises paraissaient vraiment imposantes et devaient naturellement diminuer l'espoir que les Portugais avaient nourri de pouvoir au moins équilibrer les avantages. Pour le détruire entièrement, le contre amiral Roussin écrivit dans cette position au gouvernement portugais que la France, toujours généreuse, traiterait aux mêmes conditions qu'avant la victoire, s'il voulait y consentir franchement ; mais qu'en toute justice, il croyait ne devoir pas paraître trop exiger en réclamant des indemnités pour les victimes de la guerre. Il ajoutait qu'en cela il pensait ne heurter nullement les lois de la guerre.

Le gouvernement portugais, craignant un soulèvement si les Français débarquaient, envoya une réponse portant adhésion pleine et entière aux bases posées par l'amiral. Le 14, un traité fut signé conformément à ces bases ; en outre, l'amiral déclara prisonnière toute la flotte portugaise dans le Tage, qu'il offrit de rendre, si on voulait mettre en liberté un certain nombre de détenus politiques, qui s'engageraient, sur leur parole, à ne prendre aucune part aux expéditions dirigées contre le pouvoir existant en Portugal.

Cette condition, qui pourtant n'était fondée que sur les droits de la victoire, parut trop rigoureuse et ne fut point acceptée. A ce refus, l'amiral français fit conduire à Brest les vaisseaux portugais, et ce ne fut que l'entière exécution du traité qui les en fit sortir.

OCCUPATION D'ANCONE.

1832.

En 1832, à la suite des troubles révolutionnaires survenus dans les Etats-Romains, les troupes autrichiennes entrèrent dans les États du Pape et prirent position dans la Romagne et les Légations. Cette mesure excita en France des inquiétudes auxquelles le ministère crut devoir mettre un terme, en faisant également occuper par des troupes françaises quelque ville des états pontificaux assez importante pour servir de garantie à l'évacuation du pays livré aux Autrichiens, dès que cette occupation ne serait plus reconnue nécessaire. Le ministère français exécuta ce projet après l'avoir mûrement réfléchi.

Deux bataillons de guerre du 66e de ligne, embarqués en toute hâte à Toulon sur *le Suffren*, et deux frégates mirent à la voile le 7 février sous les ordres du capitaine de vaisseau Gallois et du colonel Combes. Le général de Cubières devait, quelques jours plus tard, faire partie de l'expédition. Deux corvettes de charge, portant le 3e bataillon du 66e régiment, et une compagnie d'artillerie avec une batterie montée appareillèrent quelques jours plus tard; mais l'une de ces corvettes fut forcée par des avaries majeures de revenir à Toulon. Le *Suffren* et les deux frégates parurent en vue d'Ancône le 22 février. Une partie des troupes descendit à terre à trois heures du matin et marcha sur la ville dont elle trouva les portes fermées par les ordres des officiers pontificaux. En vertu de ceux qu'il avait reçus, le colonel Combes fit enfoncer une des portes à coups de hache par les sapeurs du 66e. Les Français entrèrent dans Ancône; les postes furent désarmés, et bientôt la ville fut en notre pouvoir. Pendant ce temps, le débarquement de toutes les troupes s'était effectué. A midi, le colonel Combes, suivi d'un bataillon, se porta à la citadelle et somma le commandant de recevoir garnison française. Il fut arrêté, d'après leurs négociations, que les troupes pontificales et les soldats français feraient concurremment le service de la ville en gardant de part et d'autre leur drapeau. Le général de Cubières arrivé à Ancône y apporta les dispositions les plus pacifiques en faveur des Etats de l'Eglise, et dit qu'il était disposé à effacer tout ce qu'il y avait eu de brusque dans le premier moment de l'occupation. Le Pape ne voulut point y consentir, et le gouvernement de la province fut transporté à Osimo avec tous les insignes du Saint-Siége. La question était devenue diplomatique. Malgré les réclamations du gouvernement romain, le gouvernement français n'ordonna l'évacuation d'Ancône que lorsque les Autrichiens eurent eux-mêmes abandonné les Légations.

Les troupes françaises ont quitté Ancône au commencement de l'année 1837

GUERRES DU GOUVERNEMENT DE 1830.

SIÉGE ET CAPITULATION

DE LA CITADELLE D'ANVERS.

1832.

La conférence, tenue à Londres par les représentants de la France, de l'Angleterre, de la Russie, de la Prusse et de l'Autriche, s'épuisait en protocoles, sans obtenir la solution des difficultés dans lesquelles elle était intervenue avec pleins-pouvoirs d'arbitrer. Le roi de Hollande, persuadé que, s'il parvenait à renverser de fait le gouvernement établi en Belgique, les cabinets européens lui reconnaîtraient le droit de l'avoir fait, ou du moins qu'une invasion heureuse le mettrait en meilleure position pour traiter, avait lancé une armée sur le territoire belge. Mais la France ayant marché contre lui sans qu'aucune puissance se fût ébranlée en sa faveur, ses troupes avaient rétrogradé, avant même d'en venir aux mains avec l'armée française. Stimulée par cette infraction aux dispositions des précédents protocoles, la conférence avait rédigé, le 15 novembre 1831, un nouveau protocole, qui fixait définitivement les frontières de la Belgique, et qui rendait au territoire belge la citadelle d'Anvers, que les Hollandais n'avaient pas encore consenti à évacuer. Une année s'écoula en pourparlers diplomatiques, quoiqu'un délai fatal pour l'acceptation de ce protocole eût été plusieurs fois précisé, et par conséquent, plusieurs fois outrepassé. Le roi de Hollande, qui était, il est vrai, la partie lésée et qui payait les frais de la pacification de l'Europe, suscitait sans cesse quelque difficulté pour retarder l'exécution du protocole, parce qu'il espérait que les relations équivoques des grandes puissances entre elles se résoudraient enfin en une guerre générale, qu'il provoquait de tout son pouvoir. Mais l'Angleterre et la France, seconds de la révolution belge, ne pouvaient pas, sans compromettre leur signature, permettre que leur décision arbitrale fût considérée comme non avenue. Un dernier terme, le 12 nov. 1832, fut proposé au roi de Hollande pour l'exécution du protocole du 15 novembre 1831. Le roi de Hollande répondit par un ultimatum, dans lequel il signifiait qu'il garderait la citadelle et qu'il fermerait l'Escaut. La France et l'Angleterre repoussèrent naturellement l'une et l'autre condition, et déclarèrent qu'elles employeraient la force pour faire exécuter leur sentence. Les autres puissances signataires du protocole qui, si la raison d'état ne l'eût emporté sur leurs affections, auraient replacé la Belgique sous la loi des traités de 1815, c'est-à-dire sous le joug de la Hollande, se séparèrent alors de la France et de l'Angleterre, prétendant qu'elles n'avaient pas entendu exercer des voies de contrainte pour faire adopter la solution qu'elles proposaient. Faux-fuyant maladroit, en ce qu'il prouvait qu'elles avaient eu la main forcée, et dangereux pour leur alliée de cœur, la Hollande, en ce qu'il allait l'encourager dans une résistance inutile, en lui laissant espérer une intervention armée de leur part en sa faveur. En Angleterre, une prise d'armes contre la Hollande n'était rien moins que populaire; mais le gouvernement semblait trop engagé pour reculer, et c'était d'ailleurs une conséquence de l'alliance intime avec la France. En France seulement, un secours prêté à la Belgique satisfaisait à la fois le sentiment national et l'intérêt du pays et du gouvernement. Ainsi l'expédition de Belgique de 1832 fut entreprise par et pour la France, malgré l'Autriche, la Prusse et la Russie, et avec la coopération pleine de répugnance de l'Angleterre. La Hollande se prépara avec quelque enthousiasme, parce qu'elle pensait qu'au bruit du canon d'autres puissances arriveraient sur le champ de bataille. La Belgique devait rester l'arme au bras.

En même temps que l'embargo était mis sur les vaisseaux hollandais dans les ports de France et d'Angleterre (mesure d'hostilité générale en contradiction avec le seul but avoué de l'expédition, la reprise de la citadelle *déclarée Belge* d'Anvers, et sa restitution à la Belgique, en contradiction avec les opérations de la guerre circonscrites dans le rayon de la citadelle et non contre les Hollandais), une flotte combinée de Français et d'Anglais allait bloquer l'embouchure des fleuves de Hollande, et une armée française, sous les ordres du maréchal Gérard, entrait de nouveau en Belgique le 15 novembre 1832.

Le seul but de l'invasion, nous le répétons, était d'enlever la citadelle d'Anvers aux Hollandais et de la remettre dans la possession des Belges. Aussi les mouvements militaires qui furent faits sur les frontières hollandaises étaient défensifs plutôt qu'agressifs, en ce sens qu'ils étaient destinés seulement à protéger les opérations du siége et à prévenir les tentatives que l'armée hollandaise aurait pu faire contre les assiégeants. Mais ces démonstrations étaient inutiles ou du moins elles suffirent: l'armée hollandaise ne sortit point de ses positions: elle les avait prises seulement pour être prête à agir dans le cas où les Prussiens, réunis sur la Basse-Meuse, ne se fussent pas contentés du rôle d'observateurs. La guerre fut donc, pour ainsi dire, un duel entre les assiégeants et les assiégés, en présence des deux armées, et c'est là peut-être le trait le plus caractéristique et le plus particulier de cette expédition.

La citadelle d'Anvers, située en avant de la ville, pouvait être attaquée du côté de la ville et de la campagne : du côté de la ville les assiégeants rencontraient les plus grandes facilités, le terrain était favorable, aucun ouvrage avancé ne couvrait la citadelle, et des masses de maisons permettaient d'approcher à couvert; du côté de la campagne des difficultés inouïes se présentaient; le terrain plat et au niveau de l'Escaut était inondé, et deux ouvrages avancés, les lunettes de Kiel et de Saint-Laurent, défendaient le corps de la citadelle. Cependant l'attaque fut dirigée du côté de la campagne. Des considérations de politique et d'humanité déterminèrent le maréchal Gérard à renoncer aux avantages que lui offrait une attaque du côté de la ville : il voulait empêcher un bombardement et une collision entre les Belges et les Hollandais, et il ne pouvait atteindre son but qu'en ne prenant pas la ville pour champ de bataille. Cette conduite des Français était d'autant plus généreuse qu'indépendamment des sacrifices d'hommes auxquels il fallait se résigner, on devait perdre un temps précieux, car l'avenir était incertain et les armées hollandaise et prussienne pouvaient survenir avant la prise de la citadelle, et alors cet acte de dévouement fût devenu une grande faute militaire.

Cinq mille hommes, dont le moral devait être familiarisé avec la perspective d'un siége, formaient la garnison de la citadelle, dans laquelle les Hollandais, depuis deux ans, accumulaient tous les moyens de défense avec profusion. Cent trente bouches à feu garnissaient les remparts, et le général Chassé, qui avait appris la guerre à l'école française, annonçait une résistance désespérée.

Nous ne pouvons entrer dans les détails de ce fait d'armes remarquable, et nous n'en devons mentionner ici que le résultat. Commencés dans la nuit du 29 au 30 novembre par l'ouverture de la tranchée à une distance hardie, les opérations du siége, que contrariaient cruellement le terrain et la saison, se terminèrent le 23 décembre par la capitulation de la forteresse au moment où les assiégeants (après avoir enlevé la lunette Saint-Laurent le 14 décembre) avaient ouvert une brèche aux murs de la citadelle et se disposaient à donner l'assaut. La défense était matériellement vigoureuse et honorable, mais peu savante. Le général Chassé, retenu par ses infirmités dans sa casemate, ne put porter partout l'œil du maître; l'attaque n'avait pas seulement montré dans les soldats le courage le plus intrépide, la constance la plus infatigable, mais aussi dans les officiers la science la plus brillante et la plus profonde. Si le vieil empereur avait passé la revue au retour, il aurait pu adresser aux troupes de toute arme ces paroles qu'il ne prodiguait pas : *Soldats, je suis content de vous !*

« La citadelle d'Anvers, dit un narrateur, entre les mains du roi de Hollande, pesait depuis deux ans sur la Belgique, et plus particulièrement sur la ville d'Anvers, qui se croyait toujours menacée d'un bombardement. Aussi, et cette ville, et la Belgique, par l'organe des chambres et de son roi, ont-elles voté des remerciements à l'armée du Nord. Mais ce n'est pas de la Belgique seulement, c'est aussi de la France que cette armée a bien mérité. Par ce qu'elle a fait dans ce pays et dans la saison la plus contraire aux opérations militaires, elle a prouvé ce dont elle serait capable ailleurs et dans toutes les circonstances : elle a ainsi contribué à l'affermissement de la paix, car les puissances, qui nous sont peu favorables, seront encore moins disposées qu'auparavant à se mesurer avec nous.

« Aux termes de la convention conclue entre la France et l'Angleterre, les Français devaient, après avoir pris la citadelle, la remettre aux Belges, et rentrer ensuite dans leur pays. Ils l'ont fait. En 1831, l'armée du Nord, sans coup férir, renvoya chez eux les Hollandais, qui avaient envahi la Belgique. En 1832, elle leur a enlevé par les armes la citadelle d'Anvers, dont ils refusaient de se dessaisir. Elle a ainsi deux fois rempli sa tâche.

Le 24 décembre, à 4 heures, le maréchal, accompagné du duc d'Orléans et du duc de Nemours, suivi de son état-major, se rendit à la citadelle par la porte de l'Esplanade, pour rendre visite au général Chassé. Rien ne peut donner une idée des décombres au travers desquels il fallut se frayer un passage pour arriver à la casemate au fond de laquelle était le général. C'était un spectacle touchant que ce vieux guerrier au milieu de toutes ces images de destruction, craignant de n'avoir pas fait une assez honorable défense.

Le maréchal tâcha d'adoucir tout ce qu'il y avait d'amer dans sa position, et en prenant congé de lui, dans une allocution tout-à-fait touchante, faite en présence d'un grand nombre d'officiers hollandais, il déclara que leur belle défense leur avait mérité pour toujours l'estime des Français, et qu'il n'y avait pas un officier dans son armée qui ne fût fier de les avoir pour frères d'armes. *J'honore partout le courage*, dit le maréchal, *et ces ruines, messieurs, sont les meilleures preuves du vôtre.* Il visita ensuite la citadelle, et en présence du bastion de Tolède à moitié tombé dans le fossé : *Il était temps*, dit-il; *le général Chassé s'est conduit en homme d'honneur, il ne pouvait tenir un jour de plus.*

Le maréchal se rendit ensuite sur les glacis de la lunette de Kiel. Là un détachement d'artillerie et du génie et la division Fabre étaient rangés en bataille; bientôt on vit sortir de la citadelle, en colonne serrée, par divisions, la garnison composée d'environ 4,000 hommes; ces soldats étaient en général très-beaux, la figure un peu fatiguée comme des hommes qui ont souffert, mais d'une très-belle tournure militaire.

Le maréchal Gérard, honorant son ennemi vaincu, ennemi qui a longtemps combattu dans les armées françaises, a voulu, tout en faisant exécuter le traité, éloigner de l'exécution tout ce qui pouvait en augmenter l'amertume.

L'ennemi sortit de la citadelle. Il déboucha en colonne serrée par la porte du Secours; le général-major de Favange commandait le défilé. La garnison déposa les armes et les mit en faisceaux. Alors commença une série de scènes touchantes et trop nombreuses pour être racontées. On vit couler des larmes sur bien des visages, au moment de cette séparation forcée du vieux soldat d'avec son vieux mousquet. Plusieurs brisèrent leurs armes, déchirèrent leurs cartouches et les foulèrent aux pieds.

Après la reddition, la citadelle présentait un état affreux : En voici quelques traits empruntés au récit d'un des officiers assaillants :

J'étais parvenu au centre de cette forteresse, naguère si bruyante, sans avoir rencontré rien de remarquable, rien qui pût être analysé, car tout avait perdu sa forme primitive Il y avait de *tout* dans ce *tout* brisé : l'on eût dit de l'atelier de ces nécromanciens du moyen-âge, posé dans un charnier, qu'une explosion vient de mêler à des cadavres et livrer à l'investigation de l'œil du profane. Les instruments de mort ne dominaient plus ces plates-formes aiguës; le canon les avait recouvertes de monceaux de chairs. Cette image de destruction était hideuse, mais elle ne répondait point à mon attente ; car l'ennemi avait riposté avec vigueur aux derniers coups de nos batteries. Où étaient donc les pièces qui combattaient encore lorsque le général Chassé demanda à capituler ? La terre remuée sur les blindages déguisait leur construction ; quelques trous çà et là, creusés par la bombe, permettaient à l'œil de sonder les cavités où étaient des canons entourés de cadavres. Une odeur fétide s'exhalait de ces tombeaux, où avaient combattu, en présence de leurs camarades agonisants, les derniers défenseurs de la citadelle.

Quelques murs encore debout, sillonnés par le feu, portaient jusqu'au faîte des traces de sang et des chairs que les projectiles y avaient clouées. Des têtes et des membres semblaient vouloir se dégager des décombres, et des cadavres, à moitié courbés, paraissaient conserver encore l'expression de l'effort qu'ils avaient fait pour se relever.

Une femme, portant le costume anversois, était accroupie; elle tenait son tablier sur un objet qu'elle couvait des yeux ; je m'approchai d'elle : « Un demi-franc, » me dit-elle, « pour » voir... Un demi-franc, » ajouta t-elle encore. Je lui donnai une pièce de monnaie... *C'était la tête d'un sapeur, enterré jusqu'au cou, que cette mégère montrait aux curieux* ! Aucune trace de blessure ne paraissait sur cette tête livide dont la fixité avait été augmentée par la pression de l'éboulement.

Je m'éloignai avec dégoût de cette malheureuse, placée, peut-être, dans la situation de craindre que la putréfaction ne vînt bientôt lui ravir l'objet de son industrie.

Des cartes en lambeaux ; une mappemonde brisée, au sein de ce petit monde ; des compas; des boussoles; des agrès de vaisseaux, et des cadavres de blessés que l'on n'avait pu transporter, engloutis sous des poutres coupées par le feu; deux têtes pour trois cadavres ; des bras, beaucoup de bras autour des débris d'instruments de chirurgie, et quelque chose qui avait été un homme, dont l'habit n'annonçait rien de militaire, accroupi, sans blessure apparente, la tête appuyée contre un mur lézardé.

L'ensemble..... il n'y en avait point ; rien ne pouvait s'accoupler, tant était de natures différentes ce qui avait surgi à la surface du lieu où erraient mes regards. De la paille sur laquelle reposait la moitié d'une vache et des bois calcinés autour des restes de cet animal que le feu n'avait point atteints ; une malle brisée; des lambeaux d'uniformes, des épées rompues, paraissaient avoir été engloutis sous la chute du quadrupède, et cependant rien n'annonçait qu'il y eût eu un bâtiment au-dessus du lieu où ces restes informes gisaient.

Les parties de l'édifice encore debout menaçaient ruine ; les magasins, quoique blindés, avaient été atteints et traversés par nos boulets, et l'hôpital était criblé de projectiles qui avaient dû achever des blessés, à en juger par leur directions.

Des affûts, des caissons renversés, des harnais, des armes et des roues brisées; des habits et des coiffures en lambeaux;.... mais toujours des traces de sang...... tout en est imprégné!....

Quelques casemates et quelques poternes avaient résisté. Mais quel aspect, grand Dieu!.. dans toutes des cadavres mutilés, couchés sur la terre fangeuse, enveloppés d'un drap.. .. ils avaient fui l'hôpital pour venir chercher ces tombeaux.

OPÉRATIONS EN AFRIQUE.

1830 à 1837

Le général Clausel, dans le but de venger le guet-à-pens de Blida, résolut d'aller attaquer le Bey de Tittery au milieu des tribus de l'Atlas.

Le 20 décembre, le corps d'expédition se mit en marche vers Medeah.

Le Bey de Tittery avait rassemblé les forces principales (8000 hommes environ), et voulait défendre le col de Ténia, un des passages difficiles de l'Atlas. Sur les hauteurs, à droite et à gauche de la route, le reste des ennemis était échelonné dans la gorge, en avant de la position principale, occupant les points les plus favorables à la défense.

L'attaque commença. Les Turcs étonnés de l'audace des soldats français et craignant d'être pris à revers, se retirèrent précipitamment. Les Kabyles ayant été dispersés à leur tour, les Français franchirent le col presque sans obstacle.

Le 22 novembre, l'armée marcha sur Medeah, située à vingt-cinq lieues d'Alger et capitale du Beylick de Tittery. C'est une jolie ville, entourée de murs, et peuplée de 10,000 habitants de race maure.

Le 23, le général en chef installa le nouveau Bey qu'il avait amené d'Alger.

En 1831, le général Clausel, nommé député et promu à la dignité de maréchal de France eut pour successeur dans le gouvernement d'Alger le lieutenant-général Berthezène.

Le nouveau gouverneur, après avoir châtié sévèrement plusieurs des tribus établies sur les bords de l'Haracht et de l'Hamize, revint à Alger par Blida, sans avoir éprouvé aucune perte.

Au mois de juin, le général Berthezène apprit que dans Medeah il se formait une ligue hostile aux Français. Le Bey institué par le général Clausel, était sans pouvoir dans cette ville, et sa vie même avait été menacée. Il partit avec un corps de 5000 hommes et une batterie d'artillerie de montagne. La première chaîne de l'Atlas fut franchie sans obstacle; mais en arrivant devant Medeah, nos soldats essuyèrent les décharges de quelques centaines de cavaliers qui furent promptement mis en déroute.

Dans cette expédition, les Français eurent à combattre une dizaine de tribus auxquelles ils causèrent des pertes considérables. Après un combat de quelques heures, où nos troupes eurent peu à souffrir, elles regagnèrent Medeah. Le lendemain, le général Berthezène ordonna de reprendre la route d'Alger. Il avait échelonné deux bataillons au col de Tenia et à la ferme de l'Aga, pour assurer son retour à travers l'Atlas.

Quarante tribus, au nombre de douze mille

combattants, se postèrent sur les sommets des montagnes, afin d'arrêter la marche de la colonne française. Cette colonne avait à franchir un long défilé, où pendant trois lieues on ne peut passer qu'un à un. Le capitaine d'une des compagnies de l'arrière-garde fut tué la troupe privée de son chef, et attaquée avec acharnement par l'ennemi, éprouva un moment d'inquiétude qui se communiqua au bataillon le plus voisin; mais cette faiblesse n'eut pas de durée; nos troupes reprirent bientôt l'offensive et repoussèrent les assaillants. En débouchant dans la plaine, elles firent en présence des Arabes, une halte de neuf heures, que ceux-ci n'osèrent pas troubler.

Les tribus ennemies occupaient en force le point où la route ordinaire franchit la Chiffa. Le général Berthezène alla traverser cette rivière sur la route d'Oran, et rentra sans coup férir dans Alger.

Bien que l'évacuation de Medeah eût été volontaire, elle augmenta l'audace des Kabayles. Le Cheick Benzamoun, fit attaquer, le 17 juillet, à huit heures du matin, la Ferme modèle, située à quatre lieues d'Alger. La Ferme n'était défendue que par 150 hommes avec quelques pièces d'artillerie. Le nombre des assaillants s'élevait à 3000. La brigade Feuchères entendit le canon ; l'ennemi fut bientôt culbuté. Le 18, à cinq heures du matin, les Arabes exécutèrent une nouvelle attaque. Le général Berthezène les dispersa. Un autre parti de 500 hommes, qui se présenta le soir, sur la route de la Ferme à Alger, fut aussi mis en déroute.

Le fils de l'ex-Bey de Tittery, renforcé de quelques tribus de la Zeitoun, de Begdadi et d'Oreby, attaqua le 20 juillet un des blokaus français sur l'Oued-Kermès. S'en voyant repoussé, il chercha à intercepter la communication d'Alger avec la Ferme-modèle, que les portes faites par Benzamoun le détournaient d'attaquer. Le lieutenant-colonel Lavoyerie marcha contre lui à la tête d'un bataillon du 20e régiment, lui tua une cinquantaine d'hommes et le rejeta dans les ravins d'Oued-Kermès. Le colonel d'Arlanges, du 30e régiment, sortant alors de la Ferme, fit mitrailler et fusiller cette troupe d'Arabes, pendant qu'elle cherchait à gagner le pont. Malgré les grandes pertes qu'il avait essuyées, l'ennemi se présenta encore le lendemain. Le général Berthezène fit des dispositions pour lui couper la retraite, s'il osait s'avancer comme la veille. En effet, les Arabes, obligés de défiler pendant une demi-heure sous le feu des tirailleurs du général Feuchères, finirent par se disperser, après avoir eu huit cents hommes au moins tués ou blessés. Ce dernier combat assura, pour le reste de l'année, la tranquillité et la sûreté des environs d'Alger.

Au mois de décembre 1831, le gouvernement général d'Alger fut confié au lieutenant-général de Savary, duc de Rovigo.

Le capitaine d'artillerie d'Armandy, accompagné de Youssouf, jeune maure, capitaine des chasseurs d'Afrique, entra le 25 mars 1832 dans la casaubah de Bone, avec trente hommes de la marine, armés de douze fusils. Cent Turcs se joignirent à eux, et, avec cette faible troupe le brave d'Armandy se maintint dans la place jusqu'à l'arrivée des renforts qui en assurèrent la possession à la France. Vainement Ibrahim, l'ancien Bey de Bône, tenta d'y rentrer, au mois de septembre, avec 1500 Arabes.

Plusieurs milliers d'Arabes à pied et à cheval vinrent attaquer la ville d'Oran et la cernèrent. Depuis le 3 jusqu'au 8 mai, le général Boyer les tint en échec. Le 9 mai, toutes les tribus, au nombre de 15,000 hommes, découragées, se décidèrent à la retraite.

Le 23 octobre et le 10 novembre les Arabes revinrent à la charge, mais sans plus de succès. Cette fois leur nombre ne dépassait pas 4,000 hommes.

Vers la fin du mois de septembre, le général en chef apprit que les Arabes projetaient d'attaquer ses avant-postes. Dans la nuit du 26 au 27, l'ennemi s'étant glissé entre les grand'gardes, incendia la porte de la Ferme-modèle. En attendant l'arrivée des troupes de réserve qu'amenait le duc de Rovigo, le général Faudoas, qui commandait la ligne avancée, réunit les corps sous ses ordres et marcha sur l'ennemi, qui, n'osant pas attendre les Français, s'enfuit, non sans avoir eu plusieurs blessés.

Cependant les Arabes de l'Ouest, excités par leurs marabouts, se préparaient à reprendre les hostilités ; ils avaient établi deux camps vers Bouffarick et Coléah. Le général-gouverneur résolut de les disperser ; il envoya une colonne vers chacun de ces points. La colonne dirigée sur Coleah parvint à son but sans rencontrer l'ennemi ; mais le détachement dirigé par Bouffarick et qui était commandé par le général Faudoas, trouva, le 2 octobre, une résistance dont il triompha de la manière la plus brillante. Tout ce qui put être approché périt sous le sabre ou la lance ; le reste fut écrasé par l'artillerie ou se dispersa en désordre, laissant entre les mains des Français deux drapeaux, glorieux trophée d'un combat où 1,500 hommes en battirent plus de 3000, dont 400 furent tués.

Le 21 novembre, le général Faudoas conduisait avec non moins d'habileté une expédition sur la ville de Blida où avait été fomentée la dernière insurrection des Arabes.

Les hostilités éclatèrent en 1833 sur plusieurs points de la Régence d'Alger. Depuis l'occupation de la ville d'Oran, les Garabats n'avaient cessé de lutter contre la domination française. Le général Desmichels résolut de se débarrasser de ces dangereux voisins. Il dirigea contre eux, dans la nuit du 7 au 8 mai, 2000 hommes de toutes armes et surprit quatre de leurs camps. Une attaque générale de la part des Arabes suivit la défaite des Garabats.

Neuf mille cavaliers et mille fantassins, sous les ordres d'Abd-el-Kader, établirent deux camps à trois lieues d'Oran. Ainsi menacé, le général Desmichels fit jeter le 26, en avant de la place, les fondations d'un blockaus destiné à couvrir les fortifications non encore achevées. Le 27, au matin, deux colonnes arabes se portèrent contre la ville et contre le blockaus. Un combat acharné s'engagea. Ald-el-Kader ne se retira qu'après avoir eu plus de huit cents tués ou blessés. Quelques attaques n'ayant pas mieux réussi les jours suivants, les Arabes levèrent leurs camps dans la nuit du 31 mai au 1er juin et disparurent.

Entre Alger et Oran, à douze lieues de cette dernière ville, dans un beau golfe, est situé Arzew, port sûr et commode. L'occupation de ce port devait faciliter l'attaque de l'importante ville de Mostaganem, placée dans le voisinage. Le général Desmichels ayant fait investir cette ville par mer et par terre, y entra le 5 juin ; il s'y établit, et en assura la possession aux Français par des fortifications promptement achevées.

Mostaganem était occupée au nom de la France par une garnison turque qu'on disait prête à livrer la place à Abd el-Kader. Le général Desmichels agit de manière à prévenir cette trahison. Débarqué avec 1400 hommes, à cinq heures de marche de la ville, il y entra le lendemain, après une vive résistance que lui opposèrent des Arabes embusqués derrière les murs et dans les jardins d'un village. La garnison prise au dépourvu protesta de son dévouement et fut admise à faire le service de la place de concert avec les Français. Dès le 29, l'ennemi se présenta avec résolution ; interrompues le 30, les attaques recommencèrent le 31 juillet et le premier août, Les Arabes furent repoussés. Alors Abd el-Kader lança contre Mostaganem toutes les tribus fanatiques de Mascara ; mais toutes ces attaques acharnées n'eurent aucun succès.

Le port de Bougie, situé à l'Est d'Alger offrait au Bey de Constantine, ennemi des Français, les mêmes avantages que celui de l'Arzew au Bey de Mascara. Le 22 septembre, une flottille sous les ordres du capitaine Parseval Deschênes, composée d'une frégate, de quelques corvettes, de plusieurs bricks, d'une quinzaine de bâtiments de transport, et portant 1800 hommes commandés par le général Trézel, sortit du port de Toulon. Arrivée le 29 devant la plage de Bougie, elle fut reçue à coups de canon : le feu supérieur des bâtiments eut bientôt éteint celui de l'ennemi, et le débarquement s'effectua. Les Arabes résistèrent pendant sept jours. Enfin, le 6 octobre, Bougie était purgée de tous les ennemis ; mais les Arabes campés sur les montagnes environnantes ne cessaient de la menacer. Le 12 octobre, chassés de leurs positions inaccessibles, les barbares prirent la fuite. Le 1er novembre, remis de leur terreur et stimulés par le bey de Constantine, ils reparurent devant Bougie, mais leur fureur vint se briser contre les murailles et les blockaus qui n'étaient pas encore achevés.

Le duc de Rovigo fut remplacé par le général Avizard qui, lui-même, eut pour successeur le général Voirol.

Sauf quelques brigandages des Kabayles, les provinces du centre et de l'ouest jouirent pendant l'année 1834 d'une tranquillité qui fut favorable à la colonie. A cette époque le général Drouet, comte d'Erlon, remplaça le général Voirol.

Abd-el-Kader, Bey de Mascara, espérant que la ruse le servirait mieux que la violence, consentit, au mois de février 1834, à faire acte de soumission envers la France. Le Bey de Constantine, Achmet, ne suivit pas son exemple.

Le traité de 1834 accrut l'influence et le pouvoir d'Abd-el-Kader; il excitait secrètement les Arabes hostiles à la France à continuer la guerre. Le général Trézel avait remplacé dans le gouvernement de la province d'Oran le général Desmichels. Le premier, à la tête de 2,500 hommes, arriva le 26 juin sur les bords de la Sig, à dix lieues d'Oran. En approchant de la rivière, il rencontra pour la première fois l'armée ennemie forte d'environ 12000 hommes (8000 cavaliers et 4000 fantassins, dont 1200 de troupes régulières), et qui postée dans un défilé, réunissait l'avantage du nombre à celui du terrain. L'attaque et la résistance furent opiniâtres. Le passage fut enfin forcé. Le 28 juin, dès le point du jour, la colonne française commença son mouvement rétrograde. Vers le milieu de la journée on arriva à un passage étroit, compris entre des collines boisées et les marais de la Macta. Abd-el-Kader saisissant l'avantage du du terrain avait déjà fait prendre à ses troupes position en avant du défilé et sur les hauteurs. La colonne française fut assaillie de toutes parts avec fureur. Elle repoussa d'abord l'attaque avec succès; mais un mouvement exécuté sans ordre, ayant laissé à découvert le centre où étaient les bagages des blessés, les Arabes s'y précipitèrent, et la ligne fut coupée. Il s'en suivit un moment de terreur panique et de confusion. Une partie de l'arrière-garde se jeta dans les marais et dans les taillis.

Quelques pelotons tinrent ferme tandis que le général Trézel ramenait l'avant-garde en arrière pour dégager les équipages et les ambulances. Malheureusement un grand nombre de blessés et de soldats épars étaient déjà tombés sous les coups des Arabes. Protégée par l'artillerie, la petite colonne franchit enfin le fatal défilé et put se rallier. Elle continua sa marche, et malgré les nuées d'Arabes qui la harcelaient, elle arriva sous le canon d'Arzew. Notre perte était grande, 262 hommes tués et 300 blessés; de plus, les bagages perdus, ainsi qu'un obusier et des caissons. 3000 Arabes étaient restés sur le champ de bataille.

La nouvelle du désastre de la Macta précipita une expédition contre Mascara, chef-lieu d'Abd-el-Kader, dans la province d'Oran.

Le maréchal Clausel venait d'être donné pour successeur au général d'Erlon.

Abd el-Kader, prévenu de la vengeance qui le menaçait, après de feintes protestations pacifiques, excita une fermentation générale dans les tribus de la province d'Alger; mais le choléra, ce grand destructeur des villes et des plaines ayant fait son apparition, la tranquillité fut rétablie momentanément. Après que le fleau eût cessé de sévir, les hadjoutes et les autres tribus recommencèrent à manifester leurs dispositions malveillantes. Le Bey fit de nombreux rassemblements, et avec 6,000 Arabes vint insulter le camp français de Bouffarick. Le maréchal Clausel marcha vers Blida pour répondre à cette provocation, chassa les Arabes et les battit au passage de la Chiffa et de l'Oudjeyer. Le lieutenant-général Rapatel, accompagné seulement de quarante chasseurs et de vingt officiers, chargea environ 300 cavaliers ennemis et les culbuta. Le maréchal Clausel entra sans difficulté à Blida, revint ensuite à Bouffarick sans faire feu et les hadjoutes renouvelèrent leur soumission.

Tandis que le lieutenant d'Abd-el-Kader était battu dans l'Atlas, l'émir éprouvait lui-même plusieurs échecs dans la province d'Oran. Les opérations militaires ne recommencèrent qu'à la fin du mois d'août. Les Douairs et les Zmélas, devenus nos alliés, se rapprochèrent d'Oran appuyés par la garnison française. Abd-el-Kader s'y présenta en force; mais il fut repoussé vigoureusement, comme le lendemain les Beni-Hamer, ses partisans, qui laissèrent sur le théâtre de leur défaite du butin et des troupeaux.

Ces faits d'armes accomplis, on prépara avec la plus grande activité l'expédition contre Mascara; l'appareil en était vraiment formidable. Le duc d'Orléans, prince royal, devait y participer. Il débarqua le 10 novembre à Alger. L'occupatiou de la petite île de Rachgoun située à l'embouchure de la Tafna, préluda aux opérations militaires.

La ville de Mascara est située à 12 lieues de la mer et à 18 lieues d'Oran. Elle est assise sur une chaîne de collines et son passage, en venant d'Oran, devient difficile et périlleux par des hauteurs boisées, des gorges profondes, des rivières torrentueuses et des plaines arides. Mais ces nombreux obstacles ne devaient pas arrêter les Français.

L'armée expéditionnaire forte d'environ dix mille hommes de toutes armes et d'un corps auxiliaire de Turcs et d'Arabes commandé par Ibrahim, Bey français, était réunie au camp du Figuier à quelques lieues d'Oran. Le duc d'Orléans accompagnait le maréchal Clausel. Le maréchal de camp Oudinot, généreux vengeur de son frère, commandait la brigade d'avant-garde. Les généraux Perregaux et d'Arlanges et le colonel Combes avaient les autres brigades sous leurs ordres.

Le 26 novembre, le duc d'Orléans et le maréchal partirent d'Oran pour le camp du Figuier. Le 27, le général Oudinot partit avec sa brigade pour le camp de Tlélat, et y fut bientôt rejoint par le Bey Ibrahim. L'Etat-major général, les quatre brigades et les convois étaient campés sur la rive gauche, tandis que le commandant Lamoricière avec ses Zouaves, et le Bey Ibrahim avec ses Turcs, prenaient position en avant sur la rive droite. Cette nuit on ne reçut pas un coup de fusil.

Le 29, à sept heures et demie du matin, toute l'armée se mit en marche. L'ennemi commença par tirer quelques coups de fusil sur nos flancs. Cependant l'armée avançait toujours sur trois colonnes et dans un ordre parfaitement régulier que contrariait quelquefois les difficultés du terrain. Elle traversa sans coup férir la forêt de Muley-Ismaël, témoin de l'audace et du glorieux revers du général Trézel. Elle franchit ensuite l'Ongasse, torrent desséché, et reçut sur son flanc droit quelques coups de feu de la part des Béni-Hammer. Enfin, vers quatre heures de l'après-midi, la colonne arriva sur la Sig, épuisée de fatigue et de soif.

Le 30 novembre et le 1er décembre, l'armée séjourna sur la Sig.

Le 2 décembre, le maréchal accompagné du duc d'Orléans, et ayant avec lui cinq bataillons, 300 chevaux et dix pièces d'artillerie, poussa une reconnaissance vers un camp de Bédouins situé à deux lieues de l'établissement français en remontant la Sig, sur la rive droite. On se battit pendant cinq heures. Le camp ennemi fut enlevé avec fort peu de sacrifices de la part des troupes françaises et de nombreuses pertes essuyées par les Arabes. Ce premier engagement ouvrit la campagne. Notre armée y déploya un grand courage.

Elle quitta le camp de la Sig, le 3 décembre à sept heures du matin. A neuf heures, toute son arrière-garde et une partie de ses flancs se trouvèrent engagés par le feu le plus vif. Abd-el-Kader placé en tête de la colonne voulait opérer une diversion. A deux heures, le maréchal fit faire à ses deux premières brigades un mouvement à droite. C'était une manœuvre fort habile. Les Arabes se trouvèrent coupés en deux corps et les Béni-Hammer, séparés de leur chef principal et privés d'ordres et de conseils, se retirèrent après de nombreuses pertes. La fusillade cessa et notre colonne se remit en route.

Tout-à-coup, comme elle arrivait vers le Sidi-Emburuck, elle fut arrêtée par une vive canonnade. Des obus et des boulets furent lancés dans les rangs de nos soldats. Les têtes des colonnes ne rétrogradèrent pas pour cela. Le prince et le maréchal Clausel s'y portèrent au galop et l'attaque se prépara. L'artillerie française traversa un profond ravin et cette opération lui permit de faire un feu très-nourri. La tête de notre colonne s'étant portée en avant sur la gauche, fut accueillie par une grêle de balles. L'ennemi la lançait, embusqué dans un ravin et dans les bois. La mitraille de l'artillerie française se dirigea de ce côté et notre infanterie se porta sur le ravin et sur le bois. Ce fut en ce moment que le duc d'Orléans reçut une balle morte à la cuisse gauche, se trouvant sur les points les plus exposés au feu qui nous arrivait du bois. Deux compagnies de voltigeurs l'enlevèrent à la baïonnette. L'ennemi, cerné de toutes parts, n'en sortit que pour périr sous le feu des tirailleurs ou de la mitraille. Abd-el-Kader qui avait déployé le plus grand courage dans cette attaque, se retira avec quelques cavaliers et disparut rapidement.

A droite de notre colonne régnait la même vigueur. Nos ennemis y furent culbutés, et emporté par son courage, le général Oudinot reçut à la cuisse une balle qui priva nos soldats de son commandement.

L'armée continua sa route vers l'Habrah. Le 4 décembre à sept heures, passa l'Habrah : elle fut vivement inquiétée par une fusillade très-bien soutenue ; mais les Arabes furent cruellement trompés dans leur aveugle confiance, car peu d'efforts nous ouvrirent un libre passage, et causèrent à l'ennemi une défaite de plus et la honte de l'avoir bravée.

Le 5 décembre, on se remit en route. L'ennemi vint nous tracasser encore avec sa fusillade dans la vallée du Rio Salado ; mais le brave commandant Lamoricière et ses infatigables Zouaves eurent bientôt tout dispersé.

Le 6 décembre, nos troupes arrivèrent devant Mascara et y pénétrèrent sans qu'on leur opposât la moindre résistance. La ville leur offrit l'aspect le plus déplorable. Les Arabes, avant de prendre la fuite, avaient mis le feu à plusieurs maisons et avaient poussé la cruauté jusqu'à égorger un nombre considérable de Juifs, sans épargner leurs femmes et leurs enfants.

Le 7 décembre, la ville fut fouillée. On y trouva des provisions considérables de blé, d'orge, de paille, de biscuit, de soufre et de salpêtre.

Avant de quitter cette ville, il fallait y laisser au moins une apparence de garnison. Le Bey Ibrahim ayant paru peu disposé à y rester, on résolut de la brûler ; ce qui s'effectua le 9 décembre avec tous les ménagements prescrits par l'humanité; car il fut permis à plus de 809 Juifs de suivre l'armée française. Après avoir jeté un dernier regard sur cette ville, qui bientôt n'allait plus être qu'un triste amas de cendres, elle se dirigea sur Mostaganem. Elle fut harcelée de nouveau par quelques Arabes échappés au dernier massacre, et qu'excitait l'espoir du butin; mais le corps des Zouaves les réduisit à la fuite. C'était là de bien faibles ennemis à combattre : de plus terribles vinrent fondre sur notre armée. Des torrents de pluie, des grêlons, d'épais brouillards assaillirent nos soldats déjà péniblement embarrassés par les devoirs d'humanité qu'ils s'imposaient envers les vieillards, les femmes et les enfants qui les suivaient depuis Mascara. Mais leur courage et leur générosité triomphèrent de tous ces obstacles.

Le 11 décembre, nos soldats avaient laissé les affreuses montagnes derrière eux, la tempête avait cessé, et ce fut à travers une immense plaine, assez commode pour tous leurs besoins, qu'ils arrivèrent le 12 à Mostaganem, après une attaque assez vigoureuse qu'ils repoussèrent promptement, malgré leur fatigue extrême,

L'année 1836 commença par une expédition contre Abd-el-Kader. Nos troupes se mirent en marche pour l'occupation de Tlemcen. Elles arrivèrent en vue de cette ville après cinq jours de marche dans un pays triste et monotone, et y firent leur entrée sans la moindre hostilité. Aussitôt on organisa un bataillon de 500 hommes de bonne volonté, pour tenir garnison dans cette ville.

Le 16 janvier, à une lieue de là, une vive attaque s'engagea entre les Français et Abd-el-Kader. De part et d'autre le courage fut brillant. Mais rien n'égala la valeur de Youssouf, chef d'escadron, notre auxiliaire; six fois, en poursuivant Abd-el-Kader, il le sépara des siens, s'en approcha à une distance de quarante pas et se serait emparé de sa personne, si son cheval n'eût pas été épuisé par trois heures de galop.

Une communication entre Tlemcen et Oran devenait urgente. En conséquence, le maréchal partit le 25 janvier pour aller reconnaître le cours de la Tafna. Il arriva à son confluent sans rencontrer d'ennemis; mais Abd-el-Kader en occupait la gorge. Il fut vigoureusement attaqué par Mustapha, vers dix heures du matin. Il riposta longtemps sans perdre le moindre avantage; il était même sur le point d'en obtenir un, lorsque le 2e de chasseurs, soutenu par un bataillon du 66e de ligne, vint lui ravir cette confiance. Pressé vivement, il eut peine à repasser la Tafna et fut poursuivi dans sa fuite par le colonel de Gouy, tandis que ses troupes de l'autre rive, étaient écrasées sous le feu de deux pièces de campagne. A 4 heures, le feu cessa ; l'ennemi avait disparu. Les Arabes eurent 200 hommes tués ou blessés ; 31 têtes coupées furent rapportées au camp par les auxiliaires.

Tant de revers ne découragèrent pas Abd-el-Kader. Le 27, au moment où le maréchal faisait une forte reconnaissance dans le pays, l'Emir l'attaqua avec 10,000 hommes. Un long et terrible feu tint les deux armées en face l'une de l'autre. Une vigoureuse animosité les agitait ; mais, sans qu'on s'y attendit, Abd-el-Kader prit la fuite avec les siens. Le général Péragaux, arrivant avec sa brigade, allait le prendre en queue, et deux feux l'eussent assailli à la fois sans la retraite prudente qu'il opéra.

Après cette victoire, notre armée rentra à

Tlemcen, et le 7 février, y laissa la garnison et effectua son retour à Oran.

Jusqu'au 9 inclus, il ne se passa aucune hostilité, mais le 10 à huit heures du matin, l'Emir attaqua notre arrière-garde avec des forces assez considérables. Habitués à de pareils assauts presque journaliers, nos soldats se défendirent toujours avec la même activité. Cette fois, Abd-el-Kader résista avec un acharnement incroyable, et sans la prudence toujours active du maréchal, nous eussions éprouvé quelques pertes ; mais sa tactique, son art, mirent en défaut l'ennemi qui, désespérant cette fois encore d'ébranler des rangs disposés si habilement, se retira heureux de ne laisser à l'armée française que le seul avantage de la place.

Le 12 février, le maréchal Clausel rentra à Oran, où l'examen qu'il fit de ses troupes lui offrit un coup d'œil satisfaisant. 80 malades seulement entrèrent dans les hôpitaux. 70 hommes avaient glorieusement péri dans les divers combats livrés aux Arabes.

Cependant le maréchal désirait installer à Tlemcen un Bey soumis au gouvernement français. Le 30 mars 1836, un corps nombreux de troupes de toutes armes partit de Bouffarick.

Après la traversée de la Chiffa, il fut attaqué par les Kabayles. Le feu était vif et meurtrier ; mais nous enlevâmes toutes les positions. A en croire un récit contemporain, la lutte fut des plus sanglantes. Par la nature des lieux, nos troupes formaient un amphithéâtre. Les ennemis se battant dans le fond, escarpaient les hauteurs avec acharnement, bravaient le feu, arrivaient dans leur audace jusqu'à nos pieds, et la baïonnette leur faisait perdre une position qu'ils ne quittaient que pour se précipiter sur des rochers aigus. Leurs pertes furent évaluées à 700 hommes. Découragés enfin de notre résistance, ils nous cédèrent la place et ne reparurent plus. Le 4 et le 5 avril, la marche se continua. Pendant ces six jours, le génie avait exécuté une route de 15,600 mètres de développement, ce qui frappa les Arabes d'étonnement.

Le 7 avril, pour lier des communications entre Tlemcen et Oran, il fut décidé qu'un camp retranché serait construit sur les bords de la Tafna. En conséquence, le général d'Arlanges partit d'Oran avec 3,000 hommes et huit pièces d'artillerie. Le 15, il fut attaqué par Abd-el-Kader en personne, appuyé par de nombreux renforts. Après un combat meurtrier, qui dura plusieurs heures, l'Emir se retira en laissant près de 2,000 hommes sur le champ de bataille. Le lendemain, notre armée campait au bord de la mer pour y construire le camp retranché.

Dans l'intention de ravitailler Tlemcen que les Arabes tenaient bloquée depuis quelque temps, le général d'Arlanges fit une excursion avec 1,500h, L'Emir qui avait reçu du Maroc des forces considérables, l'attaqua à l'improviste et cette lutte devint un véritable massacre. On se battait sur plusieurs points, corps à corps. Notre général, par l'effet d'une balle morte, reçut une contusion violente à la tête.

Bloqués dans le camp, les Français eurent à supporter les plus grandes privations ; mais il fallait attendre des renforts. Ils ne se firent pas attendre. Le gouvernement français leur envoya le général Bugeaud avec quatre régiments qui dégagèrent le général d'Arlanges et ravitaillèrent Tlemcen.

A son arrivée au camp de la Tafna, le général Bugeaud s'empressa d'organiser les services nécessaires. Le 11, il put se diriger vers Tlemcen. Mais ayant appris qu'Abd-el-Kader se portait sur Oran pour y brûler les récoltes des tribus alliées, il se décida à marcher à sa rencontre. Une attaque s'engagea : les Arabes avaient pris l'initiative. Comme tant de fois, ils furent culbutés et mis en fuite, et le général Bugeaud, sans même donner un coup de canon, arriva tranquillement à Oran, où il compléta ses dispositions pour ses opérations ultérieures.

Le 19 juin, il s'achemina vers Tlemcen. Le 24, se trouvant presque en vue de cette ville, il fut attaqué par la cavalerie d'Abd-el-Kader. Il aurait voulu volontiers ne pas prolonger, en ripostant, une hostilité qu'il regardait comme inutile ; mais le feu de l'ennemi ayant pris un caractère sérieux, il voulut le châtier de son imprudence, et fit précipiter toutes ses troupes sur lui. Les Arabes qui ne s'attendaient pas à ce mouvement habile, trouvèrent leur salut dans une prompte retraite ; et s'éloignèrent en désordre, en laissant la place à la disposition de nos troupes.

Après ce petit succès, le général Bugeaud fit son entrée dans Tlemcem. Ne trouvant point dans la ville et les environs des ressources suffisantes pour la nourriture des hommes, et des chevaux, il se dirigea vers la Tafna pour faire des provisions et eut le bonheur de ramener des secours nombreux. Dans cette excursion, l'ennemi ne l'attaqua qu'une fois et très-faiblement.

Vint peu de temps après le combat de la Sickack, qui ne nous coûta que 32 hommes tués et 70 blessés. Les Arabes avaient eu 1,500 hommes hors de combat. Ce combat fut sanglant et valut le grade de lieutenant-général au général Bugeaud, à son retour en France, quelques semaines après.

Le commandement de la province d'Oran fut confiée au général de l'Estang. Parti avec quelques troupes pour ravitailler Tlemcen, ce dernier fut à son tour attaqué par Abd-el-Kader; mais, comme son digne prédécesseur, il déjoua facilement les projets de l'Emir et rentra paisiblement à Oran avec les soldats qui l'accompagnaient.

Leurs revers dans la province d'Oran ne diminuaient en rien la témérité des Arabes qui se mirent à inquiéter la province d'Alger; mais le maréchal Clausel sut arrêter leurs efforts impuissants.

On préparait alors une grande expédition contre Constantine. Cette nouvelle ne rendit pas les Arabes moins téméraires. Plusieurs luttes s'engagèrent toujours à leur désavantage.

Enfin arriva le traité de paix entre la France et Abd-el-Kader. L'Emir souscrivit à toutes les conditions qu'on lui imposa; mais sa fidélité à les remplir ne répondit pas à notre confiance. Pourtant, les principales bases du traité furent maintenues. Abd-el-Kader était arrivé à un point où il ne pouvait plus douter de la supériorité de la France.

EXPÉDITION CONTRE ACHMET-BEY.

ASSAUT ET PRISE DE CONSTANTINE.

Novembre 1836.

Une grande expédition avait été résolue, en 1836, contre Achmet-Bey; la prise de Constantine en était le but. Le commandement de l'armée était réservé au maréchal Clausel, et le duc de Nemours devait prendre part à l'entreprise.

Une armée expéditionnaire, forte de sept mille hommes, se dirigea sur Constantine. Achmet-Bey se retirait devant nos troupes, et on lui supposait le projet de nous attendre sous les murs de sa ville, pour nous en disputer la possession.

En attendant, les tribus l'abandonnaient et se joignaient pour la plupart à nous. Les Juifs, qui lui étaient tous hostiles, fomentaient des divisions dans son armée, et la désertion y était considérable.

Youssouf-Bey, à la tête de ses spahis, formait l'avant-garde de l'armée française. Les colonnes se réunirent [illegible]elma le 15, et se mirent en marche le 16, en suivant les deux rives de la Seybouse : les première et deuxième brigades sur la rive droite, les troisième et quatrième sur la rive gauche. Cependant, les soumissions des tribus arrivaient, et l'on n'apercevait aucune trace d'ennemis. Du 16 au 21, l'armée continua son mouvement en avant, malgré les pluies abondantes qui ne cessèrent de tomber; mais arrivée au deuxième gué de la Seybouse, elle fut arrêtée par une plaine inondée qu'il fallait traverser.

Enfin le temps se remit et devint magnifique, et l'armée put se remettre en marche. Les troupes du génie se donnèrent beaucoup de peine pour réparer les portions de la route dégradées par les torrents.

Arrivée à Raz-el-Acba, la colonne expéditionnaire trouva des obstacles qui arrêtèrent de nouveau sa marche. Ils étaient occasionnés par les accidents du terrain et par l'abondance des pluies, qui avaient fait déborder les rivières et qui avaient inondé les plaines. Les troupes du génie, sous les ordres du capitaine Redouté, travaillèrent avec une ardeur admirable et parvinrent à frayer un chemin à l'armée.

Cependant des difficultés d'un autre genre ne tardèrent pas à surgir. Plusieurs navires chargés de chevaux embarqués à Alger furent poussés jusque sur les côtes de Tunis, ce qui priva l'armée des moyens de transport sur lesquels on comptait; force fut d'envoyer le bateau à vapeur *la Chimère* à Bougie, pour y prendre une cinquantaine de chevaux ou mulets.

Après avoir passé le défilé de Raz-el-Acba, l'armée apprit qu'Achmet, ses femmes et ses trésors étaient sortis de Constantine. A Saumah, elle fut surprise vers 5 heures du soir par une pluie glaciale mêlée de neige. La nuit fut mortelle pour beaucoup de soldats et en engourdit d'autres par milliers; un grand nombre eurent les pieds gelés.

Après être descendue d'un coteau où elle était campée, l'armée trouva le Ouëd-Ben-Mézioug extrêmement grossi, et dut le traverser; les soldats ayant de l'eau jusqu'à la ceinture. La neige tombait toujours : néanmoins on franchit la rivière sans perdre un seul homme. A une lieue plus loin, il fallut traverser un bras de la Tumelle. Nouvelle peine, nouvelle cause de maladie, et par suite, diminution de combattants. Il ne restait pas alors quatre mille hommes disponibles sur les sept mille qui s'étaient mis en campagne. L'armée arriva enfin sur le plateau de Mantzoure et prenait position à cent vingt toises de la place, lorsqu'un coup de canon et le drapeau rouge, arboré sur les remparts, détruisirent l'espérance que l'on avait eu d'entrer sans coup férir. Il fallut alors recourir à la force; mais la force manquait de plus en plus, car le temps était horrible; la terre et les hommes étaient couverts de neige, et les voitures disparaissaient en se fixant dans la boue.

La ville ne voulait pas se mettre en hostilité contre les Français; mais des Kabyles y pénétrèrent par des portes que nous ne pouvions pas bloquer, et ils prirent de force le soin de sa défense. Le bey Achmet avait craint de s'y enfermer.

Le second jour, une vive canonnade fut dirigée sur la porte Del-Cantara pour l'enfoncer. On continua le troisième jour, et la porte fut abattue. Le capitaine du génie Grand et le chef d'escadron Richepanse étaient tombés morts dans cette attaque. On voulut y loger des sapeurs, et ensuite des compagnies de grenadiers pour entrer ainsi dans la ville; la tentative ne réussit pas. Le seul parti que pût prendre l'armée était de se retirer, puisqu'elle n'avait rien pour vivre. Sur les subsistances prises pour quinze jours, la moitié, presque enterrée dans les boues de Mantsoure, avait été abandonnée.

Le 24, vers huit heures du matin, l'armée quitta la position de Mantsoure à cent vingt toises de la place, et celle de Coudiat-Aty à la porte du sud, où était l'avant-garde. Elle fut suivie d'abord par quelques centaines d'hommes sortis de la ville. Des cavaliers venaient de toutes les directions, et leur nombre s'élevait à près de deux mille. Il diminua les jours suivants, et l'on n'en vit plus au défilé de Raz-el-Acba, où les Arabes, qui appellent ce passage le coupe-gorge, disaient que nous devions tous trouver la mort. La retraite continua : nos soldats, quoique malades, furent parfaits. Au milieu de tant de fatigues et de dangers, ils ne proférèrent pas une plainte, ils ne montrèrent aucun découragement. L'armée emmena tous ses canons, et une garnison, composée pour la plupart d'indigènes, fut laissée à Guelma.

Il y eut, pendant cette retraite, plus d'un glorieux épisode qui fit briller dans tout son éclat la valeur et le dévouement chevaleresque des soldats français. Le 63e de ligne et le bataillon du 2e léger du commandant Changarnier, soutenus par les chasseurs à cheval d'Afrique, repoussèrent brillamment toutes les attaques, tuèrent beaucoup de monde à l'ennemi, et le continrent constamment. Dans un moment grave et difficile le commandant Changarnier se couvrit de gloire et s'attira les regards et l'estime de toute l'armée; entouré par les Arabes, chargé vigoureusement et perdant beaucoup de monde, il forma son bataillon en carré : « Soldats, dit-il d'une voix énergique, ils sont six mille et nous sommes deux cents; mais ils sont Arabes et nous sommes Français. Il n'y a que des lâches qui reculent, et je n'en connais pas un seul dans mon bataillon. *Vive le Roi*!.....» et ce cri fut répété deux fois par le bataillon, et les Arabes intimidés ayant fait demi-tour à vingt pas, un feu de deux rangs à bout portant couvrit d'hommes et de chevaux trois faces du carré. L'artillerie, constamment et habilement dirigée par le colonel Tournemine, rivalisa de zèle et de bravoure avec toutes les autres armes.

Un fils du roi des Français, le duc de Nemours assistait à cette expédition et prit part à tout ce qui se fit dans l'armée de fatigant et de périlleux.

Parvenus aux régions élevées qui avoisinent Constantine, la pluie, la neige et la grêle étaient tombées avec tant d'abondance et de continuité qu'elles rappelaient aux vieux officiers les rigueurs de l'hiver de St-Pétersbourg, en même temps que les terres entièrement défoncées leur représentaient les boues de Varsovie. On peut donc dire, en parlant de notre jeune armée, que les fils des soldats de la Moskowa luttèrent, comme leurs pères, contre la fureur des éléments, et que, comme leurs pères, ils tombèrent, mais ne furent pas vaincus. L'armée, dans cette expédition, eut 453 morts et 304 blessés.

En 1837, une nouvelle expédition fut dirigée sur Constantine. L'armée expéditionnaire, divisée en quatre brigades et formant un effectif d'environ treize mille hommes, s'était réunie longtemps à l'avance au camp de M'jez-Hammar, sous les ordres du lieutenant-général comte de Damrémont.

Le 1er octobre 1837, l'ordre du jour qui suit fut lu devant le front des régiments.

« Soldats!

« L'expédition contre Constantine va commencer : Vous êtes appelés à l'honneur de venger vos frères d'armes, qui, trahis par les éléments, ont vu leur courage et leurs efforts échouer l'année dernière, sous les murs de cette ville.

« L'ardeur et la confiance qui vous animent sont des gages du succès qui vous attend. La France a les yeux sur vous; elle vous accompagne de ses vœux et de sa sollicitude. Montrez-vous dignes d'elle, du roi qui vous a confié un de ses fils, du prince qui est venu partager nos travaux, et que la patrie soit glorieuse de vous compter au nombre de ses enfants!

» *Le pair de France, gouverneur-général,*

Comte DE DAMRÉMONT. »

Partie du camp de M'jez-Hammar le 1er octobre, l'armée arriva le 5 à Saumah et prit position ce jour-là même, à environ deux petites lieues de Constantine, sur les bords du Ben-Mézioug. Le lendemain, de bonne heure, elle couronnait les hauteurs de Sata-Mansourah, et un peu plus tard, celles de Coudiat-Aty, sans que l'ennemi opposât une résistance sérieuse à sa marche.

Le lieutenant-général comte Vallée, ayant le commandement de l'artillerie, reconnut avec le lieutenant-général Fleury l'emplacement des batteries à établir, et on se mit aussitôt à l'ouvrage; mais à peine l'armée s'établissait-elle, qu'un temps affreux de pluies et de tempêtes vint l'assaillir. Ce temps dura presque sans interruption jusqu'au 10. Il changea les bivouacs en des mares boueuses, dans lesquelles les chevaux enfoncèrent jusqu'au ventre, et où les soldats ne pouvaient trouver aucun repos. Cependant, après des efforts admirables, l'artillerie parvint à armer trois batteries à Sata-Mansourah et à en préparer une à Coudiat-Aty. Le feu contre la place commença le 9 et dura une partie du 10. Les défenses de l'ennemi étant alors détruites en partie la batterie de brèche put ouvrir son feu le 11, à quatre cents mètres de la place, sur le front de Coudiat-Aty. La brèche était faite le soir, mais n'était pas encore praticable. Dans la nuit, les pièces furent transportées à cent cinquante mètres, et le 12 la brèche fut terminée. L'ennemi opposa partout une vive résistance; ses batteries tirèrent tant qu'elles purent et avec acharnement.

Des fantassins embusqués sur le rempart ou dans les maisons attenantes à la muraille, entretenaient un feu continuel à bonne portée. En même temps, des attaques journalières eurent lieu contre les deux positions de Sata-Mansourah et de Coudiat-Aty.

La brèche étant terminée, comme nous l'avons déjà dit, le général en chef somma la ville de se rendre; mais il n'en résulta aucune réponse satisfaisante d'Achmet-Bey, qui demandait avant d'entrer en pourparlers que nous cessassions nos travaux. Le comte de Damrémont s'étant alors avancé de sa personne, pour reconnaître la brèche, tomba au champ d'honneur, frappé d'un boulet ennemi arrivant de plein fouet et le maréchal de camp Perregaux, fut blessé au même moment d'une balle à la tête.

Par suite de la mort du général Damrémont, le lieutenant-général comte Vallée prit le commandement en chef de l'armée, et donna les ordres nécessaires pour la formation des colonnes d'assaut, qui devaient être sous la direction du duc de Nemours.

Le 12 octobre, à 6 heures du soir, le nouveau général en chef annonça à l'armée, par un ordre du jour, que l'assaut serait donné le lendemain 13, à quatre heures du matin. Il prescrivit en même temps au colonel Tournemine, chef d'état-major de l'artillerie, de faire tirer toute la nuit, de cinq minutes en cinq minutes, pour empêcher l'ennemi de faire de nouveaux travaux, en tirant à mitraille dès qu'on apercevrait des travailleurs sur la brèche.

Le feu de la place, presque nul le soir, et une partie de la nuit, devint très-vif avant la pointe du jour, au moment où les colonnes d'attaque débouchèrent du Bardo pour se rendre à la batterie de brèche, et celui de nos quatre batteries redoubla en même temps de justesse et d'activité.

Enfin le vendredi 13 octobre, à sept heures, le général en chef, qui était à la batterie depuis quatre heures du matin avec S. A. R. Mgr le duc de Nemours et le lieutenant-général du génie Fleury, donna le signal de l'assaut, et la première colonne d'attaque, le colonel de Lamoricière en tête, s'élança de la tranchée, franchit au pas de course l'espace qui la séparait de l'ennemi, et couvrit dans un instant le sommet de la brèche, pendant que le feu de nos batteries dirigé plus à droite, achevait d'éteindre celui de la place et d'en disperser les défenseurs. A neuf heures, le cri de *vive le Roi!* retentissait aux fenêtres de la grande caserne, le feu de nos batteries avait cessé de toute part, et le drapeau français flottait sur Constantine. Mais pendant ce terrible assaut, combien de braves périrent, et quel sang générenx fut répandu! Le chef de bataillon de Sorigny y succomba de la mort la plus glorieuse, et le colonel Lamoricière y fut atteint d'honorables blessures.

Quand le colonel Lamoricière, s'élançant par-dessus les sacs à terre du parapet de la batterie, se précipita, l'épée haute, à la tête de ses Zouaves, oh! alors il n'y avait plus ni tués ni blessés, on aurait marché sur le corps de son père. On se battit pendant deux heures sur la brèche. Les Arabes faisaient une défense désespérée. L'effet de la mine qui sauta fut horrible, plus épouvantable, plus atroce que tout ce que l'on pourrait dire.

Les hommes mutilés, la peau en lambeaux et tout grillés, accouraient dans la batterie pour s'y faire soigner. Le brave colonel Combes, du 47e de ligne, percé de deux balles au moment où il s'élançait à la tête de ses soldats, vint debout et d'un pas ferme rendre compte au prince de l'état de la brèche. L'enthousiasme le plus exalté dominait cette scène sanglante. Enfin, le chef des Kabyles qui défendaient la place, voyant que la résistance était inutile, se brûla la cervelle, et la défense de la brèche cessa. Les habitants furent successivement débusqués de tous les quartiers de la ville, dans lesquels ils se défendirent assez longtemps avec une extrême opiniâtreté; plusieurs trouvèrent la mort en voulant se précipiter des remparts dans la plaine.

Le calme se rétablit bientôt dans la ville. Le drapeau tricolore fut élevé sur tous les édifices publics et le duc de Nemours vint prendre possession du palais du Bey.

L'état des pertes de l'armée pendant le siége s'éleva à 97 morts et 494 blessés. Dans ce nombre, il y eut 15 officiers tués et 38 reçurent des blessures plus ou moins graves.

La chute de Constantine eut un grand retentissement en Afrique. Jusqu'au dernier moment les Arabes avaient regardé comme impossible la prise de la place; une profonde stupeur suivit l'événement, et les tribus en conçurent une haute idée de la puissance de la France.

PRISE DE SAINT-JEAN D'ULLOA.

1839.

On sait que l'Espagne a longtemps possédé le Mexique, et qu'elle dut cette conquête à Fernand-Cortez, aventurier plein de génie, conquérant intrépide, mais souvent barbare. La possession de ce pays ne fut troublée que vers 1810, où commença une fermentation qui a fini par amener l'affranchissement total des habitants et leur rupture entière avec la métropole, par la proclamation, vers 1820, d'une république fédérative qui, en 1835, fut complétement assurée et reconnue par les principaux gouvernements de l'Europe. Dès que l'organisation de cette république fut terminée, le commerce français fonda de nouveau au Mexique de nombreux établissements qui prirent bientôt un développement considérable. Cependant, des plaintes s'élevèrent bientôt contre les abus de pouvoir du gouvernement du pays envers les Français, et, malgré les représentations qui lui furent adressées, il ne prit aucun soin de les faire cesser. La France, ainsi blessée dans son honneur, plusieurs de nos compatriotes en butte à des vexations sans nombre, courant même risque de la vie, exigeaient du gouvernement mexicain une éclatante réparation. Un des fils du roi, le prince de Joinville, fit partie d'une expédition confiée à la bravoure et à l'habileté de l'amiral Baudin. Les détails qu'on va lire prouveront que la valeur française n'est point dégénérée, et que la grande nation ne saurait manquer de chefs capables de la guider victorieusement à travers les plages lointaines, comme sur les pas de nos vieux soldats qui firent trembler l'Europe entière.

L'amiral Baudin était parvenu avec sa division dans le golfe du Mexique, en face du château-fort de Saint-Jean d'Ulloa, la place la plus importante de l'Amérique du Nord, et qui défend l'entrée de la ville de la Véra-Cruz, dont il n'est éloigné que de 400 toises; ayant reçu les dernières instructions de son gouvernement, il fit signifier, le 25 novembre, au gouvernement mexicain que si, le 27, il n'avait pas reçu une réponse satisfaisante aux demandes de la France, il commencerait immédiatement les hostilités. Le 27 au matin, le temps se montrait calme, et vers midi toutes les dispositions de l'amiral français étaient terminées, lorsqu'un canot mexicain vint à bord en parlementaire ; il portait deux officiers, chargés par le lieutenant-général Manuel Rincon, commandant de la Vera-Cruz, de la réponse définitive du gouvernement mexicain. Cette réponse ne laissait aucun espoir d'obtenir par des voies pacifiques un honorable accommodement, il fallut recourir à la force. Dès que le parlementaire mexicain fut reparti et hors de la direction de ses canons, l'amiral Baudin donna l'ordre de commencer le feu sur la forteresse. Jamais feu ne fut plus vif et mieux dirigé ; de temps à autre l'amiral faisait le signal de le cesser pour laisser dissiper le nuage d'épaisse fumée qui dérobait la vue de la forteresse, et pour rectifier le pointage. Pendant la durée de l'attaque, l'amiral accorda au prince de Joinville la permission qu'il demandait par signal de prendre part au combat, et la Créole vint prendre position, combinant habilement ses bordées de manière à canonner le bastion de Saint-Crespin, et la batterie rasante de l'est. A 4 heures 20 minutes, la tour des signaux, élevée sur le cavalier du bastion de Saint-Crespin, sauta en l'air en couvrant de ses débris les ouvrages environnants. Déjà deux autres explosions de magasins à poudre avaient eu lieu et avaient ruiné les constructions adhérentes; elles furent suivies d'une quatrième, après laquelle le feu de l'ennemi se ralentit considérablement ; vers huit heures il avait complétement cessé. Un parlementaire vint réclamer une suspension d'armes, afin de retirer de dessous les décombres un grand nombre de blessés qui s'y trouvaient encore vivants. L'amiral Baudin exigea une capitulation dont il dicta les termes immédiatement ; mais, sur l'observation qui lui fut adressée que l'autorisation du lieutenant-général Rincon était indispensable pour traiter, il accorda jusqu'à deux heures du matin. En même temps, deux de ses officiers se rendirent aux portes de la forteresse; la conférence qui s'y établit fut interrompue par l'arrivée du général Santa-Anna. Elle ne fut reprise que le lendemain matin, et eut pour premier résultat la reddition de la forteresse seulement ; mais, sur la menace de l'amiral français de faire ouvrir le feu sur la ville même, le général Rincon se décida à accepter, à quelques modifications près, les conditions relatives à la ville.

La forteresse fut alors occupée par un détachement d'artilleurs français, et le pavillon de France fut hissé, et salué des cris de Vive le roi et des salves de l'artillerie des vaisseaux.

La garnison de la forteresse d'Ulloa se composait de 1,100 artilleurs ou soldats. D'après le rapport du général Santa-Anna, ses pertes en tués et blessés l'avaient réduite à environ moitié, lors de la capitulation. Le matériel d'armement était de 123 bouches à feu. A moins de les avoir vus, il est impossible de se faire une idée des ravages du feu dans la forteresse, pendant le court espace de temps qu'a duré l'attaque. En peu d'instants, toutes les défenses de l'ennemi ont été criblées. 302 bombes, 177 obus et 7,771 boulets avaient été lancés sans nous occasionner le plus léger accident. Des deux mortiers que portait chaque bombarde, l'un était servi par des artilleurs bombardiers, l'autre par des marins. Le sentiment de noble émulation qui est résulté de cette mesure a eu de part et d'autre les plus heureux effets.

Le total des pertes du côté des Français ne s'éleva qu'à 4 tués et 29 blessés. L'amiral Baudin, pour ne pas humilier trop profondément le Mexique, au moment de lui offrir la paix, aurait voulu s'abstenir d'exiger le désarmement de Vera-Cruz; mais le caractère de haine et de fureur que le gouvernement mexicain s'efforçait d'imprimer à la guerre ne lui permettait plus les ménagements. Il ordonna donc les préparatifs d'une descente pour le lendemain; à l'heure indiquée, les chaloupes et grands canots, portant les compagnies de débarquement, formées des équipages de la division, se trouvaient réunies dans le plus grand silence aux postes qui leur avaient été assignés, le long du bord de nos navires mouillés dans le port de Vera-Cruz. Malheureusement une brume très-épaisse avait empêché quelques embarcations de rallier : de ce nombre étaient celles de *la Néréide*, qui portaient une partie des échelles d'escalade, les pétards pour enfoncer les portes et d'autres objets nécessaires à l'attaque. Enfin, le jour étant sur le point de paraître, l'ordre fut donné. A six heures moins un quart, les embarcations formées sur trois colonnes avaient pris terre sur la plage de Vera-Cruz, à la faveur de la brume, sans être aperçues. Le débarquement s'effectua dans un ordre parfait, chacun des commandants marchant à la tête du détachement de son équipage. La colonne de droite escalada le fort de la Conception, armé de 13 canons de 24 et de 2 mortiers, s'en empara, et poursuivant sa route le long des remparts, délogea successivement l'ennemi des 1er, 2e et 3e bastions du côté de la porte de Mexico. Une partie de la garnison s'enfuit précipitamment par cette porte. Les canons furent encloués, jetés par-dessus les remparts, et les affûts détruits à coups de hache. La colonne de gauche se partagea en deux sections : l'une pénétra dans la ville, enfonçant la poterne du Rastrillo, l'autre appliqua les échelles au mur, et enleva à l'escalade, sans beaucoup de résistance, le fort de Saint-Iago, armé de 28 canons du calibre de 24 pour la plupart, et deux mortiers. Le capitaine Parseval s'empara ensuite du premier bastion à gauche vers la porte de la Merced, armé de huit bouches à feu, puis, laissant une partie de son monde dans ce bastion et dans le fort de Saint-Iago, pour en détruire l'artillerie, il s'avança le long des remparts pour en faire le tour et opérer sa jonction avec la colonne de droite, conformément à ses instructions. Pendant que le débarquement s'effectuait sous le fort, à droite et à gauche de la ville, la colonne du centre débarquait au môle; son avant-garde était formée par 90 marins de *la Créole*, ayant à leur tête S. A. R. le prince de Joinville. La porte du môle fut donc enfoncée au moyen de sacs à poudre. Le prince s'élança le premier dans la ville, et suivi des officiers de *la Créole*, de son détachement de marins et d'une partie des artilleurs, se dirigea au pas de course vers la maison habitée par les généraux Santa-Anna et Arista. La garde placée au dehors fit feu et se jeta dans la maison. Bientôt un combat s'engagea sous les portiques de la cour, sur l'escalier et jusque dans les chambres, qu'il fallut forcer l'une après l'autre, en tuant les Mexicains qui les défendaient. De notre côté, nous eûmes plusieurs blessés.

Enfin on pénétra dans l'appartement du général Arista : un second maître de la *Créole* se jeta sur lui et le saisit au corps ; le prince arriva au même instant et reçut l'épée du général. Sa maison fut fouillée, mais on ne put trouver le général Santa-Anna ; la résistance de sa garde lui avait donné le temps de se sauver par les toits, dont la construction en terrasse favorisa sa fuite. Le général Arista et les officiers mexicains prisonniers furent conduits à bord d'un de nos bâtiments ; ils y furent traités avec tous les égards dus à leur position.

Cependant la colonne de gauche, continuant sa route le long des remparts, était parvenue devant une grande caserne située près de la Merced : des coups de canon à mitraille et une vive fusillade partie des fenêtres l'avaient arrêtée au passage. S. A. R., avertie de cette résistance, se porta de suite devant la caserne, avec ses marins de la *Créole*, et fit pointer son petit obusier de montagne sur la porte. Aussitôt que le coup fut parti, le prince s'élança au milieu de la fumée vers la porte, croyant l'avoir enfoncée. Le boulet n'avait fait que son trou. La fusillade redoubla alors par les fenêtres : plusieurs hommes furent tués et blessés : il fallut se retirer dans les rues adjacentes, et le capitaine Lainé, commandant la colonne de droite, était alors arrivé. Il employa tout de suite les mineurs à préparer les matériaux d'une barricade qu'il se proposait d'élever devant la porte de la caserne. On descendit alors de l'un des bastions une pièce de 6 mexicaine, la seule que nous n'eussions pas encore mise hors de service, et on fit tirer trois coups sur la porte, sans parvenir à l'enfoncer, ce qui fit juger qu'elle devait être murée en dedans avec des sacs à terre.

La position de la caserne était forte ; il fallait lui faire subir un véritable siége, sans autre résultat utile que de nous mettre en possession de murailles et de prisonniers ; mais le principal but, le désarmement de la ville, se trouvait complétement atteint; dès lors il convenait d'autant plus de se retirer immédiatement, que l'état de l'atmosphère annonçait un prochain coup de vent de nord qui aurait rendu impossible le retour des commandants et des équipages à bord de leurs navires, mouillés pour la plupart à grande distance et sans aucun abri. Le rembarquement s'effectua dans le plus grand ordre, chaque colonne emportant ses blessés et même ses morts, sans en laisser un seul, et allant retrouver ses chaloupes au point même où le débarquement avait eu lieu. Toutefois, l'acharnement avec lequel les Mexicains avaient défendu leur caserne avait fait prévoir qu'ils ne nous laisseraient pas partir sans chercher à nous inquiéter. L'ordre fut donné aux cinq chaloupes de la colonne du centre qui portaient des caronades à l'avant de demeurer le bout à la plage jusqu'après le départ des autres embarcations, et on plaça à l'extrémité du môle une pièce de 6 mexicaine, chargée à mitraille et pointée sur la porte de la ville. Ces dispositions achevées, les marins rembarqués, une colonne mexicaine, conduite par le général Santa-Anna en personne, déboucha au pas de course par cette porte. On mit le feu à la pièce mexicaine chargée à mitraille. Cette décharge porta le ravage dans la colonne mexicaine; une partie des hommes qui la composaient se jeta sur la plage à la droite du môle et borda le pied du rempart dont toutes les meurtrières se garnirent à l'instant de tirailleurs. Le reste de la colonne s'avança avec audace sur le môle et commença un feu de mousqueterie très-vif qui nous coûta la perte de plusieurs officiers. Les cinq chaloupes balayèrent de leur mitraille le môle et la plage, et firent un grand carnage de Mexicains. Une brume très-épaisse survint tout à coup et couvrit la retraite de l'ennemi, qui évacua la ville et alla camper sur la rive gauche de la rivière de Vergara. Le général Ramon-Hermandez prit le commandement à la place du général Santa-Anna, qui avait eu son cheval tué sous lui dans l'attaque sur le môle, et avait reçu trois blessures graves, qui mirent ses jours en danger.

Le résultat principal de cette journée, le désarmement presque complet de la ville, a été obtenu sans causer aucun dommage à la ville.

C'est un honneur pour tous ceux qui ont participé à l'expédition, que de pouvoir dire que, pendant quatre heures qu'ils ont occupé la ville, pas une porte n'a été enfoncée, pas une vitre n'a été cassée, pas le plus léger désordre n'a été commis.

COMBAT DE MAZAGRAN.

1840.

La victoire brillante des *Cent vingt-trois* de Mazagran, la défense miraculeuse de ce poste vivra dans l'histoire et sera l'une des pages les plus héroïques des fastes militaires de la France.

Sur les côtes d'Afrique, en face des beaux rivages de Malaga, à une lieue de la mer, sur une colline étendue, s'élève une ville arabe du nom de Mostaganem. Elle était autrefois le chef-lieu d'une petite province dont dépendaient Matamore et Mazagran. A une heure de marche, soit que l'on suive la plaine à travers des jardins délicieux peuplés d'orangers, de caroubiers, de figuiers, d'oliviers, d'arbres robustes, de plantes vigoureuses et charnues, telles que nous les fournissent les ardeurs de la terre tropicale, soit que l'on suive la crête du coteau et que l'on foule jusqu'à l'arrivée sa pelouse fine et légère, on trouve une autre ville arabe composée de chétives maisons liées entre elles par des murs mitoyens, n'ayant pour toute ouverture qu'une seule porte, donnant sur la rue ou sur la campagne : c'est Mazagran.

Les rues sont étroites à ce point que, dans la plupart, on est forcé de se suivre et qu'il n'est pas possible de marcher côte à côte. Les maisons sont des cahuttes construites en pierres sèches ; l'intérieur est sans mobilier. On voit que ces pauvres demeures appartiennent à des hommes que la civilisation n'a pas encore atteints.

La ville est sans fortifications; les murs des maisons forment seulement une espèce de chemise militaire qui, de loin, présente l'aspect d'une muraille de défense. Il y a au sommet du coteau dominant la mer un réduit qui est la citadelle du lieu. Ce réduit se compose de deux marabouts que le maréchal Clausel a fait fermer, et qui se joignent par quelques ouvrages en terre. On a relevé des fossés, établi des murs en pierres sèches, et puis on a dit à cent vingt-trois soldats du bataillon d'Afrique : « Vous garderez ce poste contre l'ennemi ; » et le bataillon d'Afrique a répondu : « Je garderai ce poste contre l'Arabe, son armée couvrît-elle de ses feux épars la colline et la plaine. »

Cependant les journées se passaient, et l'ennemi ne venait pas. Le 2 février, rien n'annonçait encore l'approche de l'ennemi ; cependant on le voyait depuis plusieurs jours paraître et disparaître à l'horizon : tout-à-coup les vedettes signalent les Arabes, et aussitôt le réduit est enveloppé par une multitude poussant des cris sauvages et agitant au-dessus d'elle ses drapeaux et ses armes. C'est une surprise par masses, une invasion de la colline et de la plaine. La surprise et l'invasion furent tellement complètes et rapides que le lieutenant Magnian, qui était hors des murs, n'eut pas le temps de rentrer avant la fermeture des portes ; il se présente toutefois, et à l'aide d'une corde on le hisse dans l'intérieur, où il rivalise avec ses camarades de zèle et d'intelligence. Cependant, au milieu de cette nuée de cavaliers conduits par les Beys de Tlemcen et de Mascara, on distingue un bataillon d'infanterie marchant avec ensemble, soumis à une organisation régulière. Il pénètre dans la ville et s'établit dans les maisons qui font face à l'asile dans lequel nos soldats se sont réfugiés.

Ce bataillon régulier est sous les ordres de Mustapha-Ben-Tamy. A ses allures précises, à ses premières opérations, on reconnaît une pensée européenne. Si nos renseignements sont exacts, on peut affirmer qu'il a été instruit et dirigé par des misérables qui n'ont pas craint de déserter nos rangs pour combattre leur patrie, par des hommes qui ont passé de la civilisation à la barbarie.

Avant que le feu soit engagé sérieusement, pendant que les Arabes paradent dans la plaine et tirent à coups perdus sur le réduit qu'ils considèrent déjà comme leur proie, l'infanterie arabe prépare silencieusement son attaque. Les maisons qu'elle occupe à une portée de fusil des nôtres sont crénelées; les deux pièces qu'elle traîne à sa suite sont placées en batterie sur un plateau de cinq à six cents mètres qui domine un peu la position française.

Ces préparatifs achevés, la fusillade commence avec une grande vivacité. Alors la cavalerie se rapproche; elle tire des milliers de coups de fusil; l'infanterie soutient un feu nourri, et l'artillerie bat avec vigueur les murailles qui abritent nos braves. Ce premier jour, les Arabes avaient en ligne une nombreuse cavalerie, quatre cents hommes d'infanterie et deux pièces de canon.

Le capitaine Lelièvre n'avait à sa disposition qu'une pièce de campagne, quarante mille cartouches; mais il avait cent vingt-trois braves.

Ces cent vingt-trois braves se multiplient; ils répondent à tous les feux; ils portent l'indécision et l'effroi dans les colonnes arabes à mesure qu'elles se présentent; leur pièce unique tire avec tant de justesse qu'elle abat les hommes par poignées; un paquet de mitraille jette par terre un monceau d'hommes et de chevaux.

Des deux parts l'acharnement est le même. L'intrépidité des nôtres gagne les Arabes; ils montent sur la brèche; ils se jettent à corps perdu sur les sacs de terre pour les arracher, et sont tués à coups de baïonnette ou à coups de pierre. Les grenades surtout, lancées à propos dans les groupes, font de grands ravages sans abattre le courage de ces fanatiques. A peine cessent-ils le combat pendant la nuit. On les voit ramper dans l'ombre pour épier le moment d'une surprise; mais toute surprise est impossible : nos soldats veillent et profitent des courts instant de repos que leur laisse l'ennemi pour réparer, avec la truelle et la pioche, les ouvertures faites par les boulets arabes. Cependant les chefs ont envoyé chercher des renforts : deux ou trois mille hommes ne se croient pas capables d'enlever une bicoque défendue par 123 Français; les messagers amenent toute la réserve; les cavaliers s'abattent ainsi par milliers sur Mazagran. Quatre-vingt-deux tribus, dont quelques-unes touchent au désert, fanatisées par les prédications, entraînées par les fausses espérances de Mustapha-Ben-Tamy, avaient fourni leur contingent. Tous arrivent, un registre est ouvert pour l'assaut; deux mille Arabes s'y inscrivent aussitôt. A chaque minute, les lignes ennemies s'épaississent et s'approchent. Ce n'est plus une troupe supérieure de deux ou trois mille Arabes, c'est une armée entière : et dix, douze et jusqu'à dix-sept mille cavaliers, dit-on, viennent se joindre à la première cohorte et se dirigent en rugissant contre les faibles murailles de la petite citadelle. A ce moment, la batterie du plateau redouble son feu; la pierre cède avant l'homme; la brèche est faite, et aussitôt la troupe des deux mille, l'élite des Arabes se précipite sur cette brèche. C'est alors que le capitaine Lelièvre, comprenant et faisant comprendre à ses braves qu'il faut lutter avec adresse et que le courage ici ne suffit pas, conçoit et exécute une habile manœuvre. Il simule la mort dans son réduit : tout se tait, les balles ne sifflent plus, les hommes se couchent à plat ventre, le fusil armé, le doigt sur la détente; le silence règne, l'Arabe s'élance, et à l'instant où il croit pénétrer dans la place et y planter l'étendard victorieux du prophète, nos braves se lèvent, une ceinture de feu enveloppe l'ennemi : chaque coup emporte un homme, la brèche est comblée par les cadavres, l'étendard du prophète est renversé, il est souillé de sang et de boue; l'ennemi fuit : une heure a suffi à cette victoire.

Tout n'est pas fini cependant : les Arabes se rallient; ils reviennent à la charge. Ceux qui étaient dans la plaine montent sur la colline; une nouvelle foule se dirige sur le réduit; d'énormes poutres sont placées contre les murailles; l'ennemi s'en sert comme d'échelles; il monte à l'assaut, pénètre sur la crête de la muraille, et c'est là qu'une lutte corps à corps s'établit avec les nôtres, qui frappent à coups de sabre et triomphent encore une fois.

La fusillade, la canonnade recommencent; les assiégés y répondent aussi vigoureusement que la première fois. Cette troisième tentative est un coup de désespoir. L'Arabe y met de la rage; il se fait tuer à découvert. Le fanatisme, le dépit, la douleur, la honte le transportent : on le voit s'avancer hardiment sous le feu de nos hommes, planter trois drapeaux à une faible distance des murailles et environner ces drapeaux d'une troupe toujours fidèle, toujours combattant, quoique toujours décimée. Autour de ces drapeaux s'élèvent insensiblement des monceaux de cadavres, et toujours de nouveaux hommes viennent prendre la place des hommes tombés. C'est que ces Arabes sont les soldats de l'armée sainte, les Arabes du prophète. Ils avaient été envoyés par l'émir pour vaincre ou pour mourir, et ils obéissaient en mourant. Ainsi, pendant quatre jours consécutifs, cent vingt-trois hommes ont subi trois assauts et tenu tête à douze mille ennemis, dont le courage n'est pas douteux et dont les moyens d'attaque n'étaient pas aussi incertains, aussi faibles qu'on pourrait le supposer.

Ils ont triomphé. Leur drapeau criblé de balles, déchiré par la mitraille, est un trophée qui ne les quittera plus. Le général Guéheneuc, commandant à Oran, leur a dit dans un noble langage qu'ils ne se sépareraient plus de ce témoin glorieux de leurs hauts-faits. Mais comment les désigner désormais? quelle dénomination consacrer à cette dixième compagnie? la nommera-t-on, comme nos vieilles légions de la république, l'*Intrépide*, la *Terrible*, l'*Infernale*? Napoléon l'eût appelée *l'Immortelle*, et c'est ainsi qu'on l'appellera. Cette magnificence du courage français a saisi les imaginations arabes, et ce fait de guerre fera peut-être plus que cent victoires pour la consolidation de notre établissement en Afrique et pour la soumission des tribus.

Voici l'extrait d'une lettre écrite par un Arabe de Mostaganem à un Arabe de l'intérieur. Ces expressions pittoresques, cette verve orientale peignent admirablement les quatre grandes journées de Mazagran :

« On se battit, dit le narrateur arabe, quatre jours et quatre nuits : c'étaient quatre grands jours, car ils ne commençaient pas et ne finissaient pas au son du tambour. C'étaient des jours noirs, car la fumée de la poudre obscurcissait les rayons du soleil, et les nuits étaient des nuits de feu éclairées par les flammes du bivouac et par celles des amorces. » C'est du 2 au 26 février que s'est accompli ce drame. Le 6, un nouvel assaut est tenté; mais déjà le découragement a traversé les rangs ennemis, les lignes ne sont plus serrées, elles flottent ouvertes, indécises. Elles se débandent. C'est en vain que les chefs supplient les soldats de continuer le combat ou de s'établir autour de Mazagran, afin de le réduire par la famine, c'est en vain qu'ils disent : nous sommes encore cent contre un. On n'écoute plus leurs paroles, on ne croit plus à leurs encouragements, les âmes sont abattues, les soldats répètent que la fatalité est là et que Dieu combat pour nous. Frappés de désolation, ils se retirent. Les drapeaux sont enlevés et repliés vers les tentes, l'infanterie quitte les maisons, les cavaliers abandonnent leurs montures pour relever les morts. Après leur départ on a découvert de vastes silos remplis de cadavres.

La nuit qui précéda leur retraite fut pour eux une nuit funeste. On entendit s'élever dans leur camp de douloureuses lamentations : ils pleuraient leurs parents, leurs chefs morts, ils pleuraient leur gloire perdue, Mahomet humilié devant le Christ.

Les calculs les plus modérés évaluent leur perte à six cents morts. La garnison de Mazagran n'a perdu que trois hommes et ne compte que seize blessés. Abd-el-Kader a fait une perte irréparable par la destruction presque entière de son bataillon d'infanterie régulière. Il avait passé de longs mois à l'organiser, il avait payé cher les déserteurs qui l'avaient instruit, et il fondait sur ces nouvelles manœuvres ses meilleures espérances. Pendant ce combat de cent heures, les Arabes ont fait preuve non seulement d'intrépidité, mais d'une certaine tactique à laquelle nous n'étions pas habitués. Ils se sont surpassés eux-mêmes. L'émir attachait un grand intérêt au succès de cette attaque;

cette victoire devait le décider à marcher sur Oran et à tenter la prise de cette capitale. Ce coup hardi, s'il avait réussi, pouvait rendre à toutes les tribus l'élan de la première année; il aurait facilité la levée en masse que l'émir aurait ordonnée comme prophète, et nous aurions eu à nous défendre dans toute la régence contre la guerre sainte.

Il est juste d'expliquer ici à son tour la belle conduite de la garnison de Mostaganem pendant le siége de Mazagran.

Dès le premier jour, elle s'était mise en marche pour aller au secours de ses frères. Arrivée sur le plateau, elle s'aperçut qu'il lui serait impossible, avec ses faibles moyens, de percer une troupe de douze à quinze mille cavaliers qui la séparait de Mazagran. La position du commandant était d'ailleurs critique. Mostaganem est une ville de trois à quatre mille âmes, peuplée d'Arabes alliés, il est vrai, mais dont la fidélité n'est pas à toute épreuve. S'il essayait une trouée, l'ennemi pouvait se rejeter sur Mostaganem et s'en emparer sans coup férir; peut-être attendait-il cette manœuvre, espérait-il ce résultat? Ce qui le fait présumer, c'est que les Arabes avaient fait dire au commandant, avec leur fanfaronnade orientale, que si les Français quittaient Mostaganem ils y rentreraient avant eux. Le lieutenant-colonel Dubarail fit donc sagement d'arrêter ses soldats au moment où l'ennemi tentait de se jeter entre la ville et ses troupes pour lui couper la retraite; il étendit aussitôt une ligne de tirailleurs sur ses flancs et se retira, toujours suivi, toujours combattant, jusque dans la ville.

Mostaganem présentait à son retour un spectacle désespéré : les femmes, les enfants, les vieillards étaient éperdus; chacun se préparait à la fuite ou à la mort; on enterrait les richesses, on faisait des préparatifs de départ; les plus faibles pleuraient, les femmes poussaient de grands cris : nul n'osait espérer qu'une poignée de Français pourrait résister à tant d'ennemis, nul ne croyait à un effort aussi prodigieux. Le lendemain et les jours suivants, les sorties recommencèrent, l'ennemi éprouva des pertes graves. Les Arabes mettaient une si grande ardeur dans leurs attaques que les batteries tiraient sur eux à portée de pistolet, et que la garnison de Mostaganem en a tué un grand nombre à bout portant. La dernière sortie eut lieu le 6 après-midi. Trois cents hommes allaient se mesurer contre huit mille. Le capitaine Palais, commandant l'artillerie, précédait la colonne avec deux pièces de canon; dix autres pièces avaient été disposées pour protéger la retraite, et ce fut à elles que l'on dut de pouvoir rentrer dans la ville sans éprouver des pertes plus considérables. A peine la colonne était-elle hors des murs qu'elle fut attaquée vigoureusement; elle tint bon, et trouva assez de ressources dans son courage pour occuper l'ennemi et opérer ainsi une heureuse diversion en faveur de Mazagran. Le combat ne finit qu'à la nuit. Le lendemain, il n'y avait plus d'ennemis dans la plaine.

Les efforts de la garnison de Mostaganem n'ont pas été sans fruit; ils ont contribué à lasser l'ennemi, à répandre la terreur dans ses rangs, et une part honorable lui est due dans la délivrance de Mazagran.

Le 7 au matin, l'ennemi avait levé son camp, la plaine était déserte, et, suivant une belle expression, un silence plus effrayant que celui des tombeaux régnait sur Mazagran, lorsqu'une partie de la garnison de Mostaganem se dirigea vers cette ville, tremblant de trouver à chaque pas les débris mutilés du bataillon d'Afrique; elle suivait en hâte le plateau, lorsque tout-à-coup un point apparaît au-dessus de la ville arabe; c'est quelque chose qui flotte; on avance, on court, l'objet devient plus distinct; c'est le drapeau tricolore, ce sont ses lambeaux glorieux, mais vivants; il flotte sur la citadelle mutilée: les défenseurs de Mazagran l'entourent encore; on se précipite, on les atteint, on les aborde, on les entoure, on les embrasse, on les admire, on croit assister à une résurrection. Eux, calmes et modestes, dans toute la majesté du courage, ne semblent pas s'apercevoir qu'ils viennent d'accomplir un fait héroïque.

Deux heures après, le drapeau de Mazagran entrait à Mostaganem, au milieu des acclamations de la foule et au bruit de l'artillerie qui le saluait.

C'est alors que le commandant de Mostaganem apprit, dans la conversation, que le capitaine Lelièvre avait tout préparé pour se faire sauter, en cas de revers; il le dit à ses soldats qui le trouvèrent tout simple, et lui le redisait avec la même simplicité, comme s'il n'y avait rien d'extraordinaire dans cette résolution.

ÉVÉNEMENTS MILITAIRES DANS LE MAROC.

1844.

La frontière du Maroc était, depuis trop longtemps déjà, devenue le foyer des intrigues des ennemis de la France et du fanatisme des Musulmans.

Abd-el-Kader, ce héros des déserts, qui, chassé de Mascara, où il avait régné, s'était réfugié en Maroc, y avait tellement travaillé les esprits et ranimé les passions religieuses, que son influence s'étendant non seulement sur les populations, mais encore sur le chef même de l'empire, le sultan du Maroc n'était plus qu'un instrument entre les mains de l'émir, qui avait su lui inspirer des craintes encore fortifiées par événement récent.

L'Espagne s'était vue forcée de demander une réparation pour le meurtre de l'un de ses consuls dans l'empire du Maroc, et la Suède et le Danemarck ayant exprimé la volonté de s'affranchir du tribut qu'ils payaient à cet état barbaresque, la manifestation de ces États chrétiens, appuyée par la médiation officieuse de l'Angleterre et de la France, donnèrent une nouvelle impulsion au fanatisme des Musulmans.

Le souverain du Maroc, considéré jusqu'alors comme le chef et le représentant des vrais croyants, dans la crainte d'être supplanté par l'Emir, se vit forcé de céder à son tour à cette réaction des passions religieuses, et se montra disposé à entreprendre la guerre sainte.

Cependant, la France ne pouvait considérer le prétexte religieux que comme une fin de de non-recevoir, équivalant de la part du Maroc, à une hostilité passive et déguisée. En effet, l'asile assuré que trouvait Abd-el-Kader dans le Maroc, les forces et les ressources qu'il y puisait, menaçaient continuellement nos possessions et nous obligeaient à augmenter encore notre armée, en entraînant des dépenses considérables. Accompagné ainsi d'une masse de sujets et de mille à douze cents combattants, Abd-el-Kader prêchait la guerre sainte sur ses pas dans le Maroc, et la faisait prêcher au loin par ses agents. Si notre frontière n'eût pas été gardée avec beaucoup de vigilance par plusieurs colonnes mobiles, Abd-el-Kader aurait pu pénétrer dans la province d'Oran et jusqu'au Chélif, à la tête de trois mille combattants, force très-considérable dans ces contrées, et y porter le ravage et la vengeance, et à sa suite se serait précipitée la population des tribus marocaines pour se charger de butin.

Dans le mois de mai 1844, une escarmouche eut lieu sur la frontière de la province d'Oran, entre les troupes françaises aux ordres du lieutenant général de Lamoricière et 1,500 cavaliers marocains réunis à 500 Arabes conduits par Abd-el-Kader.

On crut d'abord devoir attribuer cette folle échauffourée qui, du reste, fut sévèrement châtiée, à l'un de ces actes d'indiscipline, ordinaires dans de pareilles armées; on présuma que l'empereur du Maroc ne serait pas assez mal conseillé pour s'attaquer à la France. Toutefois les bonnes dispositions du général de Lamoricière, la coopération du général Bedeau venu de Tlemcen pour le seconder, et la prochaine arrivée du général Bugeaud sur le point menacé, devaient faire promptement repentir le souverain d'avoir cédé aux instigations et aux menaces d'Abd-el-Kader.

L'issue de cette levée de boucliers si imprévue, fut pour les ennemis la perte de 200 cavaliers sabrés, ou prisonniers, la déroute la plus complète du reste de leurs troupes; et, de notre côté, seulement 25 blessés.

La veille encore du combat, tous les indices étaient, sinon pour la paix absolue, au moins pour une sorte de suspension d'armes..... Tout à coup l'attaque eut lieu. D'après le rapport de deux prisonniers échappés aux sabres de nos chasseurs, voici la cause de ce revirement subit: un personnage, allié à la famille impériale, et nommé Sidi-el-Mamoum-Chérif, venait d'arriver à Ouchda avec un contingent de 500 Berbères, envoyés de Fez par le fils de Muley-Abd-el-Rhaman, pour faire partie de la troupe d'observation réunie devant l'armée française. Sidi-el-Mamoun, emporté par un ardent fanatisme, déclara qu'il voulait au moins voir de près le camp des chrétiens, et se mit en marche malgré la résistance et les observations d'El-Genaoui, qui, tout en objectant les ordres de l'empereur, n'osait pas opposer un refus absolu à un prince de la famille impériale. L'indiscipline des Berbères, le fanatisme de la troupe nègre, s'exaltèrent de plus en plus en notre présence, et le combat fut engagé.

C'est ainsi que la guerre fut engagée de la manière la plus provoquante, et la plus perfide en même temps, par le sultan du Maroc.

Lors même que cette violation du territoire français, sans déclaration de guerre, n'eût été qu'un acte d'indiscipline commis par des soldats fanatiques, le gouvernement du pays en était responsable et devait en supporter les conséquences. Une pareille provocation ne pouvait rester impunie, et le consul général de France à Tanger reçut l'ordre d'en demander la réparation la plus complète.

Dans sa conférence avec El-Genaoui, lieutenant de l'empereur Abderhaman, le général Bedeau demandait, au nom de la France, qu'Abd-el-Kader fût chassé du territoire du Maroc, ou forcé d'y vivre en simple particulier, en congédiant les cavaliers et les fantassins qu'il mène encore avec lui, et de se retirer dans la province du Maroc, de l'autre côté de l'Atlas, dans la ville que lui désignerait l'empereur; que les contingents des tribus fussent dissous et renvoyés chez eux; enfin, que les forces régulières de l'empereur sur la frontière fussent employées à y rétablir la tranquillité et à en éloigner Abd-el-Kader. El-Genaoui, ne pouvant contester la justice et la modération de ces demandes, se rejeta sur la question des limites, prétendant reporter les troupes françaises sur la rive droite de la Tafna. Il lui fut répondu que c'était la première fois, depuis la conquête d'Alger, qu'une semblable prétention était élevée de la part du Maroc, et que d'ailleurs cette question des frontières pouvait se traiter diplomatiquement à l'amiable, comme on avait fait avec la régence de Tunis.

Pendant ces pourparlers, une grande fermentation régnait chez les Marocains. Les agents d'Abd el-Kader avaient répandu le bruit que les Français exigeaient la cession de tout le territoire limitrophe, qu'ils demandaient la tête d'Abd-el-Kader, et qu'ils offraient à l'empereur la charge d'un chameau de quadruples d'or pour le prix de cette tête. L'avarice bien connue de leur souverain, et la férocité des mœurs musulmanes donnaient beaucoup d'apparence à cette invention monstrueuse.

La conférence durait depuis une demi-heure, lorsqu'on s'aperçut que les Marocains s'ébranlaient pour cerner les troupes françaises. El Genaoui ne fut pas complice de la trahison, puisqu'il s'est efforcé de retenir son monde ; mais la garde même de l'empereur, évaluée au nombre de 2,500 cavaliers, et qui formait la principale force de ce rassemblement, se montra la plus ardente à violer le droit des gens, droit que ces barbares eux-mêmes connaissent fort bien. Peu s'en est fallu que leur perfidie ne nous coûtât cher. La petite portion de nos troupes qui se trouvait sur le terrain de la conférence battait en retraite, débordée par un cercle de 4,500 cavaliers de la garde et des tribus, lorsque le maréchal Bugeaud accourut avec des renforts. A quelque distance, et sur le flanc droit du camp de Maghania, coule le ruisseau Oued-Mouilha, par le vallon duquel descendait, sans être vue, l'aile gauche de l'armée ennemie, qui devait couper la retraite du camp à nos soldats surpris et interdits par une trahison aussi imprévue. C'est dans ce vallon que le maréchal Bugeaud fit charger les Marocains, et c'est là qu'ils ont perdu le plus de monde. Ils furent pris en flagrant délit, comme l'on dit en terme de guerre, d'un corps tournant qui se trouve lui-même attaqué et coupé dans sa marche furtive.

Le 23 juin, M. le prince de Joinville, commandant une division navale dans la Méditerranée, partit de Toulon pour se rendre à Oran, sur le vaisseau *le Suffren*, à bord duquel flottait son pavillon. L'ensemble de cette division se composait des vaisseaux *le Suffren*, *le Jemmapes* et *le Triton*, de la frégate de 60 *la Belle-Poule*, de la frégate à vapeur *l'Asmodée*, de la corvette à vapeur *le Pluton*, et des bâtiments à vapeur *le Phare* et *le Rubis*. L'effectif des troupes s'élevait à un total de 1,200 hommes, savoir : une compagnie du génie de l'armée de terre, deux compagnies d'artillerie de la marine et un bataillon d'infanterie de la marine. A bord des divers bâtiments, officiers, marins et soldats rivalisaient de zèle et d'ardeur, et se montraient impatients de saisir toute occasion de prouver leur dévouement à la France.

Cependant, afin d'amener à une favorable issue la question entre la France et l'empereur du Maroc, le consul général de l'Angleterre, M. Hay, homme d'une rare expérience, s'était rendu sur un bateau à vapeur à Maroc par Mogador, et il semblait que la paix ou la guerre pût dépendre du résultat de cette mission.

Le maréchal Bugeaud, libre d'engagement dans le désert d'Angad, avait l'intention de pousser l'ennemi vers la partie la plus aride du désert, ou bien, s'il tournait vers l'ouest, de lui couper le chemin des sources d'Aïn-Meilouk, qui sont à dix lieues d'Ouschda, sur la route de Fez. Mais, au quatrième jour d'expédition, il fallut renoncer à ce plan et revenir au camp de Lalla-Magrenia. On n'avait aucune connaissance du pays où l'on venait de s'avancer, aucun guide qui l'eût parcouru, et l'on redoutait d'exposer les troupes à manquer d'eau dans ces solitudes brûlantes.

On apprit alors que le fils du sultan de Maroc s'avançait par la route de Fez avec un corps de troupes assez considérable ; mais on ne savait pas si c'était pour rétablir la paix sur la frontière ou pour pousser la guerre contre nous avec plus de vigueur. Le maréchal Bugeaud, d'après les informations qu'il recevait, et d'après l'attitude générale du pays qu'il venait d'explorer, dut croire que ce personnage arrivait plutôt avec des intentions hostiles. Il avait donc écrit dans ce sens au prince de Joinville. Les dépêches du maréchal, coïncidant avec la réponse évasive du sultan, amenèrent la retraite du consul général de France et de nos nationaux.

Le prince de Joinville, qui avait mouillé dès le 23 juillet dans la rade de Tanger, envoya à terre deux officiers attachés à son état-major,

MM. Touchard et Vernier, qui ramenèrent à bord M. Doré de Noyon, consul-général, M. Fleurat, interprète, M. Maubourin, élève-consul, et M. Beischer, chancelier du consulat. On ne s'opposa pas à leur embarquement, parce qu'ils semblaient aller seulement rendre visite au prince français. Il s'agissait ensuite de faire sortir de la ville les femmes, les enfants des employés du consul, qui tous avaient leur famille à Tanger, à l'exception de M. Beischer. On prétexta un baptême, et les trois dames purent arriver à bord sans obstacle. Le plus difficile de l'opération étant accompli, M. Beischer fut envoyé en ville pour avertir nos nationaux de ce qui se passait et les inviter à s'embarquer sans retard. C'est alors que le gouverneur se prononça formellement contre le départ des Français; en même temps une émeute éclatait dans la ville, et on les menaçait de mort, et le kaïd, de le dénoncer à l'empereur comme traître, s'il laissait partir les chrétiens.

Les consuls des diverses nations, justement indignés d'une violence aussi formellement contraire à tous les traités, se rendirent en corps auprès du kaïd pour lui faire leurs représentations; mais ils ne purent rien obtenir. On leur refusa même la liberté de se rendre auprès du prince de Joinville pour conférer avec lui. Cependant enfin cette autorisation fut accordée au consul-général de Naples, M. de Martino, qui put se rendre à bord du Pluton avec le vice-consul d'Angleterre. Le prince instruit de la fermentation qui régnait parmi la population maure contre les chrétiens, consentit à se retirer à Cadix, accordant au gouverneur un délai de trois jours. Il fut convenu que M. de Martino se rendrait aussitôt par mer auprès du pacha de Larache, dignitaire supérieur au kaïd de Tanger, pour en obtenir l'ordre de laisser partir les Français. Cet ordre obtenu, et rapporté très-rapidement par le consul de Naples, nos nationaux ont pu s'embarquer librement. L'Argus avait été laissé à Tanger pour protéger leur embarquement. Le prince a expédié un autre bâtiment à vapeur vers les ports de l'Océan pour aller recueillir de même les consuls à Rabat, à Saffi, à Dar-Beida, à Mazagran et à Mogador. Le consul-général de Naples à Tanger avait pris sous sa garde l'hôtel du consulat de France.

Un corps de 6,000 kabyles du Rif et de l'Has-bat était campé aux portes de Tanger pour défendre la ville en cas d'attaque. Les excès déjà commis par ces hommes farouches inspiraient une vive terreur. La population de la ville les redoutait autant qu'un ennemi du dehors. Cependant cette même population ne se montrait guère moins féroce que les Kabyles contre les chrétiens et les Juifs. Le gouverneur fit publier un édit qui défendait de les insulter; mais ces sortes d'édits ont toujours été impuissants contre les excès du fanatisme. Dans cet état de choses, tous les consuls et tous les Européens se sont hâtés de fuir. Le consul-général d'Angleterre restait seul dans l'intérieur du pays pour tâcher de voir le Sultan et ses ministres, afin de les engager à accepter l'*ultimatum* de la France.

Sur ces entrefaites, le maréchal Bugeaud annonça au gouvernement des ouvertures pacifiques de la part de Sedi-Hamida, nouveau chef des troupes marocaines; selon ce kaïd, son maître désirait la paix avec le chef des chrétiens, et quand le fils du sultan serait arrivé, il n'y aurait que le bien.

On s'attendait donc que l'empereur accorderait à la France les satisfactions demandées. Un courrier fut alors expédié, par le ministre des affaires étrangères, pour porter à Madrid, au duc de Glucksberg, les pouvoirs nécessaires pour ratifier les conventions arrêtées par notre consul M. de Nyon; mais au moment où la paix semblait certaine, une nouvelle télégraphique apporta la nouvelle du bombardement de Tanger par la flotte, sous le commandement de M. le prince de Joinville.

« Le 4, était arrivée la réponse que le pacha de Larache, Sid Bouselam, faisait, au nom de l'empereur, à l'*ultimatum* de la France. Cette réponse n'était pas satisfaisante; elle ne disait rien touchant la dislocation des troupes marocaines réunies sur notre frontière de l'Algérie, et dont le nombre allait s'augmenter par l'arrivée du prince héréditaire, Sidi Mohamed, avec un corps de 20 à 25,000 hommes. Elle renouvelait la promesse d'une punition exemplaire des chefs marocains coupables d'agression sur notre territoire, mais en la subordonnant au rappel de M. le maréchal Bugeaud. Enfin, la partie de cette lettre relative à Abd-el-Kader paraissait, à la vérité, plus satisfaisante que ce que nous avions obtenu jusqu'alors ; mais la rédaction en était vague, obscure, embarrassée, pleine de restrictions. M. le prince de Joinville et M. de Nyon, chargé d'affaires du roi, n'ont pu regarder comme acceptable cette réponse, qui semblait n'avoir d'autre but que de gagner du temps. Le prince, conformément à ses instructions, se décida à attaquer les fortifications de Tanger.

Le 6 août, dans la matinée, l'escadre française s'était concentrée dans les parages de Tanger. Ses sept bateaux à vapeur paraissaient tout prêts à agir. A six heures du matin, deux de ces bateaux remorquaient un égal nombre de vaisseaux de ligne jusqu'à ce qu'ils se trouvassent à courte portée du canon de la place. Celle-ci n'annonçait aucune résistance. Un de ces bâtiments était monté par le prince de Joinville, commandant la division; la frégate *la Belle-Poule*, le brick *l'Argus*, et un autre bâtiment, se sont placés également à peu de distance des batteries ennemies construites entre la place et la tour Blanquilla. A huit heures un quart, le vaisseau *le Suffren* ouvrit le feu contre Tanger. Il y fut immédiatement répondu par une décharge générale à mitraille de toutes les batteries de la ligne en état de jouer ; mais le feu de l'escadre française était si bien nourri et si juste, qu'en très-peu de temps il fit taire celui des Maures, et l'on a vu bientôt presque toutes les batteries en ruines, et surtout celles du port et du fort de la Alcazaba.

« Un troisième vaisseau français, jusque-là en réserve, avait été remorqué et disposé par un vapeur en bonne position pour rendre inutile la batterie dite du *Renégat*, dont le feu incommodait passablement par la proue les premiers bâtiments de la ligne. Ce vaisseau s'acquitta de sa mission avec une précision et un succès admirables. Un bateau à vapeur dirigeait en même temps une batterie de fusées, mais avec moins de précision que n'étaient lancés les projectiles des autres bâtiments. Les autres bateaux à vapeur, par leurs mouvements continuels, tenaient en alarme et en respect tout le reste de cette vaste plage. Le résultat fut de démonter presque entièrement toutes les batteries des Maures, nombreuses, mais mal servies. Les Français eurent vingt-cinq hommes tués ou blessés, et il y eut une légère avarie aux côtés des bâtiments exposés au feu, surtout du bateau à vapeur l'*Argus*, qui était le plus rapproché. La perte des Maures, dans les batteries, fut très-considérable.

Les escadres des autres nations restèrent simples spectatrices du combat dans la baie même. A la chute du jour, les bâtiments français mirent à la voile pour Cadix, afin de réparer les avaries souffertes dans le bombardement.

Depuis sa dernière opération exécutée du 10 au 16 juillet, le maréchal Bugeaud, qui n'avait pas eu d'engagement avec les Marocains, s'était porté à deux journées de marche d'Ouschda, non pas sur la route de Fez, mais dans la direction de l'ouest, pour forcer le goum d'Abd-el-Kader à s'éloigner de nos limites, et tâcher d'y ramener les tribus algériennes qu'il mène avec lui.

Mais l'intensité des chaleurs et la rareté de l'eau le forcèrent à revenir au camp de Lalla-Magrenia. Cette position, convenablement retranchée, fut munie de constructions provisoires qui en faisaient une place de dépôt, devenue le point d'appui et d'approvisionnement de toutes les troupes campées sur les frontières du Maroc, au nombre de 7,000 hommes d'infanterie et 1,400 de cavalerie.

Quoique les soldats fussent la plupart du temps rationnés en biscuit au lieu de pain, et approvisionnés par des salaisons au lieu de viandes, et enfin malgré des chaleurs excessives, on ne remarquait pas d'accroissement dans la proportion du nombre des malades que fournit habituellement un corps de troupes en campagne. La proximité de l'ennemi et l'idée du combat toujours prochain soutenaient le moral de nos soldats, et ils attendaient avec une admirable patience que les Marocains vinssent les attaquer pour la quatrième fois, car on ajoutait peu de foi aux protestations réitérées de Sidi-Hamida, que son maître désirait la paix avec le chef des chrétiens.

Le maréchal s'était porté en vue du camp marocain pour mieux reconnaître par lui-même les forces qui s'y trouvaient, et pour hâter l'effet des négociations entamées. Il s'était déterminé à se rapprocher ainsi, parce que des groupes de cavaliers détachés par Abd-el-Kader parcouraient le pays entre Ouschda et Lalla-Magrenia, avec ordre d'arrêter et de tuer comme traître tout porteur de dépêches d'un camp à l'autre.

Cependant les forces marocaines ne cessaient de s'accroître; un rassemblement de 3,000 hommes et un nouveau renfort de 2,000 conduits par le fils du sultan, annonçaient clairement que la guerre sainte était officiellement prêchée dans toutes les provinces. En effet, à la date du 9 août, les pourparlers avec le camp marocain n'ayant pas abouti, les conférences furent rompues, et le maréchal, voulant prévenir la réunion de toutes les forces ennemies, fit avancer les siennes et rencontra, le 14, l'armée marocaine à deux lieues en avant de son camp. Elle prit l'offensive avec 24,000 chevaux, au moment où nos têtes de colonnes passaient l'Isly, et nos troupes furent entourées de toutes parts. Jamais le courage de nos soldats ne se manifesta d'une manière plus éclatante. Malgré l'immense supériorité numérique de l'ennemi, la victoire la plus complète nous est restée. Notre infanterie et notre cavalerie ont rivalisé de valeur, et se sont couvertes de gloire.

Nous avons pris successivement tous les camps qui couvraient un espace de plus d'une lieue.

Onze pièces de canon, seize drapeaux, deux mille tentes, dont celle du fils de l'empereur, son parasol, signe du commandement, tout son bagage personnel, une grande quantité de munitions de guerre et un butin immense sont restés en notre pouvoir. Les drapeaux étaient presque tous en soie, et quelques-uns d'une richesse remarquable, reproduisaient des sentences du Koran. Un étendard blanc, plus simple que les autres, offrait cette inscription : *Il n'y a de Dieu que Dieu, et Mahomet est son prophète. Triomphe la guerre sainte, s'il plait à Dieu !*

On remarquait parmi toutes ces dépouilles militaires les rideaux du lit du prince marocain. Nos soldats, dont la plupart étaient réduits à se vêtir de caleçons allongés avec des lambeaux de drap échappés aux broussailles, se firent des pantalons neufs avec les étoffes des tentes. Nos pertes, pour une journée aussi capitale, ne s'élevèrent qu'à 21 morts, dont 4 officiers de spahis et à 99 blessés. Celles des ennemis évaluées par le maréchal à 800 morts sur le champ de bataille, d'après les rapports des Arabes, exagérés, sans doute, auraient été de 3,000 morts. Ce qui est certain, c'est que le champ de bataille était jonché de cadavres déjà en putréfaction le lendemain, et que M. le maréchal, pour éviter l'influence si dangereuse des miasmes produits par 43 degrés de chaleur, porta son camp en avant d'une lieue, c'est-à-dire à quatre lieues ouest d'Ouchda.

Cette bataille d'Isly, ainsi nommée par le maréchal, a été l'affaire la plus importante qu'aucune autre de celles que nos troupes ont livrées jusqu'à présent en Afrique. Une armée de 24,000 hommes de cavalerie battue et mise en déroute complète, la prise de plusieurs camps qui couvraient une lieue de terrain ; onze pièces de canon, seize drapeaux et la tente du prince marocain tombés en notre pouvoir, sont les preuves matérielles d'une victoire incontestable et d'un combat sérieux.

Les Marocains ont dû regarder comme un évènement incroyable, même après l'avoir vu et subi, qu'une poignée de chrétiens presque sans cavalerie ait pu les battre et s'emparer de leur camp.

Mais laissons parler le maréchal Bugeaud lui-même :

Le fils de l'empereur Mulei-Abderrhaman n'avait pas répondu à la lettre que je lui avais écrite, après l'espèce de sommation qu'il me faisait d'évacuer Lalla-Magrenia si nous voulions la paix. Son armée se renforçait tous les jours par de nouveaux contingents, et l'orgueil s'augmentait avec les forces.

On parlait ouvertement, dans le camp marocain, de prendre Tlemcen, Oran, Mascara et même Alger. C'était une véritable croisade pour rétablir les affaires de l'islamisme. On croyait qu'il nous était impossible de résister à une aussi grande réunion de cavaliers des plus renommés dans l'empire du Maroc, et l'on n'attendait, pour nous attaquer, que l'arrivée des contingents d'infanterie des Beni-Senassem et du Rif, qui devaient nous assaillir par les montagnes au pied desquelles se trouve Lalla-Magrenia, pendant qu'une immense cavalerie nous envelopperait du côté de la plaine.

Les neuf jours d'incertitude qui venaient de s'écouler avaient déjà jeté derrière moi du trouble dans les esprits ; les partis ennemis avaient déjà attaqué deux fois nos convois de Djemaa-Schazoanat, et la bonne volonté des tribus qui les font était bien près de s'éteindre. Deux reconnaissances étaient venues jusqu'à une portée de fusil de Lalla-Magrenia, et avaient attaqué nos avant-postes.

Un plus long doute sur notre force et sur notre volonté de combattre les adversaires que nous avions en face pouvait provoquer derrière nous des révoltes, qui, indépendamment des autres embarras, auraient suspendu les approvisionnements des corps d'armée de l'ouest.

Le général Bedeau m'ayant rallié le 12 avec trois bataillons et six escadrons, je me portai en avant le 13 à trois heures après midi, en simulant un grand fourrage, afin de ne pas laisser comprendre à l'ennemi que c'était réellement un mouvement offensif. A la tombée de la nuit, les fourrageurs revinrent sur les colonnes, et nous campâmes dans l'ordre de marche, en silence et sans feu. A deux heures du matin, je me remis en mouvement.

Je passai une première fois l'Isly, au point du jour, sans rencontrer l'ennemi. Arrivé à huit heures du matin sur les hauteurs de Djarf-el-Akhdar, nous aperçumes tous les camps marocains encore en place, s'étendant sur les collines de la rive droite. Toute la cavalerie qui les composait s'était portée en avant pour nous attaquer au second passage de la rivière. Au milieu d'une grosse masse qui se trouvait sur la partie la plus élevée, nous distinguâmes parfaitement le groupe du fils de l'empereur, ses drapeaux et son parasol, signe du commandement.

Ce fut le point que je donnai au bataillon de direction de mon ordre échelonné. Tous les chefs des diverses parties de mon ordre de combat étaient près de moi; je leur donnai rapidement mes instructions, et après cinq ou six minutes de halte, nous descendîmes sur les gués, au simple pas accéléré et au son des instruments.

De nombreux cavaliers défendaient le passage; ils furent repoussés par mes tirailleurs d'infanterie, avec quelques pertes des deux côtés, et j'atteignis bientôt le plateau immédiatement inférieur à la butte la plus élevée où se trouvait le fils de l'empereur. J'y dirigeai le feu de mes quatre pièces de campagne, et à l'instant le plus grand trouble s'y manifesta.

Dans ce moment, des masses énormes de cavalerie sortirent des deux côtés de derrière les collines, et assaillirent à la fois mes deux flancs et ma queue. J'eus besoin de toute la solidité de mon infanterie; pas un homme ne se montra faible. Nos tirailleurs, qui n'étaient qu'à cinquante pas des carrés, attendirent de pied ferme ces multitudes, sans faire un pas en arrière; ils avaient ordre de se coucher par terre si la charge arrivait jusqu'à eux, afin de ne pas gêner le feu des carrés. Sur la ligne des angles morts des bataillons, l'artillerie vomissait la mitraille.

Les masses ennemies furent arrêtées, et se mirent à tourbillonner. J'accélérai leur retraite et j'augmentai leur désordre en retournant sur elles mes quatres pièces de campagne qui marchaient en tête du système. Dès que je vis que les efforts de l'ennemi sur mes flancs étaient brisés, je continuai ma marche en avant. La grande butte fut enlevée, et la conversion sur les camps s'opéra.

La cavalerie de l'ennemi se trouvant divisée par ses propres mouvements et par ma marche qui la coupait en deux, je crus le moment venu de faire sortir la mienne sur le point capital, qui, selon moi, était le camp que je supposais défendu par l'infanterie et l'artillerie. Je donnai l'ordre au colonel Tartas d'échelonner ses dix-neuf escadrons par la gauche, de manière à ce que son dernier échelon fût appuyé à la rive droite de l'Isly.

Le colonel Jusuf commandait le premier échelon, qui se composait de six escadrons de spahis, soutenus de très-près en arrière par trois escadrons du 4ᵉ chasseurs.

Ayant sabré bon nombre de cavaliers, le colonel Jusuf aborda cet immense camp après avoir reçu plusieurs décharges de l'artillerie. Il le trouva rempli de cavaliers et de fantassins qui disputèrent le terrain pied à pied. La réserve des trois escadrons du 4ᵉ chasseurs arriva; une nouvelle impulsion fut donnée; l'artillerie fut prise et le camp fut enlevé.

Il était couvert de cadavres d'hommes et de chevaux. Toute l'artillerie, toutes les provisions de guerre et de bouche; les tentes du fils de l'Empereur, les tentes de tous les chefs, les boutiques de nombreux marchands qui accompagnaient l'armée, tout, en un mot, resta en notre pouvoir. Mais ce bel épisode de la campagne nous avait coûté cher : quatre officiers de spahis et une quinzaine de spahis et de chasseurs y avaient perdu la vie; plusieurs autres étaient blessés.

Pendant ce temps le colonel Morris, qui commandait les deuxième et troisième échelons, voyant une grosse masse de cavalerie qui se précipitait de nouveau sur mon aile droite, passa l'Isly pour briser cette charge en attaquant l'ennemi par son flanc droit. L'attaque contre notre infanterie échoua comme les autres; mais alors le colonel Morris eut à soutenir le combat le plus inégal jusqu'à ce qu'il lui arrivât du secours. Cette lutte dura plus d'une demi-heure; ses six escadrons furent successivement engagés et à plusieurs reprises. Nos chasseurs firent des prodiges de valeur : trois cents cavaliers, Berbères ou Abids-Bokhari, tombèrent sous leurs coups.

Enfin le général Bedeau, commandant l'aile droite, ayant vu l'immense danger que courait le 2e chasseurs, détacha un bataillon de zouaves, un bataillon du 15e léger et le 9e bataillon de chasseurs d'Orléans pour attaquer l'ennemi du côté des montagnes; ce mouvement détermina sa retraite. Le colonel Morris reprit alors l'offensive sur lui, et exécuta plusieurs charges heureuses dans la gorge par où il se retirait. Cet épisode est un des plus vigoureux de la journée; 550 chasseurs du 2e combattirent 6,000 cavaliers ennemis. Chaque chasseur rapporta un trophée de cet engagement, celui-ci un drapeau, celui-là un cheval, celui-là une armure, tel autre un harnachement.

L'infanterie n'avait pas tardé à suivre au camp les premiers échelons de cavalerie; l'ennemi s'était rallié en grosse masse sur la rive gauche de l'Isly et semblait se disposer à reprendre le camp; l'infanterie et l'artillerie le traversèrent rapidement, l'artillerie se mit en batterie sur la rive droite et lança de la mitraille sur cette vaste confusion de cavaliers se réunissant de tous les côtés; l'infanterie passe alors la rivière sous la protection de l'artillerie, les spahis débouchent et sont alors suivis de près par les trois escadrons du 4e, et le quatrième échelon, composé de deux escadrons du 1er régiment de chasseurs et de deux escadrons du 2e régiment de hussards, aux ordres de M. le colonel Gagnon.

Les spahis se voyant bien soutenus par la cavalerie et l'infanterie, recommencèrent l'attaque; l'ennemi fut vigoureusement poussé pendant une lieue, sa déroute fut complète; il se retira, partie par la route de Thaza, partie par les vallées qui conduisent aux montagnes de Béni-Sénassen.

Il était alors midi, la chaleur était grande, les troupes de toutes armes étaient très-fatiguées, il n'y avait plus de bagages ni d'artillerie à prendre, puisque tout était pris. Je fis cesser la poursuite, et je ramenai toutes les troupes dans le camp du sultan.

Le colonel Jusuf m'avait fait réserver la tente du fils de l'Empereur; on y avait réuni les drapeaux pris sur l'ennemi, au nombre de 18, les 11 pièces d'artillerie, le parasol de commandement du fils de l'Empereur et une foule d'autres trophées de la journée.

Les Marocains ont laissé sur le champ de bataille au moins 800 morts, presque tous de cavalerie; l'infanterie qui était peu nombreuse, nous échappa en très-grande partie à la faveur des ravins. Cette armée a perdu en outre tout son matériel; elle a dû avoir de 1,500 à 2,000 blessés.

Notre perte a été de 4 officiers tués, 10 autres blessés; de 23 sous-officiers ou soldats tués et de 86 blessés.

Après la bataille de l'Isly les Kabyles des Béni Snacen se mirent les premiers à la poursuite de l'armée marocaine. Tous les hommes isolés furent impitoyablement massacrés et pillés par eux; plusieurs centaines de chevaux et de mulets, qui sont la propriété de l'empereur, sont tombés entre leurs mains. La panique était telle, que, le soir même de la bataille, le gros de l'armée ne s'est arrêté qu'à douze lieues d'Isly, et il fut inquiété toute la nuit par les coups de fusil des Kabyles. Les hommes et les chevaux, qui n'avaient pris aucune nourriture depuis le matin, ne trouvèrent rien à manger, et personne n'osa s'exposer à sortir du camp pour aller fourrager. Le lendemain 15 août, le mouvement de retraite continua, et il ne se serait arrêté qu'à Fez, si Mouleï-Mohammed n'eût rencontré dans la campagne de Taza un marabout, ami de son père, qui lui dit : « Ce qui est arrivé, c'est Dieu qui l'a permis. Arrêtez-vous ici, vos soldats et vos chevaux pourront au moins s'y désaltérer! » Le fils de l'empereur suivit ce conseil; ce fut seulement dans la soirée du 15 qu'il trouva un morceau de galette et quelques grappes de raisin; il les partagea avec les officiers de sa maison. On ne trouva que quelques poignées d'orge pour les chevaux des chefs. Qu'on se figure les souffrances et la démoralisation de cette armée!

Voici la circonstance qui a le plus contribué à accroître le désordre et la panique des fuyards : Les contingents berbères avaient été convoqués pour le 15; afin de les attirer au combat, on leur avait promis le pillage des chrétiens, la prise de Tlemcen, celle d'Oran, d'Alger, de Constantine, et même de Tunis! Les musulmans croient volontiers au merveilleux. Les Kabyles s'étaient donc mis en marche au nombre de 10,000 hommes environ dans toutes les directions, alléchés par l'appât du butin. Quand ils rencontrèrent l'armée marocaine fuyant en désordre, ils se dirent que puisqu'on ne pouvait piller le chrétien vainqueur, il fallait au moins piller le musulman vaincu; d'ailleurs, leurs fusils étaient chargés, et les Kabyles ont pour principe que quand le fusil est chargé, il faut le tirer n'importe sur qui. Ils tirèrent donc sur les Marocains et les pillèrent sans pitié, ni plus ni moins que s'ils eussent été juifs ou chrétiens.

A peine la nouvelle de la bataille d'Isly volant de clocher en clocher était-elle parvenue au gouvernement français, qu'une dépêche télégraphique lui apportait l'avis d'une seconde victoire remportée par la flotte. Le 15 août, Mogador fut attaqué par les forces navales sous les ordres du prince de Joinville; après avoir écrasé la ville et ses batteries, nos troupes prirent possession de l'île et du port, et furent intallées dans différents ports. 78 hommes, dont 7 officiers tués ou blessés ont été le prix de ce glorieux succès. Si l'attaque de Mogador et la victoire d'Isly ont fait déplorer la perte de braves soldats et marins qui ont trouvé la mort en remplissant le plus noble des devoirs, du moins leur sang n'a pas coulé inutilement. Ils ont soutenu la gloire du nom français; honneur à la mémoire de ces braves qui sur terre et sur mer ont montré qu'il n'est aucune entreprise au-dessus de leur courage.

Arrivée le 11 août, l'escadre ne peut agir que le 15. Pendant quatre jours elle est assaillie par le gros temps : les énormes chaînes de fer et les ancres monstrueuses des vaisseaux de ligne, pesant 8,000 livres, étaient brisées comme de faibles grappins. Cette station forcée, dans d'aussi terribles parages, entraînait plus de périls peut-être qu'un combat.

Enfin le 15, l'état du temps permet d'agir; l'attaque est dirigée contre le côté le plus fort de la presqu'île. Deux vaisseaux de ligne, *le Jemmapes* et *le Triton*, ont mission de s'embosser par le travers, en face de la batterie casematée et des batteries de la kasbah. Il y a très-peu de fond sur ce point, et le bas-fond s'avance fort au loin dans la mer; ces vaisseaux n'ont pu exécuter leur canonnade qu'à une distance de 1,800 à 2,000 mètres. Ils n'en ont pas moins démonté les canons qui leur faisaient face, et de loin, en même temps, ils battaient de flanc et d'écharpe les remparts du débarcadère. Le prince, à bord du *Suffren*, attaque de front ce rempart, à 8,000 mètres, avec *la Belle-Poule*, en venant prendre place dans la passe du nord, à l'entrée de la rade, à une distance très-rapprochée.

Pendant le temps que ces bâtiments ont mis à gagner leur place de combat et à s'y établir à poste fixe sur leurs ancres, ce qu'on appelle s'embosser, l'ennemi n'a cessé de faire feu de toutes ses batteries sans qu'on daignât lui répondre : il était alors une heure de l'après-midi. A deux heures, la manœuvre est achevée et la canonnade commence. L'ennemi riposte avec une remarquable énergie, et soutient courageusement le feu de l'escadre. Mais au bout de deux heures et demie le feu des Marocains se ralentit : les deux tiers de leurs pièces sont démontées. Les vaisseaux continuent la destruction de leurs batteries.

Alors commence un nouvel épisode de la bataille. Le prince fait entrer dans le port trois bricks, et les fait embosser devant l'île pour en ruiner les batteries. Peu après, il fait avancer deux bateaux à vapeur portant 500 hommes de débarquement, qui viennent s'établir dans les intervalles des bricks. Le débarquement s'opère au moyen de canots et de chaloupes sous une fusillade très-vive. Maintenant nous assistons à un combat de terre qui se prolonge entre les soldats de marine et la garnison marocaine. Le prince accourt à ce nouveau péril; il vient activer le succès par sa présence au milieu des balles.

L'île a été prise d'assaut avec une grande vigueur. On y a perdu plus de monde qu'à l'attaque des grandes fortifications. C'était une très-vive affaire de fusillade; les Maures, au nombre de 400, se sont défendus avec acharnement dans leurs batteries, dans leurs rochers, et enfin dans l'enceinte de la mosquée et de la caserne, espèce de petite citadelle où il a fallu leur livrer combat pied à pied et de mur en mur. Habitués à couper les têtes des chrétiens prisonniers, ils s'attendaient au même sort. L'humanité des Français les a singulièrement touchés ; ils ont maudit le sultan et leur pacha, qui les avaient abandonnés sans secours.

Le lendemain, 16, des troupes de débarquement entrèrent à Mogador pour en détruire les fortifications. La ville était déserte : habitants et garnison l'avaient abandonnée dans la crainte d'un bombardement ; mais dès que les Français es furent retirés, des nuées de Kabyles accoururent des montagnes voisines, et incendièrent cette malheureuse cité après l'avoir pillée.

La leçon était suffisante pour que l'empereur de Maroc se repentit amèrement de s'être montré hostile aux Français ; il s'empressa de demander la paix, qui fût conclue le 10 septembre.

Cependant, malgré ces événements, Abd-el-Kader avait recouvré presque toute son influence dans la Kabylie ; de son côté, Bou-Maza soulevait les populations de l'Ouarenseris, et les nombreuses tribus de ces contrées se préparaient à la guerre. On continua donc à se battre en Algérie, sans qu'il fût possible de prévoir le terme de cette guerre qui se ranimait ainsi au moment où l'on avait pu le croire entièrement terminée.

Un des épisodes les plus terribles de la campagne de 1845, fut celui de la grotte de Kantara. Pressés par le colonel Pélissier, dans le Dahra, les Ouléd-Riah, après avoir été battus dans plusieurs rencontres, se réfugièrent dans cette grotte immense, qui était réputée inaccessible aux chrétiens ; ils y entassèrent leurs bestiaux, des provisions de toutes sortes, et de nombreuses familles, femmes, enfants, vieillards s'y établirent. La gorge qui donnait accès à la petite vallée où se trouvait l'ouverture de la grotte fut gardée par des forces suffisantes pour ne pouvoir être forcée. Le colonel Pélissier, après avoir cerné l'ennemi de manière à ce que la retraite fût absolument impossible, somma les Arabes de se rendre ; il leur fit représenter qu'il n'aurait pas besoin de pénétrer dans la grotte pour les réduire, et qu'il était disposé à les traiter avec d'autant plus de douceur, que leur soumission serait plus prompte. Les malheureux ne voulurent rien entendre, et prenant pour un signe de faiblesse les efforts que faisait le colonel afin d'éviter l'effusion du sang, ils prirent l'offensive. Ce fut alors que le colonel, maître des hauteurs, fit jeter devant l'ouverture des grottes des fascines enflammées, espérant que les Arabes, obligés de sortir pour respirer, se soumettraient promptement. Pendant une nuit entière, un immense foyer fut ainsi entretenu du haut de la montagne dans la petite vallée ; d'abord on avait entendu quelque bruit, quelques cris, et l'on avait cessé de jeter des matières combustibles, croyant que ces malheureux fanatiques allaient se rendre ; mais bientôt le silence avait succédé au bruit, et les fascines avaient recommencé à rouler vers les grottes. Au jour, on laissa le feu s'éteindre, et la colonne s'avança dans la vallée, dont les abords n'étaient plus défendus ; on pénétra dans les grottes, et un horrible spectacle s'offrit alors aux regards de nos soldats : des Arabes, au nombre de huit cents, hommes, femmes, enfants, il ne restait que les cadavres, quelques-uns presque entièrement calcinés ; d'autres, atteints de coups de feu ou frappés d'armes tranchantes, prouvaient évidemment qu'une lutte avait eu lieu entre les assiégés divisés probablement en deux partis : l'un, voulant se rendre ; l'autre, ne le voulant point ; et que ce dernier avait été le plus fort. Cet horrible drame amena la soumission de plusieurs tribus qui croyaient un charme attaché à la possession de ces grottes.

Cela se passait au mois de juin 1845. Au mois de septembre suivant, le maréchal Bugeaud fut rappelé en France ; il remit le gouvernement de l'Algérie au général Lamoricière, qui poussa la guerre avec vigueur. Le 21 septembre, le colonel Montagnac, qui commandait à Djammâa-Ghazaouat, donnant dans l'horrible piége qui lui était tendu, quitta ses retranchements pour aller, à la tête de quatre cent vingt hommes, s'établir à Sidi-Brahim. A peine arrivé en rase campagne, il se trouva enveloppé par trois mille Arabes commandés par Abd-el-Kader en personne. La résistance de la petite colonne française fut admirable ; sommés de se rendre, ces braves jurèrent de se faire tuer jusqu'au dernier ; on forma le carré, et un combat affreux, une horrible boucherie commença : des rangs entiers tombaient sous le feu de l'ennemi. Le colonel Montagnac ayant été tué, le commandement échut au chef de bataillon Cognard ; mais peu d'instants après ce dernier, atteint d'une blessure grave, tombait au pouvoir de l'ennemi.

Rien n'avait pu refroidir le courage de nos braves soldats; de quatre cent vingt hommes, il n'en restait plus que quatre-vingt-trois, lorsque le capitaine Géraux, qui les commandait, s'élança à leur tête vers le marabout de Sidi-Brahim, où ils parvinrent à s'enfermer. Là, ils se défendirent pendant trois jours contre près de quatre mille Arabes. Le quatrième jour, ils n'étaient plus que quarante, exténués de fatigue, mourant de soif et de faim. C'est alors que ces braves prirent la résolution de se faire jour à travers des nuées d'ennemis qui les environnaient : ils sortent, la baïonnette croisée, s'élancent au pas de course sur les Arabes. Vingt-sept de ces hommes intrépides tombent pour ne plus se relever; treize se font jour, et bientôt ils rencontrent la garnison de Djemmâa-Ghazaouat, qui venait à leur secours.

Cette malheureuse affaire avait disposé quelques tribus de l'Algérie à prendre de nouveau parti pour Abd-el-Kader; mais, battues sur tous les points, elles ne tardèrent pas à se repentir, et s'empressèrent de faire leur soumission.

Voici donc de nouveau Abd-el-Kader sans ressources, n'ayant autour de lui qu'un petit nombre d'hommes aux besoins desquels il ne peut pourvoir, et ne sachant vers quelle contrée diriger ses pas; mais il semble qu'il n'est pas de revers capables d'abattre l'âme de cet homme étrange. Chassé du Maroc, dont l'empereur redoute maintenant la colère des Français, c'est pourtant vers cet empire qu'il se dirige pour chercher un asile. Si l'empereur le reçoit, il pourra rétablir ses affaires ; si, au contraire, ce souverain lui défend l'entrée de ses états, Abd-el-Kader, qui sait le peu que valent les troupes marocaines, les attaquera et poussera vers la capitale dans l'espoir de détrôner l'empereur, chose possible, à raison de sa qualité d'émir, et du fanatisme que son nom inspire aux populations musulmanes.

Abd-el-Kader envoie donc son beau-frère, Bou-Hamedi, comme ambassadeur près de l'empereur de Maroc. Le 9 décembre 1847, deux serviteurs de Bou-Hamedi arrivèrent au camp d'Abd-el-Kader, sur la rive gauche de la Moulaïa ; ils apportaient une lettre de l'empereur dans laquelle ce dernier déclarait qu'il ne prêterait l'oreille à aucune proposition, tant que l'émir resterait dans le pays qu'il occupait. « Si vous consentez à venir à Fez, disait l'empereur, votre escorte sera admise parmi mes troupes; votre deïra recevra des concessions de terres, et vous-même serez traité avec tous les honneurs dûs à votre rang ; mais si vous refusez de mettre bas les armes, je ne vois pour vous de refuge que dans le désert. » Bou-Hamedi écrivait en même temps à l'émir et lui disait que s'il n'acceptait pas les propositions de l'empereur, c'en était fait de lui, Bou-Hamedi.

Rien ne put ébranler Abd-el-Kader. « Celui qui a fait quinze ans la guerre aux Français, dit-il, ne saurait redouter les Marocains, puisque l'empereur veut la guerre, il l'aura. »

Et voilà l'intrépide émir marchant contre l'armée marocaine. Dans la nuit du 11 au 12 décembre 1847, il fit enduire de goudron quatre chameaux qu'on chargea d'herbes sèches, et qui furent chassés vers le camp marocain, où se trouvait un fils de l'empereur. Ce stratagème réussit: Abd-el-Kader arrivant avec ses cavaliers, à la suite des chameaux qui avaient jeté le désordre dans le camp, demeura maître du terrain, et fit un butin considérable; mais, dans la matinée du 12, les camps marocains voisins se réunirent, attaquèrent l'émir, et le chassèrent en lui faisant éprouver des pertes considérables.

A partir de ce moment jusqu'à la reddition d'Abd-el-Kader, les événements se succédèrent rapidement ; nous en empruntons le récit aux lettres de M. le général Lamoricière, qui commandait alors la province d'Oran.

« Bien que battu, l'émir inondait le pays de ses lettres, se présentait comme victorieux, convenait avoir perdu du monde; mais disait en avoir tué bien davantage à l'ennemi. Il appelait à lui tout ce qui restait d'hommes valides à la deïra, et il se préparait à de nouveaux combats...

» Le 18 au soir, arrivent à mon camp des émissaires de Sidi-Mustapha, frère de l'émir....

Dans la nuit du 19 au 20, Sidi-Mustapha passe la frontière, et vient camper chez les Lasirdas. J'en suis informé le 20, dans l'après-midi, et je l'envoie chercher par quatre cents chevaux, sous les ordres du colonel Montauban. Le 21, il arrive à mon camp, vers deux heures de l'après-midi, avec une suite d'environ cinquante personnes.

» Le 19 au matin, sur une demande instante du caïd d'Ouchda, campé chez les Bein-Snassen, j'envoie à Ouchda trente mulets chargés de cartouches, sous l'escorte de quarante spahis; la cavalerie va se former en bataille sur la frontière pour protéger ce mouvement. M. Schousbaï, mon interprète, accompagne cet envoi, et me rapporte que c'est le 20 ou le 21 que les camps marocains doivent attaquer Abd-el-Kader.

» Pendant les journées du 19 et du 20, les camps des fils de l'empereur descendent la Moulaïa, par la rive gauche; le kaïd d'Ouchda s'avance par Cheraa. Abd-el-Kader vient camper à Aguiddim, sur le rivage même de la mer.

» Un ancien brigadier du 2me chasseurs d'Afrique, qui servait dans les troupes marocaines, enlevé par l'émir dans le coup de main de la nuit du 11 au 12, s'échappe de la deïra, au moment où elle vient camper à Aguiddim, et nous donne des détails intéressants sur les embarras de la situation.

» Le bruit se répand que l'émir livrera encore un combat, après lequel il escortera la deïra sur le territoire français, et qu'il se retirera dans le sud avec tous ceux qui voudront l'y suivre...

» Le 20, le mauvais temps empêche les Marocains d'attaquer l'émir; mais on apprend à la deïra que le frère d'Abd-el-Kader a fait sa soumission. On voit la Moulaïa grossir, et les contingents des camps marocains augmenter à chaque instant.

» Le 21, la rivière est rigoureusement guéable: on commence à la passer pour venir dans la plaine de Taïfa. Un combat opiniâtre s'engage; plus de la moitié des fantassins réguliers, et la meilleure partie des cavaliers y sont tués; mais le passage de la deïra s'exécute sans que les bagages soient pillés...

» Le soir, à cinq heures, les fantassins et cavaliers réguliers sont dispersés; la deïra a passé le Kiss, et est entrée sur notre territoire. Les Marocains cessent de la poursuivre. Abd-el-Kader seul, à cheval, est en tête de l'émigration, qu'il dirige dans les sentiers des montagnes des Msirdas. Il demande le chemin à des cavaliers de notre kaïd, qui allait reconnaître les arrivants...

» J'étais convaincu, et je ne me trompais pas, que la deïra venait faire sa soumission; mais l'émir cherchait à gagner le désert. A l'heure où j'avais été prévenu, il devait avoir gagné le pays des Beni-Snassen; mais il s'agissait d'en sortir. Or, la seule fraction assez bien disposée pour lui, pour qu'il pût la traverser, est précisément la plus rapprochée de notre territoire. Le sol qui débouche dans la plaine par le pays de la fraction dont je viens de parler a son issue à environ une lieue et demie de la frontière. Je me décidai à faire garder ce passage, et, ce qui me détermina, c'est que le frère du kaïd d'Ouchda nous avait écrit le soir même pour nous engager à surveiller cette direction par laquelle l'émir devait sans doute passer....

» Enfin, pour être prêt à tout événement, après avoir calculé la marche probable de l'émir, je fis prendre les armes à deux heures du matin pour porter ma colonne sur la frontière; je ne craignais plus que ma marche fût connue en temps utile par Abd-el-Kader...

» J'avais à peine fait une lieue et demie, que des cavaliers, renvoyés par le lieutenant Bou-Krania, me prévinrent qu'il était engagé. Le deuxième détachement s'était porté à son secours, et je fis de même, aussi vite que possible, avec toute ma cavalerie. Il était environ trois heures du matin...

» Enfin, je rencontrai le lieutenant Bou-Krania lui-même, qui revenait avec deux hommes des plus dévoués de l'émir, et qui était chargé de me dire qu'Abd-el-Kader voyant qu'il ne pouvait déboucher dans la plaine, demandait à se soumettre. Bou-Krania avait causé lui-même avec l'émir, qui lui avait remis une feuille de papier sur laquelle il avait apposé son cachet, et sur laquelle le vent, la pluie et la nuit l'avaient empêché de rien écrire. Il me demandait une lettre d'aman pour lui et ceux qui l'accompagnaient.

» Il m'était impossible d'écrire par la même raison qui s'était opposée à ce que l'émir pût le faire, et de plus je n'avais point mon cachet. Les hommes voulaient absolument quelque chose qui prouvât qu'ils m'avaient parlé. Je leur remis mon sabre, et le cachet du commandant Bazaine, en leur donnant verbalement la promesse d'aman la plus solennelle. Bientôt Bou-Krania et les deux émissaires d'Abd-el-Kader me reportèrent mon sabre, le cachet, et une lettre de l'émir annoncant sa soumission. »

Enfin, le 23, Abd-el-Kader arriva dans le camp des Français, d'où il fut conduit à Oran, et de là en France, où il occupe le château d'Amboise, au moment où nous écrivons ces lignes.

Tel fut le dénouement de ce grand drame qui assure à la France la possession de l'Algérie, de cette terre arrosée de tant de sang généreux, et qui demeurera une des plus glorieuses conquêtes de la civilisation sur la barbarie.

FIN

TABLE

FIN DE LA TABLE.

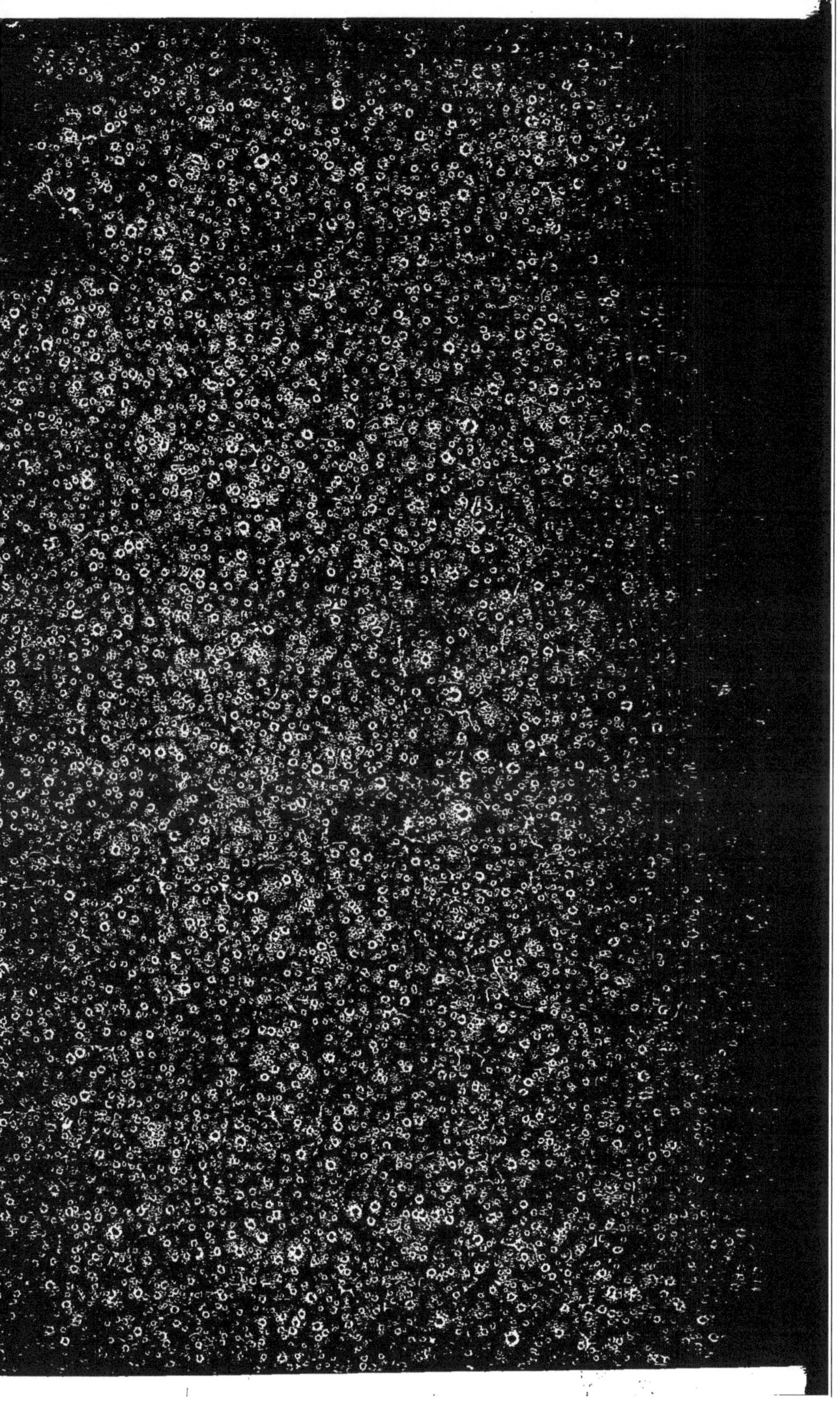

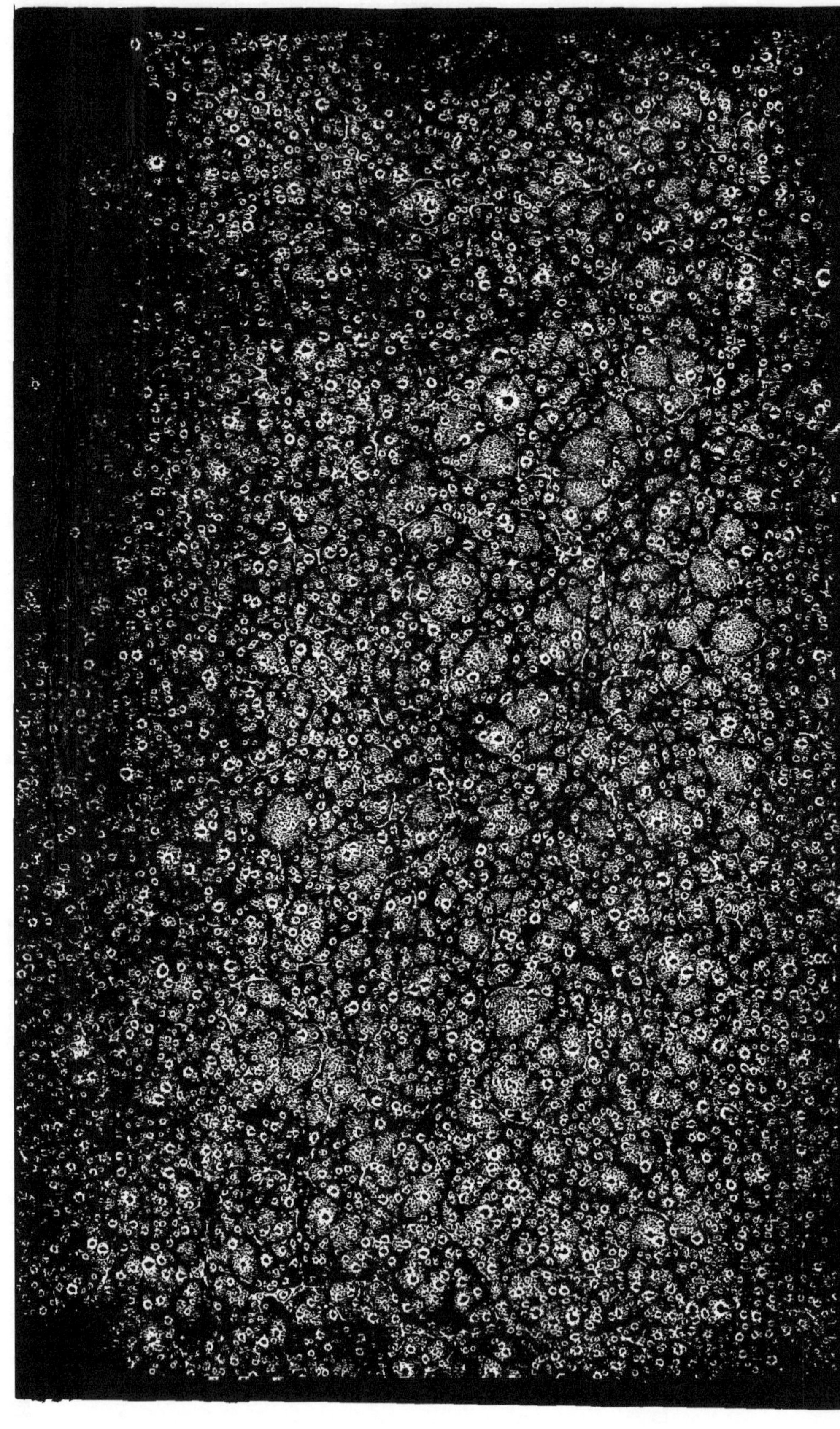

www.ingramcontent.com/pod-product-compliance
Ingram Content Group UK Ltd.
Pitfield, Milton Keynes, MK11 3LW, UK
UKHW020321200726
13857UKWH00001B/253